覆水不收
科举停废百年再思

复旦大学历史学系
复旦大学中外现代化进程研究中心
／编

近代中国研究集刊 · 第九辑

上海古籍出版社

《近代中国研究集刊》

9

复旦大学历史学系
复旦大学中外现代化进程研究中心 编

编委会
（按姓氏笔画排列）

王立诚　朱荫贵　吴景平　张济顺　张晖明
陈思和　林尚立　金光耀　金冲及　姜义华
顾云深　章　清　熊月之　戴鞍钢

执行编辑　戴海斌

目　录

编者的话 …………………………………………………… 1

· 专题论文 ·

科举制度的历史思考
　　附录：科举停置及其对中国社会的影响 ……… 杨国强　 1
清代石仓阙氏的科举参与和文武之道 ……………… 蒋　勤　72
清代台湾学术与科举 ………………………………… 杨齐福　103
清末江苏学政的考试与选拔：以经古考试和南菁书院
　　为中心 ……………………………………………… 徐世博　116
清季的经济特科 ……………………………………… 张海荣　156
科名到此天亦贱：最后两科会试借闱河南的缘由和
　　影响 ………………………………………………… 韩　策　213
易代沧桑
　　——末代粤籍进士的流动与出处论考 ………… 李　林　242
"不科举之科举"
　　——支恒荣与清末浙江优拔考 ………………… 张仲民　293
"功名道断"
　　——科举停废与功名意识的现代流变 ………… 沈　洁　346

科举停废的地方理解
　　——以晚清浙江温州府士人为中心 …………… 徐佳贵　430
后科举时代基层社会文教之显与隐(1905—
　　1927) ………………………………………… 左松涛　462

·史料整理·

科举外史 ………………… 钱基博　撰　戴海斌　整理　488

·研究综述·

近十年关于科举的量化研究述评 ……………… 牟　晨　524

·研究书目·

最近二十年海外科举研究著作类目(1999—
　　2018) ……………………………… 李　林　整理　535

编 者 的 话

光绪二十七年(1901),即震荡中外人心的庚子事变发生后第二年,清廷于七月十六日颁布上谕,规定自下年始,凡乡试、会试头场、二场均试以策论,用"中国政治、史事"与"各国政治、艺学"命题,一律"不准用八股文程式"。由此谕旨而奏定的详细章程,后人称之为"辛丑科举新章"。作为清季科举改制历次方案之集大成者,这一纸章程不仅牵动了当时万千应试士子的神经,也深刻影响了清朝社会政治的走向。其时削籍在野的文廷式(1856—1904),旁观了壬寅(1902)、癸卯(1903)等年按照科举新章所举行的乡试、会试,有感而发,作有《科举变制,戏题人试卷后》一诗:

何人真出一头地,此际须成八面锋。
我较晦翁评饮如,三淋笮酒味犹醲。①

其一、二句直接质疑科举新制果能发掘人才否。按"八面锋"者,为《永嘉八面锋》一书的省称,据传为南宋陈傅良或叶适所作,系取浙东"事功"之学,预拟科场程式,供士子应试揣摩之用,言能应对各种策论,如锋出八面,面面相当,故无往而不利,为"场屋救

---

① 文廷式:《科举变制,戏题人试卷后》,汪叔子编:《文廷式集》下册,中华书局1993年版,第1390页。

钝之药"。文廷式用此典故比拟策论考试之程式化,语含讥嘲,又反用欧阳修《与梅圣俞书》中赞赏苏轼语,怀疑这类因循应试之卷如何拔取"出人头地"之真才。无独有偶,章太炎(1869—1936)作于1906年的《箴新党论》,批评新党之"竞名死利",也用了"八面锋"一典,指出新党之"一族"专习于"求之古人以定是非,而对策《八面锋》贵于当世","彼新党者,犹初习程墨者也",甚而"新党之对于旧党,犹新进士之对于旧进士,未有以相过也"。①

其三、四句引《朱子语类》中语,原话为:"人读书,如人饮酒相似。若是爱饮酒人,一盏了,又要一盏吃。若不爱吃,勉强一盏便休。"借以饮酒喻读书。"三淋"者,指酒熟后,多次压榨过滤去糟。制酒以头榨酒为最浓厚醇正,经多次滤榨,味道便薄。此处以读好文章犹如饮"三淋"酒,余味尚浓,实则暗讽"变制"后之应试文章好比反复榨过的薄酒,已是乏味不堪。此诗虽曰"戏题",似属即兴游戏之笔,但文廷式对于"科举变制"的真实态度,已可见一斑。废八股、改策论之科举新章,用后视目光衡之,可谓影响清末社会变动的一大关节,而在诗人眼中,却不过是换汤不换药的把戏。

从文廷式本人的履历来看,其实他也算是老于"制艺"之人,有过相当丰富而且不算平坦的科场经历。同治十二年(1873),十八岁"初入都,应顺天乡试,不售"。光绪八年(1882),二十七岁应秋闱,"以附监生领顺天乡荐,中式第三名"。光绪十五年(1889),三十四岁,赴春闱,"应礼部试,不第";五月复战,考取内阁中书第一名。翌年(1890)春,再入都,应礼部恩科会试,中式第二百六十一名贡士,由户部带引见,复试一等第一名,殿试第一甲第二名,赐

---

① 章太炎:《箴新党论》(一九〇六年十二月二十日),汤志钧编:《章太炎政论选集》,中华书局1977年版,第332、337页。

进士及第,授职翰林院编修。①

由初应乡试碰壁,步步为营,一路攀爬,最终殿试钦定榜眼,一飞冲天,文廷式也有差不多十七八年的黄金年华曾困于场屋。初次会试失捷后,他在致友人于式枚书中,慨言科举之制,"千余年来,以此耗士人精力,风会既成,人争趋之,得丧之间,动关身世,我辈生此,亦何能不鹜?"②言下对闱墨取士不以为然,但语及己身,犹且恋战,谓"今时盖仍当复战之时",意欲再试,心态颇为纠结。不过,世事无常,他的科场命运不久即峰回路转。同年再战,考试内阁中书,夺占魁首,翌年连试连捷,金殿传胪,如其自诩"向来飞动意,平蹴九天高",③由此受知于光绪帝,开启如日中天的政治生涯。这一切,当然主要得力于翁同龢、汪鸣銮诸座、房师的青眼,更脱不开德宗的宠眷。只是,因为殿试策内的一个偶然笔误("间阎"误书"间面"),文廷式之殿试获隽大遭外间物议,以致有御史上疏纠弹,谕命调查原卷,继查属实,诸读卷大臣均奉旨交部议处。文氏本人虽得保全,但受此意外风波连累,从此有了"驴面榜眼"的谑称,也为后世留下了晚清史上最为著名的一段科场掌故。④

文廷式从科举考试中脱颖而出,同时又屡遭科场文化的压抑,可以说他既是科举制的受益者、维护者,也是它的质疑者、批评者。光绪十八年(1892),文廷式代会试正主考翁同龢撰《壬辰会试录序稿》进呈御览,曾列举康熙、乾隆、道光三朝诸实例,承认"国家

---

① 文廷式履历参据钱仲联《文廷式年谱》,《中华文史论丛》1982年第4辑,上海古籍出版社1982年版,第173、275、277、283—284页;汪叔子:《文廷式年表稿》,《文廷式集》下册,第1485—1491页。
② 文廷式:《致于式枚书(四)》(光绪十四年四月十四日),《文廷式集》下册,第1179页。
③ 文廷式:《鹰》,《文廷式集》下册,第1293页。
④ 关于此事情节,近代笔记载述颇夥,有代表性者可参徐凌霄、徐一士著,徐泽昱编辑,刘悦斌、韩策校订《凌霄一士随笔》下册"驴面榜眼"条,中华书局2018年版,第1638—1639页。

养士二百余年,魁儒实彦,咸出科目"。① 十九年(1893)夏,他受光绪帝"特简",派为本年恩科江南乡试副考官,内心喜忧交集,在致于式枚信中称:"(六月)二十二日命下,典江南试,菲才重任,惶悚异常,又不得与兄商酌,有所祗承,必有负乘之诮矣。"②其出京之际,作七律一首,题曰《奉命典试江南出都门作》:

> 九朝文献重三吴,常譬人材海孕珠。
> 况是明时须黼黻,要令奇士出菰芦。
> 不才恐负文章责,经乱庶几民物苏。
> 雨后西山添爽气,山灵知我素心无。③

按《建康实录》载,东吴殷礼与张温使蜀,诸葛亮见而叹曰:"江东菰芦中,生此奇才。"菰芦,水生植物,即茭白和芦苇,江东水乡之地,多生菰芦,故用作比。文廷式化用此语,以主持南闱、拔取"奇才"自任,可见对科考的重视与倚仗,然而言下并无实在把握,不免有"不才恐负文章责"的隐忧。当时作有《光绪癸巳恩科江南乡试策问拟答稿》,亲拟第三场策问题,共五大类,每类九十题不等,总计七千余字。④ 由京赴宁一行中,撰有《南轺日记》,记录沿途日程及闱中事,据载这次应试"实到一万七千九百余人",其自谓"忙不可解,凡阅三场卷至千余,而不自以为倦"。⑤ 在江宁府署

---

① 文廷式:《代翁同龢草撰〈壬辰会试录〉序稿》,《文廷式集》上册,第106页。
② 文廷式:《致于式枚书(四十三)》(光绪十四年六月廿五日),《文廷式集》下册,第1218页。
③ 文廷式:《奉命典试江南出都门作》,《文廷式集》下册,第1317页。此诗又见《南轺日记》,《文廷式集》下册,第1144页。
④ 文廷式:《光绪癸巳恩科江南乡试策问拟答稿》,《文廷式集》上册,第107—120页。
⑤ 文廷式:《南轺日记》,《文廷式集》下册,第1151、1153页。

阅卷时，文廷式发现近十年科场文风变化，"自道光朝专尚墨卷"，历咸、同、光诸朝，时有所变，"十年以来，又复一变，不拘格律，是风气之佳处，而不能切题，渐流于廓而杂；而文理不清，则亦士人心术之忧也"，又忧心于"近时八股风气最杂"。① 在与同行友人赠诗唱和之际，他也有"人才恐岁差"之句，并自注："龚定庵诗云：'一代人才有岁差。'今年典试，恒恐有不及戊子（光绪十四年，1888）、辛卯（光绪十七年，1891）之虑。"②

检核文廷式作于甲午前后的笔记文字，其中有多处猛烈抨击八股文，愤慨其愚民、弱国之害。如《闻尘偶记》中径言："八股之文，非经非史，以学究之陋识而大言曰'代圣贤立言'，至今日而人人知其无用矣。然即八股论之，其荒谬可入笑林者，亦不可胜数……如斯之类，指不胜屈，每科有之，千百之中，不能记其一二。犹复因循不废，盖愚民之术，莫秘于斯。朝野相蒙，不至于率兽食人不止也。"③这一思路一直到他遭弹劾被贬职后，并未稍易，甚而更趋向激烈。如《罗霄山人醉语》揭露历代统治者愚民之术，至谓："一愚之以焚书坑儒，再愚之以诗赋策论，三愚之以八股试帖，而中国之士荒民惰，器窳兵疲，驯至今日而愚之极，不可收拾矣。"④不过，文廷式虽然不满于八股取士的"荒谬"形式，但对于作为考试内容的儒家经典，却仍作恕词。针对当时"日本人讥中国中六经之毒"的说法，他反驳道：

> 夫六经为盛治之文、大中之道，即今日泰西之富强，岂能

---

① 文廷式：《南轺日记》，《文廷式集》下册，第1152页。
② 文廷式：《龙砚仙（璋）、郑德夫（葆清）、戴秉召（朝普）、孙花楼（友荨）诸君皆有和章，仍次前韵答之》，《文廷式集》下册，第1299—1300页。
③ 文廷式：《闻尘偶记》，《文廷式集》下册，第736—737页。
④ 文廷式：《罗霄山人醉语》，《文廷式集》下册，第801页。

出六经之外哉？中国所中者帖括之毒,其读六经,不过备考试之用而已。大义日湮,微言愈绝,酿成人心风俗之害,而交侵之祸不可胜究。以此归咎六经,不任受也。①

在"六经"与"帖括"之间,文廷式作了明确的区隔。前者为"大义"所在,尚且能够统括"富强"之术,后者则蠹国病民,百无一用,因此经义不可废,八股必在革除之列。他说:"八股虽不成文字,而自古以来文字之体皆参用焉,各视其时事之所尚而改易之。此所以人人知其无用,而又未尝不乐其可以售欺也。然囿人聪明,束人议论,使天下民智不开、民力不奋者,咿唔暖姝之有害于家国也。欲变中国之弊端,其必始此也夫。"②

光绪二十二年(1896),文廷式被劾罢职,驱逐回籍,为政治生涯的一大转捩。其后在野期间,清廷经历了戊戌(1898)、辛丑(1901)两次科举改制。两次均以废八股程式、主试策论为基调,旨在通过考试内容与场次的调整,革除科场积弊,遏制空疏学风。如果说前一次刚刚启动即戛然而止,主要归咎于高层政治斗争震荡的破坏作用,那么后一次旧调重弹而致乱象重生,则不得不承认事随境迁,朝野观念的分裂与清廷权威的失堕,已造成了一种"交互激进"的氛围,很难为稳健、从容的科举制改革提供宽裕空间了。晚年文廷式对于清朝已几无认同,当"科举变制"风风火火进行之际,他只抱有旁观者的漠然与嘲讽,前引作于癸卯年(1903)的《戏题》一诗,便流露了这种无所留恋、心灰意懒的情态。在他看来,改试策论之后的科考,不过是一种新的依样画葫芦的文字游戏而已,无论经史实学还是西学时务,一旦纳入考试规则,其肤浅、乏味如

① 文廷式:《罗霄山人醉语》,《文廷式集》下册,第808页。
② 同上书,第810—811页。

同经过"三淋"的薄酒,并无异于八股时文,至于选取真才、挽救世局,更是瞎马临池,茫如捕风。

光绪三十一年(1905)九月初二日,由直隶总督袁世凯、两江总督张之洞等六位地方督抚联衔奏请立停科举,以便推广学堂,咸趋实学。清廷诏准,自1906年开始,所有乡、会试一律停止,各省岁科考试亦即停止,并令学务大臣迅速颁发各种教科书,责成各督抚实力统筹,严饬府厅州县赶紧于乡城各处遍设蒙小学堂。自隋炀帝大业元年(605)设进士科开始,绵延了1 300多年的科举制,至此正式终结。文廷式已无缘见证这一切,他在前一年(1904)病卒于江西萍乡故里。他的这首《戏题》小诗,不啻为一阕预言性的挽歌。

科举制作为一种"考试取士制度"而具有的超越于此的历史价值,尤其对于维系中国传统社会与政治的重大意义,业已获得中外学界的一致公认。按照钱穆(1895—1990)的说法,这一制度长期以来主要发挥了"用客观标准挑选人才,使之参预政治""消融社会阶级""促进政治统一"的三层作用,故"自唐以下一千年来,成为中国政治社会一条主要骨干"。[①] 18世纪的西方启蒙思想家对于科举制的至高赞美和推崇,一直是有关"东学西渐"的热门话题,直至今天,还有国人顺着这个话头,津津乐道于诸如"中国赠与西方的最珍贵的知识礼物""西方人眼中的'中国第五大发明'"这些朗朗上口但史源不甚明了的说法,使已经被"送入博物馆"的科举制持续发挥着动员民族自豪感的余热。最近,日本学者宫崎市定(1901—1995)在半个多世纪前出版的小册子《科挙:中国の試験地獄》(1946)也被翻译,引入国内。不过有意思的是,中文版书

[①] 钱穆:《中国历史上之考试制度》(1951),《国史新论》,生活·读书·新知三联书店2005年版,第292—293页。

名中原来的副标题,不知何故被去掉了。① 出版方对于这本书的定位未必那么"学术",意图吸引更多身处当代考试社会并对古代"科举"抱有一丝好奇的一般读者,但似乎完全忽略了宫崎市定写作这本书的目的,虽然讲的是中国历史,其实也在提醒同样身为"考试炼狱"的日本,在教育上应当避免的问题。

1905年,科举制一朝废除,多数时人弃若敝屣,或无动于衷,社会表面似波澜不惊。但实际上,这一历史事件的意义,将在更深层次、更长时段中显现出来。思想敏锐如严复(1854—1921)者,便意识到"此事乃吾国数千年中莫大之举动,言其重要,直无异古者之废封建、开阡陌",并且感言"造因如此,结果何如,非吾党浅学微识者所敢妄言"。② 几乎同一时期,夏曾佑(1863—1924)也指出,"此等之事,关系于社会者至深,社会行科举之法千有余年,其他之事无不与科举相连,今一旦举而废之,则社会必有大不便之缘"。③ 后来美国学者吉尔伯特·罗兹曼(Gilbert Rozman)主编《中国的现代化》一书,就将废除科举视为中国现代化的起点,指出"1905年是新旧中国的分水岭;它标志着一个时代的结束和另一个时代的开始,必须把它看作是比辛亥革命更加重要的转折点",进而言之,"这一变革对于政治结构的重要意义与1949年共产党人的胜利难分高下"。④

科举制度及其停废问题如此重要,也无怪长时期以来为数众多的研究者前赴后继投入其中,甚至已有学人倡导成立一门"以科

---

① [日]宫崎市定著,宋宇航译:《科举》,浙江大学出版社2019年版。
② 严复:《论教育与国家之关系》(1906),王栻主编:《严复集》第一册,中华书局1986年版,第166页。
③ 夏曾佑:《论废科举后补救之法》(1905年9月10日至11日连载于《中外日报》),杨琥编:《夏曾佑集》上册,上海古籍出版社2011年版,第368页。
④ [美]吉尔伯特·罗兹曼编,国家社会科学基金"比较现代化"课题组译:《中国的现代化》,江苏人民出版社2010年版,第229—230页。

举制及其运作的历史为研究对象"的所谓"科举学"的专学。① 相关研究成果,层累至今,可谓堆山积海,极为丰硕。钱穆、邓嗣禹、宫崎市定、张仲礼、商衍鎏、傅吾康、刘兆璸、黄光亮、王德昭、李世愉、何炳棣、余英时、艾尔曼(Benjamin A. Elman)、周振鹤、杨国强、罗志田、王先明、刘海峰、何怀宏、关晓红、章清、刘龙心、杨齐福等几代学者产出的标志性著述,不断提升着这一领域的研究程度,也为后来者树立了高起点和高门槛。不过,学术发展,譬如积薪,后来者居上,或不敢言必,新一批(代)研究者逐渐崛起,并初步展现其眼光、功力与格局,却已是不争的事实。尤其近一两年,国内学界陆续出版了多部由年轻学人撰著、从不同角度讨论晚清科举相关问题的专书或论文集,包括安东强《清代学政规制与皇权体制》(社会科学文献出版社 2017 年版)、韩策《科举改制与最后的进士》(社会科学文献出版社 2017 年版)、李林《最后的天子门生——晚清进士馆及其进士群体研究》(商务印书馆 2017 年版)、左松涛《近代中国的私塾与学堂之争》(生活·读书·新知三联书店 2017 年版)、曹南屏《阅读变迁与知识转型——晚清科举考试用书研究》(社会科学文献出版社 2018 年版)、卜永坚及李林编《科场·八股·世变——光绪十二年丙戌科进士群体研究》(香港中华书局 2015 年版)、卜永坚及徐世博编《政变时期的八股:光绪二十四年戊戌科会试试卷分析》(香港中华书局 2017 年版),等等。从这些新鲜的成果,我们可以看到学术研究上诸多可喜的具体推进,也明显感受到学界新生力量的活力与努力。

2017 年 7 月 9 日,复旦大学历史学系召集举办了主题为"覆水不收:科举停废百年再思"的学术工作坊,与会者多是活跃在相

---

① 参阅刘海峰《科举制与科举学》,贵州教育出版社 2004 年版;《科举学导论》,华中师范大学出版社 2005 年版。

关问题研究第一线的青年学者,而且涉及历史学、教育学、社会学等不同的学科,他们运用档案、报纸、诗文集、日记、书信、课卷、试卷、新式教科书、考试用书等多种材料,从各个方向切入,围绕会议主题展开讨论,从中也可窥见一些略具共识并已付诸实践的研究取向。比如注重在制度史的基础上还原"活生生的参与者",挖掘科举改制、科举停废过程背后的"人事"因素,避免以"后见之明"倒推原因,而能兼顾实力督抚与朝内重臣"两条脉络",揭示其方案主张、权力运作及互动。癸卯、甲辰两科会试产生的进士群体,即受到由中枢、翰林院、礼部主导的科举制变革路线(区别于主张改、废科举的趋新督抚)的长期形塑,而他们的教育、仕宦经历以及清亡后的出处、流动与浮沉,也成为"转型时代"的一个缩影。至"后科举时代",传统士人的出路问题一直是研究者的关注热点,不过侧重偏在"野"一方的反应,对在"朝"一方采取的旨在"宽筹出路"的一系列善后措施则较忽略,有关举贡、生员考职与优拔贡考试的史事还原,呈现出政府政策的过渡场景以及地方士人对于旧时科举制度的惯性依赖,这提示我们清廷所谓"立停科举"并非一个瞬间完成的动作,而由此造成的"社会影响"其实有着更为丰富的层次。近年来,关于清代科举研究有一个显著趋向,即学界越来越注重对科举考试内容(如试题与答卷)、与科举考试相关的各类出版物(如策问类出版物、西学汇编类出版物等)及其所承载的各种知识等进行深入的研究,此处借用某与会学者的一个总结,即"转向文本、书籍与知识"。[①] 这一类研究,当然首先建立在对"文本"细读与深描的基础之上,但其趋向并非是向内的,除了用来测量和评估这个时代的"一般知识"水平,上述文本也可以与制度史

[①] 曹南屏:《阅读变迁与知识转型——晚清科举考试用书研究》,社会科学文献出版社2018年版,第19页。

研究结合，更加精细地分析科举改章的具体措置及因应，解决诸如应试文体、策论题目、场次分布等问题，如果将"文本"还原到更加广阔的"语境"，则我们对于围绕"新政的生意"而孕育、兴盛的出版市场、考场经济与政治文化，势必会有更加深刻的理解。总括而言，虽然只是短短一天的会议，但因有水准整齐的高质量论文打底，会场讨论充分而且高效，并提出了许多富有价值而未尽的课题。这一辑《近代中国研究集刊》即大致以此次与会论文为基础，又邀约了一些新的作者，共收入"专题论文"11篇，"史料整理"2篇，"研究综述""研究书目"各1篇，自信尚可反映最近的研究进展与动态。

本集刊很荣幸地邀约到前辈学者杨国强教授（华东师范大学思勉人文高等研究院）的长文《科举制度的历史思考》，作为起首统领之篇。此文以鸟瞰式的视野，通观千余年来科举"取士"并且"造士"的脉络，揭橥悬系于此的中国人"以文化维系政治"的古老理想，至浸润其间的传统儒学理路，尤再三致意焉。然而，"经义取士之通过万千读书人以影响'世道人心'，从而通过万千读书人实现以教化为治理的过程"，可行之于治世，却对付不了乱世。降及近世，科举制受到捐纳、保举等异途的冲击，更兼外力压迫下，国人习惯以"中西交冲"为尺度，来审视科举和非议科举，其自身弊端被不断放大，而无涉于"身心"的策论但讲实用、利害，不讲是非、义理，士林受"追求富强"风气驱使，进入持续的激进化。文后附录《科举停置及其对中国社会的影响》一文，乃据2018年10月12日杨国强先生在北京大学人文社会科学研究院主办之"北大文研讲座"上的讲演稿整理而成，正可视作前文的续篇。文章提纲挈领式地描述了科举制在晚清遭遇的多重危机，对"异途淹没科举""学堂推倒科举"的过程予以扼要说明，并辩证地解释了科举制缺位以后中国社会、政治所蒙受的久远影响。值得特别一提的是，文题中出现的"停置"一词,不同于一般所用的"停废""停罢""废止"等语,这不是杨先生的发明或刻意立异,实出于当时张之洞奏折原文。

关于科举与社会流动的关系,是中外学界长期关注且聚讼纷纭的一个经典课题。蒋勤(上海交通大学历史学系)《清代石仓阙氏的科举参与和文武之道》一文,实际也在回应何炳棣等人提出的问题,并对清代商人家庭鼓励天资高的成员读书以朝向"精英"发展,即"弃商从儒"的社会流动方向有所质疑与修正。作者以浙南石仓的科举账簿为主体材料,较之前人倚重的方志、人物传记、年谱、小说,表现出鲜明的特色,而社会学出身的学科背景,帮助他能更为有效地利用计量方法,对石仓阙氏的科举参与采取其所谓的"在地"(将科举参与活动放回到村庄社会经济变迁中)与"有机"(通过人物关系,将各种文书资料,如契约、账簿、分家书等都匹配起来)的分析,从而立体地展示阙氏"文武并举"的科举转型。文章指出,尽管有少数科举痴迷者陷入向上流动的陷阱中,但乡村小商人阶层参与科举过程,更多会基于"理性"(即"分散风险的考虑"),从不同结构和资源条件出发,在不同科举学轨中顺时顺势而为,此类近似"教育投资"的行为呈现给人的印象,与其说是在追求"向上流动",毋宁以顾炎武(1613—1682)所言"保身家"为主,实际出于民众自我调适的结果。

胡适(1891—1962)晚年在台湾,有一位当地朋友送书给他,题签曰"适之年兄惠存"。按旧科举时代,同时登科者以"年兄"相称,而这位朋友却把"年兄"当作同年龄的意思了。胡适因而发了一番感慨:"我常说,凡是边远地方的文化,越保守、越粗浅。台湾正是中国文化边远的地方。"[①]胡适说这些话的时候,已经是1960

[①] 胡颂平编著:《胡适之先生晚年谈话录》,新星出版社2006年版,第239页。

年代初,台湾文化尚给他以"保守""粗浅"的印象,而这个"文化边远"的岛屿实际上为中原文教所及的时代,则不得不追溯至清初随郑成功渡台的士人立圣庙、设学堂之创举,以及康熙年间清廷收复台湾后,大力兴办学校,设立书院,实施科举,培育人才,发展学术。杨齐福(浙江工商大学历史学系)《清代台湾学术与科举》一文专门考察了科举考试在台湾的展开进程,并爬梳深受其影响的台湾学术在史学、经学和方志等领域的诸多发展成就,而对当地学术何以"与内地相比较为滞后"的潜在原因,文中也有所检讨。

如果说清代科举制在横向角度有一个从中心到边陲的辐射效应,那么就纵向角度而言,这一制度也演成了自上而下的完备层级,体现出鲜明的"阶级"色彩。不过,对于乡试、会试以下的地方性科举考试,目前研究尚多止于典章制度层面的简要梳理,无法深论学政主持的"三年两考",即每三年两轮院试(童生试)与考试生员的岁、科试实态及其选拔的具体机制。这当然不仅因为范进一类故事提示的考"相公"(秀才)和考"老爷"(举人)之间天堑般的差别,使得研究者也暗存抑扬倾向,更直接的客观原因,实在于史料的匮乏。徐世博(暨南大学历史学系)《清末江苏学政的考试与选拔:以经古考试和南菁书院为中心》一文则挖掘、利用《申报》刊载的大量与学政考试相关之记录,包括不同省份、不同地方科场的题、案以及新闻、评论等资料,聚焦光绪时期几位江苏学政的工作,为理解清末学政考试提供了一个从"一时一地"出发的精彩个案。文中特别突出了以往被忽略的正场前的"经古"考试的意义,指出学政巧妙地利用这一古已有之的考试形式,拔擢己所赏识的"实学"人才,无异于在四书题、八股文以外开辟出另一条上进捷径,准此而论,学政考试在清末科举体制中最为"与时俱进",而"经古场"恰是学政考试与选拔中最具活力那一部分。当然,这一观察主要针对江苏一地而言,作为"经古场"延伸的南菁书院也有其特殊性,而且学政毕竟只有授予相对低阶功名的权力,因此,"他们虽然有以经史实学、西学时务转移学术风气、造就人才之功,却也难免囿于科举制度的局限,影响收效"。

自鸦片战争至"癸卯学制"颁行的长达60年间,朝野议改科举,基本以"纳新学于科目"为大方向,所提主张可划为两大类:一是在科举或特科中增入实科科目,二是改变科举考试的内容和方式。前者最终以算学列入科考及开"经济特科",部分得到采纳;后者直至1898年才以废除八股、改试策论有所体现。① 在"常科"(常规科举考试)范畴内,清季变制包含内容、场次、文体诸大端,总体以"实学"为导向。按照韩策的研究,从戊戌变法开始,这一变革实包含两条相辅相成的改制脉络:一是以废八股、改策论为基调的"科举考试新章脉络",二是"从整饬翰林院到诏开进士馆的脉络"。② 借闱河南开封贡院的癸卯科(1903)和甲辰恩科(1904)会试,既是中国历史上最后的两科会试,亦是清季科举改制的重要实践,恰处在上述两条脉络的交叉线上。韩策(北京大学历史学系)《科名到此天亦贱:最后两科会试借闱河南的缘由和影响》一文,综合档案、报纸、诗文集、日记、笔记等材料,检讨诸旧说,重新解释清廷决定顺天乡试和礼部会试借闱河南的缘由,更从考官、举子与地方官的多重视角还原"考试现场",在慎重研判科举改章利弊得失的同时,也传达给读者厚重而鲜活的历史感。

1904年进士馆正式开馆,近百名新进士入馆肄习法政、理财等新学。在科举、学堂此消彼长的转型时代,进士的选择和趋向业已多元,进士馆及其后留学的背景使得他们中的许多人成为特殊

---

① 关晓红:《科举停废与近代中国社会》,社会科学文献出版社2013年版,第321页。
② 参阅韩策《科举改制与最后的进士》,社会科学文献出版社2017年版,第360—361页。

的一代——"科举知名士""学堂肄业生"。李林(华东师范大学教育学系)《易代沧桑——末代粤籍进士的流动与出处论考》一文,追踪末代两榜(癸卯、甲辰)粤籍进士的清末经历,以及辛亥鼎革之际,这一群体的选择与动向。该文特别留心于岭南地域文化的传承,以及省、港之间声气相通的地缘关系,标举岭南士人于"易代之际"的特出气节与追寻政治、文化认同的努力。将停废科举与辛亥革命通盘考虑,进而将视线拉长至1949年后,显示出作者以长时段观察历史的不俗眼光,癸、甲两榜进士作为中国选士史上"最后的天子门生",也是"近代中国转型社会中特殊的转型群体",其政治生命所包孕的象征性与丰富性,足堪后世体味。文末附录"癸卯、甲辰两科粤籍(含驻防)进士基本信息汇总",集腋成裘,蔚为大观,具有相当高的参考价值。

所谓"经济特科",为清代"制科"之一种,盖与"常科"相对,由最高统治者下诏不定期举行特殊考试,旨在擢拔经世济民、通达时务之才。晚清以降,仿康熙、乾隆年间"博学鸿词"旧制,于戊戌(1898)、癸卯(1903)两次诏举经济特科,堪称科举变制历程中的一大节目。孟森(1869—1937)尝言:"清一代之科目,与国运相关者,莫如制科。"[1]宫崎市定在《科举》中也专门介绍"制科",称之为"比科举标准更高的考试制度",可以网罗隐士高材,而颇惋惜于它的衰微。惜因资料所限,世人对于清末影响"国运"的两届"经济特科"的了解,或限于勾勒大致面目,或拘泥于个别人物、细节,尚无法描绘清晰的全貌。张海荣(中国社会科学院近代史研究所)《清季的经济特科》一文可谓迄今为止对于这一问题最为彻底的研究,不仅全面清理了两次经济特科的发起背景、展开过程、参

---

[1] 孟森:《己未词科录外录》,《明清史论著集刊》下册,中华书局2006年版,第484页。

与人员及结果、反响,并通过纵向的比较分析,触及"各派政治势力之浮沉""区域文运之迁转""社会人心之向背"等更为深层次的问题。文中一一具列"戊戌特科保举表""癸卯特科保举员名单""癸卯特科复试取列人员履历及分等名单"诸表,搜罗繁富,排比详晰,在编者看来,或为全文最见功力、最有价值的部分,必将为后来研究者所重。

20世纪90年代以来,科举停废之"社会影响"问题受到学界的持续关注和热烈讨论。科举制的废除是否导致"四民社会的解体",抑或"知识分子的边缘化"的大哉问,在正反两方面都激起了浪花,至今余波未息。今人在重新解释"社会"一面的反应时,有一个持续的思路,即注意相应的清朝一面的立意与主动作为,以为参照。如周振鹤指出,由于"奖励学堂出身"的制度衔接,"废科举有了最广泛的社会基础,消除了士绅阶层的疑虑,成为官绅之间新的一种默契"。关晓红则认为废科举后,"多种渠道同时并存,使得清末最后的几年,旧学出身者大都能够保持科举时代的出路,前景甚至更加宽阔"。① 张仲民(复旦大学历史学系)《"不科举之科举"——支恒荣与清末浙江优拔考》一文也从制度史层面关注到废科举后清廷在官吏选拔方面的补救性举措——优拔贡考试、生员考职、保送举贡,认为"它们实际替代了被废除的乡会试的作用",减缓了对科场中人的实际冲击,甚而重新激发了学堂中人对于科举功名的渴望,故可谓"不科举之科举"。作者并未急于对科举善后措施给出否定或肯定的评价,而是重点讨论丙午(1906)、己酉(1909)两科浙江优贡、优拔考试的现实反响,厘清提学使支恒荣所扮演的真实角色,进而揭示其背后的"制度性困境"。文中

---

① 周振鹤:《官绅新一轮默契的成立——论清末的废科举兴学堂的社会文化背景》,《复旦学报》(社会科学版)1998年第4期;关晓红:《科举停废与近代中国社会》,第217页。

淋漓尽致地披露了上海趋新媒体在此过程中呈现出来的"抨击""嘲讽"与"纵容""鼓励"并存的两面性质,即所谓"自身的吊诡"(批评者其实也是推波助澜者),对于理解清季新舆论环境下的朝野互动模式,尤具提示性。

在"后科举"时期一度风行的优拔考试,直观展现了科举文化、官本位思想的持续影响与巨大形塑力,也暗示官方设想的"并科举于学堂"的转型之路绝不平坦。沈洁(上海社会科学院历史研究所)《"功名道断"——科举停废与功名意识的现代流变》一文,同样注意到由科举衍生而来的"功名意识",至1905年废科举后,"在士人与社会中依然广有市场,并没有因制度停废而发生根本动摇"的事实,清廷推出的带有"权宜性质"的一系列学堂奖励政策,尽管为制度转轨提供了缓冲,但受到趋新人士的强烈不满与群起攻击。不过,作者有意"剔除一种后设的自明性",即努力超越废科举的当事人那种时不我待的求富求强心理和以西为公的认知尺度,对科举作为一种"养士制度"造就的多方面影响,如读书人学优则仕的追求、经国的抱负,由此产生的对学问、道德以及政治与社会的责任、一般社会对庙堂之事的敬畏等等,予以含有"温度"的理解。在此意义上,由"士"到"国民"直线进化式的概念置换,是否能够涵养"功名"所牵萦的"明道救世之责",也便变得可疑起来。近代中国历史上反复重演的"播下龙种,收获跳蚤"的悲喜剧,当然不能由停罢科举尽任其咎,但上述"价值"取向的反思性论述,有助于我们认知百年来制度变革与道德文化重建所面临的多重困境及可能的出路。

读过刘大鹏《退想斋日记》的人,大概都会对他在清廷诏停科考后精神上巨大的幻灭("心如死灰"),以及迫于失馆失学、谋食无路的现实生计压力("生业已绝")印象深刻。科举停废,对辛亥革命前的中国社会造成直接冲击,对更长远之国运、国势也有不可估量的影响,故而当下流行的近代史叙事往往突出其划时代的意义。不过值得追问的是,当时身处地方或边缘的"士",是否都如刘大鹏那般"敏感"并产生强烈的逆反,在地士绅何以能动地因应新旧之"学"与新旧之"制"?徐佳贵(上海社会科学院历史研究所)《科举停废的地方理解——以晚清浙江温州府士人为中心》一文主要利用温州地方士人林骏的日记,着力呈现其对于"停废科举这一在后世看来意义重大的制度变革"的即时观察,指出废科举、兴学堂在晚清大致表现为一种"水到渠成"的递嬗过程。文中特别说明所析论之"地方理解",不同于单纯的"回应",而涵盖时人对于"八股""策论"一类科举文体之变的看法,也涉及其对于"科举"整体与"学堂"之关系的理解及其变化。然而,情随境迁,科举废后新学制一旦落实在地方层面,学堂运营与育才实效在在触及"利益",很快引起士人的不满与失望,曾被认为"水到渠成"的变革在当地产生"深远"的震荡,为地方与国家的未来关系投下了阴影。

钱穆先生论史,专门强调"历史意见"和"时代意见"之别,提示"我们不该单凭时代意见来抹杀以往的历史意见"。[①] 收入本集刊的诸篇专论,论点相异,各擅胜场,但在总体研究取向上,均十分注意对于"时代意见"的还原与反思。在史料层面,注重厘清史料的文献属性,区分各类文献记载的层次;在观念层面,检讨近代反(废)科举话语谱系及由此生成的历史叙事,辨析时论、舆论背后的预设立场。左松涛(武汉大学历史学院)《后科举时代基层社会文教之显与隐(1905—1927)》一文便相当充分地贯彻了这一取向。针对科举停废兹事体大而当时社会反应却波澜不惊这一诡论性现象,作者重新检视史料,揭出"表面的平静之下,蕴涵着相当激

---

① 钱穆:《中国历代政治得失·前言》,生活·读书·新知三联书店2001年版,第5—7页。

烈的反对意见,也连带产生严重后果","后科举时代"的基层旧式读书人并非真正失语,而是通过腹诽、口说、书信甚至炮制若干通俗文艺小册子等手段施加影响,相对于来势汹汹的新(西)式学堂,标榜保存固有文化传统的"私塾"实际仍大行其道,甚至占有某种优势。也就是说,在近代文化教育领域的显著变化背后,实际存在着"另一个几乎不变,甚至是故意立异的平行世界",作者提醒我们应返回清季民初的"历史语境"中去理解这种"显与隐的辩证关系"。

科举考试创于中国,其制度影响则广及传统东亚乃至近代欧西。关于科举制度及其停废问题的研究,也从来不是中国学者的专利。借用傅斯年的语言,科举研究可能是极少数属于"全汉"性质、但洋人也做出了相当可观成绩的"中国史之重要问题"。[①] 从研究现状来看,今日涉猎科举研究的学者已遍布寰宇,俨然成为一门"专学""显学"。本次工作坊及集刊邀约的作者,均为本土学者(个别人有海外游学履历),尽管自信可以代表目前国内研究的前沿,但或不免视野的局限。所幸牟晨(上海交通大学历史学系)、李林(华东师范大学教育学系)两位学者分别撰述的《近十年关于科举的量化研究述评》《最近二十年海外科举研究著作类目(1999—2018)》二文,可以在一定程度上弥补上述缺憾。前者梳理了海外有关科举的量化研究本身的学术史脉络,围绕"科举与社会流动""科举与政治稳定""科举的长期文化效应"三个研究热

---

① 傅斯年的原话是:"一个人思想的路途,总受其环境之影响,而其成绩正是靠其特有之凭藉。请看西洋人治中国史,最注意的是汉籍中的中外关系,经几部成经典的旅行记,其所发明者也多在这些'半汉'的事情上。……同时我们也觉得中国史之重要问题更有些'全汉'的,而这些问题更大更多,更是建造中国史学知识之骨架。中国学人易于在这些问题上启发,而把这些问题推阐出巨重的结果来,又是中国学人用其凭藉较易于办到的。"参见傅斯年《〈城子崖〉序》(1934),《史料论略及其他》,辽宁教育出版社1997年版,第80页。

点,对近十年来主要英文文献进行了精要的述评。该文传达的立足社会科学、以量化方法开展科举研究的海外学术消息,也为国内学界"偏重制度史与社会史"的科举史研究打开了新的窗户,当然,社会科学家与历史学家如何对话与合作,在当下数字人文热潮中如何更有效率、更有针对性地运用电子数据库资源,尚存许多有待继续探索的空间。后者则全面整理了最近20年间海外所刊科举研究论著类目,内容包括正式出版的学术专著、论集,兼及工具书和史料译解、校诠,范围覆盖中文、英文、日文、韩文、越南文各部,具见整理者在此学术领域长期浸淫的心得与锱积铢累、广采博收的辛劳付出。陈垣在《中西回史日历》一书《叙》中谈到资料工作和工具书,尝言:"兹事甚细,智者不为,然不为终不能得其用。"[1]这样基础性的工作,使古人所谓"予任其劳,人受其逸"落在实处,嘉惠学界诚多,作为编者先要表达十二分的感谢。

20世纪20年代初,距离科举废止近20年后,任教于无锡的江苏省立第三学校的钱基博(1887—1957)将其自藏的光绪十八、二十四、二十八年苏州平江书院童生会课卷、紫阳校士馆童生课卷"以示诸生",以为"当知此破碎丛残之烂墨卷,尚不难实事求是,加以董理"。他当时作有《科举外史》一文,便利用了这些试题、墨卷,以及历年所得"光绪变革科举之官文书",从而作为"中国历史选科史料实地整理示范"。这篇最初在当地报纸上连载发表的长文,以民初文士的眼光回溯了科举制度的漫长历史,也就"书院与科举之关系""童生在科举之位置""科举之八股文与试帖诗"诸问题有所申论,其中对八股文的评论尤具特识:"每见近人于语言精富,部分辨晳与凡物之秩然有序者,皆曰合于逻辑矣。盖假欧学以为论衡之绳墨也。然吾见语言文章之工,合于逻辑者,无有逾于八

---

[1] 陈垣:《中西回史日历·叙》,中华书局1962年版。

股文者也!"至于清末废科举的时代,为钱氏亲历亲闻,如其所见"方科举之将废也,有甚滑稽之三事",文中保留了不少掌故。他说:"八股文废,然八股之取士,亘元、明、清三朝,其中源流因革,亦有关世变不细。"此次将该文及后续之《科举外史之余论》一并整理,附录书末,以供参考。

光绪十九年(1893),中日甲午战争前一年,文廷式为一位他所尊敬的、"天资颖异"而长年"困踬"场屋的乡先辈作传状文,记述了传主对待科举的矛盾:"年甫壮",便不顾友朋劝勉,毅然"勇退",终身不履场屋;然却心有不甘,"雄心勃郁,藏刀隐耀,终未一发其硎"。文廷式慨叹"国家设科取士,岁不下数千人。萍邑岁科,三载亦数十百人",传主命运不济,竟"劳苦困踬,意不得阶前尺地,稍为吐气扬眉",而后话锋一转,论赞曰:"先生养其根而俟其实,加其膏而希其光,殆其所留者大而所贻者远也。"[①]文氏理解传主以退为进的抉择,与其将大好年华困于场屋,不如回里课子,传薪后辈,此处"实""光"借指功名、业绩,"根""膏"则暗喻科举文化精神与滋养源泉,传主虽无奈地"藏刀隐耀",却要让这种科举文化精神薪火相传,子孙永保,在他看来,当然是"所留者大,所贻者远"。文廷式生前对于八股取士、科举变制多有犀利的批评,但正如他笔下的这一位乡先贤,由科举文化精神造就的科举心理、科举情结,仍旧根深蒂固,无法解脱。在他的年代,尚可以将"根""膏"与"实""光"加以区隔,保留一份守先待后的从容心态。1905年科举制度正式停罢,悠悠百年一瞬息,风流俱往,覆水不收。科

---

① 文廷式:《敕赠儒林郎彭公晓沧传》(光绪十九年七月),汪叔子编:《文廷式集》(增订本)第一册,中华书局2018年版,第186—187页。关于文廷式撰写此文的独特经历、传主的人事特色、彭氏家族与文氏盘根错节的关系,以及由此反映的科举制的大背景,曾文斌已有很好的钩沉与论述。参其《一篇佚文重大的文化内涵——评文廷式〈敕赠儒林郎彭公晓沧传〉兼纪念废除科举百年祭》,《萍乡高等专科学校学报》2005年第3期,第32—38页。

举制在物理层面已成永逝的过去,对于它的形式、内涵、价值、功过的追问与求索,只能由天真并执着的历史学家来完成了。如同余英时(1930—　)所论现代儒学的困境,正在于儒学赖以存在的"社会化"建制基础全面崩溃,近代以来儒学"死"去之后已成为一个找不到也不可能找到附体的"游魂"了。儒学的出路不在于重新寻求建制化的"上行路线",那么今人重新检讨科举制历史及其停废缘由与影响,肯定也非由单纯的怀旧情愫或复古企图使然,如何真正理解这一段历史,并且对现代人一言难尽的生存状态有所启示,仍然是一个开放的课题。

编者谨识
2019年9月25日

· 专题论文 ·

科举制度的历史思考

杨国强

摘要：以中国人的社会历史和政治历史立论，则科举制度的大用不在以经义选官，而在以经义造士，与之相对称的，是士人既已化成为群体，其大用便不在出仕，而在以本身的存在和影响勾连于国家、社会和个人之间，并助成和维持着天下众生的"猝不知纳于义理之域"。阮元所说的经义取士之通过万千读书人以影响"世道人心"，从而通过万千读书人实现以教化为治理的过程，常常是能够行之于治世却对付不了乱世，因此理想的延续在实际上常常是断断续续。而与这种起伏相伴随的，是千年之间，由科举制度孵化出来的士人群体穿越于治世和乱世之间，既成为治世中的一部分，也成为乱世中的一部分，遂不能不使其自身在人世间的有序和人世间的无序映照之下，长久地被人审视评说。

关键词：科举制度，选官，造士，义理，教化

作者简介：杨国强，华东师范大学思勉人文高等研究院教授

自封建变为郡县,则帝王治理天下不得不选官。

与世路里的这种社会变迁相比,作为早生的观念,《春秋》讥世卿,已表达了儒学以"尚贤"为义所固然和理之应有的政治理想。孔子说"选贤与能",①孟子说"贤者在位,能者在职",②要义都在于放开贤路和"立贤无方"。因此,由世卿变为选官,引此以为理路,便是由世及变为尚贤。汉代始行察举取士,而多以"贤良方正"为名目,正可以看到理想政治对于实际政治的影响和规范。顾炎武说其时的"乡举里选,必先考其生平,一玷清议,终身不齿",③则察举之能够成为一种制度而用来选贤选官,皆本乎以名荐人而又循名责实。以名荐人,说明了名常常走得比实更远;循名责实,又说明了名实之间会有不能贴合和不相对称。两者都反照了名实的异同,从而两者都反照了存在于察举制度里的无法密封的空隙。因此,当"荐举征辟,必采名誉,故凡可以得名者,必全力赴之",遂至"好为苟难,遂成风俗"之日,④常常是"刻情修容,依倚道艺,以就其声价"演为积久而成的时趋。⑤ 虽说"好为苟难"和"刻情修容"都属名实不能相印,但前一面犹能砥砺风节,后一面则淆乱真假,并因淆乱真假而淆乱了旨在举贤的选法。之后是世风与选法交相变迁之下的名实相悖和循名不能责实。迨魏晋之后,"荐举征辟"与"九品官人法"相嬗递,以名荐人已骎骎乎日趋而日归于以族选人,随之是"好为苟难"和"刻情修容"皆穷于"上品无寒门,下品无世(势)族"的两头截然界分之中。⑥ 世家多上品,其初始的渊源应当来自世家更重子弟的养和教,因此世家子弟

---

① 《礼记·礼运》。
② 《孟子·公孙丑上》。
③ 顾炎武:《日知录》"清议"条,岳麓书社1994年版,第597页。
④ 赵翼:《廿二史札记校正》上册,中华书局1984年版,第102页。
⑤ 范晔:《后汉书》第10册,中华书局1965年版,第2724页。
⑥ 赵翼:《廿二史札记校正》上册,第176页。

大半更加可观。但当选官与家族的依连一路固化而深度板结,致"州郡大吏,但取门资"①成为一种长期性和普遍性之后,儒学以"立贤无方"为贤人政治题中应有之义的道理,便在南朝与北朝的选官过程里都由奄奄一息而荡然无存了。与之相因果的,则是始于"乡举里选"的察举制度自身在两头界分的固化板结里内外俱困而四面支绌。而后隋代继起,"罢九品中正,选举不本乡曲",②并因此而使行之已经数百年的察举制度不得不变。

一、"尚贤"与公平之间

隋代罢九品官人法,同时废置州郡长官辟除僚佐的旧制,"自是海内一命以上之官"咸归"吏部所掌"。③ 而久分之后此日天下重归一统,又决定了随土宇廓大而不能不大幅度增多守土和治理的地方官。因此,比之南北分据时代的小朝廷,则一统之后的大朝廷显然愈多选官的急亟。一则记载说:自隋"罢外选,招天下之人,聚于京师,春往秋还,鸟聚云合";④另一则记载说,"隋炀帝始置进士之科",⑤以"试等"取士。前一面写照了一种前所未有的场面,后一面记述了一种前所未有的科目,而两者之要端皆在考试。若就先后论始末,则察举之日曾兼用过"试等",但数百年之间其法一变再变,遂成前之考试不同于后之考试。后人概论其间的变迁之迹曰:

---

① 《周书》第2册,中华书局1971年版,第386页。
② 杜佑:《通典》第1册,中华书局1988年版,第417页。
③ 同上书,第342页。
④ 《全唐文》卷四六,转引自邓嗣禹《中国考试制度史》,吉林出版集团有限公司2011年版,第10页。
⑤ 《旧唐书》第10册,中华书局1975年版,第3430页。

其先以考绩补救于既用之后,其次寓试于选,又其次乃以试为选。隋之开科取士,特试之演进,而亦选之变更。①

与前代用察举选人而济之以考试相比,隋代已是"以试为选"。两者的不同在于,察举选士的实质是以人选人,"以试为选"的实质是以文选人。而"试之演进"的过程带来选士之法的变化,正是这样造成的。之后是"唐承隋法,不改其理",②正在变化的选士之法遂因之而能够在延续中得以沉积凝固而制度化。但以唐代的选法比察举制度,则唐人在"承隋法"之外,又再进一程,许士人可不由荐举,直接"怀牒自列于州县"以应试选官,③由此别开生面,遂显示了与前代更大的不同与变化。由于这种不同和变化,作为被选一方的个体士人便由原本的不能自主而获得了一种自主和自立。而后,"以试为选"变以人选人为以文选人,则考试不能不一切以程文为去留;"怀牒自列"赋予被选一方以自主性,则个体士人可以越过地方政府而直接与国家权力发生关系。两者都为选官过程提供了前所未有的广泛性、普遍性和公平性,同时是两者都在察举制度行之已久的成法和范围之外别立了一种新的章法。这个过程因丕变而成蝉蜕,在察举制度已经走到止境之日,促成了科举制度的起而代之,并因此而使一种选官制度在直接和间接地影响了中国众多人口的同时,又深度地改变了中国社会。

此后的1300年里,影响和改变了中国人和中国社会的科举制度一面久被论说而且常常受到訾议,其间还曾有过不止一个帝王下诏"罢科目"以期改弦更张;一面又与万千士人外相呼应,内

---

① 邓嗣禹:《中国考试制度史》,"陈序"第1页。
② 《文苑英华》卷四六八九,转引自《中国考试制度史》,第10页。
③ 《唐大诏令集》卷一〇二《荐岁上》,转引自李新达《中国科举制度史》,(台北)文津出版社1978年版,第109页。

相依存,并以其绵延不绝显示了长久的生命力,使"罢科目"的帝王一个一个碰壁,之后,一个一个缩手敛心,转过头来回到"科目"的老路上来。两面之间的这种互歧而共存,说明了与之相连的种种复杂性,并以其各自对应的合理性和不合理性,写照了科举制度内含的深刻矛盾。

唐太宗说:"能安天下者,惟在用得贤才。"是以选官任官,须以"德行学识为本"。① 然则科举与察举虽然此起彼伏于前后代谢之中,而就选官以"尚贤"为宗旨来说,则两者依然承前接后地一脉相延。但时至宋代,自太祖一朝开始便已为科场积弊所牵,在"尚贤"之外,又不能不直面公道和不得不注视公道,以应对"向者登科名级,多为势家所取,致塞孤寒之路"的世间之大不平。②"尚贤"以"立贤无方"为始端,因此"尚贤"自当以公平为心中的尺度和立脚的事实。然而科举行之370余年以后,"势家"与"孤寒"之间的这种太过悬绝又说明,作为一个观念的"尚贤",本身并不足以生成事实上的公平。而后是自太祖一朝开始,行之370余年的科举一变而被置入"势家"与"孤寒"的对比之间,为朝廷的自觉意识所引导而一路移其重心于防弊一头。其间次第产生并前后连缀的殿试、锁院、弥封、誊录都是在用隔绝的办法剔除举子士人的个体印记,从而剔除举子士人在文字之外单面据有的优越和便利,以期"势家"与"孤寒"一旦进入考试的过程,便不能不共处于一种营造出来的平等之中。当日欧阳修曾通论宋代的科举取士曰:

> 不问东西南北之人,尽聚诸路贡士,混合为一,而惟材是择。各糊名誊录而考之,使主司莫知为何方之人,谁氏之子,

---

① 吴兢:《贞观政要》,上海古籍出版社1978年版,第93、291页。
② 李焘:《续资治通鉴长编》第1册,中华书局1992年版,第336页。

不得有所憎爱薄厚于其间。故议者谓国家科场之制，虽未复古法，而便于今世，其无情如造化，至公如权衡，祖宗以来不可易之制也。①

比之唐代取士以不严防弊为常态，而致举子"驱驰府寺之门，出入王公之第，上启陈诗"，以求"咳唾之泽"，和"贵戚纵恣，请托公行"，②以及由此而来的"势门子弟，交相酬酢，寒门俊造，十弃六七"，③则宋人用严立隔绝以成其"无情"和"至公"，立意正在于抑制权势对于科举取士的支配与影响，从而提防权势转化为科举取士中的优势。此后的900多年里，这种抑制之心和提防之心与科举制度常相伴随，成为朝野公认的常理和常态。而由此演为走势，又常常会愈趋愈严。所以时至清代，又从同一种理路里派生出官员子弟参加乡试，须另立"官卷"以区别于"民卷"的做法。熟识清代掌故的徐凌霄在民国初年为之作诠释说："按普通均率计算，一省中额算他一百名，应考的人数，少说些也有一万多人，合计起来，民卷至少也要百中取一，而官卷却只须有二十人就可取中一个，表面上看去，似乎官员子弟到底比平民沾光些，其实这正是平民的利益。因为有了二十名取一的限制，那么官员子弟应试的如有一百个，至多只能取中五名，仅仅占了全榜数额的百分之五，其余的百分之九十五全是留给平民的。哪怕官卷的文章十分的雍容华贵，出色当行，也不能尽数取中。若是没有二十取一的限制，则一百名中额，势必被官卷占去大半，平民就于无形之中受了压迫了。"④因此，相比于殿试、锁院、弥封、誊录维持公平于考试过程之中，这种

---

① 《欧阳修全集》第4册，中华书局2001年版，第1716页。
② 《旧唐书》第10册，第3138、3164页。
③ 《旧唐书》第11册，第4278页。
④ 徐凌霄：《古城返照记》上册，同心出版社2002年版，第357页。

以官卷、民卷各自断开来限定和配分榜额的做法,已是维持公平于考试过程之外了。然则就"以试为选"的本义而言,后者显然是在用一种对于官员子弟倒过来的不公平来维持其整体上的公平。其间的相悖和相成正说明:在一个实际上不平等的社会里,要特为地造就科举取士的平等,便不能不以不平平之,先下手截短太长的一头。与这种抑制和提防命意相类似的,还有唐代制举试诗赋,宋代兼用诗赋、经义,元、明、清三代用《四书》,明清两代又由《四书》衍为八股文的推演变迁。章太炎曾说:

> 为甚隋唐以后,只用科举,不用学校?因为隋唐以后,书籍渐多,必不能像两汉的简单。若要入学购置书籍,必得要无数金钱。又且功课繁多,那做工营农的事,只可阁起一边,不能像两汉的人,可以带经而锄的。惟有律赋时文,只要花费一二两的纹银,就把程墨可以统统买到,随口咿唔,就像唱曲一般,这做工营农的事,也还可以并行不悖。必得如此,贫人才有做官的希望。若不如此,求学入官,不能不专让富人,贫民是沉沦海底,永无参预政权的日了。①

因此,他并不喜欢科举制度,但又力言科举制度中所内含的"社会主义性质"为当日的公道之所在。而就其所罗举的"时文"与"程墨"而言,所写照的其实主要是明清试士的八股文。所以其意中科举制度内含的"社会主义性质",实际上也更多的是在指述明清两朝用八股文选士所体现的公道一面。八股文取题目于《四书》之中,又以破题、承题、起讲、前比、中比、反比、后比、束比以及限定的字数立为程式。由于题目取于《四书》之中,因此八股文的

---

① 章念驰编:《章太炎讲演集》,上海人民出版社2011年版,第7页。

知识范围是限定的。民国初年,时人在科举制度废止之后追叙科举制度,而言之深切的,则尤其是这种八股文体之限定知识范围而造就的公平:"策论词章考据一切雅博的学问,必须多买书,多求学,平民寒士的力量多半办不到,那么考试起来一定还是图书满家的贵家子弟占有优势,寒士因为无力读书求学,场中难免交白卷,就是不交白卷,而文章太空疏了,亦不能取中,那就与机会均等的宗旨不合,所以只重四书五经(实际上五经都在其次,以四书为主课),使得多数平民都可以买得起,读得通,做得文,叫那些胸富五车家藏万架的贵家子弟无特别用武之地。"①虽说这段文字以"贵家子弟"与"平民寒士"相对举,但就"买书""求学"皆系乎财力而言,则这种由限定知识范围而造成的平等,主要应是一种贫富之间的对等。比之抑制权势,其影响所及,显然又属另一重意义。而由于八股文别立专门的程式,则程式不仅限定士子,尤其限定试官,两者共处于一种客观标准之下,试官个人的才识情性和偏好偏恶既无从挥斥自如于读卷评卷之际,便难于以其一己之私意影响凭文以定去留的裁断。因此八股立为程式而延续了500多年,同时又在五百多年里维持了试官与举子之间的公平。

在这种唐代科举不同于宋代科举,宋代科举不同于明清科举的节节变迁里,还有因地域的差异而产生的不对等和不平衡,以及这种不平衡引发的彼此竞比。自南北朝而经隋唐,南方的文风已累积地盛于北方,遂使科举取士南方人常常多于北方人,作为一种反映,则宋代司马光和欧阳修已以此为题目而有过南北之争。这种不同地域之间因文化积累和传播的差别而形成的不相对等,本不同于贵贱之间的不对等和贫富之间的不对等。但这种不相对等又牵及万千士人,并牵及朝廷既以万方一概治天下,则不能不以万

---

① 徐凌霄:《古城返照记》上册,第358页。

方一概选官于天下的内在一致性。因此明代乡试已用南北分卷营造南北平衡,清代尤更进一层而实行各立定额的"分省取中",其营造平衡,遂能达到行省与行省之间。君权用配分数额的办法在不同的地域之间造出了科举取士的公平,对于文风不振的地方来说,这是一种扶植;对于文风昌盛的地方来说,这又是一种限制。在这种从不均衡里造出均衡来的过程里,科举制度得以用一种统一的文化覆盖和涵濡不同的地域,而由此形成的不同地域之共有一种统一的文化,对于君权来说便是政治统一的根基和内核。因此,"分省取中"之外,清代还曾专门在湖南、广西为"瑶童"立学额,在台湾为"番民"立学额。[1] 而原本各自出于地方,并因之而各自属于地方的读书人,则在这个过程中因科举选官而与朝廷相连属,并沿此而入,共同转化为以国家为中心的知识人。所以,在地方意识深厚的中国,士人是最早通过科举制度而能够越出地方意识的社会群类。

1 300年之间,隋唐两朝由"以试为选"开科举之局,而后是宋代初年到清代晚期的900多年里,"以试为选"在层层累进之中不断地以制度的周密化和标准的客观化为功夫,着意于排除与主试一方和被试一方相关联的种种主观影响与人为可能,并用力铲平种种因身份、地位、贫富、地域的差别而造成的单面优势。清代尤其凌厉,常常因科场出毛病而兴大狱,致涉事的官员纷纷被杀、遣、革、降。论其本意,杀、遣、革、降都是用刀锯和重典在维护公平。孟子说:"物之不齐,物之情也。"[2] 而这种排除、铲平和凌厉则显然都是在对"物之不齐"以不齐齐之。但不齐齐之的指归皆在于选

---

[1] 《清文献通考》卷六九;《清会典·台湾事例》第1册,《台湾文献丛刊》第226种,第92页,转引自《科举与科举文献国际学术研讨会论文集》下册,上海书店出版社2011年版,第90页。

[2] 《孟子·滕文公章句上》。

官取士的平等,因此900多年以来,科举制度便成了一种能够在帝王和士人之间形成感应和呼应的东西。自一面而言,这种感应和呼应以政权的开放换来了政府和社会之间的相通和相融;自另一面而言,则帝王以科举的公平为士人造平等,是因为科举造成的人人平等是一种人人在帝王面前的平等。有此平等,举子士人才可能脱出世间的层层不平等,不归于势门而归于帝王。因此,与察举之出于地方并因之而由地方官主导相比,由君权主导的科举制度,显然地助成了君权的集中。然而这种为士人造平等的过程限制皇族、限制世族、限制势家、限制官僚子弟,同时又在使君权成为一种周遭没有扶翼的东西。随后是君权高高在上,一面前所未有地集中,一面前所未有地孤独。这种集中和孤独既在牵动士人与帝王的关系,也在牵动帝王与士人的关系。

钱穆曾概括言之曰:"国史自中唐以下为一大变局,一王孤立于上,不能如古之贵族世家相分峙;众民散处于下,不能如今欧西诸邦小国寡民,以舆论众意为治法。而后天下乃为举子士人之天下。"[1]他所说的"一王孤立于上"和"而后天下乃为举子士人之天下",深度刻画了科举制度既以士人归于帝王助成君权的集中,又以同一个过程里帝王的孤立,决定了君权之能够行于四方一定要倚重和借助科举入仕的士大夫,两者之间常在互为因果之中。因此,就个体而言,科举制度下的士人不能不依附于君权,但就整体而言,则君权安邦临民而经纬万端,同样不能不依赖于士大夫。从比较完全的意义上来说,中国传统政治中帝王与士大夫共治天下的局面正是这样形成的。而同一段文字以"众民散处于下"同"而后天下乃为举子士人之天下"相对举,则说明了自贵族和世家衰落消亡,地方社会便失去了曾经有过的可以聚合一方的重心,并由此

---

[1] 钱穆:《中国近三百年学术史》下册,商务印书馆1997年版,第653页。

走向平面化和散漫化。科举制度促成了这种变化,但在同一个过程里,科举制度产出的士大夫群体又成为一种社会中坚而系结了小农中国的社会秩序和精神秩序。士大夫群体成为起而代之者,平面化和散漫化遂因之而有了归从和归束。而后是中国社会的稳定与士大夫群体的稳定常相表里。

这种随科举制度而来的"一大变局",显示了力行公平的科举制度不断演变,而其公平之影响所及,已远远超出了科举制度本身。然而这个过程排拒权势之影响、财力之影响、主观之影响、文化差异之影响,都是在用截长就短的办法压抑优势以维护弱势。由此形成的,显然是一种权力提调下的公平和一路铲出来的平等。因此,与这种公平和平等相匹配的,便不能不是科举取士的尺度因普遍化而普通化,以及由普遍化而造成的科举人物的均等化。但科举选官以"尚贤"为大道理,而贤之为贤与能之为能,都只能以出乎其类和拔乎其萃为自己的存在方式与表现方式,从而就本义来说,"选贤与能"同尺度的普通化和人物的均等化之间始终存在着不可化约的悖反。所以清人论科举,曾言之深刻地说,"用人最公莫如科目",而"其弊不胜阄焉"。① 这是一种因其"公"而成其"阄",然而选士而以"阄"为弊,则不能不是"贻天下以遗弃贤良之患"。② 科举之公平本是由科举之"尚贤"派生出来的,但公平一经派生便成了"尚贤"之外的另一重宗旨,并因其层层深入和层层周密而自为笼罩,最后导致"尚贤"的科举制度取士之际已无从"选贤与能"。于是"尚贤"派生出来的公平便因之而成了"尚贤"的异化。

与这个过程同时发生的,是科举以力行公平促成选官的大幅

---

① 《中国考试史文献集成》第6卷,高等教育出版社2003年版,第526页。
② 同上。

度开放和政权的大幅度开放,为士人造就了"白衣公卿"的可能。但"以试为选"而注力于平等,则用知识作标准来选官,便不能不随平等之义在内涵和外延两个方面的伸展而由诗赋变为经义,由经义统归于《四书》,之后又由《四书》推演出八股文体。这种知识标准的一变再变,非常明显地以其越来越狭隘和越来越拘牵为走向而趋于实际上的反知识,迨《四书》成为考试的范围和八股成为既定的文体,已使士人周遭皆在四围之中,既不能有个体自主的思考,也不能有个体自主的表达。身在其间,遂有龚自珍所说的"言也者,不得已而有者也",而发议论于四围之中,实无异于"其胸臆本无所欲言"而"强之使言",① 以及薛福成所说的一面是"陈文委积,剿说相仍",一面是"取士者束以程式,工拙不甚相远,而黜陟益以难凭"的相互映照于应试一方与取士一方之间。② 两者都写照了封闭之下知识和见识的困涩与窘迫。"以试为选",选的本应是知识,但其间知识标准的一变再变,又形成了一种最开放的选官制度与一种最不开放的思想环境共存于一体的局面,并由此而致最终不能不取士于知识和见识的困涩与窘迫之间,对于用知识和见识作标准来选官的科举制度而言,显然同样是一种异化。

二、科举制度牵挽下的士人与社会

科举制度是一种选官制度,但"以试为选"和"怀牒自列"所内含的普遍性和广泛性,又决定了科举制度从一开始便不能不以考试为方式,密迩相接地与每个时代的读书人群体地连在一起,彼此依傍而相互扶翼。朝廷以科举取士,士人由科举入仕,在以四民分

---

① 《龚自珍全集》,上海人民出版社1975年版,第123页。
② 丁凤麟编:《薛福成选集》,上海人民出版社1987年版,第1页。

人口之日，科举遂成了社会能够流动的主要路径。正是以这种流动作为反衬，隋唐之后的1 300年里，科举制度得以持其炎炎光焰直接而且深入地影响士人世界和大众世界，使小农经济为主体的中国产生了越来越多读书的人和应试的人。康有为在科举停废之后曾说：

> 昔有科举之时，一县之中，童生岁岁就试，得青其衿者，百仅一焉；诸生三岁一试，得举于乡者，百仅一焉；举子三岁一试，得登第者，数十仅一焉。中非无遗才之憾也，而当其岁月就试，不忍舍去之时，县常有千数百之人士，读书谈道者焉；省常有万数之诸生，读书谈道者焉；国常有数千之举子，读书谈道者焉。[①]

以数目而论，已不能不算是规模非常可观。科举制度催生了大量读书人，同时科举制度又在导引和组织这些被催生出来的读书人。钱穆说：

> 自宋代规定三岁一贡以来，直到清末，每历三年，必有大批应举人，远从全国各地集向中央政府一次，全国各地人才，都得有一次之大集合。不仅政府与社会常得声气相通，即全国各地区域，东北至西南，西北至东南，皆得有一种相接触相融洽之机会，不仅于政治上增添其向心力，更于文化上增添其协调力。而边区远陬，更易有观摩，有刺激，促进其文化学术追随向上之新活力。[②]

---

① 汤志钧编：《康有为政论集》下册，中华书局1981年版，第1042页。
② 钱穆：《国史新论》，生活·读书·新知三联书店2001年版，第293页。

原本以个体存在为常态的个体读书人,便在科举制度的这种导引和组织之下走向彼此认同,并且互相连接,汇为无远弗届,而与其他人口区别开来的一种社会群类。其中的已经出仕者和尚未出仕者虽以地位不同而显分朝野,但又因同归于一种群类和同属于一种身份而彼此绾连,形成朝野之间常在声闻相接之中。由此演为一世之士议,往往下接民间并广涉时务,并因声闻相接而能够直接、间接地影响朝政,所以,在当日的中国,士人便自然地成为最富于政治意识的社会群体。与之相对称的另外一面,则是读书以求进取的过程,使士之为士都须身心浸润于文化,工夫集注于文化,并因之而据有越来越多的文化。虽说科举取士的知识标准以狭隘化为走势,但因读书而涉文化和学术,则文化和学术自有其内在的理路,使人既入其中,便会随之而行,走出科场设定的范围。于是而有生成于1 300年之间的性理之儒、章句之儒,以及后来被归入中国哲学史、文学史、史学史、教育史、艺术史里的种种人物、著述和行迹。就科举制度促生了越来越多的读书人而言,则与读书人越来越多相对等的,总是中国文化在深度上层积地演进和广度上层积地延展。演进和延展都是在以文化影响社会。而这种文化影响的主体和为官出仕的主体在科举制度下的重合和同一,又不断地化育了中国社会对读书人的敬重和对文化的敬重。因此梅光迪曾引英国人卡莱尔的话,直言科举制度的"真正企图",是"使文人统治社会"。[①] 以隋唐至清末之间的1 300来年而论,文人统治社会本质上是一种文化统治社会。两者所造就的影响都不是单纯的吏治所能够做到的,因此两者之具体地实现和真实地实现,都是与万千读书人的存在和活动相连接在一起的。而有此文人统治和文化统治,则武人和商人对于政治权力的介入与干预,便都成了被留

---

① 《梅光迪文录》,辽宁教育出版社2001年版,第78页。

心防范和着力截断的东西。近代中国的救时之士,在中西交冲的逼厄之下,曾力倡"尚武"、倡"商战",又因"尚武"和"商战"追究历史传统中的抑武人和抑商人,显然是不知其由来地,以此一时比照彼一时也,而后是言之滔滔皆不能中肯綮。

科举制度既促生了万千读书人,又影响了万千读书人,但1 300年间,被促生和影响的万千读书人同时也在反过来影响科举制度和改变科举制度。从宋太祖因举子"打鼓论榜"而下诏"命题重试",[①]并由此开殿试之先,到清圣祖目睹历年科目,具见"大臣子弟"与"孤寒士子"占额轻重失衡致人"不心服",遂一变旧日法度而以官、民分卷别立章程,[②]都说明了隋唐的科举制度不同于两宋,两宋的科举制度不同于明清,其间之变迁虽然皆出自于君权的调度,但促成变迁的源头则大半起端于举子士人的不平之鸣。两者之间的这种鸣和应,在清代一次一次因科场兴大狱的风波里尤其明显。从帝王与士人之间的这种相隔辽远而上下相应里,可以非常明白地看到:一面是科举制度在持续不断地造出举子士人,一面是举子士人积为成千上万之后,又在以其成千上万、年复一年地化作科举制度自身的沉重压力,使帝王不能不关注其中的哀喜和苦乐,而为之心神俱动。之后是造出了举子士人的科举制度,同时还不得不致力于疏通和消解这种来自举子士人的压力。

作为一种选官制度,科举虽由察举嬗递而来,本意则与察举一样,都是因官而选,从而都是为官择人。由于因官而选,所以唐代初立科举制度,是以既定的官制和固有的数额为度,而维持供求之间的平衡,考试并不定期;由于为官择人,所以唐代行"怀牒自投",而每科取士大半以30余人为常态。但相隔300多年之后,宋

---

① 李焘:《续资治通鉴长编》第1册,第297页。
② 《清实录》第6册,中华书局1986年版,第4980页。

代的科举已变为"礼部三岁一贡举"的定期而试。① 与之相匹配的,还有"博求俊彦于科场之中"的既宽且泛,②遂致每科取士常以三百数十人为均数。以宋代比唐代,可以直观而见的,显然是科举选官的入口廓然张大和规模一时膨胀。然而在这种廓然张大和一时膨胀的内里和深处,则是士人与朝廷之间的关系所发生的变化。南宋人王栐说:

> 唐末,进士不第,如王仙芝辈唱乱,而敬翔、李振之徒,皆进士之不得志者也。盖四海九州之广,而岁上第者仅一二十人,苟非才学超出伦辈,必自绝意于功名之途,无复顾藉。故圣朝广开科举之门,俾人人皆有觊觎之心,不忍自弃于盗贼奸宄。……况进士入官十倍旧数,多至二十倍;而特奏之多,自是亦如之。英雄豪杰皆汩没消靡其中而不自觉,故乱不起于中国而起于夷狄,岂非得御天下之要术欤? 苏子云:纵百万虎狼于山林而饥渴之,不知其将噬人。艺祖皇帝深知此理者也,岂汉、唐所可仰望哉!③

这段文字比量宋代与唐代科举取士的异同和因果,而着眼处尤在于用士人失路以致天下动荡的可能性和可怕性,以说明从科举制度里产出的举子士人,又须得由科举制度来网罗和安顿,其视角已是把读书人比作山林之间的"百万虎狼"。宋代因"进士入官十倍旧数,多至二十倍。而特奏之多,自是亦如之"异乎唐代,而牵援所及,则不仅大幅度地增加了读书入仕的数量,而且以其数量的

---

① 马端临:《文献通考》上册,中华书局1986年版,第291页。
② 《宋史》第11册,中华书局1977年版,第3607页。
③ 王栐:《燕翼诒谋录》,中华书局1981年版,第1—2页。

剧增又大幅度地把功名之途推近举子士人,使之成为人心中可望且可即的东西。随后是"王仙芝辈"和"敬翔、李振之徒"皆因之而被吸纳消化,遂成其士林同归于安静而"乱不起于中国"。

　　自一面而言,由于这种大幅度增加的读书入仕的数量,科举制度所内含的政权开放性和由此形成的社会对流才能够与之相因依,在比较完全的意义上实现于宋代以后的中国。于是而有后来900年间以"白屋之中大有青云之士,勿以高门鼎族而蔑视寒微"说世事和人事的常谭。① 但自另一面而言,以选官为本位的科举制度被兼用为"御天下之要术",则考试由不定期变为定期,以及"入官"之数"十倍""二十倍"地增加,都已使科举制度的重心由因官而选和为官择人移到了广用收纳以安士心的一头,而与之俱来的便不能不是一个官员的数量累计地增多的过程。然而以中国的广土众民作比照,当日的中央政府和地方政府都只能算是小政府和弱政府,其治理能力有限,因此其构成规模也有限。而治理能力的有限和构成规模的有限,又都决定了对于官僚的实际需求在数量上的有限。因此,由广用收纳以安士心所造成的官员数量上的增多,总体上只能是一种不断超过了实际需求的增多。而由此演为两者之间随供求失度而来的不相对称,遂成了科举制度自身的一种内在矛盾。以后来的尺度作衡量,唐代取士不能算多,而《新唐书》说武后临朝之日,由科目进身的人已"委积不可遣,有司患之,谋为黜落之计,以辟书隐学为判目,无复求人之意"。② 显见得以"有司"的立场相权衡,是但愿其少而不愿其多。然则宋代既增"十倍""二十倍",其间的官场景象自会越益不成章法。《廿二史札记》曾罗举当日史事撮而叙之曰:

---

① 俞樾:《右台仙馆笔记》,上海古籍出版社1986年版,第409页。
② 《新唐书》第4册,中华书局1975年版,第1175页。

王禹偁言,臣籍济州,先时止有一刺史,一司户,未尝废事。自后有团练推官一人,又增置通判、副使、判官、推官,而监酒榷税又增四人,曹官之外又益司理。一州如此,天下可知。杨亿疏言,员外加置,无有限数,今员外郎至三百余人,郎中亦百数,自余太常国子博士等又不下数百人,率为常参,不知职业之所守,只以恩泽而序迁。宋祁疏言,朝廷有三冗,天下官无定员,一冗也。州县不广于前而官倍于旧,请立限员以为定法。①

王禹偁所说的是地方官在实际需要之外的不断增加;杨亿所说的是京官在既有定数之外的不断增加,"员外"之多,便是额外之多;宋祁则通天下而论之,以"冗"总称这些多出来的官员。虽说宋代入仕做官,贡举之外还有门荫、流外一类名目,但就其时的常规和常态而言,这种因多而致"冗"的主体显然出自"圣朝广开科举之门"。此后的数百年间几度改朝换代,而在宋人以"广开科举之门,俾人人皆有觊觎之心"为"御天下之要术"而既变旧日格局之后,后来的朝代遂一路循而效之,大半都在沿用宋人制度。然而以"广开科举之门"来网罗和安顿举子士人,则由此导天下于"人人皆有觊觎之心",又一定会使读书应试的举子士人越来越多。而后是网罗安顿在容量上的有限性,不能不直面举子士人在数量上的无限性。其间的情状,明代人说是"明兴,取士之典大率仿宋制",而宋人的办法行于明代,一面造成了"二百年来,士渐被鸿涌而起于学者,霭霭乎羽仪王路,可谓极盛",一面又造成了"天下之士群趋而奔向之",遂致"率天下而为欲速成之童子"。② 两头

---

① 赵翼:《廿二史札记校正》下册,第538页。
② 《中国考试史文献集成》第5卷,第565、571、579页。

褒贬不同,而表述的则都是士人之日多一日。在他们之后,清代人同样在说这个题目,而言之尤为锐利峭刻:

> 十室之邑,儒衣冠者数千,在学者亦数百。天下人见士如此其易为也,为公卿大夫又如此其不难也,于是才仅任农工商者,为士矣;或且不堪农工商者,亦为士矣。既为士,则皆四体不勤,五谷不分,而妄冀公卿大夫。冀而得,居之不疑;冀而不得,转生嫉妒,造谤诽,而怨上之不我知。上之人见其然也,又以为天下本无士,而视士益轻,士乃益困。①

在这种四民纷纷然各谋"为士"的众生相里,显然是"如此其易"不仅造成了士多,而且造成了士滥。而后是"士十于官,求官者十于士",以致"士无官,官乏禄,而吏扰人"。② 网罗安顿虽"重设吏职,多置等级"以为包纳,③而其容量的有限性终不能逮举子士人在数量上的无限性,遂使宋代"广开科举之门"以后,明代和清代在广开科举之门的同时,又要另立章程递设层级,把科举入仕的过程隔成一段一段,并因之而使科举入仕的过程成为一条漫漫长路。就明代"三年大比,以诸生试之直省,曰乡试,中式者为举人;次年,以举人试之京师,曰会试;中式者天子亲策于廷,曰廷试,亦曰殿试"而言,④其间以三段分层次本与宋人相仿,然而明代以"科举必由学校"为选官之起端和入门之径,则唐宋实行"怀牒自列",是齐民皆可与科举考试,而明代实行"怀牒自列",是齐民须

---

① 袁枚:《小仓山房诗文集》下册,上海古籍出版社1988年版,第1166页。
② 钱穆:《中国历代政治得失》,生活·读书·新知三联书店2001年版,第57页。
③ 杜佑:《通典》,中华书局1988年版,第455页。
④ 《明史》第6册,中华书局1974年版,第1693页。

先经县试、府试、院试入官学,之后始得以生员(诸生)资格与科举考试。这种旧法之外的多此一层,理据在于"学校则储才以应科目",①然而以学校又最终以"科目"为归宿和生员之最终归宿于"科目"而论之,这种多此一层实际上是将科举入仕的过程又朝前延伸而增添了一段。作为直接的对应,便是乡试、会试、殿试之前更多了一重被总称为"童试"的县试、府试和院试。和宋人相比,显然是明代士子,以及沿用了明代制度的清代士子科举入仕之路,会因考试的增多而更曲折并且更陂陀。

与"广开科举之门"而使"天下人见士如此易为也"相比,这种一面广开科举之门,一面又递设层级以增加考试所要显示的,是士之可为而不易为。因此,递设层级以增加考试,随曲折陂陀俱来的,还有考试过程的更窒更难。宋代朱熹目睹"士人千人万人,不知理会什么"而纷纷然群聚于场屋之中各竞高低,已引为大弊,并主张勒之以考试程法以行过滤:"严挟书传义之禁,不许继烛,少间自沙汰了一半。不是秀才底人,他亦自不敢来。虽无沙汰之名,而有其实。"②比之"广开科举之门",用科举制度本身来网罗和安顿科举造出来的士人,则这种"虽无沙汰之名,而有其实",显然是意在用科举制度本身来淘汰科举造出来的士人,以减少其间之"不知理会什么"者。两者之间的相互矛盾,正表现了两者之间不得不相互校正。所以,在朱熹的议论之后,"虽无沙汰之名而有其实"又会由议论而演化为事实。清初人曾返视前朝而总论明代科举考试,说是"其用八股也,则经术之遗而帖括之式也;其用判语也,则因于唐;其用策论也,则因于汉宋;其用诏、表也,则因于诗赋之骈丽。夫先之以经义以观其理学,继之以论以观其器识,继之以判以

---

① 《明史》第6册,第1675页。
② 朱熹:《朱子全书》第17册,上海古籍出版社、安徽教育出版社2002年版,第3532页。

观其断谳,继之以表以观其才华,而终之以策以观其通达乎时务",推许"其为具盖至备也"。① 但对于应试的士人来说,显然是这种"为具盖至备也"的考试,一定会因其设定了更多的名目和种类而比唐代的考试和宋代的考试更难对付。然而自"无沙汰之名而有其实"一面视之,更难对付的考试便成了一种举子士人自我淘汰和自然淘汰的考试。就其意义和实效而言,正与朱熹的议论相仿佛。清代的科举考试仍然循明代的"为具盖至备也"而行,但其间的应试之难又驾而上之。康熙朝曾有诏旨令"科场出题,关系紧要。乡会经书题目,不拘忌讳",而"断不可出熟习常拟之题"。② 之后雍正皇帝引同一个意思又再做徽申。对于继起的帝王和后来的试官,这些便是祖宗家法。由于不可用"熟习",则不能不出之以面目陌生,由于不可用"常拟",则不能不出之以意料之外。然而八股文题目皆取自《四书》,其有限的文字经明清数百年不断地引之以试士,又不断地衍生为坊间的程墨,对于多数士子来说,都已在积久之后成了熟识的东西和惯见的东西。因此,出之以面目陌生和出之以意料之外,便很容易走入截断经文和排比经文一路。并因之而越出常理、常识和常度,演为僻而且怪。

生于嘉庆而历经道、咸、同、光四朝的陈澧后来总括而论,以"试官割裂经书以出题,于是题不成题,文不成文"为"时文之弊,至今日而极"。③ 若追溯渊源,这种"割裂经文"的事明代已经有过。但作为一种引人注目的现象则以清代为常见,尤以县试、府试、院试为多见。"其中有所谓截搭题者,就原文上句与下句,各截取数字,几于不成句亦不成文",④ 由此产出而要求当日士子命题

---

① 黄中坚:《科举策》,《皇朝经世文编》卷五七《礼政》四。
② 《清实录》第6册,第5523页。
③ 陈澧:《科场议》,《经世文续编》卷六六《礼政》六。
④ 刘禺生:《世载堂杂忆》,中华书局1960年版,第4页。

作文的"顾鸿""见牛""礼云玉""广大草""谷与鱼""下袭水",以及"是也""匍匐""节彼南山""子路不说"等等,①都属无从下笔的题目,其难处不在思想能力和知识程度,而在其命意之不可审知和不可猜想。与之相类似的,还有"吾以为汝死矣"那样虽出自经书,②而使人瞠目结舌的题目。其间也有过试士的一方因割裂经文古怪过头而"落职"的事,但对举子士人而言,这种"题不成题,文不成文"既已"习为风尚",③则与之相逢于场屋之中便是常常会遇到的困厄。此中之无厘和窘迫,便成为时文在当日和后来久被诟病的原因之一。而时逢"才仅任农工商者为士矣,或且不堪农工商者亦为士矣"的比比然而是,则世人眼中"十室之邑,儒衣冠者数千"所形成的层出不穷和满坑满谷,正得此以为汰滤删薙,而能够大体维持一个以学额为规模的总量。因此,这种"习为风尚"虽久被诟病,却依然长久地存在于清代的科举制度之中,使一代一代的举子士人都不得不常常要与"滚作题""截作题""半面题""冒下题"以及"有情搭""无情搭"一类角智角力而苦相厮磨。④

明清两代因递设层级以增多考试而拉长了科举入仕的进门之路,清代又因出题戒"熟"戒"常"而以考试之难造成了个体士人的入仕之难。以前代为比照,两者显然都无益于举子士人的网罗和安顿。但明清两代之不同于前代,又在于其五百多年之间的科举制度已经把功名与出仕分为两途。明代人说:"乡举在宋代为漕试,谓之发解,第阶之解送南宫会试耳,弗第者须再试,未阶以入仕也。"清代人说:"进士必由乡举,唐宋元举进士不第者复试乃解,

---

① 梁章钜:《制艺丛话·试律丛话》,上海书店出版 2001 年版,第 4 页;启功等:《说八股》,中华书局 2000 年版,第 7 页。
② 徐珂:《清稗类钞》第 2 册,中华书局 1984 年版,第 618 页。
③ 刘禺生:《世载堂杂忆》,第 4 页。
④ 转引自《二十世纪科举研究论文选编》,武汉大学出版社 2009 年版,第 172—173 页。

复试仍属诸生矣。至明,定为举人,可以会试,可以谒选。"①两者表述的都是前代之施行科试,作为独特身份的功名和作为出仕资格的功名本自同属一体,皆由进士及第而来。已经通过地方考试而得"发解"以入礼部会试的士子虽被通称作"举人",而所指仅是"举人者,举到之人",既不算是身份,也不算是资格。因此一旦落第,犹是白身,下一科应试仍须由"发解"从头开始。但明清两代之不同于唐宋元的旧法,是其递设层级,同时又是在递设功名。由于"科举必须由学校",因此士子应县试、府试、院试入学而成生员,则生员已是功名而俗称秀才。以此为起点,之后生员应乡试,中式而成举人;举人应会试、殿试,及第而成进士。其间的梯而上之虽以功名的高低各分等差,而身在此中,各分等差的功名同时又构成了一种共有的标识而共成其别归一类而不同寻常。在这个过程里,由考试而得的功名,其内含的意义和实际的影响,都在于用朝廷的名器显尊显贵,以造就个体的社会身份。秀才、举人、进士,遂因之而在明清500多年里成了人口中的高出于编户齐名者。明人吕坤说:

> 吾少时乡居,见闾阎父老,阛阓小民,同席聚饮,恣其笑谈。见一秀才至,则敛容息口,唯秀才之容止是观,唯秀才之言语是听;即有狂态邪言,亦相与窃笑而不敢短长。秀才摇摆行于市,两巷人无不注目视之曰:"此某斋长也。"人情之重士如此,岂畏其威力哉! 以为彼读书知礼之人,我辈村粗鄙俗,为其所笑耳。②

---

① 《赣州府志·选举志》、(同治)《宜兴县志》,转引自《二十世纪科举研究论文选编》,第476页。
② 《吕坤全集》中册,中华书局2008年版,第920页。

下层社会因"读书知礼"而仰视秀才,与秀才以"读书知礼"而得功名,本在彼此映照而相为表里之中。然则前代科举制度以选官为出发点和归宿,因此,考试产生的是一个源源不绝的官僚群体。而功名之为功名,则是在入仕为官中实现的。以此对比吕坤所描述的情节和情状,显然是明清两代的科举考试在产生出官僚群体的同时,又产生出一个功名群体。就进士及第皆用为朝廷命官和举人中式之少数能够选官入仕而论,功名群体的一部分是与官僚群体相重叠的。这种功名和官职的同一,犹与唐宋元以来的做法一以贯之。但以秀才比举人,以举人比进士,无疑是明清两代的功名群体中,与官僚群体不相重叠的部分在数量上要大得多。由于不相重叠,他们是一种有功名而无官职的人物,由于数量更大,他们又是一种居官场之外而广布于四面八方的人物。500多年之间,这些人不断地从科举考试中产生出来,并因之而与科举制度相依相存,而作为前代所未曾有过的不入仕途的功名人士,他们的广泛产生和长久存在,同时又显示了明清两代的科举制度引人注目的变化,以及因科举制度的变化而造成的社会结构的变化。

与宋代的"广开科举之门"比,自明代开始的递设层级以增多考试和递设层级以增多功名,对应的是读书应试的人数累积之后的紧张,化解的也是读书应试的人数累积之后的紧张。考试增多反映了科举入仕之难。以此为对比,则将功名与仕途分为两路,无异是在仕途消化不了读书应试的人口之日,以功名的增多别开蹊径,在仕途之外网罗和安顿举子士人。就秀才可以成为举人,举人可以成为进士而言,功名仍旧连接着仕途。但就多数秀才成不了举人和多数举人成不了进士而言,功名已是朝廷给予个体士人在这个社会里的等级和地位。这种等级和地位出自文化,而标示的则是贵贱尊卑。因此,自生员进学之日起,王法所重,尤在"各衙门官以礼相待",而"不得视同齐民",①与之相匹配的,还有对应的服饰、顶戴、声望和种种权利。而后是明清500年间,这种功名群体便被总称为"绅士"或者"绅衿"而长久地存在于朝野之间,演绎了仕途之外的身价之所在、地位之所在和影响之所在。有此以为读书之所得,便是有此以为人世之成就,所以,顾炎武说明代生员十分之七以秀才为止境,而无更求上进之心;②齐如山说晚清读书人"进了秀才就很知足,永远没有乡试过的人(考举人)总占十之七八"。③与之相类似的判断,还见于同样做过秀才的吕公望和陈独秀的笔下。显见得在一个"仅任农工商者为士矣,或且不堪农工商者亦为士矣",而致读书人越来越多的时代里,由科举制度衍生出来的这种功名群体,曾吸纳了大量读书应试的举子士人,为他们在官场以外提供了一种出人头地的空间。但比之官僚群体的出仕即是离乡远走,这种以士绅为总称的功名群体则大半都留在生于斯、长于斯的地方社会之中,既与编户齐民相渊源,又与编户齐民相往来。时人曰:举人、秀才"之所以贵于世者,谓其以诗书自致"。④而从朝廷一面看去,以诗书致功名,同时又是在用功名把这些拥有诗书的人从编户齐民中挑选出来,以此为地方社会立范式和作导向。因此雍正一朝的诏书曾言之直白地说:

> 为士者,乃四民之首。一方之望,凡属编氓皆尊之奉之。以为读圣贤之书,列胶庠之选,其所言所行,俱可以为乡人法则也。故必敦品励学,谨言慎行,不愧端人正士。然后以圣贤

---

① 《训士规条》,《钦定大清会典事例》卷三八九《礼部·学校》;康熙九年礼部题准,转引自王德昭《清代科举制度研究》,中华书局1984年版,第36页。
② 顾炎武:《顾亭林诗文集》,中华书局1959年版,第21页。
③ 《齐如山回忆录》,宝文堂书店1989年版,第23页。
④ 陈庆镛:《籀经堂集》,转引自张仲礼《中国绅士》,上海社会科学院出版社1991年版,第2页。

诗书之道开示愚民,则民必听从其言,服习其教,相率而归于厚。①

然则大多数秀才虽然成不了举人和大多数举人虽然成不了进士,但"一方之望"和"尊之奉之"都说明,从身"列胶庠之选"开始,朝廷给予的功名实际上已经使他们被指定为领袖乡里的人物了。比之世家之领袖一方出自门第之尊,这种以功名为尊的人物因名器得自朝廷而与国家相连,又因根脉系于乡里而与地方相连,他们身处上下之间,所以他们能沟通上下之间。传统中国的官僚政治以州县为最底层,因此作为朝廷命官的知州和知县虽以守土安民为职分,而守土安民的本相,则是以其一人一身连同身边的幕友、胥吏、门丁、长随、衙役,心长力绌地与百里之内的数十万人口直面相对。由此形成的不相对称,遂使小政府和弱政府之下的地方治理,不能不在很大程度上成为一种实际上的地方自治。梁启超后来说:

> 吾中国则数千年来,有自治之特质。其在村落也,一族有一族之自治,一乡有一乡之自治,一堡有一堡之自治;其在市集也,一市有一市之自治,一坊有一坊之自治,一行有一行之自治。乡之中有所谓绅士耆老者焉,有事则聚而议之,即自治之议会也。设族长堡长,凡议定之事,交彼行之,即自治之行政官也。其一族之祖祠,一乡之庙宇,或乡局或社学,即自治之中央政府也。祖祠庙宇乡局,皆有恒产,其岁入岁出有定额,或有临时需费,则公议税其乡所产之品物,即自治之财政

---

① 王炜编校:《〈清实录〉科举史料汇编》,武汉大学出版社2009年版,第165—166页。

也。岁钞必布告其所出入,即财政之预算决算也。乡族中有争讼之事,必诉于祖祠,诉于乡局,绅士耆老,集议而公决之;非有大事,不告有司,即自治之裁判也。每乡每族,必有义学,即自治之学校也。每乡族必自设巡丁,保里干闾,禁盗贼,即自治之警察也。凡此诸端,凡关于自治之体制者,几于具备。人民之居其间者,苟非求富贵利达及犯大罪,则与地方有司,绝无关涉事件,唯每年纳钱粮地丁,即田租,少许而已。而推其所以致此之由,非历代君相,乐畀吾民以此特权也。中国之地太大,人太众,历代君相皆苟且小就,无大略,不能尽力民事,其于民仅羁縻勿绝,听其自生自养而已。①

他以西国体制比附两千年的地方之治,名实之间未必尽能合辙,但其笔下描述的传统中国乡里社会之自为治理,则写照了历史的真实。正是在这个意义上,美国历史学家费正清说,中国的君权统治其实是一种不能直接达到"乡村"的"表面上"的统治。② 而乡里之能够自为治理,全在于乡里共有一种人所同认和人所共守的秩序。若以此对比雍正朝申论士为四民之首的诏旨,则明清500年里,守护和维持了这种秩序的"绅士耆老",其主体和主导无疑都是科举制度派生出来的功名群体。小农经济的中国以血缘为纽带而有宗族组织,但作为地方社会,乡里又大于宗族。因此,宗族之外,功名遂成为一种共识共尊而更富于广度的权威,并因之而能够更普遍地笼罩乡里。就梁启超历数而枚举的种种公共事务而论,"绅士耆老"所做的事,都是守土安民的地方官应做而做不了的事。因此州县官管地方,便不能不引绅士为助,并常常与绅士共

---

① 梁启超:《饮冰室合集》第1册《文集》三,中华书局1998年版,第49页。
② 《费正清集》,天津人民出版社1992年版,第11页。

治,时逢乱世,则尤其明显。咸丰初年胡林翼守黎平,已深感"其村寨有读书人者皆易治,无读书者难治"。① 之后巡抚湖北,又统括而论之曰:"自寇乱以来,地方有事,官不能离绅士而有为。"② 胡林翼说的是战乱之时,梁启超说的是承平之日,合两者通观之,显然是科举制度派生了拥有功名的绅士群体,同时也为地方社会筑成了一种以绅士为主干而植根于乡里的社会结构。科举制度的同一性决定了绅士的同一性,绅士的同一性决定了这种社会结构的同一性。因此,在顾炎武所说的旧时"乡亭之职"解体之后,这种社会结构在500多年里维系和规定了中国绝大多数人口的生存样式和生活状态。由此形成的,是一个因果错综而富有历史内涵的过程:就科举取士以选官为初旨而言,不入仕途的绅士群体本是一种派生物,但就这种现存的和既定的社会结构而言,则绅士群体虽然不入仕途,而论其整体属性,却与官僚群体一样都是身处于君和民之间,以其自身的存在和活动在为朝廷宁靖地方以宁靖天下。而后是本来出自派生的东西,在实际上已成了支撑上下而牵动八方的东西,然则与前代相比,明清500年间的科举制度正以其不仅源源不绝地提供官僚,而且又源源不绝地提供绅士为独特。以科举取士的本旨而言,这是一种显然的变化,但以当日中国的社会和人口为着眼点而论天下的治理,则绅士群体的举足轻重显然不会在官僚群体之下。

三、因利禄之途而成一世之教化

自隋唐之后,朝廷以文化考试选官,士子由读书应试入仕,而

---

① 陈庆年:《横山乡人日记——选摘之二》,《近代史资料文库》第1册,上海书店出版社2009年版,第282页。
② 《胡林翼集》第2册,岳麓书社1999年版,第1012页。

由此形成的社会对流,便既成为一个劝学的过程,又成为一个以利禄劝学的过程。其间常被指为典型而流播于当世和后世的,是宋真宗以帝王之尊作诗劝学,而引"千钟粟""黄金屋""颜如玉"为应该求和可能求,并尽归应求和可求于"男儿欲遂平生志,六经勤向窗前读"。在这种诠释里,科举之途便不能不成为一种利禄之途。但利禄之于多数读书人,未必都是"千钟粟"和"黄金屋"。一则出自《郎潜纪闻》的记叙说:"翁文端公年二十四时,犹一贫诸生也。其祀灶诗有云:'微禄但能邀主簿,浊醪何惜请比邻。'"①虽说被敬称为"文端"的翁心存后来官至"两朝宰相、再世帝师",但此日所愿显然不在腾达而在温饱。另一则出自《鹂砭轩质言》的记叙自述:"余年十四,五经成诵,已提笔能作文,以家贫几至废读。"而经旧仆李升之求告,得附入其新主翁的家塾。李则"夜必婉言劝,见予读之奋,则欣然喜,见于颜色。一日,予偶倦,嬉于庭,李正色曰:'千里有未埋之骨,一家无隔宿之粮,惟冀子身复旧业耳。今优游若是,是忘先人,甘贫贱耳,奴何望焉。'予悚然,复读如初"。② 其层层曲折之中,说的都是一身孤苦而求自立于读书应试。还有一则出自《清稗类钞》的记叙说:无锡人吴之枚"少丧父,未知书,樵采以养母。会以逋赋为县吏所辱,或云为诸生则可免,乃发愤读书"。③ 他由"樵采"而"读书",为的是以读书得功名,以功名抗欺侮。这些记述所提供的实例,既说明了个体士人进入科举之途的各有愿想,也说明了各有愿想常常出自个体士人的困境和穷境。因此,就一个一个士人而言,由于常常出自困境和穷境,则寄愿想于科举之途,便会多见这个过程里屡起屡仆,之后又屡仆屡起的一路挫跌而不肯回头,其间的极端,遂有"穷已彻骨,尚有一分生涯,

---

① 陈康祺:《郎潜纪闻初笔二笔三笔》上册,中华书局1984年版,第42页。
② 戴莲芬:《清说七种》,《鹂砭轩质言》,上海文艺出版社1992年版,第63页。
③ 徐珂:《清稗类钞》第8册,第3896页。

饿死不如读死;学未惬心,正须百般磨炼,文通即是运通"那样的不折不挠和凄苦自励。① 而与之相对应的,则是"文通即是运通"之日的寒人吐气。《唐摭言》有《起自寒苦》一节,其中说:

> 王播少孤贫,尝客扬州惠昭寺木兰院,随僧斋餐。诸僧厌怠,播至,已饭矣。后二纪,播自重位出镇是邦,因访旧游,向之题[壁]已皆碧纱幕其上。播继以二绝句云:"二十年前此院游,木兰花发院新修。而今再到经行处,树老无花僧白头。""上堂已了各西东,惭愧阇黎饭后钟。二十年来尘扑面,而今始得碧纱笼。"②

科举制度为一个乞食寺院的小人物提供了登天之梯,使之能够拾级而上,变成"自重位出镇是邦"的大人物。因此,"二十年来尘扑面,而今始得碧纱笼"虽出于个人的感慨系之,反照的则是科举制度下的世相。若举前者的"饿死不如读死"比后者的感慨系之,显见得科举之途所以能够寄托愿想,本在于种种愿想虽各有起端并彼此异同,而作为个体的各为进取和自为进取,其终头处都脱不出科举之利和科举之禄的范围。从这个意义上说,举子士人既入读书应试之轨辙,在世人眼中,便无分穷通,已皆属身为利禄所牵,而后是功名与利禄遂首尾相连而合为一词。由此深作推导,则科举制度的社会影响之一,便是传播了官僚意识。

然而读书应试的过程既是一个以读书求利禄的过程,则举子士人一旦身在其中,相比于只能远看的利禄,圣贤的经义便始终是一种更加切近、更需用心从而更能熟识的东西。清代的最后一个

---

① 徐珂:《清稗类钞》第 8 册,第 600—601 页。
② 王定保:《唐摭言》,上海古籍出版社 1978 年版,第 73 页。

探花商衍鎏曾自叙6岁开蒙,读《三字经》《千字文》,之后读四书、读五经,兼读《孝经》《公羊传》《穀梁传》《周礼》《尔雅》,开笔作八股文,之后还要读古文、律赋、文选以及通鉴、四史、子书等等。①他在30岁以一甲第三名及第,然则以时日计,其利禄未得之前,已有24年光阴是与这些圣贤之教长相厮守的。在当日跋涉于科举之途的读书人中,这是一种常态,而由此形成的漫长过程,则不会不对个体士人的精神世界发生长久的影响和深度的影响。中过秀才的蒋梦麟后来说,他幼年时是以"天子重英豪,文章教尔曹。万般皆下品,惟有读书高"为抱负而被导引驱策走入学塾的,随后日以"死背古书"为常课。在他的个人体验里,这种事虽然看似"乏味又愚蠢",但积之既久,则使"一个人到了成年时,常常可以从背得的古书里找到立身处事的指南针",其造就和规范往往会影响和支配人的一生。而作为这种个人体验的一种个人实证,是华北事变之际,身为北大校长的蒋梦麟被日军胁持到东交民巷,并威吓要把他绑架到大连去。他平静地回答日本人说:"中国圣人说过,要我们临难毋苟免。"②在彼时的场景里,平静所表达的正是不可动摇的无畏。在亲身投入了清末的反满革命并留学美国多年之后,此日蒋梦麟的知识世界显然已不会再等同于当年学塾里的童子,但身逢横逆之逼来,被他倚为精神支撑而能够赖以自我挺立的,却仍然是当年在学塾里由"死背古书"而获得的东西。就其一身的与时俱变和始终不变而言,则比之"天子重英豪,文章教尔曹",无疑是"临难毋苟免"的入人之脑和入人之心更深而且更久。然则"死背古书"真是一种先记住后理解的办法,幼年记住的东西,往往要在个体的成长过程中逐步理解,而一旦理解,则其中的道理便

---

① 商衍鎏:《科举考试的回忆》,载《二十世纪科举研究论文选编》,第150页。
② 蒋梦麟:《西潮·新潮》,岳麓书社2000年版,第31—32、203页。

因已经入脑入心而能够相伴一生,成为人之为人的守则。比之发源于欧西的现代知识教育,这是另外一种路数,但就蒋梦麟自叙的体验而言,则其间显然同样有着另外一种现代知识教育所难以提供的益处。蒋梦麟在科举之途里只走了短短的一段,在他之前的1 300年间,尤其是明清500多年间的读书人脚下的路都要长得多。而与之相对称的,便是前代读书人的心血和功夫都远远不止"死背古书",其中的要目,又以一遍一遍地体会和摹仿"八比代圣贤立言"为大心血和大功夫之所在。袁枚曾经说过:

> 圣人之言,圣人之心也。能得圣人之心,而后能学圣人之言。得之浅者,皮傅于所言之中而不足;得之深者,发明于所言之外而有余。孔子学周公者也,孔子所言,周公未尝言。孟子学孔子者也,孟子所言,孔子未尝言。周、程、张、朱学孔、孟者也,周、程、张、朱所言,孔孟未尝言。时文者,依周、程、张、朱之言以学孔孟,而实孔、孟与周、程、张、朱皆未尝言。①

在时文已经累被訾议之日,他所陈述的是时文原本设定的深意和应当具有的深度。因此,要做通八股文,其难处在于不仅需得用认知的办法领会圣人之教,而且需得用移情的办法努力使自己与圣人在精神上合为一体:"圣贤所言,各有实际。每作一题,内考之己,外验之物,以至古今治乱之故,贤人君子立身持世之节,苟与题理关通者,应念毕集,以佐吾说。"②由于"吾说"是代圣贤立言,因此一篇时文累累数百言,每句话都是圣贤没有讲过的,但每句话又都应当是出自圣贤意中之所有的。这个过程不能不殚精竭思,

---

① 袁枚:《小仓山房诗文集》下册,第1771页。
② 张尔岐:《蒿庵集 蒿庵集捃逸 蒿庵闲话》,齐鲁书社1991年版,第77页。

而这种殚精竭思地从精神上逼近圣贤的过程,同时又会"常于吾人不知不识之际,策德术心知以入慎思明辨之境涯",①以年复一年地化人气质于无形。而后是利禄犹在远处,个体士子的知识境界和人格境界已在儒学的笼罩之下不断地往高处走。对于大部分人来说,读书应试遂既成为一种文化的自我训练,也成为一种德性的自我训练。民国年间的时论曾以追怀之心概而言之曰:

> 夫试经义者,必日读六经传说也,日诵目睹,皆辨义利,尚德行,贵忠信笃敬,而恶巧佞无耻以得富贵者也。学之试之者,岂必尽行,然犹知之而怀耻也。②

儒学重耻,不过是要人知道,世界上有些事情是不能做的。因此,未必人人都能大有为于天下,但人人都可有所不为而自立于天地之间。而后是"怀耻"便成为经传对人最根本的造就。后来以"老圃"为笔名的杨荫杭所说的"读书识字,最易发生廉耻",③以及齐如山所说的"科举考试,于人道德品行,是有极大益处的",从而"凡科甲出身之人,总是正人君子较多",④正是由此发生而能够成为一种直观可见的事实。

由一个一个个体士人汇成群体,便是"依周、程、张、朱之言以学孔孟"汇成群体和"策德术心知以入慎思明辨"汇成群体。康有为刻画这个过程传播孔孟的道理,说是"八股之士,发挥其说,鞭辟其词,无孔不入,际极天人",而致"负床之孩,贯角之童,皆所共读

---

① 钱基博:《中国现代文学史》,岳麓书社1986年版,第408页。
② 汤志钧编:《康有为政论集》下册,第905页。
③ 杨荫杭:《老圃遗文辑》,长江文艺出版社1993年版,第66页。
④ 齐如山:《中国的科名》,辽宁教育出版社2006年版,第195、197页。

而共知之"。① 虽说后世议论多沿《汉书》所说,以"(董)仲舒对策,推明孔氏,抑黜百家"为独尊儒术之始,②但由魏晋的玄学之盛和隋唐的佛学之盛比照宋代以后孔孟之道的四布天下而范围人心,致人人"无所逃于天地之间",则真正意义上和完全意义上的儒学独尊,显然是与宋代以后科举用经义试士和明清两朝的"八比代圣贤立言"相因果的。以唐代进士的不言制行和五代进士的不立操守比宋人之节义相尚,尤能见其间的不一样。而康有为的言之侃侃,说的正是成千上万士人以其读书应试汇成的过程实现了这种因果。但这个过程中处于中心的儒学义理,以及儒学义理在人心中的内在化,又常常会使置身于其间的士人因为跟着义理走而越出了读书应试的范围,成为以圣贤之教感召他人和影响社会的自觉主体。明人杨慎由科举入仕曾居庙堂之高,又因上疏受廷杖,之后戍云南。而在滇之日,犹以义理自任而讲学不息:

> 滇之东西,地以数千里计,及门而受业者恒千百人,脱颖而登科甲、居魁选者,蔼蔼然吉士也。先生又不以问学骄人,藏智若愚,敛辩若讷,言质而信,貌古而朴,与人相接,慷慨率真,评论古昔,靡有倦怠。以故士大夫乘车舆就访者无虚日,好贤者携酒肴往问难,门下屦常满。滇之人士乡大夫谈先生者,无不敛容重其行谊博物云。③

他因获谴而远戍,又因远戍而讲学于边陲,其意中显然是以为用圣贤之教化育四方更重于一己一身的祸福得失。西方人说中国

---

① 汤志钧编:《康有为政论集》下册,第844页。
② 《汉书》第8册,中华书局1962年版,第2525页。
③ 郭皓政编:《明代状元史料汇编》,武汉大学出版社2009年版,第803页。

的士兼有贵族的品格和传教士(牧师)的品格,前者指的是因功名而得身份,后者指的则是这种为经义所造就又以经义造就他人的怀抱。两者都出自于科举制度,而后者的内涵显然更深一层。因此直至19世纪末期,士林中人的通信里仍然有"仆维无才,无以报国,庶几读书申明大义,斯亦下士之责也"那样的身在仕路之外而不忘以义理牖世的自期和自许。① 在这种由一个一个个体汇成连绵不绝的过程里,像杨慎这样身在谪戍之中而犹切切于聚徒讲学以弘扬孔孟的例子当然不会是屡屡可见的常态。同他相比,更多的人既在一乡一地,则尤以一乡一地为关怀之所在。《儒林琐记》说雍正朝蓝鼎元由读书得官,而以除弊"夺职"去官。既废,人以其有才地时望,多劝之仕,而他以"山林草野,随在可报君恩,率一乡之人而尊君亲上,奉公守法,则报在一乡;使百十世后之人皆知孝弟忠信,阴消其犯上作乱之芽蘖,则报在百十世。夫安所往而不可哉"为回答。② 其意中之"一乡之人"是身教行于当时,"百十世后之人"是言教传给后来,而"尊君亲上"和"孝弟忠信",则都是需用义理日积月累地灌溉薰化出来的东西。在儒学的政治理想里,以王道治理天下,则治理应当是与教化连在一起的,而后有所谓礼教与礼治的等义和同义。因此,杨慎讲学于边地以育人而化风气,蓝鼎元愿"率一乡之人"入礼义之中,以影响"百十世后之人",两者的前后相映,都说明了这种理想在儒学士人心中的不磨不灭,也都说明了在那个时候的中国,儒学群体作为一种社会存在,常常是以这种理想的知行合一表现出来的。

而自另一面言之,与儒学的这种以教化为治理的理想既相对应又相呼应的,则是其时政府管地方的臂力太过有限而不能放手

---

① 吴天任编:《梁节庵先生年谱》,(台北)艺文印书馆1979年版,第108页。
② 朱克敬:《儒林琐记·雨窗消意录》,岳麓书社1983年版,第25页。

远伸,从而是由此形成而被梁启超称作"羁縻勿绝,听其自生自养而已"的治理,不能不与教化相依傍,以期借儒学义理的灌溉薰化,使生息于民间的芸芸众生由各安其心而各安其分,由各安其分而安己安人。因此梁启超又说:"儒家认教育万能,其政治以教育为基础。"①他所说的教育便是前代人意中的教化。在明清500多年里,科举制度产出的功名群体之所以能够以绅士的身份筑成一种社会结构,以维持和守护乡里的秩序,正在于这种功名群体同时又是以绅士的身份在承担教化和施行教化的人。因此,中国人的文化不仅是一种观念,而且是一种社会结构和社会状态。没有这种礼法与习俗融为一体的乡里社会,中国文化便会成为悬浮的东西。清人钱泳说:

> 《金陵琐事》载:南坦刘公罢嘉兴太守,训蒙自给。远庵李公罢江西副使,殊无生计,授徒于高淳。又顾横泾先生罢河南副使归家,环堵萧然,客来,从邻家乞火煮茗,当时传为佳话。近日长洲蒋少司马元益历官主试学政,致仕家居,惟以砚田糊口,典质度日。吾乡邹晓屏相国归田,时年已七十又四,一裘三十年仅存其鞟,赖门生赠遗以为薪水。②

他罗举了一连串由地方社会进入仕途,又在为官多年之后回到了地方社会的前人和近人,而尤其以他们的甘心守贫为仰之弥高。在当日的体制之下,这些人虽然做过官,但一经致仕归田,则已分属绅士而与人口中的多数共处于民间社会之中,并因之而常在人口中的多数仰而视之的众目环顾之中。所以,其甘心守贫不仅是

---

① 梁启超:《饮冰室合集》第9册《文集》五十,第163页。
② 钱泳:《履园丛话》,中华书局1979年版,第639页。

一种个人处世的态度,而且是一种可以为民间社会直观而见的立身之示范。人世间的恶大半起于人心中的贪,因此儒学教人,尤用心于得失取予之间的克己和惺惺。雍正朝大学士张廷玉作家训说"为官第一要廉",而"养廉之道,莫如能忍。尝记姚和修之言曰:'有钱用钱,无钱用命。'人能拼命强忍不受非分之财,则于为官之道思过半矣"。[①] 为官廉以守贫,居家则俭以守贫,其道理都在于处得失取予之际强忍以戒贪,从源头上守住人世间种种善恶之分的起点。于是而有中国文化中"清贫"一词所独具的深度道德内涵,及其派生的广泛道德共鸣。因此,这些人以他们各具情节的守贫和安贫,显示了自己心中由知命、安命、立命、俟命所化出来的一腔静气,而由此引发的心悦诚服,则是在以功名人物心中的静气感召一乡一里人心中的静气。对于人口中的多数来说,有此静气,而后才能够衍而为"奉公守法",衍而为"孝弟忠信"。然则守贫之被"传为佳话",着眼处正是这种士大夫化义理为力行,以及这个过程所生成的说服力和影响力。比之聚徒讲学以倡明学理,教化之为教化的常态,更多地实现于在四民之中而居四民之首的绅衿日行起居之间的以身为劝,因此,在科举制度下的士议里,士人本身便常被当作身系一地之风气和一世之风气的重心所在,并因之而既成为期望之所在,也成为责望之所在。咸同之间,一叫沈守之的江南读书人,生当世路动荡而且人间扰攘之日,曾由今时追怀往昔,比较前后而论之曰:

> 风俗之坏,其起甚微,皆视乡先生为转移。乾嘉之间,阛阓之子,虽拥厚赀,士大夫绝不与通庆吊。忆儿时闻先大母

---

① 张英、张廷玉:《聪训斋语 澄怀园语——父子宰相家训》,安徽大学出版社2013年版,第115页。

> 言,我大父中乾隆癸卯乡试第一,有袖二百金来贺,求一喜单不可得。道光中,士人一登科第,择乡里之富厚者,广送硃卷,不问其出身奚若,喜单称谓,随意填写眷弟、眷侄字样,甚且结为婚姻,一派市井之气,令人不可向迩。军兴以来,以捐饷例得优保,干预公事,罔顾大局,讫于苏城失陷而后止。呜呼,是谁之过欤!①

这段文字指目于江南社会,叙述了乾嘉之后的道光朝世风一变和咸丰朝世风再变。以道光比乾嘉,已见身背功名而被称为"乡先生"的士人因不知自重而没有静气。他们本由功名而贵,但其曲迎"厚富",又在使贵不复能成贵。而后是功名之贵所蕴含的文化意义和教化意义随之而式微,与之相表里的,则是由贵贱分等序的乡里秩序演为以富为尊,遂使长久以来赖以支撑地方社会的以礼为治和以礼为教,被"一派市井之气"所屏挡而变得难以收拢人心。在当日的记述和论说里,杨慎、蓝鼎元一类人物以及他们显示出来的气象多被当作士大夫中的应有和常有,以此为比衬,"道光中"的江南士人显然是一种失其常度的衰颓,而咸丰朝"军兴以来"的又一变,则起自于"捐饷例得优保"所造出来的成批不由科举的功名。与读书应试相比,"捐饷例得优保"其实是一种买得,因此,就其中之多数而言,这种功名里并不含有或很少含有历经"八比代圣贤立言"而获得的那种以经文为源头的"辨义利,尚德行,贵忠信笃敬,而恶巧佞无耻"的自我提撕。这种功名本自另成一类,但这种功名所提供的身份,却使得没有在四书五经里磨砺过身心的各色人等,可以在科举制度之外,别由蹊径地走入"乡先生"之列,并得以伸展手脚自为发舒,随之而来的"干预公事,罔顾

---

① 陈登原:《国史旧闻》第 3 册,中华书局 2000 年版,第 613 页。

大局"也是在以其一己一身影响地方,然而与"率一乡之人而尊君亲上、奉公守法,则报在一乡"的为地方造安宁相对照,则"罔顾大局"无异于是在用搅动地方来影响地方,后者之不同于前者,已不止是衰颓,而且是异相。乾、嘉、道、咸四朝之间,这种在地方社会里做乡先生的人物和地方社会里秩序、风俗的一变俱变与一变再变,既说明了教化之不能没有,也说明了教化在实际上常常要以义理之有定面对世事之无定。

以道光年间的世风反观乾嘉之间的世风,显见得数十年里,士人的精神世界在世事起伏之中一路走向卑弱。由此显示的是同在科举制度之下个体士人与个体士人的不相同,并因此而致一代士人与一代士人的不相同。就人之不同各如其面而言,在科举制度的漫长历史里,这是一种久已有之的现象而非初起于此时此日。因此,科举以经义试士和取士,则经义的统一性始终会与士之为士的多面性同在一个过程之中,并且既相互伴随又相互对比,而后的士人有优劣和士风有起落,便常常要引出对于经义试士的议论与思考。康熙十四年主持顺天乡试的韩菼曾说:国家"于科举之设,欲渐摩陶冶天下之人才,使习熟于深造自得之学,以措诸实用。此多士耸动观感奋起之日。而数科以来,魁垒特立之士,固辈出其中,而柔曼骫骳、剽窃雷同者,亦往往而有"。[①] 之后 16 年,主持辛未会试的张玉书由"言者,心之声也。帖括之文,虽以应制举,而其精神心术所在,或正或邪,或诚或伪,未尝不发露于议论离合之间"说起,而引出的则是一种疑问:

> 国家今日之甄录诸士,惟其文也;异日畀之政事而登用之,惟其人也。以为科目不足得人耶?姑无论往代,即本朝五

---

① 《中国考试史文献集成》第 6 卷,高等教育出版社 2003 年版,第 522—523 页。

> 十年间,由科目致身而姓名焜耀于简册者,项背相望矣。以为尽得人耶? 彼列上等,跻华膴,一旦陨坠,至于声名俱辱者亦指不胜数矣。

明清500多年里的科举考试以四书范围帖括,则其笔下的"科目"实等同于经义。韩菼和张玉书都由科举起家,又都曾提调过科举选士,与其他人相比,他们的阅历自是更深一层。因此,出自于他们笔下的"辈出其中"和"往往而有"的对举,以及"不足得人耶"与"尽得人耶"的自问而无以自答,都真实地说明了,对于一个一个具体的个人来说,经义取士的影响所能够达到的程度和限度其实是不可预测的。这种不确定性不仅会使科目产出庸竖,而且会使科目产出奸佞,但张玉书在自问而无以自答之后,依然相信"然而用人之法,终不得不重科目"。[①] 在他之前,主持过康熙十二年会试的熊赐履也曾列举过"士习颓靡",以"侥幸一第之获隽而后已"的事实,并引为忧虑,言之切切,而末了统而论之,则归旨犹是"试士之言,洵末也,而势固不得不以言"。[②] 他所说的"言"是经义发为文章,其立意无疑正与张玉书相同。他们以各自的议论说明,他们对科举取士之能够得人而不尽得人的局限都看得明明白白。然而以经义取士,同时便是在以经义造士,因此前者说"不得不",后者也说"不得不",这种不得不然的纠结在于他们共知取士与造士的内涵和意义并不一样,但在实际发生的过程里,两者又始终连在一起而无从分剥切割。因此,他们以"不得不"为辞作表达,反映的正是内在于两者之间的深刻矛盾。后来的雍正朝曾有"议变取士法、废制义者。上问张文和,对曰:'若废制义,恐无人读四子书,

---

① 《中国考试史文献集成》第6卷,第523页。
② 同上书,第522页。

讲求义理者矣。'遂罢其议"。① 在这一段历史情节里面,议"废制义"者着意的是取士,而张廷玉着意的是造士,两者之间的眼界显然不同,这种着眼点的不同正折射了事实的不同和对事实的识见不同。而帝王之最终取张廷玉的道理为道理,又反照了以治国平天下为视野,造士常常更重于取士。由于取士以个体士人为对象,因此取士不能不以个体为主体,但造士则始终以士人的总体为对象,因此造士不能不始终以士人的总体为主体。而后是以科举取士说因果,会形成一套对于科举制度的评判和理路;以科举造士说因果,会形成另一套对于科举制度的评判和理路。两者之间常常互歧,而与前一面以摘举讽议为多见相比,后一面往往想得更远,并因之而说理更富思想深度。作为其中的一种代表性议论,一身经历过乾隆、嘉庆、道光三朝的阮元曾言之通透:

> 唐以诗赋取士,何尝少正人? 明以四书文取士,何尝无邪党? 惟是人有三等,上等之人,无论为何艺所取,皆归于正;下等之人,无论为何艺所取,亦归于邪;中等之人最多,若以四书文囿之,则其聪明不暇旁涉,才力限于功令,平日所诵习,惟程朱之说,少壮所揣摩者皆道理之文,所以笃谨自守,潜移默化,有补于世道人心者甚多,胜于诗赋远矣。②

这里所说的"中等之人"无疑是指士人群体中的大多数人,而用"四书文囿之",则是着眼于大多数人的以性心管束为精神涵育。脚跟立在"潜移默化"一面,管束和涵育便都是牵引和造就。士人群体中的大多数人不会都是进入官场的人,但却是在共同地

---

① 陈康祺:《郎潜纪闻初笔二笔三笔》下册,第602页。
② 阮元:《四书文话序》,《揅经室集》。

影响一世之走向的人。他由"世道人心"作计量,对"中等之人"所系之轻重思之烂熟,因此他举"明以四书文取士"与"唐以诗赋取士"相对比,以深度辨析其间相同的一面和不相同的一面,比张玉书和熊赐履更富深度地说明:自朝廷为选官而取士立论,隋唐以来的科举制度虽屡经变迁,而本义其实并没大变。但由这个过程所产生,而且其数量在这个过程中不断积累的士人群体,却以他们的存在和他们跟着科举走的共同趋向,使得作为利禄之途的科举制度,不能不在层层演变中自我延展旨义和内涵,同时又成为从整体上为这些人塑造社会品格之途,并在隋唐以来的1 000多年里,已越来越明显地成了从整体上为这些人塑造社会品格之途。与前代相比,明清500年间的科举制度之能够后来居上,其大端正在于500年间的功令沿此而来而更进了一步,能够使跟着科举走的万千士人以一种前所未有的深入程度整体地跟着经义走。与之相表里的,则是以性心管束为精神涵育遂成了士人的自我管束和自我涵育。阮元之后,王先谦曾说:

> 以制艺取士,《四书》命题,然后斯世尊奉一致,口复心研,不能自已。其智者随所之而入道,鲁者缘习生悟,亦能驯致义理之途。达则穷事变,充器识,为国家纯臣;穷抱遗经,亦不失为乡里好修之士。[1]

他以群体为对象,总括地描述了万千士人在这种自我管束和自我涵育中所发生的品性变化和气质变化,并以其拢合上智下愚的统而言之,又比阮元笔下的"中等之人"更富广度地表达了作为社会群类的读书人在那个时候的一般性和普遍性。而后,一面是经义

---

[1] 王先谦:《葵园四种》,岳麓书社1986年版,第20页。

取士对一个个具体个人的影响在程度上和限度上的不可预测和不能确定,以及随之而来的个体的功名人物常常会成为公论和私议褒贬的对象。这个过程会以其一代一代生生不息的累积中形成许多是非善恶的典型和演绎是非善恶的忠奸故事,既留存于正史的列传之中,也流布于戏曲弹词、小说演义之中,化作世人眼中的形象性和具体性。而同时的另外一面,则是由一个一个个体汇成的士人群体居四民之首,在明清500多年间始终与"圣经贤传,无语非祥,八股法行,将以忠信廉耻之说,渐摩天下,使之胥出一途,而风俗亦将因之以厚"。① 内相依连而外相维持,并因此而显示了其自身整体上的稳定性和性质上的确定性。正是有了这种一般性、普遍性、稳定性、确定性,于是而有中国人意中的"凡科甲出身之人,总是正人君子较多"和尊士君子为"一方之望"的观念,以及西方人眼中读书士子多传教士的品格的观感,两者指述的都是一个社会群类,从而都是一个整体。因此,综贯一面和另一面而通论之,显然是群类虽由个体构成,但群类既经形成,便已不再等同于个体。而对于为官僚制度选官的科举取士来说,这种实现于选官过程里的"中等之人"各用功夫的自我造就,以及由此形成而势居多数的共同价值和共同群体,已经比官僚制度本身更直接地助成了小农中国的一道同风,从而使君权统治和官僚统治能够常态地表现为一种文化统治和习俗统治,并因之而减少了朝廷治天下和官府对民间的许多紧张和肃杀。生当道咸之间的邵懿辰曾就其间的因果概而论之曰:"明太祖既一海内,与其佐刘基以四子书章义试士。行之五百年不改,以至于今。"虽说在他的意中,是"二君诚不能道义躬先天下,不得已而为此制",其自身并不能算是圆满的榜样,但由此开始的漫长过程则由深度地化育了读书人而深度地

---

① 王栻编:《严复集》第1册,中华书局1986年版,第41页。

化育了天下人:

> 使秦汉迄元明至今二千余年之久,田不井,学不兴,圣君贤宰不间出。苟无孔子之六经,与夫有宋程朱所考定四子之书在天壤之间,如饮食衣服常留而不敝,则夫乾坤几何而不毁坏,人类几何而不绝灭耶? 徒以功令之所在,爵赏之所趋,故虽遐陬僻壤,妇人小子皆能知孔子之为圣,程朱子之为贤。言于其口,而出于其心,猝不知其纳于义理之域。是其为效固已奢,而泽天下后世固已博矣。

在这个以利禄为起端而最终转化为"泽天下后世"的过程里,原本分散的个体士人因跟着科举走而聚于名教之中同时又囿于名教之中;原本分散的个体小农因跟着士人走而在一个苦乐不等的世界里获得了一种大体相似的精神同一。于是"国家之所以统天下之智愚贤不肖"[①]才有了赖以依傍的真实性和行之久远的可能性。因此,以中国人的社会历史和政治历史立论,则科举制度的大用不在以经义选官,而在以经义造士。与之相对称的,是士人既已化成为群体,其大用便不在出仕,而在以其本身的存在和影响勾连于国家、社会和个人之间,并助成了和维持着天下众生的"猝不知其纳于义理之域"。而后是中国人的精神世界、社会生活和政治纲纪,便因上下共奉"孔子为圣,程朱为贤",而得以彼此贯通与相互凝合,由此形成的平衡,遂成为人世间既与个体德性相交融,又与公共伦理相交融的等序和有序。然而沈守之所记叙的从"乾嘉之间"到道咸之际江南社会和风俗的变化,又具体地说明了这种由士人群体作主干而实现的平衡和有序,会在世路起伏里曲折颠簸而

---

① 中国史学会主编:《洋务运动》第1册,上海人民出版社1961年版,第182页。

与时俱迁,并因此而显出其脚跟之不能常稳。"乾嘉之间"江南犹在承平之中,而自道光到咸丰,则变而为衰世,变而为乱世。因此数十年之间因"乡先生"的前后不同而致地方风俗的前后不同,使人能够明白地看到:阮元所说的经义取士之通过万千读书人以影响"世道人心",从而通过万千读书人实现以教化为治理的过程,常常是能够行之于治世却对付不了乱世。这一类论述在当日的多见,又说明了这种现象的普遍性。而咸丰一朝因内战而广开捐输,致买得的功名大幅度羼入读书应试而得的功名,随后是身在乱世之中,作为社会群类的士人自身也因之而漫漶莫辨,面目模糊,变得今时不同往日,则俱见中国人以文化维系政治的理想虽然因其古老而见其长久,但在时势造成的顾此失彼之际,却很容易被政治本身所打断。因此理想的延续在实际上常常是断断续续。而与这种起伏相伴随的,是千年之间,由科举制度孵化出来的士人群体穿越于治世和乱世之间,既成为治世中的一部分,也成为乱世中的一部分,遂不能不使其自身在人世间的有序和人世间的无序映照之下,长久地被人审视评说。民国年间瞿兑之曾概而论之曰:

> 中国自宋以后,是士大夫的政治。士大夫政治可以说误尽苍生。但是没有士大夫呢,更不知今日成何世界矣。①

然后引自己亲身经历过的清末史事为实例以说明:士大夫政治之下"君主之威虽然无所不极,小人之倾害亦无不至,终觉士大夫的公论不能轻易抹杀,士大夫的身份不能轻易摧残"。今时与古昔,"小人之倾害"常常有,但世间尚存"公论",则"小人之倾害"犹不足成天下之大患,而"国本所以不动摇,就靠在此"。然则抑扬之

---

① 瞿兑之:《铢庵文存》,辽宁教育出版社2001年版,第121页。

间,他所说的"误尽苍生",大半是在隔世之后,借用灌入的现代观念作尺度来评说历史中的人事和政治,以表达其意中的士大夫群体因不合理想而大不完满。而"没有士大夫"更不知"成何世界",则是由历史本身评说历史,重在抉示从传统中国的文化和社会里产生的士大夫群体虽然大不完满,却曾在那个时候的中国比其他社会群类更自觉而且更长久地守护了人与人之间的公义,从而曾长久地成为中国人的世界里不能没有的一方。比较而言,其个人更加言之有味的其实还是后一面,因为后者不仅出自观念构成的是非判断,而且出自历史本身的因果相寻。

(同一个题目曾在华东师范大学第二届思勉人文思想节作过演讲)

附录:

科举停置及其对中国社会的影响

杨国强

今天讲科举制度最后怎样废除的,以及废除以后造成的影响。为什么用"停置"这个词?这个词是张之洞奏折的原文。

一、天下有事则功名多途

(一)清代的捐纳和保举

"天下有事,则功名多途",这句话是吴汝纶讲的。自隋唐以来,科举制度确立,中国的读书人要进入仕途,基本上就是通过科举这条道路。但清代中后期以后,有另外两条途径:捐纳(出钱买官)和保举(大吏推举得官)。

为什么在清代会有捐纳?因为清代的赋税非常轻(章太炎、梁启超都承认这一点),康熙朝后,"盛世滋丁,永不加赋"成为祖宗家法,国家不能轻易地加增赋税。由于赋税很轻,国家的收入很少,一旦碰到天灾、战争,还有其他一些人祸,国家需要增加开支的时候,脆弱的收支平衡就会被打破。朝廷既不能向农民加收赋税,捐例就因事而开。

最先出卖的是虚衔,而且不能经常开捐。但是嘉道以后,尤其是咸丰年间太平天国内战以后,捐纳成为常例。十多年内战的战场在东南,这是中国承担赋税最重的地方;同时大量的军队需要供养,但户部没有钱粮。从此以后,捐纳成为一种大幅度、长时态的事情。而且,为了广招徕,价钱定得很低。原来是虚衔多、实职少,这时是实职多、虚衔少。某个省一次捐官 2 000、3 000 都有。官场人物在整个气象上也发生变化。很穷的 5 个人,合捐一知县,然后分别做知县、师爷、门丁、账房、长随。这种现象往后延续,一直到 20 世纪初年新政。

第二个是保举。保举在 19 世纪中叶以前是很少的,一般是主持某个地方、某件事的官员为有功的人请官。到太平天国内战期间,保举大行。《翁同龢日记》中提到,曾国藩一仗打下来,文、武共保举 1 000 多人,史无前例。但他不知道在此以前,2 000、3 000 都有,也不止曾国藩一人保举。曾国藩说,最早开保举的,是胡林翼在湖北。为什么开?用人成事。曾国藩任京官时,可以做君子,自我修养。后来带兵了,跟家人说"我学坏了",你可以做君子,但下面的人要名要利,你要用人成事,又没有钱,只能以此做"酬劳"。被保举者,既有打仗的人,也有幕府中不打仗的人。如阎敬铭经保举,由六品官做到三品的布政使,再到山东巡抚,不过六七年时间。还有李翰章,由秀才一路保举,最高到兵部尚书。再如袁世凯。但更多的保举产生的是数量,不是人物。举个例子,左宗棠当年做陕甘总督,被甘肃布政使说"中堂管亲兵(戈什哈)不严",

受保举者个个都是红顶大员,品级比布政使还高。当时那么多保举,到后来是没有官好做了。内战结束以后,还有西征、海防、河工、赈灾、制造、交涉、陵工、洋务、出使诸事,都在延续保举。

保举有三滥。光绪二十年,山东河工保举 600 人,吏部说一处决口保举 6 人,如此推算,则一二十里有 100 余决口。

(二)正途与异途之分

与三年一次的科举乡试、会试产生的人数相比,捐纳、保举每一次都漫无边际,又一次次累积了很多人。主张捐纳的,多出自户部;主张保举的,多是疆吏、督抚。一开始由捐纳、保举进入仕途,与科举进入仕途,分为异途与正途,其差别在于有很多清要的官"异途"是不能做的,如刑部的"八大金刚",再如翰林院。皇帝也不喜欢出自"异途"的官(举例道光与张集馨的对话)。在相当一段时间内,异途是低一等的,朝廷努力维持着"官可捐,功名不可捐"。地方官可以捐到道员,京官可以捐到郎中,顶多四品官。道光年间,户部尚书孙瑞珍请开捐举人,例每人十万两(比道员贵很多)。御史弹劾曰:

> 自开捐以来,凡贩夫贱子与目不识丁者,皆可佩印绶,居民上,士人无不丧气。所恃者,科甲一途,尚堪鼓励人才耳。今举人复可捐,则寒窗攻苦之士,其气愈馁矣。孙瑞珍世代科第,不应忘其本来而献此策,以失天下士心也。

道光帝即谕令停止。科举制背后是成千上万的读书人,失士心会使天下读书人崩溃,帝王很怕这个。这个例子说明,最初时异途、正途犹严立界限,也正因为有这个区别,科举在捐纳、保举盛行之时尚可延续下来。当时有的人甚至做到了道员,再注销了重新考试,为了进翰林院,四品变七品、从七品也愿意。张謇也拒绝过别人的保举,盛宣怀富可敌国,一生最遗憾的三件事之首就是没有功名。

(三) 捐纳、保举改变了官场社会

但长时间的积累,终使捐纳和保举改变了官场社会。

1. 候补官特别多。《大清会典》所列内外官缺27 000余,而据清末奏议,估计候补官有20余万。光绪中期,山西一省,缺分与候补之比是3∶7。到了宣统初年,江宁候补道300,府、直隶州300余,州、县1 400余,其他佐杂2 000余。而宁、苏二地,道缺仅7,府缺8,直隶州、直隶厅各3,县67。若专以江宁而论,合道、府、州、县,不满50。还有武职,提督28、总兵83,但内战之后积功记名的提督有8 000,总兵达2万人。

2. 官场社会相。候补官候补无期,自杀、冻死者多见。且品类下降,贼人、犯人、铁路司机皆有。正途分发到部、到省,也成候补,京官补缺一般要18—20年,外官更有十数乃至数十年未有一差。这些弊病曾受不少批评。光绪初年曾议停捐纳,但接下来就是"丁戊奇荒",山西大旱,赈灾大宗来源即以捐纳为主,遂不复停。

(四) 异途淹没科举

1. 无官不捐。先是捐纳、保举得官,之后成千上万的人涌入,使官场拥挤,又使得官以后必须候补、候选。候补、候选,在当时有种种花样名目,"不甘沉滞,呈请不发,尚须交分发银两"。哪怕科举出身的人,皆须纳银,始能到职,"正途既已选举于前,仍须捐款于后",已成无官不捐的景象。有人从翰林捐成道台,与前面说的,恰恰相反。

2. 大吏喜用捐纳、保举,挤掉正途。

3. 翰林院地位从顶尖慢慢下降,人员入多出少,地方上的人对待翰林的态度,也相当炎凉。徐世昌当年就是"黑翰林",跟袁世凯小站练兵之后,才一举飞黄腾达。

4. 人心漠视科举,学额不足。同光之际,一县府试,常两三千人。"读书之困,由于捐例之开,现在进士举目不能得一官,终身坐困闾阎者十有八九,何况生员、贡生。有子弟之家所以弃读书而从业者,职此故也"。后来科举停废,没有引起激烈的社会反应,与此有很大关系。

二、人才出于学堂和学堂推倒科举

(一)唐宋之后的"非科举"和明清两朝的"非时文"

在近代以前,自唐宋开始行科举,对科举的批评就没有断过。

1. 科举取人太多。唐代人已以多为病,宋代朱熹又极言人多之弊,明末顾炎武讲生员多,清人袁枚讲天下之士太多。自始已多,后来越来越多。

2. 科举之法不能识人品。司马光说:

> 取士之道,当以德行为先,其次经术,其次政事,其次艺能。近世以来,专尚文辞。夫文辞者,乃艺能之一端耳。未足以尽天下之士也。

朱熹说:

> 文辞取士取者下,问其能,应者不必其能。

3. 时文悖反儒学经义。顾炎武说:

> 国家之所以取生员,而考之以经义、论策、表判者,欲其明《六经》之旨,通当世之务也。今以书坊所刻之义谓之时文。舍圣人之经典、先儒之注疏与前代之史不读,而读其所谓时

文。时文之出,每科一变,五尺童子能诵数十篇,而小变其文,即可以取功名;而钝者至白首而不得遇。

颜元说:

> 天下尽八股,中何用乎?八股行而天下无学术,无学术则无政事,无政事则无治功,无治功则无升平。

曾国藩说:

> 自制科以《四书》文取士,强天下不齐之人,一切就琐言之绳尺,其道固已隘矣,……士之蓄德而不苟于文者,又焉往而不见黜哉?

4. 这些陈说科举弊端的话,对应的都是事实,因此每一种指述都是有道理的。大体而言,说科举不识人品的,都主张改察举;说时文不合世务的,都主张改策论。

(二) 科举制度本身还有其合理的一面

但科举制度能与这些弊病相伴,而延续1 300多年,说明其本身还有合理的一面。南宋人王栐说:

> 唐末进士不第,如王仙芝辈唱乱,而敬翔、李振之徒,皆进士之不得志者也。……故圣朝广开科举之门,俾人人皆有觊觎之心,不忍自弃于盗贼奸宄。……故乱不起于中国而起于夷狄,岂非得御天下之要术欤?

科举以"怀牒自投"为起点,则士人个体与国家直接发生关系,读书人增多,国家如何应对士人,成为一个问题。天下的人才结构是个梯形,下大上小,但天下的官员结构是个等腰三角形,和梯形同底,但越往上越小,两边多出的就是不能应付的部分,于是产生危机。先是科举促成的士越来越多,之后是科举又不能不应付士的越来越多。所以唐代科举是选官,不定期,什么时候有需要,就开科举;宋以后科举取士,冗官越来越多。还有一个原因,就是科举没有年龄限制,这次考不中下次再考,考到考不动为止。

北宋人欧阳修讲科举的公平:

> 不问东西南北之人,尽聚诸路贡士,混合为一,而惟材是择。各糊名誊录而考之,使主司莫知为何方之人,谁氏之子,不得有所憎爱薄厚于其间。故议者谓国家科场之制,虽未复古法,而便于今世,其无情如造化,至公如权衡,祖宗以来不可易之制也。

察举是以人选人,察的一方容易羼入主观,被察的一方容易作伪。这两种不真实导致的不公平,演为后来的九品中正制,上下品隔绝。科举纠九品中正之弊而来,因此从科举回到察举,是一种弊换成另一种弊。

科举虽以知识为尺度,但最强调的是公平。公平有时与知识尺度相矛盾,但当天下读书人越来越多的时候,公平比知识尺度更深地牵动人心。糊名誊录、分区、分省、南北分卷、官民分卷、四书取士……连同八股之立意,都在于限制考官的主观选择。

清人袁枚说"八比"代圣贤立言:

> 圣人之言,圣人之心也。能得圣人之心,而后能学圣人之言。得之浅者,皮傅于所言之中而不足;得之深者,发明于所

言之外而有余。孔子，学周公者也，孔子所言，周公未尝言。孟子，学孔子者也，孟子所言，孔子未尝言。周、程、张、朱，学孔孟者也，周、程、张、朱所言，孔孟未尝言。时文者，依周、程、张、朱之言以学孔孟，而实孔孟与周、程、张、朱皆未言。

当时人一般六岁进学，三旬左右及第，此间二十多年对人心的造就不可忽视。中国的教育是先记住再理解。蒋梦麟是个"策论秀才"，后来陈独秀（"四书秀才"）看不起他，蒋自己说当时一天到晚背"四书"，恨得要死，后来当北大校长，遇华北事变，被日本人绑架，他脱口而出"临难毋苟免"。他在美国七年，西学书读得很多，但生死关头想到的居然是小时候最讨厌的书。

晚清邵懿辰说：

使秦汉迄元明至今二千余年之久，田不井，学不兴，圣君贤宰不间出。苟无孔子之六经，与夫有宋程朱所考定四子之书在天壤之间，如饮食衣服常留而不敝，则夫乾坤几何而不毁坏，人类几何而不绝灭耶？徒以功令之所在，爵赏之所趋，故虽退陬僻壤，妇人小子皆能知孔子之为圣、程朱子之为贤。名言于其口，而允出于其心，猝不知其纳于义理之域。是其为效固已奢，而泽天下后世固已博矣。

左宗棠说"兴教劝学，于世道人心非小补也"，沈葆桢说"国家之所以能统愚智贤不肖"，靠的就是世道人心。科举提供一块安置士心而后安置民心的安身立命之地。士心、民心安，而后有礼俗之治，归旨在天下太平。在中国两千年历史上，民心的根本就是士心。八股确实有弊，但四书取士的这种作用，非策论能替代。

(三) 科举的弊正是维持中国社会公平和教化的东西

科举不是没有弊,但科举的弊,正是维持那个时候中国社会极端重要的公平和教化的东西。所以批评科举的朱熹又说,孔子在今天也只能参加科举。对科举的评说一直两歧,而对立的双方有如辩论。真正在两者间评说中肯的,是明代袁中道和清代张廷玉的话。袁中道说:

> 古今之法,无全利无全害者。夫大利大害之法,久不见其利而见其害,率不数传而止。惟有一种常例之法,无论巧拙,皆能用之,持之也若无心,而究竟归于无毁无誉,故久而可不变。
>
> 天下之才,诚非科举之所能收,士之有奇伟者,诚不宜以资格拘之。顾此皆非常之事,而世无非常之人,则相安于额例而已矣。今使离科举而行聘荐,彼主聘荐之人,果具只眼者耶?铨选者破格用人,又果能辨之于未事之先否耶?徒滋纷扰无益也。且天下无事,常时也;书生主衡,常人也。以常人处常时而行常事,亦可矣。设有贤者于此稍融通之,而亦不必出于例之外也。如斯而已矣,如斯而已矣。

张廷玉说:

> 必若变今之法,行古之制,则将治官室、养游士……又况人心不古,上以实求,下以名应。兴孝,则必有割股、庐墓以邀名者矣;兴廉,则必有恶衣菲食、敝车羸马以饰节者矣。相率为伪,其弊尤繁,甚至藉此虚名以干进取,及乎莅官以后,尽反所为。……
>
> 若乃无大更改,而仍不过求之语言文字之间,则论策今所

现行,表者赋、颂之流,是诗、赋亦未尝尽废。至于口问经义,背诵疏文,如古所谓帖括者,则又仅可以资诵习,而于文义多致面墙。其余若三传科、史科、明法、书学、算学、崇文、宏文生等,或驳杂芜纷,或偏长曲技,尤不足以崇圣学而励真才矣。……

然此亦特就文学而言耳,至于人之贤愚能否,有非文字所能决定者。故立法取士,不过如是,而治乱盛衰,初不由此,无俟更张定制为也。

（四）以中西交冲为尺度审视科举

19 世纪中叶以后,人们习惯以中西交冲为尺度,来审视科举和非议科举。

1. 作为对于西人冲击的回应,近代中国以"洋务"为中心的 30 年历史过程自 19 世纪 60 年代开始,至 70 年代即集中出现非议科举的论说。过去 1 200 多年批评科举,理由都在科举考试不能真正选出儒家的君子,以及时文八股不能真正合乎圣贤的经义。

2. 但这个时候完全不一样了。议论的焦点变成科举不能出人才,不能出应对时变的人才。薛福成说:

一旦欧洲强国,四面环逼,此巢、燧、羲、轩之所不及料,尧、舜、周、孔所不及防者也。今欲以柔道应之,则启侮而意有难餍;以刚道应之,则召衅而力有难支;以旧法应之,则违时而势有所穷;以新法应之,则异地而俗有所隔。

人才无常格,时方无事,则以黼黻隆平为贵,时方多事,则以宏济艰难为先。……而论致用于今日,则必求洞达时势之英才,研精器数之通才,练习水陆之将才,联络中外之译才。

李鸿章说,内战结束后,文科考试章句,武科考试弓马,"而以章句、弓马施于洋务,隔膜太甚","请于考试功令稍加变通,另开洋务进取一格"。

洋务时代对科举的非议,概括起来:一、不求骤变科举时文,但求别开洋务一科;二、从70年代到90年代,这一类议论见之于奏折和信函甚多,但主张大体相同;三、就其时保举入仕之易而言,洋务之另开一格,事实上已经存在。因此,就科举本身而言,这些议论并没有引出变化。

3. 真正的影响自戊戌变法前后开始。从《时务报》创办,到废科举的乙巳年,即1896—1905年,九年之间,以人才出于学堂为理由,而促成"学堂推倒科举"。去掉戊戌变法失败到庚子之际的一年多,实际上是七年左右。梁启超后来说,戊戌变法期间康梁对科举发动了总攻击。实际上康不多,主要是梁在《时务报》的文章发挥作用,郑孝胥称梁"下笔排山倒海"。梁启超反科举是没有什么学理的,他后来自己也承认,科举非恶制,但至此则成大弊,不合时宜而已。由"强敌交侵"推出"人才乏绝",由"人才乏绝"推出科举不能不变,认识与上一代洋务人物大体相同。他和严复讲的理由很相似:

> 科举之法,非徒愚士大夫无用已也,又并其农、工、商、兵、妇女皆愚而弃之。夫欲富国,必自智其农、工、商始;欲强其兵,必自智其兵始。
>
> 泰西民六七岁,必皆入学,识字学算,粗解天文舆地,故其农工商兵妇女,皆知学,皆能阅报。吾之生童无专门之学,故农不知植物,工不知制造,商不知万国物产,兵不知测绘算数,妇女无以助其夫,是皇上抚有四万万有用之民,而弃于无用之地。

今科举之法,岂惟愚其民,又将上愚王公。……近支王公,皆学于上书房之师傅,师傅皆出自楷法八股之学,不通古今中外之故。政治专门之学,近支王公,又何从而开其学识,以为议政之地乎?

结论:这种以(西方的)智比(中国的)愚,本质上是以知识比义理,从根本上改变了中国人的价值。当日梁启超说变法,一曰朝廷大变科举,二曰州县遍设学堂。斯二者行,顷刻全变。则以智打倒愚,以知识打倒义理,归根到底是为了学堂推倒科举。与此前1 200多年内在地批评科举相比,这些论说,外在、想象、独断,因此太肤浅。这很令人诧异,但以甲午战争之际的时局威迫为支撑,则其肤浅、内在、想象、独断却能以前所未有的广度影响士林,而引来回声四起和多士群鸣,成为19世纪与20世纪之交的思想走向。

4. 庚子之际,士议移入庙堂,形成朝野呼应,而反科举的主体则已是地方疆吏中的强有力者。从庚子后一年,刘坤一、张之洞上江楚会奏;同一时间里袁世凯的奏议、陶模的奏议;至此后二年,张之洞与袁世凯的合奏;再后一年,张之洞、张百熙、荣庆的合奏……由兴学育才,讲到十年内三科减额完毕。1903年,朝廷下诏十年三科减尽科举之额,移入学堂。朝廷刚刚接受这个主张不过两年,1905年袁世凯、赵尔巽、张之洞、岑春煊、端方又会奏,要求立即停罢科举。(岑春煊家里是土司,王文韶谓"岑三苗性尚未退净"。)

当时的政治主题是科举与学堂不能两立,会奏之人用理想中的三代学校来推比西方之学堂。此引起士议呼应,章梫致书汪康年,便谈到这个问题。以思想走向而言,太过盲目。学堂、科举之外的中国社会,不在视野之内。

前后五年,以1 300年科举制的历史相对比,科举废除的过程极其急迫、仓促。不是科举本身的弊端推倒了科举,是当日中国人引来的西潮推倒了科举。最后一道立停科举的奏折中写"科举久为外人诟病",但这中间存在着仓促和矛盾:严复起先倡废科举,后来不讲了,并以废科举比废井田,说此事太过重大,有什么结果,吾不敢预测。吴汝纶在科举废除之前就死去了。张之洞是会奏五人之一,但科举一废,他办存古学堂,要保留优贡、拔贡的考试,为科举留下最后一点遗脉。最引人注目的是,当日力倡废科举的梁启超,此时却很少言及这个题目了。

三、科举停置对中国社会的影响

(一)科举停置与中国社会

1. 科举是由学堂推倒的,因此停置科举对中国社会的影响,首先是学堂对中国社会的影响。

庚子之际朝廷下诏兴学。

兴学过程:自上而下的;以绅士为主体的;以征收捐税为来源;常常侵及地方公产和寺庙;用农村征收来的钱办城市的新政(清末新政大半是由收自农村的税来办城市的新事务)。学校并不是农村社会所需要的,所以办学的过程常常与农村社会相冲突,并激成民变的过程。

教育内容:中学大半以国文为主(经典的意义没有了),新知来自声、光、化、电、欧罗巴、亚细亚。

旧学学以为己,新学学以为人。人己相处,其实就是社会问题,归根结底为四个字:"心安""不忍",这些都是新学不讲的。苏南乡民祈雨,学生围观,认为是迷信,于是乡民与学生对骂,拆学堂。学堂、学生、洋教员刚到中国来的时候,是一种"异己"的东西。毛泽东说农民更欢迎私塾,不欢迎学校。

私塾在乡村,学堂在市镇与县、府、省城。由此形成的是一种"越走越远"的趋势:

（1）私塾之上有书院，私塾之下有社学和义塾。《随园诗话》有诗讽刺乡村义塾："漆黑茅柴屋半间。猪窝牛圈浴锅连。牧童八九纵横坐，天地玄黄喊一年。"但这证明私塾除了让人取功名，还有在地方教人识字的作用。

（2）科举起于县试、府试，之后乡试、会试，士人始终与自己籍贯所在的乡里相连。

（3）京官与本乡绅士的联系，使地方官难做。

（4）官员告老、守制、开缺，都要回乡。

但五四运动之际，李大钊提倡青年到乡村去，响应者寥寥。

民初章太炎说：

> 吾观乡邑子弟，负笈城市，见其物质文明，远胜故乡，归则亲戚故旧，无一可以入目。又上之则入都出洋，视域既广，气矜愈隆，总觉以前所历，无足称道，以前所亲，无足爱慕。惟少数同学，可与往还。舍此，则举国皆如鸟兽，不可同群。此其别树阶级，拒人千里。

资政院中留日者看不起科举时代的人。

日本留学生用日本人骂中国人的话骂中国人。

1940年代潘光旦说：

> 对于农村中的人口而言，三十年普及教育的成绩，似乎唯一的目的，是在教他们如何脱离农村社会而加入都市生活。

这种教育让他们多识几个字，提高他们的经济欲和消费能力，还提供一些一知半解的自然科学和社会科学的臆说，尤以社会科学的臆说为多。

近代教育有能力把农家子弟从乡里吸出来,但没有办法把他们送回乡村,以改造乡村、重新奠定国家的社会基础。

近代中国的历史变迁,是与城市和乡村的脱节、知识人与大众人的脱节、沿海与内地的脱节、社会经济基础与上层政治思想的脱节相伴随,且愈演愈烈。而学堂代科举,与其中的前两个脱节直接相关,与后两个脱节间接相关。

学堂推倒了科举,而当时时论已纷纷指述学堂比科举更不公平。这种不公平因贫富而生,读书由不是一件难事变成一件难事。

吴汝纶死于 1903 年。当日兴学已一路铺展,其日记中说,一个小学堂学生的年费需 125 金到 150 金。(当日虽已用银元,但以"金"为单位,大半指的还是银两。)在与之相近的时间里,李宗仁在广西陆军小学堂(不收学费),他在回忆录里说当日的物价:一月八钱津贴,"一两银子,至少可兑换制钱一千四五百文,而一碗叉烧面不过是制钱十文"。相比而言,125 金这笔学费是多数中国家庭负担不起的。章太炎说科举含社会主义性质,尤其是指贫富间的公平。"四书"穷人也能置办,因此穷也有上进的可能。

其直接结果,便是读书人在数量上的减少。一种统计说:19 世纪末中国有书院 2 000 多处,其中所容纳的读书人近 15 万。至辛亥革命前夕,全国中学 700 多所,学生 72 000 人。当日倡学堂的理由之一是国民教育,而实际上的结果是教育与国民相去更远。这是实际过程对于独断和臆想的校正(有讽刺意味)。后来虽然学堂日多一日,而就总人口而言,入学堂读书的人,并不多于科举时代。

2. 作为社会群体,学堂产出的知识人与科举士人有性质上的不同。

科举产生士人,同时又把士人组织起来:门生坐师,因师生而年谊,年谊之外复有乡谊。《异辞录》言:"因科分关系,数百年来京人视之,几同结社。"另外,照例,门生要奉坐师年节二两银。一个工部主事贫不能举,而向老师借资。"在闭关时代,由座主之关系,或州域之关系,天然成为同志,谋公私利益而共守伦常大义,以辅国家太平、有道之基。较之罔利营私、漫无限制者,损益相去,不啻倍蓰矣"。

更广泛的是一种以文化为基础的相互认同。戴震因公事而入京师,公卿倒履相迎。毕沅为陕西巡抚,每年万金周济天下寒士,汪中知后给他写信:"天下有汪中,先生无不知之理;天下有先生,汪中无穷困之理。"毕沅一笑,给他五百两。有无文化认同不一样。同样的例子,王韬向苏松太道吴健彰打秋风,曾国藩打仗到皖南。

因为有文化认同,所以有清议。在两千年里,中国士大夫的清议是很重要的。立言为大事。

科举社会,贵贱之分高于贫富之分,读书人可以蔑视财富。士人因功名而贵,因文化而贵,清贫而贵者多,故贫可傲视富。

这些共性使每一个体士人背后都有一个整体——士大夫。价值未必在做官。曾国藩说,不望子孙代代富贵,但愿代代有秀才。秀才者,读书种子也。

学堂出产之人,外观上由个体而群体(如左联于1930年代的上海成立),实际上集小群(同学),而脱离大群(社会)。

近代以来(戊戌之后),士由分化而分裂,学堂产生后更甚。专业的分化使个体背后没有整体。

以前有清议,近代以后叫舆论,产生于上海租界、东京的报纸上,由此开创了发议论不负责的特点。过去讲立德、立言、立功,讲话是很重要的。报人从政之后,又影响民初政局。

学堂出身的人,地位不如科举出身的人。如李提摩太以自身的"博士"比中国的"进士",李佳白以自身的"硕士"比中国的"孝廉"——皆依附于科举。北洋军阀也重视状元。上海富商典祖,请了最后一科的状元、榜眼、探花,每人给了三万块钱。

但后来知识分子地位降低,被称作"游民",积学文士为小报作谐嬉文字。与这种地位降低成对比的,则是学堂人数的增多。科举对人才不仅有栽培,而且有出路。何刚德说:"今日学堂之弊,与学生无与也。……一在毕业太易。科举时代,三年一会试,取进士三百余人焉。三年一乡试,各省统计,取举人约二千人。五贡并不及此数。进士固即时任用,而得意者尚不及半。举贡分途,捐纳十不得一,日积月累,后来已拥挤不堪矣。今改科举为学堂,大学毕业视进士,中学毕业视举贡,而且无人不可毕业焉。今默揣其数,试问何以位置?……不观当日之秀才乎?秀才中举中进士,固有出路;若终于秀才,则亦有秀才顶戴荣身也。有何不可?不知当日秀才无才无资,本无产可破;今之秀才,则大半自破产(学费)来也。"

学堂谋名拿利,读英文的想做洋行买办,读经济的想做银行经理,读法律的想做官。

周作人说,不读"四书",20年代北京绅士状的人已不知礼。

3. 农村社会结构发生了变化。

明清两代500年,科举不仅造出了大批入仕的官员,而且造出了更多地方绅士。进士、举人、秀才三阶,大部分秀才成不了举人,大部分举人成不了进士,成不了举人的秀才和成不了进士的举人都留在了自己的原籍。

科举制度广涉东南西北,这套制度就在各地造成了同质的绅士群体。县以下的地方,都是乡村自己治理。梁启超讲得很详细。钱穆也说,辛亥革命时他17岁,17年里面没有见过两江总督、江苏巡抚及道台之类的官员,这些大官和老百姓没有关联,有事就请德高望重的乡绅自行解决。中国能长久维持一个小政府甚至是弱政府,靠的就是大批绅士群体。中国的治理是教化之治、礼俗之治,不需要兵和刑罚。雍正朝诏书说:

>   为士者乃四民之首,一方之望。凡编氓皆尊之奉之,以为读圣贤之书,列胶庠之选,其所言所行皆可为乡人法则也。……敦品励学,慎言慎行,不愧端人正士。然后以圣贤诗书之道,开示愚民,则民必听从其言,服习其教,相率而归于谨厚。

朝廷给予的功名,已使这些被称作绅士的人成了被选出的乡里领袖,这是科举选的,是文化选的,科举和文化都是使人崇敬的,因此可以主持礼俗而维持一方的社会秩序,这是一种用文化维持的秩序,是伦理秩序与社会秩序合一。所以说,科举不仅是选官制度,更是一种社会结构。

其间的核心是因文化而生的绅士,科举既废,则不再有绅士,而无此核心,则地方秩序不能不大变(农村破产)。中国原本的地方社会,由豪强世族主导,科举用文化铲平了这种豪强世族。科举既废,则豪强又起,而且是在更原始和更等而下之的层次上重起的(所谓"土豪劣绅")。

(二)科举停置与中国政治

1. 科举制度维持了1 300年间一种开放的国家权力,虽是选官制度,造就的则是一种政治结构。

一个政权多少都具有开放性,但科举的特点是:一、彻底开放,向所有的个体、所有的地方开放;二、以文化为开放。察举选官,选择对象的有限性决定了开放的有限性。而科举以"怀牒自投"为起点,实际上是对一切人的开放(限制最低的开放),"怀牒自投"是个体与国家直接发生关系。

所以科举之下是一个流动的等级社会,容易看到的是自下而上的对流,其实还有自上而下的对流,如徐乾学的子孙经商,穆彰阿后人是唱戏的花旦。比个体对流更重要的,是一批一批起自底层社会的士人周而复始地进入政府,形成社会与政府之间的对流。

《郎潜纪闻》一书,多有状元未贵时卖字自给之例;士人未达之时,一面读书,一面耕田伐薪;陈大受拜相,少时贫贱,耕于山麓。

这样的人一批批进入政府,当然知道民间的疾苦。

分省考试,向全国取士,政权向全国开放(番童、苗童学额)。

由于开放和对流,所以下情得以上达。唐宋以后的文集,其中收入的奏议,多讲民生之疾苦、社会之弊病、生民之所求(曾国藩咸丰初有《敬呈民间疾苦折》),而后政府不能不回应疾苦、弊病、所求。

这种社会与政治的对应和应和,构成了科举制度下政治结构的深度弹性,所以1 300年间王朝兴衰,而科举制度则始终延续。它为政权构成了一种社会基础。作为对比,元代政权不开放,历时不及百年。

这种个体上下对流和社会政治互相对流的开放政治,有两个前提:过程的公平、进入对流数量足够大。由此形成的一个矛盾是:就前一面而言,营造平等,凭文定去留;就后一面而言,催生越来越多的士人,士多又成患。

科举时代的士人自我解释科举的合理性:立贤无方,任人唯贤。但在科举废除之后,对于科举的认知,又有了一种以西方政治作观照的尺度。

1920年代初,章士钊有欧洲之行,回来之后转述英国小说家、戏剧家威尔斯的话说:

> 民主主义,吾人击之使体无完肤,只须十分钟耳。但其余主义,脆弱且又过之,持辩至五分钟,便是旗靡辙乱。是民主政治之死而未僵,力不在本身,而在代者之未得其道。世间以吾英有此,群效法之,乃最不幸事!

中国向无代议制,人以非民主少之,不知历代相沿之科举制,乃与民主精神深相契合;盖白屋公卿,人人可致,岂非平等之极则？辛亥革命,贸然废之,可谓愚矣！

文学家萧伯纳说：

能治人者如可治人。林肯以来,政坛有恒言曰:"为民利,由民主之民治。然人民果何足为治乎？如剧,小道也,编剧即非尽人能之。……盖剧者,人民乐之而不审其所以然。苟欲然之,不能自制,必请益于我。惟政府亦然。

英、美之传统思想,为人人可以治国。中国则反是！中国人而跻于治人之位,必经国定之试程;试法虽未必当,而用意要无可议。

1917年,杜亚泉因西方仿科举设文官考试而发议论说：

吾人二十年来厌弃考试,信仰选举,以为选举者,西洋之新法则,至公普之法则也,立宪国家之流行品也;考试者,吾国之旧法则也,至腐败之法则也,科举时代之老废物也。不谓吾国之老废物,乃成西洋之流行品……

选举与考试,实为至相类似之物。

沈兼士作《选士与科举》,叙述之后总论曰：

怀牒自投和考试全独立为民权发达。……这完全是一种直接民主,与近代西方国家由政党操纵,方法上自有不同,而其为开放政权则一。

1940年代,潘光旦说:

> 在广土众民的国家,每一个国民直接参与政治,事实上不可能,而势非间接不可,因此,间接的方式并不限于代议制度一种,只要就一般民众而论,下情可以上达,可以得到充分的反应,而就民众中一部分有聪明才智的人而言,可以有方法直接加入政府,把聪明才智发挥出来,也就差强人意了。

> 从民间出来的贤人所造成的贤人的政治,我以为就是民治,我并不以为才是真正的民治。笼统的民治是没有意义的。任何国家的民众在才品上都是不齐的,其中一小部分上智,一小部分下愚,和大部分中材分子。……所以民治,应当就是好民政治,那就是贤人政治。好民是民,也一般民众的代表。

潘光旦对科举多平心而论和平实之论,因此,他虽然没有直接说科举,但就中国论中国,这种下情上达和贤人政治曾有的样式只能是科举。

威尔斯、萧伯纳都是英国人,而代议制民主起于英国;杜亚泉于中西之间持论平正;沈兼士见识过科举,又在新教育的大学教书;潘光旦经历过早起的学堂教育,又历经留学而作为上庠教授,各有代表性。这两个外国人和三个中国人的论说,共通的是说民主政治本质上是开放的,科举制度本质上也是开放的。因此,就这个意义而言,科举不仅是一种选官制度,而且是一种政治结构。

民主是构成现代性的重要内容,但现代性的要素在前现代是可能出现的。自西方传入的"民主"一词流布多年之后,这些话真正说明了民主的内核。

这些都是不同于贤人政治的解释,但同样真实地反映科举制度含有的内容。对于科举的认识,其实是在推倒了科举之后深化的。民主的本义不过是把最合适的人选出来管理国家。(林语堂说,百足之虫以那么多脚行走自如,突然有一天和螳螂讨论应该哪一只脚先走,第二天就走不来路了。)

附带的一个矛盾。钱穆说元代不开放政治,戏曲、工艺等等反而有更大幅度的发展。问题是一个开放的政权更有价值,还是戏曲、工艺更有价值呢?(这是一个很难回答的问题。)

2. 科举造就了中国社会中文化与政治权力的合一。

梅光迪后来叙述他的老师白璧德的思想时,转述白璧德的话,也表达过同样的意思,即文化和权力的结合。

中国的政治理想:道、学、政合一。道高于学,学高于政,因此文化和权力合一,是文化塑造权力、制约权力。

就治天下而言,文化与权力的合一,重心在教化。中国人讲治理即是教育,人会感动,此即教化的起点,古代官员、老师都是教化的榜样。地方官判官司,判牍很少引用律法,而多讲礼义廉耻、是非善恶。地方衙门厅堂所悬挂的,是天理、国法、人情。士承担的社会责任,就是教化。

就君臣之间而言,文化与权力的合一,是文化对于帝王的塑造和制约。官僚可以选贤和立贤无妨,帝王立长、立嫡不能选贤。但谁也无法保证这个长、嫡是贤明的,所以皇帝具有两重意义:一是作为具体的个人,他会犯错,所以要以儒学规范帝王,格君、正君;二是作为社稷的代表,所以臣要忠君。君同样在文化管束之下,因为三代君师合一,君即是师。后世君权与师道相分离。

因此严复说,按孟德斯鸠讲的宪法的含义,则中国早已有宪法,即礼。宪法是人人管人人,礼即管束包括皇帝在内的一切人。

作为另一个矛盾,是现在批评科举,要目之一是其独尊儒术,不能立异而思想封闭。而就其能够规范君权而言,正是这种独尊,思想能够多元,则文化便无从约束君主。

3. 科举制度在1 300年间为中国维持了一个文官政府。

文官政府,钱穆称之为"士人政府"(隔绝武人、商人、贵戚),何以可能? 士农工商,农、工、商皆职业,各有职业利益;士不是职业,没有职业利益,因此能代天下人立论,能为民请命,是真正意义上的公共知识分子。公共知识分子在欧洲出现很晚,中国早得多。

无论皇帝个人好坏,科举保证了治国的士人能够常态地、同质地不断生成。士人整体不会因皇帝的不同而整体腐败(文官政府由制度选出,超出帝王私意)。

宋以后,士大夫与君主共治天下。实际上,比之皇帝,士大夫更加恒常。如明代,万历长期不上朝,而天下依然未乱;清代,咸丰之后孤儿寡母君临天下,而成同治中兴。

士人成为政治中坚,回应西人冲击。试想没有科举出来的曾、左、李,何来洋务? 何来近代化?

4. 历史上的中国统一是一种文化统一。

历史上的中国广土众民而散处于南北东西,语言不同、习俗不同、地形不同、物候不同、种植作物不同而能维持长久的统一,靠的是文化同一:一是文字,二是观念。

汉代的地方官兴文教,劝农桑,推行文化,使原本被目为化外的边地进入一道同风之中。从唐宋到明清,科举制度无远弗届,以同一种儒学典籍、同一种标准、同一种文体考试,在选官的同时,传播了同一种文化。

钱穆说,通过乡试、会试,地方士人与地方士人交流,地方士人与京城士人交流。由此形成的精神凝集,钱穆称之为"向心力",这是一种由文化造成并由文化维持的向心力。所以隋唐以前有南北分裂,宋以后没有南北分裂。

民国初年的人以后来的眼光看科举,沈兼士说科举考试在普及文化中使各民族同化为一个大的国族;孟森在民初以新疆建省后开科举之稳定,相比于不开科举的蒙古(外)、西藏之不稳定,说科举有文化统一之功。

作为一个矛盾,科举以平等的考试铲除了隋唐之前的世族、豪强,以统一的文化维持了国家的统一;但由此形成地方社会无深度组织的能力,一旦外族入侵,地方无自发抵御能力。如东汉末年,强宗豪族守坞堡保地方;宋以后,金兵入华北,一触即溃。统一之下,社会秩序有其脆弱性。

5. 以科举制度对中国社会上述既有的历史影响相观照,则停置科举的影响也对应而见。

(1) 废科举切断了政治权力与社会之间的对流,同时士人与国家(政府)之间的关系也因之断裂。没有政治与社会之间的对流,则政治权力成为一种没有社会基础的东西,同时社会的诉求不能上达政府,则政治权力与社会的对立和冲突成为民初中国的常态。隔绝而对立,对立而冲突。原本代表社会与政治权力冲突的,则大半是本来与政治权力结为一体,而因废科举而脱出了政治权力的知识人。时人说是停科举之后,本来可用之人转而为患。

(2) 废科举切断了政治与文化的联结。进入政治权力的文化菁英数量越来越少,没有文化意识的政治人物越来越多。而后,政治成为没有文化的政治。政治权力中的人物无可束缚,民国的军界、政界遂无心存敬畏之人。民初人物的面目可憎,大半因此而来。

但脱离了权力的文化,同时也脱出了原本的政治责任,民初士人化文化为思想,以舆论鼓荡天下。唐末的王仙芝、敬翔、李振因士人失路而造反,民初的士人失路,则多持学理冲击国家权力。就一面而言,梁启超《异哉所谓国体问题者》、"五四"学生运动震动八方;就另一面而言,民初北大凌驾教育部之上,而且"军阀"以外,又有"学阀"。章士钊作为教育部长,被学生两度抄家。

此后,以学说为理想,以理想相冲突,知识人成了政治革命和社会革命的主导,源源不绝。科举中有个体失落和愤怒,但士人整体失落和愤怒,必须寻找出路。学堂学生群聚,个体的失落和愤怒易传染聚合而群体化。

(3)自秦汉施行郡县制流官之后,中国政治已是一种官僚政治。与之相伴而生的问题,便是官僚的来源,即怎么样选官,和什么样的人能当官。相比于察举,科举以考试为尺度定官僚资格,更彻底地体现了公意对私意的阻格。即使是帝王个人,也被排除在科举考试的实际过程之外。因此官场不会有自下而上的请托趋附和自上而下的厚薄亲疏。资格作为客观标准的存在,欲由私意调度而绕过考试,几无可能(捐纳、保举是异常)。废科举之后,则官僚之资格随之而废,怎么样选官和什么样的人能当官,重新成为问题。但很长一段时间里,这又是一个不能以公意阻格私意的问题。梁启超回国后发现,想做官的人比科举时代更多(没有了资格,人人都可做官)。康有为说官场风气一落千丈:

> 不解银行者,用为银行;不解铁道者,用为铁道;不解兵事者,用为兵事;不能治民者,用为治民。强盗无赖,拥高牙,典列城,其亲戚交友,不识一丁者,亦剖符授官,烂羊头而封侯,弹琵琶而封王。

《潜庐随笔》说,北洋吏治,车夫、剃头匠皆成县知事。

文史资料中说,陆荣廷治广西之日,私人为县知事,杀囚敛财。

青黄不接之际,留日学生入政界居多。时人说,以中国人做中国官,问以典章历史,常常瞠目结舌,而速成半年、游学二三年,已能真知彼邦之政治精义?科举废除之后,个体仍在流动之中,但流动无序,遂成吏治之黑暗。民国直接晚清,人们看到的是废科举之后吏治更坏。

回顾民初时论,怀念科举的人很多。澄清吏治,首先慎重登庸。在仕途淆杂,而欲慎重登庸,则舍参事末由。诚以考试录士,虽不能为尽善尽美,然较之漫无标准,以爱恶亲疏为去留者,相去远矣。

(4)最先倡废科举的梁启超说:"夫今日宦场风习,所以流失败坏,视十年前更一落千丈者,虽其原因孔多,而官吏出身之制度不完全,亦其一也。循此不变,行将举国衣冠,恶成禽兽。"因此力倡恢复科举。他的原话是:"悍然曰:复科举便。"

(5)孙中山立五权宪法,其中的"考试权"自述取之于科举制度,引人深思。

(6)由于不讲资格,本省人做本省官(科举制下是全国选官、全国派官)。革命以来,本省人不拘资格,毫无阅历,统握纲符,绅与民的关系,外虽欢迎,中实藐视。本不练习吏治,又引其邻里亲戚贻误清醒,更仆难数。

在民初数省自立的情况下,梁启超和章太炎都意识到尤重本省人为本省官的分裂趋势,坚决主张官吏只能自上而下委派,而不能省自选举。但委派的官吏从何而来?于是又归之于返回考试。

纵贯而言,废科举之日,天下没有强烈的反应,而真正的反应则是出现在民国初年及以后。根本的原因,是废科举留下了一大堆短期内没有办法解决的社会问题和政治问题。以梁启超、严复、张之洞、吴汝纶为例,则可知中国的科举正是由这些自相矛盾、前后反复的人推倒的。

(本文系2018年10月12日杨国强教授在北京大学人文社会科学研究院主办之"北大文研讲座"上的讲演稿,由王婧娅录音整理。此次全文刊出)

清代石仓阙氏的科举参与和文武之道

蒋 勤

摘要：学轨制是教育不平等的重要来源。清代科举考生们同样面临学轨的选择：除了正途考试和异途捐纳外，还有文科举和武科举之分。前人研究多关注文科举中的乡试和会试，鲜有人研究学轨选择的起点——童生试者。本文利用浙南石仓的科举账簿，考察清中后期阙氏的科举参与。通过炼铁积累财富后，阙氏先是捐纳监生，后逐步参与科举。太平天国战争后，人口减少，武科举中式率提高，阙氏实现了"文武并举"。进一步分析发现，武科举的花费只是较文科举略高，最大宗花费是入泮后的注册钱。最后，通过比较保身家与向上流动这两类科举动机的表现及其结果，发现向上流动的期望可能是个陷阱。因此，基层民众参与科举最终呈现给人以保身家为主的印象，是民众自我调适的结果。

关键词：石仓，科举参与，武科举

作者简介：蒋勤，上海交通大学历史学系副教授

一、科举、商人与社会流动

学轨制（Tracking）是教育不平等的重要来源。特纳提出，英国

学校体系中存在竞争性和庇护性两种社会流动的机制;[1]而布迪厄对法国名牌大学中的专业选择与社会阶层进行分析,发现专业与文化资本之间存在直接联系。[2] 在当代中国,吴愈晓发现在完成九年义务制教育后,学生们面临教育分轨的选择。此时,家庭社会经济地位越高的学生,越有可能进入重点学校,或是继续选择学术轨的普通高中,而非职业教育轨的中专、技校。[3] 相比之前研究多注重从学轨选择的结果来考察社会结构,本文试图从家庭策略的角度出发,对民众教育投资行为的过程进行分析,揭示民众应对结构时所具有的能动性。本文利用清代基层民众参与科举考试的第一手资料,分析在明清科举制度下,小商人阶层是如何在不同的结构和资源条件下,进行科举学轨的选择。

科举考试是传统中国最重要的社会流动渠道。中国传统时代存在士、农、工、商的阶层排序,而通往士阶层最重要的阶梯是科举考试。通过考试,农、工、商诸平民阶层可晋升为士绅阶层。明初限制匠籍和商籍出身者参与科举,但这种限制逐渐被打破。[4] 通过科举转换身份、实现流动的梦想,激励着传统时代各阶层子弟们积极地投身举业。布迪厄的文化资本理论指出,可将经济资本转化为文化和政治资本。[5] 科举制提供了在前工业社会这方面的典型例子。

---

[1] Ralph Turner, "Sponsored and Contest Mobility and the School System", *American Sociological Review*, 1960, 25(6): pp. 855–867.
[2] [美]布迪厄著,杨亚平译:《国家精英:名牌大学与群体精神》,商务印书馆2004年版。
[3] 吴愈晓:《教育分流体制与中国的教育分层(1978—2008)》,《社会学研究》2013年第4期。
[4] 何炳棣著,徐泓译:《明清社会史论》,联经出版事业公司2013年版,第61—78页;张海英:《明中叶以后"士商渗透"的制度环境——以政府的政策变化为视角》,《中国经济史研究》2005年第4期。
[5] [美]布迪厄著,包亚明译:《文化资本与社会炼金术》,上海人民出版社1997年版,第209页。

自南宋开始,只要通过发解试(明清的乡试)获得举人功名,即可终身拥有士绅特权;至明清两代,最低一级功名——生员——同样开始享受士绅特权。① 童生参与到科举中,首先可将经济资本转换为政治资本以便更好地保护家庭财产;其次才是获取更高功名,真正实现向上社会流动。② 而最具保身家急迫性的,正是那些通过商业活动积累了财富的家庭。科举功名除了彰显财富,还可帮助商人阶层扩大其社会交往圈,参与到地方公共事务中。同时,科举功名附带的特权将可切实提高其社会地位并保护财产安全。

　　何炳棣分析明清时期的人物传记、年谱、小说等资料,发现富商家庭鼓励天资高的成员读书。因此社会流动的方向,一般朝向"精英"发展,即弃商从儒。③ 通过分析清代的硃卷,张杰指出,商人家族利用财力捐纳监生绕过童试,提供给族人更多应试机会,可使一般商贾家族转化为科举家族。④ 这种现象反映在地区层面上,夏维中和范金民发现江南科甲人士的多寡与地区经济的兴衰密切相关。⑤

　　尽管大的社会风气如此,但不同的策略会影响其后续的职

---

　　① 吴铮强:《唐宋时期科举制度的变革与社会结构之演变》,《社会学研究》2008年第2期;陈宝良:《明代生员层的经济特权及其贫困化》,《中国社会经济史研究》2002年第2期。
　　② 明末清初学者顾亭林指出:"一为得此(生员功名),则免于编氓之役,不受侵于里胥;齿于衣冠,得于礼见官长,而无笞捶之辱。故今之愿为生员者,非必其慕功名也,保身家而已。"见顾炎武《顾亭林诗文集》,中华书局1959年版,第22页。余英时也提出,商人子弟当监生都不必然是为入仕为官,而是借监生身份与官方往来,"对家中的商业运作起一些保护作用"。而即使是正途出身入仕者,"有人宁愿在户部或税关任职,以便在行使职权时发生某些'宽商'的效应"。见余英时《中国文化史通释》,三联书店2012年版,第224页。
　　③ 何炳棣著,徐泓译:《明清社会史论》,第91—96页。
　　④ 张杰:《清代科举家族》,社会科学文献出版社2003年版,第78—84页。
　　⑤ 夏维中、范金民:《明清江南进士研究之二:人数众多的原因分析》,《历史档案》1997年第4期。

业发展与社会地位的延续性。譬如,山西晋中商人的个案研究表明,兴盛时期的商人子弟选择捐纳和继续经商的多,也有一些选择投资教育和科举;但到了商业没落时期,只有那些注重教育的家庭较容易实现社会转型。① 又如,徽州商人则多信奉贾儒相通,即经商成就和科举功名可相互转化。因此有一些家庭采取"一张一弛,迭相为用"的策略:暂时放弃举业去经商,经商成功之后可以培养子代求取功名。② 同时,霍红伟研究发现,生员对自己的期望是"君子不器":由于功名和身份的原因,担任塾师是生员的首要选择,而农、工、商、医等职业对其没有太大的吸引力。③

商人阶层对投资科举很有热情,但科举的风险也极高:获取功名不易,中式后入仕亦难。首先,科举考试竞争激烈,中式率低。以文科举而言,取得初级功名的生员的97%都成不了举人;④ 而举人中80%的人都登不上科举金字塔的顶峰——进士。⑤ 因此,经济资本向文化资本的转换耗时长久。清代富商大阜潘氏从徽州移居苏州,历经五代人方才真正实现向科举家族的转型。⑥ 其次,清代的进士大部分都能担任官职,但举人就只有三分之一能入仕为

---

① 郭娟娟、张喜琴:《清代晋商家族代际流动分析——以山西榆次常氏为中心的考察》,《安徽史学》2014年第4期。

② 唐力行:《商人与文化的双重变奏——徽商与宗族社会的历史》,华中理工大学出版社1997年版,第23页。

③ 霍红伟:《"君子不器":清代生员的职业选择》,《史林》2014年第6期。

④ 清代江南乡试、浙江乡试的单科录取率平均为0.9%(考生数除以中举数),见Benjamin Elman, *A Cultural History of Civil Examinations in Late Imperial China*, University of California Press, 2000, pp. 661-662。考虑到重复参加考试情况,乡试的累积通过率,即生员成为举人的比例,预计在3%左右。

⑤ 明代会试的累积通过率大概是25%,见吴宣德《明代进士的地理分布》,香港中文大学出版社2009年版,第99、110页。清代这一比例下降至20%以下。

⑥ 徐茂明:《士绅的坚守与权变:清代苏州潘氏家族的家风与心态研究》,《史学月刊》2003年第10期。

官,正途五贡入仕比例更低,生员就不具备为官资格。① 随着捐纳制度的盛行,举人、进士的入仕难度进一步增加。②

为了多元化投资,降低文科举的投资风险,商人家族有时也会选择武科举。清朝大部分时期禁止文、武科举应试者互试,③因此在完成基础教育后,童生们就必须选择参与文科举还是武科举。清朝沿袭前代政策,实行文官治国的策略,武生员、武举人的社会地位和职业出路都较文生员、文举人为差,文进士、文举人和正途五贡始终占据一半以上的地方正印官职位。④ 而武官群体中,只有三分之一是武科举出身,其余皆为行伍或杂途。⑤ 同时,武生员不得从军:"武生初不得挂名营伍,如滥收入伍,该营将弁并该学教官一并参处。"⑥受这些限制,"武科之不得人,视文科尤甚"。⑦ 尽管如此,武科举对经济实力要求更高,这意味着商人家庭具有优势,因此成为其获取科举功名的重要路径。

相比回报更为稳健的土地和房产,投身举业表面看是"投资",实际上却可能接近"消费"。王家范就将科举与官场消费比拟为现代消费经济概念中的"发展性消费",即个人谋生立业的先

---

① 进士朝考后授官,前列者用庶吉士约二成(20%),等第次者分别用主事(正六品)、知县(正七品)近八成(80%)。而举人的主要出路则是在会试三次不中之后,通过大挑,获得知县,以及州县教谕(正八品)和训导(从八品)这类教职。见商衍鎏《清代科举考试述录及有关著作》,百花文艺出版社 2004 年版,第 121、159 页。

② 何炳棣著,徐泓译:《明清社会史论》,第 57 页。

③ 商衍鎏:《清代科举考试述录及有关著作》,第 213 页。

④ 清代知府中正途出身的进士、举人与五贡,占 65%,捐纳与杂途占 35%;知县中正途出身者占 73%,捐纳与杂途者只占 27%。见李国祁、周天生、许弘义《清代基层地方官人事嬗递现象之量化分析》,行政院"国家"科学委员会 1975 年版,第 26 页。

⑤ 本人对清代中前期 4 000 名武官的履历片进行统计,发现行伍出身者占 51%,武举出身者占 20%,杂途占 29%。见秦国经《清代官员履历档案全编》,华东师范大学出版社 1997 年版。

⑥ 商衍鎏:《清代科举考试述录及有关著作》,第 211 页。

⑦ 冯桂芬:《校邠庐抗议·停武试议》,《续修四库全书》第 952 册,上海古籍出版社 2002 年版,第 537 页。

期投资:"明清江南的科举热浸润到仅有薄产十亩之家,也必冀盼诸子高中,不惜延师入馆。"①王立刚利用地方志、文人笔记,分析文童生参加童生试的相关费用,包括交通费、食宿费、试卷费、担保费、杂费和陋规,以及考中后的费用。他发现考试费用大概在数十两,但考中后的费用远高于考试本身的费用。②那么家庭经济状况必然影响民众举业和商业、文科举与武科举道路的选择。既然是消费,就存在有一个是否理性的问题。像范进那样不顾家庭经济条件而执着于科举考试的落魄文童生,可能并非普遍现象。

根据前人的观察,武科举花费更巨,武童生们的家境较为优越。同时因重文轻武,"故武科途,衣冠之族不屑与"。考试花费更多,"试事之费,十倍于文,寒素不能与……有教师垄断,非其素识,无门可入,穷乡僻壤不得与"。③科举世家出身的徐凌霄在父亲任上观察清末县一级武科举,发现武童生多"装束华美",与颇多寒畯的文童生差异明显,原因是武科举"所习弓刀石马步箭诸技,延教师,辟场所,置具购马,必需相当资力,寒士岂能任之"。④虽然文科举参与者中出身贫寒者较武科举多,但文科举的成功者大多会选择"文人雅士"的生活方式,脱离商业领域。这种"有闲阶级的生活模式",如收集字画古玩等爱好,相比考试本身的花费,更易耗尽家财。⑤

因此,商人家庭参与科举的动机可分为保身家与向上流动两种,而参与的路径可以有文科举和武科举两种。不同时期、不

---

① 王家范:《明清江南消费风气与消费结构描述——明清江南消费经济探测之一》,《华东师范大学学报》1988年第2期。
② 王立刚:《清代参加童试考生所用费用研究》,《江苏社会科学》2017年第3期。
③ 冯桂芬:《校邠庐抗议·停武试议》,《续修四库全书》第952册,第537页。
④ 徐凌霄、徐一士:《凌霄一士随笔》,山西古籍出版社1997年版。
⑤ 何炳棣著,徐泓译:《明清社会史论》,第189—198页。

同地区的家庭,在商业和举业、文科举与武科举之间所作选择,受哪些因素影响？文武科举的花费,又有哪些不同？不同的动机与参与策略,又将带来何种不同的结果？通过对松阳石仓小商人家族阙氏参与科举的过程进行分析,本文将尝试回答以上问题。

二、阙氏的科举参与史

浙南松阳石仓的阙氏家族自乾隆末开始经商,嘉庆朝炼铁致富,并通过捐纳监生、参与文科举实现了士绅化。道光末至咸丰年间,阙氏家族经济因太平天国战争的打击而下滑。新发现的石仓科举簿表明,同光时期阙氏涌现了大量的武科举参与者,即他们在继续文科举的同时,开始重视花费多的武科举。这一现象不禁令人思考：到底有哪些重要因素影响商人家庭在商业与举业、文科举与武科举之间的选择？

在史料方面,前辈学者研究科举多利用登科录、硃卷、地方志、年谱、日记等。小商人家族因其史料较为零散,较少进入研究者的视野。近年来,大量清代民间文书进入研究者的视野,为区域社会史研究提供了极好的素材。本文即利用上海交通大学历史系曹树基等编的《石仓契约》中的科举账簿,讨论小商人科举参与策略的特点及其影响因素。[1]

在方法方面,本文将展开对阙氏科举参与的"在地"与"有机"

---

[1] 《石仓契约》第1—4辑收录浙江省松阳县石仓地区清代契约近8 000件,第5辑则收录各类账簿80余册。曹树基、潘星辉、阙龙兴编：《石仓契约》第1、2、3辑,浙江大学出版社2011、2012、2014年版；曹树基、赵思渊、阙龙兴编：《石仓契约》第4辑,浙江大学出版社2015年版；曹树基、蒋勤、阙龙兴编：《石仓契约》第5辑,浙江大学出版社2018年版。

的分析。"在地"分析将科举参与活动放回到村庄社会经济变迁中。石仓阙氏参加科举活动,是移民家族本地化、士绅化努力的体现;而其科举参与策略的变动,则与铁业衰落、太平天国侵扰等大背景与小环境的变动有关。"有机"分析指的是能通过人物关系,将各种文书资料,如契约、账簿、分家书等都匹配起来,立体地展示石仓阙氏"文武并举"的科举转型。

浙江是科举大省,但处州府的文进士位列各府最末,整个清代文进士总计才11人。松阳县在处州府属于中流水平,但武科举表现突出。有清一代,松阳县共有文进士3人,武进士1人;文举人11人,光绪朝仅有2人,而武举人则有33人,光绪朝更多达13人。① 这与之前平原富裕地区文科举发达,而山区欠发达地区武科举相对有优势的发现吻合。②

本文研究的石仓,位于浙江省松阳县之南部山区,石仓溪贯穿其中,溪两岸分布着茶排、下宅街、后宅、蔡宅等村庄。当地现存30幢平均建筑面积在2 000平方米以上的厅井式大屋,大多建于乾隆后期至嘉庆、道光年间。支撑这"大屋时代"的是村中的炼铁业,炼铁业于嘉庆年间达致鼎盛,但于道光中后期至咸丰期间,因国内市场急剧变动而衰落。光绪年间,由于区域市场需求恢复,石仓铁业复兴,并一直维持到民国。③

在这群因炼铁而致富的移民中,最成功者莫过于康熙年间迁自福建上杭县的三支阙氏,他们分别居住于下宅街、后宅和茶排。

---

① (民国)《松阳县志》,《中国地方志集成·浙江府县志辑》第67册,上海书店出版社2011年版,第381—391页。
② 陈业新:《明清时期皖北地区灾害环境与社会变迁——以文武举士的变化为例》,《江汉论坛》2011年第1期;夏卫东:《清代浙江进士的地域分布及其规律》,《绍兴文理学院学报》2001年第4期。
③ 蒋勤:《清末浙南的区域市场与"衰而未亡"的土铁业》,《清史研究》2015年第3期。

后宅阙氏和茶排阙氏同属荣厚公,关系紧密。光绪年间,荣厚公两支后人曾一同回福建上杭县重修香火堂。① 下宅街阙氏与荣厚公两支相距十代以上,关系较疏远。不过嘉庆十三年(1808),来自江西的阙芳遥和阙芬岩兄弟主持修订《阙氏宗谱》,石仓三支阙氏自此建立起更紧密的关系。②

至嘉庆十三年,下宅街阙学易及其子侄5人拥有监生头衔,而后宅阙廷对则成为附贡生。嘉庆二十三年,阙廷对资助修建了阙氏宗祠感应堂。道光元年(1821),炼铁致富的茶排阙天开主导修建阙氏宗祠维则堂,又于道光二十三年主导修纂道光《阙氏宗谱》。石仓移民对于国家文化秩序——包括正统化的神祇、科举功名、宗族组织的接受与调适,帮助其顺利实现士绅化与本地化。③

清代获取功名分考试和捐纳两途。捐纳监生是财富力量的直接体现。通过科举考试获得功名难度大,财富起作用的方式也更为间接。道光朝之前,石仓阙氏获取功名多依靠捐纳监生。不过此后他们开始积极参与科举考试,并在科举考试领域取得长足进步。

嘉庆和民国《阙氏宗谱》的"名爵志"都不明确区分文生员和武生员;世系表同样如此,只用"邑庠生""郡庠生"标识县学、府学生员身份,只有一部分武生员会标识为"武庠生"。结合族谱与武

---

① 王媛、曹树基:《回乡——香火堂与移民先祖之祭》,《近代史研究》2014年第4期。

② 嘉庆《阙氏宗谱》第1本,上海交通大学历史系藏电子版,编号:0043。遵循最接近事件发生时间原则,下文先后引用了嘉庆、光绪和民国版本《阙氏宗谱》。电子版均藏上海交通大学历史系,不再一一标注。

③ 章毅:《清代中前期浙南移民的国家化与本地化——以石仓祠庙为中心》,《上海交通大学学报》(哲学社会科学版)2009年第3期。

科举簿,本人一一辨识文武生员所属支系、功名类型和应试年代。① 支系对应前述下宅街、后宅和茶排三支。功名分三大类,即监生、文生员和武生员。文生员又细分为附生以及地位较高的增生、廪生和附贡生。生员的应试年份对应其通过考试或说入泮年份;缺少应试年份记录的生员和全部监生,用出生年加25来标识其应试年份。再将应试年份转换为应试年代:首个年代定为首次有人获得功名的1754年,至嘉庆修谱前一年(1807年);1808年至科举取消的1905年,则按25年为一代划分,最终得到5个年代。表1按支系、功名和年代列出石仓阙氏的科举成就。

表1：石仓三支阙氏科举成就表

应试年代	监生	文—附生	文—增、廪、附贡	武—生员	武—举人	总计
下宅街	8	2		2		12
1754—1807	5					5
1808—1832	2	2		2		6
1883—1905	1					1
后宅	40	5	4	4		53
1754—1807			1			1
1808—1832	4		1			5
1833—1857	11	1		1		13
1858—1882	11	2	2	3		18
1883—1905	14	2				16

---

① 武生员的判断标准暂定为两条:(1)谱牒中明确记载为"武生员";(2)科举账簿中有习武、应武科举的明确记录。缺乏这两方面信息者,为保守起见,本文均视作文生员。

（续表）

应试年代	监生	文—附生	文—增、廪、附贡	武—生员	武—举人	总计
茶排	44	10	7	10	1	72
1808—1832	10					10
1833—1857	11	1		2		14
1858—1882	11	5	7	7	1	31
1883—1905	12	4		1		17
总计	92	17	11	16	1	137

注：整理自民国《阙氏宗谱》第二本《名爵志》。1831—1850 世代茶排武生员中包含武举人 1 名。文生员初入泮时均为附生，在县学考核优秀者可递补为增生，又可继续递补为廪生。拥有生员身份者继续捐纳监生的，根据生员身份，分别称为附贡、增贡和廪贡生。武生员则无此类区分。

嘉庆《阙氏宗谱·名爵志》中罗列的功名者总共有 203 人，但其中属于石仓阙氏的只有后宅附贡生 1 人、下宅街监生 5 人。民国《阙氏宗谱》则表明，石仓三支阙氏在嘉庆首次修谱之后，新获功名者共计 131 人，其中监生 87 人，占到全部有功名者的 67%（92/137），可见捐纳是阙氏获取功名的主要方式。文科举中，附生 17 人，廪生、增生和附贡生计 10 人；武科举中，生员 16 人，举人 1 人。[①]

1890 年之前出生的石仓阙氏男性人口，下宅街 160 人，后宅 190 人，茶排 927 人，合计 1 277 人。因此有功名者占其男性人口总数的比例为 10.7%（137/1 277），其中有考试功名者占 3.5%（45/1 277），远高于浙江省的平均水平。[②]

[①] 嘉庆《阙氏宗谱》第 1 本，编号：0092－0118；民国《阙氏宗谱》第 2 本《名爵志》，编号：IMG_0233—0245。
[②] 1850 年之前生员占浙江总人口的比例为 0.17%，太平天国之后占浙江总人口的 0.56%。见张仲礼著、李荣昌译《中国绅士》，上海社会科学出版社 1991 年版，第 112 页。

三支阙氏的科举成就总体上相当可观,但各支系差异很大。下宅街阙氏最早跻身士绅阶层,又最早退出科举竞争:7名监生均于乾隆年间获得身份;道光三年(1823)与六年,连续考取武生员2人,但后续无人。① 后宅阙氏捐纳监生者分布在1808年之后的4个世代,参与文武生员每个世代都有1—3人。茶排阙氏1808年首次修谱时尚未有人获得功名,但后来居上。他们先是通过捐纳监生获得功名,在1833—1857年间开始在文武生员方面有所突破,随后达到高峰。1858—1882年间,茶排阙氏捐纳监生11人,考中文科举的附生5人,增生、廪生、附贡生计7人,还考中武生员7人,武举人1人。

最为成功的茶排阙氏,其科举参与经历了捐监生为主、再到文武并举这两个阶段。成功的原因有三:其一,茶排阙氏在炼铁业的成功:天开铁炉"大火三月不熄",天开的三位兄长又均自立铁炉;② 其二,茶排阙氏为在举业上实现突破,遵循了建立家族公产支撑教育的惯律:其兴公设立族学,而天开及其后代都在分家时专列家族教育基金;③ 其三,茶排阙氏在文武科举并重方面更为成功。在道光三十年入泮的武生员阙翰鹤的带领下,茶排阙氏在武科举方面实现了突破。

---

① 光绪《阙氏宗谱》第8本,编号:P3291108。
② 曹树基、蒋勤:《石仓冶铁业中所见清代浙南乡村工业与市场》,《中研院历史语言研究所集刊》2010年第81本第4分。
③ 设立学田的案例见张杰《清代科举家族》,社会科学文献出版社2003年版,第119—122页。在石仓,阙天开专门抽出读学田,供子孙读书上学时聘期先生并助其考试。阙天开后代也纷纷设立"众秀田"或"儒资田"鼓励后代参与科举。据民国《阙氏宗谱》统计(编号IMG_0214—0215),茶排有10人设立儒资田,计租谷72担;后宅有5人设立儒资田,计租谷30担2桶。石仓阙氏共办有两个私塾,一名"石仓源书馆",一名"茶排杨庄书馆",后者注明"其兴公建"。杨庄为茶排小地名,处于下茶排村之中心。见光绪《阙氏宗谱》第2本《书塾志》,编号:P5050315。

三、保身家与文武并举

传统社会中,参与科举考试者真实的动机到底是保身家还是向上流动,通常难以判断,一个间接的判断方法是考察其对子弟的职业规划,以及参加科举活动与"理家政"之间的关系。在传统中国,一个人的职业道路多由男性家长安排。商人家庭常出于分散风险的考虑,安排部分孩子业儒,另外的则经商。[①] 长子因地位特殊,常被鼓励参与科举,且通常是文科举;次子、三子等则被安排经商或是参与武科举。另外,家庭经济变差,难以支持科举时,会放弃科举,回到商业领域。(唐力行,1997)对小商人家庭而言,此类规划与科举策略可间接反映保身家和向上流动两种动机。

大部分族谱中都不会专门列出经商者,所以难以量化分析经商轨与科举轨的选择。另外,族谱中对于是参与文科举还是参与武科举通常也是含糊其辞的。由于石仓有详细的科举账簿,还是可以区分文科举和武科举参与者。表2列出了阙氏功名拥有者的排行与文武选择。

表2:石仓生员的排行与科举轨选择

	长子	次子	三子	四子	五子	总计
文科举	11	8	4	3	2	28
武科举	5	5	2	3	2	17
总计	16	13	6	6	4	45

注:整理自民国《阙氏宗谱》。

据表2可知,长子和次子共计29人,占有功名总人数的64%

---

① 何炳棣著,徐泓译:《明清社会史论》,第353页。

(29/45)。长子优势在文科举中尤为明显：在28名文科举功名拥有者中，长子占到40%(11/28)，而17名武科举参与者中长子只占30%(5/17=0.29)。这说明石仓阙氏既重视长子，又注重分散风险。

下面以武科举的推手、科举簿主要作者阙翰鹤为中心，进一步分析阙氏的科举参与策略。翰鹤，学名飞龙，字登云，道光元年(1821)生，道光三十年考中武生员，光绪六年(1880)卒。① 翰鹤的堂侄兼受业弟子、武举人阙进璋，如此描述其科举生涯：

> 家夫子登云，是国学(生)伯祖嵩山公之季子……予之堂叔也……当其少时，学初嗜读书，善颖悟，卓荦不群。继而严君去世，遂弃诗书而理家政。及其壮也，偃文修武，出就外傅，而就业于叶廷芳夫子。弓如满月，射似流星，同堂虽不乏人，究未有能出其右者……院试身游泮水，而南乡之风气为之一振。真松邑之英雄，石仓之豪杰也。②

阙翰鹤是家中幼子，排行第五。道光十五年其父德瑛去世时，③他刚满14岁。道光十七年翰鹤结婚，随即分家，并开始设账簿"理家政"。翰鹤没有选择文科举，而是选择武科举道路，跟随武举人叶廷芳习武。④ 道光三十年，他考取武生员。同年，他堂弟翰信考取文生员。茶排阙氏在科举上实现首次突破。

考科举需要资金支持。除经营分家获得的田地外，翰鹤还通

---

① 民国《阙氏宗谱》第12本，编号：P3290376。
② 民国《阙氏宗谱》第5本《艺文志》，编号：IMG_0737—0738。
③ 天开长子德瑛道光十五年(1835)去世，享年51岁。光绪《阙氏宗谱》第9本，编号：P5051104。
④ 叶廷芳于道光二十六年(1846)丙午科考取武举人，见(光绪)《处州府志》，《中国方志丛书·华中地方》第193册，成文出版社1974年版，第606页。

过雇工垦田,将祖父天开炼铁的遗产——废弃的砂坪——改造成可种水稻的良田。① 同时,他在积累资本后连续购入土地。32 年间,他一共买地 27 次,共花费约 801 两银。② 因此,翰鹤通过转型为小地主,有财力维持较高的生活水平,并参与到科举活动当中。他一共留下科举簿 4 本、家计簿 14 本、雇工簿 1 本、婚嫁簿 2 本、租谷簿 2 本。③ 这些账簿成为研究翰鹤科举生涯和设帐收徒经历的重要史料。科举账簿会详细记载科举备考过程中每日餐饮开销、每次练马记录等,有些还会记载考中功名后在县学、府学的开销以及家内庆祝过程。

阙翰鹤的科举投资分成对自己儿子的培养,以及设帐收徒两个部分。

在铁业衰落初期,翰鹤开始垦田、收租、买地,同时培养儿子们读书考科举。翰鹤遵循了诸子平等原则,在家庭雇工簿中详细记载了聘请老师的情况,儿子从 6 岁入私塾,13 岁结束。完成基础教育后,翰鹤对诸子的职业规划如下:长子玉璠继续参与文科举,二子玉玗与三子玉瑾则随其习武。玉璠于同治五年考中文生员,两年后顺利递补为增生。④ 玉瑾于光绪三年考中武佾生。⑤ 光绪

---

① 蒋勤、曹树基:《后炼铁时代的石仓转型:以〈阙翰鹤雇工账本〉为中心(1837—1870)》,《浙江社会科学》2012 年第 10 期。
② 买地记录见曹树基、潘星辉、阙龙兴《石仓契约》第 2 辑。契约中用铜钱计价,此处按该时期银钱比价的算术平均值 1 两银兑 1 777 文铜钱折算。见林满红著,詹庆华、林满红译《银线:19 世纪的世界与中国》,江苏人民出版社 2011 年版,第 77 页。
③ 翰鹤每年都雇裁缝做衣服,隔两年就雇佣木工做家具,娶了第二房太太,供养 6 个儿子读书,给予女儿不菲的嫁妆。见光绪《阙氏宗谱》第 9 本,编号:P5051121;以及《道光十七年至同治十年阙翰鹤雇工簿》,曹树基、蒋勤、阙龙兴编:《石仓契约》第 5 辑,第 5 册第 3—70 页。
④ 《同治五年阙玉璠入泮簿》,曹树基、蒋勤、阙龙兴编:《石仓契约》第 5 辑,第 4 册第 241—272 页。
⑤ 《同治五年起阙翰鹤考试账》,曹树基、蒋勤、阙龙兴编:《石仓契约》第 5 辑,第 4 册第 273—288 页。

初年,在石仓铁业复兴的浪潮中,玉璠在族谱和账簿中均未有经商的记录;而在石仓契约中,玉璠除了替人代笔外,仅有光绪二十二年以洋银27元价格卖出土地一块给堂兄的记录。① 而玉瑾此时则开始经营铁器店铺生意。② 翰鹤对诸子读书的规划体现了排行的影响,亦说明铁业衰落后,他希望能够通过科举成功来提升家庭的地位。

翰鹤在道光三十年考中武生员后,于咸丰二年(1852)前往杭州参加浙江武乡试,③之后连续参加三届院试(咸丰三年、六年、九年),以确保武生员身份并获得武乡试资格,但再未有任何前往杭州乡试的记录。咸丰十一年、同治元年(1862)因太平军占领杭州,浙江乡试停罢两科。同治三年,他缺考院试,彻底放弃乡试。④ 同治四年,他开始设帐收徒,时年45岁。翰鹤的科举簿中没有文科举中塾师簿中常见的束脩、节敬等收入名目,⑤其收入项多集中在四月县府试与十月院试期间,而支出项多为食材采购、练马安排、租船的费用等,可见翰鹤主要是扮演武科举训练组织者的角色。

光绪乙亥科(1875)武举人阙进璋如此描述其收徒情况:

> 尔时之闻风向慕者,群欲奉为楷模,尊为师表。于是设帐本祠,少长咸至,群贤毕集,近悦远来,得英材而教育之,谓非

---

① 曹树基、潘星辉、阙龙兴编:《石仓契约》第2辑,第5册第88页。
② 蒋勤:《清末浙南的区域市场与"衰而未亡"的土铁业》,《清史研究》2015年第3期。
③ 《道光三十年阙翰鹤武生员入泮簿》,见曹树基、蒋勤、阙龙兴编《石仓契约》第5辑,第4册第217—240页。
④ 《同治五年起阙翰鹤考试账》,曹树基、蒋勤、阙龙兴编:《石仓契约》第5辑,第4册第273—288页。
⑤ 徐梓:《明清时期塾师的收入》,《中国社会经济史研究》2006年第2期。

三乐中之一乐也哉?丙寅岁试,凤威、凤元、保容府县游庠,①嗣后科第不绝,入泮采芹者,指不胜屈。乙亥恩科,予赴浙入闱,颇合中式,蒙杨抚台钟爱,批准乡荐。此皆夫子循循善诱、因材施教,以致之也。②

翰鹤自己未能考取武举人,培养徒弟却大获成功。将石仓阙氏的武科举成就归功于翰鹤的"循循善诱"与"因材施教"。翰鹤收徒备考与应试情况如下:

表3:阙翰鹤设帐收徒参加童试、乡试人数情况

应试年份	应童试人次					考取人数		应乡试人数	
	首试	再试	三试	总人次	外姓数	武生员	武佾生	首试数	再试数
1866	10	0	0	10	1	1	2	N.A	N.A
1868	4	7	0	11	1	3	1	0	N.A
1871	0	3	1	4	0	1	1	0	N.A
1874	12	0	1	13	6	2	2	4	N.A
1877	5	5	0	10	1	2	0	1	0
总计	31	15	2	48	9	9	6	5	0

注:整理自《同治五年起阙翰鹤考试账》,曹树基、蒋勤、阙龙兴编:《石仓契约》第5辑,浙江大学出版社2018年版,第4册第273—288页。

同治五年(1866)到光绪三年(1877)这12年间,处州府共举行五届武童生试,每次考试均有县试、府试、院试三级。③ 县试和府试一般于春天四月开试,而院试在秋天十月开试。表3说明,翰

---

① 凤威、凤元、保容分别是阙玉薰、阙玉银和阙玉京入泮后所取学名。
② 民国《阙氏宗谱》第5本《艺文志》,编号:IMG_0737—0738。
③ 19世纪文科院试三年举行两次,而武院试则每三年只举行一次,见张仲礼著、李荣昌译《中国绅士》,第82页。

鹤在此12年间,共集训武童生48人次(31人),考取武生员9人,通过率达29%。松阳县武生员学额12人,①五届录取武生60人,翰鹤的学生即占15%。另有6人考取武佾生。佾生又称乐舞生,可直接参加院试且列于点名册之首。②因此,"少长咸至","科第不绝",看来实有所本。同治七年(1868)时任礼部侍郎、提督浙江全省学政徐树铭奖赠翰鹤"劝励有方"匾额。③

表3同时也说明,参与阙翰鹤组织的武童试的总共31人,只有15人会参加两次童试;参加三次童试者仅2人,其中一人就是后考中武举人的阙进璋。五届考试共计9名武生员参与,参加过武乡试的仅5人,无一人参加两次。阙翰鹤考中生员后,仅尝试一次武乡试后即行放弃,并非个例。因此,通过参与武科举来达到强身健体的目的,参加一到两次童试尝试获取生员身份,来达到保身家的目的,看来是当地民众较为常见的心态。

总体而言,翰鹤培养的武生员数量多,通过率又高,还突破性地培养了一名武举人。除翰鹤本人有较强的组织能力之外,另外一个重要的原因是太平天国战乱的影响。

首先,太平天国战乱使得处州府损失35%的人口,松阳县又是重灾区。④咸丰八年、十一年,太平军两次攻破松阳县城;石仓亦被侵扰,掳去财物无算、男丁数人。⑤浙江北部和中部地区都遭此劫难,参

---

① 光绪《钦定大清会典事例》载:"(康熙)十年(1671)题准直省考取武生,府学额定二十名,大州县学额定十五名,中州县额定十二名,小州县学额定七八名。"松阳县属中县,武生学额应为12名。又光绪年间松阳武生学额依旧只有12名,未有因捐输而增加定额,见(光绪)《钦定科场条例·钦定武场条例》卷一四。
② 商衍鎏:《清代科举考试述录及有关著作》,百花文艺出版社2004年版,第10页。
③ 民国《阙氏宗谱》第12本,编号:P3290376a。另见《翰鹤夫子飞龙登云叙》:"徐大宗师以劝励有方赠之。"民国《阙氏宗谱》第5本,编号:IMG_0738。
④ 曹树基:《中国人口史·清时期》,复旦大学出版社2001年版,第483页。
⑤ (民国)《松阳县志》,《中国地方志集成·浙江府县志辑》第67册,第503页;民国《阙氏宗谱》第2本,编号:IMG_0361。

与科举的人数减少。因此即便学额并未如浙江其他州县一样增加,松阳武童试的通过率较之前还是有所提高,其他地区也存在类似情况。①

其次,太平天国对石仓的侵扰,也激发了民众习武的热情。譬如翰鹤的堂侄阙兆猷,于同治十二年跟随翰鹤习武备考,同治十三年首次参加武童生试即考中。他参加武科举的原因有二:一是家务繁忙,文科举费时费力;二是太平军的侵扰激发其"弃文就武"。②

可见翰鹤选择同治初年这个时点设帐收徒,又以武科举为目标,正好应了天时。那是否有人和的因素呢?以他为中心的这个武科举群体,到底是家族组织的延伸还是超越了家族的社会团体呢?表3中外姓应试人次只占总应试人次的16%(9/55),且其中以与阙氏有联姻关系的科举家族高氏、叶氏为主,③因此这是一个以阙氏家族为中心的应试团体。

图1列出了石仓阙氏跟随翰鹤习武之人的名单(名字用斜体),其中有武举人1名、武生员5名、武佾生3名。翰鹤所在的盛宗支系,天开公、天贵公后代都参与其中。在茶排盛宗支通过武举崛起前,石仓阙氏的功名拥有者,均来自后宅永琳支的文科举参与者。而翰鹤设帐收徒时,后宅阙氏子弟纷纷拜入翰鹤门下习武,并有3人成功考取武生员。

在阙翰鹤的带领下,茶排和后宅部分阙氏家庭采取文武并举的策略,并取得了武科举的突破。无论在石仓族谱还是在分家书

---

① 咸同军兴,大规模捐输广额,浙江省武生额数增长30%,文生额数增长23%,见李林《清代武生学额、人数及其地域分布》,《华东师范大学学报》(教育科学版)2015年第3期。其他地区情况见梁志平《定额非"定额"——晚清各府州县学缺额研究》,《兰州学刊》2009年第2期。

② 民国《阙氏宗谱》第5本"阙兆猷姻翁大人像",编号:IMG_0773。

③ 高氏家族光绪朝考中文进士高焕然、文举人高斐然;叶氏家族道光朝考中文进士叶维藩,另有阙翰鹤业师、武举人叶廷芳。(民国)《松阳县志》,《中国地方志集成·浙江府县志辑》第67册,第381、383、391页。

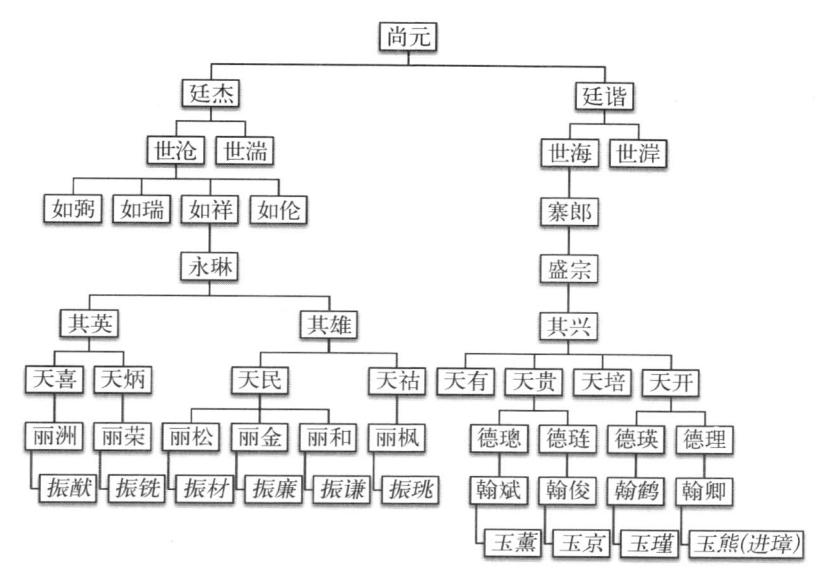

```
                          尚元
              ┌───────────┴───────────┐
             廷杰                    廷谐
          ┌───┴───┐               ┌───┴───┐
         世沧    世湍             世海    世滹
      ┌──┬──┬──┐                  │
     如粥 如瑞 如祥 如伦           寨郎
            │                      │
           永琳                    盛宗
       ┌────┴────┐                  │
      其英      其雄                其兴
     ┌─┴─┐   ┌──┼──┐         ┌───┬──┴──┬───┐
    天喜 天炳 天民    天祐    天有 天贵 天培 天开
     │   │   ┌─┼─┐   │        │   │   │   │
    丽洲 丽荣 丽松 丽金 丽和 丽枫 德璁 德琏 德瑛 德理
     │   │   │   │   │   │    │   │   │   │
    振猷 振铣 振材 振廉 振谦 振珖 翰斌 翰俊 翰鹤 翰卿
                                    │   │   │   │
                                   玉薰 玉京 玉瑾 玉熊(进璋)
```

图 1：阙翰鹤收徒人物关系图（部分）

注：根据《同治五年起阙翰鹤考试账》和光绪《阙氏宗谱》制作。

中，均未将文武科举区别对待。① 虽然石仓继续从事文科举者也颇多，但以翰鹤为中心的武科举团体抓住太平天国之后中式率提高的机会，成功培养了一批武生员。文武并举策略之下，茶排阙氏的社会地位切实地得到了提高，其中的推手阙翰鹤也成功实现了保身家的目标，实现了理家政与参与科举两不误。

四、文武科举的花费

前人的观察是认为武科举花费更多。限于材料，以往研究难

---

① 阙德珆专门设立"众秀田"，规定不分文武奖励由科甲入泮的子孙："夫田曰众秀者，非专与一人也，日后子孙不论文武，若能由科甲入泮者，均务与共，或分收，或轮流，听从其便。"曹树基、赵思渊、阙龙兴编：《石仓契约》第 4 辑，第 7 册第 47 页。

以精确估计备考和中式花费,也甚少比较文科举与武科举的资费差异。石仓科举簿则提供了第一手的研究材料,使得研究者能对文武科举备考与中式的花费进行比较,而这种比较,又可帮助我们理解石仓阙氏上述"文武并举"的科举转型。

表4估算了石仓培养一名文武生员所需的四类花费,分别是塾师、备考、应试和中式。

表4:石仓文、武童生教育、应试费用表　　（单位：千文）

		武童生	文童生
塾师花费		9.00	13.50
备考花费	伙食、船钱、房租、练马、弓箭等	6.70	3.35 *
	购买科考基础读物	无	3.64 *
应试花费	县、府、院试老师钱、保钱	4.58	4.58 *
	文附生岁试	无	7.28
入泮花费	方册单钱	49.28	26.40
	业师束金	9.60	4.00
	保钱、报子、门房钱	13.14	13.47
总　　计		92.30	76.22

注:1. 石仓流通制钱和洋银,翰鹤道光二十九年总簿中洋钱比价为1540,同治七年考试簿中为1100,按一元洋银兑换0.73两白计,折合银钱比价为2110、1507,同治七年比价降低40%。林满红核算该两年银钱比价为2355和1690,同治七年同样降低39%。① 2. 武童生方面,备考花费取同治六年、七年阙翰鹤带领11人参加县、府、院考试记录,应试、入泮花费取阙翰鹤道光三十年入泮记录;文童生方面,备考、应试与入泮均取阙玉璠同治五年入泮的记录。3. 文童生玉璠的备考杂费部分,有伙食、船钱和房租但无需练马、弓箭,用武童生杂费的一半估算;购书则按包筠雅的估算,一套科考基础读物花费17.28—25.80钱银,取中间值21.54钱,②同治七年银钱比价取1690计,花费3640文;应试花费中老师钱、保钱按与武科举相同估算。

---

① 林满红著,詹庆华、林满红译:《银线:19世纪的世界与中国》,第77页。
② ［美］包筠雅（Cynthia Brokaw）著,刘永华、饶佳荣译:《文化贸易:清代民国时期四堡的书籍交易》,北京大学出版社2015年版,第361页。

塾师花费方面,包括蒙学和童生教育费,以传统儒家经典为主要内容。① 对照翰鹤雇工账簿和族谱中的人口资料发现,其每个儿子入塾束金从初入学的 1 000 文逐步涨至 2 000 文,这与徽州地区的束金基本相同。② 儿童自 6 岁起,入私塾学习 6 年,因此表 4 中束金按 1 500 文/年估算。之后,参加文科举者继续学习八股文至 15 岁,合计 13.5 千文(1 500 * 9);参加武科举者即行退出,合计 9 千文(1 500 * 6)。③

备考花费方面,文武童试的备考花费均在 7 000 文左右,除了相同的伙食、交通和租房等费用外,参加武科举需购置大量器械,包括硬弓、箭、提缀石和大刀,还需租用或自养马匹作训练用,参加文科举则需要购置科举应试的基础读物。两者的费用加总起来,差异并不大。这一结果与前人武科举花费更多之判断不同,原因是阙翰鹤利用集训模式参加武科举,降低了人均花费:11 人同时参加,共享资源并提高训练效果。例如,同治七年他们租船将 11 人的大刀、弓箭等器械一并运上县城;在祭马道这一专用练马场练马时,也有更多马匹选择。该年四月,翰鹤带领学生进行县试和府试集训,前后持续 25 天;十月,他又带队进行院试集训,前后持续 27 天,主要内容为练习马上射箭。这也是翰鹤收徒大获成功的主要原因。

应试花费方面,参加县、府、院三级考试都需要支付相应的老

---

① 刘祥光:《中国近世地方教育的发展——徽州文人、塾师与初级教育(1100—1800)》,《中研院近代史研究所集刊》1997 年第 28 期,第 36—39 页。
② 清同治年间,徽州黟县塾师万氏每年从每名学生处收取 1 500—1 800 文的束金;刘伯山:《清代徽州塾师的束脩——以〈徽州文书〉第 2 辑资料为中心》,《安徽大学学报》2008 年第 1 期。
③ 不分文武、学习 6 年是阙翰鹤给其儿子的统一安排。蒋勤、曹树基:《后炼铁时代的石仓转型:以〈阙翰鹤雇工账本〉为中心(1837—1870)》,《浙江社会科学》2012 年第 10 期。另根据清人年谱、日记,12 岁完成蒙学之后,参与文科举者通常会继续学习作八股文 3—5 年,参加武科举者则无此需要。

师钱和廪生认保钱。① 根据账簿显示,这部分花费在 5 000 文左右。玉璠文科举账簿中未有相应记录,故用武科举账簿数据估算。文生员必须参加例行的三年一次的岁试才能保住附学生员的身份,并有可能升等为增生、廪生,因此产生岁试的花费。玉璠于同治七年参加第一次岁试花费仅 1 200 文;但同治十年第二次参加岁试,顺利递补增生,额外交去县学 5 元洋银。这部分的花费,文生员要超过武生员,因为武生员没有相应的岁试和补增生、廪生制度。

入泮花费则是整个过程中耗资最巨者,数额超过总花费的 50%。方册单钱即注册钱,一般交给县学的教谕和训导,另有与其相关的"新进卯礼"陋规。② 在清后期的福建漳州府南靖县,该项陋规银高达 100 两。③ 道光三十年,翰鹤注册武生员,付给松阳县学教谕和训导银洋各 16 元。④ 同治五年,玉璠注册文生员付给两位学官银洋各 12 元。⑤ 石仓科举簿是私人账簿,事无巨细皆载于册。可见在科举落后的松阳县,学官注册钱与陋规钱远较科举发达的福建漳州府为低。除此之外,入泮簿中还记录了武生员翰鹤和文生员玉璠交给业师束金的金额,分别达到 9 600 文和 4 000 文。而相应的门房、兵房、报子钱等加起来也达到 13 000 文左右。

---

① 商衍鎏:《清代科举考试述录及有关著作》,第 5 页。
② 武科举亦由教官造册上报。"(雍正七年)又议准新进武童新案到学,该教官造册移送同城武职,每月定期会同考验弓马,如抗不赴考,托故规避,移学示儆"。光绪《钦定大清会典事例》第 718 卷《兵部·武科·武殿试、武生童考试一》,第 11b 页。
③ 陈支平:《从王开泰案看清末学官的陋规》,《中国社会经济史研究》2013 年第 3 期,第 85 页。
④ 《道光三十年阙翰鹤武生员入泮簿》,见曹树基、蒋勤、阙龙兴编《石仓契约》第 5 辑,第 4 册第 217—240 页。赵谦,杭州举人,道光二十五年任松阳县教谕;汪均,余姚举人,道光二十四年任松阳县训导,见光绪《松阳县志》,第 522、529 页。
⑤ 《同治五年阙玉璠入泮簿》,见曹树基、蒋勤、阙龙兴编《石仓契约》第 5 辑,第 4 册第 241—272 页。

综上可知,石仓的武童生和文童生从入蒙学开始,一直到进入县学注册成为正式的生员,大概分别花费92.3千文和76.22千文。如果将注册钱(方册单钱)的差异抛开,文武考试的花费并无显著差异。① 以当时米价18文/斤折算,那么培养一个武生员、文生员分别花费5 128斤、4 234斤米。按1担租谷折120斤米计(160 * 0.75),1亩田租谷1.5担计,培养一名武生员、文生员,分别耗费29亩、24亩田一年的租谷收入[5 218/(120 * 1.5),4 234/(120 * 1.5)]。②

除以上这些必须支出的备考和注册费用,庆祝花费也是不可忽视的开支。这种庆祝是一种仪式,旨在宣告其新晋士绅的身份。道光三十年,为庆祝自己考中武生员,翰鹤大摆宴席:中午请男宾35桌、女宾4桌,晚上请男宾10桌、女宾18桌,帮工午、晚各请4桌。③ 翰鹤长子玉璠于同治五年考中文生员(附生)时,翰鹤请客4桌。同治七年,玉璠在县学岁试中递补增生,翰鹤为此在祠堂请做彩戏两场,去戏金银洋2元,点心钱1 000文。④ 武生员的地位低于文生员,可玉璠庆功宴规模远小于翰鹤庆功宴规模。这说明,相比备考和中式注册费用,庆祝花费有一定随意性,应当与重视程度、家庭经济状况等有关。

石仓阙氏在嘉庆以来通过炼铁积累了财富,购置了大量土地,建造了大屋。阙天开分家时,三个儿子每人分得311担租谷或207

---

① 目前缺少第三方证据表明武生员的注册钱比文生员更高,因此判断是翰鹤自己交了更高的注册钱。类似的,翰鹤自己庆祝入泮时举行的宴席规模与花费远大于为儿子玉璠入泮的规模花费。

② 石仓各量器的转换参见章毅、李婉琨《受限制的市场化:近代浙南五谷会研究》,《社会科学》2013年第9期。在清代中期的石仓,每亩纳租通常为1.4—1.6担。以后渐渐增加,民国年间,每亩纳租则为2担。见曹树基、王媛《分家与家庭财产的代际变化(1710—1950)——石仓阙氏分家书研究》,第6页,待刊。

③ 《道光三十年阙翰鹤武生员入泮簿》,见曹树基、蒋勤、阙龙兴编《石仓契约》第5辑,第4册第217—240页。

④ 《同治五年阙玉璠入泮簿》,见曹树基、蒋勤、阙龙兴编《石仓契约》第5辑,第4册第241—272页。

亩田地。到天开三子德𬭊分家时,虽然总的田产数量依然有所增长,但只能留给四个儿子每人117.2担租谷或78亩田地。① 翰鹤父亲德瑛是天开长子,德瑛分家财产规模应与德𬭊相当。一方面翰鹤等天开的孙辈拥有不俗的田产规模,另一方面只需不到30亩田一年的租谷收入即可培养一名文武生员。因此,跨过了财富门槛,是茶排阙氏在道光之后在生员层级取得系统性突破的必要条件。

下面考察乡试和会试的花费。② 石仓科举簿中只有翰鹤参加浙江武乡试的一次记录。他共花费22.8千文:束脩费用9 600文、路费3 100文、训练与装备费用5 962文、伙食3 100文、注册钱1 000文。③ 会试花费则更高。石仓只有武举人阙进璋参加过武会试,但并无账簿留存。松阳县朱文公祠赞助文举人初次参加会试路费60两银,武会试则减半。④ 松阳至杭州路程是1 100里,至北京是4 600里,路费自然不菲。⑤ 在北京租屋两个月备考,其租房、日用开销自然也是一笔不小的开支。⑥ 明朝王世贞的经验说明,即使节俭者,会试最少也需银百两;而到明后期费用就上涨至六七百两银,大部分都用于人情开销、公私应酬。⑦ 参加会试,对

---

① 曹树基、王媛:《分家与家庭财产的代际变化(1710—1950)——石仓阙氏分家书研究》,待刊。
② 杨联陞最早对科举旅费问题进行了研究,见杨联陞《科举时代的赴考旅费问题》,(台北)《清华学报》1961年第2期。
③ 《道光三十年阙翰鹤武生员入泮簿》,见曹树基、蒋勤、阙龙兴编《石仓契约》第5辑,第4册第217—240页。
④ 《光绪二十七年重刊文公祠义录》,见曹树基、蒋勤、阙龙兴编《石仓契约》第5辑,第4册第1—216页。
⑤ 《大清缙绅全书》,道光三十年北京荣录堂梓行,第2本第91页"处州府"。
⑥ 曾国藩道光二十年进京后,在南横街租屋4间,每月租金4 000文。曾国藩著,唐浩明评:《唐浩明评点曾国藩家书》,岳麓书社2002年版,第1页。
⑦ "余举进士,不能攻苦食俭。初岁费将三百金,同年中有费不能百金者,今遂过六七百金,无不取贷于人。盖赞见大小座主,会同年及乡里官长,酬酢公私宴酬,赏劳座主仆从,与内阁吏部之舆人,比旧往往数倍,而裘马之饰又不知节省",见王世贞《觚不觚录》,《景印文渊阁四库全书》第1041册,台湾商务印书馆1983年版。

于多为小商人家庭的石仓阙氏来说,肯定是财力有所不逮了。

五、向上流动的陷阱

在成功实现保身家的目标之后,科举的参与者会有一种分化,即继续努力地考试,或是及时退出以避免科举投资的失败。翰鹤就是参加一次乡试后即退出的例子。但对那些痴心于科举的人来说,科举提供的向上流动的期望,可能成为一个甜蜜而又无形的陷阱。

茶排玉衡与玉京兄弟是天贵之曾孙、德琏之孙、翰俊之子。天贵、天开兄弟后代多有炼铁成功者,翰俊也是其中之一。翰俊在经营铁业的同时,刻意与科举家族联姻,所娶叶氏是松阳县增生叶秀发之女,进士叶维藩、廪生叶维垣之胞妹。① 叶氏与翰俊育有二子二女,并培养两个儿子分别参加文科举和武科举。②

翰俊长子玉衡生于道光十六年(1836),同治三年(1864)考取文生员。玉衡读书之事受到家庭的重视,一来长子地位重要,是"主器"。叶维藩于道光二十七年考中进士时,玉衡才11岁。因此他更多地向小舅父——廪生维垣请教诗文。玉衡传记作者叶树濂为维垣之子。③ 叶树濂因此与他有交往,后又成为县学同窗。舅父指导有方,又加上自身努力,玉衡顺利考中文生员,并在两年后由县学进入府学。玉衡对文科举的投入,以及舅父的榜样,为其带来较高的向上流动的期望,导致其更多向文人生活方式转型。

不过咸丰八年太平军骚扰石仓,玉衡家道中落。为振兴家道,

---

① 对石仓阙氏科举联姻的系统分析,见罗辰茜《流动的妇女:清代浙南山村的移民与联姻(1709—1870)》,上海交通大学硕士学位论文,2016年。
② 光绪《阙氏宗谱》第9本,编号:P5051115。
③ 民国《阙氏宗谱》第5本"传赞",编号:IMG_0765—0766。

玉衡在同治初年决定弃儒从商,在邻县遂昌经营盐业,结果以失败告终。陈其福为玉衡弟弟玉京所作传中对此有所描述:

> 尊甫赓飏先生(翰俊),旧为邑铁商。以长君玉衡方读书,因命玉京继之。忽粤逆踩躏,巨资就没,不可复振。幸玉衡已为学中人,弃儒习贾,去遂邑为盐业,奈命之不犹,财聚复散。衡惧势不支,敝屣家产,念先世本闽籍,立心归闽,收拾远代所遗,自同治初迄光绪岁,三十三年不返。自是祖父之生养死葬,儿女之冠婚嫁娶,亲戚朋友一切往来,屋宇山田百方经理,向责之衡者,今概属之京矣。①

此段文字说明玉衡考文科举、玉京继承铁业都出自翰俊的安排,同时影响到玉衡的读书、经商以及怕连累家人而出走福建。而接替兄长接管全部家庭责任的,是其弟武生员玉京。

玉京,讳保荣,字介臣,生于道光二十一年(1841),卒于光绪十八年(1892)。玉京所娶第一位妻子是大舅父进士叶维藩之次女,②继娶妻子是象溪增广生大璋公女高氏。因此玉京与清末松阳县另一位进士高焕然亦是姻亲。高焕然自称姻侄,并有诗挽玉京:

> 丰裁磊落,品貌端庄;和邻睦族,修造桥梁;力能举鼎,箭可穿杨。
>
> 谦冲雅度,简默词章;淘砂烹铁,坐贾行商;爰述素履,数语赞扬。③

---

① 光绪《阙氏宗谱》第5本《故友阙玉京传》,编号:P5050540-542。
② 光绪《阙氏宗谱》第9本,编号:P5051139。
③ 光绪《阙氏宗谱》第3本,编号:P5050392。

上引陈其福的文字与高焕然的挽诗,说明玉京在兄长玉衡出走福建之后,因照顾兄长的家庭而赢得美誉。同时,受翰鹤的影响,玉京投身于武科举,于同治七年考取武生员,是石仓武举兴盛期的代表人物之一。同时,玉京重整父亲本行,抓住同治末年石仓铁业复兴的机会,"淘砂烹铁"积累了财富。①

翰俊与其子玉京分别与 19 世纪松阳县仅有的两名进士叶氏和高氏联姻,体现了商人家庭对通过科举转型的渴望。但翰俊长子玉衡期冀在文科举中有所突破,无奈以失败告终,并在试图重新经商时经历惨败;而玉京则适度参加武科举,并承担家庭理财责任,赢得赞誉。两兄弟命运的反差似乎提示我们,科举的参与似乎应以保身家为限度,而不能过于激进。

武举人阙进璋是另一个全身心投入举业的例子。进璋,谱名玉熊,字国珍,生于道光二十九年(1849),卒于民国十年(1921)。②进璋跟随翰鹤习武,于同治十年(1871)考中武生员,光绪元年(1875)在浙江乡试中考取武举人第 58 名。③ 光绪三年,进璋为祖父、伯父和父亲都请了宣武都尉的封赠,茶排阙氏因科举而获得的荣耀至此到达顶峰。④

中式后,进璋进京会试,期冀更进一步。龙泉县千总林钟祥与进璋一同进京会试,因租住同一处房屋而结为好友。林氏对其科举生涯有如下描述:

> 尊兄官章进璋……少有颖悟,好读书,不求甚解。长慕武

---

① 玉京于光绪四年花费 66 千文买田一处,光绪五年花费 22 千文换田一处,说明光绪初年玉京积累了财富。不过光绪十三年和十八年玉京卖田两处,共得银洋 123.8 元,表明后期家庭经济又走向不景气。
② 民国《阙氏宗谱》第 12 本,编号:P3290423。
③ 《阙进璋乡试硃卷》,上海交通大学历史系藏,编号:SW13060900010。
④ 民国《阙氏宗谱》第 2 本,编号:IMG_0321—0322、0339—0343。

功,好射箭,遂从飞龙先生(翰鹤),屡不得志,迭邀武佾。辛未科,始受知于丁宗师,①弓满月,箭穿杨,宗师甚爱之。乙亥科邀乡荐,②北上(会试)与余同寓,故其为人,习之熟,审之详,行动举止,所以能缕述其巅末。为人慷慨……后考候选差官,回郡归标中营,雷中府大器重之。期满,往闽省总督衙门应考,亦得优奖。迄今数十年来,株守家门,无能远出,甚属时艰……连番北上,经费浩繁,入不敷出,家遂中落。吾翁处之宴如也。③

进璋赴京参加会试,"经费浩繁,入不敷出",以致家道中落。进璋会试不中之后亦有短暂做官的经历,在处州府标中营实习,期满后曾去闽浙总督衙门应考,但都没有成功。④ 他参加会试是在光绪元年之后,此时石仓铁业已开始复兴。进璋醉心科举,未能重振产业:光绪二十年,他当田一处,收洋银16元;光绪二十三年他又卖水田一处,得洋银68元。⑤

虽然文科举对经济条件的要求低,但多要求全身心投入;而武童生们离文人生活方式较远,比较容易回到商业活动中。可见,虽然上节研究发现文生员的培养成本相对略低,但机会成本应该较武科举为高。这是家庭经济条件变差时,阙氏反而开始文武并举

---

① 指进璋于同治十年(1871)考中武生员。
② 指进璋于光绪元年(1875)考中武举人。考中乡试的称为举人,中式也称领乡荐。
③ 林钟祥:《国珍四兄传并赞》,民国《阙氏宗谱》第5本,编号:IMG_0796—0797。
④ 这符合清代对武举人出路的安排。"武举会试落第者,可赴兵部拣选,一、二等以营千总用,三等以卫千总用。有愿随营差操者,呈请由部分发本省各标协营效力……三年期满,如果材技娴晓习营伍,该督抚报部以邻省或隔府营千总拔补"。商衍鎏:《清代科举考试述录及有关著作》,第216页。
⑤ 曹树基、潘星辉、阙龙兴编:《石仓契约》第2辑,第6册第66、72页。

策略的主要原因。本节玉衡、玉京与进璋的科举参与故事,进一步说明阙氏在科举参与取得成就的同时,无论文科举还是武科举,一旦超越保身家的本义去追求真正的科举突破,无论是文科举的生活方式,还是乡、会试的巨额花费,都会拖累本就脆弱的家庭经济。

结　　论

汪洙《神童诗》说:"万般皆下品,唯有读书高。"与当代的人力资本投资不同,因中式率很低,科举更可能是一种"消费"。在对明清以来科举制度的诸多批评中,除了认为八股取士这种方式过于死板,扼杀真正的有才之士外,颇多批评指向科举一朝登第之梦使得多少士人皓首穷经,造就大量落魄而无用的"范进"类的士人。本文的分析,尝试通过综合的分析来破除这一类迷思。

太平天国前后石仓阙氏家族的科举参与活动,提供了一个近距离考察小商人家庭科举参与动机及其影响因素的机会。石仓阙氏自嘉庆年间因炼铁而致富,之后通过捐纳监生、参与文科举及与松阳县士绅开始联姻(罗辰茜,2016),阙氏家族顺利实现了本地化与士绅化。进一步的分析则表明,在经历了道光萧条与太平天国侵扰后,阙翰鹤带领阙氏家族子弟参与到武科举当中,并取得了突出的成绩。时移世易,当年那些阙氏文科举"精英"的后代纷纷拜入翰鹤门下习武,这种文武并举的策略虽然未必是刻意而为,但在太平天国之后的时代变局下,却不失为一种实现社会阶层向上流动的明智选择。

随着阙氏的这种成功,通过科举实现向上流动的期望却又会变成一个陷阱。科举虽然好,参与需有度。其实秉持适度参与原则的文生员,并不会都如玉衡那么悲惨,而是可以选择一些与文化相关的职业。与阙翰鹤同年入泮的文生员翰信,放弃乡试后成为堪舆之士;①文生员玉镰则在松阳县开设了药店。② 大部分武生员都像玉京一样,练武与经商并行,偶尔尝试一次武乡试即行退出。像阙进璋这样因科举而致贫则是极端案例。从这个角度讲,前述文科举和武科举的花费比较仅是表象,而是否选择科举为"志业"才带来更大的潜在成本。

黄宗智在进行华北小农经济分析时指出,在考虑乡村社会的农民行为及其背后的理性时,需要将小农的三个方面视为密不可分的统一体:小农既是形式主义所指出的利润追求者,又是实体主义所指出的维持生计的生产者,同时也是马克思理论所指出的受剥削者。③ 同样,保身家与向上流动这两种科举动机,并存于童生们的参与策略之中。乡村小商人阶层在参与科举过程时,会出于分散风险的考虑,在不同的科举学轨中顺时顺势而为;同时又不否认有少数科举痴迷者,陷入向上流动的陷阱中。因此,顾亭林所说科举考试的生员群体给以世人保身家为主的印象,是民间社会自我调适的结果。

（本文主体部分首发于《社会》杂志2018年第5期,此次增补"文武科举的花费"一节,并对全文进行了修订）

---

① 民国《阙氏宗谱》第5本,编号:IMG_0747:"自幼业儒,颖悟过人,英年入泮……弃诗书而经家务,遂无志于功名。时领外祖之秘旨而旁通于堪舆,或考验老坟,则为之因祸转福;或安厝新地,则为之趋吉避凶。"
② 民国《阙氏宗谱》第2本,编号:IMG_0370。传赞用"橘井泉香"典,说明他开药店。
③ 黄宗智:《华北的小农经济与社会变迁》,中华书局1986年版,第5页。

清代台湾学术与科举

杨齐福

摘要：康熙年间清廷收复台湾后,创办学校,设立书院,实施科举,培育人才,发展学术。清代台湾学术发展取得了一定的成就,主要体现在史学、经学和方志等领域,但与内地相比较为滞后,其原因是多方面的。清代台湾科举考试以四书五经为内容,以八股文为形式,为士人从事学术研究作好了知识储备并接受了规范训练,推动了清代台湾学术发展;但科举考试束缚了士人的知识抉择,从而制约了清代台湾学术发展。

关键词：清代台湾学术,科举考试,发展,影响

作者简介：杨齐福,浙江工商大学历史学系教授

一

清初,"台湾当郑氏之时,草昧初启,万众方来",郑成功"志切中兴","先民之奔走疏附者,兢兢业业,共挥天戈,以挽虞渊之日日","固不忍以文鸣,且无暇以文鸣也"。[①] 沈光文飘入台湾,开馆授徒,著书立说,"海东文献,推为初祖"。[②] 季麒光曾说:"从来台

---

① 连横:《台湾通史》,华东师范大学出版社2006年版,第329页。
② 同上书,第396页。

湾无人也,斯庵来而始有人矣;台湾无文也,斯庵来而又始有文矣。"①邓传安称其"根柢于忠孝,而发奋乎文章"。② 郑成功收复台湾后,"当日随郑氏渡台与太仆并设教而人争从游者,则有名重几社之华亭徐都御史孚远;其忠孝同于太仆,甘心穷饿,百折不回者,则有同安卢尚书若腾、惠安王侍郎忠孝、南安沈都御史佺期、揭阳辜都御史朝荐、同安郭都御史贞一;其文章上追太仆,兼著功绩于台湾者,则有漳浦蓝知府鼎元"。③ 这些人对清初台湾文化学术的发展作出各自的贡献,如陈永华立圣庙,设学堂,"聘中土之儒,以教秀士,……台湾文学始日进"。④ 康熙年间清廷收复台湾后,创办学校,设立书院,实施科举,培育人才,发展学术。科举考试以四书五经为内容,以八股文为形式,控制了士人的思想取向,也制约了士人的知识诉求。这样,清代台湾学术发展也不能不受到科举考试的影响,本文拟就此作初步探究。⑤

二

清代台湾学术发展大致可分为两大阶段:1860 年之前为中国传统学术之移入与发展时期,1860 年之后为中国传统学术之延续与西方学术之传入时期。⑥ 清代台湾学术成就主要集中于史学、经学和方志领域,其中史学方面的学术成就最大。

---

① 周钟瑄:《诸罗县志》,《台湾文献丛刊》第 141 种,第 263 页。
② 邓传安:《蠡测汇钞》,《台湾文献丛刊》第 9 种,第 19 页。
③ 同上。
④ 连横:《台湾通史》,第 400 页。
⑤ 目前与其相关的研究成果仅有蔡渊洁的《清代台湾的学术发展》(许俊雅编:《第一届台湾本土文化学术研讨会》,台湾师大人文学院、人文教育研究中心 1995 年版)和顾敏耀的《台湾清领时期经学发展考察》(《兴大中文学报》第二十九期)。
⑥ 参阅蔡渊洁的《清代台湾的学术发展》,许俊雅编:《第一届台湾本土文化学术研讨会》。

中国历史悠久,士人素有治史传统,史书汗牛充栋。连横曾说:"夫史者,民族之精神,而人群之龟鉴也。代之盛衰,俗之文野,政之得失,物之盈虚,均于是乎在。故凡文化之国,未有不重其史者也。"① 清初台湾史学著作屈指可数,江日升的《台湾外纪》"起明季拥众,纪我朝(指康熙)归顺,垂六十年。其间岛屿之阻绝、城垒之沿革、镇弁营将忠义背逆,以至朝廷之征讨招徕、沿海之战征区画,靡不广罗穷搜,了如指掌间"。② 但其演义成分较多,与传统史学著作相差甚远。这是因为"编撰者一面须凭亲身之经历,绝不能随便加以臆测,另一面则需多取材于公牍及官文书中,而是项材料,又为当局所明令禁止者"。③ 然而,读史既"可知古今之事变,人品之贤否",又"可识史家笔法,与义例之异同",④因而台湾士人十分重视治史,如郑用锡"每举史鉴,示以兴衰治乱,咸能默诵,以故历掌故,烂熟胸中";⑤涌现了一些成果,如彭培桂的《读史札记》,"记述读史心得,举凡忠义、孝友、苦节、贞烈、闾德、廉能、隐逸,皆在论列之中",⑥吴子光的《三长赘笔》"凡十六卷,则二十三史绪论",《经余杂录》"凡十二卷,则书后题跋、古今辞语、词林典实之类"。⑦ 清代台湾士人在治史方面取得不俗的成绩,在于"中国传统史学范式简单易行,体例、方法固定,一经引入,配上史料,便可成书"。⑧

经学一般指研究儒家经典之学。它通过注、疏、解、考证等方

---

① 连横:《台湾通史·自序》。
② 江日升:《台湾外记》,《台湾文献丛刊》第 60 种,第 5 页。
③ 黄纯青、林熊祥:《台湾省通志稿》卷五,成文出版社有限公司 1970 年版,第 293 页。
④ 林豪:《澎湖厅志》,《台湾文献丛刊》第 164 种,第 120 页。
⑤ 詹雅能:《明志书院沿革志》,新竹市政府 2002 年版,第 79 页。
⑥ 蔡渊洯:《清代台湾的学术发展》,许俊雅编:《第一届台湾本土文化学术研讨会》,第 558 页。
⑦ 吴子光:《台湾纪事·弁言》,《台湾文献丛刊》第 36 种。
⑧ 蔡渊洯:《清代台湾的学术发展》,许俊雅编:《第一届台湾本土文化学术研讨会》,第 563 页。

式,解释经书字句含义,阐发经书中蕴含的义理。历代统治者推崇经学旨在巩固其统治的根基,传统士人重视经学始初在于探究儒学的元典,但当科举考试以儒家经典为核心内容,经学便沦为考试的工具。清初台湾文教未兴,经学研究滞后。随着科举考试的实施与文化教育的发展,台湾经学研究渐有起色。如台湾道胡承珙"以郑君注《仪礼》参用古、今文二本,撮其大例,有必用其正字者,有即用其借字者,有务以存古者,有兼以通今者,有因彼以决此者,有互见而并存者。……考其训诂,明其假借,参稽旁采,疏通而证明之,作《仪礼古今文疏义》十七卷"。① 进士郑用锡著《周礼解疑》,"于飨有乐而食无乐一条,持论至为精核";著《学礼择要》,"所论古今典礼,自明堂清庙吉凶军宾嘉,以及名物器数之微,皆互相考校,颇多新说"。② 清代台湾经学研究主要集中在《易经》方面,"可能是因为《易经》中充满了许多占卦用语,对读者而言,提供了许多想象空间,无需太多书籍以供翻阅,充分发挥己意便可"。③ 随着《易经》研究的逐渐推进,"淡北易学"之流派也由是形成,其中分为以王士俊、郑用锡及郑用鉴等为代表的新竹易学和以黄敬、杨克彰为代表的台北易学。尽管如此,清代台湾经学因传统经学"范式"④复杂,"需要长期知识积累、深厚学术传统等诸多条件配合,仿行发展不易,所以一直停滞不前"。⑤

方志是地方的百科全书,不但包含历史地理,而且涉及风俗习

---

① 《清史稿台湾资料集辑》,《台湾文献丛刊》第 243 种,第 924—925 页。
② 刘宁颜:《重修台湾省通志》卷十,台湾省文献委员会 1992 年版,第 36—37 页。也有人认为《周易折中衍议》是其老师王士俊所著而郑用辑录的。
③ 顾敏耀:《台湾清领时期经学发展考察》。
④ 范式指一个学术群体所共同具有的世界观、理论、概念、研究方法和研究范围所构成之体系。
⑤ 蔡渊洁:《清代台湾的学术发展》,许俊雅编:《第一届台湾本土文化学术研讨会》,第 566 页。

惯与诗文掌故等。清初"台湾草昧初开,无文献之征",①台湾地方官立即着手编修地方志。尽管台湾各地方志编修大多由官员发起,但台地士人在修撰过程中发挥了重要作用。如贡生王喜"尝自撰台湾志,勤于搜集",高拱乾编修的《台湾府志》即"据以为蓝本"。② 淡水厅向无专志,郑用锡"集弟友纂稿藏为后法,俾典章文物昭昭可考,为功独伟"。③ 郑用锡在撰修《淡水厅志稿》时,"山必载明来自何脉,迆入何处;水必载明出自何源,流达何处,至某口某港某澳某屿同归海,以清眉目。街庄依保订正,因赋按照旧额新开,分别详列"。后来林豪编纂《淡水厅续志稿》和陈培桂编修《淡水厅志》,皆以郑用锡的《淡水厅志稿》为蓝本,"其开辟榛芜,功甚不少"。④

学者蔡渊洯运用中心与边陲的理论阐述清代台湾学术发展的内在理路。他认为学术领域"中心与边陲的互动关系,往往导致边陲地区不断单向引入中心地区的学术史学和研究范式,进而阻碍其创新,造成对中心学术亦步亦趋的依赖现象"。⑤ 这体现在史学方面引进了纪事本末体、史论体等,在经学方面引入了经世实学、宋明理学和考据之学等,在方志方面采用了纪、谱、传、考等,从而使得清代台湾学术缺少大刀阔斧的创新和突破性的进展。清代台湾经学虽然接续了大陆经学的研究"范式",但成果不精。与经学相比,清代台湾史学和方志虽然赓续了大陆史学的悠久传统,但特色不明。

---

① 季麒光:《蓉洲诗文稿选辑》,香港人民出版社 2005 年版,第 82 页。
② 鲁鼎梅:《重修台湾县志》,《台湾文献丛刊》第 113 种,第 378 页。
③ 郑用锡:《北郭园诗钞》,《台湾文献丛刊》第 41 种,第 87 页。
④ 陈培桂:《淡水厅志》,《台湾文献丛刊》第 172 种,第 419 页。
⑤ 蔡渊洯:《清代台湾的学术发展》,许俊雅编:《第一届台湾本土文化学术研讨会》,第 566 页。

虽然清代台湾学术发展取得了不少成就,但与内地相比较为滞后。① 史载,"海外荒陋,私家著述,不能盈卷"。② 这种说法虽然有夸大失实之处,但从另一个层面反映了清代台湾学术发展之迟滞。细究其因,大致如下:

其一,教育落后。

清代台湾教育发展迟滞,如台湾府学"规模隘陋,采绘不施"。③ 诸罗县学仅存"茅茨数椽"。④ 凤山县学"仅存数椽以栖先师之神,而风雨不蔽"。⑤ 淡水新庄,"经营耕种之人居多,士子捧手横经以弦诵相励者益寡"。⑥ 清代台湾教育发展迟滞既有政策方面的原因,朝廷对台湾的战略地位没有予以足够重视,尤其是台地长期缺少负责教育的最高行政长官;也有社会方面的因素,台湾早期民众中出现"俗化"倾向,不重文教,追求经济的富裕与物质的满足。⑦ 台地民众"延师课子,以荐主为重轻;一子从学,面有德色。或督过弟子,则师徒不相得,即父兄礼意渐衰,不终年辄去。本籍乏才,弊实由此"。⑧ 且"乡塾之师,或崇饮戏谑,倚席不讲。弟子亦蔑视其师,师之去留不关,父兄悉由弟子之好尚"。⑨ 众所周知,在传统社会中,人们"延师教子,年节有馈,修脯有仪,厚薄有差,按月有米有膳,各乡村皆然",唯独台湾县四坊,"从学者,并无供米、供膳之礼"。⑩ 刘家谋在《海音诗》中云:"千金送女亦寻常,

---

① 参阅蔡渊洁《清代台湾的学术发展》、顾敏耀《台湾清领时期经学发展考察》。
② 蒋师辙:《台游日记》,《台湾文献丛刊》第 6 种,第 94 页。
③ 高拱乾:《台湾府志》,《台湾文献丛刊》第 65 种,第 115 页。
④ 周钟瑄:《诸罗县志》,《台湾文献丛刊》第 141 种,第 255 页。
⑤ 陈文达:《凤山县志》,《台湾文献丛刊》第 124 种,第 14 页。
⑥ 《台湾教育碑记》,《台湾文献丛刊》第 54 种,第 59 页。
⑦ 蔡渊洁:《清代台湾社会的领导阶层》,台湾师范大学历史研究所硕士论文,1980 年,第 205 页。
⑧ 周钟瑄:《诸罗县志》,《台湾文献丛刊》第 141 种,第 146 页。
⑨ 同上书,第 82 页。
⑩ 陈文达:《台湾县志》,《台湾文献丛刊》第 103 种,第 58 页。

翠绕珠围各斗强;底事一经思教子,翻愁破费束脩羊。"①也就是说,台湾民众宁愿用千金嫁女儿,也不愿意以百金聘教师。"姑借牛栏挂绛帷,待师如待牧牛儿",塾师"会文访友或回家,触怒东君大骂哗"。②教师如同牧童,遭受东家谩骂,难以潜心教学。这种目光短浅的行为自然阻碍台地教育的发展,如台湾"自大甲至鸡笼,绵亘几及千里,有司马以分刺,无校庠以育才"。③澎湖"人无奋志,地鲜良师,实胶庠之教所不逮"。④

其二,图书匮乏。

清代台湾文明初开,文化落后,"无藏书之家。所谓搢绅巨室,大都田舍郎,多收数车粟,便欣然自足,又安知藏书之为何事"。⑤《噶玛兰厅志》写道:"兰中向无子、史书。"⑥蒋师辙在《台游日记》中云:"与蓉卿同至书肆觅旧本,百不获一,败意而归。……归径书肆,为惠庵购萧选及骈体文钞,皆非善本。"⑦乾隆年间《重修台湾府志》记载:"台郡初辟,中土士大夫至此者,类各有著述以纪异;然多散在四方,岛屿固鲜藏书之府。"⑧连横观察到台地"书坊极小,所售之书,不过四子书、千家诗及二三旧小说,即如屈子楚词、龙门史记为读书家不可少之故籍,而走遍全台,无处可买,又何论七略成载,四部所收"。⑨他在《台湾诗荟》中也说:"购书不易,而购善本尤难,今之所谓秘籍者,大都摭拾旧时之书而易其名,以欺

---

① 《台湾杂咏合刻》,《台湾文献丛刊》第28种,第22页。
② 施懿琳等编:《全台诗》第五册,(台北)远流出版公司2004年版,第201页。
③ 《台湾教育碑记》,《台湾文献丛刊》第54种,第72页。
④ 林豪:《澎湖厅志》,《台湾文献丛刊》第164种,第450页。
⑤ 连横:《雅言》,《台湾文献丛刊》第166种,第58页。
⑥ 陈淑均:《噶玛兰厅志》,《台湾文献丛刊》第160种,第436页。
⑦ 蒋师辙:《台游日记》,《台湾文献丛刊》第6种,第137页。
⑧ 范咸:《重修台湾府志·凡例》,《台湾文献丛刊》第66种,第15页。
⑨ 连横:《雅堂文集》,《台湾文献丛刊》第208种,第290页。

村愚。"① 清末浙江余姚人史久龙赴台作幕僚，在台南"欲购一书，而遍寻市中，绝无书坊"，以为"台南系郡城，台北当不至如是"，到了台北，"周行闹市，亦复如是"。② 台湾县学训导袁宏仁指出："台地遥隔海天，人才蔚起，而博洽尚鲜其人。揆厥所由，盖各庠向无藏书，即书肆亦售购；虽有聪颖之质，欲求淹贯，庸可得乎?"③ 因台地藏书匮乏，官方十分重视图书之贮备。道光六年闽抚孙尔准从福州鳌峰书院调拨《史记》等46种运往宜兰仰山书院，④ 同治八年同知孙寿铭重修鹿港文开书院时其藏书达两万余部、三十万卷。⑤

其三，鸿儒稀少。

台湾僻居海东之地，缺少博学鸿儒之士，不少人"舌耕糊口，而学无原本，文无法程；自问茫如，何以教人"。⑥ 夏之芳曾感叹道："台地越在海表，才隽之士，时时间出；所虑无老师宿学，穷经嗜古而陶冶之。其抱守椠铅者，甚以僻陋寡闻，销磨其志于蚓窍蛙鸣之内。"⑦ 刘璈直言不讳指出："台湾虽文明渐启之区，国朝二百余年教泽涵濡，业已人才蔚起。近时帖括之士，不特六经精义尚鲜讲求，即四书白文亦多荒谬。"⑧ 噶玛兰厅塾师"每授一书，即将前本退（如《易》授《下经》，即弃《上经》；《诗》授《小雅》，即弃《国风》之类），不加温习，致为可惜。其授经者，亦惟《易》《诗》为多，《尚

---

① 连横：《台湾诗荟》(下)，台北市文献委员会1977年版，第247页。
② 史久龙：《忆台杂记》，中研院图书馆方豪藏抄本，第19页。
③ 谢金銮、郑兼才：《续修台湾县志》，《台湾文献丛刊》第140种，第487—488页。
④ 陈淑均：《噶玛兰厅志》，《台湾文献丛刊》第160种，第436页。
⑤ 转引杨永智《清代台湾藏书考略》，《东海中文学报》第16期，2004年。
⑥ 陈瑸：《陈清端公年谱》，《台湾文献丛刊》第207种，第66页。
⑦ 王必昌：《重修台湾县志》，《台湾文献丛刊》第113种，第465页。
⑧ 刘璈：《巡台退思录》，岳麓书社2011年版，第99页。

书》、三礼、三传则寥寥无几。即《四书集注》读至圈外者亦希"。①这在一定程度上影响到台地人才的成长,如恒春县"设塾已二十年,不见有能文之士"。② 乾隆初年台湾道尹士俍曾说过台地"乡僻鲜能力学,其作为文章,又多因陋就简,无甚色泽"。③ 清末恒春"知县聘请有学问的老师在县城设塾收徒,令士子皆来城就学。其父兄囿于农商,或诿为浣濯不便,或辞以寒暖不知,竟无一人应召而至"。④

其四,刊印艰难。

"古人著书,视为难事,凡立一说,必竭毕生之精力为之,而后足垂不朽"。⑤ 但"台地工料昂贵,所有风世诸书,多从内郡刷来",⑥且印刷纸张皆来自内地,造成"台湾剞劂尚少,印书颇难"。⑦ 洪弃生曾自叹:"他日诗成待后传,吾卖吾产刊遗编。"⑧一些人著作因无钱付梓而"藏之家中,以俟后人。子孙而贤,则知宝贵,传之艺苑,否则徒供蠹食,甚者付之一炬"。⑨ 这使得台湾士人的著作难以流传后世。清代台湾学术发展因缺少必要的知识积累而蹒跚不前。

其五,偏僻阻隔。

梁启超在《近代学风之地理的分布》指出:"气候山川之特征,

---

① 陈淑均:《噶玛兰厅志》,《台湾文献丛刊》第160种,第188页。
② 屠继善:《恒春县志》,《台湾文献丛刊》第75种,第217—218页。
③ 尹士俍:《台湾志略》,九州出版社2003年版,第42页。
④ 屠继善:《恒春县志》,《台湾文献丛刊》第75种,第217—218页。
⑤ 连横:《台湾诗荟》(下),台北市文献委员会1977年版,第240页。
⑥ 施琼芳:《石兰山馆遗稿》,《台湾先贤诗文集汇刊》,(台北)龙文出版社1992年版,第7页。
⑦ 黄纯青、林熊祥:《台湾省通志稿》卷七,(台北)成文出版社1970年版,第78页。
⑧ 洪弃生:《寄鹤斋选集》,《台湾文献丛刊》第304种,第340页。
⑨ 黄纯青、林熊祥:《台湾省通志稿》卷七,第78页。

影响于住民之性质;性质累代之蓄积发挥,衍为遗传。此特征又影响于对外交通及其他一切物质上生活,还直接间接影响于习惯及思想。故同在一国同在一时,而文化之度相去悬殊。"①清代台湾学术发展滞后与地理位置上的偏僻和海峡天堑的阻隔大有关系。台湾僻居东南,海峡惊涛骇浪,令人胆战心惊。如台湾知县陈璸在赴任途中"遭风折柁,舟不得旋;惊波震涛,上下失措",②尔后写信给其子说:"汝父此行,不但不知有身家,并驱命亦付造物。"③道光三十年(1850)五月徐宗干在《祭溺海文》中云:"自戊申履任未久,惨闻官兵沉溺者百数十员名,商民死者尚不知凡几。"④洪弃生曾赴内地应试,"在海上濡滞十日,始到厦岛";返回台湾时,"航海四次,望不得见台湾;望见台湾矣,乃忽遭罡风打折船桅,犹复收回",感叹"登第,难若登天,不道归家亦难若登天"。⑤ 由是,人们望而生畏,裹足不前。大陆士人不愿赴台,台湾士子不敢内渡,从而在很大程度上影响了两岸学术的充分交流。

三

严复曾云:"夫学术之归,视乎科举。"⑥后人也指出,科举制度是清代官方知识诉求的最好体现,对广大士子读书风气具有深远影响。⑦ 就清代台湾学术而言,科举考试既是其发展的推动者,又是其发展的绊脚石。

---

① 梁启超:《饮冰室合集·文集》之四十一,中华书局1989年版,第50页。
② 丁宗洛:《陈清端公年谱》,《台湾文献丛刊》第207种,第49页。
③ 同上书,第38页。
④ 丁曰健:《治台必告录》,《台湾文献丛刊》第15种,第350页。
⑤ 洪弃生:《寄鹤斋选集》,《台湾文献丛刊》第304种,第183页。
⑥ 马勇等主编:《严复全集》第七卷,福建教育出版社2013年版,第378页。
⑦ 曹南屏:《知识阅读与变迁——晚清科举考试用书的研究》,第105页。

清代台湾科举考试内容皆取自四书五经。为了参加科举考试，清代台湾士子埋头苦读四书五经，如"《易》必遵本义，兼读程传；《书》必遵蔡传，兼用《大全》；《诗》必遵朱注，并采《小序》；《春秋》必遵胡传，《礼记》必遵陈澔集说"。①《钦定学政全书》指出："经史，学之根柢也。"士子"以'五经'、《四书》作为根本，读熟之后，读《文选》，读《史》《汉》，读李杜，读苏辛，以及老、庄、骚、赋、文字、训诂，无往而不利。如果相反，则就无法完整系统地掌握中国传统文化"。② 这为清代台湾士人从事学术研究奠定了坚实的知识基础。

　　清代科举考试以八股文为文体，八股文也称"时文""制义""制艺""四书文""八比文"等。③ 八股文"介于经义诠释与文学创作之间，……既不是汉唐的注疏训诂，也不是宋儒的性理探求，而是以注疏义理为基础发挥经书的大义并加以评价"，④重在"训练其限制思维能力的集中性、准确性、敏锐性、全面性、辩证性"。⑤ 尽管八股文历史上时常被人唾骂，但从中名家辈出，"以理学入时文而尊为大家者，为李文贞；以时文造理学而成为大家者，为方望溪；以古文入时文而卓乎大家者，为归震川；以时文造古文而确乎大家者，亦方望溪"。⑥ 虽然八股文不被视作学问，但士子参加科举考试必须研习、揣摩八股文。郑用锡在明志书院讲学时曾撰写数十篇八股文作为士子应试的范本，时人称其八股文"酝藏深厚，

---

① 陈瑸：《陈清端公年谱》，《台湾文献丛刊》第207种，第69页。
② 邓云乡：《清代八股文》，中国人民大学出版社1994年版，第282页。
③ 学者将八股文分为"境界"八股文和"功名"八股文，前者为高品位的八股文，作者将写作八股文的过程视为以圣贤经传陶冶心灵的过程；后者为庸滥的八股文，作者写作八股文徒重为文之法、猎取功名富贵。黄强：《八股文与明清文学论稿》，上海古籍出版社2005年版，第88—90页。
④ 汪小洋、孔庆茂：《科举文体研究》，天津古籍出版社2005年版，第105页。
⑤ 邓云乡：《清代八股文》，第287页。
⑥ 洪弃生：《寄鹤斋选集》，《台湾文献丛刊》第304种，第166页。

有国初大家风力"。① 清代台湾士人从八股文的写作中接受了学术研究的基本训练,养成了抽象思维之意识,掌握了谋篇布局之技能。

此外,清代台湾学术研究的主力为拥有科举功名的士人。如康熙、乾隆年间,台湾县贡生王喜著《台湾志稿》,嘉义县进士王克捷著《德化州志》等。嘉庆、道光、咸丰年间,嘉义县贡生陈震曜著《小沧桑外史》《凤鹤余录》《海内义门集》和《归田问俗记》,淡水厅生员王士俊著《易解》《周易折中衍义》,②淡水厅进士郑用锡著《淡水厅志稿》《周礼解疑》,③台湾县进士施琼芳著《春秋节要》,彰化县贡生曾玉音著《或问大全》《文法大要》,彰化举人陈肇兴著《咄咄吟》《陶村诗稿》,彰化县生员谢肇源著《论臆》,淡水举人陈维英著《乡党质疑》《偷闲集》,淡水厅贡生彭培桂著《读史札记》,淡水厅贡生黄敬著《周易义类存稿》《易义总论》《古今占法》,淡水厅贡生郑用鉴著《淡水厅志稿》《易经图解易读》等,④淡水厅贡生林耀锋著《观象指南》《易说》。同治、光绪年间,淡水厅贡生杨克彰著《周易管窥》《易中辨义》,淡水厅举人吴子光著《三长赘笔》《经余杂录》,彰化县贡生吴德功著《戴案纪略》《施案纪略》等。⑤在地方志编纂中,方豪强调"在台湾早期的几部方志中担任实际工

---

① 转自范文凤《郑用锡暨〈北郭园全集〉研究》,(台湾)"中央"大学中国文学研究所硕士论文,2007年,第122页。
② 黄美娥在《清代台湾地区传统文学研究》(辅仁大学中文研究所博士论文,1999年)中称王士俊的著作为《易经注解》《易理摘要》。
③ 《北郭园诗钞》指出郑用锡"采各说著〈钦定周易折中衍义〉一书,凡数十万言",而连横在《台湾通史》中提出《周易折中衍义》"或言其师(王士俊)所著,而用锡辑之"。
④ 黄美娥在《清代台湾地区传统文学研究》中将《易经图解易读》分为《易经图解》和《易经易读》。
⑤ 可参阅连横《台湾通史》、蔡渊洁《清代台湾的学术发展》、顾敏耀《台湾清领时期经学发展考察》诸文的论述。

作的人,几乎全部是本地人,并且是当时在本地最优秀的人士"。①如康熙三十三年(1694)高拱乾纂修《台湾府志》,举人王璋,贡生王弼、陈逸、黄巍、马廷对,监生冯士毬、生员张佺、陈文达、郑萼达、金继美、张绍茂、柯廷对、张倦客、卢贤、洪成度等人担任分订工作。② 康熙五十一年(1712)周元文重修《台湾府志》,贡生张缵绪、郭必捷、陈文达、林中桂,生员李钦文、张云抗、卢芳型、蔡梦弼、金继美、刘荣、石钟英、洪成度等承担分订工作。③ 康熙五十六年(1717)周钟瑄主修《诸罗县志》,生员李钦文参与编纂,贡生林中桂参与编次。④ 康熙五十八年(1719)李丕煜主修《凤山县志》,贡生陈文达及生员李钦文、陈慧参与编纂,贡生陈逸参与编次。⑤ 康熙五十九年(1720)王礼主修《台湾县志》,贡生陈文达、林中桂和生员李钦文、张士箱参与编纂。⑥

士人研习经史不是为了学术研究而是为了科举考试,因而科举考试又在一定程度上制约了清代台湾学术的发展。连横曾说:"清廷取士,仍用八比。士习讲章,家传制艺,蔀塞聪明,泪没天性,台湾之文犹寥落也。"⑦由此导致台湾学术萎靡不振。

清代台湾重文教,开科举,育人才,学术也有了发展,但其学术发展与内地相比甚为滞后,原因是多方面的。科举考试在清代台湾绵延二百多年,对清代台湾学术发展影响深远,扮演了助推者和绊脚石的角色。

---

① 方豪:《方豪六十自定稿》,台湾学生书局1969年版,第622页。
② 高拱乾纂修:《台湾府志》,《台湾文献丛刊》第65种,第13页。
③ 周元文纂辑:《重修台湾府志》,《台湾文献丛刊》第66种,第7页。
④ 周钟瑄修:《诸罗县志》,《台湾文献丛刊》第141种,第11页。
⑤ 李丕煜修:《凤山县志》,《台湾文献丛刊》第124种,第13页。
⑥ 王礼修:《台湾县志》,《台湾文献丛刊》第103种,第13页。
⑦ 连横:《台湾通史》,第329页。

清末江苏学政的考试与选拔：
以经古考试和南菁书院为中心

徐世博

摘要：迄今为止，对于清代地方性科举考试的研究，多止于典章制度层面的讨论，而忽略学政主持的岁试、科试等考试的实态及其选拔的具体机制。原因之一，是史料匮乏。本文利用《申报》等资料，考察光绪时期几位江苏学政的工作。文章认为，源于乾隆元年"取录经解"政策的"经古"考试，开辟了四书题八股文以外的一条上进捷径，而光绪时期的几位江苏学政，就刻意利用这类考试来提拔他们心目中的"实学"人才，以便这些人才能够成为生员；或者成立书院，把这些人才培养成为贡生。

关键词：江苏学政，经古考试，南菁书院，松江府

作者简介：徐世博，香港中文大学历史系哲学博士，暨南大学历史系博士后研究人员

清代科举制度中，学政"三年两考"，即每三年主持的两轮取进童生的院试和考试生员的岁、科试，是重要的一环。以往我们对此类考试的认识，最早来自前辈学者对科举考试制度衍变的归纳与梳理。[1]

---

[1] 如商衍鎏《清代科举考试述录》，三联书店1958年版，第7—20页；刘兆璸：《清代科举》，(台北)三民书局有限公司1975年版，第7—9、12—14页；　（转下页）

此外,学界对清代学政制度亦多有讨论,比如魏秀梅对清代学政之籍贯、职衔、任职条件及任期等人事情况作了宏观的量化考察,[①]李自华、王庆成则对康雍之际改学道为学院、严密学政简用程序、大规模选用翰林官充任学政以及设立学政养廉银等"提学官职权专门化"的官制变化给予关注。[②]刘德美从学政群体的学养、抱负及对时代的体认出发,就其学术与事功的表现,了解他们与嘉庆以来学风和学制变迁之间的关系。他指出学政在"例行工作"之外,"倡导文教方面,远超过仅影响一时一地的业务,却易被人忽略",比如创立书院、指导读书门径、整饬士行等等。[③]黄春木则更进一步认为,"要了解清代学政这个重要职官,单从正式职掌进行分析是不足的,甚至将会有所漏失","学政的具体表现与工作重点,实际上反而是在正式明定的职掌之外有更好的实践"。[④]刘、黄两文的研究取向,无疑丰富了我们对学政的认识,然而美中不足的是,他们或多或少地忽视了学政这些作为与其实践的制度基础即科举考试本身的内在联结。近年来,安东强将有清一代学政制度的沿革寓于皇朝体制的大局之内进行再检讨,突出清末变局中各省学政创建经古书院、推动变法维新的作为和对治学潮流的引领作用。

(接上页)王德昭:《清代科举制度研究》,中华书局1984年版,第33、90—91页;宫崎市定:《科举史》,《科举:中国的考试地狱》(《科举史》《科举:中国の試驗地獄》),收入《宫崎市定全集》第15册,(东京)岩波书店1993年版,第70—94、288—306页;Benjamin A. Elman, *A Cultural History of Civil Examinations in Late Imperial China* (Berkeley and Los Angeles: University of California Press, 2000), pp. 133 - 140, 等等。

① 魏秀梅:《从量的观察探讨清季学政的人事嬗递》,《中研院近代史研究所所集刊》第5期,1976年,第93—119页。

② 李自华:《试论雍正对学政制度的发展》,《史学集刊》2006年第5期,第22—28页;王庆成:《清代学政官制之变化》,《清史研究》2008年第1期,第73—80页。

③ 参见刘德美《清季的学政与学风、学制的演变》,《台湾师范大学历史学报》第17期,1989年6月,第301—340页。

④ 黄春木:《清代学政研究》,(台北)《教育研究集刊》第48辑第3期,2002年9月,第142、148页。

他进而提出,各省学政在创建新式书院的过程中,实现了从衡文校士到教导士子的职能转变。① 此后,安氏又梳理了清代学政经古场兴起、运作与流变的基本脉络,指出经古场的形成,是乾隆帝及各省学政在以四书文之外,另辟的一条特殊的取才途径,此后 100 多年间,经古场始终是学政衡文校士的重要场次。② 此外,尤育号对黄体芳的专门研究、王夏刚对晚清学政劝学活动及其得失的讨论等等,亦强调学政群体对地方学风的转移及对清末新学风气开通的影响。③ 然而,多数研究者都忽略了学政主持考试和选拔的具体机制,真正从"一时一地"出发的个案研究几乎不见。原因之一,自然是史料匮乏。《申报》刊载了大量与清末学政考试相关的记录,包括不同省份、不同地方科场的题、案④以及新闻、评论等等,前人似少利用。本文即在搜集、整理这些资料的基础上,考察光绪时期几位江苏学政的工作,并尝试说明清末学政考试在实践中的具体情形及其时代特征。

学政考试在清末科举体制中最为"与时俱进",而以往常常被忽略的正场前的经古考试恰是学政考试与选拔中最具活力那一部分。这类源于乾隆元年(1736)"取录经解"的考试形式,等于开启了八股文以外的一条"终南捷径",大大增强了学政拔擢人才的自主权。对于这一点,本来不难明白,甚至可以说卑之无甚高论。但是,学政如何看待经古考试? 他们有否刻意利用经古卷来拔擢人

---

① 参见安东强《清代学政规制与皇权体制》,社会科学文献出版社 2017 年版,第 202—220 页。
② 参见安东强《清代学政与科举文体》,博士后研究工作出站报告,中山大学中文系,2012 年,第 55—81 页。
③ 参见尤育号《学政与晚清教育、学风的变迁——以黄体芳为例》,《浙江学刊》2010 年第 5 期,第 53—57 页;王夏刚:《晚清学政的劝学活动与近代学术传承》,《中南民族大学学报》(人文社会科学版)第 34 卷第 4 期,2014 年 7 月,第 176—180 页。
④ 即公布成绩的名单。

才？他们在多大程度上利用经古考试影响岁试、科试的结果？这与清末盛行一时的经古书院有何关系？这些问题,对于扩大科举制度研究的领域,意义重大,可惜研究者囿于传统的科举典章史料,或对这些问题重视不足,或有虑及而无法回答。本文对江苏学政的考察说明,他们的确曾刻意利用"经古卷"考试来提拔心目中的"实学"人才,让这些人才成为生员,继而参与乡试;或成立书院,把这些人才培养为贡生。

一、学政按临：以松江府为例

学政作为主持一省学务的最高级官员,又称大宗师、宗师、学使、学宪等,主要职责为:"掌学校政令,岁、科两试。巡历所至,察师儒优劣、生员勤惰,升其贤者能者,斥其不帅教者。凡有兴革,会督、抚行之。"[1]光绪一朝的江苏学政共有10位,按照在任顺序,分别是林天龄(1830—1878)、夏同善(1831—1880)、黄体芳(1832—1899)、王先谦(1842—1918)、杨颐(1824—1899)、溥良(1854—1921)、龙湛霖(1837—1905)、瞿鸿禨(1850—1918)、李殿林(1843—1917)和唐景崇(1844—1914),驻署在江阴县。按例,学政于乡试年八月由京简放,任期三年。由于林的前任马恩溥、林及夏都卒于任上,因此林、夏、黄的实际任期约为四年、两年和五年。黄于光绪十一年(1885)报满交卸,此后诸人均任满三年。[2] 总体上看,上述学政均为翰林出身,多以正三品以上大员派任,并且不少人在任职苏省以前就曾有督学他省的经验,这固然是清廷对江苏"人文渊薮""科举大省"的重视,另一方面,也令江苏学政在学

---

[1] 《清史稿》卷一一六《职官三·外官》,中华书局1977年版,总第3345页。
[2] 参见钱实甫编《清代职官年表》第4册,中华书局1980年版,总第2739—2760页。

务作为上更有施展余地。

江苏学政三年中巡历八府三州,称为"学政按临",除徐州府、海州岁科试分场连考之外,其余七府二州均分两次考试。① 这里姑且以王先谦为例,庶几让读者了解一任江苏学政的考试行程。王先谦,字益吾,同治四年(1865)进士,选庶吉士。散馆后,历任编修、中允,到光绪六年(1880)迁国子监祭酒,五年后获派江苏学政。王氏在任时的奏折及其晚年的自订年谱均详细记载了他视学江苏的情况,利用这些材料制成表1,则可见到主持各类考试的确用去了他学政任内的大多数时间。

表1:王先谦江苏学政任内考试行程②

日　　期	公　　历	事　　件
光绪十一年八月初一	1885年9月9日	奉旨江苏学政着王先谦去。
九月初五	10月12日	请训,蒙召见。
十月十九日	11月25日	行抵江阴驻署。
十月二十六日	12月2日	与前任交接。
十一月		发观风题附撰《劝学琐言》一册,开设南菁书局汇刻先哲笺注经史遗书,捐千金为倡,期以三年成之。

---

① 参见王先谦等《江苏学政王等奏请徐属考试仍循旧制办理折》,《申报》1886年9月9日,附张。
② 资料来源:王先谦:《清王葵园先生先谦自定年谱》,台湾商务印书馆1978年版,第198—213页;王先谦:《苏学政王奏报接印日期折》,《申报》1886年2月15日,附张;王先谦:《苏学政王奏岁试四府一州情形折》,《申报》1886年8月31日,附张;王先谦:《苏学政王奏苏省岁试完竣并举行徐常海二府一州科试情形折》,载中国第一历史档案馆编《光绪朝硃批奏折》第104辑,中华书局1996年版,第722—723页;王先谦:《苏学政王奏科试完竣情形折》,《光绪朝硃批奏折》第104辑,第746页。

(续表1)

日　　期	公　　历	事　　件
光绪十二年二月初三日	1886年3月8日	由江阴启行按试苏州,递试太仓、松江、镇江,于五月回江阴接考常州。
六月十六日	7月17日	竣事。
六月		奏报岁试五属情形及设局刊书事宜。
八月初三	8月31日	出棚先试扬州,次及通州、淮安、江宁。
十二月初二	12月26日	回江阴驻署。
光绪十三年二月十三	1887年3月7日	出棚先试徐州,岁科接试;次及海州,亦岁科接试。
闰四月十九日	6月10日	回署,举行常州本棚科试。
五月十五日	7月5日	竣事。
六月		奏报岁试完竣并科试徐、海、常三属情形。
八月初二	9月18日	出棚先试镇江,次及苏州、太仓、松江。
十月二十八日	12月12日	回署。
十一月二十六	1888年1月9日	出棚考试淮安,至泰州考棚度岁。
光绪十四年正月		接试扬州,次及通州。
二月二十二日	4月3日	回署。
六月二十八日	8月5日	至江宁考试。
六月		出棚科试江宁并录送遗才;《皇清经解续编》刊成。
七月		奏报科试完竣及《皇清经解续编》刊成。
八月初十	9月15日	回署奏交卸后请假两月回籍修墓。

(续表2)

日　　期	公　历	事　　件
十月		新任学政大理寺少卿杨颐行抵江阴,奏交卸回籍折。
十一月初二日	12月4日	由江阴启行。

清代的松江府隶属江苏省,大致相当于今天上海市除去宝山、嘉定和崇明之外的范围,下辖七县一厅,包括华亭县、娄县、奉贤县、金山县、上海县、南汇县、青浦县和川沙厅。府治设有府学,各县有县学,惟川沙厅未设官学,故生童附上、南二县考试。① 因此,松江府共有八学,习惯上,府、华、娄、奉称"上四学",金、上、南、青为"下四学"。江苏学政按临松江府的时间,第一次在正科会试年的5月前后,先考生员岁试、接考童生院试;第二次大约在会试次年的年底到正科乡试年年初,为生员科试及童生院试连考。② 历次考试的时间大体固定,偶尔有提前的情况。③ 此处仍以王先谦岁试松江府的"排单"为例,简单说明此类考试的流程:

  王益吾大宗师于二十三日早按临松江,合城文武各官均诣祭江亭码头迎迓,旋于午后登岸进院。排单照录左方:三月廿四行香放告,廿五生古,廿六童古,廿七府华奉娄四学生正场,廿八金上南青四学生正场,二十九覆生古兼补岁考,三十奉金上三县童正场,四月初一覆一等生、考教,初二提覆,初三覆奉金上新生,初四南青二县童正场,初五提覆,初六华娄二县童正

---

① 恭阿拉等纂修:《钦定学政全书》第69卷《江苏学额》,《故宫珍本丛刊》影印清嘉庆十七年(1812)武英殿刻本(海南出版社2000年版),第14页。
② 本文时间采阿拉伯数字者均为公历。
③ 1899、1902、1905年科试考期稍有提前。

场,初七覆南菁新生,初八提覆,初九覆华娄新生,初十外场,十一步射,十二披勇,十三覆内场,十四总覆发落,十五起马。①

考试的一般次序是先考生员和童生的经古场,其次是八学生员的正场和经古覆试,通常正场上四学、下四学生员分别考试,在覆经古之前必有经古案。生员正场自乾隆二十三年(1758)定例,考四书文一篇、五经文一篇、五言八韵诗一首。② 惟八学考生四书文题各不相同,而经题、诗题则为通场题。考后不久,按八学分发一等案。

之后是穿插安排各县童生的正场和提覆考试,七县童生多分为三场,个别年份有分为两场的情况。③ 童生正场按例试四书文两篇、五言六韵诗一首。④ 惟首题七县考生各不相同,次题及诗题均为通场题。光绪初江苏省院试无"提覆"之说,至黄体芳到任后奏添此例。所谓提覆,就是在正场过后加一面试环节。做法是按应取人数多取十数名或数名,先行公布。榜上有名者进院由学政当场命题,考生按题作四书文的一讲或两比,限定字数、时间交卷,作为与正场卷"互勘"的依据。⑤ 考后,发各学招覆案。

最后为覆试。生员只有一等案内有名者赴考,试题为四书文一篇、五言八韵诗一首。童生覆试即"招覆",又称总覆、大覆,大多数时候所有招覆案内新生同考一场,亦有分场的情况,考题为四书文一篇、五经文一篇、五言六韵诗一首,经文时常免作。⑥ 一等

---

① 《学宪按临》,《申报》1886年4月29日,第1版。
② 参见商衍鎏《清代科举考试述录》,第20页。
③ 如1875、1879、1880、1893、1899、1902年院试。
④ 参见商衍鎏《清代科举考试述录》,第11页。
⑤ 参见《考试新章》,《申报》1881年1月3日,第2版;《苏学政黄奏岁试江镇两府情形折》,《申报》1881年4月3日,第3版。
⑥ 参见商衍鎏《清代科举考试述录》,第12页。

生员覆试后,发一、二、三等生员案;童生覆试后,发各学新进生员案。上述各案,生员列一等前列者可补廪、补增,补廪者可按序挨得岁贡、恩贡,而生员考选优、拔贡生,亦必是历次岁、科考取经古及一等最多者,方得入选。① 童生案上有名的,获附生身份,称"进学"或"入泮"。

生员岁试未考者必须补考,但当科不应乡试者可不考科试。惟科试正场次题不考五经文,改为策一道,而童生每届院试考法相同。按例,在籍贡生、监生亦须考科试,以便获得乡试资格。此外,岁试考期另考各学教官、武童及岁试补欠;科试考期尚有优贡考试,逢酉年另有拔贡考试。②

清末科举停罢前曾两次改试策论,首次在戊戌变法时期,先是1898年6月23日光绪帝下诏废四书文,又于7月6日命令一切考试不再考试帖诗,最终于7月19日采纳张之洞的改革方案。其中对地方考试的影响,即"学政岁、科两考生童,……先试经古一场,专以史论、时务策命题,正场试以四书义、经义各一篇",③并命令礼部立即通饬各省遵行。④ 如我们所知,此次改革不久即被叫停。⑤ 第二次改革的上谕颁布于1901年8月29日,政务处、礼部于11月11日会奏变通办法,得旨准行。此次改制对生童地方考试正场内容的调整与前次相同,惟规定经古场为必考,考题为中国

---

① 商衍鎏:《清代科举考试述录》,第28、31页。
② 光绪朝废科举前共有两次拔贡考试,分别在1885年和1897年,时任学政是黄体芳和龙湛霖。
③ 朱寿朋编,张静庐等校点:《光绪朝东华录》第4册,中华书局1958年版,总第4141页。
④ 参见《光绪朝东华录》第4册,总第4102页;《上谕:嗣后一切考试均著毋庸五言八韵诗》,载汤志钧、陈祖恩编《中国近代教育史资料汇编·戊戌时期教育》,上海教育出版社1993年版,第48页。
⑤ 参见《光绪朝东华录》第4册,总第4220页。

政治史事与各国艺学策论,并与正场分考合校,于次年正月开始施行。① 这样的政策安排一直延续到科举废除。

从两次改制对松江府的具体影响来看,首次改制的执行期恰在夏季停考期间,当时松江府岁试已按旧制考毕,而学政秋季首次出棚考试江宁府,开考时尚采用新规,考试中接到江督刘坤一传达懿旨,悉复旧规。② 可以说,头一次改试策论对江苏省的地方考试几乎没有影响。二次改制的执行始于光绪二十八年(即自1902年2月始),当时松江府岁试已毕,故直到科举废除,按照新章的考试只有三次。

院试及岁科考试是士人进身之始,其考试成绩决定附生、增生、廪生及各类贡生等低级功名的授予。尽管学政并没有授予中高级功名的权力,但如果从考生的角度看,无论是秀才的身份和特权,廪生由保结而来的经济利益以及各类贡生入仕的可能(尤以优贡、拔贡为重),都具有相当的吸引力,而获得这些机会大多与能否获得学政的赏识有当然的联系。换句话说,考生必须了解学政的各种学务政策,才能在考试时拔得头筹。

当然,必须指出的是,清末学政按临对各地生童的吸引力已有明显的下降趋势。究其原因,其一是督查生员学业的六等黜陟制度早已荒废,而岁科考试的等第对乡试录科妨碍甚小。时人道:"秀才即考一等,不过得为廪生,亦与增、附无异。惟刻下少异者,廪生可以捐教官、保训导,增、附尚不准与。至考三等,不过乡试尚须录遗。若四、五两等,学政早已不取人矣。"其二是清末捐纳盛行,秀才的"含金量"更显微不足道。时人又道:"今之秀才欲报捐官员与贡监,仅能抵银八两。若求作一从九未入等官,尚须捐银数

---

① 参见《光绪朝东华录》第4册,总第4719、4781—4782页;《政务处、礼部:会奏变通科举事宜折(节录)》,载璩鑫圭、唐良炎编《中国近代教育史资料汇编·学制演变》,上海教育出版社1991年版,第32—36页。

② 参见瞿鸿禨《苏学政瞿奏报岁试情形折》,《申报》1899年3月10日,附张。

百两,而后可以登仕。"①

这样的现实也反映在某些考题中,比如不少生员逃避岁考,故有学政借补考岁试的题目敲打之。如光绪六年夏同善所出的岁考补欠首题,欠一科者为"不二过"(语出《论语·雍也》,下同),欠两科者为"不待三"(《孟子·公孙丑下》);光绪九年(1883)黄体芳所出的岁考补欠首题,欠一科者为"不愆不忘,率由旧章"(《孟子·离娄上》),欠两科者为"毋自欺也"(《大学》),均属此类。②此外,亦有学政在院试命题时甚为潇洒,如林天龄于光绪三年(1877)院试松属七县文童题:

表2:光绪三年松江府七县院试题③

县别	首题	出典	次题	出典	诗题	出典
金山	以松	《论语·八佾》	较〔校〕数岁之中以为常乐岁	《孟子·滕文公上》	赋得鹄袍入试,得袍字,五言六韵	《桯史·万春伶语》
上海	而注之江	《孟子·滕文公上》
青浦	为长府	《论语·先进》
奉贤	于汤有光	《孟子·滕文公下》	何如则仕孟子曰所就三	《孟子·告子下》	赋得力田不如逢年,得年字,五言六韵	《史记·列传·佞幸列传》
南汇	文王之绪	《中庸》

---

① 参见《论岁考秀才》,《申报》1877年5月17日,第1版。
② 参见《院试松属题目》,《申报》1880年4月30日,第2版;《试题汇录》,《申报》1883年4月21日,第3版。
③ 资料来源:《松郡岁试童生题》,《申报》1877年5月23日,第2版;《松江岁试题》,《申报》1877年5月25日,第2版;《松郡岁试华娄童正场题》,《申报》1877年5月26日,第1—2版。

(续表)

县别	首题	出典	次题	出典	诗题	出典
华亭	久则难变也武丁	《孟子·公孙丑上》	君子之道四	《中庸》或《论语·公冶长》	赋得流云吐华月，得华字，五言六韵	《同德寺雨后寄元侍御李博士》（唐韦应物）
娄县	惟此时为然公孙丑	《孟子·公孙丑上》				

可见，该年院试七县文童分作三场，头场金、上、青三县五题末字合为"松江府岁试"（表中重点号所示，下同）；次场奉、南两县为"光绪三年"；三场华、娄两县为"丁丑四月"，统为"松江府岁试光绪三年丁丑四月"。尽管命题并不违反四书文两篇、诗一首的定制，但如此刻意为之，已属少见。有评论称其"可与《制义丛话》中所载《命题之巧》同一为文场佳话"，①其实并不难看出命题者和评论者面对所谓"抢才大典"的游戏心态。

二、经古场：正场之外的"终南捷径"

上节已经说明了学政按临的一般考试流程，可以看到，即便算上两次改试策论的影响，生童正场的考试题目前后相较亦无太大变化，不过是删去诗题，并将四书五经"文"改为四书五经"义"而已。时人曾有一段略带调侃的记述："前月废时文之旨下，书肆中人咸惶惶若有所失。未久礼部议定章程，改时文为四书五经论，书贾又欣然大喜过望。或问其故，则云：'闻老学究言，八股文改论，亦不难。但将破承题删去，其自起比以下，凡两股者，但删其一，即

---

① 《松郡岁试华娄童正场题》，《申报》1877年5月26日，第1—2版。

可为论.'故知旧日所存之石印诸时文,尚不致无销路也。闻者大笑。"①然而,能否就此认为学政按临不过就是走走过场例行公事呢？事实并非如此。这是因为,尽管学政考试中正场的形式和内容直到科举停罢以前并无大变,但经古场的考试政策却时有调整。经古场安排在正场前,任由士子自愿报考,本就有预赛的味道,加之没有固定程式,学政在命题上更可自由发挥。而且,不少江苏学政特别青睐经古考生,凡考取经古榜的士子,生员多能跻身一等案,童生亦大都获得附生的功名。可见从院试到岁科两试,学政均有意通过经古场来提拔他们心目中的人才。

考稽《学政全书》可知,经古考试最早是专为鼓励士人钻研康熙皇帝御纂经书而设计。乾隆元年(1736)有上谕:

> 圣祖仁皇帝四经之纂,实综自汉迄明二千余年群儒之说而折其中,视前明《大全》之编,仅辑宋元讲解未免肤杂者,相去悬殊。直省学政,职在劝课实学,则莫要于宣扬圣教,以立士子之根柢。每科、岁按临时,预饬各该学,确访生童中有诵读御纂诸经者,或专一经,或兼他经,着开明册报。俟考试文艺之后,就四经中斟酌旧说异同之处,摘取数条,另期发问。只令依义条对,不必责以文采。有能答不失指者,所试文稍平顺,童生即予入泮,生员即予补廪,以示鼓励。②

这就是说,即使生童正场文字普通,只要熟读御纂四经(即《御纂周易折中》《钦定书经传说汇纂》《钦定诗经传说汇纂》《钦

---

① 《废时文》,载汪康年《庄谐选录》卷上,(台北)新文丰出版公司1978年版,第50—51页。
② 恭阿拉等纂修:《钦定学政全书》第24卷《取录经解》,第1页。

定春秋传说汇纂》),依书所答,便可以获得补廪、入泮的政策优惠,可谓岁科、院试制胜的一条捷径。乾隆十二年(1747),由于常州等地考试经解且能够"答不失旨"的人数过多,导致"另试经解"变成为了应付礼部磨勘而不得不行之的具文,遂令停止"经解"考卷解部,改由学政权衡考生正场文字后"酌予补廪、入泮,以鼓励穷经之士",且"不在册报者,不必概令作经解"。① 到乾隆十七年(1752),该场考试始被安排在正场之前,以杜绝因正场发案之后再行变更考生名次可能带来的麻烦。显然,这条上进之路已经得到越来越多的注意。到乾隆五十三年(1788),又令在入场时责成廪保认识,且添覆试一场,这便和清末的经古考试在形式上没什么区别了。②

据安东强考证,乾隆初考试经解的政策最早在乾隆十年(1745)由广东学政孙人龙提议加试"古学",此奏得到乾隆帝的默认,惟系"试行","不必定为功令",这是后来"经古场"名称的来源。③ 其后,考试内容续添史论,咸丰元年(1851)、六年(1856)先后增性理论、孝经论,同治十年(1871)再添算学。④ 光绪十三年(1887),御史陈琇莹复以"西法虽名目繁多,要权舆于算学。洋务从算学入,于泰西诸学,虽不必有兼数器之能,而测算既明,自不难按图以索",⑤请将算学纳入正科。尽管此议未被采纳,但当年五月总理衙门会同礼部奏定,学政岁科试经古场取算学者,准由学政

---

① 参见尹会一《经义务求实学》,载《健余奏议》第10卷,《四库禁毁书丛刊》影印北京大学图书馆藏清乾隆刻本(北京出版社2000年版),第11—13页;恭阿拉等纂修:《钦定学政全书》第24卷《取录经解》,第2—3页。
② 参见恭阿拉等纂修《钦定学政全书》第24卷《取录经解》,第3—5页。
③ 参见安东强《清代学政与科举文体》,第63—64页。
④ 崑冈等修,刘启瑞等纂:《钦定大清会典事例》第388卷《礼部·学校·考试文艺》,《续修四库全书》影印清光绪石印本(上海古籍出版社1995年版),第194页;商衍鎏:《清代科举考试述录》,第10页。
⑤ 《光绪十三年三月二十五日江南道监察御史陈琇莹奏》,载中国史学会主编《洋务运动》第2册,上海人民出版社1961年版,第207页。

咨送总理衙门覆试,合格者准附顺天乡试,并拟定了二十取一的算字号中额,①而这里所谓的"算学"已将大量"西学"知识纳入考试范围了。光绪二十二年(1896),翰林院侍讲学士秦绶章又请乡会试三场"略弛时务之禁"。不久礼部议覆,认为"三场试策,一切时务并无例禁命题明文,嗣后乡会试策问,应准考官兼问时务";又特别提到"学政经古场内,已有考试算学之例,并令兼试时务策论,录取者予以补廪入泮",得旨允行。②

可以这样认为,经古考试在设计之初,就是为了考察士子"实学""根柢"的加试,这类考试允许学政因地制宜地进行"试办",又"不必定为功令",考卷亦无需解部磨勘,于是学政颇可借题发挥;此后朝廷不断追加经古场科目,特别是光绪中先后纳西学、时务于其中,更说明传统"通经致用"——以经学为治学治事之本——的传统思维受到质疑,"有用之学"渐成科场抡才的目标。这样的转变直接反应在经古场的命题上。

此处姑且仍以光绪时期松江府生童经古场的考题为例,大约在甲午以前,经学、史学、古学、性理、孝经和算学是常有的考察内容。其中经学题多由五经分别发问,偶有四书题。提问方式除经解之外,还有说、辨、考、论、述异等,也有作经文的情况。史学题目多出自正史,以论说、考辨、书后为常。古学是一个总体的概念,有时也称词章、诗古、诗赋。考题多以文体作区分,以律赋和试帖诗为主,时有五七古、七律,另有杂作如序、词、歌、铭、议、启、表、碑文、演连珠等等,题目出处则以经学、史学、舆地、掌故等为主。性

---

① 参见《光绪十三年四月二十八日醇亲王奕譞等奏》,《洋务运动》第 2 册,第 209—211 页;《光绪十五年七月二十九日总理各国事务奕劻等奏》,《洋务运动》第 2 册,第 211—212 页。

② 参见《礼部议覆整顿各省书院折》,载舒新城编《中国近代教育史资料》上册,人民教育出版社 1981 年版,第 72—74 页。

理、孝经则多作论题,算学题早期多论说少演算,1890年以后出题则以演算为主,且题目描述的情景多与实际应用有关。①

---

① 参见《松江科试题目》,《申报》1875年12月8日,第2版;《续登松江科试题》,《申报》1875年12月9日,第1版;《松府岁试题目》,《申报》1877年5月17日,第2版;《松郡岁试牌示题目附列》,《申报》1877年5月18日,第1—2版;《松郡岁试题目》,《申报》1877年5月19日,第1—2版;《松郡岁试题目》,《申报》1877年5月22日,第2版;《松郡岁试题目》,《申报》1877年5月24日,第2版;《林文宗科试松属题目》,《申报》1878年11月26日,第3版;《松江院试题》,《申报》1878年11月27日,第3版;《院试松属生童经古题》,《申报》1880年4月28日,第2版;《院覆生古题》,《申报》1880年5月3日,第2版;《松属院试题目》,《申报》1881年12月11日,第2版;《院试题目》,《申报》1881年12月14日,第2版;《院试题目》,《申报》1883年4月14日,第2版;《汇录松属院试题》,《申报》1883年4月18日,第2版;《试题汇录》,《申报》1883年4月21日,第3版;《松郡试事》,《申报》1884年12月26日,第2—3版;《松江科试》,《申报》1884年12月27日,第2—3版;《松郡试题》,《申报》1884年12月30日,第3版;《王大宗师岁试松属生经古题》,《申报》1886年5月1日,第2版;《王大宗师岁试松江题》,《申报》1886年5月5日,第2版;《院试松属生经古题》,《申报》1887年11月24日,第2版;《王大宗师科试松属题》,《申报》1887年11月25日,第3版;《王大宗师科试松属童经古题》,《申报》1887年11月26日,第2版;《茸城试事》,《申报》1889年5月1日,第2版;《松郡试题》,《申报》1889年5月4日,第2版;《松试生经古题》,《申报》1890年12月15日,第2版;《松试上四学题》,《申报》1890年12月17日,第2版;《溥玉岑中书侍郎巡视松江府属文生经古题》,《申报》1892年4月24日,第2版;《溥学院岁试童经古题》,《申报》1892年4月24日,第2版;《溥大宗师岁覆生经古全题》,《申报》1892年4月28日,第2—3版;《茸试续纪》,《申报》1893年12月26日,第2版;《松试文童经古题》,《申报》1893年12月27日,第1版;《松试再述》,《申报》1893年12月29日,第2版;《松试初志》,《申报》1895年4月1日,第2版;《松试再志》,《申报》1895年4月2日,第2版;《松试四志》,《申报》1895年4月5日,第2版;《松试六志》,《申报》1895年4月8日,第3版;《松江试题初志》,《申报》1896年11月2日,第1版;《松江试题二志》,《申报》1896年11月3日,第1版;《松江试题四志》,《申报》1896年11月5日,第1版;《松江试题五志》,《申报》1896年11月6日,第1版;《松江试题六志》,《申报》1896年11月7日,第1版;《松江试题七志》,《申报》1896年11月8日,第1—2版;《松试二志》,《申报》1898年4月9日,第2版;《松试三志》,《申报》1898年4月11日,第2版;《松试四志》,《申报》1898年4月14日,第1—2版;《松试四志》,《申报》1899年5月16日,第2版;《松试三志》,《申报》1901年6月5日,第2版;《松试四志》,《申报》1901年6月6日,第3版;《松试五志》,《申报》1901年6月7日,第2版;《松试七志》,《申报》1901年6月9日,第2版;《松江试事一志》,《申报》1902年7月20日,第2版;《松江试事三志》,《申报》1902年7月22日,第2版;《松江试事五志》,《申报》1902年7月24日,第2—3版;《松江岁试二志》,《申报》1904年4月30日,第2版;《松江岁试四志》,《申报》1904年5月2日,第2版;《松江岁试六志》,《申报》1904年5月4日,第2—3版。

甲午以后,由于朝廷允许学政以时务试士,经古场的题目亦多有新意。1896年龙湛霖科试松江府,生员经古场除常见的题型以外,还添加了兵学、时务、光学、声学、电学、矿学等科目。1898年瞿鸿禨调整经古场允许报考的门类,考题遂依式分为经解、史学、时务、治事、词章、算学,且各类题目的内容多有别出心裁之处。如经解题有"'通其变,使民不倦'说"(语出《易经》,下同)、①"'与子同仇'解"(《诗经》),史学题有"'徐光启'论"(《明史》有传),时务题有"联英拒俄,联俄拒英得失平议",治事题如"沙田清丈升科议""中国茶务改用机器以何者为宜? 试为图说",词章题则有"咏'电'""'西器'演连珠",等等,考题有明显的"时务化"倾向。嗣后,因受到戊戌政变的影响,经古场曾一度略去时务题,随后即被纳入科举改制章程的统一设计中。然而,划一的政策安排很难适应各地考试的不同需求,后来礼部又议定,算学准试以绘图演草,且如有"学政平日考察该省士子文艺学术果素有专长"的,仍许命题(如经学),最终只以诗赋"究属辞章之学,与经世无裨"的理由坚持废去古学类的题目而已。②

然而,我们仍需明白经古考试对学政和士子意味着什么? 事实上,笔者发现,报端常常刊载一些学使破格以求的故事,其中多与考试经古有关。比如:1877年,林天龄考试松江府,《申报》就称,生员经古场"场规甚宽,给烛者约有八十人"。③ 1881年,黄体芳岁试江宁时,时值正月,天短夜长,生员经古场有20余人未完卷,众皆以为拔取无望,不料黄将其中的佳卷选出,令其在正场之后当堂补完,仍列优等。④ 同年,黄体芳考试苏州府,府案首⑤常熟

---

① 题目标点、出处为笔者所加,下同。
② 参见《礼部覆议科场事宜折》,《申报》1902年6月27日,第1版。
③ 《松郡岁试牌示题目附列》,《申报》1877年5月18日,第1—2版。
④ 参见《学宪爱才》,《申报》1881年1月17日,第1版。
⑤ 按惯例,童生县试、府试第一名称"案首",必入泮。

县某童因文不切题被斥,虽经学官、廪保求情不允,却将吴县木渎镇一年仅9岁、能默五经及《史》《汉》各书的戴姓幼童拔入吴庠。① 1887年,王先谦科试松江府,生员经古场某生仅就一诗题草草做完交卷,但因诗中一联切中题意,受到王的赏识,"附名骥尾"。② 又有南汇县附生于邠,擅长经义、小学,但向来岁科试"久叹遗录",该年因呈览自著释经诸书,获王招至院中询问根柢,于邠"原原本本,口若悬河",引得王称赞不已,不仅特别在经古场录置前列,生员一等案亦列本县第一,并即令教官保举优贡。③ 第二年,于果然以廪生的身份副取于优贡榜上。④ 更有甚者,该年王先谦考试松江各县童生尚未发案,便有传闻说凡报考经古的童生,宗师已暗中录取了。⑤

又如,1896年,龙湛霖科试松江府,娄县有生员名俞一□者,因病缺席一等生员覆试,按例应降至三等末,"惟念该生录取经古,姑宽仍着附一等末"。⑥ 1898年,瞿鸿禨岁试松江府,《申报》载:"廿一日覆经古,辰刻入场,学宪命备茶点,分致各生。云间英俊,马工枚速,各擅其长,得此润吻果腹之资,益觉文思泉涌,咳唾成珠,夕阳在山,均已纳卷而出。"⑦凡此,在在说明学政对经古考试的重视及优待。

此外,笔者又根据《申报》刊登的光绪朝历次松江府岁、科试的经古案和生员一等案做了一项统计,兹将统计结果列为"表3",它将标示出历次考试生员经古案内的考生有多少人能够最终获得一等的成绩(表中数字表示人数,如"1/5"表示某年某县有5人中经古

---

① 参见《学宪起马》,《申报》1881年11月16日,第2版;《奖励神童》,《申报》1881年11月20日,第2版。
② 参见《松试琐述》,《申报》1887年12月2日,第2版。
③ 参见《松试述余》,《申报》1887年12月11日,第2版。
④ 参见《江南戊子科正取优贡生》,《申报》1888年9月17日,第2版。
⑤ 参见《松试琐述》,《申报》1887年12月2日,第2版。
⑥ 《松江科试正案》,《申报》1896年11月15日,第1—2版。另参见《松江试事》,《申报》1892年5月6日,第2版。
⑦ 《松郡学辕纪事》,《申报》1898年4月13日,第2版。

表3：光绪朝松江府历次岁、科考试生员经古案与一等案人数比较[1]

（单位：人次）

年份	1875	1877	1878	1880	1881	1883	1884	1886	1887	1889	1890	1892	1893	1895	1896	1898	1899	1901	1902	1904
府学	?/7	?	?	?	?	?/5	5/5	6/6	2/2	5/6	0	5/5	5/6	7/7	11/11	4/6	4/4	6/6	7/7	5/5

[1] 资料来源：《松江科试经古案》，《申报》1875年12月9日，第1版；《林学宪科试上海一等案》，《申报》1875年12月15日，第3版；《松江科试古学案》，《申报》1878年11月26日，第3版；《朴发上海生员科试一等案》，《申报》1879年4月21日，第2版；《生经古案》，《申报》1880年4月30日，第2版；《岁试上海县学一等案》，《申报》1880年5月4日，第2版；《松属院试题目》，《申报》1881年12月11日，第2版；《上海县学生正案》，《申报》1881年12月13日，第3版；《岁试松属生经古案》，《申报》1883年4月15日，第3版；《黄大宗师科试上海县学一等案》，《申报》1885年1月2日，第2版；《王大宗师录取松属生古案》，《申报》1884年12月27日，第2—3版；《王大宗师岁试松江案》，《申报》1886年5月5日，第2版；《覆试八学一等生员案》，《申报》1886年5月1日，第2版；《院覆松郡合属生经古案》，《申报》1887年11月30日，第2版；《松试生案》，《申报》1889年5月5日，第2版；《松试经古全案》，《申报》1889年5月4日，第2版；《松试下四学生题》，《申报》1890年12月18日，第3版；《溥大宗师招覆松属八学一等生员案并覆生题》，《申报》1889年5月8日，第3版；《松郡经古案》，《申报》1892年4月26日，第2版；《松试记事》，《申报》1890年12月21日，第3版；《溥学院岁试松江府属生经古案》，《申报》1892年4月29日，第2版；《松试五案》，《申报》1893年12月28日，第1版；《革试续闻》，《申报》1893年12月31日，第2—3版；《松郡试事》，《申报》1895年4月3日，第2版；《松试五案》，《申报》1895年4月6日，第3版；《松江科试正案》，《申报》1895年4月9日，第2版；《松江生员经古案》，《申报》1896年4月4日，第3版；《松试九案》，《申报》1896年11月4日，第2版；《松试四学》，《申报》1898年4月17日，第2版；《申报》1899年5月15日，第2版；《松江科试》，《申报》1898年4月13日，第2版；《松试八学》，《申报》1899年5月17日，第2版；《松试五学》，《申报》1901年6月9日，第2版；《松江试事三志》，《申报》1901年6月6日，第2版；《松试七志》，《申报》1901年6月10日，第2版；《松试事三志》，《申报》1902年7月22日，第2版；《松江试事五志》，《申报》1902年7月24日，第2—3版；《松郡岁试四志》，《申报》1904年5月2日，第2版；《松江试事六志》，《申报》1904年5月4日，第2版；《松江岁试七志》，《申报》1904年5月5日，第2—3版。

清末江苏学政的考试与选拔：以经古考试和南菁书院为中心

（续表）

年份	1875	1877	1878	1880	1881	1883	1884	1886	1887	1889	1890	1892	1893	1895	1896	1898	1899	1901	1902	1904
华亭	?/3	?	?	?	?	?/2	3/3	3/4	3/3	1/1	1/3	8/9	4/4	3/3	6/6	1/2	2/4	3/3	5/5	8/8
娄县	?/4	?	?	?	?	?/2	5/5	2/2	4/4	6/6	?/3	3/3	1/2	2/2	5/5	3/3	2/2	4/4	6/6	8/8
奉贤	?/4	?	?	?	?	?/1	1/1	0	2/2	1/1	?/1	3/3	?/2	6/6	3/3	0	1/1	3/3	2/2	3/3
金山	?/3	?	?	?	?	0	0	0	0	0	0	3/3	2/2	2/2	1/1	0	0	1/1	2/2	0
上海	5/5	?/4	4/4	10/10	2/2	3/3	4/4	10/11	10/10	4/5	2/4	6/6	3/3	7/7	11/11	5/5	3/3	7/7	6/6	14/14
南汇	?/2	?	?	?	?	?/2	?/2	2/2	2/2	3/5	0	4/9	2/2	7/7	7/7	2/4	1/1	3/4	4/4	10/10
青浦	?/4	?	?	?	?	0	?/2	9/9	6/6	1/1	?/3	2/2	2/3	4/4	6/6	7/7	2/2	4/4	6/6	10/10
不详																	0/1			

案,5人中有1人中生员一等案;"?"表示缺少统计数字来源)。

可以看到,在《申报》有记录可寻的年代,虽然历任学政经古案取录的科目和人数多有不同,但经古案内列出的生员名字绝大多数可以在正场一等案中找到。就有完整记录的11个年份(1886、1887、1889、1892、1895、1896、1898、1899、1901、1902、1904)的数据来看,两案的重合率至少在八成以上(81%,1898),如果将此11个年份的情况平均起来,那么历届经古案内的考生有九成以上(94%)拿到一等的成绩。再以统计资料最全的上海县学的情况为例,30年来的19次岁科考试(缺1877年),所发经古案上的生员共有120人次,其中只有4人次没有在该年获得一等。

此外,尽管《申报》并未刊载所有童生的经古案,但就现有某些年份的资料相互对比来看,童经古案内的童生进学率也相对较高,仍以上海县的情况为例:

表4:光绪朝松江府上海县历次院试童生经古案与新进案人数比较[①]

(单位:人次)

年份	1875	1877	1878	1880	1881	1883	1884	1886	1887	1889	1890	1892	1893	1895	1896	1898	1899	1901	1902	1904
童经古案	?	?	8	8	?	2	?	?	10	3	2	?	?	9	10	?	?	?	?	14

---

① 资料来源:《松江科试童经古案》,《申报》1878年11月28日,第3版;《上海县取进新生招覆案》,《申报》1879年4月26日,第3版;《上海县学新进名单》,《申报》1880年5月6日,第2版;《岁试录取上海童经古名次》,《申报》1880年5月14日,第2版;《招覆青浦上海新进文童案》,《申报》1883年4月24日,第2版;《黄学宪岁取松属童生经古性考案》,《申报》1883年4月27日,第3版;《招覆上海新生全案》,《申报》1887年12月3日,第2版;《王大宗师录取七邑文童古学案》,《申报》1887年12月6日,第2版;《松郡试案》,《申报》1889年5月13日,第2版;《松郡试事》,《申报》1889年5月16日,第3版;《上海新生案》,《申报》1890年12月24日,第2版;《松江试事》,《申报》1890年12月28日,第2版;《松试四志》,《申报》1895年4月5日,第2版;《松试九志》,《申报》1895年4月12日,第2版;《松试童生经古案》,《申报》1896年11月9日,第2版;《奉贤上海新进文童案》,《申报》1896年11月12日,第1版;《松江岁试十志》,《申报》1904年5月8日,第2版;《松江岁试十三志》,《申报》1904年5月12日,第3版。

(续表)

年份	1875	1877	1878	1880	1881	1883	1884	1886	1887	1889	1890	1892	1893	1895	1896	1898	1899	1901	1902	1904
经古案内新进生员	?	?	5	8	?	2	?	?	9	1	2	?	?	9	10	?	?	?	?	9
新进总额	?	?	31	32	?	32	?	?	32	30	30	?	?	36	34	?	?	?	?	30
经古案内童进学率(%)			63	100		100			90	33	100			100	100					64

可见，虽然不同年份学政取录童生经古案的人数不同，但总体来看，获得经古成绩的童生大多入泮（平均83%），可见学政在选拔童生的时候采用了和生员相似的策略。因此，正场之前的经古考试，不管对生员还是童生而言，都是一条上进的捷径。

三、南菁书院：经古场的延伸

学政试士，除了三年两次巡历各属之外，还有下车观风及某些书院的考试等等。对江苏学政而言，最要莫过于南菁书院的甄别和考课。南菁书院，始建于1882年，建成于次年，系由当时的江苏学政黄体芳于江阴县旧长江水师京口营游击署故址兴建，[1]并得到两江总督左宗棠"拨盐课二万两为束脩膏火之资"，[2]奠定书院的经济基础。直到1902年，李殿林遵旨照省大学堂章程，将南菁

---

[1] 参见民国《江阴县续志》第6卷《学校·书院》，第2页。
[2] 黄体芳：《南菁书院记》，载黄体芳著、俞天舒编《黄体芳集》，上海社会科学院出版社2004年版，第144页。

书院改为江苏全省南菁高等学堂,凡20年,均由历任学政经管。南菁书院的历史早在20世纪30年代柳诒徵编写《江苏书院志初稿》时便有不少考订,90年代初又吸引美国学者基南(Barry Keenan)的注意,近年来林佑儒、赵统等人都有专门研究,使得我们对南菁的沿革和学术成就有比较清晰的了解,故笔者仅将讨论的重点置于学政的甄别、考课和选拔等方面,并试图说明其在学政考试体系中的位置。①

书院创建之初,黄体芳即取朱子《子游祠堂记》"南方之学得其菁华者"之意为其命名,据同为"南菁人"的吴新雷考订,其本意乃是上承孔门弟子"博文约礼""求博返约"的遗训,有倡导经学和文学兼通之意。② 学术上,南菁主张摒弃汉宋的门户之争。据赵椿年记载:"书院正中,楼上下十间,下为客座,上为藏书楼,中奉郑君、朱子栗主。漱师(即黄体芳)撰联云:'东西汉,南北宋,儒林文苑,集大成于二先生,宣圣室中人,吾党未容分两派;十三经,廿四史,诸子百家,萃总目之万余种,文宗江上阁,斯楼应许坿千秋。'"③可为佐证。

南菁书院建成后,黄体芳即檄饬各学,调取高才生于当年中秋日齐集院中考试。④ 此后逐渐形成定例,每年正月分两场举行甄别,头场经学,次场古学,愿行投考者自本学报名,由学

---

① 参见柳诒徵《江苏书院志初稿》,载赵所生、薛正兴主编《中国历代书院志》第1册,江苏教育出版社1995年版,第65—70页;见 Barry C. Keenan, *Imperial China's Last Classical Academies: Social Change in the Lower Yangzi, 1864—1911* (Berkeley, CA: Institute of East Asian Studies, University of California, Berkeley, 1994), pp. 62-91;林佑儒:《南菁书院与晚清的学术和教育发展》,台湾师范大学历史学系硕士学位论文,2013年;赵统:《南菁书院志》,上海书店出版社2015年版等。
② 参见吴新雷《南菁书院的学术研究及其对文化界的贡献》,《南京大学学报》(哲学社会科学版)1985年第2期,第16页。
③ 赵椿年:《覃研斋师友小记》,《中和月刊》第2卷第3期,1941年,第6—7页。
④ 参见《爱才若渴》,《申报》1883年8月11日,第2—3版。

造册汇送。① 考试题目初于经学内另附性理,古学内另附天文、算学、舆地、史论等,后算学又单列一门。书院取进学生人数有定额,经古并取者只作一名,余额则调取岁科两试连列三次一等者补充。②

从南菁书院发展的整个过程来看,大抵甲午以前,考课以经古为主。书院要求学生每日有读书行事的记录,每月两次扃门考试经解、古学,目的在于"辅各府州学,但试制艺之不逮"。③而其背后潜藏的培植人材的逻辑,即如黄体芳《南菁书院记》中所述:

> 人才之兴无非为国家者,先圣先贤诚知夫国家须才之事日新无穷,而不能尽有以待之,故惟是充其本原,而强乎其不可变之道,以待无穷之变。……彼通乎一经,则存乎三代圣人之心;而操乎一艺,则忘乎天下众人之利。心圣人而忘利者,与夫谈谋略、策机械之人,为孰可凭焉。……诸生生长是邦,熟睹乎乱败之由,而务为反经以求其实。要知从古圣人拨乱世反正之道,不能独穷于今兹。而本朝圣人经营之天下,事事足以万年,不能不归咎于儒术焉。④

---

① 参见《南菁书院正月十八日甄别经学题》《南菁书院正月二十日甄别古学题》,《申报》1885年3月17日,第2版;《淮扬杂志》,《申报》1889年2月15日,第3版;《南菁书院试期》,《申报》1895年6月3日,第9版;《南菁书院甄别题》,《申报》1898年2月16日,第2—3版;《补录南菁书院甄别题》,《申报》1898年2月18日,第2版;《南菁甄别案》,《申报》1901年3月26日,第2版等。
② 参见民国《江阴县续志》第6卷《学校·书院》,第2页。
③ 参见《苏学政黄奏恭报岁考竣事接办科考情形折》,《申报》1884年7月21日,附张;黄体芳:《南菁书院记》,《黄体芳集》,第144页。
④ 黄体芳:《南菁书院记》,《黄体芳集》,第144—145页。笔者按,此处"归咎"二字,原碑文如此。

可明显看到,此时黄体芳所认定的"不可变之道"仍在通经,他反对本末倒置,不以"谈谋略、策机械"即倡导时务、西学格致之人为意,强调治经务求其实,换句话说,所秉持的仍是传统士人通经致用的治学取径。黄氏之后,王先谦、杨颐、溥良等人大抵承袭了这一看法。比如王先谦在南菁书院设书局刊书,其中最为人熟知的《皇清经解续编》,皇皇巨编,就是其实践"育才之道,劝学为先;为学之方,穷经为首"①治学理念的明证。杨颐不仅为书院添建斋舍,扩充驻院生员额,提高学生膏火,还在乡试年资助学生赴试的路费。② 卸任前又请奏将南菁院长驻院颁为定例,以免书院师生日久生懈。③ 溥良在任时亦循前任旧规。④

溥良卸任前上书保举通州廪生崔朝庆,可被视为一个改变开始的信号。他在奏折中描述这位南菁学子"尤专精于算数,凡古法天元、四元,具有发明,而西法代数更多颖悟,能补近译代数术所未备。伏思算学虽小道,实为时务所必需"。⑤ 前文已经提到,此时清廷对算学生已有赴总理衙门覆试、附顺天乡试的优待,但经过学政保举,崔氏除被咨送总理衙门考试之外,还得以教职选用。⑥

变始于溥良的继任者龙湛霖,在其任内(1894—1897),南菁书院开始引入西学。龙氏督学江左数年以前,就曾在江西学政任内(1888—1891)聘请皮锡瑞主讲经训书院。陈三立后来为龙撰写的神道碑,亦称该书院"所成就弟子类知名于时,至今江西人士思皮

---

① 王先谦:《苏学政王奏为集资刊刻书籍片》,《申报》1886年8月31日,附张。
② 参见民国《江阴县续志》第6卷《学校·书院》,第3页。
③ 参见杨颐《苏学政杨奏陈明江阴南菁书院事宜请旨饬下江苏学政衙门着为定章折》,《申报》1892年1月3日,附张。
④ 参见民国《江阴县续志》第6卷《学校·书院》,第3页。
⑤ 溥良:《苏学政溥保举廪生片》,《申报》1894年11月18日,附张。
⑥ 参见《本馆接奉电音》,《申报》1894年10月14日,第1版。

先生,盖推以思公",①可见他不仅具有办理书院的经验,其理念也与同期的南菁如出一辙。然而,龙湛霖到任江苏不久,时值甲午战败,朝廷议改科举的呼声再起,光绪皇帝也下旨求才,其中尤其提到"究心时务、体用兼备"以及"精于天文、地舆、算法、格致、制造诸学"者。② 其后,李端棻有推广学校之请,并建议应兼课中西各学。③ 地方上也出现不少改革举措,如山西巡抚胡聘之奏请变通书院章程,添课天算、格致等学;江西友教书院将原有童生膏奖专课算学;陕西创设格致实学书院,亦声明"不必限定中学西学,但期裨有实用",等等。④ 上述请奏均得到朝廷首肯。⑤

大约在光绪帝下旨求才后不到两个月,龙湛霖便在他上报岁试情况的奏折中写道:"发落之日,臣悉传集堂下,勖之究心当时之务,毋骛虚声。冀得人材辈出,共拯时艰。"⑥这无疑已与学臣奏报发落时惯常的勉励语有所不同。并且,龙在当时亦有奏请变革科举的想法,据其曾孙女龙永宁之说,龙曾写过一篇《变科举议》的奏折,指出"西人学问,各有专门,所学诸科,皆能见之实用。故其人才日出,以臻富强",制艺"每多剿窃陈言","今宜广设学校,课以格致之学"。建议仿唐人之例,分设数科,凡士子投考,令其各占一门。尽管此折因阅者多有反对,"朝中的一些大官看了,极力拦阻,以致没有上成",但可以看到"学校""分科""西学""实用"等

---

① 陈三立:《刑部右侍郎龙公神道碑》,载汪兆镛纂录《碑传集三编》(一),(台北)明文书局1985年版,第311页。
② 参见《光绪朝东华录》第4册,总第3625—3626页。
③ 参见李端棻《请推广学校折》,《中国近代教育史资料》上册,第141—146页。
④ 参见胡聘之等《请变通书院章程折》,《中国近代教育史资料》上册,第69—71页;《江右采风》,《申报》1896年5月16日,第2版;赵汝梅、赵维熙:《陕西创设格致实学书院折》,《中国近代教育史资料》上册,第68—69页。
⑤ 参见《礼部议覆整顿各省书院折》,《中国近代教育史资料》上册,第71—74页。
⑥ 龙湛霖:《苏学政龙奏岁试四府一州完竣折》,《申报》1895年9月4日,附张。

因素已经渐成龙湛霖学务改革的主线。①

除了前文提到他在经古场中加入声、光、电、矿、兵等科目,他亦于南菁书院经学、古学、算学三学门中的算学内,分列电、化、光、重、汽机等门,令在院肄业的学生于经古学以外,"亦必各兼一艺"。此外,他考虑到中国所译西书,多出自文人润色,"论藻缋则有余,考实际或不足",于是"特筹款购办制造机器一具,并测量、图绘诸器置诸院中,俾诸生目睹其物,因而推求其理,庶收居肆成事之效"。只不过,在卸任之前,龙湛霖还是坦言:"惟(西学科目)创设未久,成效尚迟,核其所长,究以经术为最。"平心而论,这应是一个相当公允的评判。②

龙湛霖于1897年卸任,接任江苏学政的是瞿鸿禨。与龙氏一样,瞿鸿禨在任职江苏以前,亦曾多次获派学差:光绪二年(1876)视学河南,十一年(1885)浙江,十七年(1891)四川。就瞿鸿禨以往的上奏内容来看,多有诸如"通经致用""颇有讲求朴学之儒,必为留心甄采,以示奖异""讲求根柢者必加奖擢""学以经为务""遇有讲求根柢之士,必加奖拔"之类的用语,③可见在甲午之前,他对于学务问题的看法和他的前任们无大不同。此外,瞿氏在四川学政任上亦曾办理锦江、尊经两书院,卸任时对书院造就人才的功能大力推崇:"今之教官虚有训士之名耳。若论造就人才,则全在书院。以教官与士子隔,整饬无由,书院则萃士子于其中,而讲习之

---

① 参见龙永宁《从绅士到革命家:我的祖父龙璋》,荣宝斋出版社2011年版,第26—27页。
② 参见龙湛霖《苏学政龙奏为励贤崇化片》,《申报》1897年10月24日,附张。
③ 以上引文先后见:瞿鸿禨:《河南学政瞿奏到任日期折子》,《申报》1877年2月19日,第5—6版;瞿鸿禨:《浙学政瞿奏报岁考宁绍杭嘉湖五府情形折》,《申报》1886年8月16日,附张;瞿鸿禨:《浙学政瞿奏报科试金处温台情形折》,《申报》1888年3月16日,附张;瞿鸿禨:《川学政瞿奏岁科试一律完竣折》,《申报》1894年7月11日,附张。

犹有古昔学校遗意,此书院之关系士风,诚非浅鲜也。"为此,瞿氏甚至请光绪皇帝给两个书院颁赐了御书匾额。①

可能正是源于在四川任上的经验与思考,瞿氏对南菁书院尤其重视。早在他接篆不久的观风试题(见表5)中,就声明题内"作'经解'以下三题者,先成一编即可呈阅,如能合格,调入南菁书院补额肄业"。②

表5:江苏学政瞿鸿禨观风题③

题 目	出 典
"子曰:君子博学于文"一章。	《论语·雍也》
《皇朝三礼经解辑要》。专辑有关典章制度者,诸说异同折衷一是,其训诂、碎义不必录。	—
《五礼通考补》。本曾文正公之说,补盐漕赋税诸政,其他当补者以次采编。	《五礼通考》
《算学考》。仿经义、小学考例。	—
拟汉人白虎殿对策。汉策曰:"天地之道何贵?王者之法何如?六经之义何上?人之行何先?取人之术何以?当世之治何务?各以经对。"	《汉书·杜周传》
长江赋。仿白香山新乐府。	《旧唐书·白居易传》
南菁书院合祀先贤郑公、朱子碑文。	南菁书院有合祀郑玄、朱熹之举
经义斋铭、治事斋铭。	《文献通考·郡国乡党之学》
先哲画像赞:诸葛武侯、陆宣公、范文正公、司马文正公。	即蜀汉诸葛亮、唐陆贽、宋范仲淹、宋司马光均为宰相、名臣

---

① 参见瞿鸿禨《川学政瞿奏省城书院请颁御书匾额折》,《申报》1895年1月4日,附张。
② 《江苏学政瞿大宗是观风题》,《申报》1897年12月12日,第2版。
③ 同上。

如表中所示，所谓"经解"之后的三题即第二至四题，其中《皇朝三礼经解辑要》和《算学考》是学使自拟的书名，《五礼通考补》则指明是延续曾国藩的思路继续对《五礼通考》①进行补辑。三题中两题是对"典章制度"的研究，另外一题是对算学书目②的整理。此三题但成一编，呈阅合格者即可调入南菁，可见命题者对这些题目的重视。若稍作引申的话，就是对"政"和"艺"的重视。此外，观风题中首题为四书文，三道著述题之后是一道策题，余下诸题皆属词章，故若从题目的类型来看，大体循以往旧例。但若考稽各题之出处，则可发现命题者亦多有深意。首题尽管是时文，却显然是指示考生为学之道，而策问、词章诸题除南菁一题是考察考生对汉学、宋学的看法之外，都有十足的时务味道。拟"白虎殿对策"问的是治国理政的宏观问题，同时暗示汉代以策取士的故事；"长江赋"问的是与长江有关的话题，指明以"新乐府"为体裁，则是暗示文章要"为时而著"；③"经义斋""治事斋"一题是考察考生对学校的看法，暗示经义与时务之同等重要；④末一题是为先哲画像作赞

---

①　《五礼通考》乃秦蕙田所作，曾国藩"私独宗之"，尝言秦氏《五礼通考》"自天文、地理、军政、官制，都萃其中。旁ををを九流，细破无内"。《清史稿》载曾国藩"惜秦蕙田《五礼通考》阙食货，乃辑补盐课、海运、钱法、河堤为六卷"。参见曾国藩《孙芝房侍讲刍论序》，《曾国藩全集》（修订版）第14册，岳麓书社2011年版，第206页；《曾国藩传》，《清史稿》卷四〇五《列传一百九十二》，总第11917页。

②　《经义考》是朱彝尊所作的一部经学文献的目录，《小学考》是谢启昆作的一部关于小学的目录书，目的是补《经义考》中"形声训故之属阙"。参见钱大昕《〈小学考〉序》，谢启坤：《小学考》第1册，（台北）广文书局1969年版，第1页。

③　本题以"新乐府"为体裁，暗合白居易之"每与人言，多询时务，每读书史，多求理道，始知文章合为时而著，歌诗合为事而作"。参见《白居易传》，《旧唐书》卷一六六《列传第一百一十六》，中华书局1975年版，第4347页。

④　《文献通考》载："安定先生胡瑗自庆历中教学于苏湖间二十余年，束脩弟子前后以数千计。是时方尚辞赋，独湖学以经义及时务。学中故有经义斋、治事斋。经义斋者，择疏通有器局者居之。治事斋者，人各治一事，又兼一事，如边防、水利之类。故天下谓湖学多秀彦。"参见《文献通考》卷四六《郡国乡党之学》，中华书局1986年版，第431—432页。

词,命题者用意明显,无非是指示后学为官为臣之道。

观风之后,瞿氏随即着手整顿南菁。他认为近来驻院学生不及昔年用功,"或去住不常,或初终异致",颇为书院前途担忧,于是决定加学生膏火以资津贴,减月课三次为两次,使学生有余力读书而不致疲于应课,并重申读书必有日记,以觇实获。① 一个月后,按惯例又举行南菁书院甄别试,其命题的志趣则与前述瞿氏观风及按试松江府时的经古场题目毫无二致,甚至连所谓"经学"题目的"时务化"也相当彻底。

表6:1898年南菁书院甄别题(经学部分)②

题　　目	出　　典	引申义
"极其数,遂定天下之象"衍义。	《易·系辞》	算学
"水、火、金、木、土、谷、唯修"修之实政若何?	《书·大禹谟》	养民
"混夷駾矣,维其喙矣"。	《诗·大雅·緜》	制夷
春秋吴楚用舟师考,并图说地形。	《春秋》	海军
"欿布、总布、质布、罚布、廛布,而入于泉府"训释并条其利弊。	《周礼·地官·廛人》	赋税
"神气风霆"说。	《礼记·孔子闲居》	西学中源:电学
说经之失,如班氏所讥"碎义逃难、便辞巧说、破坏形体"数者,实古今之通弊,将欲通经以求致用,宜何所从事焉?	《汉书·艺文志》	通经致用

从表6可以看到,虽然经学题目的出处仍以五经为范围,但仅

---

① 参见《菁莪乐育》,《申报》1898年1月7日,第3版。
② 资料来源:《南菁书院甄别题》,《申报》1898年2月16日,第2—3版。

从题面就已可知，所有命题都有影射现实的强烈意味，并且与传统的经解题不同的是，题后多加"衍义""修之实政若何""图说地形"等要求。此外，"古学"题亦均以不同文体包装"时务"，这类题目前文已列举不少，此处不再详列。惟值得一提的是，由于此次甄别试举行前不久，总理衙门会同礼部刚刚议覆了经济特科和经济岁科的考试原则，而古学首题即为"拟开经济特科谢恩表"，①可见此时瞿鸿禨对推广西学时务的态度较其前任更为明确、进取。

南菁甄别试后，瞿鸿禨即出棚考试苏州、松江、常州、镇江、太仓州，并于7月13日竣事回江阴学署度夏。他在按临途中，接到朝廷第一次改试策论的诏书，后来他在报告岁试情形的奏折里专门写道："臣于发落之时，复加劝语，以中学西学，[务]求实用，无取空谈，必能通贯经史，考求时务，然后为有用之才。尤必心术端正，不染习气，方能竭诚报国，共济时艰。"②显然，在"无取空谈""通贯经史"这类老生常谈之外，"西学""实用""考求时务"等等名词就是他理解中学务改革应有的新方向。

到当年10月再次出棚岁试江宁等府之前，瞿又仿经济特科，以内政、外交、理财、经武、格物、考工六门分别命题，是为南菁书院"特课"。惟考生不拘院内、院外，发各学准诸举贡生监应考，限一个月内交卷，"意在考核真才，以备他日荐举"。③从此次特课的成绩来看，案中前列多被南菁肄业生包揽，当时尚未进入南菁的赵宽、余建侯、金懋基（分列此次特课内政、理财、经武超等头名），也均于考试次年被召入南菁。④差不多同时，为响应改书院为学校

---

① 《南菁书院甄别题》，《申报》1898年2月16日，第2—3版。
② 瞿鸿禨：《苏学政瞿奏岁试四府一州情形折》，《申报》1898年9月5日，附张。
③ 参见《江阴南菁书院特课题》，《申报》1898年8月2日，第2版。
④ 参见《江阴南菁书院特课案》，《申报》1898年9月14日，第2版；《课生名录》(1—21)，碑存江苏省南菁高级中学南菁书院碑廊。

的上谕,瞿又有以"(南菁)书院虽在江阴县治,入院肄业者乃全省人才所萃"请将南菁书院改为高等学堂之举。① 然终因戊戌政变,未能成事。尽管如此,有资料显示,戊戌后南菁书院的改革并未停顿。1899年丁立钧接替黄以周出任南菁院长之后,"即删去词章一门,添课时务,专讲求有用之学"。② 1901年丁氏所编《南菁文钞三集》就收录了自他接任以来的部分学生课作,凡十六卷,通篇只有经史、时务、算学等门类,无词章,且大多"指陈世务,辞气激宕"。丁氏云:"言者心声,文章之世变迁流欤!虽然,何其速也!"他更感慨该集之所以与前两集"先后歧异若此",恰是"世运"由隆而衰的写照,"不能无怵于世变之既亟矣!"③

瞿鸿禨卸任后,至1905年科举制度停罢以前,尚有两任江苏学政,前为李殿林,后为唐景崇。李殿林在到任次年正月仍按旧例举行南菁书院甄别试。④ 1901年两宫启程回京前,朝廷再次颁布连串"新政",开经济特科、变通科举,并于9月14日再令各省所有书院均改为学堂。⑤ 次年1月17日,李殿林奏请将南菁书院改为江苏全省南菁高等学堂。据其奏折内所附章程,学堂同时开设备斋、正斋和专斋,正、备斋课程悉照颁定章程办理,专斋则先在原定十科内择经、史、政治、测绘四科开办,余下者分年次第兴办。学政管理学堂,总教习管理学务。⑥ 至此,南菁书院至少在形式上已是

---

① 《江苏学政瞿鸿禨折》,载国家档案局明清档案馆编《戊戌变法档案史料》,中华书局1958年版,第274—275页。
② 《书院改章》,《申报》1901年11月23日,第2版。
③ 《〈南菁文钞三集〉序》,载丁立钧选辑《南菁文钞三集》,光绪辛丑(1901)南菁书院刊本,大学数字图书馆国际合作计划网站:http://www.cadal.zju.edu.cn/book/RubenBook/61004896,2019年3月6日。
④ 参见《南菁甄别案》,《申报》1901年3月26日,第2版。
⑤ 参见《光绪朝东华录》第4册,总第4668—4669、4697、4719—4720页。
⑥ 参见李殿林《苏学政李奏为江苏南菁书院遵改学堂谨拟试办章程折》,《申报》1902年2月24日,第12版。

按照朝廷议定的学堂章程运行了。唐景崇接任江苏学政之后,对南菁高等学堂的管理更是仅限于恪遵奏定学堂章程,更定职名,聘请职员,添请教员,添置讲堂、斋舍、闱筑、体操场,续购图书仪器以及筹款等等这一类的行政事务了。①

在回顾了南菁书院自创建至改制江苏学政在调取人才和决定书院课士政策方面的情况之后,我们同样需要追问的是,这所书院在学政考试制度之内的位置。即如本文开头回顾学政岁科、院试的部分所述,学政在任期内有随棚考取优贡的权责,逢酉年又有考取拔贡的权责。按例,江苏省优贡每年正取6名,并按一倍至两倍名额副取,如果正取于当年乡试中式,准副取者按名次递补。拔贡12年一次,名额较优贡为多,各府学2名,各州县学1名。

钟毓龙曾回忆道,"恩、拔、副、岁、优五贡,俗以鱼、龙、龟、鳖、鳅拟之",盖因拔贡有次年入京朝考的权利,上者可以得七品小京官,再可考军机章京,俗名"小军机";考中等者,可呈部分发知县试用;下等者分教职,故将其比喻为"龙"。优贡原本无录用之条,故以"鳅"喻之,但同治初以后,许照拔贡例一并朝考,上等亦可以分知县,下等分教职,出路仅次于拔贡,可见其价值。② 另外,江苏学政的奏折中,尚有溥良、龙湛霖、李殿林上书保举本省士子的情况,除李殿林保举的目的是咨送经济特科外,其余获保举者均得教职。

如果将目前所见的南菁书院创立之后历任学政所取优贡、拔贡及保举的人员与南菁书院《课生名录》进行对比,即可发现:在历科正取优贡生中,南菁课生所占比例至少有50%,副取名单的平均占率亦超过五成。两次江苏省拔贡生于次年朝考之后列一、二

---

① 参见唐景崇《苏学政唐奏为接管南菁高等学堂整顿教科添筹经费以期扩充规制折》,《申报》1905年2月7日,附张。
② 参见钟毓龙《科场回忆录》,浙江古籍出版社1987年版,第53页。

等的名单中,南菁课生的占率分别为37.5%和50%,而另据南菁《课生名录》中所记尚有16人被标示为"拔贡"。① 同时,不管是溥良保举算学生,龙湛霖引同治初年的案例破格保举士子,还是李殿林保举经济特科考生,这些被保举的人绝大部分都是南菁课生。

表7:南菁书院与江苏学政选拔② （单位:人次）

学政 (年份)	黄体芳 (1885)	王先谦 (1888)	杨颐 (1891)	溥良 (1894)	龙湛霖 (1897)	瞿鸿禨 (1900)	李殿林 (1902)	李殿林 (1903)
优贡正取	3/6	3/6	6/6	4/6	?	—	6/6	5/6
优贡副取	5/12	9/18	8/12	4/12	?	—	5/6	
拔贡	12/32	—	—	—	16/32	—	—	—
保举	—	—	—	1/1	6/7	—	6/7	—

故而,如果再将优贡名额之少、拔贡考期间隔之长、学政保举士子并无常例等等客观因素纳入考虑的话,可以看到南菁书院的

---

① 光绪时江苏省拔贡,按府学2人、州县学各1人计算,每届约举80人左右。这些贡生进京朝考后,列一等者9名、二等者23名。参见《钦定大清会典事例》第384卷《礼部·学校·拔贡事宜》,第140—151页;《江苏学政李奏选举癸卯科优贡折》,《申报》1903年12月23日,附张;《乙酉科直省选拔生朝考一二等名单》,《申报》1886年7月24日,第2版。

② 龙湛霖所取优贡名单不载;瞿鸿禨因庚子乡试缓期未取优贡,后由李殿林于1902年补取;李殿林1903年优贡奏折为乡试后上奏,应为考试正取中式、副取递补之后的结果。1885、1897两届拔贡名单不全,故以次年朝考一、二等名单作为比较的对象。资料来源:《江苏优贡名单》,《申报》1885年9月16日,第2版;《江南戊子科正取优贡生》,《申报》1888年9月17日,第2版;《江苏考取优贡名单》,《申报》1891年9月11日,第2版;《江苏优贡名单》,《申报》1894年10月17日,第2版;《江苏优贡榜》,《申报》1902年9月7日,第2版;《江苏学政李奏选举癸卯科优贡折》,《申报》1903年12月23日,附张;《乙酉科直省选拔生朝考一二等名单》,《申报》1886年7月24日,第2版;《戊戌科拔贡朝考等第单》,《申报》1898年8月4日,第2版;溥良:《苏州学政溥奏保举廪生片》,《申报》1894年11月18日,附张;龙湛霖:《苏学政龙奏为励贤崇化片》,《申报》1897年10月24日,附张;李殿林:《奏为遵旨保送经济特科由》,台北故宫博物院清代宫中档及军机处档折件资料库,文献编号:150762;《课生名录》(1—21),碑存江苏省南菁高级中学南菁书院碑廊。

学生在这一类省级选拔之中占有绝对的优势。并且,如果把南菁书院的情况与学政巡历各属的经古考试略作比较,即不难看到,它们不仅在考试内容上始终保持一致,在辅助选拔的功能上也有异曲同工之妙,不同之处仅在于南菁书院选拔的层级更高。由是观之,南菁书院不仅仅是江苏学政影响学务风气的手段,更是学政考试和选拔的政策工具,应被视为经古考试的向上延伸。

余论:学政考试在科举制度内空间和局限

　　传统的科举制度,尽管存在学额分配不均、冒籍等地方性差异所致的不公,但是,在学政主导的考试中,所有应试生童均有同等机会面对学政(及其阅卷幕僚)的考察和选拔,这是制度公平的一面,亦是学政权威之来源。考试是学政工作的主体,前文对王先谦考试行程的梳理显示,在他们的整个任期中,除去祁寒酷暑之期,其余时间大多被用于"出棚"。无怪乎王先谦在临近卸任之际,就曾感叹时下督学之官"终岁不得与士子讲论觏切,神疲于驰驱,而精敝于考校",所以能尽力做好的,全在士子应试之文,所幸"去取无大差失",便能当得一个"能"字。要做到既不负于"拔取真才"的职责,还要"佐圣主兴行教化,董正学术",实在是相当困难的事。① 因此,学政重视经古场、经古书院的做法,则正是将其治学理念寓于既有的考试制度之内,以有限资源收获兴学实效的良策。同时,这些做法之所以有用,也源于科举制度本身赋予学政的施政空间。

---

① 参见王先谦《江阴学使院续刻题名记》,载王先谦撰、梅季校点《王先谦诗文集》,岳麓书社2008年版,第285—286页。

学政注意利用这样的空间提拔人材,转移风气,无论是光绪初年注重的经史实学,还是甲午以来强调的西学、时务等"有用之学",可谓事出一律。遵奉学宪意旨、精研中西学术者,往往得以上进。比如前文提及受到王先谦赏识的南汇生员于鬯,虽然在王氏视学期间终究未能以副取优贡补入正取,但此后于氏又凭其经学造诣先后获得溥良、龙湛霖青睐,连续四次列名岁科试经古案内,终于在1897年考取拔贡。① 又如,十一二岁便由王先谦拔入太仓州学的附生陆炳章,20岁时才得由龙湛霖招入南菁书院肄业,当时仍是附生身份。② 陆氏之所以能出人头地,更应该归功于瞿鸿禨的提携。在上文提到的那次由瞿主持的、连经学题目都"时务化"得相当彻底的南菁书院甄别试中,陆曾一举获得了经学超等第四名、古学特等第六名的优秀成绩。③ 半年之后,他又在模拟经济特科的南菁"特课"中,列"理财"科第四名,④而这场考试的题目则完全是有关物价、物产、铁路、矿产、借款的"时务"问题了。⑤ 另

---

① 参见《溥学院岁试松江府属生经古案》,《申报》1892年4月26日,第2版;《松郡试事》,《申报》1893年12月28日,第1版;《松试三志》,《申报》1895年4月3日,第2版;《松江生员经古案》,《申报》1896年11月4日,第1版;《江苏省拔贡朝考等单》,《申报》1898年8月3日,第1—2版;《戊戌科拔贡朝考等单》,《申报》1898年8月4日,第2版。

② 陆炳章,光绪元年生于太仓州,受知师中的第一位江苏学政是王先谦。王视学江苏时,曾于光绪十二年二月至五月间、十三年八月至十月间分别按试太仓州,照此计算,陆炳章获附生时,仅十一二岁。参见顾廷龙主编《清代硃卷集成》第373册,(台北)成文出版社1992年版,第157—181页;王先谦:《苏学政王奏为岁试四府一州情形折》,《申报》1886年8月31日,附张;王先谦:《苏学政王奏为恭报科试完竣情形折》,载中国第一历史档案馆编《光绪朝硃批奏折》第104辑,中华书局1996年版,第746页;《课生名录》(10—13),碑存江苏省南菁高级中学南菁书院碑廊。

③ 此次甄别案,分经学、古学、算学三科分别开列。每科又分超等、特等、一等三类,其中超等分别为9人、8人、4人,特等则多至十余人,可见陆氏排名之高。参见《南菁书院甄别案》,《申报》1898年3月17日,第2版。

④ 参见《江阴南菁书院特课案》,《申报》1898年9月14日,第2版。

⑤ 同上。其中"理财"题目如下:一、刘晏权万货重轻,使天下无甚贵贱而物常平,今可师其意否? 二、开辟地利策;三、山西铁路矿物定借洋款,归义、俄两国商人兴办,与中国利源损益若何? 四、煤利说。

外,在收录1899—1901年间南菁课生习作的《南菁文钞三编》中,陆炳章的文章更多达8篇,亦大都与时务有关。① 从这个角度看,陆氏在1902年秋终于考得江苏省优贡生(补取1900年庚子科),则正是与他响应学政学务政策之转变,在时务西学这些"有用之学"方面的用功有关。②

当然,于邺、陆炳章的例子肯定不是个别情况。比如,潘光哲就曾论及另一个湖南的例子:在癸巳(1893年)恩科乡试由"房师彭公献寿极力鼎荐,于二三场尤为倾倒",三场更得到"淹贯百家、折衷一是"批语却依旧名落孙山的唐才常,若不是因为学政江标(1894—1897在任)对经古场的成绩极其重视,则很难被江氏这个"伯乐"发现,最终在1897年考取拔贡生。③ 然而,我们亦应该看到,学政只有授予相对低阶功名的权力,因此,他们虽然有以经史实学、西学时务转移学术风气、造就人材之功,却也难免囿于科举制度的局限,影响收效。

首先,无论是经史实学,还是西学时务,恐怕都与更高级别的乡会试二、三场关系更甚,而乡会试素有"重头场"的传统,也就是说,为应试计,对八股时文的揣摩和训练仍然相当关键。比如,于光绪十四年(1888)戊子正科江南乡试获售的赵椿年就曾回忆到:"余肄业南菁时,尚不能废举业。见太仓王紫翔先生(初畬)为唐兄蔚芝改制艺,惊为绝作,非时人所能,因请蔚芝介绍,执贽门下。"④

---

① 这八篇文章是:《汉书百官公卿表大义述》《魏孝文迁雒论》《论历代互市得失》《续龚定盦〈古史钩沉〉论》《书顾亭林先生郡县论后》《积谷防弊策》《书曾忠襄申明裁种罂粟旧禁疏后》《外国理财不主节流而主畅流论》。参见丁立钧选辑《南菁文钞三集》。

② 参见《江苏优贡榜》,《申报》1902年9月7日,第2版。后来,陆又继续考取癸卯科江南乡试副榜。参见《癸卯恩科江南乡试官板题名全录》,《申报》1903年11月14日,第2版。

③ 参见潘光哲《晚清士人的西学阅读史(一八八三~一八九八)》,(台北)中研院近代史研究所2014年版,第241—242、281页。

④ 坡邻老人:《覃研斋师友小记(续)》,《中和月刊》第3卷第2期,1942年,第54页。

其次,科举考试本来就是一场博弈游戏,考生自有应对之道。比如,潘光哲对江标在卸任前后手辑之《沅湘通艺录》的研究,就力图还原考生应付西学、时务这类问题时的场景,显示其中自出机杼者当然不少,而"文抄公"更是所在多有。① 前文亦曾提及瞿鸿禨1898年岁试江宁府过程中接到"悉照旧制,仍以四书文、试帖、经文、策问等项分别考试"的懿旨,瞿氏当即改试时文,此次岁试可谓半新半旧。② 可是,这一突如其来的"复旧"却给不少考生带来困扰,《申报》就有报道称:"诏废八股后,浮滥之文,声调之谱,久已不弹。怀挟而来,无非时务新书,拉杂经义。一旦忽复旧规,一空依傍,颇有闭目摇首、久而不成一字者,故是日清场已将二鼓矣。"③可见,尽管当时距光绪皇帝下达改试策论的上谕尚不及四个月,但考生早已做好了应变的准备,只是没有料到朝廷竟会"出尔反尔"。事实上,考场内外乞灵于印版文字,无时无之,贤者不免。不单是岁科试这类地方性考试,即便是最高级别的会试也是如此。卜永坚对光绪十年(1886)丙戌科会试14篇进士硃卷的深入分析,就说明当时不少士人作文所依照的已并非朱注,而是书坊中热销的"鸡精书"《四书味根录》。④ 而李林的研究则指出,改试策论之后的两次会试,在某种程度上不过是考生依书作答,考官照书考校的文字游戏而已。⑤ 由是观之,无论是八股时文,还是经史实学、西学时务,一旦纳入考试内容,那么被奉为应试之道的那些学问之外的"学问",实难有本质上的区别,这也是"科举思维"之

---

① 参见潘光哲《晚清士人的西学阅读史》,第241—296页。
② 参见瞿鸿禨《苏学政瞿奏报岁试情形折》,《申报》1899年3月10日,附张。
③ 《宁试续志》,《申报》1898年11月1日,第9版。
④ 参见卜永坚、李林主编《科场·八股·世变——光绪十二年丙戌科进士群体研究》,(香港)中华书局2015年版,第124—133页。
⑤ 参见李林《从经史八股到政艺论策:清末癸卯、甲辰科会试论析》,《中国文化研究所学报》第55期,2012年7月,第175—199页。

再次,江苏学政经办南菁书院的故事也有弦外杂音。比如,王先谦 1886 年按试松江府时,曾以南汇县生员叶秉璇、叶秉枢系叶忠节公映榴后人,特招取二人赴南菁肄业。① 然而,数月以来,尽管学使"叠次札学",他们却并未到院报到。个中缘故,实因当时叶氏昆仲具在外"游幕",秉璇"素精禺(茭)[箋],近方襄办醝务",而秉枢则"以筹算见长,佐理税厘"。传闻如此,就连《申报》的记者也料定叶氏兄弟必不会赴南菁就读,连忙打圆场,称二人"想此后莲花幕下自当矢志学修,以无负宗师景仰忠臣、栽培后裔之至意"。② 可见,在学政铨才兴学的工作中,按部就班、循阶而上的帅教者有之,揣摩风气、怀挟抄袭的倖进者有之,完全游离于科举制度之外者亦有之。

清末学政借由经古场、经古书院考试和选拔人才的政策,尽管存在从"用策论解说为程,冀收朴学之效"③到冀收时务西学之效的明显转变,然而,这类政策本身是稳定的,其空间和局限也并没有溢出科举制度的传统及其实践中的惯性思维。诚如安东强所说,学政的实际职能是偏重于"校士",轻于"教士",是"以取士寓意教士之法"。④ 因此,学政重视经古考试、经古书院的做法就应该被理解为学政为了影响风气、选拔人才而采取的一种积极务实的政策变通。

太平天国战乱令江南地区遭受重创,以致"士族解散",其后尽管规复旧制,但读书人于"制艺以外,鲜治旧业",⑤这便是光绪

---

① 参见《松试续闻》,《申报》1886 年 5 月 11 日,第 2 版。
② 《栽培忠裔》,《申报》1886 年 7 月 22 日,第 2 版。
③ 黄体芳:《〈江左校士录〉序》,《黄体芳集》,第 151 页。
④ 参见安东强《清代学政规制与皇权体制》,第 106 页。
⑤ 张文虎:《南菁书院记》,载《舒艺室余蔬》,《续修四库全书》影印光绪十三年(1887)刊本,第 8 页。

初年几个江苏学政重视府、州级的经古考试,进而创办和经营影响全省的南菁书院最初要解决的问题。他们致力于重建地方学术传统,其理念一如既往,墨守"欲治天下之事,必折衷于理;欲明天下之理,必折衷于经"①——通经而后致用的教条。然而,自甲午之后,世变日亟,道统式微,当科举考试中本来没有或本不受重视的西学、时务开始被纳入考试系统,进而成为选拔目标的时候,在地方性考试的层面,经古考试、经古书院又因由其本身既有的包容性和辅助选拔的功能,成为学务改革最初的试验田。学使兴学之功不容小觑,以致时人对人才的评议,亦多有如"学政案临以考取经古为最,书院肄业以兼通小课为优"②的标准。尤其是西学时务这类新知识被纳入地方性的科举考试,更对后来科举改制乃至停罢产生了深远的影响。然而,科举考试的最终目的在于"抡才",学政的工作重在"诱掖",并为其心目中的人才提供一条"终南捷径",以便他们能够成为生员,继而参加乡试,或者成立书院,把这些人才培养成为贡生。

(本文原载香港中文大学《中国文化研究所学报》第 66 期,2018 年 1 月,第 179—202 页,内容有增补)

---

① 纪昀:《〈甲辰会试录〉序》,载《纪文达公遗集》第 8 卷,《续修四库全书》影印嘉庆十七年(1812)纪树馨刻本,第 2 页。
② 《本朝沿尚时文与前明异义论》,《申报》1881 年 9 月 18 日,第 1 版。

清季的经济特科

张海荣

摘要:"经济特科"为清代制科的一种,是在常规科举考试之外,由最高统治者下诏举行的特殊考试,旨在擢拔经世济民、通达时务的人才。其法,仿照康熙、乾隆年间"博学鸿词"旧制,由相关臣工保举,贡之京师,再经考选录用。晚清以降,曾两举经济特科:首次为戊戌年(1898),由光绪帝下旨推行,但受戊戌政变影响,仅行保举而未及召试;再次为辛丑年(1901),由慈禧太后下旨保举,癸卯年(1903)开考,为有清以来保举人数和应试人数最多的一届特科。尽管这两届特科命运迥异,但都是晚清新政的重要组成部分,都不仅体现了国家考试制度、人才培养机制乃至官员选拔机制的重大革新,也折射出各派政治势力的浮沉、区域文运之迁转、社会人心之向背,对于晚清国运有不容小觑的影响。

关键词: 经济特科,制科,保举,戊戌变法,清末新政

作者简介: 张海荣,中国社会科学院近代史研究所助理研究员

孟森先生尝言:"清一代之科目,与国运相关者,莫如制科。"[1]

---

[1] 《己未词科录外录》,孟森:《明清史论著集刊》下,中华书局2006年版,第484页。

"制科",[1]与常规科举(简称"常科")相对,以皇帝明诏亲试为特色,非定期举行,取中者多荣予出身,超擢录用。从历史渊源来看,"制科"滥觞于汉朝的贤良方正、文学异等诸科,唐朝时始与"进士""明经"一道列为定科,且名目繁多,视为优选。宋朝以降,专重进士科。元、明两朝,制科近乎绝迹。清朝前中叶,为缓和汉族士大夫的敌对情绪,巩固统治,招揽人才,当政者再举制科,其设科之名,或曰"博学鸿词"(简称"词科"),或曰"贤良方正"。"贤良方正"科,往往于皇帝登基初期举行,但蒙受特知、跻身显宦者甚少。"博学鸿词"科则于康熙、乾隆年间两度举行,号为得人。首次"博学鸿词"科,于康熙十七年(1678)奉旨保举,被保者189人(一说190人);翌年己未三月,于体仁阁开考,应试者143人,试以赋、诗题各一,钦取头等20名、二等30名,俱授翰林院官。第二次"博学鸿词"科,于雍正十一年奉旨保举,历时4年,被保者267人(一说为273人)。乾隆丙辰元年(1736)开考,应试者176人,录取15名,分别授予翰林院编修、检讨、庶吉士;次年(1737),又补试26人,再取4名,照前例授官有差。两届博学鸿词科,皆以江南人才为盛。[2] 此外,若"巡幸召试",若"保荐经学",虽未设科,也皆寓破格求才之意。嘉道之后,朝廷专尚八股试帖小楷,所得人才远不如前。龚自珍"我劝天公重抖擞,不拘一格降人才"的疾呼,形象道出了当时人才乏绝的现状和作者对于取才制度的强烈不满。

---

[1] 关于"制科",说者意见不一,或谓泛指常规科举,或谓与常规科举相对。毛奇龄《制科杂录》谓:"制科始于两汉,皆朝廷亲试,不涉有司,历汉、魏、六朝、唐、宋不改。惟唐试科不一,遂分制科与进士及明经诸科为二,然惟亲试者得称'制科',又谓之'大科',余皆非是也。自元、明专用进士一科,不用制科,即有荐举擢用,如贤良方正等,皆不经召试,有荐举而无科目,因误以进士科为制科,且以八比文为制举文,而典制与名称俱失之矣。"(《四库全书存目丛书》编纂委员会:《四库全书存目丛书》第271册,齐鲁书社1996年版,第643—644页)本文是后一意义上使用该词。

[2] 参见李舜臣、欧阳江琳编著《历代制举史料汇编》,武汉大学出版社2009年版,第484—486、665—689、736—780页。

晚清以降,内忧外患,国势衰微,八股取士的弊端益形暴露。为挽救时艰,最高统治者曾多次下诏求贤,并仿照"博学鸿词"科,两次诏举经济特科。关于该两届经济特科的情形,虽然已有学者注意到,但因资料所限,往往都将重心放在癸丑特科,而对于癸卯特科的研究,又往往偏重对事件脉络的梳理,抑或围绕张之洞、袁嘉谷、杨度、梁士诒等个别人物的言行展开。① 有鉴于此,本文结合海峡两岸所藏清宫档案及相关史料,对清季两举经济特科的情形,做了系统、细致的研究,厘清了相关记载中存在的诸多舛误;分析了该两届特科的缘起、进展、考试内容、社会影响,被保举者的出身、官阶、年龄、教育状况、地域分布、政治成分,并结合各自不同的历史背景,探查了戊戌至癸卯年间时人的思想剧变、各派政治势力的浮沉、社会人心的向背及其与晚清国运的关系等。

一、未试而废的戊戌特科

科举制度自隋唐肇建以来,即作为封建教育体制的核心组成部分,广泛影响着中国政治、经济、思想文化乃至士风民俗的方方

---

① 相关研究参见:商衍鎏:《清代科举考试述录》,生活·读书·新知三联书店1958年版,第140—148页;房杜联喆:《经济特科》,吴相湘主编:《中国现代史丛刊》第3册,(台北)正中书局1961年版,第1—44页;张渤:《经济特科考》,云南省历史研究所编:《研究集刊》1983年第2期,第150—159页;王道成:《清代的制科》,《文史知识》1984年第6期;康大寿、潘家德:《清末经济特科述论》,《社会科学研究》1990年第2期;马芳城:《清末经济特科和近代经济教育》,《紫禁城》1991年第1期;李俊:《戊戌"经济科"的历史命运》,《文史知识》1991年第7期;《癸卯经济特科》,高伯雨:《听雨楼随笔》,辽宁教育出版社1998年版,第51—62页;何玲:《清末经济特科探析》,《历史档案》2004年第1期;何玲:《张之洞与清末经济特科》,《中州学刊》2004年第2期;何玲:《清末经济特科研究》,北京师范大学历史系博士学位论文,2004年;关晓红:《晚清议改科举新探》,《史学月刊》2007年第10期;茅海建:《从甲午到戊戌:康有为〈我史〉鉴注》,生活·读书·新知三联书店2009年版,第283—287、535—541页;关晓红:《停罢科举后的特科余绪》,《四川师范大学学报》(社会科学版)2013年第2期。

面面。不过明代以降,随着科举与八股的密切结合,科举制度逐渐失去活力,蜕变成禁锢思想、束缚士林、僵化社会的桎梏。为此,清朝前中叶,统治者也曾不定期举办制科,以弥补常规科举的不足。尤其康熙、乾隆年间,两举"博学鸿词"科,不仅网罗了诸多硕儒时望,还有效缓解了满汉民族矛盾,扩大和改善了国家的统治基础。嘉、道、咸、同四朝,仍时有朝臣呼吁开设制科,兼容国家急需的实学、西学人才,但皆未获准。甲午战败,举国震惊,清朝上下痛定思痛,纷纷集矢于八股取士的戕害人才、愚民误国。即便思想不甚趋新的贵州巡抚王毓藻,也承认科举改革势在必行:"学术之陋,至今日已极。士子不研究根柢,习尚虚浮,沿谬承讹,寡闻浅见,凡郡国之利病、工商之通滞、舆地之险要、兵将之韬略、海内外之情状,茫然未有所知。……穷则变,变则通,此时诚宜汲汲已。"①

以康有为及其党人为代表,自甲午战争后期,就强烈呼吁废除八股。但这一激进主张在当时很难赢得广泛的社会认同。与此同时,以贵州学政严修为代表,主张走缓和路线,从开设制科入手,逐步改革科举。光绪二十三年九月二十四日(1897年10月19日),严修上奏《请破常格迅开专科折》,建议朝廷仿照清初的"博学鸿词"科,开办经济特科。其法:由京官四品以上、外官三品以上,及各省学政,保举"或周知天下郡国利病,或熟谙中外交涉事宜,或算学、译学擅绝专门,或格致、制造能创新法,或堪游历之选,或工测绘之长"的人才,保送总理衙门,不论已仕未仕,一体考选录用。②

---

① 贵州巡抚王毓藻:《改设学堂筹款经理以广作育折》(光绪二十四年五月十六日),《光绪朝硃批奏折》第105辑,中华书局1996年版,第433页。
② 中国第一历史档案馆藏:《军机处录副奏折》,档号:03-7210-003。又,以下档案凡藏于该馆者,不再一一注明。

严修该奏送达御前时,适逢德国强占胶州湾、俄国进据旅大等一系列外交剧变发生,清政府不得不拿出更多破格求才的诚意。光绪二十四年正月初六日(1898年1月27日),总理衙门、礼部会同议复,肯定了严修该奏的基本精神,而对考试的内容、模式有所修正,主张分为特科、岁举两途,先特科而后岁举。特科,不定年限,或十年或二十年一举,候旨进行,考试内容综为六门:

> 一曰内政,凡考求方舆险要、郡国利病、民情风俗诸学者隶之;二曰外交,凡考求各国政治、条约公法、律例章程者隶之;三曰理财,凡考求税则、矿产、农功、商务者隶之;四曰经武,凡考求行军布阵、驾驶测量者隶之;五曰格物,凡考求中西算学、声光化电者隶之;六曰考工,凡考求名物象数、制造工程诸学者隶之。

由京官三品以上和外省督抚、学政各举所知,不限地域、人数、已仕未仕,注明所保人员专长,咨送总理衙门,候旨考选录用。岁举,则每届乡试年份,由各省学政调取各书院、学堂高等生监,另场科考,乡、会试皆以策问试之,分三场先后试以专门题、时务题、四书文,中式者另为一榜,名曰"经济正科"举人、贡士。这一特科、岁举相结合的设计,不仅进一步肯定了科举改革的必要性,明确了教育近代转型的基本方向,操作上也更具可行性。① 当日,光绪帝下旨批准,并明发上谕,命相关大臣分别咨保,待人员汇齐至百人以上,即可请旨开考。②

开设经济特科,作为戊戌春清政府发出的第一个重大改革信

---

① 《遵旨会议开设经济专科折》,《军机处录副奏折》,档号:03-5615-001。
② 《光绪宣统两朝上谕档》第24册,光绪二十四年正月初六日,广西师范大学出版社1996年版,第11—12页。

号,既昭示了朝廷破格用人的巨大决心,也奠定了科举改革的初步基础。而这一建议之所以顺利获准,除严修上奏时机的机缘巧合外,也得益于总理衙门大臣翁同龢、张荫桓的积极推动和康有为、沈曾植等维新人士的热心参与。康有为《我史》云:"时严范孙请开经济特科,乃说常熟并张樵野成之,藉以增常科以阴去八股。常熟主之,此事遂成,其章程与沈子培同议之者也。"①梁启超《戊戌政变纪事本末》亦载:"初,贵州学政严修上书,请举博鸿科,时翁同龢以为然,下总署议,康有为与译署诸臣言,力请举行,乃与译署某章京拟定,名为经济特科,翁同龢力主持之,恭亲王亦相从。"②

特科诏旨的下发,很快在内外朝臣中引起共鸣。御史张仲炘、胡孚宸、浙江巡抚廖寿丰等纷纷献策献议。廖寿丰的上奏尤其值得注意,他认为在经济特科六门中,内政、外交两门人才,或许还能经由考试选取,但理财、经武、格致、考工四门,非在专门学堂培养数年,难期有所成就;内政、外交及理财之农桑、格致之算学,或许还能命题考试,其他诸学,则非呈验器艺不足以证明其才。为此,建议先由保举大臣按照特科六门,声明被保人员专长,由朝廷就这些人员的专长,分别任用。若表现卓越,再由各该管大臣保奏,俟凑齐一定人数后,举行特科考试,同时废止他项例行保举。至于经济岁举,则照特科六门,经由学校直接考选,并酌改书院为学堂。③该奏敏锐地道破了经济特科与传统制科的重大区别,主张通过大臣保举、书面考试、试用考察三者相结合的方式,以确保人才质量,显然是经过深思熟虑后得出的看法。

---

① 茅海建:《从甲午到戊戌:康有为〈我史〉鉴注》,第283—284页。"严范孙",严修;"常熟",翁同龢;"张樵野",张荫桓;"沈子培",沈曾植。
② 中国史学会主编:《中国近代史资料丛刊·戊戌变法》第1册,上海人民出版社1957年版,第317页。
③ 《浙江巡抚廖寿丰折》(光绪二十四年三月十六日),国家档案局明清档案馆编:《戊戌变法档案史料》,中华书局1958年版,第212—214页。

与此同时,康有为一派(时称"康党")也有意将经济特科作为登进同党和加快科举改革的政治策略加以利用。光绪二十四年二月十九日(3月11日),康有为通过总理衙门代递《大誓群工开制度新政局呈》,主张即以特科人才作为待设的"制度局"的储备人选,协助推行新政。① 三月二十三日(4月13日),他又奏请将经济特科六门推广到生童岁科试中,于经古正场之外,改试专门、时务,易八股为策论,进之应经济科举人、进士。② 四月二十六日(6月14日),御史宋伯鲁再上《经济特科请分别举办片》(康有为代拟),强调特科人才不同于学堂培养的"专才",重在选取熟谙古今掌故、内政外交、公法律例的"通才"。③ 这里所谓的"通才",显然也是针对"康党"的定位。与此相应的,还有维新派围绕废八股展开的连环动作。

不久,"百日维新"开启,光绪帝的改革力度进一步加大。五月初五日(6月23日),光绪帝下旨,自下科始,废八股,改试策论。五月二十五日(7月13日),总理衙门、礼部结合各方意见,拟就《经济特科章程六条》,明确经济特科除考试各项专门学问外,重在致用,"其有著述成编及有器艺,可以呈验者,一概随同咨送,以备察验;其由各省船政、制造、矿冶、铁路、水师、陆军诸局出身者,并将其曾经所著实效,切实声明,咨由臣衙门办理"。被保者的范围限定在京官自五品以下、外官自四品以下,不论已仕未仕,甚或曾经被议人员,亦准一体保送。④ 光绪帝当即诏准,并限被保人员

---

① 姜义华、张荣华编校:《康有为全集》第4集,中国人民大学出版社2007年版,第11—16页。
② 《请照经济特科例推行生童岁科片》(总理衙门代奏),孔祥吉编著:《康有为变法奏章辑考》,北京图书馆出版社2008年版,第189—191页。
③ 同上书,第240—241页。
④ 《总理各国事务奕劻等折(附清单)》,国家档案局明清档案馆编:《戊戌变法档案史料》,第228—231页。

于3个月内咨送总理衙门,以备定期开考。①

由于当时社会风气未开,国人新旧之见甚重,内外臣工起初颇多观望。顽固派也从中阻挠,如大学士徐桐,致削严修门生之籍,并呵斥其子副都御史徐承煜,"汝若举人,可勿见我"。② 礼部尚书许应骙也在礼部大堂上倡言经济特科无益,"接见门生后辈,辄痛诋西学;遇有通达时务之士,则疾之如仇"。③ 直至五月二十五日特科谕旨再度下达,湖广总督张之洞、仓场侍郎李端棻又带头保举,相关行动才陆续展开。同年六月十二日(7月30日),因御史郑思赞奏请严订经济特科滥保处分,朝廷又下旨补充:"中外臣工例得保送特科者,务当屏除私心,汲引善类,于所保之人学问才具,灼见真知,始可登诸荐牍,不得瞻徇情面,滥保私人。如有言行不符,及干求奔竞等情,一经查出,定将原保大臣,从严惩处。"④尽管从人事制度上讲,责任担保的规定古已有之,但在破格用人甫露端倪、新旧之争日趋激化的政治情境下,此一谕旨的出台,却也在不经意间为顽固势力事后围剿维新官绅埋下伏笔。

关于戊戌特科保举的情形,由于相关档案大多散佚,可资为据者,主要是胡思敬《戊戌履霜录》卷四"经济特科表"(简称"胡表"),共登录17例保案,被保者135人次。然而该表所载颇有舛误,以此为基础,笔者又结合其他相关史料加以考证,可知该科至少涉及31起保案、28位荐主,被保者至少216人次、170位,略小于康熙朝"博学鸿词"科的保举规模。(如下表所示)

---

① 《光绪宣统两朝上谕档》第24册,光绪二十四年五月二十五日,第243—244页。
② 梁启超:《戊戌政变纪事本末》,《中国近代史资料丛刊·戊戌变法》第1册,第317页。
③ 《掌山东道监察御史宋伯鲁等折》(光绪二十四年五月初二日),《戊戌变法档案史料》,第5页。
④ 《光绪宣统两朝上谕档》第24册,第269—270页。

表1：戊戌特科保举表[①]

（重复被保者，在其姓名右上角标明重出次数）

荐主	被保者	保举人数	备注
两江总督刘坤一	江苏：吏部主事王仁俊（进士）、户部主事杨楷（进士）[1]、直隶补用道姚文栋（贡生）[1]、知府用分省补用同知华蘅芳[1]、候选通判钟天纬（附贡）[1]、候补知州蒋师辙（副贡）、候选知县赵元益（举人）、候选教谕陈学徽（优贡）、陈庆年（优贡）、国子监典籍刘彝程、副贡王德楷、附生王铺 安徽：拣选知县金庆慈（举人） 湖南：兵部员外郎曾广铨（荫生）、江苏候补道杜俞、安徽候补道席汇湘（廪生）、江苏另补知县黄传祁（进士）、候选州判魏允恭（副贡）、郎中衔张通典（附生）、候选从九葛道殷 广东：附生杨毓煇 浙江：江苏候补道杨兆鋆（附生）、安徽候补知府王詠霓（进士） 江西：员外郎毛庆蕃（进士）	24	蒋师辙，"胡表"误作"苏师辙"；曾广铨，"胡表"误作"曾广钟"

[①] 资料来源：胡思敬：《戊戌履霜录》卷四，南昌退庐刻本1913年版，第18—22页；冒广生：《癸卯大科记》，《如皋冒氏丛书》第27种，出版地不详，1917年，第1页；江庸：《趋庭随笔》，沈云龙主编：《近代中国史料丛刊》(85)，(台北)文海出版社1967年影印版，第20页；上海图书馆编：《汪康年师友书札》第3册，上海古籍出版社1986年版；秦国经主编：《中国第一历史档案馆藏清代官员履历档案全编》，华东师范大学出版社1997年版；周善培：《旧雨鸿爪》，《中华文史资料文库》第1卷，中国文史出版社1996年版；顾廷龙编：《王同愈集》，上海古籍出版社1998年版；罗振玉撰述：《雪堂类稿（附：永丰乡人行年录）》，辽宁教育出版社2003年版，第18页；钱基博：《近百年湖南学风》，岳麓书社2010年版，第64页；吴仰湘编：《皮锡瑞全集》第10册，中华书局2015年版；温州市图书馆、方浦仁、陈盛奖整理：《刘绍宽日记》第1册，中华书局2018年版；中国第一历史档案馆：《军机处录副奏折》《宫中朱批奏折》；台北故宫博物院图书文献处藏：《军机处档折件》《宫中朱批奏折》；《湘报》《中外日报》《国闻报》《申报》《万国公报》《新闻报》《直报》《汉报》等。相关考证过程，参见张海荣《经济特科考论》，《安徽史学》2016年第6期。

(续表1)

荐主	被保者	保举人数	备注
湖广总督张之洞	直隶：进士陈骧 江苏：候补道徐建寅(监生)、候补直隶州知州华蘅芳[2]、举人王季楷 安徽：分省候补道蒯光典(进士) 湖南：候补道易顺鼎、候选知县邹代钧(附生)[1] 广东：举人梁启超[1]、太常寺博士衔罗照沧、候选从九汤金镛(武举人) 浙江：分省知府钱恂(生员)、胡惟德(举人)，编修黄绍箕，前青阳县知县汤寿潜(进士)[1]，附贡生陶葆廉 福建：候补同知郑孝胥(举人)[1] 四川：内阁候补侍读杨锐(举人)[1] 广西：举人汪鸾翔	18	
河南巡抚刘树堂	湖南：同知黄凤岐(进士)[1] 浙江：同知连文渊	2	
福建学政戴鸿慈	广东：编修梁士诒[1]、兵部主事罗传瑞(进士) 广西：知县关中衡	3	
福建学政王锡蕃	福建：拔贡黄景岱、吴致仁，生员林辂存、陈以麟、李文彬	5	集中在福建
湖北学政王同愈	江苏：拔贡汪荣宝[1]，监生李维格，举人张一麐[1]、汪钟霖，廪生潘敦先[1] 湖北：教谕陈士瀛、金永生	7	"胡表"不含汪钟霖
漕运总督松椿	江苏：翰林张鹤龄 安徽：贡生孙多澳	2	"胡表"误以陈庆年代张鹤龄

(续表2)

荐主	被保者	保举人数	备注
宗人府丞葛宝华	山西：主事王仪通（进士） 浙江：编修蔡元培 福建：主事陈懋鼎（进士）¹	3	"胡表"将王仪通的籍贯误作"安徽"
顺天府尹胡燏棻	直隶：户部主事华世铭（进士） 江苏：中书杨榍（优贡）、道员姚文栋²、候选通判钟天纬² 浙江：道员王修植（进士）、户部学习主事陈星庚、教习何寿章（举人） 福建：尽先即补道严复 山东：附生綦策鳌 云南：知州林绍清（举人） 不详：仲纬仪、监生罗益智	12	
通政使李端遇	安徽：教谕方履中（附生）、廪生孙多莹、拔贡孙传柷 山东：主事管象颐（进士）、举人傅昉安 不详：拔贡赵允龙	6	
内阁学士、广东学政张百熙	江苏：主事杨楷² 湖南：主事李希圣（进士）、中书黄忠浩（优贡）、拔贡唐才常¹、知县罗正钧（举人）、主事夏时济（进士）、内阁中书曹广权¹、候选知县邹代钧² 广东：主事康有为（进士）、举人梁启超² 浙江：知县汤寿潜² 福建：道员郑孝胥² 江西：主事陈三立（进士）¹ 四川：检讨宋育仁、主事黄英、举人马六尊、内阁候补侍读杨锐²	17	张百熙于光绪二十四年三月初一日开单咨送。 马亨，似字六尊。又，《国闻报》上是以于式枚代罗正钧。

(续表3)

荐主	被保者	保举人数	备注
礼部侍郎萨廉	江苏：主事陈浏（拔贡） 湖北：知县樊增祥（进士） 浙江：员外郎王彦威（举人） 满洲：庶吉士寿富[1]	4	
礼部侍郎唐景崇	江苏：道员丁立钧（进士）[1]、修撰张謇 广东：举人麦梦华 浙江：编修喻长霖 福建：中书林旭（举人）、主事陈懋鼎[2] 广西：员外郎于式枚（进士）[1]	7	
左都御史裕德	江苏：布衣贾步纬 湖北：编修王会厘 湖南：编修罗长裿 浙江：主事钱能训（进士）、道员毛祖谟	5	
兵部尚书徐郙	湖南：同知黄凤岐[2] 广东：编修梁士诒[2] 广西：员外郎于式枚[2]	3	
户部尚书敬信	安徽：编修孙多玢 浙江：杨文禄	2	
仓场侍郎李端棻	直隶：编修严修 江苏：候选知县狄葆贤、助教崔朝庆（廪生） 山西：举人宋梦槐 湖南：庶吉士熊希龄、拔贡唐才常[2]、附生戴修礼 广东：主事曾习经（进士），附生徐勤、欧榘甲，监生罗普、韩文举 浙江：候选知县夏曾佑（进士）、汤寿潜[3] 满洲：庶吉士寿富[2]	15	李端棻的保举人数，时有15、16、17三种说法。《国闻报》先后有过两次报道，都称保举15人，但名单中，一无举人程先甲，一有程先甲。《汉报》亦称有

(续表4)

荐主	被保者	保举人数	备注
			15人,不含程先甲。戴修礼,"胡表"误作"戴修鲤"。又,"胡表"将程先甲籍贯误作"安徽",宋梦槐籍贯误作"江苏"。
湖南巡抚陈宝箴	江苏:主事屠寄(进士)[1]、拣选知县谢钟英(举人) 湖南:候补道易顺鼎[2]、候选知县邹代钧[3]、编修曾广钧、内阁中书欧阳中鹄(举人)、皮锡瑞(举人) 江西:文廷楷(举人)、内阁中书沈兆祉(举人),分部郎中邹凌瀚、胡发珠(优贡)、翰林院编修熊方燧 浙江:举人孙诒让[1]、进士汪康年、翰林院庶吉士俞明震、附生罗振玉 福建:监生江瀚[1] 满洲:庶吉士寿富[3]	24 (其中6人姓名不详)	
江苏学政瞿鸿禨	江苏:工部主事屠寄[2]、道员丁立钧[2]、拔贡华世芳,附生赵宽、冯澂、张东烈,廪生金梂基、潘敦先[2]、裴熙琳,举人沈惟贤[1] 安徽:知县汪宗沂(进士)[1] 湖南:候选知县邹代钧[4]、优贡陈为镒、内阁中书曹广权[2] 浙江:知县汤寿潜[4],候补知县张美翊(副贡生),举人孙诒让[2]、王舟瑶,工部主事夏震武(进士)[1] 福建:监生江瀚[2] 江西:吏部主事陈三立[2]	21	

(续表5)

荐主	被保者	保举人数	备注
安徽巡抚邓华熙	江苏：廪生蔡尔康[1]、江苏荆县教谕顾云（廪贡）[1] 安徽：廪生戴邦铭，教谕程佐衡（廪生），前山西即用知县汪宗沂[2]、翟凤翔（举人）[1]、朱立襄（附生）[1]	7	
漕运总督任道镕		至少1人	
湖南学政徐仁铸	浙江：副贡周善培 湖南：曹典球（生员） 江苏：候选通判钟天纬[3]	至少3人	周善培时为徐仁铸幕僚
侍讲学士秦绶章	江苏：廪生潘敦先[3]、拔贡汪荣宝[2]	至少2人	
都察院左副都御史曾广銮	湖南：候选知县邹代钧[5]	至少1人	
兵部侍郎杨颐	江苏：举人冒广生	至少1人	
驻美公使杨儒	江苏：补用道何彦昇（副贡生）	至少1人	
湖广总督张之洞续保		至少1人	情况不详

(续表6)

荐主	被 保 者	保举人数	备 注
江宁布政使袁昶初次保举	安徽：前山西即用知县汪宗沂³ 湖南：内阁中书曹广权³ 浙江：工部主事夏震武² 江苏：举人沈惟贤²、工部主事屠寄³	5	《中外日报》刊布的两起保案中，皆有汪宗沂，未知何故。又，续保一案中，"戴邦铭"应为"戴光铭"
江宁布政使袁昶续保	安徽：前山西即用知县汪宗沂⁴、候选教谕朱立襄（贡生）²、翟凤翔（举人）²、廪生戴（光）[邦]铭² 江苏：廪生蔡尔康²、江苏教谕顾云²	6	
江苏巡抚奎俊	江苏：江苏候补同知查燕绪（举人），举人张一麐²、章钰（另有2人待查）	5	被保者似乎集中在江苏
江苏学政瞿鸿禨续保	江苏：举人张一麐³、张一鹏、生员杜鲁林		或将张一麐写作"张一麟"

　　以上31起保案、26位荐主中，两江总督刘坤一、湖南巡抚陈宝箴、江苏学政瞿鸿禨保举的人数最多，均为24人；其次，湖广总督张之洞，保18人（按：目前仅知其一，则张氏所保总人数当更多）；广东学政张百熙、仓场侍郎李端棻、顺天府尹胡燏棻的保举人数，也均超过10人。以上诸大臣的保举，多数都是放眼全国而非专重一省，不过瞿鸿禨、王锡蕃因其学政的身份，颇多注重对所辖省份士子的保举。李端棻的保举名单上，则多为"康党"或与"康党"有密切关系的人士，其中5人还有鲜明的湖南时务学堂背景，包括该学堂总理熊希龄，中文教习韩文举、欧榘甲、唐才常，学生戴修礼。这证实"康党"确有借助特科登进同党的图谋。对此，康有为也供认不讳："时网罗天下人才，及同门才者，交诸公奏荐。陕西刘古愚皆为推毂。"① 光绪

---

① 茅海建：《从甲午到戊戌：康有为〈我史〉鉴注》，第535页。

二十四年四月,康有为致女康同薇函还透露:"特科事,同门被荐者十余人,仲在内。"①

再从被保人员的情况来看,除去至少 10 位无名氏,目前可确知者有 160 人。在这 160 人中,有 33 位被重复保举。其中,杨楷、姚文栋、华蘅芳、梁启超、郑孝胥、杨锐、黄凤岐、梁士诒、唐才常、于式枚、陈懋鼎、易顺鼎、汪荣宝、陈三立、孙诒让、江瀚、丁立钧、夏震武、沈惟贤、朱立襄、翟凤翔、蔡尔康、顾云、戴邦铭等 24 人,被保 2 次;潘敦先、寿富、钟天纬、曹广权、屠寄、张一麐 6 人,被保 3 次;汤寿潜、汪宗沂被保 4 次;邹代钧被保 5 次。这批被保者绝大多数都拥有传统功名、官衔或教职,拥有举人以上出身者至少 80 人,将近总数的一半,内中至少 45 人还拥有进士乃至翰林高等出身。尽管其中出身洋务学堂者并不多,但曾就职于新式学堂、书院、洋务局所,或拥有留学、出使、游历等项背景的,至少 33 人。这一方面证明洋务运动在开通社会风气方面确有潜移默化的作用,另一方面也显示出新式人才已有渐被重视的迹象。还可注意者,保单上有不少人曾列名保国会,或组织、参加过其他学会,政治思想上较为开明。

再从这 160 位被保者的籍贯分布来看,与康熙己未"博学鸿词"科相仿,江苏、浙江籍士子数量依然名列前茅。这两省既是明清以来传统的科举大省,又是晚近较得风气之先的省份。湖南籍人士在戊戌特科榜上的比重,较之己未"词科"则有显著上升,由后进省份跃至全国第三。此一变动,既与咸同以来湖南籍人士在全国政治、文化上的影响整体放大相关,又与近年来该省在维新运动中的积极表现密切相连。广东省,因"康党"大量被保的关系,

---

① 蒋贵麟编:《万木草堂遗稿外编》下册,(台北)成文出版社 1978 年版,第 775—776 页。"仲",麦仲华。

同样由己未"词科"时的无一列保,跻身全国第四。北三省,即直隶、山东、山西三省,仅8名人士被保,仅占被保总人数的5%。满人被保特科者,仅寿富1人。河南、陕西、甘肃、新疆、奉天、贵州及西藏、蒙古地区人士,似乎无一列保,这些也是当时社会风气相对闭塞的地区。此外,笔者还据相关史料统计过其中114人的年龄。单从此一不完全统计来看,年龄最长者为虚岁65岁的候补知州华蘅芳,最幼者为虚岁20岁的福建生员林辂存。从年龄段上看,占据最高比例的是处在31—51虚岁、年富力强、易于接受新学新知的中青年人才。

尽管戊戌特科的确网罗了不少名流时望,但与往届制科一样,该科同样无法摆脱贿举、请托的嫌疑。拔贡张鸿鼎称:"道路传闻,竟有挟赀入都,辗转营谋,贿求三品以上大员列入保章者。"[①]翰林院侍讲恽毓鼎更声言:"闻经济特科登荐牍者,多阘茸之流,半系徇情,且有以贿得者。"[②]不过单就其中33位重复被保人员来看,还是能在相当程度上迎合官方对戊戌特科的定位和被保人员的素质水平。其中,被保次数最多的是邹代钧、汤寿潜和汪宗沂:邹代钧为举国闻名的地理名家和深受两湖督抚赏识的俊才,汤寿潜以其著《危言》自洋务运动以来就在国内享有盛誉,汪宗沂则以考求郡国利病、民情风俗、行军布阵及著述繁富而驰名。被举频次稍低于前两者的潘敦先、寿富、钟天纬、曹广权、屠寄、张一麐,则是开明督抚与维新派都能接受的人物。其余24名重出人员,除梁启超、唐才常外,绝大多数都属于政治派系虽不明朗,但都赞成改革,且于特科六门各具专长,在知识构成上"新中有旧,旧中有新"的人物。

---

① 江苏邳州拔贡张鸿鼎:《请将特科学堂合为一事呈文》(光绪二十四年),《军机处录副奏折》,档号:03-9459-001。

② 恽毓鼎撰,史晓风整理:《恽毓鼎澄斋日记》第1册,光绪二十四年六月十八日,浙江古籍出版社2004年版,第163页。

开设经济特科,不仅是朝廷破格求才的重大举措和废除八股的重要过渡,也是戊戌变法步入高潮的肇端。继严修奏请开设经济特科之后,兵部尚书荣禄、给事中高燮曾、顺天府尹胡燏棻也相继奏请开设武备特科。尽管相关建议并未获得朝廷采纳,却换来一道改革力度更加彻底的上谕:武乡试自庚子(1900)科为始,会试自辛丑(1901)科为始,童试自下届为始,一律改试枪炮。① 此外,对于学会的繁兴、报刊的推广和教育风气的转变,经济特科也起到直接促动作用。川籍京官刘光第在私信中称:"近因开经济特科,各省京官亦多立有学会。吾川之官京曹者,亦将观善堂改为蜀中先贤寺,设立蜀学会,添购书籍仪器,聘请中西教习,讲求时务之学。至于语言文字,京官子弟亦可每日就学一二时。而京官中高材向学者,亦即于其中定期会讲。如此风气渐开,将来必有人材挺出为国家之用。"②刑部主事张元济也向《时务报》馆主汪康年建议:"特科命下,人皆思看译本书籍,尊处似宜多译要籍,速印发售,可以津贴报章不少也。"③山西令德书院,自闻经济特科之谕,就筹议添设政治时务、农功物产、地理兵事、天算博艺四门日课。④ 江阴南菁书院也改照经济特科六门命题,令诸生或专一门,或兼数艺。⑤ 正因为如此,梁启超对经济特科评价甚高,称"振起教育之精神,实始于此"。⑥

　　光绪二十四年五月,《湘报》刊出消息称,经济特科将在本年

---

① 《光绪宣统两朝上谕档》第24册,光绪二十四年二月二十六日,第59页。
② 《致刘庆堂第五十四函》(光绪二十四年正月二十四日),《刘光第集》,中华书局1986年版,第280—281页。
③ 《张元济致汪康年》(光绪二十四年正月二十四日),上海图书馆编:《汪康年师友书札》第2册,第1726页。
④ 山西巡抚胡聘之:《拟就令德书院改设省会学堂并筹拨经费折》(光绪二十四年七月二十日),《军机处录副奏折》,档号:03-9454-003。
⑤ 《江阴南菁书院特课题》,《申报》1898年8月2日,第2版。
⑥ 梁启超:《戊戌政变记》,中华书局1954年版,第88页。

秋举行。① 被保者之一周善培也回忆,该年一度有九月初一日开考特科的消息,湖南学政徐仁铸还于八月初四日特地为其饯行。②林辂存亦于该年秋在其父林鹤年陪同下,上京应试经济特科。③而在此之前,因各大臣奉旨保举人才、使才,光绪帝已陆续召见相关人员,并择优立予擢用,包括任命康有为为总理衙门章京,督办上海《时务报》;任用刘庆汾、郑孝胥为总理衙门章京;委派张元济总办京师大学堂(后解职);赏梁启超六品衔,办理大学堂译书局、上海官译书局;超擢杨锐、刘光第、谭嗣同、林旭为军机章京,加四品卿衔,参预新政;升袁世凯为候补侍郎;任用端方、吴懋鼎为农工商总局大臣;升周莲为直隶按察使;升恽祖祁为福建兴泉永道等。另有前湖南学政江标,未经召见即被命为总理衙门章京。④ 鉴于以上人员颇多都在经济特科保举之列,倘若特科顺利开考,显然又将有大批人士获得重用。举人梅光远就曾听到这样的传闻:"特科一等,记名出使大臣;二等,翰林编检;三等,总理衙门;四等,大学堂。"⑤

然而随着八月初六日"戊戌政变"的发生,政治情势急转直下,不仅"百日维新"期间颁布的各项政令大多遭到废止,光绪帝任用的维新官绅也陆续受到惩处。除康有为、梁启超、王照等流亡日本、被按名缉捕外,杨锐、林旭、谭嗣同、刘光第、杨深秀、康广仁被杀;御史宋仁鲁革职,永不叙用;户部左侍郎张荫桓革职发配新疆;翰林院侍读学士徐致靖革职,着刑部永远监禁,其子徐仁铸革

---

① 《洊应特科》,《湘报》第 109 号,光绪二十四年五月二十四日。
② 周善培:《旧雨鸿爪》,《中华文史资料文库》第 1 卷,第 133 页。
③ 吴鲁:《史传·安溪林氅云先生家传(续)》,《鹭江报》第 33 册,光绪二十九年五月十一日,第 22 页。
④ 茅海建:《从甲午到戊戌:康有为〈我史〉鉴注》,第 666—668 页。
⑤ 吴仰湘编:《皮锡瑞全集》第 10 册,光绪二十四年七月初六日,第 941 页。

职,永不叙用;礼部尚书李端棻"滥行保荐",革职发配新疆;湖南巡抚陈宝箴"滥保匪人",革职永不叙用,其子陈三立"招引奸邪",一并革职;候补四品京堂江标、庶吉士熊希龄,革职永不叙用。①

由于这批在戊戌政变中遭到整肃的人员,颇多与经济特科存在关联,御史黄桂鋆就一度打着除恶务尽的幌子,要求将株连范围扩大到保举经济特科的相关大臣,包括张百熙、张之洞、唐景崇等。② 尽管慈禧太后仅部分接纳了黄桂鋆的建议,但还是以"易滋流弊"为名,于八月二十四日颁下懿旨,停罢经济特科。其时,"应举入都者已有百余人,政变后多狼狈出京,或指目之,至摇头不敢应。故当时有'《时务报》收场,经济科倒运'之谣"。③ 湖南名士皮锡瑞,甚至因"戊戌政变"在开考特科之前发动而私感庆幸:"幸特科尚迟耳,否则予辈亦未能免矣。"④以破格求才、殷殷求治为始,以按图索骥、打压异党为终,戊戌年的经济特科,最终惨淡收场。

甲午以降,清政府曾多次下诏求贤,经济特科是其集中体现。作为戊戌新政"最初之起点",⑤也是清王朝再举特科的开端,戊戌特科虽然最终以流产告结,但通过各方在该届特科中的不同表现,还是能够生动反映当时的政治社会动向。光绪帝诏举特科,是有意效仿祖辈,振兴国运,并借以增强自身在臣民中的威信。"康党"之赞成特科,别有两重政治用意:一是借势造势,促成八股的废除;二是登进同党,进一步扩大自身的政治影响。其中,第一重

---

① 参见《光绪宣统两朝上谕档》第24册,第416—445页。
② 《福建道监察御史黄桂鋆折》(光绪二十四年八月二十二日),《戊戌变法档案史料》,第475—476页。
③ 《读再开经济特科懿旨感书》,《中外日报》光绪二十七年四月二十日。
④ 吴仰湘编:《皮锡瑞全集》第10册,光绪二十四年八月十六日,第972页。
⑤ 梁启超:《戊戌政变记》,第32页。

目标固然较快达成,第二重目标却因形迹太露,及光绪帝对"康党"的特加拔擢,反而引起慈禧太后和顽固派的侧目,成为导致经济特科半途而废的重要变因。尽管慈禧太后与顽固派围绕经济特科的清算,主要是针对"康党",但殃及池鱼的结果,亦将大批进步人士推到自身的对立面,致使清政府在历史关键时刻错失了补充新鲜政治血液和更新统治基础的宝贵机遇。此后,慈禧太后更一意孤行,拥立端王之子溥儁为大阿哥,并利用义和团向列强宣战,最终酿成八国联军大举侵华的空前国难。直至光绪二十七年(1901)《辛丑和约》签订,才给这场灾难画上屈辱的句号。

二、辛丑特科之议再起与内外臣工的保举

庚子事变后,为尽快挽救时局,收拾人心,光绪二十六年十二月(1901年1月),清政府宣布实行新政。次年四月十七日(1901年6月3日),慈禧太后又亲下懿旨,再举经济特科:"其有志虑忠纯、规模宏远、学问淹通、洞达中外时务者,着各部院堂官及各省督抚学政,出具考语,即行保荐,并着政务处大臣拟定考试章程,先期请旨办理。"懿旨中还特别声明:"母子一心,惩往日之因循,望贤才以辅治。"①既而又下诏,自明年为始,废除八股,改试策论、经义,停办武科,并鼓励各地兴办新式学堂,实行书院改制等。

关于经济特科的复举,一说称出自政务处大臣瞿鸿禨的建言;②一说结合当时的政治形势,断定是出自慈禧太后的主动:"自

---

① 《光绪宣统两朝上谕档》第27册,第80—81页。
② 《瞿鸿禨传》,赵尔巽等撰:《清史稿》第41册,第12381页。

戊戌新政推翻而后,而辛丑议行西征,疆臣中之复奏者,皆力避言戊戌之所言。故开经济特科一条,无论名臣、才臣、老臣、重臣,皆千思万想,所不敢出者。"① 不过无独有偶,就在懿旨下发后数日,朝廷又收到江西巡抚李兴锐的《议复新政事宜疏》,条陈十事,首条也是从临敌制变、兴举新政的需要出发,建议开办特科:"外侮凭陵,儳然不可以终日,而士大夫犹持闭关自守之旧学,于中外形势瞢无所知,岂足以临敌制变!匪惟不能临敌制变也,即目前兴举庶政,百度维新,环顾群僚,亦正恐不敷给事,此臣所以亟亟以开特科为请也。"②

对于经济特科的再举,各方的反响不尽相同,但时移世易,相较之下,此时的舆论界更多关注的是废科举、兴学堂,对于经济特科的热忱,远没有戊戌时期那样高。两江总督刘坤一、湖广总督张之洞在其会奏折中指出:"现虽举行经济特科,不过招贤自隗始之意,只可为开辟风气之资,而未必遽有因应不穷之具。"③《申报》上也有人发表评论称:"今国家之病,既在于无洞知洋务、精研西学之人材,而仅开经济特科以医国之病,是何异于患虚弱之症而求善为攻之医师以治之,感风寒之邪而求善为辅之医师以治之乎?终见其凿枘而已矣。"④ 保皇派则借助经济特科命题,呼吁归政光绪皇帝。如《读再开经济特科懿旨感书》一文,从国内的政治现状出发,指出:"今诸事未举,朝局如故,而谓以经济一科广求人才,欲塞洪流以救奇祸,因斯以观,则近日所谓维新者,不过充装点之真料;变法者,不过为解免之妙用而已。……以今日风气如此,顾忌多

---

① 《懿旨开经济特科恭纪》,《新闻报》光绪二十七年四月二十日。
② 于宝轩编辑:《皇朝蓄艾文编》卷九,上海官书局1902年版,第19—34页;《军机处随手登记档》,光绪二十七年四月二十二日,档号:03 - 0308 - 2 - 1227 - 109。
③ 《变通政治人才为先遵旨筹议折》(光绪二十七年五月二十七日),赵德馨主编:《张之洞全集》第4册,武汉出版社2008年版,第8页。
④ 《请开西学特科议》,《申报》1902年3月23日,第1版。

端,顾欲以此日之虚文,比曩年之盛举,恐不睹其益,但见其害而已。……举行经济特科者,以变法维新也。如欲变法维新,则前日变法维新著大效者,莫如皇上。"①《论特科》一文也抨击了慈禧太后前废后举的矛盾做法,立足点同样落在"归政于皇帝,复举行之可也"。②

相关大臣的荐举行动,起初也是相当消极。其时距离"戊戌政变"为期未远,内外臣工大多心存疑虑。光绪二十七年六月初四日(1901年7月19日),因御史陈秉崧之奏,朝廷又有严格保举之谕,声明即以各大臣"所保之是否得人,定其功过,毋得滥保非人,自干咎戾"。③ 结果奉旨后将近一年,仅广西巡抚黄槐森保举1人,安徽巡抚王之春保举4人,其余多未应诏。

光绪二十八年三月初二日(1902年4月9日),政务处奏陈经济特科章程七条,初步规定了特科的保举资格和考试办法,限定:被保者须素行廉正,不干清议;京官五品以下(京堂、翰林读、讲、科道除外),外官四品以下(现任实缺道府除外),其余各员已仕、未仕及举贡生监、布衣,均准一体保送;考试体制,仿照殿试旧章,分试两场,首场试以历代史事论二篇,次场试以内政外交策两道;取中者列为一、二等,其如何赐予出身、升擢任用,统俟引见后听候圣裁。该章程还特意强调,经济特科重在"通知时事",不论楷法,并准添注涂改。④ 同年十月二十一日(11月20日),因癸卯科会试改

---

① 《中外日报》光绪二十七年四月二十日。
② 《同文沪报》光绪二十七年四月二十一日。
③ 御史陈秉崧:《开经济特科拟请破除夤缘积弊敬陈管见折》(光绪二十七年五月二十二日),《军机处录副奏折》,档号:03-7210-093;《光绪宣统两朝上谕档》第27册,光绪二十七年六月初四日,第119页。
④ 政务处大臣奕劻等:《遵旨酌拟经济特科考试章程折并清单》(光绪二十八年三月初二日),《军机处录副奏折》,档号:03-7211-032、033。

借河南贡院举行,特科须在京殿试,难以两就,加之各处保折尚未到齐,复奉上谕,将经济特科展至明年会试后举行,并着政务处分咨相关大臣速行保送,于来年四月前齐集京师。① 此后,各地的保奏才逐渐踊跃起来。

自辛丑至癸卯(1901—1903)三年间,经济特科保案共计53起(另有太仆寺少卿隆恩等所保3起,因荐主本身不合保举资格而奉旨驳回②),含荐主50位(内有张之洞、王之春、端方、恩寿4人,先后保举2次③)。其中,张之洞保举员名最多,共46人。单次保举员名最多者,为管理学务大臣、吏部尚书张百熙,他还就此解释称:"臣早登词馆,屡典文衡,一时硕彦既夙悉于知名,后起英髦时亦加之奖进。自去岁恩膺重寄,学务专司,京师为首善之区,学堂乃储材之地,以故考求所在、讨论所资,尤多达用之才,不乏识时之俊。"④次之者,为兵部左侍郎李昭炜,保21人。此外,如都察院副都御史张仁黼、浙江学政张亨嘉、署理四川总督岑春煊、都察院左都御史陆润庠的保举规模,也都在15人以上。广西巡抚黄槐森、续任广西巡抚丁振铎、河南巡抚锡良、盛京兵部侍郎萨廉,则各保1人。谨汇表如下:

---

① 《光绪宣统两朝上谕档》第28册,第275—276页。
② 光绪二十八年十二月二十二日(1903年1月20日),因太仆寺少卿隆恩出面奏保,朝廷颁布上谕:"特科之设,前经降旨,饬令各部院堂官及督抚、学政各举所知,出具考语,切实保举。近来京卿纷纷奏保,如三品京堂之光禄寺卿曾广汉、太常寺卿陈兆文、国子监祭酒王垿等所保,朝廷从宽存记。兹该少卿又复率行保举。此端一开,必至漫无限制。隆恩所保,着毋庸议,并将太常寺少卿李擢英前保,一并撤销。嗣后保荐人才,务当格外慎选,核实举荐,毋得稍涉冗滥。"(《光绪宣统两朝上谕档》第28册,第348—349页)
③ 其中,王之春、张之洞是因职务调动而两度奏保;端方自行保举1次,与张之洞联衔保举1次;恩寿则因江苏布政使陆元鼎、苏州知府向万鏐的推荐,又续保1次。
④ 《举荐经济特科人才李家驹等三十三员》(附清单),台北故宫博物院文献图书馆藏:《军机处档折件》,文献编号:152232。

表 2：癸卯特科保举员名单①
（重复被保者，在其姓名右上角标明重出次数）

上奏时间（光绪）	荐主	被　保　者	名数
二十七年六月二十日	广西巡抚黄槐森	广东：广西试用道尹恭保（举人）	1
二十七年	安徽巡抚王之春	湖南：安徽候补道赵上达（优廪生）[1]、安徽试用知县梁昌骏（举人） 安徽：举人李筠寿、拔贡马承融	4
二十八年三月二十日	刑部尚书贵恒	山西：在籍户部候补主事谷如墉（进士）[1] 贵州：刑部主事姚大荣（进士）[1] 满洲：工部候补主事恩丰（进士）	3
二十八年三月二十八日	漕运总督陈夔龙	江苏：廪贡生范当世、河南候补知府王念增 广东：候选道许秉琦（监生） 浙江：翰林院编修俞陛云（探花）、附生罗振玉[1] 福建：举人陈衍[1]	6
二十八年四月十七日	刑部尚书兼署工部尚书葛宝华	安徽：湖北试用道张诚（举人） 浙江：翰林院编修蔡元培 山西：刑部候补主事王仪通（进士）[1]	3
二十八年六月二十七日	续任广西巡抚丁振铎	广东：广西教习试用知县刘士骥（举人）[1]	1
二十八年七月初五日	山东学政尹铭绶	湖南：优贡谭延闿、刑部主事罗维垣（进士）、前福建光泽知县降用教职李子茂（进士） 山东：举人淳于鸿恩 广西：拣选知县刘玭（举人）、刑部主事蔡桐昌（进士）	6

---

① 主要资料来源：中国第一历史档案馆藏：《宫中朱批奏折》《军机处录副奏折》《军机处随手登记档》；台北故宫博物院文献图书馆藏：《军机处档折件》《宫中档朱批奏折》；张一麐：《经济特科同征录》，北洋官报局 1904 年版；《大公报》；《申报》。

清季的经济特科　　181

(续表1)

上奏时间（光绪）	荐主	被保者	名数
二十八年七月十四日	两江总督刘坤一	江苏：拔贡尹彦鉢、举人杨模 安徽：安徽宿松县教谕程佐衡（廪生）、江苏候补道蒯光典（进士）[1] 湖南：举人黄运藩、张通谟 浙江：江苏候补道俞明震（进士）、前安徽青阳知县汤寿潜（进士）[1]、刑部郎中沈曾植（进士）[1]	9
二十八年七月十八日	贵州学政赵惟熙	江苏：候选通判王季烈（附生）[1]、候选盐大使李维格[1] 湖南：河南候补道易顺鼎（举人）[1] 陕西：举人刘光蕡	4
二十八年九月初二日	光禄寺卿曾广汉	江苏：附生高翀，廪贡生李宝嘉 湖南：刑部主事李希圣（进士）[1]、拔贡李鑫（鎨）[鐵]、监生罗良鉴、湖南在籍分部主事陈兆奎（廪贡生）、江西试用知县杨承曾、刑部郎中陈毅（举人）[1] 广东：监生吴沃尧、广东在籍候选知府曾磐 浙江：廪生汪诒年，监生连文澂	12
二十八年九月初二日	陕西巡抚升允	江苏：陕西候补直隶州知州吴廷锡（举人） 湖北：举人丁保树、分省补用知县丁禧瀚（举人）[1] 陕西：举人牛兆濂、拔贡刘炳堃 贵州：分省补用知县赵长鉴（举人）	6
二十八年九月十八日	湖北巡抚端方	江苏：庶吉士邓邦述、举人章钰[1]、浙江候补知县赵宽（廪贡生） 湖南：湖北候补知州魏允恭（副贡生）[1] 浙江：刑部候补主事孙诒让（举人）[1]、浙江候补知府宗舜年（举人） 奉天：直隶候补道李葆恂（监生）	7

(续表2)

上奏时间（光绪）	荐主	被保者	名数
二十八年九月二十日	河南巡抚锡良	浙江：廪生陶葆廉[1]	1
二十八年九月二十二日	吏部右侍郎张英麟	顺天：湖北试用通判桑宣（廪贡生） 江苏：山东试用同知朱士焕（监生）[1] 湖北：四川补用道贺纶夔 福建：江苏补用道郑孝胥（举人）、广西候补道魏瀚[1]、江苏候补同知杨廉臣 山东：举人傅旭安、候选知县王咸昌（拔贡） 云南：分省候选道萧应椿（举人） 贵州：四川补用道刘庆汾 广西：四川候补道曹穗（举人）	11
二十八年九月二十六日	湖广总督张之洞、湖北巡抚端方	湖北：候选训导前黄冈县训导杨守敬（举人），刑部候补主事姚晋圻（翰林院庶吉士），国子监监丞前归州学正刘德馨（举人）[1]，庶吉士饶叔光（进士），陕西补用知府丁禧瀚（举人）[2]，兵部候补郎中刘国柱（恩赏举人），举人刘邦骥、胡钧、陈问咸、田吴炤、卢静远、陈曾寿、万廷献，附生陈毅[1]、吴元泽，分省补用同知宋康复（附贡）	16
二十八年九月二十七日	工部左侍郎唐景崇	直隶：甘肃中卫知县王树枬（进士）[1] 江苏：修撰张謇[1] 广东：编修李家驹[1]、分省补用知州谭学裴（举人）、广西试用道刘士骥[2]、江西补用道徐绍桢（举人） 浙江：户部主事孙诒让[2]、编修喻长霖 四川：修撰骆成骧、湖北试用道宋育仁（进士）[1] 广西：编修赵炳麟、兵部郎中廖振榘、同知用前直隶高邑县知县唐则瑀（举人）	13

清季的经济特科

(续表3)

上奏时间（光绪）	荐主	被保者	名数
二十八年九月二十八日	江苏学政李殿林	江苏：举人汪毓煊、祝廷华，兴化县教谕胡玉缙（举人），甘泉县训导崔朝庆（廪生），宝山县复设训导孙儆（廪生），优贡冯善徵，廪生杨体仁	7
二十八年十月初三日	太常寺卿陈兆文	江苏：分发山东道魏业锐（附贡） 湖南：举人杨度、周光稷，廪生刘映藜、谭麦，拔贡何盛林，附生夏绍笙，户部小京官丁奎联（拔贡） 奉天：优贡郝增祁	9
二十八年十月初三日	江西学政吴士鉴	江苏：刑部候补郎中冒广生（举人） 浙江：直隶候补知县张美翊（副贡）[1] 江西：江西万宁县训导吴璆（举人），廪贡生熊元锷 四川：举人苏兆奎	5
二十八年十月初四日	陕西学政沈卫	江苏：举人张一麐[1]、户部候补主事彭谷孙（附贡生）[1] 湖北：河南试用知县陶炯照（拔贡） 湖南：江苏候补道杨慕璿 浙江：分部主事陶葆廉（廪生）[2]、前安徽青阳知县汤寿潜[2]、廪生张祖廉、江苏候补知府金兆蕃（举人） 福建：监生郭则澐（按：一字养沄） 陕西：举人毛昌杰、候选训导廪贡生张秉枢	11
二十八年十月初六日	刑部左侍郎沈家本	江苏：分省补用知县刘钟琳（举人）[1] 湖北：生员陈毅[2] 湖南：分省补用知县邹代钧（附生）[1] 浙江：廪生罗振玉[2]、直隶候补同知张美翊（生员）[2]、举人王舟瑶[1]、李廷栋	7

(续表4)

上奏时间（光绪）	荐主	被 保 者	名数
二十八年十月十四日	湖北学政胡鼎彝	江苏：举人程先甲、安徽大挑知县钱麟书（举人）、湖北试用知县蒋宝諴（举人） 湖北：湖北蕲水县教谕张士瀛	4
二十八年十月十六日	奉天府府丞兼学政郑叔忱	湖南：湖北试用府经历李洇（副贡生） 浙江：举人施世杰 广西：内阁候补中书梁济（举人）	3
	云贵总督兼云南巡抚魏光焘	湖南：分省补用知县邹代钧[2]、贵州试用同知贺弼（举人）[1]、江苏存记补用道杜俞，副贡谢玉芝 云南：举人袁嘉谷 满洲：工部郎中端绪（廪贡生）	6
二十八年十月二十七日	刑部左侍郎崇勋	浙江：刑部候补主事刘敦谨（举人）、姚廷炘（举人） 福建：刑部候补主事蔡瑞年（附生） 广西：教习知县林炳华（拔贡）	4
二十八年十一月十六日	湖南学政柯劭忞	湖南：宜章县训导廖树蘅（廪贡生）[1]、华容县训导邓承鼎（举人）、石门县候选训导阎镇珩，廪生曹佐熙、成本璞、黄钟骏	6
二十八年十一月十七日	兵部右侍郎顺天学政陆宝忠	江苏：外务部主事唐文治（进士）、直隶补用道钱鏐[1]、举人陈宗蘷、廪生陆蕖、监生庞树典、外务部员外郎王清穆（进士）、江苏候选教谕周家禄（优贡） 广东：江西试用同知黄立权（举人） 浙江：恩赏员外郎陶葆廉[3]、记名简放道陶大均 福建：外务部主事陈懋鼎（进士）[1] 四川：内阁中书马潛年[1] 满洲：兵部员外郎绍英（荫生）[1]	13

清季的经济特科 185

(续表 5)

上奏时间（光绪）	荐主	被 保 者	名数
二十八年十一月十八日	都察院副都御史张仁黼	直隶：编修华学澜 江苏：编修夏孙桐[1]、直隶补用道钱鏴[2]、候选知州顾锡爵（廪生） 安徽：河南补用道胡翔林（举人）、江苏候补道蒯光典[2] 湖北：江苏补用知县洪槃（举人） 湖南：四川试用道何维棣（进士）、广西试用道汤鲁璠（举人） 浙江：外务部员外郎沈曾植[2]、举人章梫、江苏补用道陈遹声（进士；翰林院庶吉士） 四川：举人吕翼文 河南：工部郎中秦树声（进士）、吴烈（拔贡）、直隶补用知府张孝谦（进士） 福建：候选同知江瀚（监生） 山东：五品卿衔孙葆田（进士） 广东：候选主事罗度（监生）	19
二十八年十一月二十日	江苏巡抚恩寿	江苏：安徽试用布经王铺（廪贡生）[2] 湖南：攸县教谕许岳钟（举人） 浙江：江苏候补直隶州知州施炳燮（监生）、江西候补道王燮 四川：举人拣选知县刘景松、傅守中，庆符县教谕伍鋆（举人） 满洲：浙江候补知府杨钟羲（翰林院编修）[1]	8
二十八年十一月二十一日	户部右侍郎戴鸿慈	直隶：分省知县陶镛（举人） 江苏：户部员外郎刘岳云（进士）、候选道王丰镐（举人） 安徽：举人曹清泉 广东：编修梁士诒[1]、监生杨毓煇、礼部主事罗凤华（进士） 福建：副贡生吴钟善 浙江：内阁中书孟润奎（举人）	9

(续表6)

上奏时间（光绪）	荐主	被 保 者	名数
二十八年十二月初一日	护理山西巡抚布政使赵尔巽	直隶：附生李熙 山西：屯留县教谕田应璜（举人）、举人吴庚 浙江：候补知府王咏霓（进士）[1]、湖北试用知府叶景（夔）[葵][2] 河南：山西保升道员宁远通判吴廷燮[1]	6
二十八年十二月初二日	署四川总督岑春煊	直隶：甘肃中卫知县王树枏[2]、直隶霸州训导纪钜维（拔贡） 江苏：庶吉士魏家骅[1]、分省补用知县刘钟琳（举人）[2] 安徽：直隶候补道杨士琦（举人）、分省候补道周学渊（廪贡生）[1] 湖南：湖北试用知府聂其昌（附生） 浙江：举人王舟瑶[2]、副贡生周善培、附生罗振玉[3] 广西：翰林院庶吉士于式枚、分省试用知县况仕任（举人） 河南：宁远通判吴廷燮[2] 山西：在籍户部主事谷如墉[2]、举人贾西山[1]	15
二十八年十二月初三日	山东巡抚周馥	江苏：庶吉士魏家骅[2]、顾祖彭，直隶候选州判（拔贡）华世芳[1] 安徽：中书科中书马其昶 山东：国子监学正衔前选武定府学教授法伟堂（进士），举人郑重、王维城，廪贡生孔庆埙，附生王善述	9

(续表7)

上奏时间（光绪）	荐主	被保者	名数
二十八年十二月初四日	兵部尚书徐会沣	直隶：刑部候补郎中张瑞荫 江苏：兵部候补郎中李钟豫、工部候补郎中唐浩镇（举人） 安徽：兵部候补主事张百城（举人） 广东：编修桂坫 满洲：兵部候补主事成沂（进士）	6
	都察院左都御史陆润庠	江苏：户部主事彭谷孙[2]，山东试用同知朱士焕（监生）[2]，候选教职徐沅（举人），举人章钰[2]、陆长儁，附生何实睿，监生庞树阶，候选道李振鹏（进士） 安徽：户部郎中刘体智（贡生）[1] 浙江：安徽候补知府王咏霓（进士）[2]、举人武曾任 江西：江苏候补道黎经诰（举人）、举人胡其敬 四川：编修傅增湘 河南：礼部主事刘果（进士）	15
二十八年十二月初六日	吏部尚书管理学务大臣张百熙	顺天：庶吉士袁励准 江苏：湖南试用道张鹤龄（进士）、候选知县屠寄（进士）、户部候补主事杨道霖[1] 湖南：刑部候补主事李希圣[2]、贵州试用同知贺弼[2]、直隶委用知县罗正钧（举人）[1]、补用知县邹代钧[3]、举人张缉光[1]、优廪生王代功[1]、河南候补道易顺鼎[2]、湖北候补知州魏允恭[2]、湖北试用知府程颂万（监生）、拣选知县唐祖澍、湖北候补道陈兆葵（翰林院编修）[1] 广东：编修李家驹[2]、优贡罗惇曧、分部学习主事丁惠康（附贡生）、广西候补道陈昭常（进士）	33

(续表8)

上奏时间（光绪）	荐主	被 保 者	名数
		浙江：外务部候补郎中沈曾植[3]，刑部候补主事孙诒让[3]，举人蔡宝善、举人邵启贤、前青阳知县汤寿潜[3]，候选光禄寺署正罗振玉[4] 江西：内阁中书沈兆祉，湖北候补道梅光羲（举人） 四川：庶吉士李稷勋、员外郎乔树枏（举人）、户部候补主事蔡镇藩（进士）、内阁中书马潜年[2] 山西：刑部候补主事王仪通[2] 满洲：候补员外郎绍英[2]	
二十八年十二月初八日	大学士、吏部尚书孙家鼐	江苏：编修夏孙桐[2]、李传元、吴荫培 安徽：江西试用道江峰青（进士）[1]、分发试用直隶州知州刘体仁（举人）、内阁候补中书方燕庚（举人） 湖北：国子监监丞刘德馨（举人）[2] 广东：编修李家驹[3] 浙江：江西石城知县王宾基（附贡生）、户部候补郎中王宗基（举人） 山东：编修曹福元	11
二十八年十二月初十日	协办大学士徐郙	安徽：候选郎中刘体蕃（附贡生） 广东：编修梁士诒[2]、内阁中书麦鸿钧（举人）、吏部候补主事梁志文（进士）、工部候补主事曾文玉（进士） 山东：内阁中书秦锡镇（举人）[1] 广西：翰林院编修关冕钧	7
二十八年十二月十一日	盛京兵部侍郎萨廉	山东：花翎留奉试用道王志修（副贡）	1

清季的经济特科

(续表 9)

上奏时间（光绪）	荐主	被 保 者	名数
二十八年十二月十三日	工部尚书吕海寰	江苏：直隶补用道何彦昇（副贡）、户部员外郎刘奉璋（翰林院庶吉士）[1]、江苏江浦县教谕陈庆年（优贡）[1] 浙江：安徽试用道沈瑞琳（举人） 福建：兵部主事陈寿彭（举人）[1]	5
二十八年十二月十四日	湖南巡抚俞廉三	湖南：内阁中书欧阳中鹄、宜章县训导廖树蘅[2]、举人梁焕奎、廪监生王代功[2] 河南：山西宁远通判吴廷燮[3] 浙江：副贡生傅以潜	6
二十八年十二月十五日	署理两江总督张之洞	直隶：庶吉士陈骧，刑部主事华学涑（举人） 江苏：编修缪荃孙、修撰张謇[2]、户部郎中刘奉璋[2]、候选郎中李维格[2]、候选内阁中书曹元忠（举人）、候选内阁中书徐振清（贡生）、候选同知张焕纶、候选通判王季烈（举人）[2]、江浦县训导陈庆年（优贡）[2]、直隶候选州判（拔贡）华世芳[2]、布政使司理问职衔贾文浩 河南：山西宁远通判吴廷燮[4] 安徽：江苏候补蒯光典[3] 湖南：刑部主事李希圣[3]、候选知县邹代钧[4]、拔贡姚炳奎、廪生左全孝 广东：廪贡生马贞榆、通判职衔罗照沧、通判职衔汤金铸 浙江：编修沈曾桐、刑部主事孙诒让[4]、候选光禄寺署正罗振玉[5]、安徽候补知府王咏霓[3] 福建：候选道魏瀚[2]、举人陈衍[2] 江西：编修刘廷琛 广西：举人汪鸾翔	30

(续表10)

上奏时间（光绪）	荐主	被　保　者	名数
二十八年十二月十六日	兵部左侍郎李昭炜	顺天：恩县知县李维缄（进士） 江苏：举人程澍 安徽：编修陈同礼、江西庐陵知县郑恭（进士）、江西候补道江峰青（进士）[2]、举人鲍鸿、江西试用直隶州州判方履中（举人）、分省补用道周学渊[2]、廪生光昇、附生江谦、河南候补道张承声（监生） 广东：安徽试用知府陈庆龢（副贡） 湖南：江西婺源知县方永昺（举人）、议叙知县易顺豫（举人） 福建：江苏南丰知县陈君耀（进士） 江西：举人龙元勋、山东清平知县梅汝鼎（进士）、举人傅尔贻、张佑贤、彭士华，编修万本端	21
	国子监祭酒王垿	山东：前大足知县丁昌燕（进士）、内阁中书秦锡镇[2]、内阁中书赵录绩（举人）、兵马司副指挥丁汝彪（廪贡生）	4
二十八年十二月十九日	署礼部右侍郎郭曾炘	直隶：编修严修[1] 浙江：庶吉士陆懋勋、湖北试用知府叶景葵[1] 福建：选用教职林纾（举人）、分省补用知县高而谦 山东：四川补用道张鸣岐（举人） 满洲：议叙知县力钧、浙江候补知府杨钟羲（翰林院编修）[2]	8
二十八年十二月二十二日	浙江学政张亨嘉	江苏：户部主事杨道霖[2] 湖南：庶吉士戴展诚、刑部主事李希圣[4]、举人谭绍裳、优贡戴德诚、廪贡任元德、刑部员外郎曾广镕、河南禹州知州曹广权（举人）[1]	18

清季的经济特科   191

(续表11)

上奏时间（光绪）	荐主	被 保 者	名数
		浙江：前安徽青阳知县汤寿潜[4]，举人胡仁源、张祖廉[2]、周蕴良，廪生冯巽占，安徽试用道刘树屏（进士） 福建：平和县学教谕吴曾祺、外务部主事陈懋鼎[2] 四川：湖北试用道宋育仁[2] 贵州：刑部主事姚大荣（进士）[2]	
二十九年正月十五日	山西学政刘嘉琛	直隶：内阁中书王春瀛（拔贡）、刑部主事王守恂（进士） 山西：举人贾西山[2]、优贡崔廷献	4
二十九年正月十九日	陕甘总督崧蕃	直隶：甘肃中卫知县王树枏[3] 江苏：甘肃补用知县顾其义（举人） 湖南：甘肃试用县丞易抱一（附生） 浙江：广东候补道姚文倬（进士），举人许宝蘅 陕西：甘肃试用知县杨懋源（举人）	6
二十九年正月二十日	广西巡抚王之春	籍贯不详：四川试用知县苏蔼銮	1
	都察院左副都御史恩顺	江苏：中书科中书截取同知朱孙芾（贡生） 河南：翰林院编修顾瑗	2
二十九年二月初一日	广东学政朱祖谋	直隶：编修严修[2] 江苏：生员狄毓乡 安徽：礼部主事章法护（进士） 湖南：河南禹州知州曹广权[2] 浙江：编修吴庆坻、直隶补用道沈桐（贡生）、生员宋恕 广东：户部主事曾习经（进士）[1] 满洲：浙江候补知府杨钟羲[3]	9

(续表12)

上奏时间（光绪）	荐主	被 保 者	名数
二十九年二月初二日奏到	广西学政汪诒书	湖南：安徽候补道赵上达[2]、广西知府曾广钧（进士）、直隶知县罗正钧[2]、贺弼（举人）[3]、刑部主事郭宗熙（举人）、湖北候补道陈兆葵（翰林院编修）[2]、举人陈于夏、张缉光[2]、刑部郎中陈毅[2] 广东：户部主事曾习经[2]、外务部主事饶宝书（进士） 福建：广西知府沈赞清	12
二十九年二月十二日	江苏巡抚恩寿（续保）	江苏：庶吉士潘昌煦，举人单镇、张一麐[2] 福建：举人陈寿彭[2] 安徽：户部学习行走郎中刘体智[2]	5
附：3项被朝廷取缔的保案			
二十八年十二月十一日	太常寺卿李擢英	河南：翰林院编修孙综源 湖南：湖北试用道陈兆葵 浙江：刑部候补主事刘敦谨	3
二十八年十二月二十二日	太仆寺少卿隆恩	贵州：江苏补用知府莫牧 浙江：候选知府孙树英、江西候补知县徐维则、举人胡经一、增生沈桐 湖南：江苏试用直隶州知州聂其杰 江西：附生陶绪泰 福建：记名总兵福建补用副将陈季同（文生）	8
二十九年二月十九日	寿全、奎瑛、堃岫	满洲：孝陵礼部员外郎荣赏、定东陵礼部员外郎庆珍、内务府童生达纯 不详：生员马世正	4

说明：上表中，湖北附生陈毅与刑部郎中陈毅，系姓名相同。另有一些人，因参加乡试、会试、捐纳及其他原因，在应试癸卯特科前后，身份不断变动，如王季烈，中江南举人；罗良鉴，由监生晋身举人、拣选知县；李维格，以候选盐大使捐候选郎中；罗振玉，由生员晋升候选光禄寺署正；郭宗熙、单镇、章钰、吴瑍、易顺豫、周蕴良、武曾任、方履中、袁嘉谷、廖振榘、陈曾寿、郭则澐，中癸卯进士；祝廷华、王宗基、吴庚，中癸卯科补行辛丑壬寅进士等等。此外，还有因荐主的原因，致使被保者的姓名、身份发生分歧者，如郭养沄，应为"郭则澐"；李鑫镕，应为"李金镕"；孙诒让的职衔，唐景崇注明系户部主事，端方则称刑部主事；罗振玉、陈夔龙注明系浙江附生，沈家本则称廪生；张美翊，沈家本注明系候补同知，吴士鉴则称知县，等等，不再一一指出。

综上可知,此届特科被保者合计448人次、362人。① 这一数字不仅大大超出康、乾"词科"的被保人数,也高于同年癸卯常科殿试315人的总规模。正因为如此,社会舆论颇多攻击其滥保,或谓"某大臣所举乃其故旧,某大臣所举乃其亲戚,某大臣所举乃显要之子弟,某大臣所举乃属下之人员,……纷纷訾议"。② 特别是光禄寺卿曾广汉所保李宝嘉(按:上海娱乐小报《游戏报》主笔、《官场现形记》的作者)等,颇多混迹报界,一度招致御史周树模的弹劾;李宝嘉也因此被朝廷除名。此外,该届特科涌入大量勋臣后裔及世家子弟,并且不乏兄弟同膺特科,也是招人非议的重要原因。③ 再则,此届特科对于被保者的身份原有一定限制,但从实际保举情形来看,在京各大臣所保人员,多系部曹京官,实缺外官之列保者,也颇不乏人。《大公报》曾就此建议:实缺官员若应特科,

---

① 其中,罗振玉被保5次;吴廷燮、李希圣、邹代钧、孙诒让、汤寿潜5人,被保4次;蒯光典、李家驹、罗弼、杨宗羲、沈曾植、陶葆廉、王咏霓、王树枏8人,被保3次;江峰青、刘体智、周学渊、陈懋鼎、陈寿彭、陈衍、魏瀚、梁士诒、刘士骥、曾习经、姚大荣、刑部郎中陈毅、丁禧瀚、刘德馨、曹广权、易顺鼎、附生陈毅、陈兆葵、廖树蘅、罗正钧、王代功、魏允恭、张缉光、赵上达、陈庆年、华世芳、李维祁、刘奉璋、刘钟琳、彭谷孙、钱鑅、王季烈、魏家骅、夏孙桐、杨道霖、张骞、张一麐、章钰、朱士焕、绍英、秦锡镇、谷如埔、贾西山、王仪通、马潜年、宋育仁、王舟瑶、叶景葵、张美翊、张祖廉、严修51人,被保2次。
② 《论经济特科》,国家图书馆编:《(清末)时事采新汇选》第6册,北京图书馆出版社2003年版,第2998页。
③ 如陈兆奎、陈兆葵,同为前山东巡抚陈士杰之子;易顺鼎、易顺豫,同为前江苏布政使易佩绅之子;沈曾植、沈曾桐,同为曾官工部员外郎沈宗涵之子;庞树典、庞树阶,同为政司副使庞鸿文之子、湖南按察使庞鸿书之侄;刘体智、刘体蕃,分别为前四川总督刘秉璋之子、之侄;王宾基、王宗基,分别为前上海知县王豫熙之子、之侄;华学涑、华学澜,分别为吏部左侍郎华金寿之子及其族侄;刑部候补郎中张瑞荫,为前军机大臣张之万之子;桑宣,为前刑部尚书桑春荣之子;丁惠康,为前江苏巡抚丁日昌之子;直隶候补道李葆恂,为前河南巡抚李鹤年之子;谭延闿,为前两广总督谭钟麟之子;陶葆廉,为前两广总督陶模之子;候选道许秉琦,为时任闽浙总督许应骙之子;分省补用道周学渊,为时任山东巡抚周馥之子;郭则澐,为时任署理吏部右侍郎郭曾炘之子;王代功,为湖南名儒王闿运之子;曾广钧、曾广镕,同为前江总督曾国藩之孙;沈赞清,为曾任两江总督沈葆桢之孙;绍英,为曾任礼部尚书昇寅之孙;李筠寿,为前直隶总督李鸿章之孙;俞陛云,为浙江名儒俞樾之孙;陈庆龢,为广东名儒陈澧之孙;礼部候补郎中端绪,为湖北巡抚端方之弟;兵部候补郎中刘国柱,为提督刘国桢之弟等。

必须开去底缺,以杜取巧之弊。① 某御史也出面批评道：特科原为拔取真才、遗才,并非专考京官,"况既已服官,无论何署,均自有可见经济之处,岂必俟一考哉!"②

造成此届特科保举人数众多且冒滥严重的原因,一是经济特科前废后举,造成部分大臣行事的混乱。事实上,与戊戌特科相比,"除京朝之官稍有变易,外省各督抚多仍故旧,其在戊戌举行之时,固尝有所保荐,天下人才只有此数,则今之保荐又安所别觅"。③ 为此,一些大臣为避讳起见,刻意另觅新人,是造成所举人才质量不高的原因之一。二则少数大臣从开通风气、鼓舞士心的立场出发,刻意从宽保举。如陕西学政沈卫就认为："现在风气初开,全材难得,臣愚以为选举宜宽其格,而朝廷之甄录必严,……庶风声所树,可以作士气而励人才。"④三则与数年前相比,仕途拥堵的情况日甚一日,致使越来越多的人将特科当成仕途经济的筹码。举人张一麐就抱有这种典型心理："余以甲午而后,三次回避,无路进身,揭债入都,姑妄一试。"⑤其四,部分大臣借机索贿,曲徇私情,也为一些世家子弟、候补官员大开投机之门。

就该届特科被保者的出身构成来看,绝大多数都拥有传统功名、官职或教职,尤以徘徊在仕途边缘的翰詹科道、候补官员、进士、举人等居多。截至诸人被保特科为止,可确定其最高出身为举人以上者,共计228名,占总数的五分之三强;其中还包括拥有进士以至翰林出身者89名。相较于戊戌特科,拥有高等出身的人员

---

① 《时事要闻》,《大公报》1903年2月4日,第3版。
② 《纪事·条陈特科》,《新民丛报》第26号,光绪二十九年正月二十九日。
③ 《论特科》,《同文沪报》光绪二十七年四月二十一日。
④ 《钦遵懿旨保荐堪应特科人材折》(光绪二十八年十月初四日),台北故宫博物院文献图书馆藏：《军机处档折件》,文献编号：150925。
⑤ 张一麐：《心太平室集》卷八,出版地不详,1947年版,第34页。

比例更高。这既反映了当时官场人浮于事的严重现状,也预兆了传统科举制度的穷途末路,即便取得高等科举出身,也难以确保其在仕途上一路通畅。

值得注意的是,此届特科被保者中拥有新式学堂教育背景的员名,较之戊戌特科,有了显著增长。其中,占据最大比重的,是曾经或正在就学、就职于京师大学堂的相关人员。① 拥有两湖书院(按:1903 年改为"两湖文高等学堂")背景的,也有十余人之多。② 此外,南洋公学总教习张焕纶,总理刘树屏、张美翊,学生冯善徵;河南大学堂总办胡翔林;甘肃大学堂总教习刘光蕡;历充四川川东、致用书院院长江瀚等,也都在被保之列。早期的洋务学堂生,也有若干人荣膺保举,包括出身同文馆的王季烈、陶大均,出身福建船政学堂并曾赴法国深造的杨廉臣、魏瀚、高而谦,出身东文学习馆的刘庆汾等。尽管此一现象的形成,主要反映了张百熙、张之洞等少数大员的个人倾向,但与戊戌时期相比,国人对于新式教育的认同程度确有显著提升。而在这批接受新式教育的人员中,又有许多人同时拥有传统功名,这也是教育转型期的典型特征。

从被保者的地域分布来看,人数位列前三甲的是江苏、湖南、浙江三省,其人数相加,几近总数的一半。尤其湖南籍人士,在特科榜单上的位次,已经超过浙江。广东省被保人员总数仍居第四。山东、江西籍被保人数,与戊戌科相比,在全国的总排名微有上升,分居第七、第十;河南、陕西、贵州、奉天四地,则出现零的突破,各

---

① 包括京师大学堂副总办兼考校处李家驹,提调骆成骧、王宗基、沈兆祉、王仪通、魏允恭、蔡宝善、袁励准、曾广镕、绍英、梅光羲;编书局总纂李希圣、邹代钧,分纂罗惇曧、李稷勋,正校马濬年,襄校陈毅;译书局笔述林纾;学堂教习寿富、张鹤龄、喻长霖、杨道霖、王舟瑶、屠寄、杨模、徐振清;学生程澍、胡仁源、成沂、刘国柱、刘钟琳、林炳华、方燕庚、王宗基、麦鸿钧、程澍、饶宝书等。

② 包括曾任教习马贞榆、陈曾寿、汤金铸、姚晋圻、贾文浩、陈庆年、杨守敬、沈曾植、姚晋圻、罗照沧、纪钜维,学生田吴炤、吴元泽等。

有6人、6人、3人、2人入围。满洲人士被荐者有6人。甘肃、新疆及蒙古地区人士,依然无一列保。(参见下表)

表3:癸卯特科被保人士籍贯分布表

籍贯	江苏	湖南	浙江	广东	安徽	湖北	山东	直隶	福建	江西	广西
人数	70	60	47	26	24	21	16	14	15	13	12
籍贯	四川	河南	满洲	陕西	山西	贵州	奉天	云南	不详		合计
人数	12	6	6	6	6	3	2	2	1		362

至于此届特科被荐者的年龄,由于其时颇有"官年"与"实年"的差别,统计起来相当困难。[①] 1904年北洋官报局刊布的《经济特科同征录》,曾据礼部官册,登录其中186人的年龄。笔者又参考《清代官员履历档案全编》《清代硃卷集成》等官方档案,及其他相关史料加以补充,大约可知其中310人的"官年"。其中,年纪最长者,为65虚岁的杨守敬、廖树蘅,一为当时著名的藏书家、书法家、历史地理学家,一因经办湖南水口山铅锌矿有成而享有盛誉;最幼者为20岁的举人胡仁源。从年龄分布来看,绝大多数人处在26—50虚岁之间,其中,处在31—40虚岁之间者有116人,占被统计人数的三分之一强;处在36—40虚岁之间者,尤为密集,共计63人。总体来看,与戊戌特科相比,被保者年轻化的趋向有所增强。

癸卯特科与戊戌特科相隔仅仅5年,但两届被保人员中只有

[①] 为参加科举及入仕的需要,时人向官方上报年龄时,往往刻意抬高或降低几岁,致有"官年"与"实年"的区别。《那桐日记》载:"寿康号锡澄,官年廿三岁,都察院候补都事,实年十九岁。"(北京市档案馆编:《那桐日记》上册,光绪二十三年二月初六日,新华出版社2006年版,第233页)安徽巡抚邓华熙陛见时,也向光绪帝坦言:"臣官册填六十七,实年七十。"(马莎整理:《邓华熙日记》,光绪二十二年九月十四日,凤凰出版社2014年版,第176页)

42名重合,①占癸卯特科被保总数的十分之一。其中,"康党"及保皇党人士被刻意排除在外,是一重要因素。再则,前科保荐大臣为避免犯忌,也有意不予重保。取而代之的,是世家子弟、候补官员、部曹京官乃至酒肉征食之辈大量涌入特科,这一则导致癸卯科人才质量的显著下降,二则也凸显了当时徇情滥举和人浮于事的严重现状。尽管该届特科中拥有新式教育背景的人数,较之戊戌特科明显增多,但也主要集中在张百熙、张之洞等少数人物的保荐单上,难以被视为一种普遍现象。更为重要的是,经历了戊戌特科流产和庚子事变的冲击,时人对于经济特科的重视程度已远不如前。甘肃学政叶昌炽在其日记中称:"新保经济特科政务处咨到第二次清单,陆离迷目。本拟举曾刚甫、王雪澄应诏,今不敢以此辱二君矣。"②夏敦复也叮嘱叶景葵:"特科非正途,万不可应试。"③唐则瑂还因被保特科,在报纸上公开刊文拒绝。④ 时人心理的这种显著变化,形象反映了朝廷威信的急遽下降与官绅离心力的日益增强。不过无论如何,癸卯特科最终还是得以开考,并且成为清朝乃至整个封建王朝特科史上的最后一抹残阳。

三、波澜反复的癸卯特科

经过两年多的筹备,经济特科卒于光绪癸卯年(1903)开考。

---

① 这42人是:蔡元培、陈懋鼎、陈庆年、陈骧、程先甲、程佐衡、崔朝庆、杜俞、方履中、何彦昇、华世芳、江瀚、蒯光典、李维格、李希圣、梁士诒、罗照沧、罗正钧、宋育仁、孙诒让、汤寿潜、陶葆廉、屠寄、汪鸾翔、王仪通、王铺、王咏霓、王舟瑶、魏允恭、严修、易顺鼎、俞明震、喻长霖、曾广钧、曾习经、张謇、张美翊、张一麐、赵宽、郑孝胥、周善培、邹代钧。

② 叶昌炽撰,王季烈辑:《缘督庐日记抄》卷一〇,光绪二十八年十二月二十八日,《续修四库全书·史部·传记类》,上海古籍出版社1996年版,第576册第651页。"曾刚甫",曾习经;"王雪澄",王秉恩。

③ 《经济特科同征录》,叶景葵:《卷盦书跋》,上海古籍出版社2006年版,第30页。

④ 《天津县唐佩员大令辞保荐经济特科书》,《大公报》1903年5月15日,第1版。"唐则瑂",字佩员。

在此之前,关于朝廷有意推迟乃至停罢特科的流言始终不断,这一则因为朝野内外对于被保人员存在颇多异议;①二则当时官场上早已人满为患,经济特科被保人员多达数百,如何安置也将是一棘手问题;三则中国周边的紧张形势,尤其日俄之间剑拔弩张,对于经济特科的举办,也产生一定的不利影响。② 不过在此之前,朝廷已将特科推迟过一次,倘若就此停废,早已江河日下的政府形象,势必再遭重创。适逢张之洞卸任两江总督,入觐述职,遂借机向慈禧太后进言:"此事中外注目,若半途辄止,贻笑外人。"③朝廷几经权衡,决定于该年常科殿试之后,诏试特科。

光绪二十九年闰五月十六日(7月10日),癸卯特科在保和殿初试,实际到场者186名,略高于乾隆丙辰词科的应试人数。④ 但若以被荐总数362名计,应试率仅及一半。造成此一出入的原因:一是部分人员(如曹穗、罗度、贺伦夔、何维棣等)因现任实缺或充任要差,为各该省督抚奏留不考;二则此届特科滥保太甚,志趣稍高及束身自好者(如张謇、缪荃孙、林纾、易顺鼎、范当世、刘光蕡、孙诒让、王树枏、丁惠康、吴沃尧、汪诒年、梁济、江瀚、刘岳云、叶景葵、唐则瑀、李葆恂、周家禄、杨钟羲、马其昶、马贞榆、廖树蘅等),多不屑应考,出身新式学堂者对此也兴趣缺缺;⑤三则少数人士(如陶葆廉、宋恕)适逢丁忧,未能应考;四则朝廷在开考特科问题

---

① 如光绪二十八年冬,某邸奉旨召对,即大力攻击被保者多半系夤缘而来,请旨收回成命。(《时事要闻》,《大公报》1903年1月13日第3版)另有某大臣也言之凿凿地指出:"其中可取者固属有人,然大率以夤缘得保者多,其以虚声而列保者亦不少,甚至有蝇营狗苟、素不为人所齿者,亦得名列荐剡,究竟经济何在? 其弊较之科举为尤甚!"(《时事要闻》,《大公报》1903年7月5日,第1版)
② 《中外近事·特科展缓》,《申报》1903年6月8日,第2版。
③ 《时事要闻》,《大公报》1903年7月9日,第1版。
④ 《民国梁燕孙先生士诒年谱》,台湾商务印书馆1976年版,第52页。
⑤ 《大公报》曾披露:"闻京师大学堂内所有被保荐经济特科人员,除魏蕃士及某君外,余皆不应考。"(《时事要闻》,《大公报》1903年7月4日,第1版。"魏蕃士",魏允恭)

上的游移,和有关此届特科取额极窄、待遇微薄的传言,也影响到部分被保者的应试热情。① 一些被保人员,甚至于初试当日,在京城各处请客,以示清高。② 尽管如此,与清朝此前的历届制科相比,癸卯特科的应试规模依然是首屈一指的。其中又以江苏、湖南两省士子最多,浙江籍也有 19 名之多。③

特科初试阅卷大臣共 8 位,分别是张之洞、兵部尚书裕德、吏部右侍郎张英麟、兵部尚书徐会沣、都察院左副都御史张仁黼、户部右侍郎戴鸿慈、内阁学士熙瑛、兵部左侍郎李昭炜。其中,张之洞因系慈禧太后钦点,且科分最早,声望素隆,故得以位居首座,并一手敲定了考试命题。试题为一论一策,首题为:"《大戴礼》'保,保其身体;传,传之德义;师,导之教训',与近世各国学校德育、体育、智育同义论。"次题为:"汉武帝造白金为币,分为三品,当钱多少,各有定直。其后白金渐贱,钱制亦屡更,竟未通行,宜用何术整齐之策。"④张之洞之所以以此命题,一是考虑到当时急务莫如财政、教育;二是刻意照顾陈衍、陈毅(湖北生员)二人专长,蓄意提拔。⑤ 初试的录取规则和录取结果,也皆由张之洞掌控:

> 十八日卯正,移卷箱上殿,……诸大臣自香涛外,各将取列一等之卷,略加评骘,以小纸书之,以便香涛覆勘,盖俨然视香涛为总裁官,而自居于房考之列也。已初,香涛始覆勘七人

---

① 《时事要闻》,《大公报》1903 年 6 月 20 日、7 月 2 日。
② 《中国十日大事记:特科丛话》,《鹭江报》第 40 册,光绪二十九年六月二十一日。
③ 徐恪儒整理:《许宝蘅日记》光绪二十九年闰五月十六日,中华书局 2010 年版,第 39 页。
④ 《经济特科同征录》"首二场题",第 1 页。
⑤ 王真续编,陈声暨编,叶长青补订:《石遗先生年谱》卷四,出版地不详,民国年间刻本,第 20 页。

之卷,绝不徇同官之情,于其原定等第,时有升降。……酉初,香涛覆勘始毕,拟定一等四十八名,二等七十九名,备取五十九名,首二名皆满卷,悉出劼予之手。惟李理臣之首卷乃列之一等十七名,其意甚鞅鞅,而又不敢争也。①

劼予言,香涛阅特科之卷,其不取者有三:一蹈袭康梁之书例;二引用西书、不择典正者;三誉外太过、立言失体者,均不入选。②

正是得益于张之洞的积极干预,特科初试中的确网罗了不少一时才俊,但与此同时,其独断专行的行事风格,也得罪了不少朝廷权要,对于此后的特科覆试,产生一定的负面影响。

闰五月二十一日(7月15日),特科初试放榜,取中一等梁士诒、杨度等48名,二等桂坫、端绪等79名,另备取生59名,取中率为68%。其中,拥有举人以上出身者85人,占总数的五分之三强(按:经由癸卯春闱,一些被保者的身份已发生变动,此处以诸人的新身份为准)。③ 其籍贯分布,仍以江苏人居首,共37位;次之

---

① 吕佩芬:《湘轺日记》附"特科纪事",北平北江旧庐铅印本1937年版,第2—3页。"香涛",张之洞;"劼予",张仁黼;"李理臣",李昭炜。
② 吕佩芬:《湘轺日记》,光绪二十九年闰五月二十二日,第1页。
③ 《光绪宣统两朝上谕档》第29册,光绪二十九年闰五月二十一日,第173—176页。经济特科初试,名列一等者为:梁士诒、杨度、李熙、张一麐、宋育仁、陈曾寿、陆懋勋、李筠寿、张通谟、秦树声、王季烈、冯巽占、尹彦铄、魏家騄、熊元锷、赵录绩、连文澂、孙儆、刘邦骥、杨道霖、胡玉缙、华世芳、吴烈、陈问咸、吴廷锡、罗惇曧、陈骧、顾祖彭、杨毓辉、许宝蘅、俞陛云、方燕庚、何实睿、徐沅、陶炯照、成本璞、丁昌燕、罗良鉴、张祖廉、蔡镇藩、许岳钟、邓邦述、章钰、张孝谦、单镇、王镛、赵宽、陈宗彝。名列二等者为:桂坫、端绪、刘炳堃、沈瑞琳、饶叔光、胡钧、袁嘉谷、朱孙弗、钱麟书、曾文玉、李钟豫、刘珊、刘敦谨、陈兆奎、萧应椿、饶宝书、蔡宝善、张佑贤、邵启贤、梁焕奎、麦鸿钧、田应璜、桑宣、张士瀛、祝廷华、秦锡镇、江峰青、陈于夏、陆长儁、成沂、王清穆、赵长鉴、李振鹏、刘钟琳、丁禧瀚、吴曾祺、陈君耀、蔡瑞年、冯善徵、周学渊、姚炳奎、张百城、杨模、陆蕖、李廷栋、胡其敬、方履中、刘映黎、欧阳中鹄、邓承鼎、施世杰、周蕴良、刘体蕃、黎经诰、林炳华、王宗基、郑重、刘体智、丁保树、吴钟善、黄运藩、聂其昌、武曾任、毛昌杰、彭谷孙、姚廷炘、吴庚、程先甲、钱鑅、李金癸、贾西山、朱士焕、蒋宝諴、袁励准、唐文治、易抱一、顾锡爵、杨体仁、崔朝庆。

者为湖南、浙江两省人士,各16位。由于上谕及相关章程并未明确对特科录取者的升途,初试阅卷大臣们起初寄望甚高,希望"一等、二等听上施恩录用,备取者若系官员,则加一级,举员则送大学堂肄业,生监则送国子监肄业"。① 张之洞还向慈禧太后面奏,请将优胜者破格录用,以表重视。②

然而一些保守官员出于对新式人才的疑忌和对张之洞专擅行为的不满,对特科初试结果颇有异议,甚或谓被取人员中混入党人,主张从严。如当时社会风传,军机大臣瞿鸿禨在召对时,曾有"梁头康尾"之说:"一等第一名梁士诒,系广东人,为梁启超之弟,其名末字又与康祖诒相同,梁头康尾,其人可知。"③这更加深了慈禧太后的猜忌心理。列名第二的杨度,也因籍隶湖南,且曾留学日本,被疑与保皇党、革命党有所勾结。适逢该年闰五月二十四日(7月18日),匿迹京津报界的前自立党党魁沈荩被人告发逮捕,并于数日后被慈禧太后下旨杖毙。凡此种种,使得京城内外一时风声鹤唳,人心惶惶,对于特科覆试产生严重的不良影响。

闰五月二十七日(7月21日),覆试特科梁士诒等127人于保和殿,试题仍为一论一策,首题为"《周礼》农工商诸政各有专官论",次题为"桓宽言:'外国之物内流而利不外泄,则国用饶、民用给。'今欲异物内流而利不外泄,其道何由策"。④ 与初试相比,覆试的命题风格明显偏于中学,且更趋保守。覆试阅卷大臣也被抽换掉一半,分别是张之洞、刑部尚书荣庆、葛宝华、吏部右侍郎张英

---

① 吕佩芬:《湘辂日记》附"特科纪事",第3页。
② 《时事要闻》,《大公报》1903年7月19日,第1版;陈声暨编,王真绂编,叶长青补订:《石遗先生年谱》卷四,第20页。
③ 参见风岗及门弟子编《三水梁燕孙先生年谱》上,出版地不详,1946年版,第42页;杨云惠:《从保皇派到秘密党员——回忆我的父亲杨度》,上海文化出版社1987年版,第18页。
④ 《经济特科同征录》"首二场题",第1页。

麟、兵部左尚书陈邦瑞、户部右侍郎戴鸿慈、兵部左侍郎李昭炜、署吏部右侍郎郭曾炘。张之洞虽然仍居首座,但因慈禧太后限定覆试取额仅 30 名,而颇费踌躇。荣庆记其事称:"派阅特科覆试卷,……由香翁定弃取,奉庆邸诸位传旨,一等十名,二等二十名,不拆封,十一钟阅毕,四钟香翁始定毕。"① 及至覆试试卷呈上,慈禧太后又命军机大臣覆勘,再淘汰 3 人。最终录取一等袁嘉谷、张一麐等 9 人,二等冯善徵、罗良鉴等 18 人,共 27 人。原特科初试头等前 5 名,仅录取张一麐 1 人,余 4 人皆落选。就其录取总数来看,虽略高出乾隆丙辰词科的取士规模,但其中负盛誉者并不多。

六月初十日(8 月 2 日),特科覆试录取者奉旨引见。传闻此前军机大臣王文韶曾向慈禧太后进言:"若辈皆讲求新学,屡以废科举为言,何必再以科甲与之?但求皇太后赏以饭碗,可也。"② 迨至授官命下,果然擢用极薄,京职、外任,仅就原阶略予升叙,举贡用为候补知县、州佐。这不但与"博学鸿词"科的待遇相差悬殊,甚至较常规保举也不显过优。喧闹一时的癸卯特科,就此惨淡收场。

表 4:癸卯特科覆试取列人员履历及分等名单③
(注:诸人年龄均依礼部官册)

覆试等次	姓名	出身、履历	初试等次	年龄(虚岁)	籍贯	荐主	升　途
一等	袁嘉谷	进士、翰林院庶吉士	二等第7	27	云南	魏光焘	授编修,免其散馆

---

① 谢兴尧整理点校:《荣庆日记》,光绪二十九年闰五月二十七日,西北大学出版社 1986 年版,第 63 页。"香翁",张之洞。
② 《王文勤恶经济特科》,徐珂:《清稗类钞》第 2 册,第 717 页。
③ 资料来源:《带领引见覆试一二等经济特科人员名单》《经济特科人员分等名单》,台北故宫博物院文献图书馆藏:《军机处档折件》,文献编号:157930、157933;《经济特科覆试取列奉旨召见人员详细履历名单》,《鹭江报》1903 年第 42 期;吕佩芬:《湘轺日记》,光绪二十九年六月初二日,第 4 页。

(续表1)

覆试等次	姓名	出身、履历	初试等次	年龄（虚岁）	籍贯	荐主	升途
一等	张一麐	举人	一等第4	35	江苏	沈卫	发往直隶，以知县补用
	方履中	进士、翰林院庶吉士	二等第47	30	安徽	李昭炜	授编修，免其散馆
	陶炯照	贡生、河南试用知县	一等第35	37	湖北	沈卫	以知县仍留原省即补
	徐沅	举人、候选教职	一等第34	28	江苏	陆润庠	发往直隶，以知县补用
	胡玉缙	举人、兴化县教谕	一等第21	43	江苏	李殿林	发往湖北，以知县补用
	秦锡镇	举人、内阁中书	二等第26	36	山东	徐郙、王垿	发往江苏，以同知补用
	俞陛云	进士、翰林院编修	一等第31	36	浙江	陈夔龙	记名，遇缺题奏
	袁励准		二等第74	24	直隶	张百熙	
二等	冯善徵	优贡	二等第39	35	江苏	李殿林	以知县分省补用
	罗良鉴	举人、拣选知县	一等第38	26	湖南	曾广汉	
	秦树声	进士、工部郎中	一等第10	42	河南	张仁黼	作为俸满截取

(续表2)

覆试等次	姓名	出身、履历	初试等次	年龄（虚岁）	籍贯	荐主	升途
二等	魏家骅	进士、翰林院编修	一等第14	39	江苏	岑春煊、周馥	保送知府
	吴钟善	副贡生	二等第60	23	福建	戴鸿慈	以州判分省试用
	钱镠	举人、直隶试用道	二等第69	51	江苏	张仁黼、陆宝忠	以道员仍留原省补用
	萧应椿	举人、分发试用道	二等第15	48	云南	张英麟	以道员发往山东试用
	梁焕奎	举人	二等第20	35	湖南	俞廉三	以知县分省试用
	蔡宝善	举人	二等第17		浙江	张百熙	
	张孝谦	进士、直隶补用道	一等第44	47	河南	张仁黼	以道员仍留原省即补
	端绪	廪贡生、礼部候补郎中	二等第2	27	满洲	魏光焘	俟留部后以郎中即补
	麦鸿钧	举人、内阁中书	二等第21	28	广东	徐郙	作为历俸期满
	许岳钟	举人、攸县教谕	一等第41	46	湖南	恩寿	以知县分省试用
	张通谟	举人	一等第9	40	湖南	刘坤一	
	杨道霖	进士、候选郎中户部候补主事	一等第20	48	江苏	张百熙、张亨嘉	仍以主事即补

(续表3)

覆试等次	姓名	出身、履历	初试等次	年龄（虚岁）	籍贯	荐主	升　途
二等	张祖廉	举人	一等第39	31	浙江	沈卫、张亨嘉	以知县分省补用
	吴烈	贡生、候选直隶州州判	一等第23	43	河南	张仁黼	
	陈曾寿	进士、刑部学习主事	一等第6	23	湖北	张之洞、端方	作为学习期满

倘若说清初的"博学鸿词"科以其抡才盛典而垂为美谈，癸卯特科却因朝廷的种种失当举措和怪相百出，成为清朝历史上"最失士心"①的一科。其实，早自戊戌时期，浙江巡抚廖寿丰就曾强调过"经济"取士与"词科"取士的重要区别，并对以文字高下衡量专业人才的做法提出过商榷。迨至癸卯特科再举，时人对于经济特科的考选方式也存在颇多争议。或曰："经济，非可以言见者也。……其为学也，宗旨既极纯正，而又济以高远之识见、恢张之瞻略、镇静之心思，故能或经或权，可常可变。呜呼！以是而言经济，岂纸上空谈者所能袭取哉！……不知原设鸿博科之意，只取文章尔雅、经术湛深者，藉以润色鸿业，黼黻升平，故即以文字第其等差，已足见国家稽古右文之意。若兹之特科，所重在经济耳，事虽相同而意则迥别，安可与之相提并论哉！"②或曰："所保诸人，有长于经学者，有长于史学者，有长于兵学者，有长于算学者，有长于格致者，有长于时务者，皆未闻就其所长而试之。而首场所试之题，则只在教育之大意、陈旧之钱法；覆

---

① 冒广生：《癸卯大科记》，《如皋冒氏丛书》第27种，第16页。
② 《论经济》，《申报》1903年7月24日，第1版。

试之题,则又为周官之陈迹、商务之常谈。……苟以此为凭,则又与科举何以异?"① 或曰:"特科所试各题,皆宽泛笼统,古不古,今不今,有才者无以自见,无学者亦可滥竽。"② 换言之,在新式学堂大量兴办、出洋留学蔚然成风的形势下,癸卯特科更多暴露的是其陈旧落伍的一面。

再者,癸卯特科原则上是要弥补常科之不足,但实际上多数人仍未摆脱常科中形成的惯性心理,当然也难以摆脱充斥在常科中的种种痼疾。先从应试者的考前准备来看,尽管特科章程声明不重楷法,但考期临近之时,"与考诸公均寻觅静室,勤习楷法。……中国经济人才,即此可见一斑"。③ 陈黻宸也评论:"今科殿试、朝考专重抄写。更有奇者,考经济特科亦重抄写。变法之后办法如此,天下滔滔,令人目眩!"④ 再看应试者在考场上的表现,更是让人瞠目结舌:

> 日前考试特科,有某某二君不明题目体育、智育、德育为何义,遍询同考诸公,始敷衍完篇。
>
> (初试)考试科目之日,天气极热,与试者在殿上多有将大衣脱去,仅余汗褂者,且翻阅书籍,监试者亦不过问。⑤
>
> 有正场考列高等之某太史,竟不知桓宽为何朝人,在殿廷历询之于同试者。⑥

---

① 《论今日不易得人才》,光绪二十九年,《(清末)时事采新汇选》第6册,北京图书馆出版社2003年版,第2981页。
② 同上。
③ 《时事要闻》,《大公报》1903年6月23日,第2版。
④ 《致醉石弟书第二二》(1903年7月中旬),陈德溥编:《陈黻宸集》下册,中华书局1995年版,第1060页。
⑤ 《中外近事·特科余闻》,《大公报》1903年7月14日,第1版。
⑥ 《经济特科覆试题》,徐珂:《清稗类钞》第2册,第716页。

不仅如此,以特科殿试之冠冕郑重,居然还有枪手混迹其间,至三四人之多。① 试后,因陈衍顶格答卷,考官们又拒阅其卷。这让原本对特科就寄望不高的张之洞更增感慨:"经济人才而用考试,已不合矣,尚要论格式乎?……可叹,可叹!"②张一麐还透露:"余卷本列第一,拆封见一江苏举人,以煌煌大典之特科,而首列本无官阶,过于减色,乃以原定第十名之袁君(按:翰林院庶吉士袁嘉谷)易之。"③

值得注意的,还有时人新旧之见的难以消融。尽管此时清末新政已拉开帷幕,但新旧之间的对立依然壁垒鲜明,尤其在政治上层中,厌恶新学的风气依然相当普遍。与常规科举中部院大臣们争相出任阅卷大臣的情况形成鲜明对比,癸卯特科初试时,"满汉大臣皆不愿列名,多有请假者。故礼部奏派阅卷大臣,仅得八人之数"。④ 特科覆试时,廷臣们同样避之唯恐不及。郭曾炘之子郭则澐揭露:"先文安公与覆试阅卷,言是日各衙门堂衔多注假,列名者仅八人,遂俱获派。衡文非畏途也,而规避若此,是足觇当日风尚矣。"⑤欲以旧思想、旧观念如此浓厚的政治上层,提拔有新思想、新观念的新式人才,实在不能不让人有缘木求鱼之慨。

至于清政府对有党人嫌疑的特科人士严加清查的行为,更是沦为革命、保皇两党竞相抨击的对象。革命党方面曾以《经济特科者,制造革命党之机械也》为题,针对特科初试录取的18人被指为革命党而逮捕的流言,依次向国人、醉心改革者和汉族官僚敲响警钟称:

---

① 《中外近事·枪手何多》,《大公报》1903年7月13日,第2版。
② 陈声暨编,王真续编,叶长青补订:《石遗先生年谱》卷四,第20页。
③ 张一麐:《心太平室集》卷八,第34页。
④ 吕佩芬:《湘辂日记》附"特科纪事",第2页。
⑤ 《经济特科》,龙顾山人纂,卞孝萱、姚松点校:《十朝诗乘》,福建人民出版社2000年版,第1000—1001页。"文安公",郭曾沂。

今日汉满两族之界限,已如鸿沟之划然,万难再合。汉人虽恭顺满人,总以为叛逆;汉人虽忠君,满人总以为革命。不观夫经济特科乎?同胞之恶梦,其可以醒矣。

今日满清政府可以逮捕经济特科,明日又何不可以乡试、殿试之人,指为革命党而逮捕之,则诸君所抱持之运动满清政府之目的不可达,而先断送此万金国民之躯也。

满汉政府煌煌之谕旨,三令五申,所以诏戒诸君者,岂不曰保举心术端正、学问纯粹之士乎?而诸君今日所〈所〉保举者,满清政府,乃指为革命党,则诸君为革命党之首领也。诸君虽为满清政府数十年之恭顺无贰心之老汉奸,然乌能保其不疑诸君?试思今日汉满两族竞争正为惨剧之时,满清政府其尚信诸君乎?①

短批评《经济特科之结果》,用语虽不如上文激烈,却也同样点中清政府的软肋:"以卢骚二字而除名,以疆吏之讦参而抽卷,除名、抽卷之不已而捕人。而不在此列者,其用阶不过照原品加一衔、升一级而止,而诸人之不满意者已多。于此而欲网罗不逞之徒,以保我家运,毋乃方针之左?……吾观以此而知东亚君民之残局可从此定矣。"②保皇党方面也同样谴责清政府的做法太过拙劣:"榜既发,且覆试矣,忽有逮捕之耗,于是有株累之嫌疑者,纷纷轻骑襆被,微服出都门。且闻条列数十人,虽素有顽固腐败之名者,亦厕其列。虽未竟其狱,然风声鹤唳,京师皇皇矣。噫嘻,明诏征之,大臣荐之,使之鳞萃阙下,英雄尽入彀中,然后为一网打尽之计,计则巧矣,得无儿戏耶?"③

---

① 《江苏》1903年第4期,第11页。
② 《短批评:经济特科之结果》,《国民日日报汇编》1904年第1期。
③ 《杂评:特科异闻》,《新民丛报》第35号,光绪二十九年六月十四日。

即便政府中人,对于朝廷在癸卯特科中种种自相矛盾的做法,也颇多不满。御史徐堉总结称:"臣闻自保送以至考取,均非核实之道。当其保送也,原保大臣所知者,固不乏人,而或采之虚声,或出之以请托,转相标榜,互为推援。……既其考试也,有裹足不前者,亦有临场不到者,人心向背,于斯可见。即入场之人,能文者固自不少,而夹带盈箱,抄袭满纸,揆之经济两言,已属有名无实。迨至取定名次之后,更觉骇闻,或谓场外拟题,或谓抄录报本,更或谓康梁党、富有票、洋商大贾滥厕其中。以煌煌然求才之特科,而物议滋纷,熏莸莫辨,人言啧啧,实觉可骇而可惧。"[1]张之洞也感慨:"此事意外阻力太多太巧,闷闷。"[2]事后张之洞还曾私下派人邀约梁士诒、杨度一道返鄂,然二人一投北洋,一逃日本,未遂其愿。[3]

如果说戊戌特科尚有几分郑重其事的意味,癸卯特科相当程度上就是一场闹剧。慈禧太后虽然充当了特科的发起者,却缺乏足够的政治诚意,故辛丑四月刚有举办特科之旨,当年六月即有严格保举之谕;特科集试原定壬寅年正月,嗣又延至癸卯年闰五月;初试结果录取从宽,覆试结果又与之大相径庭。其种种犹疑不定的举措,不但受到革命、保皇两党的嘲讽,也使许多有识官员大失所望。尽管此届特科中,"康党"在国家高层政治、人事上的影响已经基本被清除,但"康党"的威胁在慈禧太后心中依然根深蒂固。故而"梁头康尾"之谣与"沈荩案"的发生,着实正中她的要害,并直接影响到特科覆试的考选与任用。而革命党的迅速崛起,也被清政府视为继保皇党之后的又一心腹大患,故有急令严查革

---

[1] 《经济特科保送人员当慎重其选片》,台北故宫博物院藏:《军机处档折件》,文献编号:157799;军机处《随手档》,光绪二十九年六月初三日。
[2] 《致武昌梁署盐道》(光绪二十九年六月初六日亥刻发),赵德馨主编:《张之洞全集》第11册,第87页。
[3] 参见杨云惠《从保皇派到秘密党员——回忆我的父亲杨度》,第18—20页。

命党之举,及杨度狼狈逃亡日本之事。癸卯特科的虎头蛇尾与所取人才的不景气,不仅使国人对朝廷的"下诏求贤"大失所望,并连带质疑清政府推行新政的决心与诚意,也再次印证了当政者的失道、制度的腐朽、人心的疏离,预兆了晚清王朝末日不远的国运。此后,光绪三十四年(1908),因御史俾寿之奏,督办政务处一度又有仿行"博学鸿词"科,以保存国粹之议。然因光绪皇帝、慈禧太后相继薨逝,主持其事的张之洞也于不久后离世,最终不了了之。

小　　结

有清一代,最重要的制科有三,分别是康熙己未、乾隆丙辰的"博学鸿词"科和光绪年间的"经济特科"。其中,己未科"取士最宽,而最为后世所称述,性道、事功、词章、考据,皆有绝特之成就"。丙辰科的取士规模缩为前者的三分之一,已有"但为承平之世增一部鼓吹"之讥。至于光绪癸卯(1903)特科,尽管被保人数和应试人数超越前二者,却是形同虚设、最失士心的一科。孟森先生讽之为"盲人瞎马,彷徨索救,狐埋狐撍,举动多可笑也",诚为确评。①

清季两举经济特科的失败,表面上缘于慈禧太后的举措失当,本质上却反映了专制统治的腐朽落后。戊戌年间,康有为等人之所以有意将经济特科与预设的"制度局"连贯一气,归根究底就是想以君主立宪取代皇权专制。迨至癸卯年,时人更是深刻意识到:"处弱国之境遇,而欲广求人材,……莫如改定教育方针,首先革除旧日之专制政治。"②此外,新旧之见的难以消融,也是横亘在清季特科制度前的严重障碍。所谓"经济人才",要在熟谙西学、精通

---

① 《己未词科录外录》,孟森:《明清史论著集刊》下,第484、508页。
② 《论人材与弱国之关系》,《大公报》1903年7月13日,第1版。

时务。然而不论是戊戌年间,抑或癸卯年间,勿论时人对于西学的认识途径和认识程度都太过有限,即便有不世出的人才,也很难在当时的政治上层立足。戊戌年间,与经济特科相关诸人被杀被黜的遭际,以血淋淋的事实印证了此点。迨至癸卯年间,政治上层对于新学依然存在根深蒂固的排拒心理。洞悉朝廷内幕的于式枚披露:"太后之意,不喜新学,而经济特科皆言新学者,故深慭之。既下明诏举之,又不得不一加考试。故头场录取一百余人,太后甚不谓然,此覆试所以严加澄汰也。"①翰林院侍读学士恽毓鼎也于同年记称:"请余绶屏、张季端、周少朴、李橘农、李木斋、杨若朱、顾亚蘧诸同年。绶屏赴津未回,若朱以病辞。席散畅谈,至更深始散。诸君于东南新学俱深恶而痛斥之。"②

再就经济特科本身而言,尽管晚清两举特科都号称模仿"博学鸿词"科,但少数有识之士已然意识到"经济科"与"词科"在选才取向上的巨大差异,尤其庚子之后,朝廷已然废除八股,改试策论,经济特科与常科就考试形式而言,已无太多本质差异。换言之,开设特科之于科举改革的积极作用,已被大大冲淡。正如某文所言:"今兹寻常科举,考法已变,废八股而改试策论,类皆以中外古今、政治史事、艺学等试士。……乃今(经济特科)之所考试者,既仍不出夫中外古今、政治、史事、艺学,空言敷衍,与寻常科举无异,而一论一策,仅仅两场,较之寻常科举之考试三场至十三艺,此外复有考遗、覆试、朝考、殿试各考试者,其容易且远过之。事半功倍,劳轻荣重,更何以解于经济特科赫赫之名而副其实乎?"③而癸卯特科的结果也印证了,即便是制科再举,也难以挽救科举制度日趋

---

① 吕佩芬:《湘轺日记》,光绪二十九年六月初五日,第4页。
② 恽毓鼎著,史晓风整理:《恽毓鼎澄斋日记》第1册,光绪二十九年正月初八日,浙江古籍出版社2004年版,第206页。
③ 《论经济科考试之难》,《沪报》光绪二十九年闰五月十六日。

没落的颓势。事实上,与开设特科相比,有识之士更多希望的是尽快废除科举,以迎合通过新式学堂来培养、求取专业人才的时代需求。

  从戊戌到癸卯,相隔不过五年,清朝的内外局势已发生沧桑剧变,尤其在经历了义和团运动和庚子事变的冲击后,清政府的对内对外形象近乎扫地。迨至癸卯特科举办的当年,时局之阽危,更是日甚一日。革命力量的迅速崛起、此起彼伏的民变、蔓延各地的学潮、拒法运动、拒俄义勇队运动、"苏报案"、"沈荩案"、日俄局势的紧张等等,无不昭示着清朝统治的岌岌可危。尽管清政府已然打出"新政"的招牌,冀图挽救,但单就它在癸卯特科期间的左右失据、求才无方来看,已在相当程度上证明其依然拒绝接受新鲜的政治血液,也依然缺乏蹈行改革的决心与诚意。倘若没有此后日俄战争的再度刺激,清末新政是否会如戊戌新政一样再遭蹉跌,朝廷是否会同意断然停罢科举,其结局实难预料。

科名到此天亦贱：最后两科会试借闱河南的缘由和影响

韩 策

摘要：由于《辛丑条约》的规定，癸卯（1903）、甲辰（1904）最后两科会试破天荒地不能在北京举行，而借闱河南开封贡院开考。其实，清朝中枢和礼部本想借闱南京，但因两江总督刘坤一态度消极，所以最终选定地处中部、贡院宏敞的开封。借闱河南主要便利了河南、陕甘举子，但给人数众多的东南举子造成颇多不便。这不仅导致入闱人数大减，而且降低了科举声价。借闱河南使会试考官疲于奔波的同时，也给他们创造了额外收入，但大大增加了河南省城官员的经济负担。借闱考试正值芦汉铁路修筑之时，火车和骡车等并用，其间的利钝悬殊，让广大士子经历了一场新旧交通的直观体验。同时，短期内帮助大量南方士子入汴，也考验了豫、鄂官方的组织动员能力和应对突发事件能力。

关键词：科举改制，癸卯科会试，举人，张人骏，芦汉铁路

作者简介：韩策，北京大学历史学系助理教授

纵观1900年之前的清代科举史，因太平天国运动，江南乡试和江西乡试虽曾借闱浙江，但全国性的礼部会试却从未移出京师

半步。① 然而,庚子事变彻底改变了历史。按照《辛丑条约》之规定,北京五年内既不能举行顺天乡试,亦不能举行礼部会试。而京师贡院也已被夷为平地。无奈之下,清廷高层经过反复商议和慎重权衡,最终决定顺天乡试和礼部会试借闱河南开封贡院。于是,有清一代最后两科会试——癸卯科(1903)和甲辰恩科(1904)——破天荒地离开北京,在中州汴梁举行。那么,这一重大变动带来了什么影响?本文尝试从考官、举子与地方官的角度,探讨这一问题。

一、借闱河南缘由新释

既往研究对借闱河南的原因已有探讨。② 惟就河南论河南,最多说明河南开封贡院有条件成为借闱试点,但不足以说明必须要借闱河南。其实,开封绝非唯一选择,南京曾是重要选项,济南也是考虑之一。借闱河南的最终决策,是慈禧太后、政务处、礼部、议和全权大臣、刘坤一、张之洞,以及外人反复互动的产物。不同的借闱试点,必对来自五湖四海的数千举人的选择和境遇造成不同影响,给借闱当地的官场及周边商民带来截然不同的结果,甚至关系到科举制的最终命运。因此,借闱地点的决策过程及其背后的权衡值得考察。

辛丑年(1901)三、四月间,由于英国驻华公使萨道义固执己见,要求顺天乡试、山西乡试甚至北京会试均停五年,中外议和陷入僵局。四月十三日,李鸿章、奕劻为了不"牵碍撤兵要务",准备

---

① 关于清代乡试停科、展期、补考的讨论,可参见商衍鎏著、商志䨱校注《清代科举考试述录及有关著作》,百花文艺出版社2004年版,第122—124页;王立新:《咸同年间文闱停科问题考订》,《近代史研究》2016年第5期;贾琳:《时间延展与制度变迁:清代科举"展期"考论》,《中国史研究》2018年第1期;韩策:《东南互保之余波:朝臣与督抚关于辛丑乡试展期的论争》,《近代史研究》2017年第2期。

② 范沛潍:《清末癸卯甲辰科会试述论》,《历史档案》1993年第3期;王瑶、李银良:《清末最后一次会试考述》,《黄河科技大学学报》2013年第1期。

在停试问题上妥协,并提示"乡、会等试或可借闱举行"。① 不过,此时尚未商及借闱地点。随后经过积极磋商,李鸿章"认为"外人已同意北京会试不停,遂于四月十七日电告中枢。②

与此同时,湖广总督、直隶人张之洞对直隶、山西停考乡试五年甚为不满,但鉴于外人以两省的义和团运动最剧烈、乡试断不能行的立场,故向萨道义及德国公使穆默提出了借闱乡试的办法:直隶、山西分别借闱山东、河南。该提议得到两江总督刘坤一的支持。③ 萨道义顾及英国在长江流域的巨大利益,必须维持与刘、张的友好关系,所以表示不反对张之洞的建议。④ 如果此案就此了结,也算是不错的结果。可是,萨道义在北京会试问题上最终并未让步,这就使得李鸿章颇为被动。而会试借闱何处,也就成为必须尽快解决的难题。

五月初三日,身在北京的美国公使柔克义已经了解到:中国政府打算将会试移到某省首府——"可能在河南开封府举行"。⑤ 此处"中国政府"似指北京的全权大臣。有意思的是,恰在三日之后,李鸿章致电军机处云:"惟闻各使中仍有不愿北京会试者,请借

---

① 《寄西安行在军机处》(光绪二十七年四月十三日),顾廷龙、戴逸主编:《李鸿章全集》第28册,安徽教育出版社2008年版,第234—235页。
② 《全权大臣奕劻、李鸿章电报》(光绪二十七年四月十七日),故宫博物院明清档案部编:《义和团档案史料》下册,中华书局1959年版,第1186页。
③ 《致京英国钦差萨大臣、德国钦差穆大臣》(光绪二十七年四月十九日子刻发)、《致江宁刘制台》(光绪二十七年四月二十日丑刻发),苑书义等主编:《张之洞全集》第10册,河北人民出版社1998年版,第8589—8590页。《江宁刘制台来电》(辛丑四月廿一日酉刻发、亥刻到),《张之洞档》第87册,虞和平主编:《近代史所藏清代名人稿本抄本》第2辑(《张之洞档》均载此辑,不再注出),大象出版社2014年版,第464页。
④ Ian Ruxton ed., *The Semi-Official Letters of British Envoy Sir Ernest Satow from Japan and China*(*1895—1906*), Morrisville: Lulu Press Inc., 2007, p. 247.
⑤ 《柔克义致海函》(119号),天津社科院历史研究所编,刘心显、刘海岩译:《1901年美国对华外交档案:有关义和团运动暨辛丑条约谈判的文件》,齐鲁书社1984年版,第330页。

河南考棚。"①李鸿章称外人请借闱河南,恐系托词。与柔克义的说法合观,似可知此时李鸿章等人主张借闱河南会试。一旦决定会试借闱河南,则顺天乡试虽未明言,很可能也就借闱河南。

然而,这就与张之洞"交涉成功"的提议有了冲突。七月初九日,《辛丑条约》画押前夕,张之洞致电军机处,历数其与刘坤一为直、晋借闱鲁、豫的辛苦交涉,恳请朝廷饬令议和全权大臣与各国磋商"直、晋两省不滋事各州县,准其借闱乡试"。电文中且暗藏玄机:"德使复电云,彼甚愿照办,惟有人不以为然。"②与此同时,张之洞在致其姐夫、军机大臣鹿传霖的密电中透露了"不以为然"者正是李鸿章:"直隶不滋事地方不准借闱乡试一节。德使电告德领事,谓系合肥之意,嘱敝处勿怪伊等语。可骇可怪。特密达。此事务望请旨饬合肥妥商,于此次明降谕旨时,将两省借闱乡试提明方妥。不然,以后畿辅民心岂能安靖哉。"③不过,张之洞的诉求未获满足。

不久,会试借闱河南的消息就在报刊上传开。④ 然而,事实上并未如此顺利定局。九月初,当留京礼部拟稿请旨时,河南、山东,尤其是南京,均是选项。⑤ 身在北京的冯汝琪亦探悉"礼部奏请在南京会试",惟奏折"尚未拜发,出奏后尚不知谕旨如何"。⑥ 外人在华所办的《字林西报》此时却开始调侃中方在借闱地点上的游移:"中国北京乡、会试,以去年之乱,停止五年,已见诸和议草约之

---

① 《寄西安行在军机处》(光绪二十七年五月初六日),顾廷龙、戴逸主编:《李鸿章全集》第28册,第291页。
② 《致西安行在军机处》(光绪二十七年七月初九日午刻发),苑书义等主编:《张之洞全集》第3册,第2222—2223页。
③ 《致西安鹿尚书》(光绪二十七年七月初九日午刻发),《张之洞档》第35册,第354—355页。
④ 《时事要闻》,《中外日报》1901年9月6日,第1版。
⑤ 《时事要闻》,《中外日报》1901年10月25日,第1版。
⑥ 《冯汝琪致冯金鉴》(辛丑年九月卅日),《冯汝琪家信》,中国社会科学院近代史研究所档案馆藏(以下简称近代史所档案馆藏),甲203。

内。乃中政府先欲改行于开封,后欲举行于济南,今则竟欲改于南京行之。盖太后及顽固党以恐外人不允,故其初尚不过欲图易地,并非决意。今以各国不甚在意,故又决欲在南京举行矣。以此而论,李相之外交手段较各公使又胜一筹矣。盖会试事宜,暂在江南举行者,实为李相所奏也。"[1]李鸿章曾否独自奏过会试借闱南京,目前尚无档案资料佐证,不过报刊据"京函"却说得煞有介事,甚至谓"政务处颇以为然"。[2]

无论如何,十月礼部会同全权大臣(李鸿章此时已去世)所上奏折,确实意在南京:

> 今会试既难在京举办,只得移借外省乡试贡院。除停止考试地方及离京较远省分未便移借外,查山东、河南固属距京较近,惟总裁、同考等官员数众多,同日驰驿,诚恐沿途夫马及尖宿处所供应太繁。且山东、河南两省内帘房屋均系十四房,只有江南贡院两省合考,向系十八房,规模较宽。而总裁、同考、提调等官应须驰驿前往者改由火车、轮船,亦觉便捷。至该三省现在情形,臣等未能深悉,应于何省借闱考试,较为合宜之处,伏候圣裁,以便钦遵办理。[3]

可知礼部欲借闱南京的理由主要是:考官便利、沿途地方供应负担较轻、贡院规模合适。进言之,选择与京师贡院同为十八房的江南贡院,表面称规模较宽,实则暗含朝廷体制。考虑到会试破天荒地不能在京举办,主要是英国公使等外人"压迫"所致,那么即使借闱,也须体制相当。故地位仅次于北京的南京自然

---

[1] 《时事要闻》,原刊《字林西报》,《中外日报》1901年10月25日第1版译载。
[2] 《江南会试》,《选报》第1期,1901年11月11日,无页码。
[3] 礼部:《续增科场条例》,光绪二十八年刻本,第8页。

是首选。不过,如何定夺尚须最高层慎重权衡,既要为考官、士子的便利着想,也须避免外人干涉,还要考虑借闱当地督抚的态度。

从外人角度看,英国公使、参赞此前均表示过会试可以借闱南京。早在 5 月 10 日之前,由于萨道义在北京会试问题上不肯松口,李鸿章放出风来:如果坚持停止北京会试,皇帝将不回銮。萨道义在给英国外交大臣兰士敦侯爵的信中,已表示中国人或许可以借闱南京举行会试,但绝不允许北京举行任何科举考试。① 因此,英国参赞杰弥逊在 5 月 24 日与张之洞晤谈时,亦称直隶、山西"乡试必须全停,会试只可改在他省,或在南京"。② 况且,礼部奏折系会同议和全权大臣所上,想必外人的意见早已考虑。

看来最终未选南京,似与两江总督刘坤一的消极态度有关。礼部折递上后,旨下政务处议奏。据说最高层专门探询刘坤一之意,刘"于此颇觉难置可否"。③ 由于借闱南京无疑会给江苏增加诸多负担,且会试如借闱南京,顺天乡试就很可能也借闱南京,则江南乡试便须推迟至十月再举行,甚为不易。主张科举减额、大兴学堂的刘坤一自然不愿同意,但又不好表态反对。不过,以刘坤一斯时的权势威望,又系参预政务大臣,只要他不明确支持,政务处恐不便强行议准。这是政务处否决礼部的南京方案,最终选择河南开封的重要原因。

当然,选择河南亦有其他考量。范沛维认为,除京师贡院被

---

① Ian Ruxton ed., *The Semi-Official Letters of British Envoy Sir Ernest Satow from Japan and China*(1895—1906), p.244.
② 《致西安行在军机处、江宁刘制台、上海盛大臣转全权大臣》(光绪二十七年四月初八日未刻发),苑书义等主编:《张之洞全集》第10册,第8577页。
③ 《覆奏踌躇》,《中外日报》1901年11月14日,第2版。

焚外,①还有四点原因:一、河南的义和团运动不似山东、直隶、京津地区剧烈,"在河南举行会试,就不易引起外交纠纷。这是癸卯、甲辰科会试借闱河南贡院最主要的一个原因";二、"开封地处中原,位置适中,交通便利";三、"河南贡院占地颇广,号舍众多,条件较好,完全有条件承担全国会试";四、"太后对开封产生了好感,特别是对河南官员的接驾十分满意……在开封举行会试,也可算是对河南的照顾与重视,给河南官员的体面"。② 只是这种解释最多构成借闱河南的充分条件,而不足以构成其必要条件。

首先,如果注意到礼部会同全权大臣奏请在南京会试,那么义和团运动的解释就站不住脚了。因为河南尚闹义和团,且南阳府、光州在停试之列,两江则在东南互保之下,并无义和团,江苏且无教案,更无外交纠纷。其次,开封确实位置适中,如在轮船、火车未通时代,四方士子"固无远近悬殊之虑",但在"东南诸省轮舟畅行"而芦汉铁路尚未全通的时代,开封与北京、南京相比,就算不上交通便利。迟至1903年,芦汉铁路虽已修至信阳州,但距离开封省城"尚有六七百里",当癸卯科会试之时,"吴、越、湘、鄂、闽、广等省之公车赴汴,无论自信阳州换车,由清江浦起岸,皆须陆行数百里始能得抵汴中。其间或因道路难行,或因车辆难觅,种种受累,窘不堪言"。③ 因此,与南京相较,选择河南仅对河南、陕甘、山西地区士子便利,对大量南方士子几乎是个梦魇。再次,河南贡院占地辽阔、气势雄伟则是实情。朝廷决定顺天

---

① 其实,因为全权大臣争取北京会试的交涉失败,所以即使京师贡院未毁,也须借闱。王瑶、李银良已指出此点(《清末最后一次会试考述》,《黄河科技大学学报》2013年第1期,第89页)。
② 范沛潍:《清末癸卯甲辰科会试述论》,《历史档案》1993年第3期,第106—107页。
③ 《论汴省举行乡会试之非宜》,《申报》1903年5月13日,第1版。

乡试借闱河南后,开封贡院随即展拓扩建,其内帘规模较京师贡院尤宏。后来癸卯科会试同考官恽毓鼎就称赞"其规模胜京闱多矣"。①

至于说在开封举行会试,是出于慈禧太后对河南官员的好感、给他们的体面,恐怕要仔细分析。破天荒地在地方举行会试,对地方官来说,或许是"无上光荣",但也是财政与精力的巨大负担。所以,这就取决于当地官员如何看待科举考试。如果在主张减废科举的刘坤一、张之洞、端方、赵尔巽等人的地盘举办会试,恐怕他们就未必觉得"体面"。不过,河南当局的情况却恰恰相反。辛丑年九月十七日,刚刚卸任河南巡抚的于荫霖在召对时,就主动"申请"在河南举办乡、会试。他说:"回京以后,但能开科,不妨藉河南贡院乡、会试,以固人心。"慈禧说:"本来是固结人心要紧,你说得话都是当办的事。"②这一对话值得特别注意。而且,时任河南巡抚松寿也没有表现出废科举的倾向,且系满人,对朝命更无商量余地。此后直至1905年立停科举,历任河南巡抚锡良、张人骏、陈夔龙均倾向于保全科举。此外,借闱河南或许有照顾河南、陕西士子、商民的意思,但也给河南地方带来财政压力,而地方官出的钱还是来自老百姓。其实,参加顺天乡试、会试的士子来自全国各地,放在南京亦颇合适。

因此,清廷之所以决定借闱河南会试,很可能是这样考虑的:礼部与全权大臣意欲借闱南京,既便利考官,也方便大部分士子,但两江总督刘坤一不同意,于是只好作罢。河南与山东相比,有地处中心、贡院闳敞的优点,且督抚惟命是从,所以被政务处选中。

---

① 恽毓鼎撰,史晓风整理:《恽毓鼎澄斋日记》第1册,浙江古籍出版社2004年版,第216页。
② 于荫霖:《悚斋日记》,沈云龙主编:《近代中国史料丛刊》(224),(台北)文海出版社1968年版,第1263—1264页。

看来会试借闱地点的确定,有一个从南京到开封的权衡过程,可以说,河南本来是个"备胎"。故李鸿章的谈判助手张佩纶颇不满于借闱河南,他说:"顺天乡试乃借豫闱,成何气象!"①顺天乡试如此,礼部会试借闱河南,更成何体统。当时四川道员冯金鉴在家书中也抱怨借闱河南,"朝廷或别有用意,而应试者诸多不便"。② 下文将看到考官和士子的诸多不便。

二、考官赴汴的程途和收入

光绪二十九年(1903)岁在癸卯,在展期两年之后,清廷终于将补行辛丑、壬寅恩正并科会试。昔日在京师贡院会试,照例于三月初六日简放四总裁、十八同考官。而今借闱河南贡院,考官须驰赴开封,故提前于二月初一日钦简考官如表1所示。

表1:光绪癸卯科会试考官题名表

考官	姓名	官　　职	籍　　贯	进士科分
正考官 1人	孙家鼐	大学士、翰林院掌院学士	安徽寿州	己未状元
副考官 3人	徐会沣	兵部尚书	山东诸城	戊辰
	荣庆	刑部尚书、管学大臣	蒙古正黄旗	丙戌
	张英麟	吏部侍郎	山东历城	乙丑

---

① 张佩纶此处有可能是对洋人不许北京举行乡、会试表达愤慨,但考虑到张氏参与了辛丑谈判,知悉顺天乡试、会试必须借闱,也了解礼部和全权大臣倾向于南京,故更可能是因为未能借闱南京,体制稍逊,所以张佩纶发此牢骚。《致陈弢盦阁部》(约辛丑年十一月),张佩纶:《涧于集·书牍》卷六,1926年涧于草堂刻本。
② 《冯金鉴致冯汝琪》(辛丑年十一月二十日),《冯汝琪家信》,近代史所档案馆藏,甲203。

（续表）

考官	姓名	官　职	籍　贯	进士科分
同考官 18 人	胡逢恩	内阁中书	山东胶州	甲午
	恽毓鼎	侍读学士	顺天大兴	己丑
	杨捷三	侍讲学士	河南祥符	庚寅
	马吉樟	编修	河南安阳	癸未
	华学澜	编修	直隶天津	丙戌
	吴怀清	编修	陕西山阳	庚寅
	张鸿翊	编修	湖北黄冈	己丑
	夏孙桐	编修	江苏江阴	壬辰
	谢远涵	检讨	江西兴国	甲午
	王振声	御史	顺天通州	甲戌
	王乃征	御史	四川中江	庚寅
	王金镕	御史	直隶乐亭	癸未
	刘彭年	御史	直隶天津	己丑
	景沚	户部主事	满洲镶红旗	乙未
	杨荣	兵部员外郎	江苏高邮	己丑
	饶昌麟	刑部郎中	江西临川	癸未
	陈咸庆	刑部主事	江苏仪征	癸未
	张丕基	刑部主事	广东香山	丙戌
内监试 2 人	联豫	御史	满洲正黄旗	监生
	熙麟	御史	汉军正白旗	癸未

资料来源：《光绪宣统两朝上谕档》第 29 册，广西师范大学出版社 1996 年版，第 23 页；法式善等：《清秘述闻三种》下册，中华书局 1982 年版，第 996、1031—1033 页；《光绪辛丑壬寅恩正并科会试同年齿录》，1903 年刻本，第 1—2 页。

奉旨后,同考官恽毓鼎即拜访壬寅科(1902)顺天乡试同考官周树模,"询出差汴闱情形"。次日礼部照会,同考官准各省乡试主考之例,"由兵部发勘合,马馆备夫马",驰驿前往。又用壬寅科顺天乡试之例,主考、同考"分四班起程,以免沿途拥滞"。按照谕旨名单次序,恽毓鼎遂与胡逢恩、杨捷三、马吉樟、华学澜、吴怀清六人组成第一班,定于十四日先乘火车至保定,然后再按站驰驿赴汴。① 王振声则与张鸿翙、夏孙桐、谢远涵、王乃征、王金镕组成第二班。其他六人组成第三班。王振声本来已花十二两银子雇好两班轿夫,约送至涿州,但与王乃征等人面议后,亦改由火车赴保定,"十七日午车同行"。②

恽毓鼎一行乘坐的火车于十四日下午一点半开行,当晚七点钟即抵保定。然而此后乘轿,遄行半月,才于二月二十九日到达开封府祥符县的新店。次日渡黄河入开封府,经知贡举松寿、张人骏相迎,遂入闱。其间二十七、八两日"北风怒号","雪雹交作",二十九日夜雨不息,诸人颇吃苦头。恽毓鼎想到"后两班同事诸君日迫路难",更感慨"其苦殆难名状"。③ 火车与传统交通的迟速劳逸,于此可见。

王振声一行十七日出发后即遇雨雪,十八、二十一两日均冒雨赶路。考官连续几波驰驿过境,沿途地方供应即感紧张。二十二日行至栾城,即因轿夫"送总裁未回",不敷用,诸人不得不"留宿一日"。然而,二十四日却"闻总裁传路程单,定初三日抵汴",因"房官尚有二、三起在后,恐迟误",王振声等遂"公议赶站越过,因开一路程单,托内邱县传知下站,预为布置"。不过当日"雨加

---

① 恽毓鼎撰,史晓风整理:《恽毓鼎澄斋日记》第1册,第209—210、211页。
② 王振声:《心清室日记》,李德龙、俞冰主编:《历代日记丛钞》第152册(下文所引《心清室日记》均见此册,不再注出),学苑出版社2006年版,第5—6页。
③ 恽毓鼎撰,史晓风整理:《恽毓鼎澄斋日记》第1册,第211—216页。

密",二十五日"满地皆雪,北风清寒",二十七、八等日冒雪前进。至三月初一日轿夫"冒雨踏泥淖前进",王振声等人颠扑倾侧,亦殊疲惫。经过半个多月的雨雪兼程,终于赶在三月初二日入闱。①总裁四人于三月初三日入闱,而最后一班同考官则于初四日入闱,②殊觉劳顿促迫。

光绪三十年甲辰,因慈禧太后七十大寿,遂开恩科会试,仍借豫闱。此时京汉铁路已修至河南彰德府,故简放考官较去年晚五日。二月初六日,清廷钦简考官如表 2 所示。

表 2:光绪甲辰恩科会试考官题名录

考官	姓名	官　职	籍　贯	进士科分
正考官 1 人	裕德	协办大学士、翰林院掌院学士	满洲正白旗	丙子
副考官 3 人	张百熙	吏部尚书、学务大臣	湖南长沙	甲戌
	陆润庠	左都御史	江苏元和	甲戌
	戴鸿慈	户部侍郎	广东南海	丙子
同考官 18 人	吴荫培	撰文	江苏吴县	庚寅探花
	阎志廉	检讨	直隶安平	庚寅
	蔡金台	编修,记名御史	江西德化	丙戌
	王会釐	编修	湖北黄冈	甲午
	刘廷琛	编修	江西德化	甲午
	赵启霖	编修	湖南湘潭	壬辰
	关冕钧	编修	广西苍梧	甲午
	萧荣爵	编修	湖南长沙	乙未

---

① 王振声:《心清室日记》,第 9—20 页。
② 恽毓鼎撰,史晓风整理:《恽毓鼎澄斋日记》第 1 册,第 217 页。

（续表）

考官	姓名	官　职	籍　贯	进士科分
	龚心钊	编修	安徽合肥	乙未
	李稷勋	编修	四川秀山	戊戌
	孟锡珏	编修	顺天宛平	戊戌
	何作猷	编修	广东香山	戊戌
	袁励准	编修	顺天宛平	戊戌
	王兰庭	检讨	安徽六安	戊戌
	姚舒密	御史	山东巨野	甲午
	刘元弼	吏部主事	湖北谷城	庚寅
	傅兰泰	户部员外郎	蒙古正黄旗	甲午
	赵从蕃	工部员外郎	江西南丰	壬辰
内监试 2人	忠廉	御史	满洲镶红旗	翻译生员
	王振声	御史	顺天通州	甲戌

资料来源：《光绪宣统两朝上谕档》第30册，第18—19页；法式善等：《清秘述闻三种》下册，第1002、1034—1035页；《光绪三十年甲辰恩科会试同年齿录》，1904年刻本，第1—2页。

恽毓鼎未能蝉联同考官，"一日闷闷不出门"。[①] 而王振声上科会试蒙简同考官，本科又派内监试，自是恩眷甚隆。奉旨次日，王振声即拜访上科内监试熙麟，"细谈监试事务，借来分卷、荐卷章程格式"。二月初九日，又拜会上科另一内监试联豫，晤谈内监试事。初十日，王振声接到同考官吴荫培的致函，"并铁路总局知照一纸"，得知考官"均送头等免票，可两日达彰德"，由于"顺德至彰德尚未开车"，铁路总局"拟定二月十九日、廿二、廿五、廿八，三月

[①] 恽毓鼎撰，史晓风整理：《恽毓鼎澄斋日记》第1册，第235页。

初一日开考试专车五次",为考官、考生提供方便。当日总裁张百熙、戴鸿慈来访,王振声得知他们"已定廿四日启行,应廿五之专车",而"监试、同考即定十八、廿一两起,每起十人,应十九、廿二日之专车,俟到彰德,再分监试一起,同考三起,驰驿前进"。①

可喜的是,芦汉铁路工程的进展,大大缩短了考官入闱的行程,减轻了沿途地方的供应负担。王振声一行11人(同考官9人、内监试2人)于二月十八日由京启程,次日中午即至河南彰德府,下车略周旋即休息。二十日一早,诸人分批驰驿前行,四天后便已渡河入开封府,遂入闱。前后仅用时一周,较去年旅途耗时减去大半,足称迅捷。随后,同考官陆续入闱。四总裁于二十四日由京启行,至三月初一日亦已入闱。前后仅一年,考官旅途之劳逸,真有天壤之别。由于考官入闱后须度过近一月的极为紧张的阅卷生活,所以其考前劳顿,势必影响阅卷的精力。这是借闱河南给会试考官带来的直接影响。

值得指出的是,借闱河南还直接影响到考官与河南官场的收入和支出。癸卯科会试之前,河南巡抚张人骏就在家信中无奈地说:"今年乡、会三次(即癸卯科会试、癸卯科顺天借闱乡试及河南本省乡试,引者),酬应必多。加以会试,来者纷纷,呈送朱卷,每人数金便已不菲。今年恐不免要做亏空。劫财坐命,真无可如何也。"②所谓酬应,就包括送考官的程仪,其规格、数量在当时官场已有标准可循,后人则难得其详。幸运的是,王振声和恽毓鼎分别在日记中留下了有意思的记录,可以让我们接近当时的历史场景,估算出因借闱会试,河南高官的额外支出和考官群体的灰色收入。在王振声的记录里,河南巡抚张人骏、布政使延祉各送一百两,按

---

① 王振声:《心清室日记》,第74、76—77页。
② 《致张允言》(癸卯年二月十五日),张守中编:《张人骏家书日记》,中国文史出版社1993年版,第40—41页。

察使钟培送五十两,督粮道王维翰送三十两,加上癸卯科会试供给所及其他零星馈送,当不止五百两。① 恽毓鼎则给家里汇去六百两,谓即"差囊也"。②

以同考官18人、内监试2人、礼部提调2人计算,四总裁自然加丰,估计张人骏、延祉每人至少要支出三千两。当年乡、会试三次,加上给呈送朱卷者的赠仪,估计河南巡抚、河南布政使每人仅"科场支出"就在万金以外,难怪张人骏要抱怨今年不免亏空了,好在张人骏一出闱即调任广东巡抚。而有意思的是,自从壬寅顺天乡试借闱河南后,至甲辰恩科会试,短短两年内,河南巡抚已三易其人——锡良、张人骏、陈夔龙——所以均未连续"亏空"。

三、举子赴考之难及其结果

其实,考官既有火车可乘,又驰驿前往,既有沿途供应,更有程仪可拿,即使癸卯科入汴较为辛苦,也尚可接受。然因河南旱路较长,人多车少,加以天气无常,故来自五湖四海的众多举子面临极大考验。

云南距京遥远,公车本最辛苦,赴汴路途尚近,不过亦须最早动身。还在光绪二十八年(1902)十月二十八日,滇南新平举人马太元就"拜别双亲","由家起程"。十一月初三日抵达省城昆明,筹备妥善后,于十二日同其他四名举人结伴北上。经贵州、湖南、湖北,至光绪二十九年二月十三日方到河南新野。迨至博望驿后,以"试期在迩,并程而行",终于二月二十三日抵达开封,距离家之

---

① 王振声:《心清室日记》附单,第64页。当然,考官的另一收入来源为门生贽敬,亦达数百两。不过,这一收入历来均有,并非借闱河南的影响,故按而未表。
② 恽毓鼎撰,史晓风整理:《恽毓鼎澄斋日记》第1册,第224页。

日已近4个月。① 举人由云龙亦于光绪二十八年十一月二十四日自昆明启程。② 云南士子跋涉赴考,其艰苦可知。

山西太原举人刘大鹏乙未、戊戌两次入都会试,均耗时16日。③ 此番借闱河南,刘大鹏偕其子刘玠(新中举人)于光绪二十九年二月初十日坐马车起行,二十四日抵汴,耗时两周,与赴京相差无几。惟试毕返晋,车难觅而费大涨。从开封到豫、晋交界的清化镇,"往常脚费五六千钱",而今"涨至二三十千钱,而车尚无",刘氏父子大感为难。幸好随后觅到一车,"价十四千",才于三月二十五日上路。④ 借闱河南,沿途人多车少,即使临省的山西士子,亦觉不便。

最感不便的,当属来自广东、福建、浙江、江苏的大量士子。其本来乘海轮至天津,转火车进京甚便,而今则须先至苏、沪。然从江苏至河南开封,亦非易事,其路线主要有二:(1)镇江—清江浦—徐州—开封:"乘轮船抵镇江,换乘小轮船至清江浦,然后陆行五十里至高家湾,四十里至桃源县,四十里至洋河,五十里至王家集,四十五里至高作,五十里至龙家集,四十里至双沟,四十里至张家集,四十五里至徐州府,五十里至高家圩,六十里至郝家集,五十五里至黄家口,六十里至砀山县山阳集,七十里至虞城县马梦集,六十里至归德府,五十里至宁陵县,七十里至睢州,六十里至杞县,四十五里至陈留,五十里至汴梁城,共计一千零三十里。若惮车行劳顿,则可取道运河,惟上水甚难,不免稽延时日。"(2)上海—汉口—信阳州—开封:"由沪上乘轮船至汉口,然后就大智门外乘火

---

① 马太元:《汴游笔记》(日记),1911年铅印本,第1—8页。
② 由云龙:《北征日记》,(昆明)《尚志》第2卷第6号,1919年,第1页。
③ 刘大鹏撰,乔志强整理:《乙未公车日记》《退想斋日记》,山西人民出版社1990年版,第79、594页。
④ 同上书,第121、122、605页。

车,经过汉口江岸、滠口、祁家湾、三汊埠、孝感县、萧家港、花园、王家店、广水、东篁店、新店、柳林等处抵河南之信阳州,计程四百五十里。既至信阳州,改乘骡车,行九十里至明港驿,九十里至确山县城,九十里至遂平县城,六十里至西平县城,六十里至偃城,六十里至临颍县城,六十里至许州,一百里至洧川县境,六十里至尉氏县境,九十里至开封府城,共计程七百六十里。"

两条线路"远近虽无甚相悬,而清江浦以上之路较为平坦,非若信阳州抵河南之径仄而道险"。至于路费,则轮船价目一定,而"汉口抵信阳州之铁路,则头等坐位每人洋银八元六角,二等四元三角",其内地骡车,前数年直隶"每站不过五六百文,今则时异势殊",加增恐不止倍蓰。又"铁路已由信阳接至确山",故陆行往返更为便易。①

由于两条线路各有优劣,而江、浙、闽、粤四省赶考举子又多,故每条道上均公车络绎,惟因轮船、铁路便利,故走汉口、信阳者更多。加以江西、两湖、皖南士子大多也经汉口,人数亦夥。故汉口、信阳州、清江浦聚集了大量举子,成为两条路线中关键的三处换乘地。

虽然同乡"皆出信阳",但江苏无锡举人许同莘却觉得此路虽近,"然车骡少,行旅众,且道弗不可行;清江虽远,而车辆多,且公车可索汛兵护送",故决定走清江一线。他于二月初六日由家启行,先至上海。初八日自吴淞口展轮,至镇江换船北上,于十五日抵清江,颇为顺利。② 然此后却情势突变。清江"本南北通衢,车辆繁多,以会试故,车价骤昂,每辆至开封平时十余千者,至此时须三十千文左右"。不仅车价大增,而且车主居奇,故以往"车行、客

---

① 《入汴程途纪略》,《申报》1903年3月6日,第1版。
② 《许同莘日记》,近代史所档案馆藏:甲622—11,自编第35—42页。

栈之揽生意者云集,是日独无"。十六日,许同莘"询悉车辆万分缺少",担心"稽迟此处,必至误事",与同行长辈钱叔茂商议后,决定溯运河继续北上,希望在宿迁雇到骡车。岂料十九日泊宿迁后,即遇丹阳举人贺耕赟和张穆如"以清江车少,亦经此处","据云,此处亦无车可雇,并闻徐州一带,亦不可得"。此后托官、幕、商多方联系车头,皆未得手,直到二十六日才借到高作镇绅士陈云树的马车,行至龙家集,遇到许多举子,闻知清江车价,"每辆腾贵至二百千,历来所未有"。随后许同莘冒雨雪行三日,于二十九日抵徐州,却发现号称七省通衢的徐州,"骡车亦绝",公车羁留者二十余人。① 许同莘的辛酸,当为诸多举子所共尝。当日关于清江浦的报道,大可与许氏的遭遇相印证:"公车之北上者,除早到诸人已经前往外,其后到浦者不独大车一辆俱无,即小车亦不可多得,或住会馆,或俟舟中,终日焦灼。间有原舟上驶,以冀得步进步者。有电往徐、宿觅车者,闻徐、宿亦患无车。"② 许同莘等人最终还赶上了考期,也算不幸之幸,没赶上的只好痛哭而返。

苏州举人孔昭晋、陆鸿仪等人亦以"陆行之劳,不若水程之逸",选择走清江。不过,他们到清江后,并未直接雇车起早,亦未如许同莘那样溯运河北上,而是欲出洪泽湖,入安徽,走淮河等水路,至亳州再陆行。不料"自苏入皖,水道奇涸,故节节稽迟"。二月初一日即启行,迟至三十日才抵亳州。此后冒雨兼程,至三月初四日午后方抵汴城。③ 亦颇阻滞。

因轮船、火车便利,南方士子多走汉口和信阳一线。广东举人商衍鎏于光绪二十九年正月自广东展轮赴沪,转江轮到汉口,乘火

---

① 《许同莘日记》,近代史所档案馆藏:甲622—11,自编第44—53页。
② 《公车阻滞》,《中外日报》1903年3月31日,第3版。
③ 澹庵(孔昭晋):《癸卯汴试日记》,李德龙、俞冰主编:《历代日记丛钞》第154册,学苑出版社2006年版,第1—15页。

车至信阳州,再改坐骡车,日行一站,每站百里,仆仆风尘,七日抵汴。① 温肃行程亦然。② 不过,商、温均系正月出发,故能在信阳顺利雇车抵汴。迨二月后,公车云集汉口和信阳,加以阴雨连绵,以致车难觅而价甚昂。眼看试期日迫,真可以急煞远道而来的士子。通过浙江山阴举人何寿章的日记,可以窥见当日举子道经信阳赴考的困难情形。

何寿章于二月初三日"登舟解维",初四在杭州略周旋,并领得会试咨文及水脚船价银十五两。初六日晚抵上海,办事会友,忙活数日。三天后,何氏认识了河南候补道胡翔林(海帆),遂"约定十一日同行",预料"于途必得便宜"。初十日,与蔡元培等同乡开绍兴教育会,"演说绍兴公学之事状"。十一日购得《华英译表》及自来墨水笔等物,遂登江孚轮。二月十五日抵汉口,因士子众多,大智门外的人和昌客栈已"无容膝地",何寿章等遂"改至云路公假寓一宿",然嘈杂不得安枕。③

十六日一早在汉口上火车,见"公车云集……头、二等客位不下千余人"。八点开行,晚六点半抵达信阳州北门外车站。先是胡翔林已给南汝光道朱启钤(曼伯)打过招呼。这时朱道及信阳州署派肩舆来接,然"沿途泥淖,舆夫时致倾跌",相继至城内寓所。十五、六日均阴雨,十七日竟风雪大作,午后雪虽停,然"车辆未齐",亦不得行。④ 胡翔林系河南当红道员,何寿章与其同行,沿途有地方官接应,又有差官、马队护送,尚且如此,困在信阳州的大批普通士子,其难可想而知。

---

① 商衍鎏:《科举考试的回忆》,《清代科举考试述录及有关著作》,第434页。
② 温肃:《清温侍御毅夫年谱》,台湾商务印书馆1986年版,第7页。
③ 何寿章:《苏甘室日记》,《绍兴丛书》第2辑,《史迹汇纂》第12册(下文所引《苏甘室日记》均见此册,不再注出),中华书局2009年版,第629—631页。
④ 同上书,第631页。

十八日，诸人将行李装进三辆三套车，向道署、州署分别借得大轿一乘、小轿二乘，胡翔林开封家里亦送来轿车一辆。于是胡翔林乘大轿，河南大学堂新聘的东文、法文教习贝、蒋二君乘小轿，何寿章乘车，"遂得成行"。然十一点出州城后，即"泥淖难行"，结果何寿章与胡翔林等走散，随后的情形极具历史现场感：

> 至十八里铺少息，食鸡蛋两枚。又行数里，日已向夕。车陷泥淖间，骡子屡仆，不得起。时已日没，途中无灯火。余乃下车，雇乡人吴姓者背予行田陇间，天黑泥滑，约二里许至土门，息一小店。茅屋三间，遍地卧客，类皆囚首垢面，情殊难堪。然前途万不能行，不得已权宿一宵。雇夫卸车中行李，并将骡马牵入槽。海兄（胡翔林）等未知宿何处。是日随余行者有差官一人，马队二人，海兄纪丁姓一人，及余仆王贝。其行李车三辆载较重，丁纪云，裁出州城五里，今日至多能行十里云。惟海兄等尚无铺盖，因遣一马队道至距州二十五里之双井店，遍觅不得。

此情此景，令何寿章不禁慨叹"行路之难一至于此"。晚饭后"天复降雨"，气得何氏大呼"胡不作美如此"！

十九日仍是阴雨，何寿章"晨起勉强开行五里"，来到了双井店。这时胡翔林遣人来告，昨晚宿于距此二十里的阜阳店。何氏眼看"泥途接天，大难行走，不得已复止"，仍派人先给胡翔林等送去铺盖，"并泐函请其暂留"。本想"午后如天晴，或可再行"，无奈"绵雨如故"，遂"取行箧所携《翻译世界》一二期之政治学史、政治泛论、法律汎论、最新经济学读之"，竟颇得其乐，"几不知身在羁旅中矣"。傍晚，胡翔林复函答应暂留，并嘱咐何氏明日换乘轿子前行。何寿章则"拟明日赶至阜阳店,再觅肩舆"。

二十日一早,何寿章"恐中途泥泞,车不得前",遂写信请胡翔林派肩舆来接。随后"驾车出门,甫数十步,即陷泥穴,车几倾仄",幸有"车夫极力撑拄",差官背其下车,方免危险。这时路边土屋中有一老妇留其进室避风,何氏因将行李卸下,"令空车前行",自己则留此以待肩舆。善良的老妇还请他吃鸡蛋,令其感到甚是难得。无聊之中,何寿章取随身携带的《释迦牟尼传》读之,为佛祖冒险进取的精神所激励,"因即呼仆辈携行李,遵铁道步行"。此时"迎面北风,呼呼聒耳",然而北行士子极多,情态各异,惹人遐思:

途中见北行肩舆络绎,有蓝呢四人抬者,有竹簋三人抬、二人抬者,有缚椅为兜者,甚有芒鞋竹杖,随行李步行者。大都皆公车也。半月霪霖,苦人不浅。

何寿章泥路步行十多里,恰与接他的马兵错开。后在当地人引导下,"方盘旋田陇间",寻觅阜阳店之时,"差官已来迓",继而马兵押肩舆从后折回,遂骑马入店,晤胡翔林等,真有"小别两日,恍如久阔"之感。即刻前行,当晚赶至明港驿,住在驿丞署内,自然清洁舒适,"视昨居霄壤,又彼此复聚,欢笑畅谈"。此后几日天气晴朗,每日一站,均住当地衙门,食宿精洁,于二月二十六日下午抵达开封府。[①]

何寿章虽也小受挫折,但较大批阻滞在信阳的士子已幸运太多。江苏阳湖举人钱振锽的《公车行》,咏叹道出信阳的士子赶路之难,有史诗的味道:

---

① 以上几段见何寿章《苏甘室日记》,第631—633页。

癸卯二月走大梁,溯江北发到信阳。信阳之地在何许,北望汴洛南光黄。纷纷举子半天下,团聚此邑如蚁虹。信阳地恶非通衢,住无客舍行无车。老天一雨过半月,弥目粥粥皆泥涂。自来争名不惜费,当从重赏求勇夫。大车不继征小车,下车不备呼肩舆。土浆成河没胫膝,步步用力相帮扶。忽然失足肩舆倾,舆夫落地举子惊。肩舆犹自可,小车更奈何。忽然一圻陷深淖,举子落地舆夫驮。衣裳上下如泥塑,当头飞雨何曾住。日间行路廿里余,强者吁嗟弱辞去。①

因此,二月二十日前后,南汝光道朱启钧等人的电报显示,"应试士子因阻雨无车者千余人,麇聚信阳"。② 何寿章于五天后得到的消息则是公车滞留信阳"不下二千人"。迟至二月二十八日,距开考不到十天,向礼部在开封的办考公所投卷者"只八百余人",绝大多数士子尚阻滞于路上。③

眼看试期将至,河南巡抚、会试知贡举张人骏密切关注着士子入城的脚步。三月初一日"士子到者较多",初三日"公车进城者三百七十余人",初五日"士子自信阳来,大、小车甚夥",张氏由此估计"其在途未到当已不多,可不误试期"。但这一估计显然过于乐观,因为迟至点名入场前一天的初七日,士子尚纷纷入城。④ 即使初八日点名当天,仍有不少士子仆仆赶到,"有将行李车驶至场门下车之后,即入场投文领卷者"。⑤ 最传奇的当属江苏举人沈林一,"只身骑驴来汴,封门时始到,仓卒求入闱。一物未及购置。适

---

① 钱振锽:《公车行》,《谪星诗草》卷三,载《名山全集》,民国活字本,第14—15页。
② 张守中编:《张人骏家书日记》,第155页。
③ 何寿章:《苏甘室日记》,第633页。
④ 张守中编:《张人骏家书日记》,第157、158页。
⑤ 《场规甚宽》,《大公报》1903年4月25日,第4版。

供给所有收得上年士子所弃考具,即以资之"。① 如此奇事,岂能不令人印象深刻,所以张人骏将这一幕详细记在了当天日记中。遗憾的是,其他数百名士子就没有沈林一的好运,他们因"入城甚晚"而"不及入场",②扼腕痛哭,自不待言。

此外,因雇不到车、赶路不及、道滑出事等原因半途折回的士子亦颇不少。二月十九日,许同莘行至江苏宿迁,就听说"前在清江,有广西人四,以雇车不得,痛哭而返"。③ 广东举人潘普书就赶不及赴汴。④ 三月中,因"车辆不敷,沿途守候,加以雨师载道,路滑如油,不免异常困顿",杭州"举子二十余人中道折回"。⑤ 何寿章同乡"石氏昆玉两公车,途中覆辙,陷泥淖中,至不可收拾,中途折回"。⑥ 类似的憾事必然不少。

因此,癸卯科会试头场人数仅5 287名,最终完卷5 264人。⑦ 在光绪一朝的13科会试中,这一数字仅高于甲午战争中的乙未科(1895),排在倒数第二。⑧ 考虑到之前举行的庚子、辛丑恩正并科乡试加倍取中,新科举人高达2 915名,⑨则癸卯科会试入场人数就显得太少了。各省的入场人数也较往常有所消长。⑩ 这无疑均是借闱河南的直接结果。⑪ 入场人数自然影响到各省中额和中

---

① 张守中编:《张人骏家书日记》,第158页。
② 《场规甚宽》,《大公报》1903年4月25日,第4版。
③ 《许同莘日记》,近代史所档案馆藏:甲622—11,自编第46页。
④ 翁万戈编,翁以钧校订:《翁同龢日记》第7册,中西书局2012年版,第3489页。
⑤ 《公车被困》,《申报》1903年4月26日,第2版。
⑥ 何寿章:《苏甘室日记》,第634页。
⑦ 张守中编:《张人骏家书日记》,第158、159页。
⑧ 相关统计参见表4—7"同治、光绪两朝历科会试分省中额、考生数与中率",韩策:《科举改制与最后的进士》,社会科学文献出版社2017年版,第148—149页。
⑨ 韩策:《科举改制与最后的进士》,第167页。
⑩ 相关统计参见表4—9"光绪朝若干会试分省中额、考生数与中率",韩策:《科举改制与最后的进士》,第168—169页。
⑪ 直隶、北京、山西若干停考府县举人不能参加会试,亦是原因之一,不过影响有限。

率,关系士子的机会和命运。而癸卯科士子大多数仓促入场,路途劳顿,书籍未备,闱中发挥必然颇受影响。此外,由于入汴赴考如此艰难,举子们就不免抱怨借闱河南的决策,进而对科名和朝廷议论纷纷。①

四、豫鄂当局的因应及其成效

其实,以内陆河南当时的交通条件和运输能力,要在短期内转运如许士子,确是不小考验。不巧又遇到雨雪连天,则自然捉襟见肘。地方官并非不知,也并非不作为,他们也想为士子排忧解难,但成效得失,却须具体分析。可以说,癸卯年二、三月间,帮助留滞汉口、信阳一线的大量士子入汴会试,也是对河南、湖北官方组织动员能力和因应突发危机能力的一次检验。

先是壬寅年顺天乡试借闱河南,不少南方士子道出信阳,已受累不堪,"居则无店,行则无车"。有鉴于此,经湖北巡抚端方与河南巡抚张人骏"函商预筹",南汝光道朱启钧为癸卯科会试的转运工作立有三策:(一)建客栈,在信阳"车站旁起屋数十椽,名曰青云客栈,以便公车投止";(二)设车局,"车辆则委员设局经理,并函属邻近各县代为招徕。凡北来各车一并收留,局内发给喂养,专备公车之用";(三)平车价,"因此间车辆缺乏,全恃北路所来,若不明定章程,稍从优厚,诚恐相率裹足,措手益难,用是酌中议定,每车每套按站发给制钱七百文,由信至汴按八站计算,轿车每辆计

---

① 钱振锽的排律即云:"春试从来出京阙,不应此地公车集。不言此故犹自可,言之使我面颜热。昔岁庚子遘夷祸,义民战死神京破。大官畏死求罢兵,但求和无不可。燕市古多豪侠气,是与夷人构兵地。罚资取士十五年,却借汴闱作春试。事与心违努力前,痛哉此辱何时湔。科名到此天亦贱,倒死泥涂不见怜。国家取士三百载,谁似吾皇廿九年。"钱振锽:《公车行》,《谪星诗草》卷三,载《名山全集》,第15页。

十一千二百文,三套大车每辆十六千八百文"。①

朱启钧此举自是为体恤寒士起见,并有维护地方秩序的良好意愿。在正月间,天气晴好、士子人数不多之时,尚可做到公车随到随行,"安然赴汴"。② 但二月上旬之后,大量南省士子道经汉口,火车每日一发,成百上千地涌入信阳,屋漏偏逢连阴雨,道路泥泞,骡车、轿车等传统交通工具与火车的运力差距立刻凸显。

与此同时,虽然官价比平时已优,但去往开封的运输市场上供求关系已经发生巨大变化,故市场车价已暴涨许多。在这种情况下,车夫的利益便没有受到适当照顾。因此,朱启钧设车局、定官价之策的负面效果就迅速显现:许多车夫因官价而裹足不前,来信阳的车子更少。于是,一方面每天有大批士子从汉口乘火车至信阳,而另一方面信阳却"一车难求",结果下火车的举子积至一两千名。每人又均有随从仆人,并拖带行李。据说,滞留的上千举人曾经公请朱启钧"详省请旨改期"。③ 显然,信阳当局面临空前压力。

这时,信阳当局以四招应对:朱启钧一面从西平、郾城等邻近地区"雇车百数十辆押赴应用处所",④一面请示河南巡抚饬各属派车增援。⑤ 同时,信阳州孙知州发电湖北夏口厅,"以信阳无车,公车停待,请令改途,以免误试"。⑥ 而信阳车局委员则登报声明"信阳州车辆无多,雇觅殊不易易",讽劝士子改途。⑦

---

① 《公车纪事》,《申报》1903年3月23日,第2版。
② 《公车被困》,《申报》1903年4月26日,第2版。
③ 《汴事汇志》,《大公报》1903年4月16日,第3版。
④ 《湖北夏口同知冯少竹司马分送应试诸孝廉传单》,《申报》1903年3月31日,第2版。
⑤ 张守中编:《张人骏家书日记》,第155页。
⑥ 《记夏口厅备车应用事》,《中外日报》1903年3月27日,第4版。
⑦ 《报纪公车纪事、公车被累两则慨而论之》,《申报》1903年3月25日,第1版。

张人骏于二十日得知无车士子千余人麇聚信阳后,即为之筹措,"令各州县觅车接济"。但张氏颇无把握,感到"数多期迫,恐未必能周备也"。次日,张人骏又和联豫、熙麟两位内监试商议"接济士子车辆事"。当"汝宁各属报雨深透"后,张人骏想到阻滞在信阳的士子"车舆既少,道途艰阻,亦殊可悯"。面对如此严峻的情况,他觉得"虽为严饬各属出车及省中扣车前往接济",但"不知能否敷用",只好"姑尽人力而已"。① 虽然确实难以满足巨大的车辆需求,但张人骏的努力也收到了一定成效。二十四、五两日,何寿章就在许州、尉氏县沿途遇到许多"南行空车",听说"省垣发车数百辆,沿途州县亦各发数十辆至信阳"。这是"汴中官吏竭力招呼"的结果。②

二十五日,张人骏得到朱启钤的电报:"士子阻信阳者约八百余人,有各县协车及省中解往之车,再济以兜轿等类,当可敷用。"数日来张氏终于稍感安慰:"如能不误试期,亦可喜也。"但他终难放心,次日仍发电朱启钤,"问信阳一带公车情形"。二十七日又"遣材官二人飞骑赴信(阳)、确(山)",实地察看确情。③

与此同时,湖北当局也努力为举子提供帮助,当然优先解决滞留汉口士子的车辆难题,因为这在自身辖区之内,且其中不少是湖北当地举人。夏口厅冯司马接到信阳孙知州的电报后,认为"场期伊迩,以程限计",万难商请士子改途,"既已到汉,以情势论",亦难阻止士子前进。他将情形禀报端方后,端方认为"湖北各厅县亦应各尽其力",因饬令夏口厅"备车一百二十辆、黄陂八十辆、孝感六十辆、应山四十辆"。鉴于车少人多,因规定"每举人一名,无论

---

① 张守中编:《张人骏家书日记》,第155、156页。
② 何寿章:《苏甘室日记》,第633页。
③ 张守中编:《张人骏家书日记》,第156页。断句略有调整。

有无家丁,只准给车一辆。所有此项二把手车及车夫之火食运脚,均归官给,以示体恤"。端方为此"捐廉三百元",其不足之款,令夏口厅"筹拨公款济用"。同时,端方又令铁路总办转商铁路公司,将士子"直送至新安店",考虑到"新安店无处住宿",因此变通"在新安之上、信阳之下有尖站地方停车亦可"。

夏口厅同知冯司马既怕担责任,又怕得罪举人群体,故一则谓"汉口自设火车以来,行旅装货即皆由火车遄行,二把手等车极少,雇用亦极难,当为各举人之所共悉",再则称"现奉兼院宪面谕,且念公车阻于中道,进退维艰,不得不竭尽心力,勉为其难。办理即有未周,当亦仰邀共谅"。为此,冯司马先捐廉二百元,又拟定二十四条详细章程,以便施行。其要点有三:(一)夏口、黄陂、孝感、应山共备二把手车或小车三百辆,将其一一编号,每辆车夫两人。二月二十一、二十二两日分别由汉口火车站发一百五十辆至信阳、新安店一带。(二)举人自汉口动身,由夏口厅各给车票一张,上载车夫姓名并填有号数。到信阳后,"各举人即按票上号数与车上号数查点取用","如果车多于人,到信阳后均须送至信阳公车局,以备停待信阳之举人应用"。(三)"下火车后赴汴梁之二把手车及小车,价每车议定十一千文,举人自给"。车夫、车辆搭乘火车的费用,以及车夫从雇用之时起到下火车之间的饭食费用,则由夏口等四地官方支付。①

湖北潜江举人甘鹏云偕伴于二月二十一日自汉口出发,似即享受了湖北当局的"优待"。二十二日甘氏因等候同伴在信阳留宿一晚,二十三日坐火车到了新安店。次日即坐冯司马所谓的"小车"冒雨前进,迨二十六日才换到骡车。连日冒雨前行,直至三月

---

① 以上三段见《湖北夏口同知冯少竹司马分送应试诸孝廉传单》,《申报》1903年3月31日第2版、4月3日第3版连载。

初五才抵开封,直叹火车、骡车利钝之悬殊。① 张人骏也留意到初五日"士子自信阳来,大小车甚夥"。② 当与豫、鄂当局的最后努力不无关系。

朱启钤"年届古稀",行政经验丰富,且甚为开通,绝非庸辈。③ 其为公车的筹划出于好意,自然也预料到压低车价,有可能导致车夫裹足,车辆更少。然而,当信阳一车难求的局面出现后,官场、士子和报刊舆论颇归咎于朱启钤的定官价之策。二月三十日,自开封抵徐州的常州人刘苍石就对许同莘说:"信阳州尚有千余人,南汝光道朱曼伯出示平车价,车夫皆裹足不往。朱固美意,然情形如此,则固所不及料也。"④《大公报》随后亦如此报道。⑤

平车价导致车夫裹足不往,自无可讳言。不过,更根本的原因还在于河南当时的运输条件。因为上年壬寅顺天乡试,既未定官价,且道经信阳的士子远少于此次,而觅车也不容易。河南虽位于地理中心,但因铁路半通,尚非交通中心。用传统的骡车、马车在信阳转运搭乘火车而来的大批士子,其吞吐迟速之悬殊,自可想见。在这个意义上,地理中心的开封其实并未做好举行全国会试的准备,一旦四方士子云集,又遇雨雪天气,运力确有未逮。这恐怕也是借闱河南决策者始料未及的。

不过,次年甲辰恩科会试的情形就颇为好转。因为芦汉铁路北段已修至河南彰德府,南段已修至河南许州。从许州下火车,换

---

① 甘鹏云:《豫游纪行》,《潜庐随笔》卷一二,1933年潜江甘氏崇雅堂刻本,第495—503页。
② 张守中编:《张人骏家书日记》,第158页。
③ 趋新的卖书人王维泰对"旧人"颇多揶揄,不无刻薄,但与朱启钤接触后却赞不绝口。王维泰:《汴梁卖书记》,收入张仲民《出版与文化政治:晚清的"卫生"书籍研究》附录,上海书店出版社2009年版,第339页。
④ 《许同莘日记》,近代史所档案馆藏:甲622-11,自编第52页。
⑤ 《汴事汇志》,《大公报》1903年4月16日,第3版。

乘骡车两三日即到开封,大大方便了南方士子。甲辰年正月,时任河南巡抚的陈夔龙,即与盛宣怀商定增开汉口至许州会试专车,自二月初三日起至三月初三日止,"逢三、八开行"。① 同时,陈夔龙饬令许州当局多备车辆,以转送士子。② 且士子鉴于去年道路泥泞,期迫拥挤,雇车不得,故本届"无不先期起程"。③ 驻意大利公使许珏就特意写信嘱咐其侄子许同莘,"宜于二月二十日以前赶到,则场前尚有半月休养"。许同莘也谨遵教诲,二月十七日就从汉口上火车,十九日到许州,二十二日即进开封城。④ 蔡宝善正月二十三日即从汉口乘火车行。家住湖北省城的许宝蘅亦于二月二十三日偕伴上火车,次日到许州,雇定骡车二辆、马车一辆,二十七日已进开封,前后仅用五天。⑤

芦汉铁路给人们生活带来的剧变,经由癸卯、甲辰二科会试,完全呈现在了众多赴考公车的面前。火车与骡车利钝悬殊的对比,既令甘鹏云等士子慨叹,也加速着他们趋新的步伐。当然,借闱河南给考官、士子和地方官带来的影响是一方面,欲进一步把握两科会试的详情,还须深入到考题、答卷、阅卷和取中等考试的实际运行层面。此外,借闱考试给河南社会和当地民众的影响,还可以继续探讨。

---

① 《开封陈中丞夔龙来电》(甲辰正月二十一日)、《寄开封陈中丞夔龙》(甲辰正月二十三日),盛宣怀:《愚斋存稿》卷九七《电报补遗》74,沈云龙主编:《近代中国史料丛刊续编》(125),(台北)文海出版社1975年版,第2041页。
② 《公车须知》,《申报》1904年2月22日,第3版。
③ 《梁苑笙歌》,《申报》1904年5月14日,附张,第9版。
④ 《许同莘日记》,近代史所档案馆藏:甲622-11,自编第59、63—67页。
⑤ 许恪儒整理:《许宝蘅日记》第1册,中华书局2010年版,第48—49页。

易代沧桑
——末代粤籍进士的流动与出处论考

李 林

摘要：岭南地区因其特殊的历史、地理环境，形成颇具特色的地域文化形态；近代中国的历史与文化演变中，粤籍人士亦居关键席位。末代两榜（癸卯、甲辰）粤籍进士在登科及第、朝考授职后，多在各部院学习历练，或在地方办学理政，或派遣出洋游学，辗转候缺。辛亥鼎革后，他们有的原位待命，而后转为民国职官；有些依据优待清室条件，留在紫禁城侍奉旧廷；有的去官还乡，不复出仕。更有部分南渡香港，设藏书楼，开坛讲学，宏传孔道，吟咏唱酬；又整理乡邦文献，标举岭南地区士人在此前易代之际的气节，以抒发"异代同悲"之情，宣明他们"求礼于野"的心志与政治认同。在帝制崩解后的殖民地环境中，试图将传统同乡、同年、同僚、同志、同族等关系叠加重组，以塑造新的身份，维系群体认同，并以此影响香港本地乃至海外华人的文化认同。1949年之后，其健在者部分继续在新政府内任职，且不乏身居高位者；部分进入中央及地方文史馆系统，继续发挥余热；亦有部分不复出，或僻居乡里，行迹难考；或客于他乡，流寓海外，度过晚年岁月。在此巨变之中，他们除要应对难称完满的现实世界，还要面对"意义世界"瓦解的危机。癸卯、甲辰两榜进士作为中国选士史上

"最后的天子门生",经历清末以降的制度鼎革和社会巨变,可谓近代中国转型社会中特殊的转型群体,其象征性与丰富性均为后世理解这段历史提供有益启示。

关键词:岭南文化,末代粤籍进士,身份认同,社会转型,意义世界

作者简介:李林,华东师范大学教育学系副教授

引言:近代变迁中的末科精英

本文尝试考论之对象,为癸卯(1903)、甲辰(1904)两科所录35名粤籍(含广州驻防)进士。[①] 癸、甲两科乃中国科举取士之最后绝响,有关这两科考试的特殊性,以及两榜进士经历的共通性与认同的群体性,甲辰科南海进士关赓麟概述甚确:"癸卯、甲辰二科,为千三百年科举之殿。时方改制,试论义,废誊录,借地汴闱,获隽者复入学堂习法政,此皆异于历来科举者。都下同人,曩设癸甲同学会,亲厚有加。"[②]在当时及后世的书写中,无论是外在称呼还是内部认同,亦多视癸卯、甲辰进士为一体,以"癸甲"连称该群体,视若"同年"。此种特殊称呼及认同的产生,并不仅仅是因为两科进士及第年份毗连,其中折射出的更为关键的议题是,清末民初制度的鼎革与时代的变迁赋予了末代两科进士诸多异于前辈的共通经历与身份,并使之成为近代中国转型社会中特殊的转型群体。

中国历史每当易代之际,士人的出处往往成为当事者迫切而又两难的问题,也常常成为时人后世评议探讨的重要议题。而且,

[①] 癸卯、甲辰两科所录粤籍进士实为32人,本文将3名广州驻防汉军籍进士一并纳入考察。
[②] 梯园(关赓麟):《科举概咏·序》,《中和月刊》第1卷第11期,1940年,第50页。

辛亥鼎革迥异于历史上任何一次易代，此次并非王朝统治家族的更替，而是共和对帝制的根本取代。大众无论愿意与否，其政治身份都从帝制"臣民"变为共和"国民"。而在此种变迁中，维系既有秩序的制度建置及思想根基遭致根本解构。此种背景之下，无论选择如何出处，癸甲进士所要处理的现实政局与个人心境，均与历史上易代之际的先辈们大有不同。此后政局扰攘，数十年战乱频仍，癸甲进士同处此一巨变，各自出处、流动与结局亦大相径庭。

由于特殊的历史及地理因素，形塑了传统岭南文化独特的性格与样貌。至于其近代特征，论者尝谓该地区由于与西方文化接触较早，"既是变法主张的发源地，也和革命思想有着极为深厚的渊源"；同时，由于历史时空因素，岭南地区亦有"极'顽固'的保守样貌，而且并行不悖"。① 诚然，在近代中国的重大历史变迁中，广东地区既有黄遵宪、康有为、梁启超等变法先锋，也有孙中山、胡汉民、朱执信等革命志士，又有梁鼎芬、温肃、赖际熙等忠清遗老。而且，无论是南宋崖山之亡，还是清初的南明抗争，岭南地区均有其特殊经历，也因此成为民初遗民援以论述"吾粤忠义"的依凭与榜样。民初遗民群体中，粤籍人士人数既多，又颇为活跃。作为蒙受"隆恩"的末代天子门生，粤籍癸甲进士的忠清倾向尤为明显。其余进士同年也因应自己的处境与选择，在时代巨变中升降浮沉。藉由考察末代岭表传统精英的流动与出处，或亦有助管见近代中国政治、文化与社会变迁之一斑。

一、天子门生：末代粤籍
进士的清末经历

癸卯、甲辰两科会试，乃清末废科前最后两场别开生面的考

---

① 林志宏：《民国乃敌国也：政治文化转型下的清遗民》，中华书局2014年版，第50页。

试。所谓别开生面者,不仅因为限于《辛丑条约》的停试条文及京师贡院毁于联军之役,导致会试需借闱开封,更体现在考试形式、场次及内容的变革上。答题形式上,两科会试均废八股文体,代以论、策、义。考试场次及内容上,改制前考试次序与内容乃沿用乾隆年间定制,乡、会试三场依次为:第一场考四书文三篇、五言八韵诗一首;第二场试五经义五篇,每经一篇;第三场为经史时务策五道。科举新章则改为:第一场试中国政治史事论五篇,第二场考各国政治艺学策五道,第三场为四书义两篇、五经义一篇。[①] 再经殿试校阅发榜,癸卯科共取中进士315人,其中粤籍进士16人(含驻防2人);甲辰科共取中进士273人,其中粤籍进士19人(含驻防1人),两科共35人。若以广东省内籍贯略分,则首府广州进士人数占绝对优势。其中,尤以新会、南海、顺德三县最为突出,几乎各占两科全省进士总数的五分之一。由此可以略见,即使在分省设定中额的前提下,同一省内各府州县的"科举竞争力"还是存在较大差异,详情如表1。

表1:癸卯、甲辰两科粤籍进士籍贯分布

籍贯	府属	广州									潮州	肇庆	广州驻防
	县属	新会	南海	顺德	番禺	增城	花县	清远	三水	东莞	潮阳	高要	
进士人数		8	7	7	3	1	1	1	1	1	1	1	3

资料来源:江庆柏编著:《清朝进士题名录》中册,中华书局2007年版,第1312—1343页。

晚清进士及第,除了状元例授翰林院修撰,榜眼、探花例授翰林院编修外,其余进士依据会试覆试、殿试及朝考三项等第数目,核计

---

① 有关此番改制详情,参阅李林《从经史八股到政艺策论——清末癸卯、甲辰科会试论析》,(香港)《中国文化研究所学报》第55期,2012年7月,第175—200页;韩策:《科举改制与最后的进士》,第50—84、118—172页。

授职。新科进士授职主要有四途分流,其中翰林院庶吉士为最优,以主事分部学习次之,内阁中书又次之,以上为京职;最后为分省即用知县,系地方职,此其大略。如表2所示,癸卯科粤籍16名进士内,得授京职者12人,其中9人入翰林院,占比56.3%;甲辰科粤籍进士19人,14人得授京职,7人入翰林院,占比36.9%。癸卯、甲辰两科进士入翰林院总体比例分别为24.4%及23.4%,[①]粤籍进士入翰林院比例均远高于此,可见在两科同年群体内,粤籍进士的三场综合排名颇为可观。而且,在两榜鼎甲名录上,粤籍进士表现尤为特出:广州驻防籍左霈高中癸卯科榜眼,清远朱汝珍、广州驻防籍商衍鎏则分膺甲辰末科榜眼、探花荣衔,三人均得径授翰林院编修。此外,癸卯科传胪(二甲一名)黎湛枝亦广东南海人。朝考授职详情见表2。

表2:癸卯、甲辰两科粤籍进士朝考授职

职 别		授 职	人 数	
			癸卯科	甲辰科
京职	翰林院	编修	1	2
		庶吉士	8	5
	各部	分部学习主事	3	6
		俟奏留后刑部即用郎中	0	1
	内阁	内阁中书	0	1
地方职	州县	分省即用知县	4	4
总 计	—	—	16	19

资料来源:《清实录·德宗景皇帝实录》卷五一七,第58册第824—826页;卷五三二,第59册第80—81页。

---

① 数据来源:《清实录·德宗景皇帝实录》卷五一七,第58册第824—826页;卷五三二,第59册第80—81页。

晚清新政展开,需才孔亟。因此谋求以速成之法,对其文化精英暨官员群体进行"开官智"教育。针对新科进士再教育,则特有进士馆之创设。进士馆正式开办于1904年5月,附设于戊戌变法中创建的京师大学堂。该馆甫设,即令癸卯、甲辰两科进士中留京任翰林院修撰、编修、庶吉士者,以及分部学习主事、内阁中书入读,修习近代法政、经济之学,期以速成,以佐新政。进士馆学习亦被等同于以往新进士入翰林院者三年庶常馆教育,或分往阁部者三年学习行走经历。虽然因为年龄、官缺、职事、知识结构等原因,不少天子门生对再次入馆"屈服充生徒"颇有抵拒,但还是依照定章入馆学习。[①] 癸卯科粤籍进士中,左霈、黎湛枝、李庆莱、商衍瀛、区大典、谈道隆、赖际熙、关文彬、温肃、周廷干、区大原等11人入馆学习;甲辰科则有朱汝珍、商衍鎏、岑光樾、江孔殷、龙建章、李翘燊、陈启煇、陈焕章等8人入馆。此外,由于1905年停废科举,专招新科进士的进士馆生源不济,清政府遂将进士馆修业未竟的新科进士以官费派往日本留学,并鼓励其未经入馆者一并呈请游学,乃有天子门生集体东游之局面,实为中国教育史及选士史所未曾见。末代粤籍进士乘此大潮,前后出洋游学者计有:黎湛枝(日本法政大学法政速成科第五班法律部)、李庆莱(法政大学法政补习科)、区大原(法政大学法政补习科)、朱汝珍(法政大学法政补习科)、商衍鎏(法政大学法政补习科)、岑光樾(法政大学法政速成科第五班法律部)、江孔殷(法政大学法政速成科第五班)、李翘燊(法政大学法政补习科)、陈启煇(法政大学法政补习科)、关赓麟(日本东京宏文学院)、陈焕章(美国哥伦比亚大学),凡11人。其中,陈焕章于1904年进士及第后,朝考授内阁中书,1908年赴哥

---

① 有关晚清进士馆的开设与运作,参阅李林《晚清进士馆研究——天子门生的转型困境与契机》,(台北)《清华学报》第44卷第1号,2014年3月,第109—155页;韩策:《科举改制与最后的进士》,第173—245页。

伦比亚大学留学,并于 1911 年在政治学院正式修得哲学博士学位(PhD)。在本国获得最高功名后又负笈海外修得最高学位者,陈焕章乃目前仅见特例,后文略述。

末代进士作为传统选士体制遴选的正途职官,大多深通四部之学,并有机会研习新学。粤籍进士于进士馆毕业或游学归来,再次参加考试,依等授职和奖励,进而参与晚清新政。比如,1906 年学部成立编译图书局,负责编译和审定中小学堂及师范学堂所用教科书、教授书及参考书。黎湛枝于 1908 年奉调入局,在国文股负责编纂高等小学《国文必读》,又与同年杨兆麟、陈云诰合编《国民必读课本》,并曾出任该局副局长。① 此外,部分粤籍进士也加入京师及地方新式学堂,参与兴学。如陈煜庠监修花县初级师范学堂,并任监督;又参与设立花县劝学所,曾任总董。② 此外,朱汝珍任京师法律学堂教习,区大原任广东法政学堂教习及旅京南海公学学监,陈焕章任广东时敏学校教员、校长,商衍瀛任京师大学堂监学官、斋务提调、教务提调,兼高等科监督等。③ 末代粤籍进士亦有曾助力晚清宪政改革者。1909 年,为拟定民商法典,修律馆特别奏调甲辰科榜眼、曾于法政大学补修科肄业的翰林院编修朱汝珍,赴各省调查民俗商情。朱汝珍对此颇为尽心,遍历东南各省,仔细考察记录,随时报告。调查苏州商会,时论称其"议论明

---

① 《第二次学部编译图书局备览》,《学部官报》第 97—100 期,1909 年;王昌善:《晚清政府学部编译图书局教科书编译述评》,石鸥主编:《教科书评论》,首都师范大学出版社 2014 年版,第 177—178 页。
② 孔昭度等纂:民国《花县志》第 5 卷《学校志》。
③ 李林:《晚清进士的考选与教育——以进士馆为中心的研究(1898—1911)》,香港中文大学历史学系硕士学位论文,2011 年,第 187—210 页;翟海涛:《法政人与清末法制变革研究——以日本法政速成科为中心》,华东师范大学历史学系博士学位论文,2012 年,第 190—197 页。

通,于商界情形均能了如指掌,实为词苑中所仅见"。① 考察事竣回京,修律大臣沈家本与法部尚书戴鸿慈会商,拟奏派朱汝珍为监修商、民两法专员,使其妥速编订,以期早成。② 后沈家本奏陈此事,仍称"翰林院编修朱汝珍调查关系商律事宜,该编修遍历直隶、江苏、安徽、浙江、湖北、广东等省,博访周咨,究其利病,考察所得多至数十万言,馆中于各省商情,具知其要"。③

比较而言,末代粤籍进士的"趋新"程度及政治立场的偏激程度,似较同年群体为缓,从以下两事可见端倪。其一,清末进士留学日本,不少译介其课堂讲义及法政书籍在日本及中国发行。尤其是像《法政丛编》(凡19种)、《法政粹编》(凡18种)、《法政讲义》(凡30册)、《法政述义》(凡30册)这几套大型法政丛书,在清末民初影响甚大。然其从事者多为原籍湖南、湖北的学生,鲜见粤籍进士有组织地"跟风",更不用说参与发行革命报刊。④ 其二,癸卯、甲辰两科进士在晚清资政院及各省谘议局中广泛分布,一度左右大局。尤其是作为辛亥革命导火源地的四川,以及革命之初核心地区的湖北、湖南,其议长、副议长全为癸甲进士,如谭延闿、汤化龙、蒲殿俊、萧湘等,均为风云一时、甚具影响力和号召力的立宪派人物。⑤ 他们最终倾向同情革命,乃至与革命党人合作,对革命进程和结局影响甚大。粤籍癸甲进士中,却未见有人在资政院及谘议局任职。该地域群体的晚清经历和政治倾向,也在很大程度上影响了他们在鼎革后的出处选择。

---

① 引自翟海涛《法政人与清末法制变革研究——以日本法政速成科为中心》,第217页。
② 《商会接待法律馆员(苏州)》,《申报》1909年5月16日,第12版。
③ 《京师近事》,载《申报》1909年9月5日,第5版。
④ 详参翟海涛《法政人与清末法制变革研究——以日本法政速成科为中心》,第117—139页。
⑤ 张朋园:《立宪派与辛亥革命》,上海三联书店2013年版,第195—296页。

也应指出的是,晚清仕途壅滞,实缺一职难求。癸甲进士自朝考授职,各自进入中央、地方各官署,或候补,或实习,或学习,大多并无实缺。不过,他们毕竟拥有正途最高出身,部分更兼有进士馆修业及出洋游学经历。因此在选补升转上,仍较他途晋身者有"比较优势"。该进士群体内部的仕途发展,在清末数年间也已开始出现分化。迄至宣统三年(1911)冬季,粤籍癸甲进士任职已较优者,如癸卯科左霈任至云南丽江府知府(从四品),商衍瀛任翰林院秘书郎(正五品)兼京师高等学堂监督;甲辰科商衍鎏任翰林院撰文(正五品),麦鸿钧任海军部军法司司法官及法部参议厅参事(正五品),关赓麟任邮传部承政厅佥事(正五品),朱崇年任京师高等检察厅检察官(从五品)等。[①] 其余进士总体依循朝考初授职务逐步爬升,或辗转候缺。除了部分京职呈请改外者,末代粤籍进士晚清仕途之典型轨迹为:原翰林院庶吉士此时大多得授编修或检讨,均为从五品实缺,但此时科举已废,翰林院议裁,既往视为"储相"的翰苑清才此时前景堪忧;原分部学习主事优者或得升郎中、员外郎,其多数仍为候补或额外主事;分省即用知县除少数轮得实缺(如梁鸿藻得任最要缺之湖南巴陵县知县),多数也尚在辛苦候缺。换言之,赶上科举"末班车"获得最高功名后,部分粤籍进士尚未在旧有官僚体制中获得实缺,大清已告崩解。值此遽变,各自如何进退出处,遂成重大问题。

二、进退之间:辛亥后的抉择、分道与仕途

对于处境不同、立场各异的进士个体而言,辛亥革命、民国肇

[①] 参考《职官录(宣统三年冬季)》,清华大学图书馆科技史暨古文献研究所编:《清代缙绅录集成》第 94 册,大象出版社 2008 年影印本。

建对他们的意义也各不相同。其顺应时势并把握大局者,觉得新政权可以给他们带来新的上升机遇,而且新的共和制度也代表国族政治的前途与希望;对于选择继续效忠清室的遗老而言,民国则近乎所谓"乱臣贼子"所僭建之"敌国",他们内心念兹在兹的仍然是前清"故国";而对于部分不再出仕、也未随清室流徙的进士,则或重新选择职业,又或乡居教学,著书吟哦,提倡公益,劝化人心。凡此种种,不一而足。总之,以辛亥为界,末代粤籍进士的命运面临重大抉择和分化。其获取出身、接受再教育及授职流动,在晚清阶段总体尚属于同一体制之内。但辛亥以降,由于旧有政治体制与晋升机制被彻底打破,新的流动机制与职业分化不断产生,加之民国时期政权分化更迭,战乱不断,两科进士此时的出处与流动便不像帝制体系下的相对单一化和制度化,而是呈现出复杂多元的面貌。

自武昌事起,末代粤籍进士各自的观感与反应各不相同,由此又影响他们在辛亥后的选择与动向。他们有的原位待命,以观其变,而后转为民国职官;有些依据优待清室条件,留在紫禁城侍奉旧廷;有的去官还乡,不复出仕。此外,亦有其他各类动向,不一而足。以下仅就所见,举例分述。当然,实际情况比以下类分略述复杂,不少进士因应时局变化,在几类出处之间辗转流动。

其中,有在地方任事而顺应乃至助成革命者。如梁鸿藻时任"最要缺"湖南巴陵县知县,待革命军十月兵临岳州城下,见大势已去,遂与总兵、道府官员等一同开城出降。梁鸿藻民初继续任职,1915年曾代理贵州德江县县长。[①] 又武昌起义后,民军逼近广州,两广总督张鸣岐的至交好友、本为清乡总办的江孔殷逐渐转向

---

① 张礼纲等修:民国《德江县志》第2卷《官宦》;许顺富:《湖南绅士与晚清政治变迁》,湖南人民出版社2004年版,第375页。

革命,劝告张"党人声势浩大,必难取胜,宜早为计,免蹈凤山覆辙"。张鸣岐深知"大局难保",同意"和平独立"。① 民国期间江孔殷多在粤港活动,未见其在政界有重要任职记录。

亦有鼎革前后陆续南归者。其中,有南归乡里而后赴港居住者。如时任翰林院编修赖际熙见武昌事起,风云俱变,自称"闲曹冗职,无济于时",遂于辛亥十月中旬举家南下,侨居香港。② 同为翰林院编修的岑光樾,亦于辛亥年冬携家眷迁往天津,住法租界,次年返回顺德故里。③ 岑光樾隐乡十余年,课其子侄,1925年应成达书堂邀请赴港讲学,翌年受聘于香港官立汉文中学,至1928年任满退休,香港沦陷期间,岑光樾曾回乡避居,1947年重赴香港,自办成达中学,④晚年亦在港教学,下文详及。此外,尚有其他粤籍进士先后南下赴港,下文详及。亦有南归乡里并短暂任事者,如即用知县黄敏孚曾在1911年11月被顺德商会推举为顺德县民政长,不久即辞职。此外,黄亦曾任顺德中学堂校长。⑤ 翰林院检讨区大原于民国后,曾一度受聘为广东省省长公署高级顾问;1914年,出任广东省公立法政专门学校(中山大学前身之一)校长;1927年,区大原亦移居香港,曾任香港大学、汉文中学、学海书楼等处中文教习;1933年,兼任香港孔教学院副院长。⑥ 此外,亦有南归退隐不复出者。如范家驹在清末民初曾在沪随父经商,又曾

---

① 方志钦、蒋祖缘主编:《广东通史》近代下册,广东高等教育出版社2010年版,第348页。
② 邹颖文编:《翰苑流芳:赖际熙太史藏近代名人手札》,香港中文大学图书馆2008年版,第98—99页。
③ 岑光樾:《鹤禅集》,香港:新格致设计制作承印,出版时间不详,第164页。
④ 岑君实:《先叔岑光樾事略补述》,《顺德文史》第13辑,广东省顺德县政协文史资料研究组1987年编印,第49页。
⑤ 宫内肇:《清末民初地方精英的动向——以广东顺德县为例》,森时彦主编,袁广泉译:《二十世纪的中国社会》下卷,社会科学文献出版社2011年版,第578—581页。
⑥ 卢国俊:《清代翰林墨迹赏评》,中国美术学院出版社2014年版,第298页。

回潮汕与人合办潮安开明电力公司,终因亏本而关闭。范家驹晚年蛰居故里,信奉佛老,吃斋念佛,并曾书劝世铭"万事从宽,其福自厚;仁慈者寿,凶暴者亡",该碑今立于潮阳和平古桥尾的施茶路口。① 此类进士,在清末阶段仕途未及正式展开,入民国又多隐居乡里终老,未在政学法商各界显露,是故形迹逐渐湮没难考。

鼎革之初,亦有继续留京者。其中,部分粤籍进士仍然追随逊帝旧朝,不仕民国,乃至南北奔走,为"复辟"谋划效力,如朱汝珍、温肃、黎湛枝等,下文详及。此外,亦有不少进士留于北京而后转为民国职官。山西举人刘大鹏对此颇有慨叹:"今日从政者,清廷臣工十居八九,想系家无儋石之储,不得已而做二代之臣也。口腹之累,致使失节败名,而亦莫能之顾。吁!可慨也已。"②时势变易,诚有个体所不能转移者。如时任度支部额外主事陈之鼐随该部同僚留驻,1912年9月转为财政部盐务筹备处二等科员。③ 时任农工商部员外郎关文彬也随同僚留下,民初转为工商部职员。④ 1911年秋冬任京师高等检察厅检察官的朱崇年,于1912年11月获任为政事堂印铸局秘书,然次年即呈请辞职。⑤ 关赓麟时任邮传部承政厅佥事,民国后邮传部改为交通部,关赓麟遂出任京奉路总办、京汉路会办、京汉铁路局局长代理及局长等职。⑥ 此类属于留驻政界且因应部门衔接而顺势过渡者,部分人物后来甚至升至要位。

---

① 孙淑彦、王云昌编:《潮汕人物辞典·文史艺术分册》,中山大学出版社1991年版,第77页;马东涛:《范家驹轶事》,《潮阳文史》第10辑,广东省潮阳市政协文史资料研究组1993年编印,第29—31页。
② 刘大鹏遗著,乔志强标注:《退想斋日记》,山西人民出版社1990年版,第196页。
③ 《财政部之新组织》,《申报》1912年9月4日,第4版。
④ 《专电》,《申报》1912年5月4日,第2版。
⑤ 《十一月二十七日临时大总统命令》,《申报》1912年11月29日,第2版;《十一月二十六日大总统命令》,《申报》1913年11月29日,第2版。
⑥ 陈华新主编:《百年树人——上海交通大学历任校长传略》,上海交通大学出版社1997年版,第69—73页。

此外，亦有在政、学两届辗转，且经历较为特殊者。如原内阁中书陈焕章在北洋时期亦曾任安福国会参议院议员、众议院议员，又曾在北京开办孔教大学，1930年去港，创办孔教学院，1933年离世。翰林院撰文商衍鎏则于1912年应聘为德国汉堡大学汉文教授，协助筹建汉堡大学汉学系，并编目采购中文图书，奠定其汉学系基础。① 商衍鎏1916年聘约期满回国后，历任北京副总统府顾问、江苏督军署内秘书、大总统府谘议、江西省财政特派员等职；1927年任国民政府财政部秘书；抗战胜利后，于1946年回南京，1949年后健在，下文详及。翰林院编修左霈则于1912年由国民政府蒙藏局派往筹办《蒙藏报》，任总编纂；1913年蒙藏学校成立，任学监兼教务主任；1918年起，左霈任清华学校历史、国文教师，直至1928年。② 依照1922年清华大学高等科功课表，此时左霈任教于国学部，所任科目为大一国文、文学史及美术文。1927年《清华大学一览》亦载，左霈与王国维、朱自清、汪鸾翔、杨树达等10人任国文学系教授，与朱自清同授国文学系第二年选修科《中国文学书选读》；③ 1929年左霈亦赴香港，任圣士提反中学教师，1936年离世。

末代粤籍进士在民国期间出仕且颇得其位者，亦不乏人。如关文彬于1922年升任工商部参事，得授二等嘉禾章；1927年奉派赴沪，查办九六公债案；④ 1928年政府南迁去职，1930年任南京政

---

① 参考《花都文史》第32辑，广州市花都区政协文史资料研究委员会2015年编印，第39页。
② 王存诚编：《韵藻清华：清华百年诗词辑录》上册，清华大学出版社2011年版，第18页。
③ 苏云峰：《从清华学堂到清华大学1911—1929：近代中国高等教育研究》，生活·读书·新知三联书店2001年版，第170—171页；齐家莹编撰：《清华人文学科年谱》，清华大学出版社1999年版，第49页。
④ 《关部委查办九六公债》，《申报》1927年1月6日，第10版。

府铁道部秘书;1937年南京沦陷后,辗转到北平家居;1947年任河北省通志馆文牍主任,历时一年;关文彬1949年后仍健在,下文略及。① 此外,关赓麟于1916年任北京政府财政部秘书,1917年任至交通部路政司司长;1922年,交通部派关赓麟接任交通大学校长,仅两月即去职,1927年又受聘在交通大学任教;北伐以后,关赓麟与国民政府要员胡汉民、谭延闿(甲辰进士)、李宗仁、戴季陶、阎锡山、冯玉祥等深相接纳,于1928年任国民政府铁道部参事;后任平汉铁路管理局局长、联运处处长、国民政府铁道部业务司司长;抗战以后,关赓麟作为铁道部代表留守南京,但拒绝与汪精卫及日本人合作,改换名字避居天津租界;②关赓麟1949年后仍健在,下文略及。龙建章在北洋政府时期,亦先后出任交通部电政司司长、邮传司司长、贵州黔中道道尹、贵州巡按使,并署理交通总长,又曾为约法会议议员(参文后附录)。而且,龙建章(甲辰进士)、叶恭绰(字誉虎,仕学馆学员)、关赓麟(甲辰进士)、俞人凤并称"龙虎麟凤",乃北洋旧交通系的"四大金刚",前三人均为广东籍。

在清末民初的变局中,末代粤籍进士与其科甲同年及当时的士人一起,依据自身的位置、处境及判断,作出相应抉择。其中,既不乏追随旧朝者、退隐乡里者,也有顺应乃至助推局势者,不少人则选择继续出仕新政权。而且,部分善于把握机遇且政才优长者,实现"华丽转身",由前清臣工摇身一变而为民国职官,乃至身居要位。对于此类进士而言,他们成功糅合了前清的出身资质、新式教育经历及新政任职经历,将此前的诸种"身份资本"成功转化,在新政权中谋得权位。在此过程中,他们通过科举入仕而攀登的

---

① 启功主编:《中央文史研究馆馆员传略》,中华书局2001年版,第93页。
② 陈华新主编:《百年树人——上海交通大学历任校长传略》,第69—73页。

"成功阶梯",并未因为政权的更迭而彻底断裂,其善于因应者,乃将前后阶梯及仕途衔接,使之延续。从帝制到共和的转换,政治体制层面的震荡尤为剧烈,但对选择继续出仕且善于因应的进士而言,则不失为新的上升契机。因为,无论何种政权均要设官分职,而且不能一时将旧有人事彻底清理。更何况,进士群体作为传统体制内的政治与文化精英,其才能、学识、名望与影响力也不容新政权忽视。但同样有趣的是,无论民国期间出仕与否,末代粤籍进士对他们在帝制时代所获最高进士出身及相应职衔,似亦较为珍视。举其一例,1929年续修《顺德县志》题名,与事癸甲进士如周廷干仍署翰林院检讨,黄敏孚仍署直隶即用知县、进士,龙建章仍署邮传部参议、进士,张云翼仍署广西即用知县、进士。① 此种题署方式,也间接暴露在修志这类文化志业上,主事者及参与者对其文化身份的选择和认同。

三、"吾粤忠义":政治身份的
坚守与困境

清朝覆亡,民国肇建,部分粤籍癸甲进士以前清遗民自居,或以文化遗民自任。他们或乡居著述,不复出仕;或南北奔走,希图复辟,视民国为"敌国";或遁居海外,遥念前朝。岭南地区由于特殊的历史和地理因缘,在此前易代鼎革中曾有数次特殊表现,如南宋崖山之亡,满人入主后扶助南明抗争等。此时,河山再度易色,但满人治下200余年,其"天命"政统已为士人普遍认受。因此他们此时强调更多的,是基于传统纲常的"忠义"气节,而非革命宣传的族姓问题。基于此,他们固守着作为特殊政治身份的遗民认

---

① 周之贞等:民国《顺德县志》卷首"县志职名"。

同;但与此同时,由于时局的转换与动荡,他们的认同与活动又面临诸多困境,演绎出帝制末代遗民的悲歌。

宣统三年十二月二十五日(1912年2月13日),清廷发布逊位诏,内称此时人民心理多倾向共和,朝廷应当顺应人心天命,不因一姓尊荣而拂兆民好恶。因此将统治权公诸全国,定为共和立宪国体,由袁世凯以全权组织临时共和政府,协商统一办法,"总期人民安堵,海宇乂安,仍合满、蒙、汉、回、藏五族完全领土为一大中华民国"。① 诏令措辞洒脱恢宏,力图展现顺应天命、怜悯群生而愿意辞让治权的襟怀。然而,洒脱背后的不甘与无奈,却难以掩饰。依照清室退位条件,溥仪仍可居住紫禁城,保留尊号,留用旧有仆役,且皇室开支由国民政府每年拨给。因此,民国肇建后,溥仪仍在紫禁城内拥有其"小朝廷"。此时,癸甲进士大多已顺应变局,在新政权中任职。但部分粤籍进士在易代之际离京隐退,部分则随侍溥仪,更曾南北奔走游说,希望复辟帝制。溥仪在晚年回忆录《我的前半生》中,也称:"复辟——用紫禁城里的话说,也叫做'恢复祖业',用遗老和旧臣们的话说,这是'光复故物''还政于清'——这种活动并不始于尽人皆知的'丁巳事件',也并不终于民国十三年被揭发过的'甲子阴谋'。可以说从颁布退位诏起到'满洲帝国'成立止,没有一天停顿过。"②

溥仪所谓的"丁巳事件",就是1917年张勋复辟。是年,安徽督军张勋以调停"府院之争"为名,率兵进入北京,并于7月1日拥戴溥仪复辟。溥仪发布"即位诏",宣布恢复清朝旧制,封官授爵。癸甲进士在此次复辟中,至少有五人曾经授职,如黎湛枝(癸卯2-001)授学部右丞,胡嗣瑗(癸卯2-002)授内阁阁臣,陈曾寿(癸卯

---

① 《清帝宣布退位旨》,中国第二历史档案馆编:《中华民国史档案资料汇编》第2辑,江苏人民出版社1981年版,第72页。
② 爱新觉罗·溥仪:《我的前半生》,东方出版社2007年版,第75页。

2-116)授学部右侍郎,温肃(癸卯2-125)授都察院副都御史,章梫(甲辰3-052)授内阁左丞。这几人均为忠于清室之遗老,且多在此次复辟中参与谋划效力。当然,希图复辟帝制的力量,毕竟不敌走向共和的大势,帝制难返,已为事实。此次复辟旋以失败告终,参与其事的癸甲进士所得授职也就有名无实。

  复辟虽然屡遭失败,但并未彻底断绝清朝遗臣"恢复祖业"的念想,甚至在1924年溥仪被冯玉祥逐出紫禁城,迁居天津后,部分进士仍然随往侍奉。少数进士甚至一路追随溥仪,直到"满洲国"建立及崩溃。粤籍癸甲进士遗民中,温肃尤为其代表。辛亥之后,温肃就南北奔走,以"忠义"游说各地方实力派支持清廷复辟,但屡遭失败。张勋复辟期间,温肃得授都察院副都御史,未到任而中变。后曾参与纂修《清德宗实录》,1921年修成,赏头品顶戴。次年溥仪大婚,入京朝贺,又赐紫禁城骑马。后"奉诏"直南书房,此时避居香港的同年遗老赖际熙赠序,仍谓:"一代风尚,文人以得翰林为荣,翰林以得侍南斋为重,地至近、遇至隆也。"并期望温肃此去能启沃"圣心",进献良策,以裨"宏图"。① 后温肃亦随往天津,尚在疏请"端主德以恢大业",又进《贞观政要》讲义。1932年"满洲国"建立时,温肃虽已患痹疾,但仍"强起趋朝,屡摅忠悃",为溥仪嘉纳。后以病乞归,溥仪亦时有赐金赐匾。1939年秋,温肃病逝于乡,溥仪"优诏褒恤",谓"自辛亥以后,奔走勤劳,志图恢复",赏治丧费五百元,又谥"文节"。② 粤籍进士遗老张学华为温肃撰神道碑,曰《清都察院副都御史南书房翰林温文节公神道碑铭》。其实,其中名衔谥号除了"翰林"之外,均得于清帝逊位之后,况且"都察院副都御史"一职仅为复辟期间所授,未及履职复辟已告失

---

 ① 赖际熙撰,罗香林辑:《荔垞文存》,(香港)1967年钞本,第17—18页。
 ② 张学华:《闇斋稿》,蔚兴印刷厂1948年版,第55—59页;温肃:《温侍御(毅夫)年谱及檗盦奏稿》,(台北)文海出版社1972年影印本。

败。但在具有盖棺定论意涵的碑铭书写中,仍一体遵用不违,足见这批进士对清室认同之深。

又1922年溥仪大婚,"全国自命遗老者,具婚礼计千余份,粤人占八百余"。① 溥仪晚年对癸甲进士遗老亦有忆述。如1922年大婚之后,从参加婚礼的遗老中挑选其认为最忠心、最有才干的人作为股肱之臣,特别提到郑孝胥、罗振玉、景永昶、温肃、柯劭忞、杨锺羲、朱汝珍、王国维、商衍瀛、金梁、荣源等人。1934年溥仪就任"满洲国"皇帝,"关内各地遗老,如陈夔龙、叶尔恺、刘承干、朱汝珍、萧丙炎、章梫、黎湛枝、温肃、汪兆镛等等,都寄来祝贺的表章"。② 末代粤籍进士曾任伪满政权重要职务者,尚有商衍瀛。商衍瀛民初曾任青岛德华高等学校国文教习,1915年到张勋幕下作客;丁巳复辟失败后,1918年任奉天清室办事处会办,照料清室三陵;1932年到长春,历任执政府秘书、宫内府会计、审查局局长、内务处处长等职;1937年去职,改任红十字社副社长;1939年辞职,在长春家居;1946年迁居天津,由次子奉养,翌年来北平,卖字为生;③1949年后仍健在,下文略及。

当然,正如张学华为温肃所作神道碑铭中所称表及哀叹的:"吾粤自梁文忠公鼎芬后,继之者唯公一人。靡鬲之翊中兴,衰偎之从患难,二十年间,孤忠大节,其人零落以尽,尤可悲也。"④其时与势之转向,确非逆流而动的癸甲遗民进士所可扭转。结果,复辟屡遭挫败,伪满政权最终也随日本战败而终结,帝制的幻影只留在这些末代孤臣的旧梦之中。

---

① 刘禺生:《世载堂杂忆》,中华书局1997年版,第276页。
② 爱新觉罗·溥仪:《我的前半生》,第132—133、302页。
③ 启功主编:《中央文史研究馆馆员传略》,第153页。
④ 张学华:《闇斋稿》,第55页。

四、求礼于"野":居港进士文教志业述略

癸甲进士遗民中,一部分在辛亥后退隐,课馆编书,不复出仕;部分进士则一直追随清室,甚至追随至"满洲国"。另有一批进士遗民尤值一提,即辛亥后避居粤港、以广东籍进士为主的遗民群体,其中较有影响者如赖际熙、区大典、区大原、温肃、岑光樾、陈焕章、朱汝珍等。他们在香港开办学堂,设藏书楼,开坛讲学,宏传孔道,"留下了他们的故国之思、礼失求诸野之叹、承传国粹儒风的遗志"。[①] 这批南渡进士,对民初香港的中文教育、旧体文学、书画艺术等方面影响甚深。撰述近现代香港的教育史、文学史及艺术史,南渡进士都是不能绕过的重要一章,以下略述其主要活动与事功。

首述癸甲进士与香港大学文科教育的推进。南渡翰林中较早抵港且影响最大者,当属赖际熙。赖际熙早在1911年10月中旬,见局势巨变,就携家眷南渡,避居香港。次年香港大学正式开办,赖际熙及区大典即受聘为文学院讲师,主持设计其中文课程,讲授中国经史、文学。作为殖民时代香港的第一间大学,港大的培养目标、课程设置及教学语言一依英国,初期中文教育及中国文化地位甚低,中文仅为普通选修科目。赖际熙及区大典开始也只是兼职讲师,在港大努力撑持的同时,需要在外兼任教席。1925年,金文泰(Cecil Clementi)在省港大罢工危机中奉命出任香港总督。金文泰了解并欣赏中国文化,熟悉中国文字和法律,有意推动中文教育及中国文化研究。同时,其他列强尤其是美国对中国的文化影响

[①] 叶汉明:《"便从此处作根源":从保良局楹联看历史》,保良局文物馆编制:《保良局楹联汇辑》,(香港)保良局文物馆2006年版。

力与吸引力,也让英国政府颇为警觉,认为应该采取相应措施,在教育和文化领域扩大英国对华影响,以资抗衡。其策略之一,就是争取扩大香港大学对中国内地的影响,而欲达致此目标,就不能继续忽视中文教育与中国文化研究。1926年,赖际熙与港大校长韩惠和(William Hornell)前往南洋募捐,获当地华侨捐助港币四万元,遂于1927年在港大成立中文组(后升为中文学院,再改称中文系),由赖际熙执掌系务,赖际熙与区大典亦转为专任教授。赖际熙又请得本地富商邓志昂及冯平山同意,分别捐建中文学院大楼以及中文图书馆,且又陆续增聘教习,中文教育在港大始有重要突破。从1927年赖际熙主政时港大中文系课程来看,当时已形成经学、史学、文词学三大方向为主的四年制学位课程;另外又设有正音班,以便外地学生不通粤语者听受;此外又有翻译学课程,四年皆有授课,以造就通译人才。[①] 港大中文科的基本方向及课程结构,由此开始奠定。

当然,无论是政治领域还是文化领域,20世纪二三十年代都是风云巨变的时代。进士群体的知识背景及教学方法均源于传统训练,因此其所主掌的港大中文教育偏向传统和保守,尤其与内地当时轰轰烈烈的新文化运动颇为脱节。港英政府想在文化领域扩大对华影响,自然不愿完全泥于进士群体所固守的经史传统,希望因应形势改革港大中文教学和中国研究。1934年,校长韩惠和携文学院院长福斯德(Lancelot Foster)前往北京各大学考察,并请两位粤籍学者陈受颐(时任教于国立北京大学)及容肇祖(时任教于辅仁大学)来港,共同就港大课程设置提出批评意见,商讨改革方案。此外,胡适1935年赴港大接受荣誉学位

[①] 单周尧主编:《香港大学中文学院历史图录》,香港大学中文学院2007年版,第8—12页。

时,亦批评港大的文科教育"可以说是完全和中国大陆的学术思想不发生关系。这是因为此地英国人士向来对于中国文史太隔膜了,此地的中国人士又太不注意港大文科的中文教学,所以中国文字的教授全在几个旧式科第文人的手里,大陆上的中文教学早已经过了很大的变动,而港大还完全在那变动大潮流之外"。[1] 1936年,港大新聘曾留学欧美的粤籍文学家、宗教学家许地山出任中文系主任,重新规划和调整课程。癸甲进士主导港大中文教育的时代自此结束,但他们的筚路蓝缕之功未被磨灭。经过他们20余年的不懈努力,不仅在港大确立了中文系(学院)这一独立的教研实体机构,还奠定了中文图书馆藏和相应教学办公设施的基础。更重要的是,他们将中文课程从初级实用逐渐导向高等研究,又合力将其地位从附属课程推升至学位课程,并初步奠定港大中文学院文学、历史、哲学、翻译的课程板块结构,[2]其长远影响及于今日。

次述癸甲进士与香港学海书楼的创设。赖际熙除了任教于香港大学,又于1920年先租赁中环半山坚道27号楼下,设坛讲学。关于学海书楼之正式创设,赖际熙之子赖恬昌述曰:"先君焕文公自辛亥以后,流居海隅,目睹当时社会道德沉沦,贬夏崇夷,蔚成风气,蹙然忧之。遂于一九二三年在香港设立学海书楼,聚书万卷,供众阅览。又延聘耆宿,设坛讲学,弘扬大道。冀匡扶正气、培育英才,岂独保存国粹而已哉!溯道光四年,阮元督粤,办学海堂于广州,礼聘名儒主讲,提倡实学,造就人才不少。……先君平生服

---

[1] 胡适:《南游杂忆》,国民出版社1935年版,第15—17页。
[2] 详参 Li Lin, "Education, Culture, and Politics: The Evolution of Chinese Education at The University of Hong Kong, 1911—1941", *History of Education: Journal of the History of Education Society*, Vol. 46, No. 6 (2017), pp. 711-729。

膺阮公行谊,故沿用学海二字,以名书楼。"①

癸甲进士在港推动中国文化及中文教育,很难仅仅倚赖港大教席。由于港大创立初期的工科、医科定位,以及殖民体制的影响,中文教育在初期港大发展掣肘甚多。赖际熙在港大之外另建书楼,乃希冀以更符合中国传统的方式,弘扬传统道德与文化。在赖际熙初拟的草案中,书楼拟命名为"崇圣书堂",旨在尊崇孔圣,羽翼经训。书楼拟建在港大附近,建成后丰富其馆藏,备齐经史通常必备之书,以供借阅,更拟聘名宿分期讲课。至于其具体运作,规划称:"建成后,延聘通儒为学长,常常驻堂,以便阅书者随时问难。学长应聘能操正音、粤语者,以便各国各省学者皆可通达问答;或更聘一能通英文[者],尤为便益。"至于学生日常学习读书,"拟仿学海堂例,分专课及随时讲课二途。其专课生则月考一课,其随时讲课生则年考四课[分四季]。其专课生又仿广雅书院例,各备一簿,每日阅书或有疑难,或有议论,随笔录记,汇交学长依次批答"。② 可见,学海书楼的建立,其定位并非一间普通的私人藏书楼。学海书楼从命名到立制,均取法于阮元督粤期间所办的著名书院——学海堂。赖际熙等冀望在帝制崩坏之后,在对传统普遍大加批判挞伐之时,力图在英国管制下的海岛一隅,恢复中国古代书院的藏书、讲学传统,以保存和弘传儒学。

诸事俱备,又得香港绅商何东、郭春秧、利希慎、李海东等捐资,购得中区般含道20号房屋及图书资料,于1923年正式设立学

---

① 何祝平主编:《学海书楼七十周年纪念文集》,(香港)学海书楼董事会1993年版,"序"第8页。
② 引自区志坚《发扬文化、保全国粹:学海书楼简史》,广东省政协文化和文史资料委员会编:《香海传薪录:香港学海书楼纪实》,中国文史出版社2008年版,第33—35页。

海书楼,以达成"宏振斯文,宜聚书讲学"的志愿。① 当时,香港政府及市政局尚未设立公共图书馆,而学海书楼庋藏图书已设有阅览室,供大众入座及阅览,实际上成为香港首座民间设立的公开图书馆。② 此外,学海书楼又定期延聘硕儒耆学,开坛讲学。1923—1941年间,先后在学海书楼主讲者,计有赖际熙(癸卯2-076,广东增城)、陈伯陶(壬辰1-003,广东东莞)、朱汝珍(甲辰1-002,广东清远)、温肃(癸卯2-125,广东顺德)、区大典(癸卯2-033,广东南海)、区大原(癸卯3-146,广东南海)、岑光樾(甲辰2-024,广东顺德)等。③ 主讲者均为广东籍,均为进士出身,均为翰苑清才,又形成一个由同乡、同年、同僚、同志等关系叠加的特殊群体。该群体的共同志望,除了越益渺茫的所谓"河清之俟",就是希望保存儒学,薪火相传。正如岑光樾在港讲学将别时,曾作诗《留别同学诸子》曰:"频年风雨共鸡鸣,惜别依依此日情。吾党莫疑经术腐,抱残犹望鲁诸生。"④曾在书楼听讲且后来主掌书楼的邓又同,忆述当年讲学情形曰:"在书楼设坛讲学,每周二次,每当太史或主讲人登坛讲授,全场肃静,鸦雀无声,听众屏营,毕恭毕敬。太史或主讲人长衫布履,雍容端坐,听众起立致敬,然后坐下。讲课既毕,致礼如仪。斯时授课,以四书、五经为主,阐扬孔孟之道与春秋微言大义,冀扬国粹,挽救世道人心于失坠之余,古道热肠,用心良苦,诚可敬也。"⑤

赖际熙于1937年辞世,享年72岁。1941年日军占领香港,学海书楼活动被迫中辍,藏书亦有损失。战后书楼恢复,弦歌不辍,

---

① 何祝平主编:《学海书楼七十周年纪念文集》,第9页。
② 同上书,"序"第8页。
③ 同上书,第10—11页。
④ 岑光樾:《鹤禅集》,第50—51页。
⑤ 何祝平主编:《学海书楼七十周年纪念文集》,第11页。

其后香港文史学界重要学者如唐君毅、罗香林、饶宗颐等,亦曾受邀在书楼开讲,成为香港在正规教育体制之外传扬中国文化的重要平台。1963 年,香港中区大会堂落成启用,为长久保存计,学海书楼将其藏书永久寄存于香港中区大会堂市政局公共图书馆,供市民阅览。此外,亦延续其公开讲座的传统,每周由书楼与香港市政局各地区图书馆合办国学讲座,免费入场。[1] 学海书楼藏书四部皆备。依据 1986 年书楼所编目录,其藏书包括经部 274 种,3 363 册;史部 320 种,3 450 册;子部 98 种,640 册;集部各类 1 208 种,19 347 册,合共 1 900 种,26 800 册,连复本共有 30 000 余册。[2] 藏书中不乏珍本、善本,尤其是广东所刊版本及广东地方文献,收藏颇多。经过早期奠基、历年发展,学海藏书已成为香港地区典藏中国古籍的重镇之一。[3] 学海书楼的开办与收藏,也成为近代中国藏书史及私立教育史上的一个特出典范。

再述癸甲进士与孔教运动及香港孔教学院的建立。香港之有孔教学院,乃由末科进士陈焕章(甲辰 3 - 131,广东高要)于 1930 年建立。陈焕章于 1904 年进士及第后,朝考授内阁中书,1908 年赴美国哥伦比亚大学留学,并于 1911 年在政治学院正式修得哲学博士学位,乃癸甲进士及第后正式修得海外博士学位的仅见特例。陈焕章乃康有为弟子,亦是清末民初孔教运动的重要推动者。他 1911 年在哥伦比亚大学提交的博士论文,题为《孔门理财学》(*The Economic Principles of Confucius and His School*)。[4] 论文力图融合

---

[1] 何祝平主编:《学海书楼七十周年纪念文集》,第 14—15 页。
[2] 同上书,第 17 页。
[3] 有关学海书楼特藏详情,可参香港公共图书馆网页介绍:https://www.hkpl.gov.hk/tc/reference/special/hhc.html(2017 - 2 - 22)。
[4] Chen Huan-chang, *The Economic Principles of Confucius and His School*, Ph. D. Dissertation, Columbia University, 1911. 论文出版时,封面特注:陈焕章,孔历 2455 年(公元 1904 年)进士,中国北京内阁中书。

近代政治、经济学说,论证传统儒家的经济思想与政策,以论证儒家学说之功效,说明儒家乃传统及当时中国所必须。

陈焕章的博士论文于1911年在纽约出版,并引起学界关注;①后又译为中文出版,一时影响甚大。撰述之外,陈焕章亦实力推动孔教运动。1912年,陈焕章在上海成立孔教会,任主任干事。孔教会宗旨为:昌明孔教,救济社会。② 陈焕章作《孔教论》,系统阐发其孔教思想,内曰:"宗教者,人类之所不能外者也。……其无教者,惟禽兽斯已耳,非人类也。……夫中国之教字,本含三义:曰宗教,曰教育,曰教化。惟孔教兼之,此孔教之所以为大也。然孔教虽具备三者,而究以宗教为本。盖惟孔教是一宗教,故能范围天地而不过,曲成万物而不遗也。……吾尝谓孔道必不亡,孔学亦必不亡,惟不认孔教为宗教,则孔教必亡。"③

此时,科举已废,帝制崩解,制度的儒家无所依归。此后新文化运动兴起,文化的儒家亦受批判。同时,西风东渐,外来基督信仰也在动摇传统儒家之地位。因此,陈焕章尝试发挥中国文字中"教"之意涵,力图论证儒家的宗教面相,乃至欲使之立为中国的"国教"。同时,又将传统伦理道德参照现实进行重新诠释,如谓君臣之道无损于平等自由之理,特论孔教之爱国主义,并用近代财政、税收等政策诠释儒教,谓"孔子诚社会主义之鼻祖",又谓《大学》平天下之道,以絜矩为主,所谓恕也,此国际之道德。《春秋》

---

① 该书英文版出版次年,凯恩斯(John Maynard Keynes)就在《经济学杂志》(*The Economic Journal*)发表书评介绍;韦伯(Max Weber)在其《儒教与道教》(*Konfuzianismus und Taoismus*)中,将《孔门理财学》列为主要参考文献;熊彼特(Joseph Alois Schumpeter)在其《经济分析史》(*History of Economic Analysis*)中,也指出《孔门理财学》的重要性。此段介绍参考陈焕章著、翟玉忠译《孔门理财学——孔子及其学派的经济思想》,中央编译出版社2009年版。
② 陈焕章:《孔教论》,商务印书馆1912年版,第98页。
③ 同上书,第91—97页。

征伐会盟之礼,乃战时及平时之国际公法。中国与夷狄之分,即今日所谓文明与野蛮,等等。陈焕章本为旧学熏染出身,未能如其后新儒家在学理层面参照西方哲学,对儒学作重新诠释。他依据儒家经典对孔教进化之设想,也近于理想的乌托邦,如破除国家,混合全球;破除家界,直隶于天;公营生业,社会主义;改良人性,止于至善等。但也开始尝试以世界眼光,正视其他宗教与文化,试图与之对话,甚至不惜附会诠释,以立儒教地位。

民国初年,陈焕章居住北京,一度在北洋政府任事;并曾向北洋政府呈文,请立孔教为中国国教,未果;又曾在北京开办孔教大学,继续其志业。陈焕章于1930年去港,创办孔教学院,继续其宣扬与教化。1933年,陈焕章病逝,同年朱汝珍接任院长,勉力维持。1936年,朱汝珍以66岁高龄南游,在星洲养正学校、吉隆坡尊孔学校、吉隆坡中华大会堂、金保公立中华学校、槟城孔教学会、槟城中华中学、暹京中华总商会等处讲演,宣扬孔教,提倡道德,敦睦乡谊。通过增进文化共鸣与认同,为香港孔教学院筹措基金。朱氏此行,颇得所到之处会馆、商会、孔教会及其他华人团体支持,递相接待,安排讲演,当地报章亦多有报道,并踊跃捐款襄赞,可谓南洋一时文化盛事。① 香港孔教学院至今犹在,乃香港重要的崇儒团体之一,且有附属中小学,此亦癸甲进士南渡者事业留余之一。

五、身份认同:末代粤籍进士的书写与网络

"身份"与"认同",英文均可用 identity 一词表达。其中,至少

---

① 许超然编:《道南集》,(香港)道南印书馆1936年版。

涉及两层互相关联的意涵：既指个体或群体对自我身份的选择和认同，也指"他者"对该个体或群体身份的界分和标签。作为内部自我标榜和外界认定/批判的"遗民"，其主要共通之处还是在于易代之际的心理认同选择眷恋乃至维护前朝。当然，在现实的出处类型上，遗民的选择可能不止一种。他们有的避居乡里，乃至逃禅入山，以消极形式对付新政权；有的则积极谋划复辟行动，力图以政变、军事行动恢复旧秩序；也有些出于时局之迫而出仕新政权，然亦"身在曹营心在汉"，情形颇为复杂。其间，他们又通过不同的方式，展现他们的遗民身份、心态与职志，并藉此在不同遗民之间，以及遗民群体与其他社群之间建构人际网络，应对现实交际与生存。

末代粤籍进士之以清室遗民自任者，除了部分如温肃等南北奔走、为复辟竭力之外。在其平居生活与交游中，也有不少标识、仪式与活动，以表明他们的心志与政治认同，并以此增进群体内部之凝聚力。例如，虽然已入民国，但绝大多数进士遗民仍然保留具有清朝鲜明特征的发辫，以及象征他们在旧制中身份地位的衣冠，乃至留存旧日官服，去世后也希望以旧日衣冠归葬。这些显著的外在政治认同标识，在他们民国期间留下的照片中多有所见。此外，他们在平日的写作、出版、通信中，提及清室帝后名讳、陵寝等，仍然照旧空格或转行顶格，以示尊崇。甚至在入民国以后的纪年中，仍然坚持用宣统年号。比如，1913年光绪皇帝入葬崇陵，广东籍进士遗民梁鼎芬致书"泣告"在香港的赖际熙，信中遇"先帝""先后""崇陵"等处，均换行抬头，落款直书"宣统癸丑九月十九日"。此后梁鼎芬按时致祭，并将崇陵祭品遥寄赖际熙。[①] 1914年梁鼎芬致赖际熙的书信，尽倾遗民冒着寒冬大雪祭奠陵寝的悲凉

---

① 邹颖文编：《翰苑流芳：赖际熙太史藏近代名人手札》，第20页。

与凄苦:"先后周年崇陵大祭,祭品侉侉一件奉寄荔垞仁弟绂丈。今日大雪,四山皆素,万念全灰,不知何世也。奉派与祭数十人,从行中惟鼎芬尔。在京屡访公辅,即唔旧居,相念之意,何时相见。寒窗写此,鼎芬再拜。宣统甲寅正月十七日,梁格庄上。"①南渡进士遗民表达对清室忠心的方式,还有不时北上"面圣",接受赏赠。不能北上时,则遥祝遥拜。依照赖际熙之子赖恬昌的记述,直到1920年代,部分在港进士遗民仍在商议复辟的可能,而且有时还在溥仪像前叩头,以示效忠。②又或在"万寿节"在港澳聚会遥祝,讲论"圣德"。如1926年正月十三日为溥仪"万寿节",陈煜庠与梁庆桂、王仁熙、汪兆镛等八人在澳门聚会,遥祝吟咏,有"珥笔待编行在纪,遗民几辈未凋残"之句。③

末代粤籍进士所参与的几种具有象征意义的历史书写,也能反映其政治取向及文化职志。1914年,北洋政府设立清史馆,聘请赵尔巽为馆长,主持撰修清史。记录所见,温肃曾被聘为总修兼总纂,但实际未到馆;商衍瀛曾被聘为协修,但到馆未久即离去;左霈曾撰《地理志》之湖南部分,但最后未采用,《清史稿》关内外本职名录皆未列左霈。④关于《清史稿》的撰修、刊印历程,前贤考论已多。至其整体取向,正如孟森所谓:"在馆秉笔诸人,当时系清旧望,来者多以元遗山自况,用修史以报故君,故疑其内清而外民国。"⑤虽然同系遗老,粤籍进士似与北洋政府所聘清史馆职

---

① 邹颖文编:《翰苑流芳:赖际熙太史藏近代名人手札》,第21页。
② T. C. Lai, *A Scholar in Imperial China* (Hong Kong: Kelly & Walsh, 1970), p. 53.
③ 珥笔,谓侍从之臣插笔于冠侧,以备纪事。见章文钦笺注《澳门诗词笺注》民国卷(下卷),珠海出版社2002年版,第395—396页。
④ 刘海峰:《百年清史纂修史》,安徽人民出版社2014年版,第10—11页;朱师辙:《清史述闻》,生活·读书·新知三联书店1957年版,第51—64页。
⑤ 孟森:《〈清史稿〉应否禁锢之商榷》,《明清史论著集刊》下册,第690页。

员不无分殊,或因此多未切实参与修撰。此外,作为末代天子门生,部分粤籍癸甲进士亦先后参与修纂《清德宗实录》,朱汝珍还担任总校兼纂修官,部分进士又续纂《宣统政纪》。此二书均由德宗实录馆修纂,《清德宗实录》于1909年开始纂修,初稿成于1913年,修订定稿本进呈于1921年,总凡597卷。《宣统政纪》亦由德宗实录馆遗老仿照实录体修撰,于1914年开始纂修,稿本亦于同年完成,总凡70卷,首1卷。① 此项工作既是他们作为翰苑史才的职责所在,也是遗民进士表达眷念旧制、旧朝之情的重要方式。兹据《实录》所载,将末代粤籍进士与事者之名录、职衔汇总如表3。

表3：粤籍癸甲进士供职德宗实录馆名衔

实录馆职务	进士姓名	题 录 职 衔
总校兼纂修官	朱汝珍	花翎三品衔翰林院编修
总校官	商衍鎏	翰林院撰文
纂修官	黎湛枝	花翎三品衔翰林院编修
	温肃	二品顶戴翰林院编修升任御史
	左霈	翰林院秘书郎升任云南□南府□缺知府
	李翘燊	翰林院编修
	赖际熙	翰林院编修
	陈启辉	翰林院编修
	岑光樾	侍讲衔翰林院编修

资料来源：《清实录·德宗实录》第52册,第64—69页。

① 谢贵安：《清实录研究》,上海古籍出版社2013年版,第222—226页。前引温肃《年谱》,亦谓1921年《德宗实录》修成,参修者温肃因此得赏头品顶戴。

帝制后期中国的历史编纂体系中,国有史,地有志,家有乘。除了参修国史及帝纪,粤籍癸甲进士又多致力于地方史志的修撰。编纂地方史志,特别需要有关该地的地方知识及人际网络,因此他们一般或组织纂修所任职地方的史志,或参与纂修自身故土及其近邻地方的史志。1929年国民政府内政部颁布《修志事例概要》22条,要求各省分别设立通志馆,并对各省市县志书的纂修提出具体指导意见,代表民国官方倡导和主持的修志活动。当然,地方史志的修纂与刊刻,除了经费问题之外,也关涉主持者和从事者的政治倾向和人际关系,因此同样成为不同政治力量及认同话语展开角逐的平台。囿于篇幅与题旨,此处不能详尽展开。以下仅据管见所及,将粤籍癸甲进士清末民国期间参修方志举隅列如表4,以备查考。

表4:粤籍癸甲进士辑纂地方史志举隅

进士姓名	进士籍贯	文献题名	初刊信息
赖际熙	广东增城	(民国)赤溪县志	民国九年刊本
赖际熙	广东增城	(民国)增城县志	民国十年刻本
周廷干 温肃	广东顺德	(民国)龙山乡志稿	民国十九年刻本
温肃	广东顺德	(民国)续桑园围志	民国二十一年铅印本
周廷干 黄敏孚 龙建章 张云翼	广东顺德	(民国)顺德县志	民国十八年刻本
黎湛枝 李庆莱 江孔殷	广东南海	(宣统)续修南海县志	宣统二年刻本

（续表）

进士姓名	进士籍贯	文献题名	初刊信息
朱汝珍	广东清远	（民国）阳山县志	民国二十七年铅印本
朱汝珍	广东清远	（民国）清远县志	民国二十六年铅印本

资料来源：综合检索参考爱如生"中国方志库"，中国高等教育文献保障系统（CALIS）联合目录公共检索系统（http://opac.calis.edu.cn/opac），以及有关进士的传记资料。

以上所举，只限于正式撰修的方志，并未包括由该群体所辑纂的广义上的乡邦文献，比如朱汝珍所编《藏霞集》，[①]赖际熙编纂《崇正同人系谱》，以及下述居港进士对粤东遗民、历史文献的系统整理等等。进士群体既在其位，又有其史学才识，因此在纂修过程中多实际参与从事，而非仅挂虚名。而且，还能将其史学才识融通发挥，有助提升方志的纂修水平。对于州县志乘的地位与价值，赖际熙在《重修增城县志序》中亦有独特阐述："州县志乘，虽不能儗于国史，然不能儗者，史策之体裁，与史官之制度；至于征文考献，以待朝廷之采取，则一也。夫史为记言记事之书，状述则为一人之史，谱牒则为一家之史，志乘则为一方之史，纪传则为一代之史。分之为一人，合之为一家，辨之为一方，断之成一代。惟分者已极其详，然后合者能择其善而无憾。朝廷修史，必将取材于方志；而方志之中，则统部取于诸府，诸府取于州县。然则州县志乘，下为谱牒状述所统汇，上为部府朝廷所征实，固中枢之握要也。"[②]

---

① 朱汝珍另有《词林辑略》，凡11卷，1929年由中央刻经院刊印。该书逐科载录有清一代进士馆选入翰林院者的基本资料，除了备载馆选庶常之科甲、姓名、字号、籍贯、仕任之外，更搜求载及其著作目录。明清科举，新科进士以朝考后得入翰林院为荣。明清两朝宰辅，大半由此而晋升，翰林院亦被视作一代人文之渊薮。朱氏作为末代榜眼，续完此词林题名，也反映出其曾为该尊荣群体的一员，对该群体历史的有意识整理、记录和追怀。

② 赖际熙撰，罗香林辑：《荔垞文存》，第11页。

历史书写与集体记忆/失忆、身份认同之间,关系甚为密切,这一点在作为文化精英、天子门生的末代进士群体身上,体现得尤为明显。

进士遗民抒发眷恋旧朝之情、表达同声相求相应的另一种常见方式,为诗文、书信的书写往还唱酬。此类诗作留存甚多,大多抒发"海角孤臣"的故国之思,以及无力回天的慨叹。比如岑光樾作诗:"去国悠悠十九年,归持何物更朝天。孤臣啮尽阴山雪,只有冰心一颗圆。"①又结社吟咏,1931年,流寓香港的粤籍文人在香港倡组正声吟社,"诗课之外,竞为诗钟,由社命题,评定甲乙,排日榜示"。积年汇刊所作,名曰《正声吟社诗钟集》。癸甲进士参与者有温肃、朱汝珍、赖际熙、江孔殷、区大原、谈道隆等。②

除此之外,粤籍进士遗民更通过对前代遗民资料的整理与书写,特别标举岭南地区士人在此前易代之际的气节,以抒发"异代同悲"之情。由此,还形成了一批颇具特色的、由后代遗民书写前代遗民的地方文献。比如,张其淦(1892年进士,广东东莞)作五言古体60余首,其门人祁武垣作注,咏明代粤东遗民1160余人,共成十二卷。张氏致函广求在港遗老赖际熙、温肃等吟咏题词,称:"并非广骛声气,实欲同时遗老姓名留拙作书中。"赖际熙推奖此事,随后即作诗四首寄张。③ 此后,张其淦又搜采元代广东遗民录,得350余人,为诗若干首刊印。广东籍进士张学华为作序,曰:"嗟乎!逸民首夷、齐,而申之曰:不降,不辱。以周武之仁、商纣之暴,犹懔然于君臣之不可易。《采薇》之歌,千古称之。盖遗民也者,必惓惓君国之思,具富贵不能淫、贫贱不能移、威武不能屈之

---

① 岑光樾:《鹤禅集》,第66—67页。
② 易仁:《正声吟社之诗钟》,李俊权等主编:《粤海挥麈录》,中华书局2005年版,第46—47页。
③ 邹颖文编:《翰苑流芳:赖际熙太史藏近代名人手札》,第32—33页。

操,非易代之际浮湛闾里者,皆可进于逸民之列也。"①

通过此类书写,不仅标举本地前代遗民的气节,还对遗民之定义与形象进行新的诠释。此类文献,尚有粤籍进士陈伯陶(自号九龙真逸)搜集的郡县各志及清朝诗文遗集,旁加考证,共得290余人,成《胜朝粤东遗民录》四卷。陈伯陶著作有关气节、遗民及乡土者,尚有《宋东莞遗民录》二卷、《明东莞五忠传》二卷,辑《袁督师遗稿》三卷附《东江考》四卷、《西部考》二卷,又增补陈琴轩《罗浮志》四卷、《外编》一卷,重纂《东莞县志》九十八卷,《宋台秋唱》一卷等。②《胜朝粤东遗民录》刊行之时,粤籍进士吴道镕序曰:"辛亥之变,九龙真逸弃其图书宅舍,遁于海滨之龙湫。龙湫,宋季故墟也。桑海易观,异世同感,乃纂辑吾粤明季遗民旧事,得二百九十余人,为《粤东遗民录》四卷。其自序极言吾粤人心之正,风俗之厚。伤今思古,有余痛焉。呜呼!此其由来远矣。……故宋崖山之亡也,烈士殉于前,遗黎衂于后矣。明之亡也,桂王西奔,吾粤倡义,为牵缀之师,同志响应。其败者沈身陨族,濒九死而不悔;其存者间关奔走,亦至万不可为,而后遁居穷山,或溷迹方外,以终其余。若一介草茅,抗节高蹈者,复所在而有,视宋之亡加烈焉。凡此,皆吾粤数百年酝酿潜蓄之正气。不幸值世变,而于诸君子一襮之,盖积久而不可遏也。"③

辛亥后进士遗民在标举前代遗民气节时,实际也在批判现实中顺势助推、协助民国政权建立者。此外,寓居香港的进士遗民又考访文献史迹,认定九龙湾宋王台乃南宋末帝败退南迁行宫所在,并认为:"陆迁谷变,阅七百年,今且沦为异域而久湮之迹,顾发露

---

① 张学华:《闇斋稿》,第10页。
② 同上书,第39—40页。
③ 吴道镕:《澹庵文存》,(台北)文海出版社1975年影印本,第3—4页。

于易代避地之遗民,此非偶然也。"①癸甲进士以末代海角遗民,于异族统治领地得见数百年前末代废帝遗迹,又引发无限怀古凭吊之思,遂重整此台,时时相约共游,饮酒酬唱,并有诗集《宋台秋唱》。此种雅集,乃"以共同制造一个想象的历史空间来强化遗民的归属感"。②赖际熙的存世文稿中,亦留有七律《登宋王台作》两首。其诗云:"九州何更有埏垓,小绝朝廷此地开。六玺螭龙潜海曲,百官墙壁倚山隈。难凭天堑限胡越,为访遗碑剔草莱。宋道景炎明绍武,皇舆先后总南来。"又云:"登临远在水之湄,岂独兴亡异代悲。大地已随沧海尽,怒涛犹挟故宫移。残山今属周原外,块肉曾无赵氏遗。我亦当年谢皋羽,西台恸哭只编诗。"③旧廷不存,皇舆北顾,"海角孤臣"异代同悲,却只能寄意翰墨,不胜凄凉。

以后代遗民书写本乡前代遗民,其中体现的世变沧桑与文化心理,值得深入探究。癸甲进士遗民在政治身份上的固守,因逆潮流大势而越益艰难渺茫;但除了固守政治身份之外,他们实际也在试图坚守传统的学术文化与道德纪纲。在他们的世界里,这些既是立身为人的基础,也是良好秩序得以维系的根本。但此时科举已废,帝制衰亡,儒家传统遽失两大制度依靠;新文化运动风起云涌,对传统尤其是儒家大兴批判;而西学东渐,外来文化与信仰日益冲击传统文化资源。此外,癸甲进士此时所寄处的虽为华人社群,但却是英国治下的殖民地,因此,此种捍卫文化、塑造认同、凝聚社群的自觉意识与行动,也就显得尤为特殊和关键。赖际熙在筹建学海书楼的序言中,对此阐发甚明:"国于天地,必有与立,其世守之伦纪道德,相沿之典章制度,即其立国之根本。而伦纪道德、典章制度

---

① 吴道镕:《澹庵文存》,(台北)文海出版社1975年影印本,第7—8页。
② 陈雅飞:《20世纪早期香港的书画雅集》,林亚杰、朱万章主编:《广东绘画研究文集》,岭南美术出版社2010年版,第365页。
③ 赖际熙撰,罗香林辑:《荔垞文存》,第80—81页。

所籍存而勿坠者,则在简编之记载,师儒之传述。征文考献,翼教即以维世焉。风会递降,……诚斯道存亡绝续之交,君子怵惕危虑之会也。幸香江一岛,屹然卓立,逆焰不能煽,颓波所不能靡。中西之硕彦,宏达之官商,咸有存古之心,皆富卫道之力。……愿资众力,乐助其成,从此官礼求诸域外,邹鲁即在于海滨。"①

求礼于野,兴邹鲁于海滨,也就成为南渡进士遗民固守政治身份之外,维系其文化身份的共同职志。处在一个帝制崩解后的殖民地环境,此种文化身份自觉的表述与达成,尤其不能缺少强大的人际网络与资源支撑。此前略述癸甲进士居京者,定期刊行住址单与通讯录,内部分发,其背后亦是复杂的人际关系网络。进士遗民群体中,也因同乡、同年、同僚、同志等关系的叠加,构成了特殊的群体网络。同声共气的癸甲进士遗民之间,关系尤为密切,且时常彼此关照。如黎湛枝 1913 年底致信赖际熙:"此间自香轮[陈庆桂]、椿轩[陈之鼐]先后南旋,京津朋旧益稀,旅况益孤,心绪殊劣,每欲伸纸作书,而焦闷不能下笔。近以《圣训》削稿既成,崇陵奉安事竣,前月杪已襆被出都。回首觚棱,空余悽恋,茫茫前路,去将何之。故乡田里荒芜,商业凋敝,家无担石,何以自存。辗转思维,惟冀回粤收拾余烬,仍作南洋之行,或有一线生路。"故请赖际熙介绍与南洋戴芷汀,以求将来南下驻足之处,再谋发展。② 又温肃多年为逊清朝廷南北奔走联络,但时局动荡,期间家乡又遭水灾,自己也曾身陷经济危机。一九二八年致信赖际熙,谓:"年来鬻文字以津贴薪米,奈值年荒,生意寥落。港中有销路否,幸代谋之。"③是年温肃携家眷自天津返抵北京居住,然一家五六口相继患病,经济支绌,境况凄凉。又

---

① 赖际熙:《筹建学海书楼序》,引自广东省政协文化和文史资料委员会编《香海传薪录:香港学海书楼纪实》,第 30 页。
② 邹颖文编:《翰苑流芳:赖际熙太史藏近代名人手札》,第 72—75 页。
③ 同上书,第 68 页。

因病不能执笔,时同年关文彬寄居温宅客厅后院,遂代为致信赖际熙,历陈困境祈援。此事引起在港遗老关注,纷纷去信问候帮助。温肃痊愈后,逐一致函道谢。① 此外,癸甲进士居港期间,对于本地慈善、医疗、育幼等事业,也多有著力。在灾荒时期、战乱时期,则组织赈济,协助疏散人群返乡。② 在新的时期和地域,进士遗民仍合力发挥传统士绅在地方事务上的统合及协调职能。

在实际运作中,此种人际网络又超越简单的政治出处分界。很多时候,出仕民国的进士和自居清室遗民的进士之间,虽然在政治取向上可能针锋相对,但这并未完全阻绝他们之间的私交。如甲辰进士同年谭延闿此时以北洋职官身份,旗帜鲜明地反对复辟,但在私交中,他与同情清室、支持复辟的同年章梫仍有往来。依据谭延闿的日记记录,两人不仅此前因纂修清史之事而有往还,即便是在此次复辟失败之后,谭延闿也还过访章梫,"谈复辟时事甚悉",谭的日记也谓"士各有志,不能相强也"。③ 换言之,他们之间的"人际关系与政治认同不见得划上等号",④政治取向的标签并未成为划分交往界线的唯一理据,他们的身份标识除了政党与政权之外,还有门生座主关系、同年之谊、同乡之情等等。因此,南北进士同年之间仍见有往来和通信,彼此问候关照。癸卯科进士左霈致信赖际熙,问"贵师谢敬虚(谢远涵)前辈现赞襄内部,颇有权能,炯彤(郭燊)亟想图事,能为一说否"。⑤ 甲辰进士陈之鼐致信

---

① 邹颖文编:《翰苑流芳:赖际熙太史藏近代名人手札》,《前言》第5页及第80—82页。
② 详参叶汉明《"便从此处作根源":从保良局楹联看历史》,载保良局文物馆编制《保良局楹联汇辑》,(香港)保良局文物馆2006年版。
③ 谭延闿:《谭延闿日记》,1915年3月22日,1917年11月5日。台北中研院近代史研究所"近代春秋TIS系统"所录,网址:http://mhdb.mh.sinica.edu.tw/diary/index.php。
④ 林志宏:《民国乃敌国也:政治文化转型下的清遗民》,第116页。
⑤ 邹颖文编:《翰苑流芳:赖际熙太史藏近代名人手札》,第5页。

赖际熙,谓:"承示得任讲席,事简薪丰,此间早已所闻,至以为羡,将来未悉能染指否。此校学生,如何程度方能考入,每年学费纳若干,祈暇时顺示一二。舍侄失学,拟令其专习洋文,当以此校为宜。"①因赖际熙在港大任教之便,同年及亲朋亦多有投书,谓友朋子侄欲入港大就读,请示报考程序、要求,并请给予关照等。

此外,南渡进士新到香港,也开始努力织建新的人际网络,这既是他们立足生存的需要,也有助展开其文化志业。传统文人的交游范围,可通过其私人写作得见大概。这类写作,包括有明确接受对象的书序、唱和诗作、书信往来、手札、拜帖、寿序、墓志铭、神道碑等。以赖际熙的交游网络为例,《翰苑流芳》收录赖际熙故旧41人手札75通,外加赖氏本人手札3通。该书收录信札作者可考者36人,其中25人为进士出身,以癸卯、甲辰进士最多。可考作者祖籍除郭则澐、张志潜、谢远涵、王寿彭外,其余均为粤籍人士。② 在罗香林所辑《荔垞文存》中,亦可得见赖际熙通过寿序、通信的方式,与本地及南洋绅商、侨领冯平山、戴芷汀、陈步墀、杨宜斋相交,又曾为利希慎、戴春荣等政商要人撰有墓志铭。其在港交游的圈子,除了科甲同年、前清同僚、港大师生之外,还有通过同乡组织联络起来的粤籍同乡,以及本地富商、律师、议员、望族,乃至港英政府官员。赖际熙在1926年组织成立崇正同人总会,乃全球最大的客家人团体,编纂《崇正同人系谱》,并连续担任该会六届会长达13年。

通过此类组织与活动,进士遗民群体内部也构筑了独特的人际网络。此种网络的建立与运作,糅合了同乡、同年、同志、同族等多重关系,将特殊时代背景下的政治认同与文化身份结合。在帝制之后的殖民统治下,形成对中国传统文化的特殊态度,并由此影响香港本地及海外华人的身份认同。人类社会中此种基于"想象身份"

---

① 邹颖文编:《翰苑流芳:赖际熙太史藏近代名人手札》,第39—40页。
② 同上书,《前言》第1—9页。

的建构,似虚而实。癸甲进士居港期间展开的主要事业,无不得益于此种人际网络的助力。前述邓志昂捐建港大中文学院,冯平山捐建港大中文图书馆,何东、利希慎等捐助建立学海书楼,赖际熙、朱汝珍的两次南洋筹款之行,均蒙当地会馆、同乡组织及华人社群协助接待,并解囊襄助。对于此时身居海外的华人而言,这些末代翰林既有帝制时代最高出身的荣誉,也能代表其族群传统文化精神,他们对南渡进士文化事业的支持,不只是因为信任进士自身的信誉与能力,更是对其共同文化身份的认同与维护。

六、晚岁:1949年后的末代粤籍进士

1949年,中华人民共和国成立。癸甲进士登科时,群体平均年龄约为30岁,[①]至此历经40余年风雨沧桑,不少进士已先后凋零故去。1949年仍然在世者,平均年龄已届七旬。他们部分继续在新政府内任职,且不乏身居高位者;部分进入中央及地方文史馆系统,继续发挥余热;亦有部分不复出,或僻居乡里,行迹难考;或客于他乡,流寓海外,度过晚年岁月。末代粤籍进士部分或在新政权建立未久已凋零谢世,或不复出,度过晚岁。被称作"百粤美食第一人"的江孔殷,民国期间活跃于粤港等地。江孔殷于1950年土改运动中去世,享年86岁。[②]江孔殷亦信奉佛教,并与近代高僧虚云交往,虚云有诗《赠江孔殷居士》云:"灵光独耀本来明,无染无污气自清。

---

① 李林:《从经史八股到政艺策论——清末癸卯、甲辰科会试论析》,第195页。
② 广州市地方志编纂委员会编:《广州市志:1991—2000》第9册,广州出版社2010年版,第708—709页。依据该志,江孔殷在广州解放初已中风瘫痪,1950年其家乡土改运动时,农会派人用箩筐把江孔殷抬回家乡,不久病逝。亦说江孔殷因病死于医院,终年88岁。参梁世顿《江孔殷纪事》,《南海文史资料》第15辑,广东省南海县政协文史资料研究委员会1988年编印,第101—107页。

水月镜花皆幻相,知君有日悟归程。"①"归程"如此,恐非逆料。

1949年后癸甲进士的主要去向,为中央及各省文史研究馆。中央文史研究馆是兼具统战性和荣誉性的文史研究机构,现隶属于国务院参事室,馆长、副馆长、馆员均由国务院总理聘任。各省亦设文史研究馆,隶属于各省级政府参事室。中央文史研究馆初由毛泽东亲自倡议设立,1951年7月29日正式成立,聘符定一为首任馆长,叶恭绰、柳亚子、章士钊为副馆长,齐白石等26人为第一批馆员。② 末代粤籍进士中,曾有关文彬、关赓麟、商衍瀛、商衍鎏4人受聘为馆员,详情汇总如表5。

表5:粤籍癸甲进士受聘中央文史研究馆名录

姓名	科第	生卒年	入馆时间	主要著述
关文彬	癸卯2-089	1868—1966	1952.6	《学海堂读书劄记》八卷、《说文释例》六卷
关赓麟	甲辰2-101	1880—1962	1956.6	《东游考察学校记》《京汉铁路之现在及将来》《中国铁路史讲义》《瀛谈》。曾主持稊园诗社,有《稊园诗集》多种。
商衍瀛	癸卯2-018	1871—1960	1956.10	
商衍鎏	甲辰1-003	1875—1963	1960.7 任副馆长	《清代科举考试述录》《太平天国科举考试纪略》《商衍鎏诗书画集》

资料来源:启功主编:《中央文史研究馆馆员传略》,中华书局2001年版。

其任职文史馆系统内最受注目者,当属末科探花商衍鎏。商

---

① 虚云:《虚云大师文汇》,华夏出版社2012年版,第397页。
② 启功主编:《中央文史研究馆馆员传略》,《前言》第1—2页。

衍鎏在担任中央文史馆副馆长前,也曾任江苏文史馆馆员、广东文史馆副馆长;又曾于1951年担任江苏省政协委员,1957年任政协广东省常委。① 其代表名作《清代科举考试述录》,就写成于担任江苏文史馆馆员期间。《清代科举考试述录》于1954年开始撰写,历三年而成。该书之作,作者既有其亲身应试经历为基础,又博采各类官私典籍为依据,以现代章节之体,依次对清代科举各级考试及各级所附相关考试,停科后的各项考试,武科、翻译科考试,附属于科举中各项考试之制度,进行详细考述,并涉及八股文、试帖诗、科场案与轶闻等,详赡谨严,又附有多幅珍贵图片。② 该书自1958年由北京三联书店初版,迄今仍为研究清代科举者必读经典之作。

1956年,中央新闻纪录电影制片厂还在南京专门为商衍鎏拍摄纪录片《探花的晚年》。《人民日报》对其著《述录》一书还有专门报道,称商衍鎏"为了完成这一著述,常坐车到南京图书馆和南京大学图书馆寻找藏书,他已前后阅读了一百多种参考书。他把全部精力都贯注于著述工作。初稿完成后,曾先后要求三十位老先生提出意见,并把初稿寄给远在北京、上海、广州的老朋友研究,初稿一次又一次修改,厚厚一本已写过五遍"。③《述录》撰成刊印,商衍鎏有数语题识,曰:"童年以至耄耋,一生犹不肯休,足征科举之困人。本书以童试始,而以老年人应试终,可见封建时代之科举,实为束缚读书人之工具。书成正值国运方兴,既感且喜,因赋二绝,以为总结。"其诗云:"唐明入彀英雄语,陈迹今朝事已非。科举仅余糟粕在,观人论世此中微。"又云:"光芒万丈开新运,建

---

① 商衍鎏著,商志𩡧校注:《清代科举考试述录及有关著作》,《简历》第3—4页。
② 详参商衍鎏《清代科举考试述录》,(北京)三联书店1958年版。
③ 《八十三岁老人商衍鎏在写"清代科举考试述录"》,《人民日报》1956年8月2日,第7版。

国才能赖众贤。共幸和声鸣盛日,暮年愉快理残篇。"①沧桑易代,时势迥异,士人的科举观表述也发生根本变化。1963年,末科探花商衍鎏在广州病逝,享年90岁。

癸甲进士中以清室遗民自居、避地香港者,此时也几乎凋零殆尽。所存如岑光樾则于教学之余,吟诗、咏联、题词、抄经。岑光樾善书,香港东华三院及保良局各处对联多出其手,寄予劝善施仁、普济群黎之意。1959年为岑光樾入泮周甲纪念,生辰当日作《己亥生朝感赋三首》,感怀旧事,志写晚年。② 其诗云:"曩时花烛也重经,客语曾叮祝鹤龄。揽镜却知人易老,华颠相对两星星。"③又云:"弹指沧桑六十春,芹香初掇话前尘。君亲莫报知何用,愧说当年第一人。"④又云:"觞称鞠脮年年有,诗补陔兰续续听。更喜今年莱舞会,平添新秀小宁馨。"⑤1960年,岑光樾病逝于香港养和医院,享年85岁,葬于荃湾华人坟场。这位辛亥后以"鹤禅"自号,取意闲云野鹤、仿前代遗民逃禅归隐的末代进士,至此走完一生。随着癸甲进士存世者日渐凋零故去,最后的天子门生群体也逐渐走入历史。

余论:现实钜变与"意义世界"

癸卯、甲辰进士可谓同时代读书人中幸运的佼佼者,赶上科举"末班车"而成为末代天子门生。然而,他们也遇上一个仕途壅滞的晚清时代,更是一个前所未有的变革时代。粤籍癸甲进士也与

---

① 商衍鎏著,商志馥校注:《清代科举考试述录及有关著作》,第244页。
② 岑光樾:《鹤禅集》,第82—83页。
③ 原注:丙申十月重逢花烛,迄今四载,尚能共保龙钟,初非意料所及。
④ 原注:光绪己亥科考进泮,忝居首选。先君子为题谒祖联,有"忝掇宫芹第一人"语。今岁恰值重游泮水,回思过庭时,如梦如寐,不胜百感之交集。
⑤ 原注:老来俯畜已无力,差幸儿辈尚能修南陔之义,于心窃慰。幼孙善承色笑,亦自可乐。

其科甲同年一样,先经历科举从"经史八股"到"政艺策论"的改革;幸运得第、朝考授职后,他们或入翰林院为庶吉士,或签分各部为学习主事,或分发各省为即用知县,其实大多并无实缺。其后或入进士馆修业,或在各部学习历练,或在地方办学理政,或被派遣出洋游学,辗转于各职位之间,辛苦候缺。其中部分人已得美差,但也有部分进士尚未轮得实缺,清朝已被推翻。当然,这并不意味着他们的仕途就此终结,从帝制到共和的政体转换中,连接该进士群体仕途的阶梯并未完全阻断。尽管旧朝已没,政体已新,但他们毕竟拥有进士出身这一关键"象征资本",加上前清政界的任职资历,以及新旧皆备的教育经历,让其中善于因应者成功过渡,华丽转身,从天子门生变为民国精英,如关文彬、龙建章、关赓麟等甚至曾身居要位,影响甚大。进士群体在传统中国的"成功阶梯"上,已经登顶;进士馆教育和留学经历,又有助于接上新的"成功阶梯"。部分进士成功连接前后阶梯,进入民国后不仅能保持原有地位,甚至在社会纵向流动中继续上升。

考察所见的末代粤籍进士,在清末已体现出某些群体特征,比如整体考试等第优秀、普遍念旧、"趋新"程度及政治立场的激烈程度较缓,也因此在民国时期形成独具特征的遗民群体及文化氛围。粤籍进士群体的地域特征及内部联系,也较考察所见的同科其他地域进士突出和紧密。对癸甲进士群体而言,民国的肇建为一事实存在,各人对此则反应不同。民初癸甲进士面对共同的"历史情境",而其个人之"生存情境"则各有不同。癸甲进士在民国期间的出处选择不同,社会身份各异。在公文、布告、公电、请示等公开书写中,可以看到他们对共和的坚守或诅咒,对复辟的支持或鄙薄,对内战的声讨或辩护,对敌寇的痛恶或亲近等等。而在其书信、日记、诗文等私人书写中,则又集体呈现出焦虑之情。此种焦虑,既有对现实政治混乱、敌寇入侵、国共内战的担忧和不满,也有对世风败坏的慨叹,以及传统儒家道德主义在面对秩序崩解后产生的现实疏离感,还有时局板荡中个人及亲族的安身立命之困。温肃在给赖际熙的信中曾写道:"中年哀乐伤人,吾辈自中年以来,只有哀伤人矣,未见所谓乐也。"①温肃之叹,主要是针对遗民进士而发,但实际亦道出不少癸甲进士在民国期间的处境与心境。

在此时代巨变中,传统文化精英无论选择如何出处,他们除了要努力应对难称完满甚至满目疮痍的现实世界,还要面对"意义世界"(universe of meaning)瓦解的危机。张灏曾指出:"对于许多中国知识分子来说,秩序危机不仅仅意味着作为西方扩张结果的社会政治秩序的崩溃,而且是传统意义世界的瓦解,它已达到了中国基本的东方符号系统受到怀疑和挑战的程度。可以这样说,当这种危机加剧时,敏感的心灵自然会感到有必要设计新的世界观,用以恢复其周围认知和道德的统一,以使世界回复秩序。"②从政治立场及政治行动来看,辛亥后末代进士只有少部分坚持作清朝的"政治遗民";但从文化认同和文化心理来看,他们中绝大部分都是传统文化的"文化遗民"。毕竟,他们历经数十年的研习和浸淫,精通传统经史之学既成为他们的晋身资本,也形塑了其文化心理和文化品位。在"中体"与"西用"二分的巨变时代,中学更是他们安住身心、寄托情感的重要支撑。在此过程中,传统同乡、同年、同僚、同志、同族等关系不断叠加重组,形成一张张复杂宏阔的人际关系网络,以塑造新的身份,维系群体认同,并伴随他们在时代巨变中升降浮沉。

末代进士对其意义世界的重整与维系,除了取资于儒家思想资源,也尝试吸纳西方学术、思想与信仰。此外,佛学在其中也发挥重要作用。就笔者阅读所及的癸甲进士文字所见,民国期间他

---

① 邹颖文编:《翰苑流芳:赖际熙太史藏近代名人手札》,第57页。
② 张灏著,高力克、王跃译:《危机中的中国知识分子:寻求秩序与意义》,新星出版社2006年版,第213页。

们不少人的心灵世界都深受佛家影响,如此篇所见的范家驹、江孔殷、岑光樾等,还包括科举同年如谭延闿等在现实中纵横捭阖的风云人物。清末民国期间,包括佛学在内的子学复兴,居士佛教、人生佛教兴起,作为传统知识精英的进士,对佛学本有认识,自不待言。不特如此,由于近代政治与社会混乱,部分士人也希望藉此安住身心,乃至冀望以佛家无相之说、净土思想及慈悲精神,化解现实世界中的戾气与纷扰。换言之,无论是在"佛学"还是"学佛"的层面上,身处近代中国学术转向和社会动荡中的不少癸甲进士都曾向佛家取资。帝制后期的三教融汇,此时又产生新的回响。这些传统思想资源的融通,使末代进士能在用世、养身与治心之间有所依归,并维系其已受挑战的"意义世界"不致彻底坍圮。

清末改革、帝制终结、民国肇建,无疑均是影响近代中国历史的重大事件。作为末代天子门生的癸甲进士,可谓"转型时代的转型群体"。他们既背负着旧时代的深刻烙印,又要面对新时代的各种挑战。[1] 作为中国传统文化精英的代表,他们在近代中国社会转型和过渡阶段的变化和动态,亦为近代中国社会变迁的缩影,同时也对社会变迁产生深刻影响。[2] 他们各因其才,各随其志,随近代中国的转型巨变而升降浮沉,也曾在变局中发挥影响。历经登科后数十年的风雨沧桑,癸甲进士在世者日渐凋零故去,岭表最后的"天子门生"群体也逐渐走入历史。经过后世的历史记忆和书写选择,在国族、革命、现代化这类"宏大叙事"的话语中,他们的经历有些被重构和诠释,其形象再次渐趋清晰,但或样貌已非;有些则被有意或无意地尘封遗忘,以致其自金榜题名后,具体形迹已斑驳难考。行之未远的末代"精英"尚且如此,历史书写中"民众"的失真、失语与湮没,更可想见。

---

[1] 稻叶君山:《清朝全史》,三秦出版社 2012 年版,第 376 页。
[2] 贺跃夫:《清末士大夫留学日本热透视——论法政大学中国留学生速成科》,《近代史研究》1993 年第 1 期,第 41—62 页。

附录：

癸卯科(1903)

等第	姓名	籍贯	朝考授职	进士馆经历	游学经历	宣统三年冬季《职官录》所载任职	《民国职官年表》及《外编》所载任职	生卒年
1-002	左霈	广州驻防正黄旗汉军	翰林院编修	√		○云南省丽江府知府(1910夏)▲		1875—1936
2-001	黎湛枝	广东南海	翰林院庶吉士	√	日本法政大学法政速成科第五班法律部	翰林院编修	(张勋复辟时)授学部右丞	1870—1928
2-015	李庆莱	广东南海	翰林院庶吉士	√	日本法政大学法政补习科	翰林院编修		1873—?
2-018	商衍瀛	广州驻防正白旗汉军	翰林院庶吉士	√		翰林院秘书郎▲(学部辖)京师高等学堂监督	(伪满)执政府审计审查局长，宫内府内侍处长	1871—1960

(续表1)

等第	姓名	籍贯	朝考授职	进士馆经历	游学经历	宣统三年冬季《职官录》所载任职	《民国职官年表》及《外编》所载任职	生卒年
2-033	区大典	广东南海	翰林院庶吉士	√		翰林院编修		1877—1937
2-050	陈旭仁	广东新会	分部学习主事					
2-069	谈道隆	广东新会	分部学习主事	√				
2-076	赖际熙	广东增城	翰林院庶吉士	√		翰林院编修		1865—1937
2-089	关文彬	广东南海	分部学习主事			农工商部庶务司员外郎	(北洋)农商部参事	1868—1966
2-125	温肃	广东顺德	翰林院庶吉士	√		都察院掌湖北道监察御史	(张勋复辟时)授都察院副都御史	1878—1939

(续表2)

等第	姓名	籍贯	朝考授职	进士馆经历	游学经历	宣统三年冬季《职官录》所载任职	《民国职官年表》及《外编》所载任职	生卒年
3-030	黄敏孚	广东顺德	分省即用知县					
3-041	梁鸿藻	广东新会	分省即用知县			湖南省巴陵县知县（最要缺）		
3-101	陈煜庠	广东花县	分省即用知县					
3-139	周廷干	广东顺德	翰林院庶吉士	√		翰林院检讨		?—1936后
3-146	区大原	广东南海	翰林院庶吉士	√	日本法政大学法政补习科	翰林院检讨		1852—1936后
3-148	陈耀㷆	广东番禺	分省即用知县					

甲辰恩科（1904）

等第	姓名	籍贯	朝考授职	进士馆经历	游学经历	宣统三年冬季《职官录》所载任职	《民国职官年表》及《外编》所载任职	生卒年
1-002	朱汝珍	广东清远	翰林院编修	∨	日本法政大学法政补习科	翰林院编修		1870—1943
1-003	商衍鎏	广州驻防正白旗汉军	翰林院编修	∨	日本法政大学法政补习科	翰林院撰文▲		1875—1963
2-007	麦鸿钧	广东三水	翰林院庶吉士			海军部军法司司法官，法部参议厅参事▲		1866—1918
2-024	岑光樾	广东顺德	翰林院庶吉士	∨	日本法政大学法政速成科第五班法律部	翰林院编修		1876—1960
2-027	江孔殷	广东南海	翰林院庶吉士	∨	日本法政大学法政速成科第五班，不见于《特集》毕业生名单	○翰林院编修（1911夏）		1864—1952

(续表1)

等第	姓名	籍贯	朝考授职	进士馆经历	游学经历	宣统三年冬季《职官录》所载任职	《民国职官年表》及《外编》所载任职	生卒年
2-032	龙建章	广东顺德	分部学习主事	√			(北洋)交通部电政司司长,邮传司司中,贵州黔道尹,贵州巡按使,署理交通总长,约法会议议员	1872—1925
2-038	李翘燊	广东新会	翰林院庶吉士		日本法政大学法政补习科	翰林院编修		
2-045	陈之鼎	广东番禺	分部学习主事	√		度支部额外主事		?—1925
2-083	谢鉴坡	广东番禺	分部学习主事					1869—?

易代沧桑　291

(续表 2)

等第	姓名	籍贯	朝考授职	进士馆经历	游学经历	宣统三年冬季《职官录》所载任职	《民国职官年表》及《外编》所载任职	生卒年
2-093	陈启煇	广东新会	翰林院庶吉士	∨	日本法政大学法政补习科	翰林院编修		
2-101	关赓麟	广东南海	分部学习主事		日本东京宏文学院	邮传部承政厅佥事▲	(北洋)交通部路政司长,参事(国民政府)铁道部参事、业务司长	1880—1962
2-117	欧阳鼎	广东顺德	分部学习主事					
3-011	张云翼	广东顺德	分省即用知县					
3-031	朱秉筠	广东新会	分省即用知县					

(续表3)

等第	姓名	籍贯	朝考授职	进士馆经历	游学经历	宣统三年冬季《职官录》所载任职	《民国职官年表》及《外编》所载任职	生卒年
3-036	朱泽年	广东新会	分省即用知县					
3-072	朱崇年	广东新会	分部学习主事			京师高等检察厅检察官		
3-078	王树忠	广东东莞	分省即用知县					
3-114	范家驹	广东潮阳	候奏留后刑部即用郎中			法部额外郎中		1881—1943
3-131	陈焕章	广东高要	内阁中书	√	美国哥伦比亚大学，获博士学位		（北洋）安福国会参议院议员，众议院议员	1881—1933

注：宣统三年冬季任职栏下，加●者表示实任五品及以上官职；加○者表示非宣统三年秋冬任职，具体时间于官衔后括弧内补注。

[本文基于拙著《最后的天子门生——晚清进士馆及其进士群体研究》（商务印书馆2017年版）内有关粤籍进士的内容，加以联缀增订而成]

"不科举之科举"
——支恒荣与清末浙江优拔考

张仲民

摘要：清末废科举后，保留了优拔考试作为善后之策。按照清廷布置，浙江在提学使支恒荣主持下先后于丙午年底（约1907年1月初）举行了优贡考试，于己酉年（1909）夏举行了优拔考试，这两次考试均产生了很多争议，引起较大反响，被趋新媒体视为"不科举之科举"。藉此个案的讨论，当有利于认识与评估后科举时代清廷学部和提学使所扮演的角色，以及废科举后依旧延续的优拔考试如何起到替代乡会试的作用、在地士子对于旧时科举制度的惯性依赖情况，进而可以重新思考清廷废科举造成的社会影响究竟为何这一重要问题。

关键词：考优，支恒荣，优拔考试，趋新媒体，提学使，"不科举之科举"

作者简介：张仲民，复旦大学历史系暨中外现代化进程研究中心教授，兼南京大学亚太发展研究中心研究员

1907年3月6日，上海《时报》发表了一篇《杭州卖书记》的文章，该文系原籍浙江宁波的一个上海书商"四明语生"稍前于杭州优贡考市时卖书情况的记录。从内容看，该文作者"四明语生"明

显希望在卖书赚钱之余,同时传播新学进行启蒙,但是在杭州卖书时的情形却让他颇为失望,趋新的他发现参加此次考优的众多浙江士子热心功名之程度,一如科举尚未废除之时那样程度"卑下",不读新书,没有一般常识,"思想之鄙陋有不能言语形容者",因此,该书商目之为"二十世纪中国之怪现状",而"不禁为吾浙前途悲"。①

这里为"四明语生"极度贬斥的优贡考试,系1905年9月初清廷诏废科举后的善后举措——"十年三科"之第一科丙午考优。光绪三十一年八月初四日(1905年9月2日),清廷正式下旨停废科举,"即自丙午科为始,所有乡会试一律停止,各省岁科考试亦即停止",并要求各地"多建学堂,普及教育"。② 为防止士子由此受到的震荡太大,谕旨根据此前袁世凯等会奏中的建议,没有停止之前辅助性的"考试优拔"等举措,将此作为善后之策,以便为之前举、贡、生员等所谓"旧学应举之寒儒"的未来出路留下保障:"拟请十年三科之内,各省优贡照旧举行,己酉科拔贡亦照旧办理,皆仍于旧学生员中考取。其已入学堂者,照章不准应考。惟优贡之额过少,拟请按省分之大小,酌量增加,分别录取,朝考后用为京官、知县等项。三科后即行请旨停止。"③前述之浙江丙午考优一事即发生在此背景下。

鉴于丙午考优系科举废除后首次举办,而实际主持各省考优的学部又缺乏经验,具体的优贡考试执行情况端赖新派往各直省

---

① 四明语生稿:《杭州卖书记》,《时报》1907年3月6日,第5页。
② 参看《光绪三十一年八月初四日内阁奉》,中国第一历史档案馆编:《光绪朝上谕档》,广西师范大学出版社2008年版,第31册第115页。
③ 《直隶袁会同盛京将军赵、鄂督张、署江督周、署粤督岑、湘抚端奏请立停科举、推广学校并妥筹办法折》,《山东官报》第16号,光绪三十一年八月十八日,第1—3页;该折在当时曾被各报广为转载,已被收入刘锦藻《清朝续文献通考》卷八七《选举考四》,商务印书馆1936年版,第1册第8456页。

的提学使之热情与能力。较之负责丙午考优的山东、江苏(苏省或苏属)、福建、云南、河南、山西、吉林等省提学使,浙江提学使支恒荣尤其积极,使得文风较盛的浙省考优,包括两年多后的浙省己酉优拔职等考试,颇为时人关注,也广受上海趋新媒体乃至全国媒体之注意,留存下来的相关资料较多,典型性较为突出。对此个案进行研究,很有利于我们观察后科举时代清廷从中央到地方各级主官的能力与作为,在地士子对于旧时科举制度的惯性依赖和迷信情况,以及评估科举废除的新形势下学部和提学使的角色、优拔等考试所起的替代乡、会试作用等问题。① 以下就先从负责这两次考试的浙江提学使支恒荣说起。

一、新官上任

光绪三十二年四月初,为适应科举停废后"专办学堂"的需要,清廷正式裁撤学政,在各直省新设提学使司和提学使一名,"秩正三品",其职责为"统辖全省学务,归督抚节制",②原则上任职人选"多拟由翰林院人员品端学粹、通达事理,及曾经出洋确有心得,

---

① 学界对于清廷废科举后的补救举措——优拔考试的研究比较少,除商衍鎏等人外,关晓红教授依据《神州日报》等清末报刊报道有过一些基本讨论。有关的前人研究成果,参看商衍鎏《清代科举考试述录及有关著作》,百花文艺出版社2005年版,第37—40、193—194页等;王德昭:《清代科举制度研究》,中华书局1984年版,第246—248页;关晓红:《科举停废与近代中国社会》,社科文献出版社2017年版,第171—194页;杨林坤:《张维〈游燕日记〉与清末举贡和法官考试》,《西北师大学报》2014年9月号,第70—72页;徐跃:《晚清优拔贡考试与山东巡抚袁树勋联衔入奏》,《四川师范大学学报》2016年第2期,第169—171页;杨齐福:《科举制度与近代文化》,人民出版社2016年版,第274—275页;房列曙:《中国近现代文官制度》上册,商务印书馆2016年版,第90—91页;李世愉、胡平:《中国科举制度通史·清代卷》,上海人民出版社2015年版,第750—753页,等等。
② 《政务处、学部会奏遵议裁撤学政,请设直省提学使司一折》,《学部官报》第1期,光绪三十二年七月初一日,第2页。

并京外究心学务、素有阅历之员"。① 随后,清廷迅速"简放"了二十二省提学使。② 作为新设职务的提学使,其地位虽然不如旧日学政之高,③但作用类似,④掌管一省的文教事业,对于一省的教育、文化尤其是新兴学堂事业具有举足轻重的作用,⑤一度也被时人与时论寄予较高期待,"士民喁喁待命",期盼"地方学务可孟晋矣"。⑥ 像家在武昌县的士子朱峙三通过阅读《汉口中西报》知道了清廷将学政一律改为提学使的消息,于是他在日记中评论道:"科举去年明令停废,自是以后各县专办学堂,以为培植人才之地,可望吾国富强矣。"⑦然而实际情况却与此大相径庭,所谓"言兴学,则提学使顽固者居大多数",⑧各提学使上任后,其作为及所用下属多与旧日之学务处无异,"提学司委用之人员,即学务处人员

---

① 《谨拟各省学务详细官制及办事权限章程缮具清单恭呈御览》,《学部官报》第2期,光绪三十二年八月初一日,第22页。
② 《学部奏请简放提学使司、提学使一折》,《学部官报》第1期,第2页;《电传上谕》,《申报》1906年5月14日,第1张第1版;《光绪三十二年四月二十日内阁奉》,中国第一历史档案馆编:《光绪朝上谕档》第32册,第75页。
③ 时论后来对此曾有简单区分:"从前之提学与督抚并行,而今则受属于督抚;从前之提学,一切供张由各州县办差,而今则皆自办;从前之提学,出棚考试之时,承差之吆喝、门役之噜嘈,排场极阔,而今则终日坐冷署中。此皆各省提学使郁郁不得已之事也。"《提学使之恐慌》,《申报》1909年8月26日,第2张第4版。
④ 关于提学使的职责和权力,可参看《谨拟各省学务详细官制及办事权限章程缮具清单恭呈御览》,《学部官报》第2期,第22—28页;《续拟提学使权限章程折》,《学部官报》第3期,光绪三十二年八月初一日,第47—49页;该文件又见《学部奏续拟提学使权限章程折》,《时报》1906年12月3日,第1页。该折又见《学部奏咨辑要》,(台北)文海出版社1986年影印本,收入沈云龙主编《近代中国史料丛刊》第3编第96种,第89—93页。
⑤ 此后学部又规定:"自提学使到任后,凡现当各学堂管理员均须报由提学使考核,以后如有撤换,悉由提学使札派以专责成。"《学部咨访学堂管理员悉归提学使札派》,《时报》1906年11月26日,第3页。
⑥ 《浙江提学司之舆论》,《中外日报》1907年1月29日,第8版。
⑦ 朱峙三光绪三十二年四月二十日(1906年5月13日)日记,胡香生辑录:《朱峙三日记》,华中师范大学出版社2011年版,第179页。
⑧ 《敬告当道者》,《中外日报》1907年3月3日,广告论前第2版。

也;提学司任用之书办,即学务处书办也","今日之学司,一旧日之学使也。所委权者惟幕友,幕友非门生即故旧,承意旨仰调剂者也"。①

这种情况其实在清廷任命的一些提学使人选中即可看出端倪。故各省提学使人选一经公布,湖南学界马上即有公禀"呈递学部",批评新简湖南提学使吴庆坻"于新学毫无阅历,而旧学亦殊平常,除八股卷折外无所知,将冀其主持学务,决无效果",希望学部考虑到湖南学界实际情况,"湘省学界,方始萌芽,非培养得宜,难望滋长",恳求学部代奏朝廷"收回成命,另简贤能",尚有自知之明的吴庆坻"闻信""知难而退","自请学部代奏辞差"。② 饶是如此,清廷还是派遣吴庆坻到湖南任职,且后来将其职务由署理改为实授,让之任满五年。

同吴庆坻一样,江苏丹徒人支恒荣(1848—1914)被任命为浙江提学使后也遭到浙江学界的抵制,但最后亦顺利就任,实际任期且达三年之久。支系丁丑(1877)二甲第十五名进士,资历虽深,宦途却颇为坎坷,只曾担任过翰林院侍讲学士、湖南学政等职。支氏此任命公布后,时论对此立即有所关注。《中华报》上曾有专门针对支恒荣的评论,认为新简放的各省提学使,"大半为学界著名之人,舆论翕然,于各省学界之前途裨益良非浅鲜",只有浙江提学使支恒荣,"向以守旧著名,其在湖南学政任时,专与新学为仇,以保存书院为唯一之目的,致湘省学界如春花蓓蕾骤遭霜雪,忽尔颓萎,无复生机"。进而该评论还担心新学正在萌芽的浙江学界也会

---

① 《浙江提学司之舆论》,《中外日报》1907年1月29日,第8版。
② 《不认提学使》,《新闻报》1906年6月12日,第1张;参看謪星《湖南不认提学使》,《通问报》第11卷第2—3期(1906年8月),第52—49页。

遭支恒荣摧残,"不得不为全浙后学吁恳学部诸公亟加援手也"。①《时报》则直接说这批人选系学部尚书荣庆决定,支恒荣出任浙江提学使即是出自荣委派,被媒体认为系滥竽充数者,因支恒荣是"荣相之师",虽属"著名顽固"亦获选。②

时论之外,身在北京的一些相关者也有所评论。像与学部尚书荣庆交好却未曾得到提学使实缺的翰林院侍读学士恽毓鼎也对诸提学使人选颇有异议,认为系"循资格用人",有"植党"之嫌:"今日简用二十二省提学使司提学使,盖学部开单而用之,共(疑当为'其',引者注)所援引,多有出人意计外者。破格用人,善用之为求贤,不善用之为植党。"③同恽毓鼎一样不满的还有当政的湖南籍军机大臣瞿鸿禨。据瞿致同为湖南人的密友户部尚书张百熙的私信可知,瞿鸿禨曾想插手各提学使的任命,却未能如愿。鉴于支恒荣之前在自己家乡湖南任上的表现,他对学部委派支恒荣为浙江提学使尤感不满,特意致信张百熙抱怨道:"继卿(支恒荣)莅浙,更失人望。言之不听,吾末如何。缺单呈阅,恐无异于从前学差也。"④甫离管学大臣职位的张百熙对此牢骚表示了赞同:"手谕、缺单并领悉。约八九省尚称得人,余则不可知矣,宜公有末如何之叹也。"⑤支恒荣不孚众望的另外一个明显表现,是关于他的任命发表后,随即就有御史弹劾他,"谓其不胜提学之任"。⑥

---

① 《提学使之舆评》,《中华报》第504册,光绪三十二年四月二十二日(1906年5月15日),第8页。
② 《追述新简提学使事》,《时报》1906年5月28日,第3页。
③ 恽毓鼎光绪三十二年四月二十日(1906年5月13日)日记,史晓风整理:《恽毓鼎澄斋日记》第1册,浙江古籍出版社2004年版,第309页。
④ 黄薇整理:《张百熙、瞿鸿禨往来书札(八〇)》,收入《历史文献》第19辑,上海古籍出版社2015年版,第105页。整理者这里没有对信札进行系年,故排列次序有些混乱。
⑤ 同上。
⑥ 《侍御奏参支恒荣》,《大公报》1906年5月24日,第2版。

浙江的一些地方趋新精英也很快做出反应。同湖南学界公禀学部阻止吴庆坻任职湖南的情况一样，浙江学界与山西学界同样有"公函至京"，表示不愿接待"支恒荣及锡嘏"两提学使赴本省就职。① 与支恒荣有师生之谊的温州名士孙诒让对学部委任支恒荣担任浙江提学使一事也非常不满，通过媒体报道知道湖南学界集体向学部致电抵制吴庆坻担任湖南提学使成功的讯息后，孙诒让亦期待浙省学界抵制支恒荣任职一事也能有类似结果，因为支恒荣风评"尚不及吴，何以待之。想省中诸贤，或有举动矣"。② 但最终湖南抵制吴庆坻、浙江抵制支恒荣、山西抵制锡嘏各事均未成功，这应该让在学务事业上颇思有大作为的孙诒让很是失望。

支恒荣上任后，按照清廷批准设立提学使时的奏请，"于省会置学务公所，分曹隶事。选派官绅有学行者，别设学务议绅四人，延访本省学望较崇之绅士充选。议长一人，学部慎选奏派"，③委任旧交孙诒让出任浙江学务议绅职务，以更好发挥其办学长材。只是思想趋新的孙诒让最初根本不愿接受支恒荣的任命，以身体健康欠佳婉辞，并推荐蔡元培等人代己，在连接支恒荣三信推辞不掉后，"勉遵台旨"，旋即又打算辞职，且辞谢了支恒荣的其他任命。④ 另一趋新浙人汪希曾亦曾于丙午年十二月初四日致函时在北京办报的浙省名流汪康年，表示他对浙省学务现状的担忧，认为支恒荣到任后忙于考试的作为和用人不当更加恶化了内中情形："故乡亦无起色，学务一落千丈，断难挽回。支到日日忙考，重以所携非人，则不惟无起色，犹虑有江河日下之概。都中同乡诸先生倪

---

① 《不认提学使》，《新闻报》1906 年 6 月 12 日，第 1 张。
② 参看孙诒让致刘绍宽（十九），收入谢作拳、陈伟欢编《瑞安孙家往来信札集》，浙江大学出版社 2017 年版，第 182 页。
③ 赵尔巽等撰：《清史稿》卷一〇七，第 1 册第 848 页。
④ 参看孙诒让致支恒荣书信三通，收入谢作拳、陈伟欢编《瑞安孙家往来信札集》，第 161—164 页。

亦闻之欤?"①得到汪康年回信安慰后,汪希曾又悲观感慨道:"浙省学务,萎靡如昔。支老持退守主义,又无贤者辅佐之,一落千丈,又须迟三年才得翻身,何浙之不幸也?"②

相比以上这些对支恒荣较为负面的评价,清廷收到的秘报则对支恒荣湖南学政任上的作为评价很高,此评价主要是针对其在湖南学政任上考试各属生童时的表现,说支氏"随时密加察访,考试谨严,宗旨端正,士论允惬。兹届年终,谨据实密陈"。③

值得玩味的是,当时学部简放的 22 位提学使,除了浙江提学使支恒荣、湖北提学使黄绍箕、福建提学使姚文倬、广东提学使于式枚等 8 人为实授外,其余多数为署理。④ 到宣统元年夏时,以署理名义任职者一度曾多达提学使总数的三分之二。这种情况很容易让各提学使任内得过且过、推诿塞责或胡乱作为,"而署缺不过暂摄,恐于学务有敷衍。目前之弊,且怀观望以待实缺者之意"。⑤对此情况,清廷高层后来虽有所察觉,并将湖南提学使、江宁提学使、河南提学使三缺由署理改为实授。⑥ 之后当提学使一职再出现空缺时,则直接采取实授方式,还试图让学部通过"甄别"提学使的办法去改变之,但效果不佳(详后)。

在各提学使正式就职前,学部又先培训提学使两个月有关新

---

① 参看汪希曾函一,见上海图书馆编《汪康年师友书札》第 1 册,上海古籍出版社 1986 年版,第 1105 页。

② 参看汪希曾函二,见上海图书馆编《汪康年师友书札》第 1 册,第 1106 页。

③ 《奏为密陈湖北学政李家驹、湖南学政支恒荣年终考语事》,中国第一历史档案馆藏,附片:04-01-13-0444-008。

④ 有关各提学使的具体任命情况,可参看《上谕》,《大公报》1906 年 5 月 1 日,原报无注明版面。

⑤ 《提学使宜授实缺》,《顺天时报》1909 年 10 月 22 日,第 7 版。该文曾被改名为《提学使之更易》,刊于《香港华字日报》1909 年 11 月 2 日,无标注版面,唯转载时有脱字。

⑥ 《宣统元年十一月初九日内阁奉》,中国第一历史档案馆编:《宣统朝上谕档》第 1 册,广西师范大学出版社 2008 年版,第 463 页。

式教育的内容,然后又派支恒荣同其他12位提学使在上海会面后赴日本,"考察学校制度及教育行政事宜"三个月。① 于是支恒荣计划先行赴浙安顿再赴上海,因其旅途花费时间过长,引来学部专电浙江巡抚张曾敭,请张催促支恒荣迅速赶赴上海同其他提学使会合。② 此段赴日考察经历对支恒荣当有不少触动,其后支恒荣所上学务条陈即照搬了不少日本经验(详后)。

1906年11月底,支恒荣赴杭州正式上任。③ 或许因此前支恒荣的守旧之名及浙江学界对支恒荣任命发表之时的抵制事件,上海各大报对支上任后的各种举措均有追踪关注。如《时报》和《新闻报》对支恒荣上任之始先确定本衙门下属各员名单一事即有详细报道。④ 再如《时报》曾关注支恒荣自日本考察学务来浙后,立刻拜见浙抚,尽管印信尚未到,仍然"分诣高等学堂、中学堂察阅一切,并须分赴各学堂考察课程"。⑤

而支恒荣也一改湖南任上的守旧表现,于浙江任上颇为趋新、振作。面对仙居县安洲学堂因"无款"而导致"全堂解散"的事件,支恒荣将表现不佳、来杭自辩的堂长壬炳焯"严行训斥,撤去堂长",连带对"扰民"导致该学堂散学的该县朱令"记过",认为其

---

① 《附奏提学使司人员先派赴日本考察学校制度及教育行政事宜片》,《学部官报》第3期,第40页。有关情况还可参看关晓红《晚清学部研究》,广东教育出版社2000年版,第112—118页;安东强:《旧学与新制:清末提学使东游见闻与认知》,《学术研究》2009年第7期,第133—138页;等等。
② 《学部电》,收入《张曾敭档案八》,虞和平主编:《近代史所藏清代名人稿本抄本》第1辑第96种,大象出版社2011年版,第109页。
③ 据1906年12月1日《南方报》报道:支正式上任时间为光绪三十二年十月中旬(1906年11月30日),"定于月望受事,先行承接学务处关防"。《提学使承接关防》,《南方报》1906年12月1日,第2页新闻。
④ 《支提学司派委学署各员名单》,《时报》1906年12月8日,第3页;《学务处改名公所》,《新闻报》1906年12月11日,第2张。
⑤ 《提学使察阅学堂》,《时报》1906年11月26日,第3页;《提学使受事》,《时报》1906年12月2日,第3页。

"漠无心肝,视学界如弁髦",并另委堂长,同时另找经费补助该校。① 当处州府有人抵制师范学堂时,支恒荣反对抵制行为,支持趋新者的禀请,并就此批示云:"师范为今日急务,既经筹有的款,岂容藉词抵制、任意把持。"② 进一步,支恒荣还支持杭州女校改为浙江女子师范学校,并愿意为该校向浙抚申请常年经费。③ 不仅如此,支恒荣遵照学部要求,将学务处改为学务公所,"分派各科课长,并定执新章",行事"颇有次序","迩日轮赴各学堂,查阅一切",积极履行职责。同时,支恒荣具禀浙江巡抚张曾敭,请求任命与自己有师生之谊的温州著名趋新人士孙诒让及张美翊(让珊)、吴震春、邵章四绅士为"学务议长(当为议绅,引者注),俾可随时商榷,以期尽善"。④ 支恒荣此禀很可能是为了针对原来一批力主推荐汤寿潜担任浙江学务公所议长的杭州士绅。这帮以邵章、吴震春、袁毓麟等人为首的杭州地方精英原本希望在支恒荣就职之前就先自行决定学务公所议长人选,他们曾联名写信向浙江巡抚张曾敭推荐汤寿潜担任此职。⑤ 此举自然不为支恒荣接受,最后议长一职改由浙抚任命退休官员钱塘人濮子潼(紫泉)担任,⑥ 孙诒让、张美翊、邵章和吴震春四人充当学务议绅,⑦ 这也埋下了稍后支恒荣与杭州地方士绅主导的学务公所产生冲突的种子(详

---

① 《训斥官绅敷衍学务》,《时报》1906年12月28日,第3页;《县令与学堂之冲突》,《时报》1907年1月3日,第3页。
② 《提学司批松阳留学生叶葆科等禀》,《南方报》1906年12月28日,第2页新闻。
③ 《改办女校之批词》,《南方报》1907年3月4日,第3页新闻。
④ 《拟聘学务议长》,《时报》1906年12月27日,第3页。
⑤ 《吴震春等为请委汤寿潜任浙江学务公所议长事禀筱帅文(光绪三十二年十月初四日)》,收入《张曾敭档案十》,虞和平主编:《近代史所藏清代名人稿本抄本》第1辑第98种,第566—568页。
⑥ 《浙抚选举议长》,《新闻报》1906年12月29日,第2张。
⑦ 参看孙诒让《与省学务公所议绅书》,收入张宪文辑《孙诒让遗文辑存》(《温州文史资料》第五辑),浙江人民出版社1990年版,第145—146页。

后)。总体看来,支恒荣上任后的诸举措颇为趋新,也很受时论关注,《新闻报》甚至连浙江巡抚张曾敫奏请为支恒荣每年加薪一百三十两的消息也要刊载。①

为办好浙江学务,配合最高行政长官浙江巡抚张曾敫的工作,卖力的支恒荣还特意上条陈给张曾敫,《时报》分三日连载了全文。② 该条陈提出九条办好浙江教育的意见:"广筹的款""严定赏罚""限定时日""造就绅耆""甄别出洋学生""注重小学""设立师范小学""设立女子师范""多设半日学堂"。从内容上看,支恒荣赞成普及教育及筹备立宪,认同兴学为急务,只是他所取法的主要系他考察所得或想象中的日本普通教育经验,导致其条陈过于高调、空洞,且无多大新意,有生搬硬套与纸上谈兵的嫌疑,并未顾及浙省财政能力有限的现实,以及中日两国的不同国情。故此,该条陈在《时报》刊出后,马上引来读者投书《时报》进行反驳,指出其中的援引错误、不切实际及窒碍难行之处,乃至存在的对日本教育的误解、曲解情况,最后该读者还挖苦代支恒荣捉刀此条陈的幕僚"皆下驷"。③

支恒荣还在"省垣绅士公举"的情况下,曾委任"海宁之王绅国维"为浙江省"视学员",以遵照执行学部"应派绅董为省视学"的章程。④ 守父丧在家的王国维意识到当下局面难有作为,又想专心研究学问,并打算外出谋差,所以不愿就职:"故就地方教育情形,非学部通筹全局立其根本,则虽圣贤豪杰亦无以善其后,况不才如某者乎?且某尚欲研究学问,又将有四方之役,未能以身委诸

---

① 《奏请添给提学司俸银》,《新闻报》1906年12月29日,第2张。
② 《浙江支学司上张抚条陈学务禀》,《时报》1907年1月28、29、30日,均在第4页。
③ 《读贵报载浙江支学司上张抚条陈学务书后》,《时报》1907年2月21日,第1页。
④ 《准举选派省视学》,《时报》1907年2月26日,第3页。

一邑之公益也。"①

类似言论与举措表明赴日本考察过学务之后的支恒荣并非此前传言中那样"顽固",他于浙江任上的作为不能算守旧,更没有蓄意以新学为敌,正像上述《时报》《新闻报》《南方报》等有关报道中所显示的,支其实是一个颇为开明勤政、雷厉风行的提学使形象,尽管能力有些不足,并屡屡受挫。所以到1907年夏,支恒荣会被学部列入向朝廷推荐的可以担任丞参的14位内外官名单。②

二、丙午考优

支恒荣在任初极力推动的,也可能是最损害其形象之事,当属他仍旧以昔日办理乡试的方式主持丙午浙省考优。此次考试结束后,支恒荣成为众矢之的,不但面临浙江乡绅、士子的不满,还遭受上海三大报纸《中外日报》《时报》《新闻报》的同声谴责,它们均批评支玩忽职守、贪财好利。如据《中外日报》上的报道,支恒荣就职后即批评"浙江学务可言幼稚","并欲言腐败不可得","腐败者,由积极而入于消极者也。果尔,则保抱提携之,以达于长养发达之一日,固责无旁贷者"。③但支恒荣并没有采取有效的改进措施,反而将精力放在举办考试上。

如在最初发放考优通知事宜中,支恒荣就造成失误,致使距离省城杭州较近的一些州县收到通知后未及时发布通告,更有一些边远州县居然未曾收到考试通知,让很多有资格者没能被"报

---

① 参看袁英光、刘寅生编著《王国维年谱长编(1877—1927)》,天津人民出版社1996年版,第42页。
② 参看《学部奏保丞参》,《大公报》1907年7月21日,第2版。
③ 《浙江提学司之舆论》,《中外日报》1907年1月29日,第8版。

送",以致于未能参加此次考优。① 《时报》则直接指责支恒荣幕府玩忽职守:"浙江新考优贡,提学使署中办事疏忽,致外间人言藉藉。"②

具体到考优的考生资格要求,根据《南方报》《新闻报》所报道的支恒荣所订考试章程可知,其依据礼部光绪三十二年闰四月二十二日《各省保举优生量加推广》一折所建议的,将各省优生名额"照定额酌加四倍"的原则,但"已入学堂及现在出洋游学各生""不得与考",准许报考者为"前学院岁科两试所报优生,以及其余敦品绩学、通达古今之士,无论廪、增、附生,已列一等及未列一等,均准该学一体据实保送,仍照向例,分造事实清册,加送该学印结,并府县各结,每名一纸,不得笼统并造,并备送加页试卷五本,钤盖学印,加盖府县各印。投报卷费,照向章办理,不准额外多取丝毫"。③ 不过在实际操作过程中,清廷及支恒荣均规定在读学生不准参加考优,然而不少学堂学生和留学生仍置若罔闻,一些地方的学堂居然停课让教师和学生联袂参加考优,此举对于某些学堂和读书人造成的负面影响极大。

> 此次浙江考优,台州应考者甚多,台州各学堂之教习、学生均纷纷赴试,故郡城之三台中学堂,临海之东湖、毓才,黄岩之文达、扶雅,太平之宗文,各中小学堂均因考优在即,已于本月初十左右一律放假。其全体师生仍一律照常上课者,惟太平中学堂一所耳。④

---

① 《考优向隅》,《新闻报》1907年1月12日,第2张。
② 《论浙提学使考优事》,《时报》1907年1月19日,第1页。
③ 《浙提学使传考优生》,《南方报》1906年12月15日,第2页新闻;参看《浙省提学使饬各属文》,《新闻报》1906年12月12日,第2张。
④ 《学堂教习竟停课考优》,《南方报》1907年1月9日,第2页新闻。

至于此次优考的应试人数,时论有多达一千五六百人的说法,①这很可能是报名参加"报送"者,而非参加考优的到场人数。据《申报》报道,参加这次浙省丙午考优的实际士子数额为900余人:"浙省自支提学到任后,即行通饬传考优贡。兹于上月二十五日(1907年1月9日)取齐,计共九百余人,二十六日开考,首题为政不在多言论。"②大约考试结束五天后的1月14日,由支恒荣主导的此次考试初试结果公布,共取200人。1月15日复试四书五经义,1月18日复试结果揭晓,然后支将中选考生(正取30名,陪取30名)的试卷"一并申送"浙江巡抚,由其在1月21日亲自面试入选者,再决定最终的录取名单等第,其余未中选的部分考生稍后亦可被挑选进入法政学堂学习。支恒荣选送了包括黄岩许元颖、平阳陈京、温州留日学生汤国琛等在内的正取30名考生与陪取30人名单,《新闻报》也对名单进行了报道。③ 10天后,优贡生的正式录取结果公布:"浙省于月初考试优贡,由支学司选送抚辕校覆,业由张筱帅录取徐澜等三十名,已于前日揭晓。"④

有关此次优考的录取内幕,颇多曲折。张棡的日记中恰好记载有亲历者的现身说法,虽未必尽确实,但仍可供我们管窥支恒荣作为及其所采取的新旧调和策略的情况,亦可让我们更进一步认识到这次考试对于部分浙江士子的意义所在:

午饭后,新科优贡陈君京来到四房六婶处拜客……予询

---

① 《谕令优生报考法政》,《时报》1907年1月19日,第3页。
② 《浙提学开考优生》,《申报》1907年1月16日,第2张第9版。
③ 《考优续志》,《新闻报》1907年1月20日,第2张;《浙江优试录取名单》,《新闻报》1907年1月21日,第2张。此前福建考优中亦有录取留学生、学堂学生的,名单公布后引起争议,认为与"疏通寒畯之意不合"。《闽省考优之纠葛》,《北洋官报》第1100册,光绪三十二年六月二十八日,第9页。
④ 《浙省考优揭晓》,《申报》1907年2月3日,第2张第9版。

以旧冬初试事。陈君云：支提学使首场延苏省东洋留学生王某阅卷，颇喜新颖，至次场题为"欲治其国者"一节，则专讲理法，尚新学者一概不取。且临场点名时，支提学使相其貌而定暗号，如面黄者，卷后书一"黄"字；青者、红者、白眼者、矮脚者，卷后则书"青""红"及"白""矮"等字样；惟面白无疵累烟癖者，卷后或单点，或加圈；尤丰采者则加三圈。以貌取人，不论文字，亦考试中一创局也。而复试则由张中丞亲考，每名局试搜捡，片纸不携，遂至正贡三十人中，被黜者八人，陪贡三十人，被选者八人。平阳汤君联奎（应系汤国琛，引者注）已在正贡之中，电信带家，庆贺开宴，热闹非常。忽因覆被黜，并不得应法政之试，可谓抱屈极矣，宜其留杭度岁，而不肯归也。[①]

按照惯例，学政（或提学使）确定录取正式的优生人选后，地方督抚一般皆会加以尊重，不再做变更。但此次优生录取，浙江巡抚张曾敭竟然从陪取名单中录取了八人，大大改变了支恒荣原初的录取名单，这样的更改大违惯例，实际显示出支恒荣之前的录取方式太具有争议性，招致的风评太差，以致于张曾敭不得不出手干预。如据后来媒体的报道：

浙省向例，优拔由学使选取后送请抚院会考，从无更动者。自丙午优试起，提学改归抚院节制，其时张小帅以支学司所取

[①] 张棡丁未正月初七日日记，张棡：《杜隐园日记》，收入温州图书馆编《温州市图书馆馆藏日记稿抄本丛刊》第16册，中华书局2017年版，第7990—7991页；参看方浦仁、陈盛奖整理《刘绍宽日记》第1册，中华书局2018年版，第452页。

颇多物议,遂秉公评校,从备取升入正取者甚多,名次为之大动。①

有关此次考优的考生花费情况,《中外日报》曾有详细报道,指提学司衙门各书办皆系留用的"学政旧吏","改名书记,专办旧日学政行政事宜",这些人"特邀集府仁钱各路门斗,公同集议"制订了对浙省参与优考者的收费标准:

> 凡报名各生,一律备卷五本,价洋五元;司房填册费每名三元;府县保结费每名二元;老师贽敬每名四元八角。计本城考生每名须预缴洋十四元八角,方能入场应试。外府考生,尚须加倍取资,以符旧例云。②

此次考试的收费被这些胥吏视为利薮,虽属照旧例操作,"以取士之典,为徒隶索贿之门",③但由于收费名目增多,收取的费用委实不低,对于报名参加此次考试的士子,是一笔不小的开支。

不独浙江,当时各省这种公开、直接的考优收费数额应该均不低。像此前直隶仅深州武强县县学就统一向考优生收取十二千的文书费,这还不包括此后提学使衙门等处的各种费用。④ 福建收取的考优费也很高,仅提学使衙门就收取"每生考费二十四元",一度引发部分在学务处报名的考生的公愤,同提学使姚文倬

---

① 《浙江复试拔优两场之严厉》,《广益丛报》第7年第20期,宣统元年七月初十日,"纪闻"第6页。
② 《杂事汇录·杭州·集议考优各费》,《中外日报》1907年1月2日,第7版。
③ 王锡彤:《抑斋文稿·河朔前尘》,收入林庆彰主编《民国文集丛刊》第1编第64种,(台中)文听阁图书出版公司2008年版,第155页。
④ 贺葆真光绪三十二年七月二十三日日记,参看徐雁平整理《贺葆真日记》,凤凰出版社2014年版,第137页。

发生冲突。①

设若被正式录取为优贡生,一如科举未废时代,所需费用更多。中选者还要索取获选及获准赴京参加朝考(只有经过朝考,才能被正式视作优贡)的身份证明——贡单,同时会照例向提学使(或学政)进献相应的"贽敬"。这些开销的大致数额,我们可以科举未废时尚不太被重视的、与优贡并称的拔贡中选花费情况作个参考。丁酉(1897)科河南拔贡生王锡彤对其当年的开支情况曾有记载,据其自述,王锡彤虽因受到河南学政徐继孺赏识获选拔贡生,但由于家贫"隳入窘乡":"盖一切资费,皆大于寻常考试数倍。自购卷起,教官即大需索。比榜发后,又须谒学政。贽礼用钱,门包用钱,学政衙门之胥吏差役重重索赏,即处处需钱。合之明年会考,再明年朝考,约须银三百两始可从俭敷用。"②深受其害的王锡彤详细记录了有关开销:

> 拔贡谒师有三度之贽敬:第一府城揭榜后,第二会考入省时,第三朝考进京日,而贡单一项尤为巨额……贽敬……多以四两为格,贡单则酌中定三十两。惟家丁、胥役则需索多过于贽敬数倍……③

戊戌年王锡彤从河南卫辉赴京参加朝考,又需凑集一百两银子的用费,"以礼部投文、报到、买卷、团拜种种,价皆特昂也"。④ 科举

---

① 参看《考优在即》,《汉文台湾日日新报》1906年6月24日,第6版;《考生与提学冲突》,《汉文台湾日日新报》1906年8月5日,第4版。
② 王锡彤:《抑斋文稿·河朔前尘》,收入林庆彰主编《民国文集丛刊》,第1编第64种,第157页。
③ 同上书,第160页。
④ 同上书,第163页。

废除前的花费如此,废除后的花费当亦相差无几,甚或更高。如据黄秉义记载,参加丙午考优的浙江"外府"台州士子,只能从宾兴款里获得"每人取洋念元"的资助,但仅仅是需要缴纳的考优"册费""须需洋念四元",因为开销不菲,黄秉义感叹道:"此种寒士颇为难也。"①故此,为了获取更多经费补助考优,浙江缙云县考优各生与当地学堂曾发生互争宾兴银两事件,最后闹到浙江巡抚张曾敭那里,张批示将有关款项本年补助考优生及学堂各一半,此后"即永归学堂之用"。②

其实,何止考优,即便是随后举行的更为低阶的浙江考巡典(即生员考职)之花费,费用也非常高,获得的回报却异常可怜:"保考有费,分发有费,耗款亦与捐纳不相上下。而三年一举行,一省百人或数十人,其拥挤常不可言状。竟以此为生计,其不为异域饿殍者几希!"③这种情况正如过去士子考科举亦需要足够的经济支持一样,导致"非聪颖者不能就学,非中资以上之家不能竞学(寒士劬学能有成就者,史册即传为美谈,即知此等人实居少数)"。④

在见识了提学使支恒荣办理优贡考试的诸举措后,时论认为支恒荣及提学司诸书吏有藉此自肥的嫌疑:

> 乃观其新政,自察看学堂五处,派任科员数人,及假手幕宾、委权书役外,其亲为莫大亟务者曰考优、考职、考举贡,各属投考者凡千四百余人,学署填册费每人二三十金不等,学署前一带元寓满巷,试客如织。由是科举世界又突见于煌煌上

---

① 黄秉义丙午十一月初十日日记,周兴禄整理:《黄秉义日记》第2册,凤凰出版社2017年版,第610页。
② 《批示考优与学堂争款事》,《时报》1907年1月28日,第3页。
③ 杜述武:《对于生员考优拔考巡典之政见》,《杭州白话报》1907年1月16日,原报无注版面。
④ 《论中国今日宜注重普通教育》,《中外日报》1906年1月3日,第1版。

谕停止科举专办学堂之提学司衙门。①

浙江考优、考职的高收费及学堂学生不顾禁令参加考试的情况也曾让时人投书《时报》,表示抗议和讽刺:

> 浙江督学使署中考优、考职,归旧学署胥吏承办,一入此辈之手,仍照昔日办法,每名收卷费二十元,尚有别种名目,亦非二三十元不可。照旧例,学署中此款上下分肥。是日,与考者约一千六百名左右,以每人出费三十元,计之可得五万元,不知胥吏索此款,署中人有所闻否?不久将考职,又有一宗大进款矣!廿六日头场,旁晚放头牌,拥挤异常,接考灯笼以学堂名号为多,此又不可思议之事。②

可以看出,投书者对支恒荣及诸胥吏借考优赚钱牟利的做法非常不满,还对诸多学生违禁参与考优感到"不可思议"。接下来,该投书还援引一越南友人之言及越南亡国一事指出,"越南以迷信科举而亡,为世界所公认",中国却不思借鉴,"隔江犹唱后庭花",并悲叹中国已到"叔季之世"。该投书结尾还直斥一考优试题"大有语病",③讥笑支恒荣幕中无人:

---

① 《浙江提学司之舆论》,《中外日报》1907年1月29日,第8版。
② 《论浙提学使考优事》,《时报》1907年1月19日,第1页。
③ 这种出错试题的情况似乎并不罕见,两年多后的1909年11月中上旬,支恒荣甫离任提学使,浙江在巡抚增韫主持下又举行了举贡考试,结果也出现增韫幕府出错考题现象,以致需要重新出题和重考。但之前考试结束后考生已经纷纷归家,增韫不得不到处发电,让与考者返回重考,结果仍有大多数人因未收到通知而缺考。《浙省考试举贡情形》,《时报》1909年11月11日,第3页;《浙省要电汇录》,《时报》1909年12月1日,第3页;《杭州通信》,《时报》1909年12月3日,第3页。《浙省考试举贡情形》同样见于《顺天时报》1909年11月19日,第4版。

"日本伊藤出游各国,查考宪法,何独留意德国?其在内阁所举政纲若何?当时何犹不免反对策"。此题"策"字换"论"字尚通,其"策"字何解?想提学使定能解识,大约笔误所致。可见提学使幕中实无闻人,无怪浙人因疑生谤也。

《中外日报》上的一篇评论也认为负责科考的官员和胥吏藉此渔利是常态,为此他们不惜"败坏全省之学务",这也提醒我们清末有些官员不愿意废科举、废科举后仍希望恢复科举,其背后当不乏利益动因:"学使所重视者为考试,考试可以收取规费,需索供张。其蔑视官箴者,更出售前茅数名,博取黄白米,以补廉俸之不足。"在《中外日报》这篇评论看来,支恒荣上任后亟亟于考试,其目的即在此,故此才汲汲于安排各种考试:"(支恒荣)自十月间履新后,十一月考优,十二月考职,明年正月又须考举贡也。"①

《新闻报》稍后也对此次浙江考优发表了"论说",目之为"不科举之科举",认为中科举之毒者与中鸦片之毒者类似,但科举废除后,仍有很多人包括留学生在内依然继续中科举之毒,参与考优人数远超昔日科举时代之考优人数,让人费解:

> 习科举者而应科举,由来久矣。何以学堂中之教习、学生,而竟应科举也,乃不第教习与学生竞应科举,而东西洋之留学生亦健羡科举时代举人、进士之荣名,仅给以卒业文凭,尚未能餍其希望,然则科举废矣,而不科举之科举转较科举时代为盛。他姑不论,即如近日浙省考优,竟有一千五百余人之多,此前之所未闻也。最奇者,高张学堂灯笼以接考者,独居与考者之多数。是科举一门,向为旧学家之宝物,而今复为号

---

① 《浙江提学司之舆论》,《中外日报》1907年1月29日,第8版。

为新学者所搀夺也。旧学家有出身之试,三科以后,希望歇绝。而新学家乘此时机,有两方面之出身,可谓便利极矣。此岂权利竞争之发达乎?科举之气运可谓长矣,科举之思想又复活矣!①

进而,该评论又批评提学司衙门未能进行有效甄别,让许多没有资格参加考优的学生与教习也蒙混进来,之所以如此,该评论认为是由于提学司衙门的书吏"饥渴已久,方将生吞活剥之不暇","此次浙省所收考优费,上下分肥,闻有五万余金之巨。中国利之所在,无不可以通过。欲考则考,何论新旧,何论有出身与无出身"。文末,该评论又批评清廷办学宗旨不明,左右依违,让不少人一直对科考功名和恢复科举存在幻想:"一国之兴学也,必有一国之宗旨与趋向,宗旨趋向之不正,无论国内之学堂如林、国外之游学如鲫,其愈于科举者几希?"综合该评论内容,可以发现后出的该文应该是参考了前引《时报》之投书,故两文在内容上颇有一些相同之处。

在《中外日报》上发表的一封浙江读者来信,也以亲历者的观察批评支恒荣到浙江后所采取的考优等举措造成了很大恶果,且其任人唯亲,所用非人:

> 兹启者,吾浙支学司到后,学界更觉败坏。前者无人总理其事,学界事听其自生自灭。今者自支接任以来,学务置诸脑后,以考优、考职、考举贡为急务。上山各府,民智未开,一闻支到任后如此作为(此处疑有脱句,原文如此,引者注)。晚去腊到衢、俨收账,日闻该地绅士日拟破坏学堂,指学堂为革

---

① 《论科举复盛》,《新闻报》1907年1月24日,第1张。

命之地,如平湖之事,正未有艾。晚在杭闻见较切,提学使学幕贤者能出不通之题目,劣者逍遥湖上拱宸桥等处,上板儿巷、石牌楼、私窝子,门口贴陆公馆。王阿三家为幕友诸人叉麻雀之处,去腊底同人争风,势至用武,后经警察排解始散,满弄皆知。刻寓吉升栈,邻房有镇江马张袁三人,彼此问候,知晚系浙人,问往杭路径。晚询之,系支学使亲戚,系往杭派视学官。马袁自云系孝廉,张则儒医,曾充镇江学堂校医。三人皆一物不知,海上各报除张姓外,段落尚不能读。张人较马、袁稍知世故,然有烟癖。以吾浙民脂民膏,供私人烟赌之癖,不知浙何罪而遭此不幸也!呜呼哀哉!①

以上这些报道和评论均出自上海趋新媒体,内中包含的批评指责之意溢于言表,其对浙省考优内幕与后果的揭露和批评或存在夸大与落井下石的一面,忽略了支恒荣昔日的趋新努力及其受学部委派代表清政府执行考优政策的现实,且有意无意地建构了支恒荣的无能和保守形象。再由前引张䌹日记中的记载及时论对所出伊藤博文题目的批评可知,此次考优的头场试题及阅卷人并不算太旧,只是老生常谈而已。况且最初报道浙省考优情况及支恒荣任职后作为的《时报》《新闻报》《南方报》等上海趋新媒体,大都对其抱支持、肯定态度,只有后来在与考试相关的负面内容相继曝光与发酵后,这些媒体才转而改变立场。

实际上,由于科举甫废,专司全国学堂事务的中央顶层机构学部方设,许多地方出现兴办学堂热潮,让很多人皆感鼓舞。② 包括

---

① 《浙江学司之幕友》,《中外日报》1907年3月2日,第3张第2版。
② 像朱峙三即曾乐观期待:"科举停止以后,举贡生员已定考职出路。朝廷变法图强,逆料将来读书人,除求高深学问无上进。"朱峙三光绪三十二年闰四月十八日日记,胡香生辑录:《朱峙三日记》,第180页。

当时浙江士子在内的很多人均对废科举后清廷续行的考优、考职等考试持漠视或观望态度,报考热度不甚高,尽管其录取名额"视例额加四倍",①但参加丙午浙江考优的士子远少于稍早时参加丙午直隶考优的2 400余人,②更远逊于两年多后参加浙江己酉优拔考的5 000余人,与昔年参加浙江乡试的万余人相较,③差距尤大。不独浙江如此,其他一些省份的情况亦大致类似。像福建丙午考优在即,赴省报考的人数"尚不满百人",④署理闽浙总督崇善不得不"展限考期,以广招徕",饶是如此,最后的应考人数也只有千余人。⑤再如参加丙午山西考优的士子总计只有600余人,远低于义和团事件之前通常参加乡试的6 000人左右规模,同样少于因义和团事件停考乡试五年而不得不借闱西安举行山西癸卯乡试的2 000人——且不说因西安路途遥远导致很多缺乏资斧的士子"皆裹足而不前"。⑥

故此,此次丙午考优造成的影响远不能与昔日乡试相提并论,只是趋新媒体有意把丙午考优同科举复辟联系起来加以评论发挥,将续行的优拔考试完全当作学堂和新教育的对立物,视之为守旧与顽固的象征,并夸大了时人参与优考的热情。像《杭州白话

---

① 赵尔巽等撰:《清史稿》卷一〇六,第1册第840页。
② 参看贺葆真光绪三十二年七月二十八日日记,徐雁平整理:《贺葆真日记》,第138页。
③ 关于清代浙江参加乡试的士子数量,康熙四十一年浙江巡抚曾奏称"每科不下万二千人"。到清朝中叶,随着人口数量剧增,与考人员当亦有相应增加,唯太平天国之役影响浙江尤大,导致浙江人口大为减少,则之后应试者数量亦当有所减少。如《申报》曾报道同治末年"浙江应试士子,每科约有万余千人",该年仅有9 600余人,则清末时数量亦当与此相差无几。参看浙江地方志编纂委员会编《浙江通志》卷一四二《选举二十》,中华书局2001年版,第8册第3899页;《浙江乡试杂闻》,《申报》1875年9月17日,第2页。
④ 参看《考优在即》,《汉文台湾日日新报》1906年6月24日,第6版。
⑤ 参看《优贡考期》,《汉文台湾日日新报》1906年8月5日,第4版。
⑥ 参看刘大鹏著、乔志强标注《退想斋日记》,山西人民出版社1990年版,第156、75、112、115页。

报》上的一篇评论所言："各生员于停科举后垂头丧气者,至此将吐气扬眉矣! 虽然一省一二万之生员,得者仅百数人,而失之者实繁有徒也。"①而一直对浙省考优做法及支恒荣作为持批评态度的《中外日报》则多次发表评论,批评士子有官瘾,迷恋科举考试这种抡才形式,而继续进行优贡、举贡等考试系科举复兴的表现,学部和提学使在其中助纣为虐,这样的做法对新式教育造成的伤害极大。

> 中国文人社会最难摆脱之病曰官瘾……官瘾之发现以科举为始……前者中国设立学部,简派提学使,吾始以为教育之普及,必大有可望矣。然静观教育界,凡一省之教育会,必推某状元、某翰林或某学使为正副会长焉。凡一学校之中,其为监督校长者,亦必为某太史、某道员,下而为某孝廉焉。教育为重耶? 科举为重耶? 再观夫留学界,三年毕业,一纸考凭,得意洋洋而归。运动朝考,运动殿试,或赐进士焉,或赐举人焉。政府以此荣留学生,社会亦以此荣留学生,教育为重耶? 科举为重耶? 再观之各省新任诸提学使,莅任以后,果认真调查学务乎? 未也! 果尽力推广教育乎? 未也! 其所最亟亟者何在? 曰考优,曰考举贡。问彼奚为是? 则可代彼答曰:推广教育,须用多费,而用于我无利、失利之事,谁愿为之? 考优、考举贡,则托词于疏通寒儒,其名甚美,悬至少之额,以供多人之求,其利甚厚。高名厚利,谁不愿为? 此吾所以急急于考试也。据斯以谈,则学部之派提学使,非令其推广教育,乃使其破坏教育也。提学使之尽力办考优,亦非欲改良教育,乃欲恢复科举也。在上之人既以破坏教育之宗旨,行其恢复科

---

① 杜述武:《对于生员考优拔考巡典之政见》,《杭州白话报》1907年1月16日,原报无注版面。

举之实事,而又遇中国士流社会,素来具有官瘾之遗传病,则其两原素化合之力,自必至为猛烈。何怪乎学堂之监督、学生亦脱离教育界,而运动考优?何怪乎今年各学校之学生,较去年减少其半?呜呼!考优、考举贡之影响于教育者若是,中国教育之前途,尚何望哉?中国教育之事业,尚可为哉?①

还有论者"芳"(应系常州人沈同芳,引者注)质疑清廷于废除科举后重又推行考优、考职等举措,并非意味着清廷是真心"为疏通旧学、体恤寒畯起见",目的是藉此转移时人注意力,消弭革命:"或曰政府此举,非有爱于旧日之举贡也。盖以近数年来,革命风潮,簸荡亚陆,姑留此乡会试之变相,以柔其桀骜不驯之气。"而愿意参加考职者多是功名利禄之徒,在持社会达尔文主义立场的沈同芳看来,他们并不值得同情。

今日举贡中之考职者,大率失馆之迂儒、武断乡曲之豪绅,不知政治教育,不辨欧亚墨非,惴惴焉,惟恐生计之就终,穷无复之,思假一不可必得之官,为子孙衣食计。一日得志,而谓能通达治体,泽润民生,吾未之信也。②

更有论者直斥清廷续行无多大意义的优贡、举贡考试,是为了"以此计欺罔"士子,"政府此举未免不仁",让众多士子"徒以服从功令,沉迷于一得一失之间而不知自拔,以致学无实际,莫补时艰",这形同"见乞丐而施钱米,不为之谋职业,俾其终为乞丐,而社会亦终蒙其害"。③

---

① 《论考优之影响于教育》,《中外日报》1907年3月18日,第1张第1版。
② 芳:《论礼部定期考试举贡》,《申报》1907年6月19日,第1张第2版。
③ 参看杜述武《对于生员考优拔考巡典之政见》,《杭州白话报》1907年1月16日,原报无注版面。

上述这些出自时论与趋新精英的批评虽有苛责、愤激成分,却非无的放矢,蓄意贬斥。由以上浙省考优情况我们可以清楚地发现,清廷废科举续行考优,的确是纵容乃至鼓励了大家旧有的科名思想与官本位崇拜,使得一些本来对科举不再抱有希望的人,让一些原本以为科举已废、再无功名可考而不得不入新式学堂读书的人重新燃起希望。如孙诒让所言:"因此误窥朝旨,谓科举仍当复行,学校不过暂设。"①由是,继续考优等举措才会被很多趋新时论认为系退步表现,是"乡会试之变相",为打算恢复科举的前兆或变相的科举再现。难怪趋新的孙诒让在1908年曾提出学部应该停止优考等各项杂试,强迫推广义务教育,以学堂而非以科举类"杂试"论出身:

> 伏愿大部申明禁令,一切杂试,奏请永远停罢;全国士民,子弟不入小学者有罚,非毕业中学、大学者,更无出身。庶普天率土,确然知以求学为枘准,举凡调停疏通之意,概从摈绌,俾不得混淆观听。②

可惜孙诒让对清政府和学部的期望值过高,优拔等"杂试"终清一代,非但没有停止,反而在己酉年愈演愈烈,这时清廷甚至公开执行了后来为时论所指责的"寓科举于学堂"政策,对于新式学堂造成的伤害极大。③

---

① 参看孙诒让《学务本议》,收入张宪文辑《孙诒让遗文辑存》(《温州文史资料》第五辑),第32页。
② 同上。
③ 参看《论寓科举于学堂之非策》,《申报》1910年3月30日,第1张第2、3版;桑兵:《从科举到学堂的中西学之争》,收入氏著《历史的本色:晚清民国的政治、社会与文化》,广西师范大学出版社2016年版,第45—61页。

三、己酉考优考拔

两年半后的1909年7、8月间(己酉年夏)，依旧是在支恒荣主持下，浙江再次举行了优贡等考试及拔贡考试。原本根据学部决议，各直省优拔考试时间均放在暑假初，以方便学生和教员应考。① 但这个时间与浙江谘议局选举时间冲突，继任浙江巡抚增韫参考福建、广东先例，特意让支恒荣通知考生将优拔职考试推迟半月举行，于己酉年六月十日"取齐"，十五日开始考试。②

支恒荣根据学部、礼部合议后公布的考生资格要求，③特意制订了《浙省考试优拔职简明条例》，重新对浙江参与优拔职考试考生的资格要求与考试注意事项进行明确和细化，其中获准参加优拔职考试的生员资格限制为：

> 旧日廪增附生实系品学兼优者；旧日廪增附生前在学堂肄业告退在出文之前者；旧日廪增附生在法政讲习科毕业未捐贡监者；旧日廪增附生在师范简易科毕业，考列中等以下并不足二年者；旧日廪增附生曾在各项学堂毕业并未得有奖励者；旧日廪增附生在东西洋游学毕业并未得有奖励者。

支恒荣这里并提醒考生应该出具自我身份信息与基层学官的报送

---

① 《中国所谓改良乃在考试优拔》，《华商联合报》第4期，宣统元年闰二月二十九日，"海内外学务"第3页。
② 参看《定期改迟考试优拔职》，《大公报》1909年5月28日，第2张。
③ 参看《议定考试优拔新章》，《陕西官报》第2年第10期，宣统己酉三月下旬，"时事要闻"第4页；《考试优拔新章》，《盛京时报》宣统元年闰二月贰拾陆日，第2版。

证明,并将《条例》全文公布在《浙江教育官报》上。①

由于考试时间为暑假,加上为优拔贡同考年,考生的资格限制又不像丙午考优时那样严格,受到无形中鼓励的浙江各地报名考优拔者居然近5 000人,"报送"人数远超丙午时的一千五六百人,其中大部分报名者为学堂学生与教员。时论对此有较为夸张的描写,谓其"人数之多,几与从前乡闱相埒,而尤以学界为最踊跃"。②此外,其他身份的报名者亦不少:

> 学界自堂长、职员、教员、学生,以次军界,自队官、排长、弁目,以次警界,自巡官、教练官,及什长以讫巡士,甚至东洋留学生、法政毕业生、初选复选监察管理员、各处新议员等,无不争先恐后踊跃应试。③

即便像浙江余姚考生朱鄂基(即朱鄂生)这样读过不少新学书刊、衣食无忧的官宦子弟也要去参加己酉优拔考试,尽管他自己早意识到这"末世功名,已同鸡肋,诚何苦乃尔耶",但他依然"整顿行李",从余姚坐轮船经上海赴杭州应试。④ 朱鄂基的熟人中也有舍高就低报考优拔贡考试者,如曾为高等学堂预备科毕业生的山阴邵骥,即参加了优拔考试而先中选拔贡,朱鄂基评论邵此举道:"舍高等专科而图此末世吐骂之科名,殊可惜也。"⑤

---

① 《浙省考试优拔职简明条例》,《浙江教育官报》第9册,宣统元年三月,第57—59页。
② 《学界不必随同考职之牌示》,《申报》1909年8月20日,第2张第3版。
③ 《杭垣考试优拔之踊跃》,《申报》1909年8月4日,第2张第3版;《四千八百余名之优拔》,《神州日报》1909年8月6日,第3页。
④ 朱鄂生己酉六月初八日日记,朱鄂生:《朱鄂生日记》,手稿本,收入赖明德主编《民国史学丛刊》第1编第63种,(台中)文听阁图书有限公司2013年版,第486页。
⑤ 同上书,第522页。

浙江考生参与优拔考试的狂热程度,通过以下两则故事也可管中窥豹。如浙江处州有"殴毙人命"久未被抓获的在逃犯,为了参加此次己酉拔贡考试,"竟贿通学官,来省应试选拔",结果被原告侦知后,"追踪来杭,呈控学署",提学使支恒荣不动声色,"密嘱提调于点名时留意侦察,果当场捉获"。① 更有浙江台州某谘议局议员也去参加优拔考,后来虽中选却只能被分派以候补"典史"一职,地位远不如有"平议全省兴革事宜,有监督督抚之责"的议员,《大公报》评论其是"求荣反辱"。②

考生报名者众多,相应地,提学使衙门按人头收取的每人四元的卷费就多,导致"此次学署人员大受利益"。③ 这还不包括考生报名时需要向地方学官缴纳的"贽敬"。当然也有考生不愿按照旧例交纳贽敬,而是联合起来将交纳贽敬额数的主动性掌握在自己手中。如浙江台州参与考优拔诸生的情况即是如此,该地黄岩考生鉴于1906年浙省考优时该地赴考者只有5人,但1909年暑假这次优拔考的与考人数则大为增多,如按照上次成例操作,每名考生需缴纳贽敬六元,"若仍照旧例未免学中获利太厚","特分传单在祈庙内大开会议,决定将册费减半,每人三元",当地广文虽对此事不满,"然出于大众公议,亦无法挽回也"。④ 一旦考中,需要支付的各种名目费用更多更高,像余姚增生朱鄂基考中优贡生后,仅是进场誊卷、领取准予赴京参加朝考的贡单,就支付了九元贡单费,他另外还要支付膳费二元、给硃条员一元。⑤ 这还不包括他需要孝敬提学使的贽敬及提学使衙门和基层学官的各种需索费用。

---

① 《提学使缉捕之神妙》,《民呼日报》1909年8月4日,第3页。
② 《议员之求荣反辱》,《大公报》1909年9月11日,第3张。
③ 《定期取齐考试优拔》,《舆论时事报》1909年7月31日,第2张第1页。
④ 《会议减送考优学费》,《舆论时事报》1909年7月20日,第2张第1页。
⑤ 参看朱鄂生己酉七月十四日日记,《朱鄂生日记》,赖明德主编:《民国史学丛刊》第1编第63种,第494页。

而据媒体报道,在参谒提学使支恒荣时,获选的230名浙江优拔贡生每人至少要准备数十元赟敬,至于给门丁仆役的门包等费用尚不在其内。①

因报名参加考优拔的考生人数太多,原来用作考场的贡院已经改作全浙师范学堂,②"提学署考棚仅容一千八百人",支恒荣不得不采取分场连续考试的方式,"先考杭、嘉、湖、宁、台、处六属",但因为台州考生因轮船误期,考试"册籍"无法按时到达,"只得临时改试衢属"。③ 由于系分场连续举办,加上复试、面试及等待时间,此次浙省优拔职考试持续时间达一个多月之久,这还不包括旅途往返时间。如时人在日记中所言:"(六月)十五日首场先优贡,续即考试拔贡,后即考试杂职,其中在省亦须月余而已。"④

在考拔前,为严肃考场风纪,避免枪替、抄袭夹带等弊病,支恒荣也作过一些努力。他特意"牌示"诸考生,表示他本人会在考场"当堂面试,核对文理笔迹","限四刻钟交卷,除笔墨外不准携带片币只字"。为了避免考拔头场中因人数过多导致"点名给卷"出现错误的情况,支恒荣又要求各生于嗣后的考试中务必"身挂卷袋,上面粘贴姓名三大字,每字须二寸大,如卷袋不及措半,即于考具上粘贴",以便据名领卷,不再发生"歧误"。⑤

然而,因考试时正逢盛夏高温,天气太过炎热,对考生非常不利,有40多位考生为此患上痧症。⑥ 还因为酷暑,考试结束后考生

---

① 《科场积习难除》,《时报》1909年9月10日,第3页。
② 《饬知拨定师范额费》,《时报》1907年9月4日,第3页。
③ 《杭垣考试优拔之踊跃》,《申报》1909年8月4日,第2张第3版。
④ 黄秉义己酉五月十四日日记,见周兴禄整理《黄秉义日记》,第2册,第1024—1025页。黄此处记载有误,此次浙省实际是六月十五日先考拔场,之后再考优场。
⑤ 《学署牌示照录》,《舆论时事报》1909年8月11日,第2张第2页。
⑥ 《四千八百余名之优拔》,《神州日报》1909年8月6日,第3页。

汇集在学署前等待考试结果揭晓的过程中,即有瑞安某考生因中暑医治无效死亡。①《民呼日报》也为此刊出图画进行强调和讽劝。更甚者,浙江温州一考生因此次优拔考试落榜而致疾,病殁于上海旅次。

> 潘汝骏,温州诸生,年已不惑,犹热心优拔,赴杭应试,铩羽而归。道经海上,寄居西棋盘街东欧(当为"瓯",引者注)旅馆,愤迈致疾,药石无效,昨晨身死。捕房闻报,饬保往查,旋由尸子潘文到场,准予自行棺殓。②

此次浙省优拔考试中考生死亡的案例决不只有媒体中披露的这些,据《张棡日记》记载,其堂弟张璞亦在杭州参加优拔考试时"病重生死不测"(后果然病故),"同人代其寄电通知家属",然其家"清贫如洗",连付

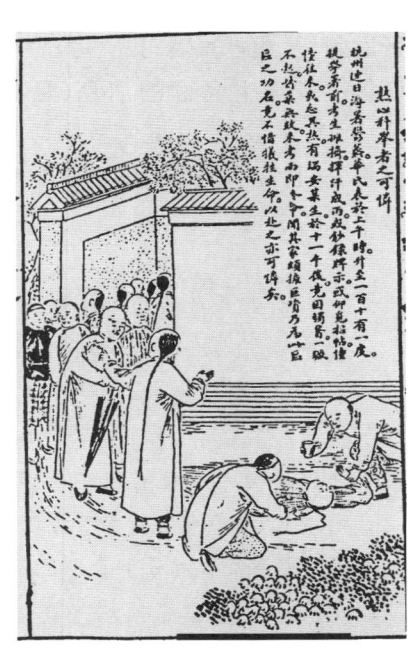

图1:《民呼日报》1909年8月2日图画

一元电报费都很困难,于是张棡回忆当年其族叔赶考病逝往事感叹道:"然当此炎暑,各业皆停工放假,而赫赫然为提学者,反为此

---

① 《热心科举者之可怜》,《民呼日报》1909年7月30日,第3页。
② 《有殉优拔而死者》,《神州日报》1909年8月30日,第4页。

不急之科举,致害寒儒性命,参之肉其可食乎?"①

类似丙午年上海趋新媒体对浙江优考的密切关注,这次浙省优拔考试所受上海媒体关注程度同样很高,支恒荣的名字和有关的考试与录取弊闻仍不时见诸报端。如考场中有考生在考试拔贡现场为抗热提神而公然吸食鸦片。②《民呼日报》为此特意画图进行讽刺。③ 更严重者,拔贡考试结束后,马上传出有人以每500元兜售一拔贡生名额的消息,且与买主"订约束券,俨然公平交易"。④《申报》有一篇文章则详细报道了这次拔贡考试中存在的诸多丑闻,特别是某京师法政学堂学生回浙花二千八百金雇人代考中选的事情:

> 浙省开考拔贡……惟本届人数之多,几与历科乡闱相埒,致枪替、传递、飞题、偷送等弊,层出不穷。闻外府县之攻讦诉讼者,仅选拔生一场,已多至一百五十余起。兹闻杭府属获售拔生程文藻、仁和丁华等,均系肄业京师法律学生,此次由北洋保送投考。程君以中文荒疏,虑难入彀,出资二千八百金,贿请程幼甫顶名枪替,已则匿居西湖。讵揭晓获选,学界大哗,现经落第诸考生查明内容,亦拟联名诉讼云。⑤

为使浙江巡抚增韫顺利接受自己判定的优贡考试录取结果,已从丙午考优录取过程中吸取教训的支恒荣"深恐重蹈覆辙,于面

---

① 张棡己酉七月初二日日记,张棡:《杜隐园日记》,收入温州图书馆编《温州市图书馆馆藏日记稿抄本丛刊》第17册,第8489—8490页。
② 《选拔场公然吃鸦片》,《民呼日报》1909年8月4日,第3页;秋心:《优拔与鸦片》,《民呼日报》1909年8月5日,第3页。
③ 《选拔场公然吃鸦片》,《民呼日报》1909年8月7日,图画。
④ 《拔贡之价较骤尤廉》,《民呼日报》1909年7月30日,第3页。
⑤ 《攻讦拔贡抢替琐闻》,《申报》1909年8月14日,第2张第2版。

子太下不去",特意"秘商邻省提学使,于优场不取备卷(丙午正取30名,备取30名,盖照部定章程五倍取额也),俾复试时无可更动"。① 考优复试时有60位考生参加(丙午考优时有200人参加复试),"形式甚为严整",支恒荣"躬自巡视"。② 然而复试结束后,支恒荣只公布了正取的30人名单,"更延聘抚院某文案襄校,以期疏通",岂知支恒荣这个自作聪明之举引起的纠纷更大,据时论所言:"不料草榜出现,物议更胜于前,各属士子多有不平,而禀院攻讦者日必数起。"③支恒荣的复试录取名单还引发考生尤其是学堂学生中出现大量攻讦现象,其数量之多,"不特为近今选举所不及,抑亦为向来科举所未有":有攻讦提学使者,有考生间互相攻讦者,有无理取闹者。大多数的攻讦均集矢于获隽者与提学使支恒荣,"宗旨所在,非报复即排挤而已,甚有不用正式公文而控告者,亦有攻其人而其人并未与试者",诸如此类。④

浙江巡抚增韫鉴于支恒荣录取时的教训,为避免流言与攻讦现象,在复试选拔生时,"场规异常严厉",导致很多考生原形毕露、丑态百出,更有当时找人替考者现今不敢再参加新复试的情况出现。⑤ 饶是如此,增韫自己在支恒荣名单基础上录取的己酉拔贡生中仍存

---

① 参看《浙江复试拔优两场之严厉》,《广益丛报》第7年第20期,"纪闻"第6—7页。
② 朱鄂生己酉七月初二日日记,《朱鄂生日记》,赖明德主编:《民国史学丛刊》第1编第63种,第491页。
③ 参看《浙江复试拔优两场之严厉》,《广益丛报》第7年第20期,"纪闻"第6—7页。当时取取的200名拔贡、30名优贡名单,可参看《浙省选拔案揭晓》,《新闻报》1909年8月12日,第2张;《浙省取定优贡名单》,《新闻报》1909年8月21日,第2张。浙江最终的优拔贡录取名单,还可参看《浙江巡抚增韫奏己酉科考取优拔贡姓名折并单》,《政治官报》第739号,己酉十月初四日,第101—104页。
④ 《浙省选拔纪闻》,《新闻报》1909年8月10日,第2张;《杭垣选拔之怪现状》,《申报》1909年8月13日,第2张第4版。
⑤ 参看《浙江复试拔优两场之严厉》,《广益丛报》第7年第20期,"纪闻"第6—7页。

在不少问题,其中即有鸦片烟瘾患者、嵊县附生金元瑞,他后来在北京参加拔贡朝考时,"因违章私吸鸦片烟被外厅查拿",为此差点被同乡"七品小京官沈宝璿"勒索骗去"四百金""运动费"。①

在浙省优拔考试结束后接着举行的生员考职中,因为考试资格更宽,"无论已入学堂、未入学堂之廪增附生、已捐贡监者"均可报考,②导致报考人数多达7 000余人,"取额定一百名"。面对此前优拔录取中饱受考生攻讦的教训,加上暑期结束学堂即将开学,支恒荣在正式的优拔贡生录取结果公布后督促落榜的学生、教员速速返校,不要再去参加意义不大、更加低阶的考职,以防发生更多的诉讼攻讦现象。《申报》对此也有报道:

> 提学支文宗有鉴于此,特于昨日悬牌,谓优拔试竣,即拟考职,所有优拔未第各生,如现充各属学堂教员者,暑假已满,各堂行将开学,自应赶速回籍担任教科。如果克勤厥职,日后自有奖励。且取职出身,只巡检、典史,如廪生食饩,年久应得岁贡者,亦可徐待,按年考充,较为优胜,均无庸再试职场。③

然而诸考生完全不以支恒荣的建议为然,依然留下参加考职。在考试之初,支恒荣颇尽职守,"异常认真,精神尚称矍铄","在场谕

---

① 参看汪荣宝庚戌五月三十日日记,韩策、崔学森整理:《汪荣宝日记》,中华书局2014年版,第169页。还可参看《浙籍小京官藉端撞骗结果》,《申报》1910年8月23日,第1张后幅第2版。不过与沈宝璿为同僚的"天隐庐"却为沈抱不平,认为系强者之"一面之词",很可能出自"捏造"。天隐庐庚戌六月初五日日记,《天隐庐日记》庚戌第一册,收入国家图书馆藏《中华历史人物别传集》第86册,线装书局影印本2003年版,第223页。
② 《浙省考试优拔职简明条例》,《浙江教育官报》第9册,第58页。
③ 《学界不必随同考职之牌示》,《申报》1909年8月20日,第2张第3版。

令各生,凡已食饩补廪者,卷面均须注明,不得混淆",并未表现出拔优考试以来连续进行监考、改卷等活动的疲累。不料其家乡发电告知"长公子得病而没"消息后,支恒荣大受打击,"遂一切不问"。①

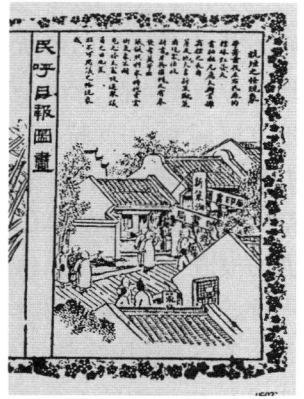

图2:《民呼日报》1909年　　　图3:《民呼日报》1909年
　　7月22日图画　　　　　　　　7月25日图画

当然,时论这时对支恒荣的报道也非全部负面,亦有个别肯定性的关注。如时论曾报道浙江巡抚增韫认为支恒荣任职以来"实心提倡浙省学务",成绩突出,特予以表彰和"具折奏保,请旨奖励"。其辞云:

> 如注重师范毕业者数以千计,筹设校所,加添者数以倍计,于女学则申严礼防,于小学则保存国粹、振兴实业,先培留学之人才,统一机关,规定各员之职守,各属之劝学所、教育会既已次第成立,统计表册、《教育官报》无不总核详明,以擘画

---

① 参看《浙省考职纪闻》,《新闻报》1909年8月24日,第2张。

之精心,促文明之进步,具征成绩。①

《神州日报》也曾报道支恒荣按照学部要求,努力改良浙省学务,派省学调查评估"各学堂办理之优劣","饬劝学总董实行巡视","广颁初等小学章程,及实发教育官报",以"开通风气,使无阻碍"。②再如这次己酉浙江考优拔之前,支恒荣鉴于浙省考生人数地域分布不均衡,经常有考生人数少的地方取额多,考生人数多的地方取额少,因此特向学部请示把浙江各府州县的学额给予"变通办理,酌予增减",但遭到学部"此系成例,万难更改"的批驳。支恒荣的申请虽不成功,却引来时人的赞誉,《时报》对此进行了比较正面的报道:"一片热心,就此取消,凡平日之怀才不遇者闻之,咸称颂不置。"③此次己酉优拔考支恒荣所录取的个别考生,还引来正在对其余各省考优拔情况大加挞伐的《神州日报》的表扬,称赞支恒荣尚能识人才,录取的一个优贡"差强人意",因该考生的策论文"颇能指斥时势,支提学使选取入彀,亦可谓风尘巨眼矣"。④

不管如何,一如昔日学政的示范作用,提学使支恒荣的作为对浙江考生的影响非常大。当考生打探到支恒荣的喜好,知其偏爱旧学,曾有做学政时主持科举考试的经验,"所取尤以国文可否定优劣"。⑤像前引《杭州卖书记》所言,丙午考优时士子在考市购买的还是应付科举考试的书籍,即便有一些士子购阅比较专门的新

---

① 《增抚嘉奖支提学提倡学务》,《申报》1909年2月11日,第2张第3版;《浙抚奏保提学使》,《新闻报》1909年4月10日,第2张。
② 《浙提学饬改良学务》,《神州日报》1909年3月9日,第3页。
③ 《提学使拟变通考额不果》,《时报》1909年8月13日,第3页。
④ 《优拔文亦差强人意》,《神州日报》1909年10月3日,第3页。该文曾被《香港华字日报》(1909年10月9日)转载。
⑤ 张棡己酉正月十二日日记,张棡:《杜隐园日记》,收入温州图书馆编《温州市图书馆馆藏日记稿抄本丛刊》第17册,第8388页。

学书籍,但其目的同样是为应付优场考试中的时事策论题,他们很多人对新学均不甚了了,购书只是为临场抄袭剽窃之用,"新书之无销路,因士子脑中满装支学司守旧,喜欢大卷白折,此销场之所以不广也"。① 两年多后的己酉优拔考试时,支恒荣出题情况亦类似丙午优贡考试,像他在分场考试嘉兴、湖州、宁波、绍兴、严州、衢州、温州七属优场时所出试题,策论意味非常明显,且比较简单:"唐置安东都护、元立征东行省论""问立法、司法、行政三权分立之说倡自何时?实行者何国?其中有无流弊策"。② 负责出题的提学使之爱好如此,势必极大影响书商和购书士子。故此,己酉书商在杭州的卖书情况和考生的购阅情况亦类似丙午年,书商主要出售的与考生购买的还是那些专供考试策论使用的传统史论类著作和所谓"时务书籍",尤其是那些具有新身份的考生,更需要购买这些书练习国文以投考官所好。③《民呼日报》曾特别画图进行了形象的讽刺,并指出只有程度稍高的考生才会购买《新民丛报》类书刊,其余考生购买的仍是《新策论》《策府统宗》类科举改为策论后的应试书籍。④

四、辞 职

除了在两次考试中饱受趋新媒体的抨击之外,提学使支恒荣的个人表现及其在浙江任上的作为也引起了在地士绅的不满,舆论对此同样有关注报道乃至批评,这最终也影响到爱读报纸的摄

---

① 参看四明语生稿《杭州卖书记》,《时报》1907年3月6日,第5页。
② 《考试七属优生》,《舆论时事报》1909年8月16日,第2张第1页。
③ 参看《民呼日报》1909年7月22日,图画。
④ 参看《杭垣之怪现象》,《民呼日报》1909年7月22日,第3页;《民呼日报》1909年7月25日,《民呼日报》图画;《考试优拔现形记》,《民呼日报》1909年8月1日,第3页。

政王载沣及学部尚书荣庆对其任上所作所为的看法。

早在1907年4月底,就职甫半年的支恒荣与浙江学务公所议长濮紫泉及议绅吴震春、邵章、张美翊、学部咨议官汤寿潜等一干浙江士绅大起冲突。据《申报》报道,两造矛盾起因在于学务公所所提多款学务议案,"函致支提学,请其施行",支恒荣居然"一概驳覆,而且词意之间嬉笑怒骂,谑虐万状","于是议长、议绅以及全城学界俱动公愤",公推代表向浙江巡抚张曾敭"面告一切,并谓支若怙过不悛,定将支控诸学部"。① 人在温州的孙诒让看到"沪报"报道的双方冲突后,又收到其他三位学务议绅的书信,才了解冲突情况,遂向三位议绅写信进行调解,希望大家能以大局为重,"惟是时事多艰,学务重要,廉、蔺释嫌,实深翘望"。② 最终,矛盾双方经张曾敭调解后,士绅立场有所软化,由吴震春拟定了议长、议绅办事规约,"俾得各有职守",经张曾敭批准后发学务公所执行,该规则实质是约束支恒荣对学务公所的干涉。③ 但两方"终难融洽",稍后,由于学务公所"委员中之不肖者又借端行其媒孽",致使支恒荣更加漠视公所权力,"于公所一切事宜,只知有官而不知有绅"。且又故意在绅士间制造矛盾,"于绅士所屏弃之诸以颐、姚志乐两人,则颇加赞叹,其用心益可知矣"。④ 此外,支恒荣所派视学人选也屡有争议,像其选中"台州杨镇毅""委充宁绍台省视学","讵揭晓后即有台州士绅联名禀控学署,谓杨前名梦莲,系廪生,因案斥革,今得省视学一差,设日后来台视学,台人决不承认云云"。⑤ 浙江地方士绅与支恒荣持久对抗,迫使支恒荣一

---

① 《学务议绅与提学使大冲突》,《申报》1907年5月14日,第1张第4版。
② 孙诒让与省学务公所议绅函,谢作拳、陈伟欢编注:《瑞安孙家往来信札集》,第236—237页。
③ 《浙省学务公所议定办事规约》,《申报》1907年5月25日,第2张第12版。
④ 《杭州学务近闻》,《申报》1907年6月7日,第2张第11版。
⑤ 《支提学用人之悖谬》,《申报》1907年11月1日,第2张第11版。

度做出要辞职的表态,实则支以退为进,测试上峰对其支持力度。《申报》对此也曾有关注:"昨得浙省政界消息,谓提学司支委卿文宗莅任经年,办事每多掣肘,以致绅学两界时起暗潮。文宗忧之,特于日前密上封奏,力请开缺。闻折中措词非常恳切,大约可邀俞允……"①最后,支恒荣的辞职动作自然是走过场,他仍获得支持继续留任。

在清廷力行禁烟之际,支恒荣也曾响应清廷号召,严令禁止下属学务人员吸食鸦片。在湖南学政任上即奏请让应试者"屏绝嗜好",②在浙江任上也曾颁布章程六条,禁止下属人员吸食鸦片。③事实上,支恒荣本人即患有鸦片烟瘾,属于"戒烟未净者"。④ 宣统元年二月二十四日、四月三十日,清廷又先后下旨推行"禁烟要政"。⑤ 所以当学部就提学使任职三年的工作情况开始甄别后,⑥即传出支恒荣、陈曾佑、余堃等提学使任上表现拙劣,应会被开缺的消息,由是引发各省提学使的紧张。⑦ 为此,《神州日报》特意刊出讽刺画,讥讽各提学使的慌张情况。⑧ 虽然因张之洞生病和随后的去世致使学部最终评鉴提学使的工作未完全展开,但支恒荣已经率先被媒体列入"履历政绩"为各省提学使中"最劣者"之列,

---

① 《支提学奏请开缺纪闻》,《申报》1908年4月20日,第1张第5版。
② 参看《奏为应试生童颇多烟瘾请旨饬考艺中屏绝嗜好事》,录副奏片,档号:03-7403-001。
③ 参看《支提学司严禁学务人员吸烟章程》,《时报》1907年5月1日,第3页;《严禁学界吸食洋烟》,《申报》1907年5月2日,第2张第11版。
④ 《官界未来之升降机》,《神州日报》1909年11月8日,第2页。
⑤ 《军机大臣钦奉》《宣统元年四月三十日内阁奉》,中国第一历史档案馆编:《宣统朝上谕档》第1册,第75—76、219页。
⑥ 当初学部简放提学使之初,尚书荣庆即曾上奏朝廷表示,提学使"三年任满,由臣部考验成绩,分别奏闻"。参看《遴保直省提学使人员折》,《学部官报》第2期,第20页。
⑦ 《各省提学使之恐慌》,《神州日报》1909年9月24日,第2页。
⑧ 《提学使之恐慌》,《神州日报》1909年9月26日,第3页。

图4：《提学使之恐慌》，《神州日报》1909年9月26日，第3页

被认为"莅任以后，毫无成绩"，与其他最劣者如署甘肃提学使陈曾佑、署陕西提学使余堃，"均有开缺之耗"。① 之后，在销病假归来的学部尚书荣庆主持下，曾打算对各提学使到任后的办学成绩开展评鉴，"决定饬司将各该提学使自到任后所有一切办学成绩，通盘调查，详加比较，以便知其可否"。②

咄咄逼人的外在压力，加上丧子之痛，遭受时论谴责已久的支恒荣在浙江这次优拔职考试结束后遂上禀浙江巡抚，再次请求辞职。③ 对此《大公报》也有详细报道，其中不无为支恒荣辩护及惋惜之意：

> 支提学司自到任以来，议者皆谓其偏重旧学，不善新政，故学界感情甚薄。其实保全国粹，提学宗旨未尝稍有偏见，不过遇事多为某孝廉、某中书等所朦，名誉因之大损。此次考试

---

① 《甄别提学使之改期》，《大公报》1909年8月10日，第2张；《甄别提学使将发表》，《舆论时事报》1909年9月24日，第1张第2页；《官界未来之升降机》，《神州日报》1909年11月8日，第2页；《京师近事》，《申报》1909年8月1日，第1张第5版。
② 《甄别提学使之近耗》，《大公报》1909年10月9日，第2张。
③ 支恒荣其实很愿意做官发财，据《申报》报道，当浙江巡抚张曾敭因秋瑾案受到舆论压力主动请求调离时，本打算让支恒荣署理浙省布政司这个优缺，给其一个发财和任用私人的机会，让支恒荣大喜，结果事情未成，导致支恒荣大骂张曾敭。参看《支提学不得浙藩之懊丧》，《申报》1907年9月23日，第2张第12版。

优拔,外间物议沸腾,闻亦受人之累使然,事后始有所闻。适三公子病殁于节署,兼之大公子又病卧在申,医皆束手。提学内抱丧明之痛,外惭清议之加,日来心绪恶劣,决计归隐。前晚增抚自甬回辕,提学即上禀乞休,并因假期已满,再请续假。恳即遴员,先行接署。中丞因清理积案,不克分身,昨特命文案某君,代往视疾。并以现今时局,重在育才,勿遽引退相勖。无如提学谓去志已决,力求奏闻,必得请而后已。该委无术劝驾,据情复命,未卜中丞尚能挽留之否。①

浙江巡抚增韫程序性挽留支恒荣之后,于宣统元年九月初十日就向清廷代奏支恒荣"患病恳请开缺",其中特别说及本就有病的支恒荣因六月中旬后连续主持优拔职等考试,"殚二十余日之心力,幸获竣事。惟病体加以积劳,精神愈行萎顿",虽经请假调治,但病情反而加剧,"虽勉力支撑,而起立即时觉昏晕,当此振兴学务之时,公事烦难,学司尤甚",故此力不胜任,请求开缺回籍养病。②九月二十四日,朝廷接受了支恒荣辞呈,"准其开缺",③并将浙江提学使职位交由云南人袁嘉谷(1872—1937)暂署。④袁嘉谷行前接受摄政王载沣召见时,载沣曾当其面批评支恒荣:"浙省学界,屡酿风潮,前提学支恒荣因循敷衍。此次赴浙,务须认真整顿,以仰

---

① 《学司力求开缺之原因》,《大公报》1909年9月17日,第2张。
② 参看《奏为提学使支恒荣患病难以速痊请开缺回籍调理并请迅赐简放事(宣统元年九月初十日)》,朱批奏折,档号:04-01-12-0679-029。
③ 中国第一历史档案馆藏,卷号:1519,册号:1。
④ 参看《上谕》,《申报》1909年11月7日,第1张第2版;《大公报》1909年11月7日,第1张;云南石屏县志编纂委员会:《宣统帝任命袁嘉谷为浙江提学使敕谕》,《历史档案》1991年第2期,第59页。还可参看《朱鄂生日记》,赖明德主编:《民国史学丛刊》第1编第63种,第517页。关于袁嘉谷的情况,可参看《袁嘉山先生纪念刊(1938年4月30日)》,收入国家图书馆编《中华历史人物别传集》第82册,线装书局影印本2003年版,第175—252页;张希鲁述:《袁屏山传记》,1939年印行,收入国家图书馆编《中华历史人物别传集》第82册,第253—278页。

副朝廷兴学育材之意云云。"① 而据《大公报》的分析，支恒荣自请开缺其实是迫不得已，朝廷早有意撤换支恒荣，因其"办理学务毫无进步"，虽由"某枢臣"（疑为荣庆，引者注）"力为斡旋"，但却不被"认可"，该枢臣"特发秘函授意"支恒荣主动辞职，"以全体面"。② 或许是迫于受到来自摄政王的压力，这时就连当初举荐支恒荣为浙江提学使的学部尚书荣庆，也公开表达了对支恒荣浙江任职情况的不满。如《大公报》所得到的"确实消息"显示的：

> 学部荣华卿尚书以浙省学务，经提学使支恒荣贻误甚深，非切实整顿不足以重教育。因决定由部派员，前往该省认真调查，并奏派视学官分往察视，以昭慎重。刻正斟酌派员，不日即行前往矣。③

荣庆表态或有故意迎合载沣之意，不过由此可见支恒荣在浙江任职的情况，早已令朝廷不满，连荣庆亦无法为其转圜，所以支恒荣自求开缺被迅速接受也就不意外了。

不止于此，除了洁身自好不愿过多承担责任的江宁提学使陈伯陶这样极少的例外，④当时诸多提学使任职情况与支恒荣大同小异，糟糕程度甚或有过之者。像福建提学使姚文倬在丙午考优录取中，买卖优贡名额，"尤专以贿赂轻重为黜陟"，录取榜公布后，引发"诸考生呈控纷纷"。⑤ 江苏提学使樊恭煦在主持苏省己酉优拔考试期间，出现的问题同样非常多，亦广为上海舆论抨击，

---

① 参看《新简浙提学召见述闻》，《申报》1909年11月16日，第1张第4版。
② 《李岷琛、支恒荣开缺之故》，《大公报》1909年11月10日，第2张。
③ 《调查浙省学务》，《大公报》1909年11月15日，第1张。
④ 参看《最近之陈学使》，《神州日报》1909年10月15日，第3页。
⑤ 《福建优贡之大冲突》，《汉文台湾日日新报》1906年9月16日，第1版。

还被趋新的常熟士人徐兆玮认为"素以仇学为心"。① 署理陕西提学使余堃则专以新学为敌,纵容地方官肆意破坏学堂,不但为时论抨击,还遭受言官弹劾。

>某御史封奏略云:陕西提学司余(原文为"沈",误,引者径改之)堃办事胡涂,阻挠学务,尤与铁路为仇敌,多方败坏。如蒲城县令李体仁一案,该司不为护持学堂,反批令李体仁准其查封。佥谓李体仁胆敢如此残暴,实倚恃该司之暗中帮助。时艰事急,朝廷不得已锐行新政,而人才缺乏,必先提倡教育,岁费无数金钱在所不惜,特于各省添设提学司,藉资提倡,充斯官者宜如何竭力整顿。岂意该司不但不加提倡,反助李令酿成毁学仇路重案,此而不加惩处,何以肃官方?何以兴学务?②

署理江西提学使林开謩在己酉优拔考试中的表现更是等而下之,买卖优拔名额、贪污受贿、任人唯亲、钳制舆论,情形尤其恶劣。其任内作为同样引发御史弹劾:

>办理学务久无成效,且顽固思想甚深。凡教育上一切制度,平日素无研究,今虽不敢直言反对,然于职任内应办各事,率持繁衍了事主义,而署中所用各员,大半皆由于情面,及各学堂职员亦为该学使位置私人之地位,种种劣迹,不可胜数……③

---

① 徐兆玮日记宣统元年四月二十二日(1909年6月9日)日记,见李向东等标点《徐兆玮日记》第2册,黄山书社2014年版,第983页。
② 《陕西提学使被参》,《申报》1909年1月16日,第1张第4版。
③ 《林开謩被弹述闻》,《神州日报》1909年9月12日,第2页。参看《赣省林提学顽固被参》,《申报》1909年9月12日,第1张第4版。

然而林开䓕用贿赂收买手段,居然暂时渡过风波平安无事。① 同样与支恒荣一起赴日考察过教育的、署理甘肃提学使陈曾佑之作为更加不堪。如据《申报》报道:

> 署理甘肃提学使陈曾佑莅甘以来,学务日形废弛。去岁考试优拔,贿卖关节,舆论哗然,致有大爷、二爷、三爷、四爷之谣。大爷、二爷者,指陈之如夫人与如夫人心腹;三爷者,指学务公所总务课课长刘国光;四爷者,指刘之仆人也。陈素有烟癖,日夜以一灯一榻自娱,故该省禁烟告示虽遍处张贴,而居民咸引陈为口实。其最骇人听闻者,如夫人亦有烟癖,因婢女烧烟偶不如意,竟用烧红烟签向该婢口内刺入,当时毙命。②

即便是个别热衷于办新学的提学使,其做法也大有可訾议之处。根据王树枏在新疆的见闻和记载,当时也赴日本考察过教育的、署理新疆提学使杜彤到任后,"不顾财政之盈绌、地方之宜与不宜",严饬各地广建学堂,"规模宏大,悉仿内地","为牧令者,稍一抗辩,即予参撤"。但其大兴学堂的目的并非为了新式教育,而是借此"虚额报部",获取升官发财机会,并大肆"索地方纳费",导致"官民同受其害"。③ 即便王树枏上书学部"痛切"揭发杜彤,学部依然"置之不问"。④

---

① 《江西提学使近事汇录》,《民吁日报》1909 年 10 月 4 日,第 4 页;《林提学之被参》,《香港华字日报》1909 年 10 月 13 日,无标注版面。
② 《腐败不堪之学使》,《申报》1910 年 4 月 14 日,第 1 张后幅第 4 版。
③ 王树枏:《陶庵老人随年录》,中华书局 2007 年版,第 71 页。关于杜彤在新疆办学的情况与效果,还可参看王启明《清末新疆学堂教育行政机构研究》,收入刘迎胜主编《元史及民族与边疆研究集刊》第 31 辑,上海古籍出版社 2016 年版,第 202—210 页。但王文并未注意到王树枏这里的叙述。
④ 王树枏:《陶庵老人随年录》,第 71 页。

简言之,较之姚、樊、余、林、陈、杜等提学使和署理提学使的所作所为,支恒荣在浙江提学使任上的表现其实难说是最糟糕的。其主要问题或正像前引《大公报》的评论所言,是"不善新政"、兴学不力、所用非人,又得罪了上海趋新媒体,故其表现不应被列入"其下者"。

> 二十余省中之提学,问有能尽力提倡,使一省教育蒸蒸日上者乎? 殆无有也。其上者,于教育事业不加反对,略与抚助,已觉不可多得;其次者,循例敷衍,但求无事;其下者,则顽固陋劣,对于教育界尽吾力以摧折之而已。①

即便各提学使之表现如此,被媒体寄予很高期望的学部"甄别"提学使工作也仅仅是宣传而已,荣庆任上根本就未付诸实施。如时论之言:"各省提学使甄别问题,早经提议,惟迟之日久,未见施行。"直到唐景崇继荣庆任学部尚书后才重提对提学使加以甄别一事,②声称"各省提学使多主敷衍,且有不明教育者,实属贻误学务,所关非细,拟再严行甄别"。③但唐所针对的甄别对象仅限于到任五年者,④可惜能任满五年的提学使为数极少,唐景崇的这一悬鹄很高的标榜涉及目标极为有限,且其效果同样大可商榷。

实际上,只有林开謩在荣庆任上被清廷"开缺","以道员发往

---

① 蒋维乔:《论宣统二年之教育》,《教育杂志》第3年第1期,宣统三年正月初十日,"言论"第2页。
② 《宣统二年二月二十二日内阁奉》,中国第一历史档案馆编:《宣统朝上谕档》第2册,第42页。
③ 《严汰提学使之意见》,《大同报》第13册第315期(宣统二年四月十三日),第30页。
④ 《各提学使满五年者听之》,《天铎报》1910年4月20日,第2版。

南洋";①陈曾佑则在唐景崇任上因担心吸食鸦片被查,主动辞职,要求"以道员发往陕西差遣委用";②其余包括饱受指责的余堃、杜彤等在内的各提学使在任职期间多四平八稳,并未因学部甄别、御史弹劾或受到舆论抨击而被免职。一如宣统二年十二月十九日,唐景崇在请清廷实授署陕西提学使余堃、署新疆提学使杜彤的奏折中所言:

> 经筵讲官、学部尚书唐景崇等跪奏,为提学使三年任满,照章考核,恭折仰祈圣鉴事。查臣部具奏外省学务管制及分年筹备事宜各折,内载提学使在任满三年者,由臣部照章实行考核,历经遵办在案。本届三年任满者,计有署陕西提学使余堃、署新疆提学使杜彤二员。臣等查关中素称贫瘠,省城学务经费年仅十余万金,地方学款亦多不给,兼之民风素称朴僿,西同凤及南山兴汉等处,人文较盛,至西路之邠乾、北路之延榆绥鄜,朴野边荒,振兴教育殊为不易。该署提学使余堃自到任以来,创设模范小学,推广小学及简易识字学塾,比较学生人数,岁有增加。他如创设各府州初级师范,开办女子师范,开办中等农业工业本科,设立实业教育、讲习所、各属初等实业学堂,据报成立者计有五十处,尚为知当务之急。新疆地旷人稀,蒙、哈、缠回宗教各殊,语言亦异,臣部选据署提学使杜彤详称,筹款困难,师资难得,自属实在情形,惟查其历届办学报告,于师范小学、实业教育一切应办事件,尚无贻误。以上二员均拟请旨补授实缺,以观后效,仍由臣部留心考核,如查

---

① 《宣统元年十月十六日内阁奉》,《宣统朝上谕档》第1册,第437页;《上谕》,《申报》1909年11月29日,第1张第2版。
② 《宣统二年七月十八日内阁奉》,《宣统朝上谕档》第2册,第267页;《邸抄》,《湖北官报》第134期(宣统二年七月廿六日),第1页。

有未能得力之处,随时请旨办理。所有提学使任满考核缘由,谨缮折具陈。伏乞皇上圣鉴。谨奏。①

有被时论认为"张南皮第二""以保存国粹为宗旨"的学部尚书这样的考核评价,②余堃和杜彤的署理职务自然会被清廷改为实授提学使,正如之后余堃和杜彤的谢恩折所呈现的。③ 个别媒体原本希望看到各提学使在学部评鉴中出丑的期待,无形中早就落空。④ 无怪乎时论认为所谓的提学使任满五年评鉴政策,表面上观之似有"进步",然而究其"所甄别之宗旨",并非为"教育计",乃是"为功名升迁计"。⑤

凡此事实,均可见作为"主持全国教育行政最高之机关"的学部,在清末教育和文化事业中所发挥的尴尬作用:一方面是它制订的条条框框太多、无端的干预太多、私谊优先的考虑太多,一方面它在具体的行政实践中又遭遇各方掣肘,缺乏有效应对,游走于趋新、守旧之间,经常粉饰敷衍、因循守旧、得过且过,造成的结果是进退失据、左右支绌,最终导致自身的权威迅速丧失,很快就沦

---

① 《奏为署陕西提学使余堃、署新疆提学使杜彤三年任满照章考核请》,一档馆藏录副奏折,档号:03-7572-106。
② 《张南皮第二》,《天铎报》1910年4月22日,第2版。参看《学部中新旧杂货店》,《天铎报》1911年6月9日,第3版。
③ 《奏为奉旨补授陕西提学使谢恩等事》,一档馆藏录副奏折,档号:03-7450-094;《杜彤奏谢授提学使并请陛见折》,《政治官报》第1274号(宣统三年四月二十一日),第348页。
④ 像《申报》等媒体原本希望看到各提学使在学部评鉴中出丑:"考试优拔之事方终,而考试提学使之信息忽至。积冈方抒,新愁又来。从前考差,不过五言八韵而已,今则亦试经义史论;从前考差,尚在放差之先,得差以后,无恐慌也,今则忽于得差之后,闻此擘顶之雷,一般八股之老名家,将欲夹带书籍乎? 手弱而不能提,眼花而不能视,且胸无点墨,即欲翻检而亦不能得其头绪。此时之提学使,恐不但不如考试优拔之堂皇,且不能如新得优拔诸君之兴会也。急哉提学使! 伤哉提学使!"《提学使之恐慌》,《申报》1909年8月26日,第2张第4版。
⑤ 《俳言》,《天铎报》1910年4月20日,第2版。

为朝野上下的众矢之的。面对愈加趋新、激进的社会氛围和舆情，学部变得更加复古守旧，随意干涉、压制新式教育，"仍蹈科举时代拘墟之习"。① 以致于有留美学生竟主张废除学部，杜亚泉也认为学部应该自我约束，不作"万能之政府"，对教育宜采取"放任"态度，裁减行政经费，增加教育经费，打破"以官厅为学术之中心，以官吏为学者之表率"的局面。②

五、申　　论

通过上述对浙江两次考试及支恒荣任职、辞职等情况的大概描述，我们不难理解科举废除之后踵续的考试优拔制度之于考生乃至时人的意义，以及提学使本人言行对于一省学风、士风的影响。

岁科考、乡会试虽停，但优拔等考试在各省提学使主持下照旧举行。既有这样的政策支持，加之长期科举文化和官本位思想的潜在影响与巨大形塑力，时人对于科举功名的"路径依赖"和迷信遂慢慢转向优拔考试，于是丙午年尚不太被重视的优贡等考试的吸引力在己酉年得到充分释放，"功名末路愈可珍"，③各种年龄的士子与各种新式身份的人尤其是学堂学生不顾舆论批评纷纷下场参加优拔贡等考试，"苟其无径可寻，斯亦已耳。一旦示以阶梯，诱以所欲，则即以无甚轻重之优拔贡，且不惜奔走喘汗，以侥幸一得

---

① 《学界中又来一魔鬼》，《天铎报》1911年6月27日，第3版。参看《五光十色之学部》，《天铎报》1911年8月16日，第3版。
② 杜亚泉：《论今日之教育行政》，《东方杂志》第8卷第8号(1911年4月23日)，第18页。参看罗志田《代序》，收入周月峰编、杜亚泉等著《辛亥前十年中国政治通览》，中华书局2012年版，第8—12页。
③ 何怀清稿：《考优拔新乐府》，《申报》1909年8月18日，第2张第4版。该文后又见何怀清《优拔新乐府》，《神州日报》1909年9月15日，第4页。

为荣"。①

然而,本为鸡肋的优拔考试之所以能在己酉年激起士子的与考热情——《舆论时事报》曾夸张地形容其"颇有举国若狂之慨,炎威如火所不计焉",②很大程度上是由于乡会试被废除,士子别无其他科考进阶选择,只好藉此优拔等考试期盼万一中选。如苏州儒医余鸿钧为其儿子余翰臣不顾酷热与考己酉优拔职之事所作的说明:"翰臣赴苏往考优拔,学无根柢,笔又生涩。因科举已停,既有此考,且去应酬,冀倖之心则不能存也。人事在我,得失则听诸天命。"③再如朱鄂基的情况,科举停废后,为了寻找出路,朱鄂基曾一度打算赴日本学习法政。后来留学不成,朱鄂基仍决定参加己酉优拔考试,尽管他自己业已意识到这"末世功名,已同鸡肋,诚何苦乃尔耶",但他依然"整顿行李",从余姚坐轮船经上海赴杭州应试。④ 后来朱鄂基中选优生赴京参加朝考,多病的他认为"此行兴趣萧索,炎暑跋涉,果何为耶"。⑤ 话虽如此,朱鄂基依然勉力赴京参加优贡朝考,最后的考试结果虽不甚理想,不过他拥有朝廷认可的正式科举功名——优贡的意图已经达到。

面对己酉优拔考,当时的趋新媒体立场同样一致,即对此类考试基本持批评与讽刺态度,但极少有考生会在舆论的批评声中望考却步,"唾骂者自唾骂,推崇者自推崇,奔竞者自奔竞"。⑥ 像参加己酉安徽考拔的詹鸣铎自谓:"是年上海报纸,反对科举,将我们

---

① 《论社会心理上之病根》,《新闻报》1909年7月30日,第1张。
② 《陈司业号舍文之形容》,《舆论时事报》1909年7月24日,第2张第1页。
③ 余鸿钧宣统元年六月初二日日记,《余鸿钧日记》,收入苏州博物馆编《苏州博物馆藏近现代名人日记稿本丛刊》第23卷,文物出版社2018年版,第171页。
④ 朱鄂生己酉六月初八日日记,朱鄂生:《朱鄂生日记》,收入赖明德主编《民国史学丛刊》第1编第63种,第486页。
⑤ 朱鄂生庚戌五月三十日日记,朱鄂生:《朱鄂生日记》,收入赖明德主编《民国史学丛刊》第1编第63种,第576页。
⑥ 《论社会心理上之病根》,《新闻报》1909年7月30日,第1张。

骂得半文不值。且一班老学究,身穿老古套的熟罗折衫,这种古装委实不合时宜,适足添报馆笑话资料,我也置之度外,仍旧赶我的考。"①更曾有贵州获选之优拔贡生在"团拜"中指责"报馆甚为无理",竟敢对于优拔考生"肆行讪笑",号召诸人"宜坚结团体,以后不许看报,已购者从此结算,未购者无庸再定,并须到处演说,以杜其行销之路"。②

不过为免受媒体批评与嘲笑,很多考生不愿声张,深居简出。像苏省"新学界中人,租寓后多不出门",名义上是害怕炎热,"实则偷偷而来,恐万一出门遭人撞见,殊难为情耳"。③但也有个别苏省议员不顾清议高调现身,居然援用新名词"权利"进行自我辩护:"某议员昂然不顾,常至考棚前茶肆啜茗。人有讥之者,某议员曰:议员无权利可享,惟此为我议员应享之权利……"④只是优拔考试揭榜后,被录取的新学中人的身份总归要暴露,《新闻报》对此也有所揭示和讽刺:"考优拔竣事矣,昔之秘密就试者,今已揭晓:有教员,有管理员,有编教科书者,且有冒人就试之报馆记者,以是知奔竞优拔之人。"⑤这些有新身份的人不顾舆论抨击而依然竞相参加优拔等考试,足见此类考试之于他们的吸引力——期望能够中选,获得社会认可的科举功名和正途出身。

更重要的是,一如科举未废前的乡会试考试,让各方看重的优拔考试这时同样变为一种大典和节庆,是一种仪式政治(politics of ritual)与嘉年华,能够参与其中即获得了读书的价值和意义,以及对自己未来能够"做官发财"和"致君尧舜上"的想象与期待,同时

---

① 参看詹鸣铎著,王振忠、朱红整理《我之小史》,安徽教育出版社2008年版,第234页。
② 参看《优拔现行拾遗记》,《神州日报》1909年12月3日,第3页。
③ 参看《苏垣考优拔现形记》,《时报》1909年7月24日,第3页。
④ 参看《考优拔片片》,《申报》1909年7月25日,第2张第4版。
⑤ 愈:《新感情》,《新闻报》1909年8月4日,第1张。

借机赴省城开眼界、见世面、广交游,乃至获得寻欢作乐的机会。①而一旦考中,考生则不会再因为顾忌舆论而停止庆祝和炫耀。恰如时论所谓:"笑骂由人笑骂,优拔我自得之。"②像甘肃士子张国钧拔贡朝考成功留京任职学部后,尽管他发牢骚说是"鸡肋功名误英雄",但于诗中仍颇为自得、自雄:"也曾骥尾附群英,愧以不才负圣明。芥尔一官君勿笑,枫宸雨露满南城。"③

媒体骂归骂,考生考归考,这种情况其实颇能体现出趋新媒体自身的吊诡。尽管不断在声讨优拔考试特别是己酉优拔考试,但各趋新报刊(如《时报》《申报》《新闻报》《盛京时报》《大公报》《神州日报》《国风报》《顺天时报》《天铎报》《舆论时事报》等)又何尝不是在利用优拔考来展现与构建自己的影响力?一如科举未废时各媒体喜欢报道乡会试的情况。④ 这时各报除了刊载一些批评性的议论、揭发性的报道外,它们同样乐意大量报道和引用、转载优拔初试录取和复试录取的详细人数、名单、身份信息,乃至刊发有关朝考的情况,及礼、吏、学三部的考试安排与录取任用规划、有关的录取内幕和小道消息、壬子科考试是否停止等信息,其中既有相关主事者如提学使、地方督抚、学部、礼部、吏部的表现,也包括与考者的各种反应,还有优拔考的试题与答题情形,诸如此类,以增加自己在读者特别是考生及其亲朋那里的影响力及销量。在此意义上或可说,批评者其实也是推波助澜者。正是诸多趋新媒体尤其是上海媒体的广泛而深入的报道,极大地塑造与扩散了优拔考试的意义,进而既调动了时人关注和参与优拔考试的热情,也确定

---

① 类似这样借参加科举考试之名去寻花问柳的个案颇多,晚清媒体也屡有报道,具体情况笔者拟另文讨论。
② 借:《代新科优拔致上海报界书》,《新闻报》1909年8月8日,第2张。
③ 张维:《还读我书楼文存》,第127页。
④ 参看陈伯熙编著《上海轶事大观》,上海书店出版社2000年版,第265页。

了优拔考试作为科举余绪的定位,这使得优拔考试尤其是己酉优拔考试看起来成为一个全社会均在关心的大事,进一步强化了时人对优拔考试重要性的认识和期待,大大提升了其影响力。①

结　　语

最后就本研究的意义来说,过去绝大多数科举史研究者的关注热点更多地集中于废科举前的情况及其产生的社会影响,对于清廷废科举之后仍然延续的最重要补救措施——优拔等考试及其作用问题,却很少加以注意,"科举废矣,而考优、考职如故也"。②使得今天我们对清末停废科举的认知,对其所造成的社会影响的了解与书写,并没有照顾到停废科举后的延续措施——优拔贡考试、生员考职、保送举贡等举措的作用,它们很大程度上取代了被废除的乡会试之作用,由之前不太重要的辅助性考试摇身一变成为科举废除后乡会试的替代者:"乡试虽停,而生员可以得优拔贡。会试虽停,而举贡可以考官职。"③其中的优拔贡考试,造成的社会影响和舆论反应尤大。

要而言之,为时论定义为"不科举之科举"的优拔考之所以成为时人批评科举犹存的"箭垛",还主要因其延续和扩大了昔日科举考试中旧有的风气、陋习,并重新激发了时人特别是学堂中人对于科举功名的渴望:"夫举人、进士之名,原不足以服人,惟国家仍不能尽废科举之旧制,则天下之热衷功名者,又安得不愿闻其名

---

① 近人对媒体的作用曾有这样的认识:"至前清末叶,报纸势力渐呈伟大之象,清室竟因之而亡;袁世凯称帝,报界不赞成,即至倾覆。此其最著者。"由此可类推趋新媒体对于促成时人优拔考试热的催化作用。参看陈伯熙编著《上海轶事大观》,第265页。

② 墅:《说伪》,《申报》1907年6月22日,第2版。

③ 刘锦藻:《清朝续文献通考》卷八七《选举考四》,第1册第8456页。

乎？天下之人,既愿闻其名,则必不能尽力于学,不能尽力于学,则科举、学堂之相去几希矣。"①在此意义上,科举制或并未停废,被取消的只是乡会试、岁科考等,依靠优拔、举贡职等考试,科举制于制度层面上依然在延续。如时论指出的:"往者朝廷尝病科举之不足以得人,而毅然下诏停罢矣！然自朝廷既停之后,而读书之士其营营于科举也,乃较诸未停罢之为尤甚,是真从古未有之怪现象哉!"②或可说,曲终人未散,"科举之废而未废",③"今科举之名则罢矣,而其实固未罢也。社会之心理,犹受科举之余毒所传染,而不能自疗"。④ 我们若是再去讨论废除科举制的社会效果与后续影响这些重要问题,非常有必要从制度史与社会史相结合的层面,将依然延续的优拔考试等清廷采取的后续补救措施涵盖在内。

本文曾蒙中国社科院近代史所马忠文、复旦大学历史系戴海斌和曹南屏、浙江大学历史系张凯、浙江工商大学杨齐福、复旦大学古籍所金菊园等师友的指点帮助,特别是北京大学历史系韩策博士的批评指正,让作者获益良多,谨此一并致谢。

---

① 《论乡举重逢之典》,《盛京时报》光绪三十四年三月初十日,第2版。
② 《论官吏罪多之可虑》,《新闻报》1910年6月19日,第1张第1页。
③ 《废科举者,兴科举也》,《大公报》1909年7月28日,第1张。
④ 心僧:《呜呼！科举之余毒》,《天铎报》1910年4月26日,第1版。

"功名道断"
——科举停废与功名意识的现代流变

沈 洁

摘要：科举时代，功名与身份、利禄、仕途攸关。千百年来士人汲汲于功名"正途"，由此形成的功名意识不仅主宰士人命运的悲欢，而且弥散、渗透到整个社会，积久成为一种集体无意识。这种由科举衍生而来的功名意识，至1905年科举被废除之后，在士人与社会中依然广有市场，并没有因制度停废而发生根本动摇。以至于清廷在宣布废除科举的同时又推出一系列学堂奖励政策，这本是一种带有权宜性质的制度安排，却引发了趋新人士的强烈反对和旷日持久的论争，他们通过由"士"到"国民"的语义转换，从根本上否定了知识与价值、士人与政治之间的传统关系。本文意在剔除一种后设的自明性，重返历史现场，以当年的言论环境中有关学途与仕进、名器与奔竞、专制臣民与立宪国民等论争为中心，重新审视功名意识与近代知识转型、制度变迁的关系；以科举废除前后，以及漫长流转至民国年间的功名意识的嬗变为中心，一方面着力还原由废科事件引发的清末民初知识人社会的多重面相，以及功名意识在士人与社会中的长久影响，另一方面通过功名意识的流转呈现近代中国制度变革所面临的纷繁复杂的难局和困境。

关键词:学堂奖励,功名意识,"国民"论述,革政与革命,知识人社会

作者简介:沈洁,上海社会科学院历史研究所副研究员

1937年,在北大任教的钱穆与友人缪凤林游赏卢沟晓月。国事方亟,二位先生坐桥上石狮旁,纵谈史事,娓娓不倦。烟火明灭中并肩的友人,让宾四先生陷入了一种深沉的想象与回念:"若使吾两人亦在科举时代,在此得同赏卢沟之晓月,其所感触,又岂得与今日城市扰攘中人语之。"①科举制度废除距其时已30余年,经历了清帝国瓦解和民国初年的纷乱政争,传统中国在古今中西交困下,已变得面目模糊。可是,"科举时代"及其"情味之深处",如同卢沟这一千年的旧时月色,是读书人不肯寂灭的故国之思。有关科第与士林、儒术与人文、功令与名器、文化传统与家国兴亡的故事,在帝制消亡、共和淆杂的年代里,长久地牵系着人心。

从戊戌年间的科考改革算起,1901年停止八股取士,1905年立停科举,1911年废罢学堂实官奖励,科举制度在晚清中国持续激进的改革言论与实践中,被一路追剿,归于消亡。后世学者论及废科举一事,也大都将其与近代中国的教育改革、思想更新以及四民社会、王朝体制的最后解体联于一处。② 然而如果回到事件的

---

① 钱穆:《八十忆双亲 师友杂忆》,生活·读书·新知三联书店2005年版,第187页。
② 1905年科举停废以后,士人的仕进与出身制度成为要紧的环节,学界对此已有很多关注,研究主要集中在对清廷学堂奖励制度的评述,如吕玉新《清末民初的仕进途径略论》(复旦大学硕士学位论文,2004年)、方玉芬《清末奖励出身制度研究》(华中师范大学硕士学位论文,2006年)、左玉河《论清季学堂奖励出身制》(《近代史研究》2008年第4期)及张希清、毛佩琦、李世愉主编《中国科举制度通史·清代卷》第十二章第三节"停废科举善后措施"(上海人民出版社2015年版,第750—754页),这些研究从制度层面梳理了仕进制度的变化,并论证了"抡才"与"育才"的内在冲突。关晓红《殊途能否同归:立停科举后的考试与选材》(《中研院近代史研究所集刊》 (转下页)

开端,剔除结局的自明性,科举制度是否必当为中国的衰弱负责?学堂时代对科名与出身的接续,如此制度安排是否确如革命者所言全为"剿袭之举"?废科举后的学堂奖励,引发了何种争论?效果怎样?又缘何难以为继?科名体系在为读书人提供身份与出途之余,还存在怎样的内蕴?由科举、功名及其所代表的学术与道德传统在现代中国转型之际经历了何种周折回旋?本文主旨即在讨论科举停废之际的科名奖励、功名意识,包括言论环境中的批评与支持,政令的推行、合理性及其困境,社会与文化范畴内功名意识对中国历史的长久影响,及有关心态和文化潜流。

一、学堂奖励与晚清的"国民"论述

中国急遽由科举时代步入学堂时代,这个过程中,为了减轻、消解因废科举可能引发的社会震荡,解决科名接续问题,清廷采取了一系列"学堂奖励"措施,授予新学堂毕业生(包括"游学毕业生")相应的科名奖励,这是一种明显带有权宜性质的制度安排。

耐人寻味的是,科举的"废"与"不废"并未在时论中掀起巨澜,然而,关于学堂奖励,即赋予新学生以科举时代相应进士举贡等"名分",却在清季引发过持续不断的争论。"功名"在中国政治、社会与文化中的影响,一向为人津津乐道。郑重的抑或嘲讽的,科名之重,

---

(接上页)第59期)、邱秀香《新旧价值之间——论晚清新式教育与学堂奖励之关系》("'后科举时代的反思'学术研讨会"论文,2006年)则从学术史角度分析了学堂体制下中西学乃至中西文化之间的复杂关系。另外,林志宏《亡国之媒——科举革废后国家和士/知识分子的关系》("'后科举时代的反思'学术研讨会"论文,2006年)也关注到废科举后的仕进问题。在其他大量的废科史研究论著中简单涉及学堂奖励的则更多,不详举。本文主题论点置于功名意识的现代流变,以此为中心讨论晚清的"国民"论述,讲述晚清至20世纪30年代知识人及普通社会功名意识的变迁形态,并由此反观现代中国转型之际面临的文化与社会困境。

在传统的政治论说与价值态度中均有深刻渊源。将时间定格到晚清,废除科举,其中牵引的一个重要程序,即为读书人的去路,诸如"鼓舞士气,不可不优其进取之途""入仕之阶梯""朝廷以科目利诱天下之士""以文凭为升官发财之执照",等等。变革成为共识,尺度与步骤,则在晚清中国日甚一日的国家危机中变得越来越难以抉择。这些时论,呈现了种种纠结与对立,但指向的,都是"名分"一事。"士"与"国民",从科名联结的复杂内涵和象征意义出发,称谓转换实则牵动了一种政治秩序及观念、价值的根本变动。

这里,以当日言论环境中围绕废科举之后科名体系的延续问题而展开的有关学途与仕进、名器与奔竞、专制臣民与立宪国民等问题的论争为中心,探讨功名意识与近现代知识转型、制度变迁的关系,以及晚清中国在嬗变之际面临的历史困境。

(一)"取士之法贵与时为变通"

科举是与功名联系在一起的,因此,"自有科举制度以后,中国便产生了一个功名社会"。[①] 功名又称科名,作为朝廷名器,由科举考试得来的功名,不仅关乎个人的身份地位,而且关乎王朝的政治命途;不仅关乎王朝的政治命途,而且关乎世道人心。龚自珍"养士"之论:"士大夫以暇日养子弟之性情,既养之于家,国人又养之于国。天胎地息,以深以安。"[②]于普通百姓,正途荣耀重于一切,那是"拿着大捧元宝也买不来的"。[③] 千百年来,功名不单寄托着万千学子的憧憬与向往,也寄托着家族之冀和乡邦之望,由此产

[①] 杨国强:《晚清的士人与世相》,生活·读书·新知三联书店2008年版,第1页。

[②] 龚自珍:《致人笺》,《中国近代文学大系·书信日记集一》,上海书店出版社1992年版,第20—21页。

[③] 李伯元:《中国现在记》,《中国近代中篇小说选》,中国青年出版社1996年版,第406页。

生的功名意识在士人与社会中早已沦肌浃髓。因此,当废科举、兴学堂在国家危机激荡下由士议逐渐变成朝廷意志的时候,如何给予新学堂学生(包括游学生)相应的科名奖励,仍然是一个必须再三致意和审慎以对的敏感问题。

　　同治六年(1867)同文馆内增设天文算学并招收举贡出身者入馆修习一事,早在废科举的数十年前就向世人昭示了科名之于"士"的重要意义。倭仁发难,称此举"上亏国体,下失人心";①山东道监察御史张盛藻则认为:"朝廷命官必用科甲正途出身者,为其读孔孟之书,学尧舜之道,明体达用,规模宏远也,何必令其习为机巧,专明制造轮船洋枪之理乎?"②倭仁的门生,直隶知州杨廷熙甚至将科举正途出身者习天文算学,称为"师乱忘仇""开天下奇衺诖惑之端,为世道人心风俗之害"的大弊。③ 指责与惊愕不仅悬于庙堂之上,据翁同龢的记载,京师时论中也颇多攻讦,如"鬼计本多端,使小朝廷设同文之馆;军机无远略,诱佳子弟拜异类为师"。有人则粘纸于前门,以俚语笑骂"胡闹胡闹,教人都从了天主教",云云;或作对句"未同而言,斯文将丧",又曰:"孔门弟子,鬼谷先生。"④弥漫于朝野之间的惊愕与诅咒,在彼时仍然占据着一种道义上的制高点。名分之争关乎"圣教"和"名器",可视为当时的知识人对夷夏分立这一历史处境的回应。功名携带的意义,在由科举制度养育的士人心中,从一开始就是一个矜重话题。

　　尽管,随后的角逐中,保守派并未占据上风。奕䜣在上奏中

---

① 宝鋆:《筹办夷务始末·同治朝》卷四七,(台北)文海出版社1966年版,第10—12页。
② 同上书,第15页。
③ 杨廷熙:《请撤销同文馆以弭天变折》,中国史学会编:《洋务运动》第2册,上海人民出版社1961年版,第43—44页。
④ 翁同龢著,陈义杰整理:《翁同龢日记》第1册,中华书局1989年版,第519、521页。

称:"开馆求才,方无成格。惟廷揽之方能广,斯聪明之士争来。"①"取进之选,一经推广,必有奇技异能之士出乎其中。……举凡推算格致之理,制器尚象之法,钩河摘洛之方,倘能专精务实,尽得其妙,则中国自强之道在此矣!"②朝廷对此另有定论,以正途人员学习天文、算学,"不过借西法以印证中法,并非舍圣道而入歧途,何至有碍于人心士习耶"。③ 这是洋务中人的逻辑,应对时变,需要全新的知识和人才;而西学传播与古圣先贤并无相悖,却恰恰在于维护天朝的尊严。

郭嵩焘在日记中说得更加明确:

> 朝廷以实用求人,期使应时,须以宏济国家之艰难,出之以至诚恻怛,无不起而相应者。亦非徒以其求之诚也,利禄之所集,则亦鼓舞人心之具也。以利禄为名而眩使就之,君子必引以为耻。名义者,生于人心而外相应者也。故君子重名。今使就洋人受业,所受者业也,于心无忝。而为之名曰:汝往从洋人,即高官厚禄随之。是先毁弃士大夫之廉耻,以使腼颜而为此。天文、算学所习者不可,而耻心先已荡然矣。④

西人炮火迫来,取法于历史经验之外已成必然之势;朝廷亟以实用求人,并以出身与入仕反复宣扬,歆动士夫之心,在郭嵩焘看来,看似"利禄所集",却实为"鼓舞人心之具"。身当内忧外患的交迫,读书人行走于圣教以外的不同路途,对朝廷而言,意味着危难时刻

---

① 宝鋆:《筹办夷务始末·同治朝》卷四六,第3页。
② 同上书,第3—4页。
③ 《同治六年正月二十九日上谕》,中国史学会编:《洋务运动》第2册,第30页。
④ 郭嵩焘:《郭嵩焘日记》,同治六年七月初二日癸丑,郑逸梅、陈左高主编:《中国近代文学大系·书信日记一》,第492—493页。

"士"之宏毅;至于读书人,则在"师夷智"的抉择中延续了传承于儒学的一种责任。其中的关键,并不在习中学、习西学,而是士人必须洗涤功利心,以宏济国家艰难为志;如此,君子重名,也应当取之有道,全系于对天下苍生的一份担当。这在咸丰年间的中国,演绎为洋务中人对君子人格的一种重新描画。

如果说,庚申以后,"自强"成为中国回应西方的群体意识,那么,当我们跳出中西对峙的窠臼去看待同治年间有关"西学"与"正途"的这场论争,则会有一个有趣的发现。攻守双方各持理据,但指向的实际是同一个问题——变局之下,士君子如何担当?朝廷存亡之秋,所倚靠、借重的,惟有读书人,科名之重,便成为一个前所未有的历史课题摆在那一世代的朝臣面前。殊途与同轨,这表明,功名在中国士大夫的情感和理智中均意味重大。守、抑或变,由功名承担与携带的意义则必须随世路蔓延,不可动摇。

历经甲午、庚子,中国人在忧惧交加中举目西望,"以忠信为甲胄,以礼义为干橹"转变为"四千余年之文物声名行将扫地而尽"。是否学习西学,再不是属于这个时代的问题。因此,30年后,废科举、兴学堂很快由维新人士的言论落实为朝廷政令。当西学不再被争议,有关士人困守穷经、不事实学的批评则成为时论中频繁出现的诘难;与此相对应,改革科举已鲜于辩难,身份和出途的延续变得紧要。

早在科举未废之际,张之洞、刘坤一在著名的"江楚会奏"折中就曾特别关注,建议将学堂之士继续考试量予出身,并作了具体规定:童子八岁入蒙学,十二岁入小学校,分初、高二等,至十八岁毕业于高等小学,取为附生;再入中学校,三年毕业,学政考之,给予凭照作为廪生;二十一岁入省城之高等学堂,分习各科,四年毕业,考列分等,得优贡举人;再由督抚学政主考,取中者或授以官职,或送入京师大学堂继续肄习,三年学成会试,作为进士授以官职。① 这个建议和规定,将新式学堂体制与传统科名体系连接起来,为新式学堂排除阻力的用意非常明显。实际上,已有地方大吏开始为那些品学兼优的学堂学生申请破格奖励。1901年,湖广总督端方在"考试游学生请奖折"中,就曾为"游学日本,效忠守正"的湖北学生王琛芳请奖,上谕允准,并加恩著赏给举人,"准其一体会试,以示奖励"。② 刘坤一亦明确说过:"学堂一节,日前香帅与弟会奏请毕业出身章程,使各士子勇于从事。"③这就是说,尽管那时学堂学生的出身与出路问题尚未成为正式的制度安排,但作为一种权宜性的激励机制,科名奖励已经以个例的方式开始出现了。

科名奖励是庙堂之议,也广为时论所关注。谭嗣同在《报贝元征》中议改科举,他认为,用人必须依于实事,由此"不能不变为西法取士",将公法、条约、使务、界务、商务、农务、税务、矿务、天文、舆地、测绘、航海、兵刑、医牧、方言、算数、制器、格致等科目寓于考试,让读书人"舍此无出身之阶",则士人"各占一门,各擅一艺,以共奋于功名之正路"。④ 在他看来,读书人弋取功名原是正业,但必须抛弃帖括浮文,转寻实学,才是新世代中符合"圣人之道"的选择。谭嗣同认为,科举之弊在其虚浮与侥袭,士人进身更在于应时而谋自强的责任。将西学科目"寓于考试",在当时并不是特殊、孤另的看法,许多趋新之士都有相同或类似观点。盛宣怀就认为,尽改科举之制有诸多障碍,不如专设特科,"裁天下之广额为新学之进阶,明定功令,使文武学堂卒业者皆有出身之正途,齐仕进

---

① 朱寿朋编:《光绪朝东华录》四,中华书局1958年版,第4730—4732页。
② 朱寿朋编:《光绪朝东华录》五,第5058页。
③ 刘坤一:《复陶子方》,光绪二十七年十月初六日,《刘坤一遗集》五,中华书局1959年版,第2296页。
④ 谭嗣同:《报贝元征》,蔡尚思编:《谭嗣同全集》上册,中华书局1981年版,第206—207页。

于科第，则闻风兴起，学校如林，人才自不可胜用"。① 严复也在1898年讲过："学成必予以名位，不如是不足以劝。"②

学堂初兴，大多读书人尚处在迁延观望中，倘若朝廷不明定功令，给予新学堂毕业生"出身之正途"，势必有碍于学堂的"闻风兴起"。张之洞也说："利禄之途，众所争趋。"③推广西学，"所虑者无出身之路耳"，开特科取士，"则人知帖括外亦有进取之阶，而西学于是乎畅行"。④ 康有为说得更直白："人孰肯舍所荣而趋所贱哉？……于是稍改科举，而以荣途励著书、制造、寻地、办工之人，大增学校，而令乡塾通读史、识字、测算、绘图、天文、地理、光电、化重、声汽之学，亦可谓能变通矣。"⑤这些言论虽出自不同人之口，但立意都在于借助科名体系，为西学和学堂铺路。

在当年喧嚣的时论中，有不少干脆把设西学特科视为国家"储才之法"：

> 今日储才之法当开特科，招致天下兼通中西之士，予以出身，优以清要，然后士大夫知功名之所在，而中西之可合，相与探索研求，以期一试之效。⑥

---

① 盛宣怀：《自强大计举要胪陈折附片二件》，陈忠倚辑：《皇朝经世文三编》卷一五，(台北)文海出版社1972年版，第226页。
② 严复：《论治学治事宜分二途》，王栻编：《严复集》第1册，中华书局1986年版，第89页。
③ 《南北洋会议递减中额折》，《选报》第46期"教育言"，光绪二十九年二月十一日，第4—6页。
④ 潘克先：《中西书院文艺兼肄论》，陈忠倚辑：《皇朝经世文三编》卷四二，第644—648页。
⑤ 康有为：《上皇帝第四书》，中国史学会编：《戊戌变法》(二)，上海人民出版社1957年版，第180—181页。
⑥ 余贻范：《论西学宜设特科》，陈忠倚辑：《皇朝经世文三编》卷四一，第643—644页。

这是一种变通之法,尽管在20世纪之初,西学的接受环境已"世殊事异",但在科举依然存在的背景下,士人和社会的重心势必仍系之于科举,显然不利于西学传播和学堂发展。如果朝廷开设西学特科,天下兼通中西之士因此而有机会获取"功名"和"爵禄":

> 中国诚能于西学书院实力振兴,招之以功名,重之以爵禄,则不必废时文,不必废科举,而颖敏智巧之士,自能移其心思才能从事于格致、气电、历算、测量之一途,以求合乎上之所好。如是而人才不见日盛者,盖未之前闻。①

由于"出身""出路"事关士人与社会重心的转移,因此,在许多人看来,改科举、兴学堂关键在于"详定学生出路"。② "出身"与"出路"问题解决了,学堂学生也就没有后顾之忧;可以获得科举时代同样的功名与荣耀,对西学和学堂而言,这不啻是一种"正名"。这种"正名",既兼顾了改革科举的社会接受心理,也在一定程度上为西学传习和学堂蔚起消除了阻力。罗惇曧记清末废科举遗事,忆及张文襄特别在规程中加入考优拔与举贡考职两段,即予举贡生员以出路、出身,在消除疑虑和阻力方面起到了要紧的作用。③

1901年停止八股取士以后,科名的接续问题变得更加紧迫。八月,政务处、礼部会议学堂出身,以"鼓舞士气,尤贵核实以作育

---

① 邵之棠辑:《皇朝经世文统编》卷三一,(台北)文海出版社1980年版,第1301—1302页。
② 《政务处外务部覆奏振贝子条陈折》,《中外日报》1902年12月4日。
③ 《庸言》第1卷第6期(民国二年二月),朱有瓛主编:《中国近代学制史料》第2辑上,华东师范大学出版社1987年版,第116页。

真才,不可不优其进取之途"为由,奏请将各级学堂毕业生严加考试,给予举人、贡生、进士等奖,是年 12 月 5 日清廷颁布《学堂选举鼓励章程》。1903 年 10 月 6 日,颁布《奖励游学毕业生章程》。次年 1 月 13 日正式颁布各学堂奖励章程,详细规定了科名奖励制度,包括:通儒院毕业奖予翰林出身,大学堂毕业奖予进士出身,高等及其同等程度学堂毕业奖予举人出身,中学堂及其同等程度学堂毕业奖予优拔等贡生。① 大量接受新教育的学堂学生和留学生依据章程获得出身,并因此获得出路。学堂奖励之外,还存在另一套进身之阶,即清廷为遗留之士准备的举贡考职。1906 年 5 月,政务处上陈"酌拟举贡生员出路章程",详定旧学之士的考验及任用,包括增加优拔贡额、考用誊录、拣选与截取举人、生员考职等项,基本顾及了所谓"寒畯之儒"的出路问题。② 这是清廷在废科举以后,针对丧失生计和晋升之途的一般寒士所作的筹谋之举。

这些学堂奖励章程的陆续颁布,根本之意在于"劝学",朝廷"优其进取之途",则可以鼓舞士气,"坚肄业之心","杜倖进之弊"。内阁中书殷济说:

---

① 《各学堂奖励章程》,光绪二十九年十一月二十六日,朱有瓛主编:《中国近代学制史料》第 2 辑上,第 117—127 页。
② 一是"酌加优拔贡额",拔贡照原定额增加一倍,优贡照原定额增加四倍,岁贡照原额增加数倍。二是"考用誊录",凡各部院衙门均可考用举人与五贡生考充誊录,当差期满,可择优奏请改用七品小京官在部行走。三是对已就拣举人准令报捐分发,免交补班银两。四是举人截取,以往仅用知县与教职两途,现增加直隶州州同、盐库各大使;五贡生原来仅有直隶州州判一职,现规定"凡五贡均准一体以按察司、盐运司经历、散州州判、府官经历、县丞分别注册选用"。如捐交分发银两,即准分省试用。五是改变生员考职到京应试之例,令其不必到京考试,由各州县知县和教官选拔保送至省,大省取 100 名,中省取 70 名,小省取 50 名,保送人数为取额的 10 倍。所取各生造册送吏部,为各省巡检、典史用。六是对原来每科会试之贡士给予优惠,未经覆试者免其覆试,引见录用。礼部、吏部和各省也纷纷制定相应措施,对举贡生员的考试与任职给予种种优惠。张希清、毛佩琦、李世愉主编:《中国科举制度通史·清代卷》,第 751 页。

科举未废以前,人人竞向科第;科举既废以后,则人人重视学堂。从前奏定章程,本有俟毕业考试后先予以进士、举人、优拔等贡生出身,引见后请旨分别录用等语。虽所学或非所用,而劝学之意甚殷。自国子监归并以来,师范生已大失所望,近又窃闻永停出身之议,中学堂以上学生,恐不免皆有疑虑。盖国家进退人才,惟名与器,中国人于功名二字印入脑筋最深,若一概弗予出身,恐非所以奖已往励将来之意。职备员大学,将及三年,稍稍留意,窃以为学生毕业,必须优予奖励,而严定考试,出身优则可以坚肄业之心,责效严则可以杜倖进之弊。①

朝臣意见与朝堂政令可谓高度一致,这种一致体现了体制内的共识。身居山西的内地乡绅刘大鹏,尽管持续对学堂制度口诛笔伐,但在实际行动上,却把长子送入山西大学堂接受新式教育,②这一举动无疑表明,虽然在观念形态中仍然对旧时代眷眷不舍,但他实际上也已意识到新时势到来,学堂教育才是读书人获进身之阶的根本之途。这中间,也反映出,科名对于学堂推广的重要意义。科名奖励固然有"诚以风气初开,诱掖鼓舞之道不容缓"③的现实考虑,但更关键的是,作为朝廷"名器",功名是维系朝廷与士人关系的一条纽带,"若一概弗予出身",这条纽带将不复存在,士人的向心力就有可能变成离心力,危及王朝秩序。正是基于这种担忧,张元济在1906年建议明定留学生管理与奖励章程时说,

---

① 《内阁校签中书殷济为预备立宪条陈筹备经费建海军等二十四条呈》,故宫博物院明清档案部编:《清末筹备立宪档案史料》上册,中华书局1979年版,第131页。
② 刘大鹏:《退想斋日记》,光绪二十八年九月初八日、九月二十日项下,山西人民出版社1990年版,第115页。
③ 《咨陕抚钞行御史王步瀛整顿陕西学务各折稿文》,《学部官报》光绪三十一年十月第七期"文牍"类,第59页。

奖励与录用，"如是则士心归附，必乐为朝廷效用"。①

不独朝臣有此主张，报章舆论亦不乏支持的声音。1907年《申报》的一篇时论即认为：学堂必有奖励以资鼓舞方能日有起色；若停止奖励，则谁肯入学堂，即在学堂各学生亦将涣散，"是学堂不废而废"。② 1909年，《舆论时事报》一篇针对留学生奔竞之风的批评文中亦承认，"世界未厎大同，则人人莫不有利达富贵之思想"，政府倘若不事奖掖，则"新学又何由兴"？作者认为：

> 今日章甫缝掖之徒所以不惮跋涉之苦而殷殷然求学于异国者，实以有奖励实官之制为之鹄而招之使来耳。使朝廷一旦骤停斯举，吾敢保求学者之寥寥若晨星也。何也？出仕宦无以自养，而学优又不必得赏，人又何苦舍其衣食之谋而求此寒不足衣、饥不足食之学术也。③

朝廷果以兴学育才为念，则必须以"高官厚禄"开"驱驰豪俊"之途。这一层意思，1909年《晋阳公报》上发表的一则时评表达得更加明确：

> 科举之法死矣，而用法之人则未死，驱天下而入优拔之场，试以正经大义，觇其根底，导以各科新学，长其器识，使旧界之教师宿儒渐化为新界之时彦俊杰，表面虽属科举精神，实注学堂，是正转移风俗之一大机关。乌得以形式上而歧异之？④

---
① 张元济：《张元济诗文》，商务印书馆1986年版，第132页。
② 《变通学堂奖励新章将次出奏》，《申报》1907年8月28日。
③ 《论留学生做官之思想当从根本施救》，《舆论时事报》1909年9月11日。
④ 金沧属稿：《优拔之问答》，《晋阳公报》1909年10月12日。

停罢科举之后,继续给予学堂学生相应的科名奖励,"驱天下而入优拔之场",从形式上看,与科举没有什么两样,但实质上却已发生变化,除"试以正经大义",还要"导以各科新学"。通过这种循序渐进的方式,将"旧界之教师宿儒渐化为新界之时彦俊杰",进而"转移风俗",使士人和社会的重心由科举转到学堂。在这个意义上,科名奖励无疑具有相当的合理性,但也包含着某种无奈。新式教科书编纂家庄俞曾在一篇题为《论小学教育》的文章中说:"科举既废,虽悬举贡增附等为毕业之奖励,而良家子弟,犹有谓学堂不足恃,废书学贾者踵相接……吾非不知国民教育为人人应受之教育,不当论奖励之有无。无如此过渡时代,社会之观感,国民之程度,法令之施行,均不能不借奖励以为饵。"因此,推论学务"萧索之故",庄俞认为,谋划新教育的振作之方,"于实行奖励,大抵赞同,亦足征社会心理之一般矣"。[①] 在当时的社会情境中,朝廷实行科名奖励,"良家子弟,犹有谓学堂不足恃,废书学贾者踵相接",如果不给予出身奖励,那新教育的状况就更可想而知了。教育法令研究会专门针对学堂奖励而组织的一场讨论中,有论者就认为,生贡之奖励虽是利用旧社会之思想,但此种奖励,足以"引起其向学之心",这是科举与学堂过渡时代"必经之阶段"。[②]

"抡才大典,原期登崇才俊,非徒诱以荣名",[③]功名一事,联结着世路人心与圣人之道。因此,在科举改革之初,有关"名器""圣道""斯文""功令"的呼声才会此起彼伏。1905年停废科举上谕中亦强调"务期进德修业,体用兼赅,以副朝廷劝学作人之至意"。"时局"与"深心"纠结,士之弘毅被赋予了一层新意。为时,为事,为家国,这正是功名所体现和承载的价值。自后世的眼光看去,从

[①] 庄俞:《论小学教育》,《教育杂志》1909年第2期"社说",第25—26页。
[②] 《研究各学堂奖励章程》,《教育杂志》1910年第6期"附录",第19页。
[③] 《护晋抚赵请暂停癸卯科山西省乡试折》,《中外日报》1903年2月3日。

科举到学堂,这中间似乎存在根本差异和矛盾。然而回到清季行新政的年代,奖励出身不仅是推广新学的"诱掖",也是维系王朝统治及其凝聚力的"安全阀"。更深层的原因还在于,学堂奖励作为一项郑重的制度设计,正是朝廷为保证"士"不必缘科举停废而消亡的苦心所在。

(二)由"士"到"国民"——对"专制"与"阶级"的批判

然而,历史的复杂在于,同样一件事情在不同人看来却往往具有迥异的意义。作为权宜性质的制度安排,学堂奖励,尽管包含朝廷一片"劝学"苦心,也确曾得到一部分士议和时论支持,但讥讽与反对之声从来没有停止过。这种讥讽和反对之声,与清季有关新教育和新国民的讨论缠结在一起,构成晚清最后十年言路中一个醒目话题。梳理和追踪这个话题的由来及其背后的复杂意蕴,可以发现,由"士"到"国民"概念置换背后隐含的逻辑脉络。

在开始清理这些反对言论之前,作为背景,需要交代一下传统时代的科举批评。可以说,自有科举制度以来,批评如影随形。到了明清时期,对八股取士的批判更趋激越。归纳起来,主要集中在学术与道德两个方面。学术范畴内,对"士专于揣摩剿说,经义实学微"的批判。如康熙年间张履祥所说:"师儒不以孝弟忠信造士,而相率为浮文,以坏乱其心术,学校必当变。取士不实行而专以艺文,不足以得贤才,科举必当变。"[①]廖连城在《原学》中所论:"自科举之制兴,国家以诗文取士,士始务记诵猎浮华,日讲求赋诗作文之法,以售有司,而为学遂不过读书矣,读书遂不过供赋诗作文之用矣。更有取时尚之诗文,揣摩剿窃,弋取科第,而束五经诸

---

① 张履祥:《备忘录论治》,贺长龄辑:《皇朝经世文编》卷八,(台北)文海出版社1972年版,第341—342页。

史于高阁者矣,求其志道据德,见先觉于羹墙而亦步亦趋者,惟豪杰之士为然。"①对八股取士以制艺帖括妨害实学的针砭,是晚清以前论科举弊病的主流。其二,道德范畴内,对为学者"以为利禄之阶"的批评。如,邵懿辰论三代之下,道义、功利离而为二,正是科举制度使得"道义得附功利而存"。②陈寿祺《科举论》:"后世天下之溺于利者,莫烈于庠序科举之士……义植其基,而利绝其萌;义正其轨,而利塞其途。其人能敦善不怠,笃志好学,殚精乎经术之奥,而研究乎当世之务,它日委质立朝,执义而绌言利者,必是人也。行义而利社稷者,亦必是人也。士何负于庠序,而科举何病于义哉!舍此不务,而使以弦诵之躬,为世诟病,谓儒以诗礼发也,可哀也夫。"③姚莹所论说的:"士人读书惟知进取为事,不通大义,不法古人,风气一坏,如江河之决,不可复挽。"④等等。

近代以前的科举批判主要集中在帖括制艺和义利之辨两个方面,如汤成烈所说,科举流弊至于经书不读,品行不修,廉耻不讲,"以剿袭为揣摩,以钻营为捷径",⑤以及梁启超概括的,"驱人于不学,导人以无耻"。⑥明清专以八股取士,读书人"皓首穷经",实则不过专门剿取八股文字。政久而弊生,对"学"与"品"的指责,更多体现的是传统时代儒者的卫道意识,可视为体制内对政令的某种修复性建议。

如果说近代以前对科举的批评是以维护儒学传统和王朝统治

---

① 廖连城:《原学》,饶玉成辑:《皇朝经世文续编》卷一《学术一原学》。
② 邵懿辰:《仪宋堂后记》,饶玉成辑:《皇朝经世文续编》卷一《学术一原学》。
③ 陈寿祺:《科举论》,盛康编:《皇朝经世文续编》卷四《学术四法语》,(台北)文海出版社1972年版,第384—389页。
④ 姚莹:《与吴岳卿书》,盛康编:《皇朝经世文续编》卷五,第521页。
⑤ 汤成烈:《学校篇上》,盛康编:《皇朝经世文续编》卷六五,第307页。
⑥ 梁启超:《论中国积弱由于防弊》,《梁启超全集》,北京出版社1999年版,第64页。

秩序为目的,那么,科举废除以后对清廷实行科名奖励的批评则发生了性质的变化。教育史家陈东原在一部写于20世纪30年代的著作中,曾这样评论废科举以后的新教育体制:

> 奔竞营私亦如故,故科举时代虽已结束,科举教育之实质却仍存在,论者早已有谓此种教育为"洋八股""新科举"者,而国人昧于推广学校,亟速造就人才之意,每年学校毕业之学生,相当于昔日之秀才、贡生、举人、进士之资格,以入社会争地位、夺饭碗者,又数百千倍于科举时代。①

这段评论虽是一种事后追述,但反映的却是朝廷和支持学堂奖励的士议之外的另一种声音和另一种思潮,即学校教育培养出来的应当是不同于传统时代举人、贡生的"新学生",这种"新"不但表现在学习内容的变更,更体现在独立人格的养成。潜在逻辑是,获取朝廷颁予的科名,学堂学生便丧失了作为"国民"的独立人格,新教育亦因此而变质。

论及与科名直接相关的"国民"问题,须从兴起于20世纪初年的国民性批判开始。② 对国家危机的关怀经由国民性问题发生了一次语义转换,于是现代中国的革新目标指向了与传统——一切旧生活方式——的决裂。这种声音,在清季的言路和报章中可谓连篇累牍,俯拾即是。杜亚泉就曾说过,处当日之时势,无论为学堂、为科举,如果仅恃出身奖励以为教育行政上之政策,势必归于

---

① 陈东原:《中国科举时代之教育》,商务印书馆1934年版,第98—99页。
② 关于晚清国民问题的论述,可参看潘光哲《近现代中国"改造国民论"的论述》(《开放时代》2003年第6期)、王汎森《近代知识分子自我形象的转变》(《台大文史哲学报》第56期,2002年5月)、沈松侨《国权与民权:晚清的"国民"论述》(《中研院历史语言研究所集刊》第73本,2002年12月)等,论者议题各不相同,但于本文有关废科举过程中由"士"到"国民"观念的转变,皆有借鉴意义。

失败。原因在于,科举奖励仅"限于锁国时代及专制时代","世界交通以后,生存之竞争日烈,青年之国民,亟亟于自立,不复能牺牲一切,以求身份上之荣名"。① 也就是说,世界已由传统进入现代,读书人必须随之完成由士到国民的身份转换,否则,既不能矫正科举之"弊害",亦不足昭示潮流之"进步"。有论者更从立宪政体角度批判学堂奖励的荒谬:

> 立宪之国,君与民为对待,政府与社会为对待,而多设阶级,以非官非民之举贡生员厕与其间,于政体亦至不类也。朝廷与以荣名,而社会不为表异,是亵朝廷;若为之表异,则同为四民而士特异,同谓之士而举贡生员又各异,此亦事之不便者,故不立宪则已,欲立宪则此名目阶级必不能存者也。②

在作者看来,科名奖励是"专制时代"的产物,当中国进入立宪时代,需要的是生存竞争中赢取胜利的"国民",而非"郁郁乎文哉"的儒生。因此,"不立宪则已,欲立宪则此名目阶级必不能存者也"。不同于以往的科举批判,这种言论已上升到对"功名"价值及其政治内蕴的诋詈,即把"功名"与专制政体联系起来,要立宪,就必须摒弃"名目阶级"(科名体系)。

清季报刊舆论中,对科名奖励的批判,指向最多的即为"科名"与"专制"政治的关系:

> 盖科举者,专制之基本也;奖励者,科举之精神也。学堂之奖励一日不废,即科举之精神一日尚存;科举之精神一日尚

---

① 杜亚泉:《论今日之教育行政》,许纪霖、田建业编著:《杜亚泉文存》,上海教育出版社2003年版,第317—320页。
② 《研究各学堂奖励章程》,《教育杂志》1910年第6期"附录",第21页。

存,而其所谓学堂者徒其形式焉耳。凡今之人,去科举时尚未远,虽其奖励尽废,取秀才、举人等名目。执途之人而告之曰,汝其可秀才、举人者,则彼其人犹将以所闻所见于科举中之千态万状,立即回旋踊跃于脑际而悉形现焉。矧今政府正在悬此等名目为奖励,则科举思想复活于学堂之中,奚足怪哉,奚足怪哉!①

这篇发表在《教育杂志》上的论文,将科举与专制联系起来,强烈反对"学堂奖励",认为学堂奖励将使"科举思想复活于学堂之中",从而使学堂"徒具形式"。在这篇论文的末尾,作者总结道:专制政体的基本即在于科举的出身奖励,立宪政体的根柢则在于学堂及其所培育的国民道德,"科举之奖励一日不去,即专制之基本一日不拔;学堂之道德一日未兴,即立宪之根柢一日未形"。由此,对科名奖励的批判也就倒向对专制政体的批判。

与"专制"批判相关,科名批判还有另一种指向,即针对等级制度。如上引教育法令研究会的意见书中所提及的,奖励而有举、贡、生员之名,"所求者一二,而必得千万人以供其采择,于是始多设阶级以网罗之云尔"。② 亦如《论学堂奖励》一文讨论的:

吾闻社会学家言,人种愈野蛮则其阶级愈多、仪文愈繁,以彼其不知有他事而心力方萃于是也;愈文明则阶级愈少、仪文愈简,以彼其于他事,方竭蹶不遑而心力无暇及此也。是则吾学堂奖励既废,秀才、举人等名目带有古代阶级制度之性质者,业已摧陷而廓清之,自不宜更再别立名目,以畀之学生。

---

① 顾实:《论学堂奖励》,《教育杂志》1910年第5期"社说",第44页。
② 《研究各学堂奖励章程》,《教育杂志》1910年第6期"附录",第20页。

且小学堂毕业则为小学堂毕业生,中学堂毕业则为中学堂毕业生,高等学堂毕业则为高等学堂毕业生,大学堂毕业则为大学堂毕业生。其天然之秩序,固已未尝稍紊,而何必为之纷纷多立名目,作床上安床、屋上架屋之举也哉?试观东西诸国之学生,自小学至大学毕业,皆无荣位,虽专科毕业称得业士,大学毕业称学士,而实皆非荣位也。此真一任其天然之本色,而不强加以虚荣之雕凿。吾国欲自侪于列强,自宜与彼其诸国为同样之法制。①

这里的"阶级"指的是等级,与后来的阶级概念不同。作者认为,学堂教育自有其"天然之秩序",科名奖励纯属"床上安床、屋上架屋之举",是"野蛮"而非"文明"之举。因此,力主摧陷而廓清"带有古代阶级制度之性质"的科名奖励。

1906年,四川开江县兴办的蒙养学堂中,兴学者勒石为碑:"人人自学堂来养成国民资格,造就个人特性。"②当"养成国民资格,造就个人特性"成为兴学者愿望的时候,教育的主旨和使命已发生了根本性的变化,即由科举时代的"养士"置换为学堂时代的"养成国民资格"。与此相对应,科名奖励被视为别有用心、诱使人格颓丧堕落之具,遭到反对派言论的痛加追剿:

> 国民教育之精义在养成全国人民之责任心,而虚荣心者正与责任心相反,而不能并立者也。今学堂行奖励,上以虚荣求,下以虚荣应,自小学至大学,莫不悬以为的,而心焉向之,此其教育为何等之教育乎!③

---

① 顾实:《论学堂奖励》,《教育杂志》1910年第5期"社说",第56页。
② 四川省文史研究馆编:《益州集粹》,上海书店1993年版,第66页。
③ 《各省教育总会会议议决案》,《教育杂志》1911年第6期"附录",第3—4页。

1910年《盛京时报》发表的一篇题为《敬告男女学生毋专望毕业奖励》的专论称：

> 今者人人言维新，人人言实学，似宜有以矫向者之弊。然而政府之所持以劝学生者，则曰出身；学生之所希望于政府者，亦曰出身。一若非有出身之权利，不足以偿为学之义务。然者，举全国人民今注意于此点，吾恐所得之果，与向之科举时代无以异，且其弊较尤甚焉。是所谓维新者不新，而所谓实者不实也，吾不知其可也。……且政府设奖之意，无非劝导国民求学而已。果其国内无人不学，无不毕业者，即亦无人不当奖。斯时之政府，用何道以奖之乎？盖奖励出身，乃向者官吏教育之饵，而实为国民教育之毒害也。呜呼，吾中国民素富于官吏思想，惟求个人幸福，以致酿成今日衰弱之现状。苟吾国民，犹不思其害而贪其饵，其将步安南人士之后尘乎？①

这篇时论把科名奖励视为"向者官吏教育之饵，而实为国民教育之毒害"，并认为这种"官吏思想"应为中国"今日衰弱之现状"负责，假使我们的国民"不思其害而贪其饵"，极有可能"步安南人士之后尘"。这是一种严厉的警示，也是一种尖锐的批评。警示和批评都在召唤危机时代的另一种担当意识：破除陈腐的"官吏思想"，造就能够担当世运的"国民"。

从"国民教育"角度痛陈科名奖励之害，诸如，夫学校者本所以培植人才，使造成国民之体质，而"以举子目之"，便是"以奴隶

---

① 《敬告男女学生毋专望毕业奖励》，载《盛京时报》1910年9月25日。

制之","密其禁网,辣其手段,以刷尽其爱国之根性、义愤之血气",①这是清季言路中的一种常见修辞。1910年,《湖北地方自治研究总会杂志》在一篇论说中,将科名奖励制度下的学堂教育径直称为"功名教育",呼吁停止奖励,"以符国民教育之义"。② 还有时论称,现行奖励之法,"按之立宪政体,反之教育宗旨,皆不能不废"。③ 当科名奖励被置于"国民教育"与"立宪政体"的大前提下加以审视的时候,它已不再具有合理性和正当性,在"士"与"国民"的语义转换中,几乎被等同于"服从主义""驱策之术"④"委靡其精神"⑤"致学生咸趋鹜于利禄一途"⑥等一系列负面的语汇。比如,《论国民歆羡科第之原因》一文,作者认为:"自考试优拔之令下,吾国一般之士人无论为谘议局之议员与学校之教习,皆负笈担簦,冒溽暑,轻疾疫,以求不可必得之一第,畔援歆羡之情,乃较诸科举未罢以前为尤笃。"学堂时代的国民如若依旧歆羡于科名、沉迷于仕宦之途,致使"民德之衰、士气之窳",则学堂仍旧"一场屋也",学士、博士之出身"一当年之举人进士也"。⑦ 署名光阴过客的《中国人》一文中,更直接批评了留学生的"官场习气":虽受了欧美的教育,然而一经调用,则那些已然习得的"国民思想"立即荡然无存,"把那奄奄一息的中国,视若髦弁,等诸浮云"。⑧ 王国维也表达过类似的想法,即以官奖励学问是剿灭学问也:"夫至道

---

① 杜士珍:《学生潮》,《新世界学报》癸卯第3期,第62—63页。
② 《普及教育观》,《湖北地方自治研究总会杂志》第9号(宣统二年四月二十五日)"论著",第1—2页。
③ 《研究各学堂奖励章程》,《教育杂志》1910年第6期"附录",第21—22页。
④ 《论整饬官常之政见》,《盛京日报》1907年12月4日。
⑤ 《中国当重国民教育》,《湖北学生界》第1期(光绪癸卯正月)"教育",第9—18页。
⑥ 又人:《教育杂感》,《教育杂志》第3年第1期"杂纂",第10页。
⑦ 《论国民歆羡科第之原因》,《舆论时事报》1909年7月28日。
⑧ 光阴过客:《中国人》(续),《晋阳公报》1909年9月16日。

德、学问、实业等皆无价值而惟官有价值,则国势之危险何如矣。"①再看看小说家言,曾朴在《孽海花》中有一段对科名的讥嘲:"自从'科名'两字出现于我国,弄得一般国民,有脑无魂,有血无气,看这茫茫禹甸是君主的世产,赫赫轩孙是君主的世仆,任他作威作福,总是不见不闻。直到得异族凭陵,国权沦丧,还在那里呼声如雷,做他的黄粱好梦哩!"②

将"士"指为旧制度下的"奴隶",是一种更加直接的革命派言说方式。早在1901年,刊于《国民报》的《说国民》一文即直陈科名弊病为"奴隶"根性之所在:"天下至贵至重者莫如士,而中国是至愚至贱者莫如士。彼抱其八股试帖以应科举者,俛首受搜捡,则行同窃盗而不以为耻;揣摩主试之意,则行同妾妇而不以为贱。谓盖有益于吾之功名利禄,则虽断吾手刖吾足,以易其所谓进士举人者,吾何靳焉。至国家之事则撑耳而不欲闻,有告以国权之放失、异族之刻削、政府之压制、种族之灭亡者,则瞠目结舌以为妖言。其稍黠者则曰:吾辈学者,唯讲学问而已,国事者,君相之事,吾辈可无与也。嘻,是率一国之士而为奴隶也,国民乎何有!"③1903年刊于《湖北学生界》创刊号的议论文《中国当重国民教育》中更是将科名奖励视为"国民教育中之大障害、大鸩毒",称如若不改变这种养成"不文不武、优柔腐败之民"的教育,则"国民永无发生之地",而中国亦惟有"速亡"这一种前途。④《国民日日报》中以《祭乡试诸君》为题,讥讽那些"三月南宫四月翰苑,一转瞬腾达而飞黄"的今日新贵:"背负书被手提筐,乞丐面目奴隶心肠。"读书人

---

① 王国维:《教育小言十则》,《教育世界》第150号,1907年6月。
② 曾朴:《孽海花》,《中国近代文学大系·小说集四》,上海书店出版社1992年版,第12页。
③ 《国民报》第2期,1901年6月10日。
④ 《湖北学生界》第1期(光绪癸卯正月)"教育",第9—18页。

弋取功名,不再被视为荣耀与担当,而构成立宪时代的"亡国之民""无主之魂"。① 有的时论更激烈指出:"中国那些学堂,用以制造奴隶,倒是恢恢有余;用以养成国民,那是万万不足的,并且专行压制手段,野蛮已极,叫它做地狱倒可以。"② 由作为奴隶的士进步为肩负世运的国民,剥离其与王朝统治的关联是首要一步。因此,拥有功名的"士"与学堂培养的"国民"之间构成一种对立,在这种对立背后,实际上是不同政治主体在"革政"还是"革命"问题上的根本分歧。

邹鲁曾回忆自己早年参加县考的经历,他说,正是那次应试,使他彻底丧失了对"功名"一途的兴趣:

> 我张眼一看,不觉生了一种感想:这班人为什么这样地争先恐后? 无非是为了功名。功名又是什么东西? 无非是帝王想英才尽入吾彀中的勾当。究竟功名值得几文钱? 于自己心身更有什么裨益? 于是大为彻悟,觉得我有真我,我的读书,是要为着真我,不是供帝王玩弄。因此对于藉考试而博功名,就更没有兴趣。③

邹鲁的个人经历,清晰再现了"革政"与"革命"两途在晚清中国的分野。读书不再是为了售于将相帝王,而是单纯为了"真我",为着与此"帝王"世界决裂。对于一个已然"抱着革命思想"的年轻人来说,变革必须是彻底的。这与庙堂之上关于功名的辞令形成

---

① 《祭乡试诸君》,《国民日日报汇编》第4集"讽刺类",东大陆译印所,光绪三十年八月二十日,第81页。
② 原载《滇话》,《辛亥革命时期期刊介绍》第2集,人民出版社1982年版,第626页。
③ 邹鲁:《回顾录》,岳麓书社2000年版,第10页。

鲜明对比:朝廷言科名奖励,希望延续的是王朝统治秩序内的合法性,将传统时代统治基柢的士大夫进行一次符合时代要求的整体改造;而在王朝体制的对立者看来,科名则等同于专制主义和等级制度,养成的只能是旧制度下的"奴隶",而不是能够肩负时变的新国民。出现在清季言路和报章中关于科名奖励问题上的这种分歧和对峙,从一个侧面折射出知识/身份/政体/权力之间错综复杂的关系。

1912年,共和国体初成,有时论即直接将"爵禄"与"专制时代"勾连在一起,称若要去除专制流毒、立国自强,则必须改变数千年的服从奴隶性与依赖性。① 由士与朝廷到国民与国家的置换,科名奖励批判在1905年前后的舆论环境中变成了庙堂之外的另一种言说方式。这种言说方式因政权鼎革而获得了压倒性优势,学堂奖励,作为一种权宜性质的制度安排遂遁入沉默的历史。

(三)危机时刻:矛盾丛集与学堂奖励的终结

如果说言路和报章中关于科名奖励的分歧与对峙,反映出不同政治主体在"革政"还是"革命"问题的不同立场,那么,由科名奖励衍生出来的丛集矛盾,则不仅出乎制度设计者的意料,而且从现实层面上重创并终结了这个制度本身。这无疑是一种历史的吊诡。

1903年前后,日人小川运平(1877—1935)游历北中国,对当时中国的士林风习有一番深重的感慨:

试观在四民之首、为一国盛衰中枢之读书人,果如何耶?

---

① 《读者俱乐部》,《盛京时报》1912年4月6日。

束发读书,白首穷经,其所希望者,在高官巨禄而已。及一旦仕宦,其所究心者,在舞文弄法、迎贿要略、巧言令色、阿谀干进而已。眼中无国家、无职责,威权所在,奉迎惟恐不及,节义名分不知为何物,忠信廉耻弃之如敝屣,贪婪无饱,怯懦无能。其做事也,固然暗于事理,只以姑息之策,粉饰一时,希图不失坠一己之福利已耳。而欺世盗名以自多者,且又假推热忱,阴图富贵,以私害公,悍然罔恤。吁!士风既然如此,人心风俗之弛废凌夷可知焉矣。国运之衰颓如今日,国耻之深重如此时,未闻清国人士有奋然起而感愤国事之慨,执政大臣有毅然起而兴名教、励风节、重廉耻、行风化之政,虽或有之,余未之见也。现今不知士风之堕落,斯难解清国衰残之因原。①

使小川氏震惊的是,国难催生出来的竟然是这样一群"无学无识"却"徒袭先圣之名"的读书人。"余未之见"这样的激烈说法有其情绪性及修辞意义。甲午战后的士林震惊与朝廷的锐意革新不全是历史中的虚像。科举改革从动议到执行,过程之快、阻力之微明显反映了清廷在澄清士风方面所作的努力。不幸的是,历史前行往往溢出于制度创设的逻辑之外。行走过程对初衷的远离,常使得后世的观察者有一种无言之憾。清王朝在学堂奖励政策实施方面遭遇的困境,即真实再现了历史在嬗变之际的种种周折与仓皇。

学堂奖励是一种同时给予出身和仕路的双重奖励政策,这意味着,朝廷在赋予新学生传统身份的同时,还必须为其安排实

---

① 小川运平著,静安氏译:《北清政教风土记》,(东京)明治40年(1907)版,第93—94页。

际出路。即便在学额有严格控制的科举时代,出途拥挤的感慨和记载也屡见不鲜;更何况,学堂学生的毕业人数全无限制,考试合格即予奖励。延续科名作为一种政治上的考量,是必要的;但奖励无限与出途有限的矛盾,却使清廷遭遇到始料未及的窘迫。

20世纪之始,时论中便多有对新进之士与仕途冗滥的批评。1903年,一篇题为《论减中额》的论说中,作者引用乾隆上谕所陈说的"国家科目岂为养老恤贫而设乎",质问当道,不应以扩大奖励助长"迂腐之士",从而"养成国民之惰质"。① 陈衍也说:"学校之有奖励,弊在试。卒业者全体而登第,尽人而得官也。"②在清廷的学堂奖励政策中,"出身"与"实官奖励"之间构成一种难以解决的不对等关系。时人就"仕途之杂"而生的批评中,陈说实官奖励弊病者最多。比如,1910年廷试留学生及举贡会考、优拔朝考,时论评说:

> 自本朝取士以来,人才未有盛于今日者,亦未有杂于今日者,若不预定用人方针,则人才拥挤,于仕途殊多妨害。拟廷试留学生授职后即发往边疆及沿海通商大埠,饬各督抚酌其所学,量才器使。若举贡会考取中一二等者,以多数留京内用,至考取之优拔则专以知县分发。但各省优拔贡统计不下六千余人,至多亦不过二十人中取一而已。③

照此说法,以6 000人应试算,最后取中300人,可供分配的官缺则更加有限,废科举后仕进制度的竭蹶可见一斑。1910年,鉴于学

---

① 《论减中额》,《选报》第46期"教育言",第6—7页。
② 陈衍:《与俞确士学使书》,《中国近代文学大系·书信日记集一》,第143页。
③ 《政府考用人才之方针》,载《盛京时报》1910年5月12日。

堂奖励、授职之滥,《时报》中有论说文批评道:

> 学校之考试,为学问而考试之也;各国之文官试验,为欲用而考试之也。若中国之考试留学生为何哉?如谓考试学问欤,则各国学校之文凭岂竟不足为凭?如欲用之欤,则习理科而使之外交、习商业而使之知县,已甚不伦矣。况乎若今之徒与以翰林、进士、举人之空名者,更安有所用?然则此学部考试也,特一种愚人之术耳。①

人才之盛与仕途有限,以及所学与所用之间的矛盾,在学堂时代演化得更为极端。《盛京时报》随后一篇专论中,作者直接呼吁停止廷试留学生:"学务前途妨害尤多,势必尽人皆官,仕途之拥挤不更设想,尽驱通国学生悉入于干禄一途,永无求自立之思想,殊非国家兴学育才之大旨。"②"及其结果,国家不过得若干举人、进士、翰林,士子不过得若干主事、中书、知县,他无补也。"③"人尽得官"造成的危害不止仕途拥挤这一个问题,更关键的还在于朝廷根本无法在实际上履行制度许下的承诺。1910年,度支部主事邓孝可上奏,痛陈实官奖励不可行:

> 日日言教育普及,所谓教育普及者,果胥天下之人变而之为官之谓也哉?且果能人给一官,犹可言也。高等学堂毕业之给部司务者,今年千余员,明年当三千来者方将有加无已,而部司务仅有四缺,果得官乎哉?各学堂毕业给科中书、阁

---

① 《六评学部考试留学生事》,《时报》1910年3月31日。
② 《拟明年停止廷试留学生》,《盛京时报》1910年7月15日。
③ 我一:《考试感言》,《东方杂志》第2年第5期"评论·考试感言",第13—16页。

中书数已不止千,明年当二千有余员,而科中书之缺不得其一。内阁中书之缺仅四人,果得官乎哉?某见今之会考优拔孝廉方正诸人,大都小康之家,勤勤于地方之事、教育之任者,朝廷一旦欲拔之泥途而致之青云之上,招之赴省试之,招之赴京试之。上焉者,授以主事、中书荣矣,然一缺而数十百人就之,已如上所云。下焉者,可就佐贰各职,然通国州同、州判不过数十缺,就者千有余人,何从而就之?就盐大使者若干缺,而今方议变更盐官,有缺实如无缺,更何从而就之?[①]

至1910年左右,职官有限而奖励无穷已经发展到不可收拾的地步。崇有(高梦旦)发表于《教育杂志》第一期的《学堂奖励章程疑问》中,用数据对比的方式分析了清廷实官奖励政策的弊病,并预言"奖励章程之必不可以久也"。其中,第三、第四表分别为"科举与毕业生比较表"和"职官员额与毕业生授职比较表":

科举与毕业生比较表

	科举时代额数	毕业生额数	倍　　数
进士	105(将每科三年之总数以三除之)	13 000	124
举人	537(同上)	66 960	125
贡生	990(拔贡、优贡、岁贡)	353 380	346

---

① 《度支部主事邓孝可为时局危迫泣恳都察院代奏呈》,《申报》1910年9月17日。

职官员额与毕业生授职比较表

	官　名		设官额数	毕业生授职额数	倍数
第一级	358	编修	127	13 000	36
		检讨	18		
		庶吉士	62		
		主事	151		
第二级	1 662	内阁中书	124	66 960	40
		中书科中书	6		
		各部司务	14		
		知州	146		
		知县	1 325		
		通判	130		
		州同	37		
第三级	3 135	州判	49	180 360（中学未授职，故不计）	57
		府经	179		
		主簿	97		
		教授	197		
		教谕	1 117		
		训导	1 501		

据列举,以丁未年为例,被授予进士、举人、贡生的毕业生总额为433 340,而清朝在科举时代一年中进士与举贡的额数大约为1 632,前者人数是后者的266倍;另以设官额与毕业生授职额数对比,编修、检讨、庶吉士、主事、内阁中书、中书科中书、各部司务、知州、知县、通判、州同、州判、府经、主簿、教授、教谕、训导相加的

设官总额为5 155,毕业生授职额数为260 320,后者50倍于前者。数据的列出,使情况一目了然。照此推算,学堂奖励政策必然无法长期延续。

> 职官之员额,既有定数,而每年之毕业生应授职者,如此其众,积之十年,以数百人而共一官,将令候选耶？既永无将缺之日,将令分发耶？则人浮于事,必较之科举捐纳时代尤为拥挤,而钻营奔竞之风将有不可思议者矣。①

1911年1月,各省谘议局联合陈请停止学堂奖励,明定学位,议案中称:"学堂毕业人数必超过于旧时科举定额,职官有限而奖励无穷,诱之使来,应之无术矣。"②同年4月,各省教育总会联合会亦作出决议,请停止毕业奖励。议案中也将"供过于求""学堂毕业生无穷,得官者浮于差缺数十百倍,其将何以处之"③视为宜停止实官奖励的重要理由。"乃自今年以来,留学生之毕业回国及各省高等学堂毕业生,经学部考试而得京外实官者,综计各案,已不下千余员。毕业奖励行之未及十年,而得官者之多,已浮于甲辰(1904)会试以前之数十倍。长此不变,窃恐倍数与年俱增,而全国将有官满之患"。④官满之患的呼吁,成为促动朝廷停止学堂奖励的舆论先导。这说明,到辛亥年,奖励政策确如强弩之末,成不可终日之势。

与奖励冗滥相对应的,是进一步对士人道德的指责,时人径称

---

① 崇有:《学堂奖励章程疑问》,《教育杂志》1910年第2卷第1期"评论",第1—5页。
② 《资政院废止学堂奖励之意见》,《申报》1911年1月16日。
③ 《各省教育总会会议决案》,《教育杂志》1911年第6期"附录",第3—4页。
④ 唐文治:《咨邮传部转咨学部文》辛亥四月,王桐荪等选注:《唐文治文选》,上海交通大学出版社2005年版,第111—112页。

当日望获出身奖励的学堂学生为"文凭派":

> 自科举既停,专以学堂为取材之地,而取材之证据,则惟注重乎文凭。无如志趣卑劣之流,不以文凭为学问积累之证书,专以文凭为升官发财之执照。故功课不必办,技艺不必精,但求在学堂出入数年,苟得将如花似锦之一纸,攘取得来,便即偿其所愿。其入吾中国学堂者,不必言矣,其自海外归来,而专恃文凭得富贵者,盖指不胜屈焉。此其人又不顾名誉也,但掷却数百银元,出洋一览,便买来无尽荣华,供给终身之享用。至于国家之济不济,则不之问也。若是者谓之文凭派。①

更有论者针砭"今日大多数之学生,无不挟一功名之念",根本无功于朝廷"培植人才之计划"。② 亦有论者就学堂学生之功名心论及"人心之弊,将较科举之奔走尤甚",这些奔忙于"仕路前途"之人,往往自谓才力"矫世异俗",其实"其患直似洪水猛兽之泛滥横逆于中国"。③ 孙诒让也就废科举之后的举贡考职议论过,学堂里的教员和学生们"往往身在学校,而不免神驰轩冕,一闻杂试,或更名易籍,竞冒法以干幸进……徼幸之心,既虚悬而无薄;厌倦之情,又从而中之,则或竟辍然废书不读。故细察今日学界之情状,新学未见大兴,而旧学已形衰退,不加激汰,而抱此终古,是率天下而趋于不学也"。④ 在一篇针对官场奔竞之风的时论中,作者将矛头直

---

① 《论维新后人才之分派》,《盛京时报》1907年4月19日。
② 《论振兴学务宜先劝学》,《盛京时报》1908年8月13日。
③ 《论整饬官常之政见》,《盛京日报》1907年12月4日。
④ 孙诒让:《学务本议》(光绪三十三年),张宪文辑,温州市政协文史资料委员会编:《孙诒让遗文辑存》,浙江人民出版社1990年版,第31—33页。

接指向予以留学生的出身奖励：

> 留学生者，负高尚之人格，受文明之教育，俨然所谓中国之主人翁也。其学有本原确然自立，不为俗污，不为利诱者，非无其人。然自考试出身之例开，得一纸文凭即足以自显，于是躁进之徒，撞撞扰扰，甚于科举时代之士子。有以请托校员，而得卒业之文凭者；有奔走显宦之门，而求其保送，以期必得最优等者；极其弊，乃更有以数千金买大学卒业文凭，而得翰林者。种种怪状，不可究诘。要之，无非奔竞以求倖进而已。①

从"倖进""奔竞"之风说起，进而，学堂奖励造成的"道德"沦丧成为一个焦点问题：

> 使举国之人，谈功利而不谈气节，用权术而不用道德。……是故今日国势之危，不危于无人才，而危于无道德，非尽国人而无道德，由于在上者之不提倡鼓舞，而又从而摧残之也。②

作者忆及咸同年间，有曾、胡、罗、江诸公，提倡气节，综覈名实而人才荟萃；如今的朝廷政令不啻为"以功利权术取人"，因而造成的"四维不张，国乃灭亡"之局，才真正可哀可叹。

> 今之考试留学生分为法、理、工、农、医诸科，以此诸科之

---

① 《论近日官场奔竞之风》，《盛京时报》1911年10月29日。
② 《论近日官场奔竞之风》，《盛京时报》1911年10月31日。

士子令之为主事、为中书、为知县,即能称职,亦将举一而废百,况为百里长者断不能率其民尽入于工或农或医耶。今日何日?乃一存亡危急之日。滇越铁路之开车,喇嘛私遁之缘由,海牙平和会之协议,蒙古满洲之恐慌,诸君亦曾一怦然动心否?就念考试现象观之,警信之来,虽千百于此,卒无以解其考试之热心也。呜呼,人之为学,果为求仕乎?国之养士,果为求才乎?不能不为世道人心忧也。①

在这些批评者看来,以奖励作为诱引取得的效果仅仅是即刻的;带来的后患,是士风、道德更为深刻的伤害,所谓:"新进之士又复竞逐于声华利禄之途,新知识之所得虽多,旧道德之沦亡殆尽,遂使莘莘学子养成一种骄惰逸乐之风,此教育之前途危亡之机也。"②因此,时论中亦有称晚清学堂奖励,新学生不过藉此一番考试,"其饭碗乃益牢且固耳"。③ 更有论者将这一现象归为国人天性——驰骛利禄,好侥幸,"群以做官为发财之阶几",以及"不务正事,一意做官"云云。④ 甚至到1912年,民国伊始,梁启超赴北京大学演讲,提及前清学制之弊,亦认为"其误国最基者,莫如奖励出身之制",原因就在于,"以官制为学生受学之报酬,遂使学生以得官为求学之目的",兴学遂至毫无效果。⑤ 上述种种有关"利禄"与"侥幸"的指摘,延续了科举时代"士风浇漓"的

---

① 我一:《考试感言》,《东方杂志》第2年第5期"评论·考试感言",第13—16页。
② 《拟请明定全国教育宗旨及变更初等小学初级师范女子学校办法议案》,《盛京时报》1911年8月1日。
③ 《论近日各项考试》,《盛京时报》1911年3月21日。
④ 《论我国今日最大之弊端》,《盛京时报》1909年11月6日。
⑤ 梁启超:《初归国演说辞》,《梁启超全集》,北京出版社1999年版,第2528页。另,梁启超在作于1986年的《论中国积弊由于防弊》一文中,早已有过科举"驱人于不学,导人以无耻"(《梁启超全集》,第64页)之论。

传统言说；新嵌入的，则有新知识与旧道德，以及职官不敷奖励之用的现实矛盾。

科名奖励牵系颇繁，是朝廷倚重与士人寄托的双重所在。1911年9月9日，学部会奏《酌拟停止各学堂实官奖励并定毕业名称折》，停止各学堂实官奖励。以"广登进而资任使"为初始目标的学堂奖励，终于在毕业人数日增而官缺之增有限的困窘中走到了尽头。然而必须注意到，在这份被看作科名奖励终结象征的文本中，清廷授意的，仅仅是"停止实官奖励"，但对于废除进士举贡等出身，仍称"虽属正当办法，而按现在情形，则尚未骤行"。也就是说，终清之世，科名体系从未取消，它只是随着清王朝的覆灭才被阻于历史之外。

再看言论中的品评之辞，称誉的，是朝廷的全力改革；不满和焦虑的，是政令中的名实不符与躁进之事。"利禄所在即风会所归"的说辞尽管听上去不顾"名器"，却具备鼓舞之实效。就科名奖励而言，朝廷寄望以"名分"赋予士以"责任"，诸如，"国家以经义取士，使多士由圣贤之言体圣贤之心""人人具有真实劳苦之精神，自足养成真正国民之资格""群才竞出，各呈其效，日臻富强"，等等。兴学储才，并以科名相望，是为"使天下知朝廷注意之所在"。① 这是问题的关键，也构成矛盾的焦点。学堂奖励的原意，朝廷希望杜绝读书人在学途选择方面的摇摆不定，以此普及兴学育才政令。这意味着，"士的边缘化"作为一种事后推定的逻辑（或者将"士"作一种狭义的鉴定），可能成立；但就朝廷执意推行科名奖励的初衷及其努力而言，"士"作为一种身份的延续，至少在晚清中国从未断绝。

托克维尔在《旧制度与大革命》中曾提出过一个著名论点：

---

① 《政务处外务部覆奏振贝子条陈折》，《中外日报》1902年12月4日。

"对于一个坏政府来说,最危险的时刻通常就是它开始改革的时刻。"这既是历史的乖张,也自有逻辑可言。20世纪初年的沤浪相逐,清廷中枢由悲怆迎击时局的雪耻之心,不可谓不深重。京师大学堂第一任监督张亨嘉于1905年就职演说之际,礼毕训话诸生"为国求学,努力自爱"。① 可以想见,当日盛装向先师孔子行跪叩之礼的大学堂师生,"求学"与"为国"并称,这中间包含了数十年来为"势"所屈的愤郁,以及由此而激发的忾然之志。朝廷予新学生行奖掖之策,以科名隆其志;而新学生在学堂时代受到的礼遇,并不亚于科举之士。

然而,作为一种权宜性质的制度安排,学堂奖励虽然在体制内得到广泛赞同与支持,并化作一个个章程付诸实践,它的初衷和本意在于:希望借助这一制度安排将士人与社会的重心转移到学堂上来,一方面为新学与学堂消除疑虑和阻力,另一方面在停废科举以后继续维系朝廷与士人之间的连结纽带。这一初衷和本意,在功名意识深根固柢的时代里不能说全然没有道理,但却遭到来自体制外反对派言论尖锐、猛烈的掊击。这种掊击又与晚清的"国民"论述纠葛在一起,迅速上升为对专制政治的批判。围绕科名奖励这两种截然不同的言论立场,从一个侧面反映了晚清新政年间"革政"与"革命"的分野。革政者多稳健,故往往被革命者视为"拖沓";革命者多激进,则又常常被革政者斥为"躐等"。两者各有理据,但随时局变迁和政权鼎革,革命的言说方式变成了一种更具支配性的力量。据说王闿运初闻朝廷准备废除四书考试时,欣然色喜,认为早就应当摒弃此一无用之物,然而旋即,眼见连同科举制度一并废除,则大恚曰:"国亡于此时。"后来甚至径以废科举

---

① 朱有瓛主编:《中国近代学制史料》第2辑上,第961页。

之年为民国元年。① 从最初的波澜不惊到事后掀动的巨大漩涡，科举改革写照的复杂历史也正让我们看到了清王朝在它最后的岁月中所面对和经历的困厄徊徨。讨论清季言论环境中由"士"到"国民"的语义转换，折射的正是"革政"与"革命"二者的并峙与嬗替。危机时刻，因拖曳前行而踉跄跌倒，历史的矛盾与峭刻，无复于此；而书写的意义，也许在于铺陈但不作谴责性的审判，判断而不牺牲历史层层的矛盾和繁复。

二、科举、功名与清末民初知识人社会

有科举而后有功名。由于功名与身份、利禄、仕途攸关，因此，循科举求功名，就成了千百年来士人齐集、梦寐以求的"正途"。士人汲汲于功名，由此形成的功名意识不仅主宰士人命运的悲欢，而且渗透、弥散到整个社会，积久成为一种集体无意识。这种由科举衍生而来的功名意识，甚至到了1905年科举废除之后，在士人与社会中依然广有市场，并没有因科举废除而发生根本动摇。尽管在科举时代即不乏"不事科举"、疏离科名的读书人，近代以降受时局影响，更多士人由"程文闱墨"转向"时务新书"；庚子国变之后，他们中的一些人更径直走向革命，但科举、功名在国人心目中仍居于无可替代的中心位置，具有别样魔力。即使到了民国时代，这种意识也没有完全褪尽。这里，以科举废除前后功名意识的流变为中心，一方面着力还原由废科事件引发的清末民初知识人社会的多元面相，以及功名意识在士人与社会中的长久影响；另一方面通过功名意识的流转呈现近现代中国制度变革遭遇的纷繁难局。

---

① 朱德裳：《三十年闻见录》，岳麓书社1985年版，第60页。

(一)"澹于希世,不事科举"

科名笼罩士林,但从来也不乏在功名与富贵之外独善其身之人。陈衍记丁日昌之子丁叔雅行状,论其于经史、百家九流、训诂、词章、金石之学皆泛,虽为邑诸生,却"不屑求科举"。庚子乱后,张百熙荐举经济特科,丁叔雅婉拒后宁愿蛰居京师,只与旧本图史为伴,至贫病而逝。① 陈三立为同光间长沙人李振仪所写墓志亦誉其"绝意科举,博览文史"的质行。② 1910年廖平为吴虞《骈文读本》作序,称其"澹于希世,不事科举";③吴虞在后来的一篇文字中亦曾忆及戊戌后的从学经历,自谓身当蜩螗鼎沸、国学凋残之际,所"苦心矜炼"者,亦在新学与政法。④末代探花商衍鎏之子商承祚晚年自述平生,说他的父亲虽由科举而入仕途,"但决不愿我走他的老路,勉励我钻研学术,著书立说做个学者"。⑤ 科举荣名并不是所有读书人的终极追求。丘逢甲1905年前后曾有过多篇轻蔑科名的诗作:

送朱古薇学使乞病旋里⑥
参苓药笼富收藏,只有当归切病方。卿贰中朝虚位望,科名末造贱文章。

次陈颐山见赠韵答之⑦
金缯局定厌儒巾,胡服群思逐后尘。朝议颇闻图改制,台

---

① 《丁叔雅徵君行状》,陈衍:《石遗室文集》卷二,1913年武昌刻本。
② 陈三立:《候选同知李君之铭》,《散原精舍诗文集补编》,江西人民出版社2007年版,第136页。
③ 廖季平:《〈骈文读本〉序》,《吴虞文续录·别录》,美信印书馆1933年版,第169页。
④ 吴虞:《邓守瑕〈荃察余斋诗文存〉序》,《吴虞文续录·别录》,第264—266页。
⑤ 高增德、丁东编:《世纪学人自述》卷二,北京十月文艺出版社2000年版,第93页。
⑥ 丘逢甲:《岭云海日楼诗钞》卷一〇,安徽人民出版社1984年版,第222页。
⑦ 丘逢甲:《岭云海日楼诗钞·选外集》,第340页。

纲原不重埋轮。

四筵抵掌东坡鬼,一网惊心朔党人。幸有遗经吾道在,山林终老著书身。

送黄翼臣(桂荣)秋试(二首)①

瀛海无波桂殿秋,送君去作广寒游。嫦娥正织登科记,看取题名最上头。

盛事流传记昔贤,橡花红遍岭东天。神州苍莽英雄出,不为科名合着鞭。

"科名未造贱文章""神州苍莽英雄出,不为科名合着鞭"表达的也是寻求新知、以道德文章传世的心迹。孙宝瑄则以殷实的家计为保障,选择了"名士"一途。他说,生平素于科第甚淡,"非能淡也,其所以致此者有由也":其一,家计凋落、朝不谋夕者专视科名以为出路,而丰衣厚食、拥书册、享安乐、傲逸自得者,则恐一获科名,反不能如初也;其二,生长京洛,习见熟睹,贵官显达,车载斗量,不可胜数,思即跻身其地,不过如是。在他看来,功名一事得失有命,与其强而致之,不如暇逸闲放以自适。② 当众多读书人仍在为举子程文苦心焦灼之际,他早已阅读了大量的时务新书、经史典章、法政经济、西学与新学,以一种悠然放达的姿态实践着晚清中国士大夫的经世抱负。包天笑《钏影楼回忆录》中追忆甲午年的中国时势,那时他还是苏州城里一名19岁的秀才,他说:"那个时候,中国和日本打起仗来,而中国却打败了,这便是中日甲午之战了。割去了台湾之后,还要求各口通商,苏州也开了日本租界。这时候,潜藏在中国人心底里的民族思想,便发动起来。一班读书人,向来

---

① 丘逢甲:《岭云海日楼诗钞·选外集》,第346页。
② 孙宝瑄:《忘山庐日记》,光绪二十年一月二十五日,上海古籍出版社1983年版,第36页。

莫谈国事的,也要与闻时事,为什么人家比我强,而我们比人弱?为什么被挫于一个小小的日本国呢?读书人除了八股八韵之外,还有它应该研究的学问呢!""中国要自强,必须研究科学"的思想开始浸润到读书人的心目,影响着他们对功名与仕途的想法。战败修约的屈辱使包天笑痛感八股八韵之外,必须研究点别的学问,对功名仕途亦即不那么热心了。① 世人虽为功名富贵"费尽心情",但"无风尘之慕"同样构成科举时代读书人追求"志""道"的一种方式。

当然,"澹于希世,不事科举"并不是晚清才出现的一种人生选择,自有科举制度以来,便有一群独立于功名社会之外的读书人。《朱子语类》中"可惜举业坏了多少人""科举累人不浅"的指摘抉剔在明清两代曾被广为引用;明道先生"厌科举之业,慨然有求道之志"的行状也成为众多读书人的楷模。孙宝瑄有揶揄之辞:

> 古者,士之入官,或为众所推,或被征解。及科举兴,而士皆投牒自举,所谓自觅自求,宜其贱之也。②

士心、学途和仕进的论争几乎与科举制度有着同样漫长的历史。帝王以功名"引士人入其彀"也总是不时为人引用,朱子甚而将举子程文称为人生一厄,"人过了此一厄,当理会学问"。③ 但由"程文闱墨"转向"时务新书",却是清季才出现的一种转向。

这种转向在绵延不绝的内忧外患逼拶之下,又迅速催生出不

---

① 包天笑著,刘幼生点校:《钏影楼回忆录》,山西古籍出版社、山西教育出版社1999年版,第182、169页。
② 孙宝瑄:《忘山庐日记》光绪三十二年七月十二日,第913页。
③ 黎靖德编,王星贤点校:《朱子语类》卷一一六,中华书局1986年版,第2792页。

同于传统的另类样态。庚子国变之后,受时局和新学影响,有些士子开始萌蘖民主革命思想,不再把功名放在心上;有些则抛弃举业,径直走向革命。胡愈之记少时求学经历,说到读小学堂时,便常看些《新民丛报》、《浙江潮》、谭嗣同《仁学》一类的书报,幼稚的头脑里已装满了民主革命思想,对于功名出身,全不放在眼里。①国事之"痛心惨目"造就了彼时放弃功名转而以实事拯救危亡的读书人。1902年,18岁的熊十力"稍读船山、亭林诸老先生书,已有革命之志,遂不事科举,而投武昌凯字营当一小兵,谋运动军队"。1911年,他亲身参加了推翻清王朝的辛亥革命。② 同样是受到明末诸老遗志鼓舞,1906年,游学日本的宋教仁在日记中记其阅读阳明先生"登第恐未为第一等事,或读书学圣贤耳"时的一番深重感慨,读书用以明志,追慕先哲,习其"慨然有经略四方之志"。③ 时年24岁的宋教仁已是当日掀起革命巨浪的人物,抛弃举业自然不消说,而他对阳明的诚心思慕却刻画出了一番精神饱满的儒者气象。作为革命者的宋教仁与日后走上以学术为经天伟业的熊十力一样,都以抛弃举业为表达志向的方式。持志与痛心一起,成为真实面对时代灾难的见证。与科举时代的隐者不同,清朝末年,不事举业的读书人所放弃的,不但是功名利禄,更是科举制度所象征的一种正统秩序。陈独秀在《实庵自传》中记述了1897年应江南乡试的一段经历,正是那些迂腐不堪的应试者和考试制度使少年陈独秀看清了所谓"抡才大典"的荒谬可笑:

> 这位"今科必中"的先生,使我看呆了一两个钟头。在这一两个钟头当中,我并非尽看他,乃是由他联想到所有考生的

---

① 胡愈之:《在绍兴中学堂》,《我的童年》,简明出版社1946年版,第55—61页。
② 熊十力:《十力语要》卷三,辽宁教育出版社1997年版,第297页。
③ 《宋教仁日记》,湖南人民出版社1980年版,第134页。

怪现状；由那些怪现状联想到这班动物得了志，国家和人民要如何遭殃；因此又联想到所谓抡才大典，简直是隔几年把这班猴子、狗熊搬出来开一次动物展览会；因此又联想到国家一切制度，恐怕都有如此这般的毛病；因此最后感觉到梁启超那班人们在《时务报》上说的话是有些道理呀！这便是我由选学妖孽转变到康、梁派之最大动机。一两个钟头的冥想，决定了我个人往后十几年的行动。①

"行动"，便是这位当日的朝廷考选之士变成日后的革命家。科举制度经历了明清两代累积的制度性弊病，诸如八股程文之迂腐、仕途拥塞等等，早由朝廷内的改革者论说分明，亦在改革计划之内。然而时势风云突变，"积弊"创生出最终的反叛者。

"好隐，不事科举"②的太炎先生，亦是晚清鄙视科名、走入革命一途的著名个例。他作于1910年的《驳皮锡瑞三书》中，批评皮锡瑞"将崇重科举，惑其神志，抑数典而忘稽古乎"。③ 1936年，章太炎逝世，张元济在挽联中称其"自幼劬学，不屑仕进，方科举盛行时，从未涉足试院"。④ 在20世纪以前，"不事科举"大多指陈一种隐者风范，专注学术或是意在保持高洁之志。由崇重学术而轻视科举，这是传统时代的通常逻辑。自清末科举改革风潮涌起，功名与志业之间的联结发生了根本性的转向，那些对固有体制保持疏离的读书人渐渐变成真正意义上的反叛者。随之，举业功名与消磨士人心志的对应关系便转化为与专制主义的绝意对抗。章太炎

---

① 未未主编：《人间》上册，湖北人民出版社2000年版，第80页。
② 章太炎：《谢本师》(1906年)，《章太炎选集》，上海人民出版社1981年版，第121—123页。
③ 章太炎：《驳皮锡瑞三书》，《章太炎全集》第4卷，上海人民出版社1985年版，第20页。
④ 张元济：《张元济诗文》，商务印书馆1986年版，第93页。

在一篇讲述清代学术史的论文中即直接将科举批判与其反满主义联系在一起:

> 满州初载,皖南之学未兴。顾氏而下,陈启源、朱鹤龄、臧琳之徒,皆起于吴。学虽浅末,然未尝北面事胡人。惠士奇始显贵,其子栋,一举经学。栋之徒江声,亦举孝廉方正,皆未试也。虽余萧客、陈奂辈,犹以布衣韦带,尽其年寿,则嘉遯之风广矣。……贼渠数南下以镇抚之,犹不能扰。则以殿试甲第诱致其能文章者,先后赐及第无算。既醉利禄,彭绍升之徒,为之播扬,则嘉遯之风始息。科举废,而士人思以学校出身,惧客籍之占其员数,其持省界始坚,陈启源、朱鹤龄之鬼,不来食矣!①

在科举制度以"千年积弊"之名行于天下的年代里,科举声名因与"旧制度"的关联而遭遇众声指责。因痛陈"清政不纲"而"昌言革命",在诸如章太炎这样的革命者心中,科名意味着专制政治别有用心的利诱,更意味着异族与专制王朝对士人的"诛心"之术,利诱与诛心造成学术衰颓,更造成国家衰朽。在这里,学术主题已然被置换为种族革命和政治革命的主题。胡汉民在自传中说,义和团之变后,"余已绝意于满州禄位",1903年他甚至为人捉刀入场屋应试,将得到的六千余元报酬用于游学资费。② 这几乎是一个具讽刺意味的寓言故事:身临朝廷抡才大典,却是为了获取反对这一制度的资斧。清末年间读书人弃绝功名利禄的意态跃然呈于眼前。章士钊亦称,自1901年以后,便"怀挟革命热念",从此绝意场屋,径直投考江南陆师学堂,以期掌握武器,对敌外患。③ 与传

---

① 章太炎:《说林上》,《章太炎全集》第4卷,第118页。
② 胡汉民:《胡汉民自传》,《党人三督传》,上海书店2000年版,第7—8页。
③ 章士钊:《章士钊全集》第9—10卷,文汇出版社2000年版,第1552页。

统时代的隐者风范相比,身处20世纪的读书人绝意科场的理由要复杂得多。在《天演论》《革命军》与梁任公大行其道的年代里,科名的诱惑似乎渐渐淡出士人们的眼界。救亡图存的道理与弘道意识结合在一起,使一些人开始摆脱"养士"之名位,走上与朝廷对立的道路。在这些被后人称作革命先驱的读书人身上,仍然能够看到传统中天下意识、苍生意识的接续,所不同的,他们对国家的期望和热忱置换成了另外的方式。

由拒绝科举到走入革命,这中间发生的转折是由晚清中国的特殊情境赋予的。小说家李涵秋在《广陵潮》中描绘晚清士人世相,曾借笔下人物刻画科场"囚首唱名,匍匐归号,国家待士,实过刻薄。科名一途,我今生是决不俯就的了"。[①] 如此这般的感叹若置于传统时代,大致不过为受困场屋者欲说还休的懊恼;而在晚清,"决不俯就"则很可能意味着反叛。这是一种世代转移的痕迹。士人对科举的离意在晚清中国的时势中,催生出了各式各样的志士意态。因轻视科名转入著述,抑或走进革命一途,在离意丛生的面相底下,自有一种时代的力量在涌动和催促。

(二)"没有轨道的暗星"

"不事科举"尽管是传统至近代长存的一种现象,但不得不承认,与"科名之重"相比,这在整个中国历史与社会中只占据微小位置。1901—1905年的废科事件虽非骤然发生,但于亲历之人造成的震荡仍然是空前而巨大的。张资平在1920年代末回忆辛亥前后的经历,他说,那时候的一班青年,有以性命为赌注,冒险革命的;也有醉心于科名,一心只为前路奔忙的——"我想,这真是在转

---

① 李涵秋:《广陵潮》,北岳文艺出版社1995年版,第446页。

变期中的一个滑稽的对照"。① "对照",意味着矛盾;"滑稽",则意味着往复、交困和充裕的戏剧性。

晚清中国的权势转移,习读孔孟的读书人经历过层出不穷的挑战和抉择。早在1901年八股取士废罢之际,便有士子竞赴官府陈情的事例发生。时论所载,河南地方官为此示禁弹压,造成人情汹汹,直殆数日方定。② 夏丏尊回忆废八股、以策论取士的情景:"这改革使全国的读书人大起恐慌,当时的读书人大都是一味靠八股吃饭的,他们平日朝夕所读的是八股,案头所列的是闱墨或试帖诗,经史向不研究,'时务'更所茫然。"③时人亦慨叹学堂与科举混杂,往往使得一般学子彷徨失措,无所适从。④ 这说明,制度变革往往看似微末,却有着牵一发而动全身的力道。因为制度更替改变的,不但是结构本身,还有无数依其生存者直接的生命史。尤其是科举取士,这一项与中国学术、思想、政治及社会结构都关系深密的考选制度,造成的波澜更如同巨石入水,深且远。时潮袭来,在这个时候不再仅止于少数政论家、维新者的言论,它已是一种至为迫切的生存处境。

首先袭来的是科举停废造成的生存危机。光绪《越嶠厅全志》记载:

> 科举既停,青衿失业,遣赀远出,怅怅何从,至是方悔前事之不成,不已晚耶?虽然今日之世界,学生之世界也,苟不能舆于学界者,均为废人。⑤

---

① 张资平:《张资平自传》,江苏文艺出版社1998年版,第127—128页。
② 《时事要闻·纪大学堂》,《大公报》1902年6月26日。
③ 夏丏尊:《中学校时代》,《我的童年》,第24—25页。
④ 《论考试优拔之大害》,《申报》1909年7月19日。
⑤ 光绪《越嶠厅全志》卷五之一《学校志下》,《中国考试史文献集成》卷六《清》,高等教育出版社2003年版,第854页。

朱峙三也曾在日记中记述："寒士求出路在科举,予家夙贫,非如此求学不能弋取功名。"①"只有靠读书寻出路",既有虔诚,也意味着一种无可奈何。而科举立停,寒畯人家的子弟不是无书可读,便是面临读书半途却遽失进身之阶的尴尬。科举与学堂、中学与西学、改良与革命,这些被今人目为时代关键词的语汇,在当日却意味着成千上万读书人最真实的命运降临——"年轻一代迷恋过去的大门从此关闭"。② 时人记载,废科举一言出,舆论蔚起,有士人浩叹:"科举废矣,吾辈何从谋生?"③山西举人刘大鹏在获悉废科上谕后,更有"心若死灰,看得眼前一切,均属虚空""生路已绝"④的末世心态。"向隅之叹"更是比比皆是。⑤ 此情此境,读书人遭遇的困境是多方面的,既有对时势的懵懂,也面临着失却前程的生存危机。近百万读书人⑥被迫卷入由庙堂与政情卷起的漩涡中,他们的慌张和惶恐写照的是一个时代的剧变,以及世路中的不适和困窘:

> 自科举停罢,凡属士人无复旧时状况:其学有根柢者,或仅著作以补教科,或习师范以任教授。其能而有力者,或地方办事以图公益,或捐输报效以就职官,比比然矣。其艰于生计而不能仕,浅于资望而不能绅,限于年龄而学校莫能入,短于

---

① 《朱峙三日记》,《辛亥革命史丛刊》第 10 辑,湖北人民出版社 1999 年版,第 316 页。
② 蒋梦麟:《西潮 新潮》,岳麓书社 2000 年版,第 68 页。
③ 公奴:《金陵卖书记》,开明书店 1902 年版,第 24 页。
④ 刘大鹏:《退想斋日记》,第 146 页。
⑤ 周询:《蜀海丛谈·取士》,(台北)文海出版社 1966 年版,第 115 页。
⑥ 据张仲礼的估计,19 世纪后半期中国约有举人 1.9 万人、贡生 4 万人,生员则达到 91 万人(张仲礼:《中国绅士——关于其在 19 世纪中国社会中作用的研究》,上海社会科学院出版社 1991 年版,第 124、129、97 页)。另,商衍鎏也有类似的估计,他认为废科之前各省合计举贡人数不下数万人,生员不下数十万人(商衍鎏:《清代科举考试述录》,生活·读书·新知三联书店 1958 年版,第 120 页)。

知识而讲师莫能为,于是群趋于私塾训蒙之一途,时以舌耕为业,此最普通现象也。其年力壮盛业不加修,翻然改图亦致不一,或挟赀而商,或持技而医,或怀笔研为帖写,或以衿领为警民,抑亦时势使然,雅无足怪。然以此类推,业儒之人,视科举时代实居消极,而昔之号称为士而无所于用者,今且迫而归于种种之业务,而不至有士名无士实也。若乃旧业不能守、他业不能为,遂至无业(俗谓闲居或谓之探闲事),因无业遂至倒行而逆施者,始则习为讼笔,秘密代人作状词,继则出入官署勾通书役以播弄包揽为生活计,此风以益阳、浏阳、武陵、龙阳、慈利、新化、祁阳、宁远等处为甚,永定、安乡、江华、桑植、永绥、桂阳等处次之。①

这是废罢科举以后有关湖南士风的调查。如调查者言,士人种种窘态,皆"时势所然"。功名道断,断绝了进身之阶的读书人因"无业"而滋生种种"倒行"与"逆施"。他们在时代漩涡中无以安身,无从立命。这种被裹挟而去的身影让我们看到历史在前行之余留下的深浅不一的痕迹。汪曾祺在一篇名为《徙》的小说中生动刻画了1905年后深为科举制度所笼罩的读书人的坎坷命运。停科之日,县城里又凭空添了几个疯子,有人投河,有人跑到明伦堂去痛哭。有一个名唤徐呆子的,平常就有点迂迂腐腐、颠颠倒倒,说起话满嘴之乎者也:

> 自从停了科举,他又添了一宗新花样。每逢初一、十五,或不是正日,而受了老婆的气、邻居的奚落,他就双手捧了一

---

① 湖南调查局编辑:《湖南民情风俗报告书》第四章《职业》"士习之概略",湖南法制院1912年铅印本,第1页。

个木盘,盘中置一香炉,点了几根香,到大街上去背诵他的八股窗稿。穿着油腻的长衫,趿着破鞋,一边走,一边念。随着文气的起承转合,步履忽快忽慢;词句的抑扬顿挫,声音时高时低。念到曾经业师浓圈密点的得意之处,摇头晃脑,昂首向天,面带微笑,如醉如痴,仿佛大街上没有一个人,天地间只有他的字字珠玑的好文章。一直念到两颊绯红,双眼出火,口沫横飞,声嘶气竭。长歌当哭,其声冤苦。街上人给他这种举动起了一个名字,叫做"哭圣人"。他这样哭了几年,一口气上不来,死在街上了。①

"增添了几个疯子""有人投河跳井""有人跑到明伦堂去痛哭",这是史料无法传递的具象,带着血肉与歌哭的历史。犹如孔乙己在中国人心中烙下的"酸儒"形象,"小说家言"往往能勾画出历史烟霭里那些更加铭肌镂骨的线条。朱峙三亦在1905年科举停废后,记录:"今日科举已成为历史上陈迹矣,许多醉心科举之人,有痛哭者矣。"②以"疯"与"死"告终,意味着守护已然成为不可理喻之事;以"变"为风潮,造成的是根基尽毁,退而无可守。

与困守相对应,是另外一部分跻身于新世代却明显还是脚步踉跄的一群。张资平记述1910年前后广州城内的学界与士人众生相令人印象深刻:

> 社会在激烈地变动着,革命的潮流也在蓬勃地高涨着。我是一个十七八岁的青年,但对于时代和环境,仍然是漠不相

---

① 陆建华选编:《汪曾祺作品精选》,长江文艺出版社2005年版,第173—175页。

② 《朱峙三日记》第十三册,光绪三十一年乙巳日记,八月二十日(1905年9月18日),《辛亥革命史丛刊》第11辑,第355页。

关,只在过病态的生活,每天也只在怨天尤人。同住者的耀仪等人,总算向着一个目标——奖予举人出身——在努力工作及运动;而我呢?是像一颗没有轨道的暗星,完全无目的地,只在天空中乱碰乱撞,过醉生梦死的生活,有时狂笑,不自知其何以狂笑,有时痛哭,也不自知其何为痛哭。①

废科举、兴学堂与出身奖励,是清廷的改革及其安置之策。然而政令发布并不意味着现实中的顺利落实。从科举到学堂,按额取士的限制虽被取消,贫家子弟却又立即面临新的制度性障碍——学费与学制问题。学堂体制对求学者的经济条件和闲暇时间提出了更高要求。《癸卯学制》规定除初等小学堂及师范学堂不收学费,各项学堂均令学生补贴学费。1907年学部奏定《各学堂征收学费章程》,规定学费额度:初等小学每人每月银元三角,高等小学为三角至六角,中学堂为一元至二元,高等学堂为二元至三元。这是就官立学堂而言,此外为数众多的公立、私立学堂,学费从四十元至七八十元不等,另需缴纳入学费,书籍、笔墨、纸张、石板及操衣、靴帽等杂费,寄宿者还有寄宿费、膳食费,各种费用加在一起,就很可观了。学堂制度之外,还有其他关联"文化资本"获取的问题,比如,书价:"从前贫苦之家,以数十文购《三字经》《千字文》,即可使持之入塾,今则置备书籍,即各种蒙学课本,价目昂贵,费加十倍、百倍不止,且课本未能尽善,尚须随时变易,而谓贫者力其能逮乎?故曰读书之难,莫难于今日也。"②对于大多数贫寒之家,这笔费用无疑是难以承受的。"昔未有学校,则中人以下之产,乃至农商之自食其力者,皆得撙节薄储以遣子弟就学,

---

① 张资平:《张资平自传》,第130页。
② 《论中国近日读书之不易》,《申报》1902年2月18日。

其子弟稍敏慧,则能有所成,以厕于士君子之林。今以兴学校故,一子弟入小学,最撙节亦岁费百金;中学以上,则递加;盖欲其子弟卒业大学或留学外国,归而弋一第者,非万金莫办。自是人民始以就学为大累矣"。① 张资平说:

> 像我这一类家计清贫的青年,想准备五年多的学费以图一个举人的功名,是万无能力的,也决不梦想那些空衔的。自己只想考得一份官费,求得一番专门知识,日后可以以之为敲门砖,在社会上谋一个举人噉饭地。我的父亲是这样地希望我,也是这样地期待着自己。"没有饭吃,还谈得上功名么?"②

舒新城也在自传中记述,那时的教育已经挂上了"学堂重要,无钱免入"的牌子,要征收一切费用。1910年暑假,他和同学赴长沙"看世界",原本想投考一所学堂,可是每学期需要缴膳宿杂费五十余元,"在富厚之家自然不成问题,可是每年百余元的用费,我家是绝不能负担的"。所以虽然已被录取,到了将要开学的时候,舒新城还是独自一人返回了家乡。③ 朝廷以"图强"为名目推进改革,后续措施却不及配套。与这一系列"躐等"直接关联的,便是那些"家计清贫"的青年在剧烈翻覆时代中体验的迷惘、无力。

和张资平们一样,江南的绍兴城中,有人正经历着同样的趔趄。从小康之家而坠入困顿,求学之路对于以年幼即罹遭家庭变故的周氏兄弟来说更是曲折漫长。1898年,改革科举才刚刚萌芽

---

① 茶圊:《矛盾之政治现象》,《国风报》第1年第15号,宣统二年六月初一日(1910年7月7日)。
② 张资平:《张资平自传》,第52页。
③ 舒新城:《我和教育》,(台北)龙文出版社1990年版,第66页。

于舆论,鲁迅在《〈呐喊〉自序》中回忆往事,提及那个时候读书应试是"正路":"所谓学洋务,社会上便以为是一种走投无路的人,只得将灵魂卖给鬼子,要加倍的奚落而且排斥的。"[①]17岁的鲁迅仍然在母亲的不舍中赴南京投考免收学费的江南水师学堂,数月后转入新设的矿务铁路学堂。在等待正式开学期间,他和弟弟周作人、叔祖周仲翔一同参加了会稽县的县试。鲁迅早年求学经历中的这几个细节,微妙展示了"新"与"旧"之间的此消彼长。读书人看似在个人命途中经历了一重又一重的选择,实际上,他们更像是由潮流所推,被驱赶着前行的。家计、学费、"母亲的期望"、"家族的同情",在在构成无形屏障。抉择往往并非"情愿",而只是"情理"。

小鲁迅4岁的周作人,际遇亦大体相似。中年回忆少时科场经历,周作人说,清代士人所走的道路,除了科举是"正路"之外,进学堂也算一条可以走的"叉路",然而:

> 实在此乃是歪路,只有必不得已,才往这条路走,可是"跛者不忘履",内心还是不免有留恋的。在庚子年的除夕,我们作《祭书神长恩文》,结末还是说,"他年芹茂而檞香兮",可以想见这魔力之着实不小了。[②]

庚子年还在痴迷"芹茂"与"檞香"的周作人,越一年,即以《焚书》为题作诗批判科举"浮词虚语":

> 焚书未尽秦皇死,复壁犹存哲士悲。
> 降世惟知珍腐鼠,穷经毕竟负须麋。

[①] 《鲁迅全集》第1卷,人民文学出版社1973年版,第270页。
[②] 《周作人散文》第4集,中国广播电视出版社1992年版,第262—263页。

> 文章自古无真理,典籍于今多丐词。
> 学界茫茫谁革命,仰天长啸酒酣时。①

并在日记中附记议论,称四书五经"销磨涅伏者,不可胜数。又且为专制之法,为独夫作俑,真堪痛恨"。言辞之激烈与前日应试科场的轻松判若两人。水师学堂铺陈的"科学""民族"等理想主义氛围,动摇了少年周作人对功名的信念。西学与富强显现出更强的迫切性。中国的传统学问在甲午、庚子历劫之后开始被置于舆论风暴的顶端,而年轻一代读书人在浅尝求知渴望与救亡热忱的同时,却又不断遭遇到现实摧折;科名、出身与前程,正是题中一义。鲁迅看得更加透彻,所谓"上午'声光化电',下午'子曰诗云'"的"折衷",不过是要"学了外国本领,保存中国旧习"。②"折衷",其实在很多时候是代表了一种不得已。钱理群所称"失落的痛苦"与"寻求的焦躁",③说的便是此时读书人经历的困境。

因此,疏离科场的超脱也常常与此间经历的困厄有关。以刘师培为例,1903年科考失败使他从此绝意试场,转而以追求西学成名。但是,在这个"不事科举"的故事中,转身的姿态并不像看上去那样义无反顾。会试失败后的第二年,刘师培有自述诗:

> 飞腾无术儒冠误,寂寞青溪处士家,
> 一剑苍茫天外倚,风云壮志肯消磨。④

后来的历史告诉我们,刘师培为一好名之人,如陶成章所说"光汉

---

① 《周作人散文》第4集,第201—202页。
② 《鲁迅全集》第1卷,第337—338页。
③ 钱理群:《周作人传》,北京十月出版社2005年版,第74页。
④ 光汉:《甲辰年自述诗》,《警钟日报》1904年9月7日。

之性务名",①其叔刘富也曾感叹:"侄得名太早,厥性无恒,好异矜奇,悁急近利。"②更是从1904年的这首自述诗中,我们可以窥得刘师培之于科场的微妙心态。从"误"与"消磨"到"壮志"的再次"飞腾",科举是其"飞腾无术",而西学则意味着一种再出发,并非选择与转身。至少在刘师培的个人经历中,我们不能认为他的绝意科举是淡薄、超脱甚至弃视功名,那更像是由他自己所说,寂寞寥落之后的一次重新出走。科场也好,西学也好,归根结底都系着性命前途。这种转折,在更大程度上意味着对时势的被动顺应、对功名富贵的主动出击。

20世纪初年,中国在新旧之间徘徊行走,学术、思想与心态均在其笼罩底下。时代的徊徨投射到个体生命之上,便是数百万如飘蓬断梗般游走于剧变世事中的读书人。科举制度虽然在时论追剿下渐呈疲态,但科名一事,于当日大多数人而言依然是高悬于上的。在许多走进学堂、走向西学的士人身上,我们还是可以解读出不同的心境。因此,落寂、彷徨与决意转身,看似样态各异,实则都是从不同角度展现了废科举、兴学堂的制度转型给士人带来的种种不适应。

(三)科名之重

在《儒林外史》的终篇,吴敬梓假托万历皇帝上谕,将书中提及的读书人,已登仕籍的、未登仕籍的,中举的、未中举的,进学的、未进学的,潇洒的、落拓的,一概以礼部寻访贤良方正之名列入翰林院,得享盛名,"兰因芳陨,膏以明煎,维尔诸臣,荣名万年"。科

---

① 陶成章:《浙案纪略》,中国史学会编:《辛亥革命》(三),上海人民出版社1953年版,第48页。

② 刘富曾:《亡侄师培墓志铭》,钱玄同等编:《刘申叔先生遗书》,民国二十五年宁武南氏排印本、江苏古籍出版社1997年重印本,第16页。

场失意的吴敬梓,在文章里写尽了这"荣名"给读书人带来的无尽悲哀,也写出了科举制度对中国社会、士林无与伦比的塑造。

20世纪初年以新政为西学张目的年代,抱着《直省闱墨》岿然不动的守旧儒生稀松平常。1901年废八股、1905年停科举,即使在这样的当口,科名的牵绊仍然是士人生活世界里最真实、最紧迫的主题。

《金陵卖书记》(1902年)中记录"江南考先生"不知时变、惟科名是从的状貌,绘其"脑力之锢塞"与"虚骄之气习",①令人释卷难忘。而在数十年后,周作人回忆壬寅年县考,文辞中的暮气与苍凉更是让人印象深刻:

> 冬天日短,快近冬至了,下午的太阳特别跑的快,一会儿看看就要下山去了。这时候就特别显得特别紧张,呻唔之声也格外凄楚,在暮色苍然之中,点点灯火逐渐增加,望过去真如许多鬼火,连成一片;在这半明不灭的火光里,透出呻吟似的声音来,的确要疑非人境。②

近代以降,回忆科场的文字举目皆是,展现的大多为仕途壅塞、士子窘迫的印象。而周作人的这篇文字,余味却大不相同。作为科举制度最后岁月中的亲历者,周作人自己的科场记忆并不是那么深重的,而他笔下那一班为赴考"不顾性命"③的江南考先生,则为"科名之重"的感叹加上了耐人寻味的一笔注脚。陈独秀的场屋笔录同样有趣,《实庵自传》中记述了一位令其"印象最深"的考先生:

---

① 公奴:《金陵卖书记》卷下,第15页。
② 《周作人散文》第4集,第265页。
③ 同上书,第232—233页。

> 考头场时,看见一位徐州的大胖子,一条大辫子盘在头顶上,全身一丝不挂,脚踏一双破鞋,手里捧着试卷,在如火的长巷中走来走去,走着走着,上下大小脑袋左右摇晃着,拖长着怪声念他那得意的文章,念到最得意处,用力把大腿一拍,翘起大拇指叫道:"好!今科必中!"①

科名魅影坚固地附着于这些一再、再三入场屋博取命运的考先生身上,可笑又可叹的神气,跃然纸上。1903年《申报》上有社论描述时居上海守旧士人的状貌:

> 上海之布鞋大袖、大圆眼镜、斯斯文文自称我秀才者不下四百余人,案头储则大题文库,高头讲章尚盈尺也。近日又购新书矣,则《直省闱墨》《应试必读》者也,叩以五洲,问以大势,询以国政,瞠目而不知所对,呜呼,痛哉!……如上所言,乡镇居十之九,城中居十之一,其总数居十之六,尚有十之三则年华老大,家计困人,神经稍稍有所刺激,曰难难了之。其余十之一则稍稍知阅报矣,然如伯伦知理之《国家学》,中村孝之《国法学》,那特硁之《政治学》等,尚不敢阅,遑论《十九世纪美国独立史》诸书哉?考据性理旧学已足咄咄真人间一大怪事,我为上海习士哭!②

科名于士人,不啻身家性命之谓;即便在1901年以后,当西学迫来、变革逐日推进之际,科举与功名的牵绊仍然是士人生活世界里最真实、最紧迫的主题。考先生们以其懵懂与异议可怪,刺目写照

---

① 未未主编:《人间》上册,第80页。
② 《申报》1903年6月14日。

了巨变时代中科举与功名的强大影响力。

  1903年,时人记扬州士子争赴科举情状,如果仅是一般习读高头讲章的迂腐之士也不足为奇;关键是那些日日讲新学、言新政的"志士",以及身在学堂的新学生,同样相率成群结队入场与试,论者深喟:"读书种子科举思想深,脑筋欲求改革难矣。"①在1903年的山东,高等学堂应顺天乡试者居总数之大半,论者浩叹:"科名之系人心如是如是!"②在江苏,几乎是同样的情形。1904年会试,江苏一省的应试人数便较曩昔多至数倍;最可笑者:"素主停科举、自命改革党之张云搏、陈颂平、蔡云生等亦联袂同往,意气甚豪,亦可异矣。"论者云,这些平日总劝人不必考试,撰刊著文动辄洋洋万言,颇为动听;然而返诸自身,则根本不能践履。从这样的"志士仁人"身上,望不到改革的推行、中国的前途希望,因此而感叹,中国科举思想之发达!③ 在南京城,庚子以后兴建了不少私立、官立学堂,如陆师学堂、水师学堂、格致书院、高等学堂、东文学社等,然而环顾当日之科场,"师生相率而下场,官立学堂一律停课"。④ 即便如首善之地——京师大学堂,情形亦如是。据当日的大学堂学生回忆,到科举大考之日,学堂经常人去楼空。1903年癸卯乡、会试将近,学堂学生纷纷请假应考,"先期乞假者十之一二,至四月间乡试近,乞假者盖十之八九。暑假后人数寥落如星辰"。⑤ 更有甚者,1902年,安徽滁州曾发生假借传教士之名向民众代捐"外国功名"的骗局。时为八股废而改试策论,滁州等处有棍徒眼见民众功名心切,竟声言为教士所派来代捐外国功名的。后经官府查处并

---

① 《中外日报》1903年9月23日。
② 《中外日报》1903年10月31日。
③ 《警钟日报》1904年5月17日。
④ 公奴:《金陵卖书记》卷下,第14页。
⑤ 王世儒、闻笛编:《我与北大——"老北大话北大"》,北京大学出版社1998年版,第3页。

出示晓谕,称捐纳外国功名实系匪徒造谣,但仍有民众争相至教士处求捐功名。① 从这出令人啼笑皆非的闹剧中,可以看到功名一事对普通中国人深透的影响。

尽管已有朝廷的兴学示谕颁令在先,废科举也日益在时论中呈腾越之势,但我们看到,在功名的巨大诱惑面前,趋新之途常常显得无足轻重。开埠以后的上海即有教会学校,以后又有广方言馆之设,但科举八股仍为不可动摇的正途,每逢岁科两试,洋学堂学生多相率赴考场,"其人泮者,亲友皆踵门贺,费用之奢,盖有破产之虞"。② 这一现象在20世纪初年的上海报界文人身上也有明显表现。那些在沪上担任主笔或编辑的,大都是出生江南的失意文人,以报馆为暂时栖身之处:"大都借此楼息,待机投奔科举之路。"③其中最著名的例子就是曾任《申报》主编的蒋芷湘,虽在《申报》工作仍心悬科举,而中举之后就立刻辞去了《申报》主编。④ 所谓"科名之贵,为天下人士之所歆",⑤科举功令的诱惑显然要比其他任何的荣名,包括维新者、志士、新学生等名目重要得多。尤其那些被时人视为开拓者的,言语与行动不符,踏足学堂却又心系科场的读书人,这种姿态与心态的差距最能够体现科名在时人心中至关重要的位置。教育学家陈科美回忆,1903年春节后,他刚四岁半,"一位贫农出身的父亲,由于自己未上过一天学,殷切盼望后辈读书上进,送我兄弟三人往长沙读'汉学',因为他不相信'洋

---

① 《愚民何知》,《选报》第10期(1902年3月30日)"所闻录二",第29页。
② 《徐汇公学纪念册(1850—1920)》,第11页。转引自张仲礼主编《近代上海城市研究》,上海人民出版社1990年版,第736页。
③ 胡道静:《申报六十六年史》,《民国丛书》(二编)第49辑,上海书店1990年版,第86页。
④ 参见李仁渊《晚清的新式传播媒体与知识分子》,台湾稻乡出版社2005年版,第77—78页。
⑤ 《读初四日停废科举上谕恭注》,《华字汇报》1905年9月2日。

学',也许他根本不懂得什么是新教育"。1903年春到1912年夏,陈科美共念了八年的"汉学",中间经历了科举制度的停废,直到1913年春才投考了长沙一所著名的私立修业高等小学。① 1901—1905年间,朝廷以废八股和兴学堂为既定策略,逐步展开科举改革;可是,出途的扩大与朝廷锐意革兴的意态并未在多大程度上扭转士习。功名之重,超过一切,以至于学堂对大多数人而言亦不过是获取功名——朝廷所认可的身份与出途的有效方式。

科举正式废掉以后,社会中人对功名的争相趋附依然构成一种常态,人们关心的并不是学堂教会其子弟多少西学、如何富国强兵,更在意的还是学堂为其提供"出身"。1907年的一篇白话演说中,直接是以学堂作为"功名"与"富贵"的替代物来作动员的:

> 再说从前凡有儿子,谁不想教他儿子长大了好念书成名呢,像如今有儿子的,要不送入学堂去念书,科场又早已没有了,从哪里能得着功名富贵呢?说不了,就得一生作下等人啦,我劝大空早早晓得学堂,是富强的根本,断断不是别的说道,快快送儿子入学堂念书,比那得着多少金银钱财的,还好的多咧,千万可莫错了,千万可莫错了。②

在郁达夫的家乡杭州府富阳县,庚子以后废八股改学堂已成必然之势,而在当时的富阳,反对洋学堂、看不惯新学的顽固派、老学究很不少。他们认为八股应试毕竟是正路,学堂充其量不过是"讲艺","舍本求末,说穿了是出卖灵魂给鬼子"。可是1905年以后,情势却有了很大改观,县里兴办了高等小学堂,不仅一班儿童、

---

① 高增德、丁东编:《世纪学人自述》卷一,第264—265页。
② 《熊岳宣讲所颁发劝学说》,《盛京时报》1907年11月20日。

年轻士子争相入学,从前的反对派也不得不让自己的子弟上洋学堂去读书了。旧书院原有一些好不容易中过秀才,准备再考举人,又博得官费伙食待遇而来继续学习的所谓"廪膳生",都已是中、壮年人了,他们也不得不与十一二岁的小同学同班。[①] 时势转移仿佛就发生在一夕之间,但如果我们深究下去,在这"转移"中起到至关重要推动作用的,仍然不外乎功名一途。虽然在科举停废之初,不时有"虽有学堂毕业者,乡党不以为荣"[②]"洋学堂是外来的,上那太不体面"[③]的议论,但接受新学、读学堂书毕竟已是时势所趋。学堂出身成为当日博取功名、进而收获前程的惟一可靠途径。功名与出身对那个时代的绝大多数读书人来说,仍然是必须要通过的那一座"独木桥"。在张资平的感慨里,那是一种时代的普遍,他的周围,布满了"对于那一种专门才是自己性之所近,是绝对不加研究的,他们只要能够考进其中一个学堂,最后目的,则是在举人的空衔"的青年。"在名义上虽废除了科举,但对于功名的迷信,还是根深蒂固"。[④] 拥塞的新学堂晋升考试,吸引这些青年及其焦虑家人的,无疑还是赐予进士、举人、贡生的功名。张资平述其报考高等巡警学堂的初衷,原本因家计清贫,没有这许多钱进中学而高等而大学,他的父亲认为科举停了,朝廷予学堂学生以举贡的出身奖励,虽然"这些功名不比从前郑重了,但是给礼部部章规定了,纵令不郑重,但总不能否定它",总要设法弄个出身才行。辛亥年朝廷宣布这一类的学堂毕业生不再予以科名奖励。张资平

[①] 郁天民:《说郁达夫的〈自传〉》,于听:《郁达夫风雨说》,浙江文艺出版社1991年版,第65—66页。
[②] 曹伯榮:《半逸山人文集》卷三,杨学为主编:《中国考试史文献集成》卷六《清》,第859—860页。
[③] 政协河南省杞县委员会文史资料研究委员会编:《杞县文史资料》第2辑,第13页。
[④] 张资平:《张资平自传》,第51—52页。

记述,"许多功名热的学生"竟主张派代表进京请愿,要求民政部准予高警的学生奖以副榜出身。① 可见,"功名"仍然是一件最"要紧"的大事,既是读书人据以自矜自重的"名分"所在,也是头等的谋生之具。胡愈之的经历则稍微有些不同,1911 年他投考绍兴府中学堂,按照当时的学制,必须从头修完功课者方有功名出身,中途插班者不给。对功名不甚在意的胡愈之欲插班投考实科二年级,可是父亲却抱着不同的主张,认为插入二年级,丢弃了将来的功名资格,甚为可惜。而他的叔父也在此后三天中连续来了两封长信,嘱咐一定要投考文科一年级,"他说我家'累世书香'十余代'读书种子',断不能'弃文就实',究竟是功名出身要紧。多读一年书,不算什么"。② 杨树达回忆,1905 年他考取官费留日,祖父"望余兄弟得科名之心素切,意不欲余等行。余兄弟力说,且言明年当返国应乡试,遂不强阻"。③ 冯友兰早年的旧学经历同样出自母亲对科举出身的重视。父亲去世以后,冯友兰和弟弟景兰回到老家,母亲为他们请了先生在家教读。可是母亲为此也顾虑重重,觉得光叫孩子们在家里上学,没有一个资格,将来连一个秀才的功名也没有,那就很不好。

说到秀才,母亲深深知道这个功名的分量。她常对我们说,你父亲听某一个名人说过,不希望子孙代代出翰林,只希望子孙代代有一个秀才。父亲解释说,这话很有道理。子孙代代出翰林,这是不可能的事。至于在子孙中代代有个秀才,这是可能的,而且是必要的。这表示你这一家的书香门第接

---

① 张资平:《张资平自传》,第 146、156 页。
② 胡愈之:《在绍兴中学堂》,鲁迅、胡愈之等著:《我的童年》,第 55—61 页。
③ 杨树达:《积微翁回忆录 积微居诗文抄》,上海古籍出版社 2013 年版,第 7 页。

下去了,可以称为"耕读传家"了。照封建社会的情况说,一个人成了秀才,虽然不是登入仕途,但是可以算是进入士林,成为斯文中人,就是说成为知识分子了。以后他在社会中就有一种特殊的地位。①

冯友兰说,在当时人的心中,还是以科举的资格为标准,无论什么资格,人们都要把它折合为科举的资格,心里才落实。这好比民众习用阴历而用不惯阳历,几乎是一种比风俗更加深入人心的思维惯习。据魏运田回忆,在他的家乡河南杞县,1906年左右也办起了县中学堂,可是,社会上仍然风行着一种科名思想,及至当时中学堂的毕业生也群起而争:"要毕业证有啥用处?我们要的是功名。"②在那个时候的很多人看来,"学堂"与"科举"本是同一个意思,代表了朝廷奖掖读书、隆以出身的用意。所以,排斥学堂是出于对功名的敬畏,③入学堂则同样出于对功名的热衷。这是殊途同归的事。

废科举后,在年轻的、年老的士子争入学堂之际,还有许多人仍指望通过传统的仕路获取前程。1909年举行优拔贡考试,便出现了各地士子踊跃报考的情形。比如盛京一地,自六月初出示晓谕,仅仅初十日一天赴学务公所报到者即有四五百名之众。④ 在京师,有人以竹枝词咏当日"一时新贵,溢满京华"的盛况:"何期科举久停裁,优拔名场却又开。要为高才谋出路,一时新贵凤城

---

① 冯友兰:《三松堂全集》第1卷,河南人民出版社1985年版,第24—26页。
② 政协河南省杞县委员会文史资料研究委员会编:《杞县文史资料》第2辑,第13页。
③ 据舒新城记载,在他的家乡湖南溆浦,光绪二十九年才建立第一所高等小学堂,但乡间的人民对于学堂都以"洋学"视之,还是希望科举不停,读书的子弟得青一衿以光祖耀宗。舒新城:《我和教育》,第47—48页。
④ 《报名考拔之踊跃》,《盛京时报》1909年7月29日。

来。"作者惊叹:"科举情形仿佛又见!"① 1909年的考试优拔,江苏一省的考生至2 000余人,"学堂教习、高等学生无不兴高采烈,争欲一试"。② 1910年考试举贡,京师一地即有一千三百数十人参加。③ 其时,《申报》中有连篇累牍的舆论记述江浙地区考录优拔的情形。在苏州,考试者担囊负箧,摩拳擦掌,"其踊跃不亚于当年科举之繁盛","笔风墨阵,酸雨膻风,文坛中好一场恶斗"。④ 翌年,苏垣"贡院前一带,考寓林立,几无容足之地,各客栈、饮食店生意莫不利市三倍,而一班热心科举者,日在寓内临摹端楷,咿唔之声,邻右动听,均有跃跃欲试之势"。⑤ 在浙江,各属报试人数多至4 700余名,学界自堂长、职员、教员、学生以次,军界自队官、排长、弁目以次,警界自巡官、教练官及什长以迄巡士,甚至东洋留学生、法政毕业生、初选复选监察管理员、各处新议员等,无不争先恐后应试。⑥ "有一位姓金的和一位姓孙的廪生,留学日本,听着考试消息,也连忙大远的赶来,科举的迷人,名心的难死,至于如是"。⑦ 许多学堂教习亦热衷于考试,当优拔举贡考期之时,竟有纷纷停课以预备应考者。⑧ 在山西省,1909年的考试优拔,某县招贴告示,云凡有奖励的学堂不准与考,因此惹起了大大的一场风波,时有趋新派人士哀叹:

> 谁想老顽固们不细思慕,只见告示上有不准考的话儿,不

---

① 兰陵忧患生:《京华百二竹枝词》,见《清代北京竹枝词(十三种)》,北京古籍出版社1982年版,第124—125页。
② 《江苏省视学无锡侯鸿鑑上学部意见书》,《申报》宣统元年十月廿三日。
③ 《礼部筹备考试举贡事宜》,《申报》1910年4月5日。
④ 《一般考优拔者之心理》,《申报》1908年7月18日。
⑤ 《热心科举之丑态》,《申报》1908年7月19日。
⑥ 《杭垣考试优拔之踊跃》,《申报》1908年8月4日。
⑦ 陈甲林:《科场回忆录》,《浙江文史资料选辑》第13辑,第94页。
⑧ 《小学教育之评论》,《申报》1910年6月15日。

自羞耻自己不在限制之列,就此没出息的考试,反洋洋得意,以为得计,遂造作谣言,说学堂快废了,住学堂的人,皇上家不重用,连优拔贡都不教考了。这岂非说梦吗?但只老顽固们自己胡说不要紧,这些影响可不小呀。乡下愚人听上这等胡说,就反对起学堂来了。近日各处学堂多有起风潮的。全是听了这一班老顽固的胡说闹出来的,你说可恨不可恨呢?①

乡野村夫对学堂、考试的粗率理解正好证明了功名之于普通中国社会的深透影响。对于尚不明了西学有何等重要、救亡与富强等命题的一般社会民众而言,叫子弟入学堂也终归是为了一个功名,倘或"皇上家不重用"了,学堂又岂有意义?② 1907年山东大学堂,有一班班长因要求奖励功名不遂,全堂罢班的事。③ 1910年湖北郧阳府房县查获工科进士赵建熙匿母丧不报,仍赴京应廷试的案子。赵建熙"博取功名"而不顾仪礼的劣行,致使下至督学、县令,上至湖广总督瑞澂的一致震惊。也由此可见,功名所产生的眩惑及其巨大吸引力。④ 还有个事例,说有日本归国的医科留学生数人,仍沉溺科举,恳请朝廷赏赐举人、进士身份,遂至引来"科举废而科举之毒蔓延于学生"之叹。⑤ 包天笑说,日本留学生剪了辫子的不少,去的时候都留着辫子,但是这条辫子颇为惹眼,只有中国人有此怪状。日本那些刻薄文人在报纸上称之为"豚尾",日本有些小孩拍手追逐其后,呼之为"半边和尚",然而中国人有些

---

① 愿航:《说明考试优拔限制之理由》,《晋阳公报》1909年5月12日。
② 《晋阳公报》1909年5月12日。
③ 孙丹林:《山东辛亥革命之经过》,《辛亥革命回忆录》第5集,中华书局1963年版,第326页。
④ 《汇报》第33年第46期,宣统三年辛亥六月十九日,1911年7月14日。
⑤ 《上海龙门师范附属小学校·顾文顺日记一则》,朱有瓛主编:《中国近代学制史料》第2辑上,第253—254页。

还不肯剃去,为的是归国以后,将来还需考洋举人、洋进士。① 1911年,由于朝廷停止奖励出身的传言四起,竟有一些"热心功名"的学生怏怏不已,相与运动提前毕业。② 1910年,《教育杂志》发文评论留学生之热心功名:"我闻此次考试留学生,有数年前鄙弃不屑,今日甘为冯妇者;有以落第之故,终朝掩泣痛斥考官无目者。不图十年前科举故态复见于二十世纪之新中国。"③弋取功名如此热烈,报章称废科举后的优拔考试"实科举尾声之活剧",④甚而有人惊呼:"此时若有人开会议复科举,赞成者必占多数也。"⑤蒋维乔称当时中国的各类考试,举贡也,孝廉方正也,"殆无月不考试,或一月两试,上以利禄诱,下以利禄劝,举国若狂"。⑥ 穆儒丐《徐生自传》中描绘武昌起义前夕学部的留学生考试:

> 辛亥那年革命,真是很奇怪的事。在那年八月以前,任何明眼人,也看不出有革命的事来。就以此次学部考试而论,报考的人数,实在比往年多好几倍,他们官袍带履,翎顶辉煌,俨然皆以宣统朝辛亥科新贵自居,他们绝不知道革命党的消息,而且也知道革命党不能成功,因为那时君主立宪说很占势力,所以这些留学生,不去作革命事业,一个个挺高兴的,都到北京来考试。谁知在考试期中,武昌的噩耗便传来了,大家跟做梦一般,也不知怎回事。⑦

---

① 包天笑著,刘幼生点校:《钏影楼回忆录》,第331页。
② 《学生仍有翰林之望》,《申报》1911年8月25日。
③ 《考试留学生小言》,《教育杂志》第2年第9期"社说",第98页。
④ 《京师近事》,《申报》1910年5月25日。
⑤ 《热心科举之丑态》,《申报》1908年7月19日。
⑥ 蒋维乔:《论宣统二年之教育》,《教育杂志》1911年第1期"言论",第2页。
⑦ 穆儒丐:《徐生自传》(一四一)第二十章,《盛京时报·神皋杂俎》1922年12月20日。

这样的故事，抄不胜抄。"举国若狂"，正反映科名之重。理解了这一点，就不难理解，清廷为什么要在科举废除以后创立学堂奖励制度，予新学生以举贡等出身；为什么在当年为学堂奖励政策辩护的言论中常常强调科名与奖掖的重要。其间的无奈和权宜，从一个侧面说明：制度层面的变革延展到社会，再由结构与功能的变迁渗透到普通人的行为、心态，不是靠一阵呐喊或疾风骤雨似的批判就可以奏效的，它需要一个漫长的过程。

三、后科举时代的功名意识

庄子《骈拇》篇中说，小人以身殉利，君子以身殉名；虽名声异号，但以身为殉则一也。自科举确立以来，功名便成为表征身份、利禄与登进的阶梯。所谓"养士"，士大夫的学问、心性、节操皆受朝廷养育，并于此体现科名的慎重。这不单是一项制度问题。

俞樾在废科举以后的纪念诗文，让我们看到了功名一事在读书人心目中的刻骨印迹：

> 八月十三日先祖南庄府君忌日感赋①
> 恭闻先祖有遗言，至此迁流不可论。功令已经废科举，留贻那得到云昆。（先祖曾言，愿留科第，以贻子孙，其后，先君子及余兄弟及兄子，祖绥均有科名，至余孙陛云五代而祖泽尽矣。）儿曹头角虽堪喜，世业箕裘岂复存。今日筵前扶病拜，龙钟八十五龄孙。

---

① 俞樾：《春在堂诗编》卷二二，《续修四库全书》本，上海古籍出版社2002年版，第655页。

即事四首寄陈兰洲同学①

病中日月逐年增,俯仰生平感不胜。海内已停科举学,街头犹卖状元灯。但求风月无加减,不管烟云有废兴。寄语时流莫相笑,本来退院一闲僧。

五十年来吴下居,须知天地我蘧庐。任题鼎甲峥嵘第,只读盘庚佶屈书。稳便随身惟竹杖,从容代步有篮舆。所嗟朋旧凋零尽,昔日黄罏处处虚。

老去襟怀强自宽,闲来感慨总无端。竞虚闻喜两回宴,岂慕编修六品官(闻新设学部编修官六品)。尚有书堪藏宛委,已无梦可话邯郸。惟余一片心头热,虽到严冬不畏寒。

底事宵阑睡未酣,此心久似老瞿昙。不看日日新闻报,只守年年老学庵。齿过八旬还晋六,诗编廿卷又开三。吟成寄与方山子,借问何如陆剑南。

四月初八日先大夫忌日感赋②

自作孤儿六十年,强扶衰病拜筵前。敬因忌日陈家祭,愧未清明上墓田。圣世科名今已断(科举已停则吾家科名至陛云止矣。),名山著述可能传。惟欣垂暮崦嵫迫,不久还应侍九泉。

明人称门人之子为门孙,见都公谈纂,余偶载之于茶香室丛钞,遂有投刺于余,称门下曾孙者,戏赋一诗③

旧游如梦亦如云,自顾颓龄转自欣。年齿已成野王老,辈

---

① 俞樾:《春在堂诗编》卷二三,《续修四库全书》本,第664页。
② 同上书,第672页。
③ 同上书,第683页。

行合是武夷君。渊源竟及三传远,沆瀣还从一气分。功令不将科举废,元孙门下定成群。(吾孙四川门生内用翰林外用知县者,颇不乏人,使科举不废,则或放试差,或充同考,所取之士,余可作元孙观矣。)

诗作中弥漫着浓郁、恒久的惆怅,萦回不去的与一个时代的告别。俞樾在废科之年为苏州府长元吴三县诸生谱作序,痛感"三学之门,无继至者矣"。[①] 时段更后一些,许宝蘅在1947年,有多首追忆科名、同年的诗作,"雪尽鸿飞俱有痕,光宣人物感亡存"。

为张补庵题井上重游图

问学堂前六十秋,白头师弟话前游。新诗一卷相酬答,可似当年始束脩。

一自登科夸注籍,谁从幼学记传衣。重游井上留佳话,如此风期世所稀。

莲痕以道光八年乙酉科江南乡试题名录征题四首

小录流传百廿期,正当海寓太平时。兰绫封面朱钤缝,郑重装成进上司。

江南自昔盛人文,祖德无忘只有君。多少故家凌落尽,低回谁与诵清芬。

科场故事久沉湮,写榜曾闻判后先。魁首题名濒午夜,当时望报眼应穿。

是岁吾宗有籍咸,相携攀桂脱青衫。若从孔李通家例,四

---

① 俞樾:《苏州府长元吴三县诸生谱序》,《春在堂杂文》六编补遗卷二,《续修四库全书》本,第224页。

世交期视此函。

  为杨颗庵题蒲圻县学便览册残叶

  黉宫典籍付灰尘,片楮遗留更足珍。耆老但生少年李,当时造士固无伦。

  桃李门前夜点名,两旁廪保应高声。回头七十年来事,仕学分明第一程。①

沧桑国事,惟有科名的郑重与星辉留于世事,长于心间。对彼时士风的追慕与科第不继的痛心构成了强烈对比,兴亡之感油然而生。在这些已将讲艺重道深深化入情性之中的儒者身上,缅怀所彰显的不止是情绪,还包括丧乱之际对秩序感的召唤,以及对传统沦亡的反思。在时弊与时病丛积的19世纪末,"守"与"变"始终处在一种此消彼长的交锋状态。两者用世济时的用心虽然同一,依傍的思想渊源却对立。至20世纪初年,变政主张终于在朝野两方都占据了主导。然而如同当日反对派所预料的,急变导致瞽乱,政论文字中的激越情感也必然要被实政中的理智取代。在历史变迁中,正反双方往往就是这样互相依存、不可分割的。新学家痛斥科举误人,经学家则认为科举中"人材辈出,其磊落轩天地者,皆出其中"。② 各有理据,也因此,功名之途在科举终结后仍为世人所趋,而功名的内涵也长久流转于儒学中人的忧患、感喟与孤怀遗恨之中。

  科举于1905年被废除之后,中国便进入了后科举时代。在这个年代里,尽管新学已成漫天之势,但在时人品评中,"士"与学堂学生及留学生仍存在显著差别。1905年保和殿考试归国留学生,

---

 ① 许宝蘅:《许宝蘅先生文稿》,中国书籍出版社1995年版,第32、33—34、53页。
 ② 俞樾:《国朝苏州府长元吴科第谱序》,《春在堂杂文》六编补遗卷六,《续修四库全书》本,第318页。

时论即说：

> 近年科举稍轻，非进士出身者亦稍稍至大官，然京朝终藐视之，而其人亦自引以为缺憾，自以为非读书人。至留学生出，则俨然有其所读之书、所挟之学不得以非读书人相目，然而众论尤龂龂之，则科目诸公所持以骄留学生者。①

京朝的藐视与其人的自轻正好构成双重论据，习西学者固然已渐据时势之重，但由国家赋予读书人的功名及其价值在时人心目中却并未随之发生根本性的改变，"科目诸公所持以骄留学生者"，无他，乃科名耳。1910年，《大公报》"闲评"更是直指举贡与留学生气象的不同：

> 留学生考而得官也，举贡亦考而得官者也。留学生一入官场则俯首低眉，其志愈下；举贡一入官场则高视阔步，其气方张。故同一入官也，而举贡与留学生之气象不同。②

这当然是一种极而言之的看法，留学生一入官场未必就"俯首低眉，其志愈下"，举贡一入官场也未必就"高视阔步，其气方张"，但这种看法还是部分反映了当年的官场现实：科目出身比留学生更受垂青。首任学部尚书荣庆1910年9月在接见拔贡考入选的考生时，便毫不掩饰地表示对旧学人才的青睐，对留学生则口多微辞："现在时事艰难，需材佐理，如吾辈者已老朽不堪世用，而留学生等又大率汉学甚浅，年轻气躁，难当重任。求其年力富而根柢深

---

① 《论保和殿考试留学生》，《中外日报》1905年7月1日。
② 《闲评一》，《大公报》1910年6月2日。

者,惟公等一辈人耳。"①与留学生相比,荣庆更信任的是那些"年力富而根柢深"的旧学之士。尚秉和在民国年间回忆辛亥往事,犹称誉当日的翰林革命家谭延闿。尚秉和认为,清末以科举不足得人才为由而主张立停;然而,谭翰林的"出语即与众不同"正得自于旧学,因此"真革命家乃在科举中出乎,是知人贵读书也"。②读书明理,读的且必须是圣贤之书。就像论者指出的,在这个出身科举的革命家身上,他看到了旧学熏陶所赋予的凛然意气。俞樾亦有科举"人材辈出,其磊落轩天地者,皆出其中"之语。③

另据蒋梦麟记载:

> 我和陈独秀常讲笑话。我是一个秀才,陈独秀也是一个秀才。秀才有两种:一种是考八股时进的秀才,称为八股秀才。后来八股废掉了,改考策论,称为策论秀才。这种策论秀才已经有几分洋气了,没有八股秀才值钱。有一次陈独秀问我:"唉!你这个秀才是什么秀才?""我这个秀才是策论秀才。"他说:"那你这个秀才不值钱,我是考八股时进的八股秀才。"我就向他作了一个揖,说:"失敬,失敬。你是先辈老先生,的确你这个八股秀才比我这个策论秀才值钱。"④

虽然,这只是发生在蒋梦麟和陈独秀之间的一个"笑话",但更堪玩味的倒不是"八股秀才"与"策论秀才"之别,即所谓前者比后者"值钱",而在于他们都言之津津,同样是秀才,但八股秀才与策论秀才的含金量却是不同的,因为后者沾上了"几分洋气",不如前

---

① 《京师近事》,《申报》1910年9月13日。
② 尚秉和:《辛壬春秋·湖南第五》,辛壬历史编辑社1924年版,第2页。
③ 俞樾:《春在堂杂文》六编补遗卷六,《续修四库全书》本,第318页。
④ 蒋梦麟:《西潮 新潮》,第340—341页。

者那么正宗。同样的功名尚且有这样微妙的差别,科举废除之后因学堂奖励而获得的科名,那显然更加等而下之。清朝末年八股改试策论,以当时人的西学程度来讲,变革确实很仓促,这对出题者与应试者双方都意味着某种程度的躐等。因此,有关新进之士浮躁的批评看来不完全是一种守旧论调。科名的象征意义在激烈时变中被一再回味与纪念,不全是逝水之叹;儒学负载的悠远传统不是新的知识、学制能够瞬息替代的。

蒋梦麟和陈独秀的玩笑话并不用于证明读书人对科名的汲汲向往,反映的是一种潜藏于内心的细微心态,同时也是科名在时间中辗转迁折的例证。可是,转回到功名意识的议题上,中国的读书人在名分一事上的执着仍可谓至深至苦,即便是已富文名者都难以逃脱。王闿运文名斐然,已为清季一大家,然而科名不显,仅中举人。笔记记载,李鸿章为北洋大臣时,王过天津投剌谒之,中堂大人家的看门人见识短浅,不识湘阴王湘绮大名,仅视头衔便将其拒之门外。李鸿章获闻,拍案叱曰:"此举人王也,汝辈不识耶!"虽为笑谈一则,王闿运也由李命人急速追回盛礼款待。从中,让我们深刻体会到了科名在一般中国人心目中的重要性。还是这位"文章尔雅"的湘绮楼主,科举废除以后,王时年70余,特旨授翰林院编修,王因而撰联自嘲:"愧无齿录称前辈,幸有牙科步后尘。"①清廷考试奖励游学生,因此有所谓"牙科举人"。王闿运幸(抑或不幸?)身列其中,戏谑中也多少包含着悲哀。此时的功名,在旧时代的读书人心中固然已丧失了它原有的、代表了志与道的庄严,却仍然丝丝缕缕地牵动人心。

这一点在另一位以趋新闻名的近代学人——严复身上有更深

---

① 胡思敬:《国闻备乘》卷二,荣孟源、章伯锋主编:《近代稗海》第1辑,四川人民出版社1985年版,第267页。

的表现,他与科举之间也存在复杂的关系。留学归国的经历以及成为李鸿章属员的地位并未使严复放弃对传统功名的追求。结束了格林威治海军学院的留学生涯毕业回国,1885年,严复又参加了三年一次的乡试,准备考举人,但失败了,并在此后的三次考试中都名落孙山,他还感叹过:"出身不由科第,所言多不见重。"①1895年,严复开始了对科考制度的严厉抨击,在《救亡决论》中,他将八股取士视为使天下之士心灵受害、道德堕落的罪魁。在清末的改革浪潮中,严复一直致力改革考试制度、兴办新式教育的呼吁及实践。1905年,科举废罢,被严复誉为"直无异于古之废封建、开阡陌"的大事。然而在距离废科四年之后的1909年,时年58岁的严复终于获得了宣统皇帝赐予的文科进士出身,为此,他专门赋诗一首:"自笑衰容异壮夫,岁寒日暮且踟蹰。平生献玉常遭刖,此日闻韶本不图。岂有文章资黼黻,敢从前后论王卢。一流将尽犹容汝,青眼高歌见两徒。"②在严复这首不无自嘲意味的诗作中,有一种对功名似有若无的淡然。然则,是否果真如此?宣统二年十二月十六日的日记中,严复记:"拜严、荣、端、绍、梁、宝、于,用新进士帖。"③行动胜于言辞。以其对新进士身份的珍视看来,功名一事对严复的意义,要比想象中郑重且隆重得多。1910年,严复以"硕学通儒"之名任资政院议员,他还被授予海军都协统,1911年被特授海军部一等参谋官。其晚年的一系列荣誉,可以拿来作一种很有意思的解读。从早年热衷科名,到猛烈抨击科举制度,至貌似历经沧桑后的淡然,直到晚年对功名的郑重,进退之际的微妙情节,正好折射了那一代人复杂的功名心态。读书、闻道,经世、治国,通过科举"正途"投身政治,这是传统时代毋庸置疑的规则。

---

① 王栻编:《严复集》第3册,第731页。
② 严复:《见十二月初七日邸钞作》,王栻编:《严复集》第2册,第378页。
③ 王栻编:《严复集》第5册,第1504页。

因此即便是朝廷政策的反对者,也必须拥有"名分"才可正当陈言。这一点还可以梁启超为例子。吴稚晖在一篇回忆录里曾经挖苦梁启超"说话不大当话",痛陈八股之害却又兴冲冲地赴京会试。① 梁任公少年得志,早登科第,举人身份无疑为他在湖南获得的礼遇、在维新变法鼓号中争取了许多的"正当性"。康有为中进士后在家乡祖祠前树立的那一对十余米的旗杆则更加确定无疑地流露出个人及家族意义上,对于科名的隆崇,对光绪皇帝的眷恋也可视为他对于"名分"的极度重视。可谓"名不正则言不顺",严复在那篇自嘲诗中欲说还休的怅惘情态,即为明证。同样的情形,亦普遍存在于身处洋场的王韬、郑观应等"口岸知识分子",对已然获得了社会声名的旧式读书人来说,科名不售始终都是一种隐痛。

功名的价值及世人对它的敬慕并不随科举制度兴衰废黜而动摇,在这些被今人视为"先觉者"的身上,可以清楚地看到功名社会的种种痕迹。而在更广阔的一般社会,功名意识的强大渗透力,以至于新学与学堂的推广也需要借助它的声名。1907年,在奉化县颁令的劝学告示中,直以"功名"的许诺作为兴学堂的诱掖:

> 但为你们今日计,舍了入学堂,你们这些好子弟,将来从哪里得功名?又从哪里替国家出力哪?……你们若再不从此改良,将来人家有生活,有功名,你们不入学堂的,恐悔之无及。②

同年《盛京时报》刊发了一篇地方学务公所的劝学宣讲,亦径直以"功名富贵"作为鼓舞:

---

① 吴稚晖:《回忆蒋竹庄先生之回忆》,《东方杂志》第三十三卷第一号(1936年1月1日),第33—34页。
② 《奉天通俗白话报》第3年第11—12期合册(1907)"公牍要录",第58—59页。

> 从前凡有儿子的,谁不想教他儿子长大了好念书成名呢?像如今有儿子的,要不送入学堂去念书,科场又早已没有了,从哪里能得着功名富贵呢?说不了,就得一生作下等人啦罢。我劝大家早早晓得学堂,是富强的根本,断断不是别的说道,快快送儿子入学堂念书,比那得着多少金银钱财的,还好的多咧!千万可莫错了,千万可莫错了!①

科场没了,径入学堂求取"功名""富贵",这大约是当日的一般心态。在我们今天能看到的兴学时论中,常常满篇都是"朝廷"与"国家",而这位宣讲者直陈"念书成名"的道理,或许更让读书人有会心之感。同样的,1910年《通俗日报》上刊载的一篇名为《敬告要叫子弟念书的》的白话演讲中,亦将推广新式教科书与"出身"论述在一起:

> 从前要出身的,是要念五经四书,做文章,现在考试科场都停了,要有出身,必要进学堂,要进学堂必要念教科书,所以现在各处大地方,通常叫小孩子念教科书,好得上进,有出身,将来的宰相督抚翰林进士举人,都是要念过教科书的,诸位莫要看轻了。②

像这样在"新"与"旧"之间构成反讽的事例,寓目之后尤其让人感觉惊心。用"已被打倒"的去论说和支撑"当前正确"的,反讽的图像折射出意味深长的历史实景。这说明,科举虽已停废,旧制度下的惯习却如影随形。在批判者看来,正是这等"深印于脑蒂而

---

① 《熊岳宣讲所颁发劝学说》,《盛京时报》1907年11月20日。
② 《敬告要叫子弟念书的》,《通俗日报》宣统二年三月二十五日。

不可猝拔"①的功名思想沉重地拖曳着中国迈入新世纪的步伐。可是作为一个隔着更远的时空距离的观察者,却往往会感到这种以"国家"与"救亡"为指向的评判,脱离了一般社会的心态与生存。制度有其延续性,这种延续不但在于制度依附和牵动的利益人群,还包括制度积久滋育的惯习、固化成秩序的心理状态。废除科举所要完成的,实际上是教育制度的变革,并不是士人对于仕途乃至朝廷的抛弃。而在1905年后的反对派看来,读书人必须要完成一次集体性的出走。也正是在这样的逻辑底下,追求功名被等同于丧失了作为"国民"的独立意志与自由精神。通过观察和解读当日的一般心态,我们会发现,"革命"意志其实并不"普通"。民众关心和热衷的,终归在于社会自然要向前行,而个人的出身与前程总是至关重要的。

普通社会的功名意识还表现在对科举仪式的坚执。清末年间学生考中新学堂,是要像科举时代一样,由报子敲着响锣到各家报送报单:"往来街市中见黄纸条遍贴家门首,有所谓增附优廪者,有所谓部试已录恩赐举人或进士者,有所谓由某国某大学毕业得给某科学士或秀士者,有所谓以内阁中书、七品京官及陆军副军校、协军校等补用者,几疑文武乡会试同时复举矣。"②抄录一份当年的"报条":

> 捷报
> 　　贵府少爷老某某,今蒙钦命;头品顶戴赏戴花翎两广总督部堂袁,二品顶戴赏戴花翎广东提学使沈,×品顶戴××学堂监督某;会同考取为××学堂学员一名,俟毕业后给以举人出身,

---

① 顾实:《论学堂奖励》,《教育杂志》1910年第5期,第53页。
② 又人:《教育杂感》,《教育杂志》1911第1期"杂纂",第11页。

指日荣升禄位。①

一幅反讽的景象——因其"利禄之诱""奔竞之风""为国民教育之毒害"而屡遭批判的科举制度,在其废止以后,还是难逃"以文凭为升官发财执照"的命运。在1908年的广东化州,高等小学堂的学生毕业时也都好像考中秀才一样,穿袍褂,戴红缨帽,簪花挂红,游泮池,拜客,送扇,领花红。李佩卿从京师大学堂毕业回化州,便在祠堂门前竖起两支旗杆,演戏宴客,收礼金,像考得举人一样威风。② 在浙江富阳县同样有进入学堂,"报子"报送"报单"的仪式,焚香告祖,殊荣仪式,一如旧时,因而乡间有些人家就直接称毕业生为"学堂秀才"。③ 高等小学堂对生员毕业也视作一件荣达的大事,往往在冬尽岁末前举行庄严的毕业考试,阅卷评定毕业人数后,待过了年节,要再另外举行隆重的毕业大典,请县知事亲临参加,颁发文凭、执照。④ 郁达夫还记载,学堂有些30岁左右进过学的秀才,"穿了袍子马褂,摇摇摆摆走回乡下去的态度,却另有着一种堂皇严肃的威仪"。⑤ 舒新城的回忆也很有意思。1905年最后一次县考,他因为丁祖母之忧而"虽然为着大义所关,不能表示不满,然而心里却很懊恨,好像一个小秀才的顶子在那里等候,而我家无福去领取"。1909年,学部举行小学教员检定,舒新城前往辰州县应试并取中。教员检定合格与学堂时代的科名奖励远不是一回事,但接二连三得着"捷报高升"的报条,仍使全家人"欢喜非常",邻人"献酒相庆"。

---

① 张资平:《张资平自传》,第51—52页。
② 《广东辛亥革命史料》,广东人民出版社1981年版,第380页。
③ 郁天民:《说郁达夫的〈自传〉》,于听:《郁达夫风雨说》,第81页。
④ 同上。
⑤ 郁达夫:《郁达夫自传》,江苏文艺出版社1996年版,第13页。

> 母亲在此时的愉快,真不可以形容。等到我只身回家的时候,她正在厨房烧饭。听得我的声音立即把预备好的爆竹取出燃放,一面慰劳我,一面怨我不先通知等轿子接风;家人、邻人之闻我取得功名归,都来道喜。我母于欢愉的自谦中,忙着倒茶、送烟和讲述算命先生对我测算的种种故事。而厨房里的一锅饭,已在她的忙碌中变成半生不熟的焦粥——因为下米时不曾搅动,火力过大,便致下面干焦,上面成粥,中间不熟——等到客人去了,大家预备吃饭的时候,才知道又是一个吉兆,而唱着封侯(成粥的谐音)升高(烧焦的谐音)口号,再向我道喜。那时候的我,也似真的得着一个光祖耀宗的功名回来,而喜得手舞足蹈![1]

新教育家讥讽"仅仅高等小学毕业而亦鸣锣报喜者"至为"可笑",然而从这些郑重举行的仪式中,我们可以看到,乡民对"文凭""出身"的关切,尚不是利禄和登进之途可以完整涵盖的。这种隆重的仪式感所传递的,还有普通中国人对知识、天子、仕宦、名教等的深苦用心。"养士制度"造就了多方面的影响,这里面既有读书人学优则仕的追求、经国的抱负,也有他们因此产生的对学问、道德以及政治与社会的责任,还包括一般社会对庙堂之事的敬畏。

如果说功名意识在清末是由于朝堂高悬而挥之不去,那么到了民国,在新的教育、文官考试制度已成型的年代,人们对科举荣名的热衷则更加明证了功名之于中国社会的深透影响。舒新城分析旧思想对于新教育之影响:"民国以来,科举奖励虽然废止但此种思想却深入人心;乡间父兄之送子弟入学校固然以功名相期,子

---

[1] 舒新城:《我和教育》,第60—61页。

弟之入学校者,亦莫不以得一官半职扬名显亲自期。"①陈青之《中国教育史》中则总结过:"这个时候,一般人的脑袋中,除了君臣一伦用不着外,并没有什么解放的影子,犹在旧日的习俗之下过那呆板的日子,学校的科名奖励虽然取消了,而士大夫身份犹为一般读书分子所向慕。'士为四民之首'的一句古调,所有在学学生及由学校出身的人们,且日日在高唱着。"②据丰子恺回忆,父亲乡试中举的书籍、考篮、知卷、报单以及衣冠等,母亲都郑重保藏着,她认为将来科举或许再兴,也好参考应用。丰子恺说,这并不是母亲一个人的希望,其时乡里的人都嫌学校不好,希望皇帝再坐龙庭而科举再兴。父亲死后,每逢过年,母亲总是叫小丰子恺穿着大礼服去各家拜年,像当年中过举的父亲一样。母亲一片苦心,她也不管科举已废,还是希望儿子将来能中个举人,重振家声。丰子恺说,当时正是清朝末年与民国光复的时候,科举的废止、学校的兴行、服装的改革、辫发的剪除等事,在坐守家庭而不看书报的母亲看来犹如不测之风云,她能够理解的、聊以慰情的方式,依然系于功名为一个家庭带来的荣耀。③顾颉刚在《记三十年前与圣陶交谊》中回忆:"当科举未罢时,予已略习操觚,吾父欲令观场,而吾祖以为不宜太早。科举遽废,予乃无从取得提篮进考场之经验。圣陶告我,渠曾往应试,家中为之系红辫线,示年幼,闻之而羡。"④有人回忆:"我童年看到一些人家厅堂里还贴着红纸喜报'捷报贵府(官讳)某某老爷第××名入庠……',后面还有预祝'高中连元''位列三台'之类的吉利话。这时科举已停止二十多年,红纸已成淡黄色,这些人家还不肯洗刷掉。"从这些情味深长的有关科举的记忆中,

---

① 舒新城编:《近代中国教育思想史》,中华书局1932年版,第435页。
② 陈青之:《中国教育史》,上海书店出版社1989年影印版,第652—653页。
③ 丰子恺:《丰子恺自传》,江苏文艺出版社1996年版,第33、48—49页。
④ 商金林撰著:《叶圣陶年谱长编》第1卷,人民教育出版社2001年版,第18页。

可以看到功名对中国人绵长而又深重的笼罩力。朱东润讲述清末民初的从学及阅读往事：

> 夏天到了，昂然哥毕业了。当时在襟江小学，毕业是一种特大的荣誉。送喜报的人把喜报送到二舅舅家里，首先在门外轰隆轰隆地放一阵土炮，这才跑进堂屋磕了头，把喜报贴在门口，上边写着："捷报——学报，贵府少老爷峻基（昂然哥的学名）蒙泰兴襟江小学校长龙、堂长金考试及格，录取优等第几名。特此叩报。"这是一件喜事，送报人受赏退出以后，亲戚朋友都向二舅舅和舅母道喜，昂然哥也向他的父母道喜。在这一年夏天科举废了，但是科举的一切流毒正在借着学校的制度传播下来。①

叶浅予的回忆更有意思。1915年他从高小毕业，正碰上一年一度祭孔的第二天，有人送来一张通知，嘱咐他去孔庙领牛肉。发通知的人说，按照学历，凡是高小毕业的学生，按照前清的学位就是"秀才"，凡是秀才，遇到祭孔，就能分到一斤牛肉。② 季羡林回忆说，直到20世纪30年代，科举的思想始终流行，人们还是把小学毕业看作秀才，中学毕业看作举人，大学毕业看作进士，而留洋镀金则是翰林一流。③ 这种称谓与记忆的"无时间性"则更加分明地诠释了功名之于中国社会的矜重，它甚至不仅仅是教育、学识、身份与威望的简单叠加，功名背后寄托着一长串的中国历史——那是文化与制度底下，万千为其所化的生民。

胡朴安《北京輶轩录》中记录共和后的北京习俗，讲到缙绅士

---

① 朱东润：《朱东润自传》，东方出版中心1999年版，第23页。
② 叶浅予：《叶浅予自叙》，团结出版社1997年版，第17页。
③ 季羡林：《季羡林自传》，江苏文艺出版社1996年版，第85—86页。

庶人家,每至丧葬出殡,炫耀街衢,至今惯用前清某太夫人衔牌,及旗伞大锣,"肃静回避","前清举人进士""某科翰林"及"钦加道衔、府衔"衔牌等字样,"举人""翰林"照旧可以作为"欺视庸愚的耳目"和"假作炫耀的资本"。① 蔡尚思也曾回忆民国初年入私塾读书的情形:

> 还要一个一个被迫在一张大红纸上写的"大成至圣先师孔夫子神位"面前三跪九叩头。读书遇到有"孔丘"二字,都要读为"孔某",写"丘"字都要缺一笔,这样对孔子的避讳和虔诚,都是其他宗教的教徒对其教主礼拜所不及的。又如当时在我们小山县城的神庙中有一座孔庙,也超过其他各大宗教的庙宇,每年丁祭,都有香火、祭物、拜跪等仪式。只有士人代表才能参加,也才有资格分得祭后的一块冷猪肉。②

普通中国人对荣誉与身份的记忆,在经历了清朝末年混杂多变的政治与学术环境,经历了革命的扫荡、共和的洗礼之后,还是如此强固地保留了下来。民国以后,对传统时代知识与价值观念的恭敬并不是稀见情节。作家沙汀回忆,民元以后,母亲仍然认为读私塾才是"正途"。为"续书香门第的香火",在家庭财力已不继的情况下,也学本地士绅、富商延聘塾师到家教书的通例,设了家塾。而沙汀在家塾中待了整整十年之后,于1922年才进入四川省立第一师范学校。③ 经济学家陈岱孙回忆,他于1900年生于福建闽侯的一个书香门第家庭,他是家里的长孙,父祖辈都以"克绍家

---

① 《北京辅轩录·礼俗杂志》,胡朴安:《中华全国风俗志》下编,河北人民出版社1986年版,第17页。
② 蔡尚思:《儒教是宗教》,《文汇报》2001年7月28日。
③ 吴福辉:《沙汀传》,北京十月文艺出版社1990年版,第8页。

风"相期待。清末,"废科举,立学校"断绝了"正途出身"的道路,但是在他那位翰林出身的祖父主宰下,"外界的新风吹不进我的封建家庭"。"洋学堂"式的各级学校已相当普通,私塾走到了末日,但陈家孩子们的教育还是一仍旧贯,延续着传统的模式。陈岱孙从六岁至十五岁都在私塾读线装书,1912年祖父去世,而直到1915年他才进入鹤龄英华中学。① 朱光潜的少时经历同样如此,他说父亲在科举废除以后"率由旧章",教他做策论经义,并且"以为读书人原就应该弄这一套"。② 另据周一良回忆,20世纪20年代,有些所谓"旧家"为了让子弟在进"洋学堂"之前打下"旧学"和古文的根柢,都重视私塾教育。例如北大历史系的同事邵循正教授和张芝联教授,都是以私塾代替小学和初中教育,然后直接升入高中的,而他自己也是在8岁时入家塾读书,总计10年,1930年才赴北平求学。③ 杨伯安(1903—1983)的个人经历更是离奇。1913年身处安徽怀远的杨伯安还依循古礼,聘请先生授业并教导诵读四书五经,一直到这一年冬天,因为族侄约杨一起去县城的小学读书,经由父亲打听,才惊觉科举原来早已废除了。④ 对世事的懵懂及对科举的崇重可见一斑。

功名遗迹是一种记忆的形式,还存在于各式各样的态度和行动当中。光绪朝甲辰科最后一次廷试的状元刘春霖,1931年曾应海上闻人杜月笙之请,为杜氏祠堂落成点主。⑤ 犹太大商人哈同

---

① 高增德、丁东编:《世纪学人自述》卷一,第362—263页。
② 朱光潜:《朱光潜自传》,江苏文艺出版社1998年版,第274页。
③ 周一良:《毕竟是书生》,北京十月文艺出版社1998年版,第8页。
④ 杨伯安遗述,王文涛代笔:《风雨八十年》,(台北)中国青年党党史委员会1993年版,第9页。转引自林志宏《亡国之媒——科举革废后国家和士/知识分子的关系》,"'后科举时代的反思'学术研讨会"论文,2006年。
⑤ 陈旭麓:《近代中国的新陈代谢》,《陈旭麓文集》第1卷,华东师范大学出版社1997年版,第404页。

去世时,其妻罗迦陵和总管姬觉弥在办丧事的时候,还模仿旧日官场举行了"题主"仪式,同样请了刘春霖为"题主官",四位遗老翰林为"襄礼官"。"题主官"只在木牌加一点,便得"席敬"四千元,四位"襄礼官"各二千元,这"五官"和执事人均着清朝官服。① 时已在科举废除的数十年之后,帝制及其连带的制度与秩序、观念几乎完全落潮,但功名的价值依旧为人所重。读书人本身,也常常以这样的身份而自重。比如,林琴南31岁中举后,曾7次赴京城参加会试,均以失败告终。清室退位以后,他以清朝遗民的身份,先后11次哭拜崇陵,并且在绝笔书中署上了"清举人林纾"之名。②"与清相始终"的情结,表达了忠、义与坚执;而功名,则标记了眷恋中一份苍凉的自傲。孤岛时期生活艰难,张元济曾鬻书为生,在发表的润例告白中,仍署"太史"之名。③ 他在与友人信中说:"前清翰林浙江全省以弟科分为最老,比弟更老者,即国内亦无几人。故藉此二字为卖字招牌,尚有顾客。"④身经百年沧桑巨变,这些清朝遗老,在乱世中为保全性命各自为活;而功名,是相随一生的,悲凉或荣耀,始终是种见证。很难讲,像张元济这样的开明之士,他是在替一个王朝守节。在这位清朝翰林多少有些苍凉的卖文告白中,我们还是可以体会得到,源于身份的一种不卑与不亢。最后一任直隶总督陈夔龙辛亥后蛰居海上,曾在著述中苍然忆及过往的科举时代:

  功令本极严肃,人心先存敬畏。奋多士功名之路,实隐寓

---

① 杨方益:《清末科举旧闻》,《镇江文史资料》第7辑,第54—56页。
② 张俊才:《林纾年谱简编》,薛绥之、张俊才编:《林纾研究资料》,福建人民出版社1983年版,第60页。
③ 张树年主编:《张元济年谱》,第528页。
④ 张元济:《张元济全集》第1卷,商务印书馆2007年版,第387页。

天人感召之机。末世不察,至薄帖括为小技,而未审先朝驾驭英雄之彀,即在乎此。科举一废,士气浮嚣,自由革命,遂成今日无父无君之变局。匪特增余感想,亦犀川先生所不及料者已。①

这是对功名彬彬洋洋、肃穆深蕴的追忆。张资平也曾在辛亥革命后感叹新学中人大都比旧的人物"骨头轻","纵令他们有高深的学问,但总赶不上旧时的科名出身的监督教授们态度沉着,言行稳重"。② 或许像顾炎武所说的,君子为学,应有明道淑人之心,有拨乱反正之事。身当变故之秋,对身份的刻意标识更多的是出于内心持守——功名所牵萦的明道救世之责。如许支离琐细的背影汇集在一起,便是清末民初中国士人悲欣交集的生命历程。从中我们可以看到,制度底下真正经历其变故的人,是他们在用个人的生活与思想演绎国家、历史的变迁。

皮锡瑞戊戌年间评述康门政见,论:"欲尽改今日之政,予谓先尽易天下之人,改政乃可行;否则新政与旧法相背,老成必与新进相争,终将扼之,使不得行,行之反多弊,以滋守旧党之口实,今日所行是也,无可言者。"③ 易政与易人、新政与旧法、老成与新进之间的抵牾与相背相争,在在明证了历史和社会的复杂纷繁。及于科举制度,它的历史虽仅一千余年,但象征和规约却简直与"中国"二字相始终。朝纲所倚,士林相期,不读书、未识字之人的仰视,所有那些笼罩在科名之下的大小人物的情感,那些倨傲、讽刺、静穆与卑微的神气,都如同涡流一般在近现代中国的天幕底下回

---

① 陈夔龙:《梦蕉亭杂记》卷二,北京古籍出版社1985年版,第71页。
② 张资平:《张资平自传》,第130页。
③ 皮锡瑞:《师伏堂日记稿》,《中国近代文学大系·书信日记集二》,上海书店1993年版,第414页。

旋奔腾。历史这支陡峭的笔，它的奇特即在于，峻厉却又适时、节制地传递着温度，常使读者在过眼过心之际为之泫然。功名意识在科举废除之际的辗转迁折，所传递的就是这样一种似可感可触又遁于无形的复杂故事。

科举停废的地方理解
——以晚清浙江温州府士人为中心

徐佳贵

摘要：在晚清温州地方士人眼中,停废科举这一在后世看来意义重大的制度变革,却大致表现为一段水到渠成的过程。这涉及时人对于"八股""策论"之类科举文体之变的看法,也涉及其对于"科举"整体与"学堂"之关系的理解及其变化。而新旧"学"与新旧"制",在他们的观念中也多有交叉组合,这在变制前后,却又促成了地方士人的期许与对变制实效的体察之间明显的心理落差。于是在当时被认为"水到渠成"的变革,又在地方产生"深远"的震荡;士人对于变制当时缓冲设计的反应消极,对于新制又迅速陷于失望,其在地实践即便在他们自己的认知中,也终未能使地方与国家的未来变得更为光明与清晰。

关键词：晚清,温州,士人,科举,八股,学堂

作者简介：徐佳贵,上海社会科学院历史研究所助理研究员

近年,关于晚清科举改废问题的研究日形丰富,其中之一是引入信息观念流通的视角,考察科举停废的"地方"回应。因这一事件在今人表述中,往往具有划时代的意义;问题在于当时的"士",

尤其是身居相对边缘之地方的士人,是否同样"预感"到了这一可能并不对自己有利的重大意义?

本文以晚清浙江省温州府士人为例,①析论科举停废的地方"理解"。与单纯的"回应"不同,所谓"理解"涉及在地方士人自身的观念中,"科举"与其他一些关键词,如"八股""学堂"等等存在何种关系。此种理解关乎士人对于科举停废之前景或后果的预计,也关系到实际停废后他们对于变制的观察体验。严格来讲,这是一个既牵涉宏观也牵涉微观层面的大问题,本文仅是基于地方个案对此作一初步的讨论,蠡测管窥,以就正于方家。

一、八股、策论与科举

清末科举之"废"的前奏是科举之"改",主要指文体之改——废八股程式,主试策论。而废八股终于"成为"废科举的"前奏",尚有一个中枢与疆臣、朝与野协商与博弈的过程。② 其实在地方内部,也有一个在废八股与废科举之间"建立"逻辑关联的过程。成为科举首要文体的"策"与"论",却夹在两个"停废"事件之间,地位旋升旋落,此中缘由,也须从地方士人自身的视角作一检视。

对于八股文取士合理性的质疑,在整个清代所在多有,晚清由于中外角力尤其是甲午中日战争惨败的刺激,而达到一个高潮。戊戌年(1898)"百日维新"之前及期间,官员与士林名流议废八股,在地方上激起了各种各样的回应。在温州,如平阳县士人宋恕(1862—1910,增生)的表弟陈京(载甫),对废八股之议持消极态

---

① 因材料关系,本文中"地方士人"主要指生员或生员以上、未入学堂系统受训的老辈地方读书人。
② 参见关晓红《科举停废与近代中国社会》,社会科学文献出版社2013年版;韩策:《科举改制与最后的进士》,社会科学文献出版社2017年版。

度,曾在致宋恕的信中称:

> 近闻朝廷将改试时文,试策论、算学、时务,未见明文,徒有奏稿,不敢信以为真。阁下高见以为将来几年后能到此地步否?现在瑞城子弟之急于求进者,风闻谣传,即欲弃时文而学此数事,抄摘搜罗,不过盗袭之末技而已,纷纷扰扰,不值一笑。弟以为时文之真高者,未有不根于经济出也。岂以由时文中进身之士绝无可治国平天下者乎?如改试此数事,适以开剽窃之门耳。以弟言之,方今之世,亦只得以时文取士。不过须好试官,未必无真才出于时文中也。今天下之不治,岂尽在时文哉!使弟居科道翰詹中,必与若辈力争之矣![①]

而瑞安县廪生林骏(1863—1909),却从中看到了新的希望。戊戌年五月廿二日他在乡翻阅五月初五、十二两日邸抄,得知"杨深秀、宋伯鲁二御史奏时文改作策论以正文体",已获朝廷批准。此前在科考中积累的挫败感终于有了宣泄的机会,阅毕林氏不禁"奋然而起",在日记中写道:

> 夫八股作俑,始于安石,元明以降,仍袭旧制,以致课举子业者目不睹经史,日以八股为事,逞其技巧以媚宗工,调板必重平和,近于宋人词曲,辞句勉求藻丽,似乎美女簪花,侥幸以图功名,苟且以邀利禄,问谁实事求是者而愿为通儒?即有一二好古之士应试闱场,屡遭摈弃,此前明亭林先生因为之扼腕也。我朝自仁庙御极之日,文运昌明,乡会试改用策论,后因

---

① 《宋恕亲友函札·陈京》第四通,胡珠生编:《东瓯三先生集补编》,上海社科院出版社2005年版,第222页。

放笔为之,不顾忌讳,廷臣驳奏,仍复旧章。今者朝廷力求维新,首以厘正文体为务,凡为素王之子孙,是宜锐意图进,务求根柢,枕经葄史,引古证今,赎前愆、收后效,将来可成为庙堂之器,不知若何臻美也。①

这里陈京与林骏立论的着眼点,均在八股与"经济""实学"之间的联系,唯二人所谓的联系一正一反。至于改试策论等,在陈看来适开"剽窃之门",在林看来则可令学子真正以"学"进身。据目前所见材料,温州士人中与林骏意见相近者不在少数,且于此期开始日渐增多,地位高者如瑞安县的头面士绅孙诒让(举人,1848—1908),较普通者如林骏的妹夫张棡(廪生,后成廪贡,1860—1942)等,均对时文无甚好感。另如瑞安人金晦(1849—1913),早先因故被官府革去廪生身份,之后亦曾道及"时文必终废","课读时文,戕贼子弟,不为无过,可辍斯业",此种意见也影响了其门生刘绍宽(平阳人,1867—1942)等人相关的态度。②

回到戊戌年,在读到废八股之上谕后的几个月,林骏便改换一种更为积极的心情,投入到新一轮的备考中去。截至该年八月中旬,其订阅时新书刊的记录明显增多,他借此广泛摄取时新信息,并借鉴行文模式,开始苦练策论文体。如日记记载,六月初六日,"终日在馆阅《时务报》中《变法通议》诸论";初七,"终日在馆阅《商务摘要》";初八,"终日在馆作《富国强兵论》上篇";八月初五,"朝在馆阅格致书院课艺,夕阅《昌言报》中《筹海篇》",次日便

---

① 林骏:《颇宜茨室日记》,光绪戊戌五月廿二日,温州市图书馆藏。
② 刘绍宽:《厚庄日记》,光绪己亥二月初二、三月廿二日,温州市图书馆藏。另在该年五月廿五日,刘氏阅《日本国志》中加按语称(或为后来所加):"不论满汉,皆为时文所误,崇王斥霸,经术误苍生等语,皆时文中议论,学者无识,沿而袭之,遂误国耳。"

"终日在馆作《筹边策》";八月十一日,"终日在馆抄观风策论,共四艺,腕力疲极"。① 如此究心时务,勤习策论,可以想见林氏对此"不知若何臻美"之未来的憧憬程度。

怎奈,这个前景只是昙花一现。就在他"腕力疲极"的三天后,林从友人口中得知京师政变,预感到大事不妙:"尝观历朝史册,国家衰替,都有非常变故,……吾知内乱外侵交相递起,其患伊何底乎?此特天数使之然耳,我生不辰,逢此百罹,惟有深为滋惧而已。"九月八日翻阅《申报》,得知"皇太后懿旨谓祖宗旧制不可遽改,复黜策论以时文应试",林氏禁不住"深为扼腕,欲诉无从",在日记中写道:"噫!今夏之间曾奉圣谕以策论取士,未阅数月而令其复旧,朝令夕改,反覆无常,凡属官僚行政且犹不可,况为一国之君主乎?"甚而将矛头对准太后垂帘:"古人有言曰:'牝鸡司晨,惟家之索。'吾不知后来之患其将作何底止耶!"② 九月,张㭎与林骏通书,亦提及自己"翻阅《申报》,国事纷更,真千古所未有。考试功令,朝更夕改立名目,有旨查拿沪上报馆不许开设,维新党人尽力搜捕,……而我辈书生当复日伏寒窗,咿唔滥调,可谓无谓之至矣"。③ 只是大势无可挽回,林、张二人也不得不因时变化,从专注策论训练又回到主攻八股诗赋。

之后林骏对于八股科考依然保持关注,如戊戌年冬日记中提到:"初悬瑞安提覆牌……季芃(即门生孙诒棫、孙诒让堂弟,引者注)在其列,中心为之一宽。""吾瑞拨入府学者共十名,较去年加增一名,季芃适为之殿,幸哉!"④ 对于门生在进身之路上更进一

---

① 林骏:《颇宜茨室日记》,光绪戊戌六月初六至初八、八月初五、初六、十一日。
② 林骏:《颇宜茨室日记》,光绪戊戌八月十四、九月初八日。
③ 张㭎:《复林小竹》,张钧孙等编:《杜隐园诗文辑存》,香港出版社2005年版,第472页。
④ 林骏:《颇宜茨室日记》,光绪戊戌十一月十四、十七日。

步,他仍会感到喜慰。而这种由制度衍生的惯性情绪也非他一人独有,如其日记中曾提到:"闻是夕看榜者甚众,人如潮涌,踏倒不计,其数中有一练军,破额裂肤,生死莫决。"辛丑年正月元日,林骏还曾携两个儿子"至黉宫文昌阁向神前瞻拜,默祝功名"。① 不过,他对时新书刊的阅读也并未中止。早在1877年,温州已开埠,此后定期轮船航线建立,书刊、人员之流通开始诉诸近代海运。1900年的庚子动乱期间,温州沿海的轮运曾受一定影响,书报运送一度部分地调整为陆路,②但其整体上所受影响并不很大,时新书报与信息向温州的传输未曾中断。而林骏等人对于时新书报的阅读,对八股应试应无太大帮助,其中也当有应试训练之类的功利性目的无法涵盖的"兴趣"成分。

概括来说,戊戌政变后至庚子年,温州地方文教的变革未受"朝政"太多的影响;而此期清廷"失道"的表现,也通过时新书报的流传而为地方士人所知悉。至辛丑年(1901),清廷重议变法,施行"新政"。该年八月十日,林骏阅《新闻报》七月十六日时文改策论及停止武科上谕,便又在日记中作了一番议论:

> 忆自戊戌创行新政,曾有改策论之谕,未几新旧党兴,遂开大狱,旋复旧制,已隔四载。客夏拳匪肇乱,联军入京,宫阙蹂躏,两宫西狩,俄则侵占东三省矣,英则强据圆明园矣,沽口炮台坐失,皇城使馆界址广开,当此之时,国弱势危,外人虎视,我皇上怵目警心,思为奋兴,一洗陋习,遂饬内外大小文武臣工限两月议定新章,条奏变法图强,故有此谕。噫!八股取士,沿明旧法,以故为士者只习词章,不能讲求政治,无怪家邦

---

① 林骏:《颇宜茨室日记》,光绪辛丑正月初四日述怀诗注。
② 孙诒让:《与陈栗庵书二通》,张宪文辑:《温州文史资料》第5辑《孙诒让遗文辑存》,浙江人民出版社1990年版,第107页。

之孱弱如斯也。今日者舍旧图新,力行整顿,八股之改、武科之停,新政其权舆也。所愿上下同心,实事求是,毋忘皇帝拳拳深情,不袭虚文之弊,则幸已。①

林氏此时流露了几分喜慰,对于朝廷的求新姿态,却也再没有如戊戌年那般感到欢欣鼓舞了。只是,相比某些青少年学子的反应强烈,林的态度整体上仍相对温和。辛丑年八月底,林的门人孙诒械有火烧课艺刻本之举,林氏承认这个学生"不好八股,每见家藏旧艺即扯破之,纳诸字篓中,天性然也",却还是认为:"今之八股虽遭末运,而手泽所存遗文犹不可弃,矧前明暨国初作八股之人半属忠孝,文言道俗,亦见学问,特以风气日靡,刻鹄不成,反致类鹜,徒狃成见,一扫而空,其亦太甚。束诸高阁,屏之弗看,何必燔祖龙之火,躏其暴迹耶?"即八股毕竟是一种"文",唯因"世风日下",才渐丧失了其本有的"载道"与"见学问"的功能。② 相比之下,张棡对"上谕改八股"的评论更带讽刺,称:"噫,先睡后醒,拳匪与有力焉!"③同年张氏得阅《同文消闲报》上的《祭八股文》一文,复称:"揣摩滥墨卷诸君,此后又恐无啖饭处矣。"④

自此,策论取代八股,成为科考的主要文体。林骏也很快找回了戊戌年五月至八月间的日常状态,以时新书报为助,勤习策论。但练习归练习,已届中年的林氏对于应试的兴趣已然不大,乃至其日记中出现了一些反映地方上科举"衰败"迹象的记录。如甲辰年(1904)四月初十日记,瑞安"县试头场已揭晓,闻在前茅之列者均假手他人之笔墨也";之后十四日的县试二场,"被黜者"即已

---

① 林骏:《颇宜茨室日记》,光绪辛丑八月初十日。
② 林骏:《颇宜茨室日记》,光绪辛丑八月廿二日。
③ 张棡:《杜隐园日记》,光绪辛丑八月初八日,温州市图书馆藏。
④ 张棡:《杜隐园日记》,光绪辛丑九月十二日。

"过半"。十六日,在致妹夫赵羽仪的信中,林氏提到:"应县试者首场只六百七十余人,场规较去年破坏殆甚,见被发而祭于野,不免戎祸。科举之废,其兆已先矣。"当年九月廿九日又记:"考生员策论,学宪悬牌云近日按临括郡(即温州西面的处州府,引者注),新进应试策论者大半潦草,甚至首场文优,以二场恶劣而被黜者。似此勉强从事,求荣反辱,不如勿试之为愈云云。自此牌一出,而吾邑诸童操瓠而进者大觉寥寥矣。"[1]

"场规败坏",考生减少,应是文体改革直接导致的后果。虽然八股改策论在戊戌变法时期便是维新人士旗帜鲜明的主张,但引起热议与付诸制度化实践毕竟不是一回事。早先科举考试中诚有策题,但通常在最不受重视的末场;如今论题置于乡、会试首场,时务策在二场,士子主攻的文体对象发生了重大变化,而广大士子勤习策论的时日即便可从戊戌维新时期算起,也是相当短暂。不仅文体,时务策要求士子广泛涉猎中外时新知识;论题虽可能以偏于中土传统知识资源的"史论"为主,但史学本非八股训练的重点,故士子对于"策"与"论"所要求的知识内容,均需要"补课"的机会与时间。进一步讲,文体改革同时牵动着判卷标准的转变乃至重建,各级考官也需要一个尽可能从容的"适应"阶段。[2] 换言之,早有变制的风声,并不妨碍变制真正发生时时人多有"变起仓促"之感;对新文体具体如何应对普遍感到茫然,对于地方新科举的热情低落,便在情理之中。

不过仍须强调,在清代以前的历史中,策论曾经是重要乃至主要的科举文体,故从某种意义上讲清季的文体变革既是"革新",

---

[1] 林骏:《颐宜茨室日记》,光绪甲辰四月初十、十四、十六,九月廿九日。
[2] 参见曹南屏《清代科举的知识规划、考试实践与士子群体的知识养成》,《学术月刊》2017年第9期;《"考试不足得人才":清末科举改制与出版市场的互动及其影响》,《近代史研究》2018年第5期。

也是"复旧"。而科考场所、周期、经费及其他基本制度框架等等仍可照旧,可以推测,倘若假以时日,新科举相关的规章、出版市场、阅读习惯可渐趋成熟,考官与应试者对策论日益熟习,士子对于科举的热情可能重新升温。然而实际情况却是,地方策论科考"应者寥寥"的现象,被推定为科举将废之兆,而非旧制重获新生之可能。而官方不时表露的踌躇游移的态度,也会被理解为一种"进退失据",无助于挽救科举的声望。甲辰年七月,浙江学政陈兆文(字荪石)下发文告,称将院试经古场改作二场,首场"试四书五经义各一篇",即向早先的科考程式靠拢,对此林骏评论道:"科举在将废欲废之间,犹曰尊圣道、崇经学,不知有益于时局否乎?"①

这一看法,应与戊戌以降革新者主张的影响有关。维新时期,康梁诸人的真正目标即在停废科举,只是考虑以先变科举文体作为"过渡";另如张之洞佳婿暨重要幕僚、瑞安人黄绍箕(1854—1908),及其堂弟黄绍第(1855—1914),亦早有废科举之意,并曾向温州居乡士绅表达过这层意思。1896年,居乡的瑞安进士项芳兰听闻有改书院作学堂之举,与黄绍第言及,黄便说"科举不废,变亦无益"。项氏称其"意与余合",并谓:"科举不废,学校(这里指府县各级官学,引者注)不变,则人才无登进之路。"②1898年,北上京师参加该年拔贡朝考的平阳刘绍宽,与黄绍箕等人会于台、处、湖三州会馆,黄便向刘言及"时文改为策论,仅可以为过峡文字,必须整顿学堂为要"。③ 至1902年,早先八次会试不第、一贯痛恶八股的瑞安著绅孙诒让在致本乡士绅的劝告文中亦称:"倘变法废科举,则吾里旧日老先生八股之学,必无侥幸之望。"其时八股甫废,

---

① 林骏:《颇宜茨室日记》,光绪甲辰七月十一日。
② 《项申甫日记》,光绪丙申九月十四日,温州市图书馆藏。
③ 刘绍宽:《厚庄日记》,光绪戊戌五月初九日。

武科新停,而主试策论的"过渡"性质,已通过时新书报与地方头面人物的鼓吹而为更多的普通士人所知悉。①

以上大致揭示出了温州地方士人关乎科举文体之变的可能的思考逻辑。如前所述,八股与策论毕竟为两种文体,改换文体亦属重大改革,在短期内不免产生诸多乱象;而新文体的适应期,在时人看来往往又不能过分拉长。戊戌维新期间,包括部分温州士人在内的朝野人士对策论似乎仍有较高的期许;但戊戌政变至庚子动乱期间,清廷的"失道"大大加剧了"国亡无日"的急迫情绪,之后时人对于策论"过渡"性质的判断,遂可能在心理与实践层面进一步起到了缩短旧制新文体的适应期的作用。在策论科考与新式学堂均未见多少成效的情况下,朝野趋新人士终于作出非此即彼的选择,放弃"在科举中变",而专注于兴学堂。原本作为"缓冲"的改试策论,却在事实上仓促告结,沦为八股取士与新学制之间的"鸡肋"环节。当然,科举被废后不少地方学堂(包括温州在内)的国文教学,仍涉及类似策论的文体写作(或者就是主攻策论体),这一状况至少持续至"五四"时期(详另文)。但策论作为"科举"文体的功能仓促结束,使得科举在其最后岁月中的形象进一步负面化,科举从"改"到"废",在当时包括一些温州地方士人在内的不少读书人眼中,便成了一个顺理成章的"自然死亡"过程。

1905年科举停废,据称孙诒让"得报大喜",不禁"为赋纪事诗八章"。② 而据前引材料,林骏对科举之废虽有些许感伤情绪,但此后也与孙诒让等头面士绅一道,继续投身于地方兴学事务。下一节便从旧制内的文体之变进至制度本身的新旧递嬗,略述地方士人对于"科举"与"学堂"之关系的理解及其相关的地方实践。

---

① 张棡:《杜隐园日记》,光绪壬寅二月十一日。
② 孙延钊撰,徐和雍、周立人整理:《孙衣言孙诒让父子年谱》,上海社科院出版社2003年版,第232、325页。

二、学堂与科举

在今人理解中,八股与策论为"文体"不同,科举与学堂则为"制度"之别。但有差别不一定意味着必然"对立",如官方的变制之议,便曾有意"纳科举于学堂",这一定程度上是视科举为"抡才"大典,而学堂为"育才"机构,故"抡才"与"育才"本可接榫,二者不至于是水火不容的零和关系。问题在于,这样的"调和论"在温州这样的地方究竟有多大市场。

光绪戊戌时期或辛丑年后开始在乡兴学的温州士人,对于科举与学堂能否相容或相通,存在一些不同的看法。其中,一些温州头面士绅的论说逻辑径以科举与学堂二元对立为基础。科举本身只关注"抡才","育才"本是外延部分,这一点正被他们视作症结之所在。如孙诒让所言:"科举时代,各府厅州县皆设教职,仅司生员名册,而无教育之事,名实本不相应。"[①]瑞安进士项崧亦曾说:"自科目与学校分,而人才日衰,学术之事,听民自为之。"宋明广兴书院,"然终无救于宋明之季者,以其材不聚于上而聚于下故也"。[②] 从科举到学堂,是从名实分离走向名实"相应",也即理论上国家也应将直接经手的部分从"抡才"环节扩大到"育才"环节,从而确保地方为国培才之实效。

意见同样决绝者,还有平阳人刘绍宽。在甲辰年自作的《研究教育杂话》中他便提及,科举令读书人只知升官发财,"欲讲真实有用之学,而定教育之方针,决自废弃科举始"。现今各府州县"竞开学堂","而科举不废,邑人士之来学者,仍志科举而来,不知

---

① 孙诒让:《学务枝议》,张宪文辑:《孙诒让遗文辑存》,第43页。
② 项崧:《孙止庵先生八十寿序》,收入氏著《午堤集》,年份不详,温州市图书馆藏。

科举与学堂之教育相去远矣。即有不为科举者,为将来由此进身之计,依然与教育为间接也。热心学问之士,专自造就其国民资格,万不可有希冀利禄之心,以致荒废正业"。这段对于取士旧制的批评,整体上未跳脱其时倡废科举者的一般论调,可也表明刘本人的废科兴学立场,是颇为坚定的。①

同日日记述及一起学堂争端,亦可为刘氏立场之一证。之前的四月初七日平阳举行县试,次日发榜,"俗例凡试在前列者,寓处必高揭报条,今堂中(指1902年开办的平阳县学堂,引者注)亦循例揭之"。对于已然没落的旧制带来的荣光,"学生有以为非者",甚而有殷姓学生出面将报条扯去,致使"堂议大哗"。县试第一的王姓学生遂与殷氏互殴,其乡人亦来参加,被刘绍宽赶走。四月十一日,刘在对诸生的训话中明确袒护殷氏,称:"考试高揭报条,乃寓处包饭者所为,学堂无须有此。"王生"轻举妄动,本应记过,姑念智识未新,不能责备"。

这种立场,当是刘绍宽基于地方实践有感而发。在北邻的瑞安县,瑞安普通学堂等新学机构中仍须顾及策论练习;而在平阳县,壬寅年有记录称,平邑"经策报考者众而册费过巨,议减为生童各六百钱",表明地方学子对科考依然趋之若鹜。② 平阳龙湖书院改县学堂后,书院山长刘绍宽的百六十千文脩金作为在堂任教脩膳费,而书院诸生归入学堂,"膏伙仍不废"。不仅如此,"每月仍阅课卷,校外之课与学堂功课并行"。③ 相应地,学堂生亦多参加观风试之类的考试,学堂不得不为此停课。④ 科举占用了学堂本可调动的人力与财力资源,且学堂教学亦屡受科举"干扰",在刘

---

① 刘绍宽:《厚庄日记》,光绪甲辰四月初十日。
② 刘绍宽:《厚庄日记》,光绪壬寅四月十四日。
③ 刘绍宽:《厚庄日记》,光绪壬寅六月初六日。
④ 刘绍宽:《厚庄日记》,光绪癸卯十一月初一日。

绍宽看来,科举与学堂之势力也只能是此消彼长的零和关系。

而温属乐清县办学士人郑良治,与刘的态度有所不同。在甲辰年,他曾读到其师瑞安人陈黻宸的硃卷,提及某考官的叹语"凡作第一等议论,科场必稍受屈抑",感慨"科举岂复有人材"。[①] 但地方学堂生童试上榜人多,他仍会感到宽慰,[②]且称:"闻同人创办学堂,至今三年,师范生八九人先后获捷,人颇谓兴学之功,其实学堂重普通科,合格程度不专在此区区文墨间。然吾邦积尚数千年,欤动俗眼,莫此为先。或亦吾乡学界将兴之兆欤?"[③]依然将学堂生在科场中的成功,视为一地"学风"将兴之兆。之后,其族弟郑九眉称县试"妨碍功课",拟不赴考,郑良治却以为"汝诚有志英文,不考亦可,但考试妨功不在事,在心",且"若县府试夹卷留名,院试稍事翻阅考卷,十余日便可入场望隽,吾族博一衿,得书田上等者三亩,种成可了吾一年饭粮,于经济界亦有裨助"。虽然"古人往往谓正谊不谋其利",可"世界人善谋利者即正谊之基础也,不过义中之利与利中之利,此中权衡用心殊别而已"。[④] 即科举对于家境中下的人家来说,尚有明确的改善经济与社会地位的意义。当然,科考毕竟牵涉学子精力甚多,郑氏之后在给同族留学生的信中复称:"令弟徵同现在县试(过二场回堂),五月初六又府试期矣。科举之妨功犹复妨心,殊大可叹。"[⑤]可见郑氏对科举与学堂是否"对立"的问题态度相对游移,只是始终以兴学为当前要务这一点,与刘绍宽是大体相同的。

至乙巳年(1905)九月初,刘绍宽已看到八月初九日停科举之

---

① 郑良治:《百甓斋日记》,光绪甲辰八月廿九日,温州市图书馆藏。
② 郑良治:《百甓斋日记》,光绪甲辰十月初六日。
③ 郑良治:《百甓斋日记》,光绪甲辰十月初七日。
④ 郑良治:《百甓斋日记》,光绪乙巳三月二十日。
⑤ 郑良治:《百甓斋日记》,光绪乙巳四月十四日。

诏,并提及"所有各省学政,均着专司考校学堂事务"。① 但此时地方科举仍在照常运转,遂造成了官方猝不及防、府县应试学子无所适从的局面。该年九月十一日,相邻之处州便发生罢考,应考童生聚而不肯散,处州知府只得发给川资劝其回里。温属泰顺县学子则未知晓此事,考试于是照常进行,得知消息的刘绍宽径称"真不可解"。至十月初三日,永嘉县学又接杭州电报,称"初四,行考处,乞速办",于是"举郡哗然",地方遂又准备一次学政按临的院试。十一月十一至十四日,平阳童生亦得与试。② 此后,科举考试似才在府县地方归于消歇。而此番波折亦表明,当时科举系"突然"被废的看法,可能主要存在于观念偏旧的各级官员,而非已对科举之命运抱持"顺其自然"态度的某些地方兴学士人的头脑中。

总之,温州士人对于科举之废多有心理预期,尽管具体的停废日期可能出乎应试者意料之外,可整体上并未在地方产生太大的精神震荡。除却科考已非名利攸关的部分头面士绅,其他士人亦视此为理所当然,这当是由于科考给他们带来的通常是失落、无奈与偶尔的喜慰,曾经的"趋之若鹜"背后实是"别无选择";而当对地方兴学及其他"新政"事项的参与,赋予了他们新的身份(也即变成了"有的选择"),旧制的完结大致表现为一个水到渠成的过程,便也不足为奇了。

不过在另一面,作为根本取才制度的科举停废后,清廷亦曾出台了一系列针对老辈士人的"善后"措施,包括准予继续参加优拔贡考试并提高录取率、允许私塾径改学堂、鼓励就读师范科及参加各种职业培训等。③ 其中的优拔贡考试,可被认为是科举的一种

---

① 刘绍宽:《厚庄日记》,光绪乙巳九月初二日。
② 刘绍宽:《厚庄日记》,光绪乙巳九月十一、十三,十一月初五、十一、十四日。
③ 关晓红:《科举停废与近代乡村士子——以刘大鹏、朱峙三日记为视角的比较考察》,《历史研究》2005年第5期。

变相延续。温州地方士人亦未免俗,如维新时期反对废八股的宋恕表弟陈京,便于科举废后不久的乙巳年底考得优贡。① 早在维新时期已成拔贡的刘绍宽,虽对科举激烈批评,但也曾于宣统元年(1909)、二年(1910)赴省城及京师参加举贡考试。在考后回乡时所作的诗中,他称"科名况是劫余灰",可是考试再次落榜,却仍令他有"荆山抱璞一潸然"之慨。② 在民国时期重检早年日记所作的按语中,刘对此事已想得比较开,称应举贡试"未免无谓",而庚戌年此行之后,自己便"无复有觚棱之可梦见矣"。③ 相应地,由于优拔贡考试的存在,原地方科举经费亦未全数提作学堂或其他"新政"事项经费。如至宣统元年七月,尚有管理宾兴的瑞安生员张陔"因借口考试优拔,勒款不交"。④ 宣统二年,平阳县的文成会经费才"永远拨入学堂",举贡进京考试不再分给。⑤

另如1908年"朝廷有言扬行举之典",瑞安林骏即被"邑之知交"荐举为"孝廉方正",可他未能熬到获此名分的那天,宣统元年(1909)十月即"以微疾殇"。⑥ 再据刘绍宽后来回忆,"宣统初年,各州县保送尤滥",温州一次有10人荐举"孝廉方正"科。⑦ 除却考试,一些科名士人照样可以花钱购买,如平阳人宋恕1908年底从山东学务处帮办议员兼文案的位子上辞职,旋由增生捐得贡生,并由贡生捐得翰林院待诏衔。因科举已停三年,其捐功名的花销,

---

① 刘绍宽:《厚庄日记》,光绪乙巳十二月廿三日。
② 刘绍宽:《厚庄日记》,宣统己酉八月廿二;庚戌二月廿五,三月十二、廿二,四月初九、十三、廿二、廿四日。
③ 刘绍宽:《厚庄日记》,宣统庚戌日记末按。
④ 《本司支批瑞安生员张陔等请饬发宾兴禀》,《浙江教育官报》第13册,1909年9月23日(宣统己酉八月初十日)。
⑤ 刘绍宽:《厚庄日记》,宣统庚戌二月十三日。
⑥ 张棡:《故明经内兄林君小竹别传》,《颐宜茨室日记》第1册卷首。张棡《杜隐园日记》1941年11月29日(辛巳十月十一日)、张钧孙等编《杜隐园诗文辑存》第464—465页亦有《林小竹小传》一篇,文字与此微有不同。
⑦ 刘绍宽:《厚庄日记》,1941年7月14日(辛巳六月二十日)。

已较科举时代远为低廉。①

优拔贡之类的科名,乃至可以成为奖掖学堂师生的重要手段。对此刘绍宽在科举被废前曾予激烈批评,称:"今鄂督重定学堂章程,中学毕业者为某为某,大学毕业者为某为某,所学者在讲求实业,而所得者仍在生员、举人、进士,不知于所学有何干涉乎?可叹已!"②科举被废后,这一奖掖手段随着学堂的普遍化得到全面推行,如到宣统年间,地方中学、师范生毕业,均奖给正途贡生头衔,多是评定最优等为拔贡,优等为优贡,而师范简易科较完全科再降一等办理。③ 在教师一面,至辛亥年,师范与中学教员本无出身者亦得"比照举贡,准用顶戴"。④ 可见科举旧制虽已废除,却仍在地方投下绵长的阴影;尽管一些趋新士人对此不以为然,但这片阴影的覆盖范围仍可包括学堂,以及本无功名或功名较低的堂中学生。换言之,在1905年后,科举与学堂在地方依旧不是泾渭分明的;相应地,单就制度安排而言,未曾在学堂系统受训的地方士人与青少年学子之间的差别,同样算不得明显。

然而,地方实践毕竟有疏离于制度安排的部分。下文便以瑞安林骏、张棡为例,略述某些较"普通"的地方士人在科举废后的身份转变历程。

科举废后,林骏身为瑞安县城西北隅初等小学堂司事,同时在瑞安城内几处学堂与塾馆授学。而在林氏这里,塾馆与学堂

---

① 宋恕:《戊申日记》,胡珠生编:《宋恕集》下册,中华书局1993年版,第994页。
② 刘绍宽:《厚庄日记》,光绪甲辰八月廿六日。
③ 参见《奏浙江宁波温州两府中学堂学生毕业请奖折》,《学部官报》第113册,1910年3月11日(宣统庚戌二月初一日);《奏浙江金温处三府官立初级师范简易科毕业请奖折》,《学部官报》第151册,1911年4月29日(宣统辛亥四月初一日)。
④ 参见《优待初级师范学堂中学堂教员章程》,《浙江日报》1911年3月15日,第2张第4版。

也未完全对立,塾中教学内容亦可因时而变。他在门人姚瑾(字子琪)等人的帮助下自学算学,从最简单的加减学起,终达到可"为诸生演解算数"的程度。① 对于向学生请教一事,林氏亦未介意,丁未年(1907)姚瑾去杭州报考学堂,他作诗相赠,其中注谓:"余素不解周髀之学,君劝余习之,两相研究,今始稍识门径矣。"②唯因"中年学算,心颇粗浮",对于算理,"终嫌隔膜"。③ 此外,他还曾至友人吴之翰所设的瑞城毅武女学兼课。戊申年(1908)他一次往女校教授甲班国文,"中论月球真体,借日而光,朔望盈亏,各有定数云云,因仓猝任教,未获预备,只按图谱略为解说,然理未明透,心犹耿耿也",遂于次日在家检阅《天文地球图说》,"颇得其详,爰节录二则断以己意,以备考核"。④ 可见其新学基础虽不甚佳,仍能设法提高,无论在塾馆还是学堂,均有意因时变化,在主授文史之学的同时仍能对较新的教学内容有所顾及。

林氏妹夫张棡在此期的经历,又别有一番面貌。张棡并未居城,壬寅以降他是在瑞安河乡地区议购时新书报。科举废后,他于张氏二房小宗祠内办南乡书会与普及小学堂。⑤ 而瑞安河乡地区的聚星书院,也于1907年改作聚星两等小学堂。也是在1906年底1907年初,张氏受瑞城内县中学堂之聘,自旧历丁未年起掌教该堂国文、历史,脩金洋二百元。⑥ 到堂后张氏实际掌教西史、地理二门,之后与其他士人教员"更换功课",张又认任修身、舆地两

---

① 林骏:《颇宜茨室日记》,光绪戊申四月廿六日。
② 林骏:《颇宜茨室日记》,光绪丁未三月廿七日。
③ 林骏:《颇宜茨室日记》,光绪戊申五月十一日。
④ 林骏:《颇宜茨室日记》,光绪戊申二月廿二日。
⑤ 张棡:《杜隐园日记》,光绪丙午二月初六日;张棡:《二房小宗改设南乡书会兼办乡蒙堂因撰联语十余联》,张钧孙等编:《杜隐园诗文辑存》,第370页。
⑥ 张棡:《杜隐园日记》,光绪丙午十二月十五日。

课,至七月再拟改国文、修身两课。① 期间,他与县中学堂主事者项崧产生矛盾,至戊申年正月,便又受温州府中学堂之聘,赴府城掌教文史,钟点从每周廿四小时减到十八小时,脩金则增至三百元。② 此前由于本有交谊,及孙诒让的推介,③府中学堂监督刘绍宽对张的教学留出了较大的自主空间,张认为时下"中史无佳课本",刘便称"略者太略,稍详者又嫌近杂,而旧史如《通鉴纪事》等书又非可以作教科之用,须苾堂临时斟酌为妥",④即让张棡自行决定教材。对此张氏颇觉满意,任教数月后曾在致孙诒让子孙延钊的信中称:"生徒之间尚形浃洽,一切学规亦较瑞为胜,缘监督、监学皆与各教员和衷办理,故有如此成效。"⑤宣统二年正月下旬,永嘉士人刘景晨又出面续聘张氏至温中教书,年薪加到四百元,每周钟点减至十三小时。⑥ 至辛亥年七月,浙省谘议局及教育总会提议,各府中学堂"各教员每月钟点每点以三元三角零计算,应开费薪俸乙千五百余元",复经温中监督刘绍宽"伸缩支配",教师薪水又有提升。其中国文、外文涨幅最大,为每时洋四元;修身、经学、历史、地理、博物、算术诸科,为每时洋三元五角。对能享受如此待遇,张氏亦颇觉振奋,在日记中称:"此次予课国文九点、经学四点,照新章计算每月应得脩金五十元,较上学期已赢三之一,而诸教员亦一律。教育如此优待,则膺此任者其可不认真行之乎?"⑦

---

① 张棡:《杜隐园日记》,光绪丁未正月十九、三月初四、七月初十日。
② 张棡:《杜隐园日记》,光绪戊申正月十九日。
③ 孙诒让:《与刘绍宽论办学手札》第廿三通,张宪文辑:《孙诒让遗文辑存》,第195页。
④ 张棡:《杜隐园日记》,光绪戊申正月廿一日。
⑤ 张棡:《复孙生孟晋书》,张钧孙编:《杜隐园诗文辑存》,第476页。在《与许君养颐》一信中(同页),张亦表达了类似的意思。
⑥ 张棡:《杜隐园日记》,宣统庚戌正月廿一日。
⑦ 张棡:《杜隐园日记》,宣统辛亥七月初六日。

可以看出,首先,在新学制的背景下,林骏过得不如其妹夫张棡那么好,但这并不妨碍他日常养成相应的学习习惯,以尽量提高适应时代风潮的能力。其次,学堂本身不仅关涉新学之教授,它仍须以较新的分科体系(如国文、历史之类)将传统学问收纳其中。中如须收纳西史的"历史"易受较新的"进化史观"影响,但地方士人对于这一叙史框架也大体能够接受,《万国史记》等与《纲鉴》之类同为参考书,从而实现中西知识的简单累加。① 其时如"整理国故"之类的运动尚未发生,地方中小学堂也不必像大学堂或高等学堂那样基于更细致的分科需要对"旧学"动大手术,学堂文史科目的教授很大程度上仍是科举时代文史教育的一种"顺延",故之前参与乡里教育的不少士人不必经历剧烈的转折,即可在学堂时代找到新的用武之地。

以上所述,是科举停废前后温州士人对于科举与学堂之关系的认知体验,其中有将科举视为整体性的文教制度进而将科举、学堂二者决然对立的认知,而结合士人的在乡实践,二者间的关系建构却也有不少暧昧之处。总体上看,温州士人无论温和或激烈,多是在努力适应学堂时代的要求。孙诒让曾说:"学堂之阻力,不在无知之乡愚,而在科举之俊秀。此辈十九寒畯,既逾入学之年龄,又无远游之资斧。自学堂之设,年入数十金、百数金之家塾,皆不复存在。不引而教之,为筹出路,则穷无所向,非鼓扇浮言以遂其破坏,即借名办学,霸占公款以自营苑裘。于是废学堂复科举之谣言,与名学堂非学堂之家塾,充斥耳目,几乎不可爬梳。"② 结合前

---

① 如林骏日记中多次提到自己出的学堂或塾馆的考问题,基本都是"何时何地有何事物,何人所为"之类的形式,系统知识性的考查。另张棡在县中学堂曾建议取沈惟贤著《万国演义》(上海作新社 1903 年版)为西史教科书,该书亦大致取一种进化史观。
② 孙诒让:《上浙抚论学务困难事》,张宪文辑:《孙诒让遗文辑存》,第 25—26 页。

文分析,这里所谓的"科举之俊秀"或也曾经因时而变,只是在孙诒让这样对"学"有较高要求的头面士绅看来依然不甚"合格",故只能算作"投机"分子罢了。

问题在于,科举废后新学制全面推及地方,学堂的运营与育才实效又很快引起地方士人的不满。这种不满反过来又使得部分士人在科举停废之后,反而对于科举表现出了某种"怀念"。

三、新旧"学"与新旧"制"

发生不满的原因,首先可能与新学制在地方的运行成本有关。早先地方士人已意识到面对"数千年未有之变局",革新势必用费甚巨。如1896年,刘绍宽便就当前的国族危机发议论称:"论停捐纳,则洋债累累,必不能矣。……减免赋厘之议,则更不知时务矣。"[①]巨大的经济成本是改革必须付出的代价,类似的观念在一定程度上支撑了"新政"时期地方文教改革在重重困难中的推行。科举被废后,癸卯学制推及地方,温州府士人联合西面的处州府成立温处学务分处(后改称温处学务总汇处),由孙诒让任总理,统筹两府的兴学事务。而尽管得以统合整个浙南的资源,学务经费依然捉襟见肘,对于学堂的用度明显高于科举时代,地方士人也有了更为切身的感受。而更大的运营成本,或也在有意无意间拉高了士人对于学堂育才成效的期许,从而至少在短期内放大了其观感中期许与实效之间的落差。

同时,一些貌似"别有苦衷"的举动造成地方士人利益受损,也会导致当事人对地方内外学堂的负面观感层层累加。如丁未年,瑞安林骏致信在京求学的表侄李钟文,谓:"廿一日接阅来函,

---

① 刘绍宽:《厚庄日记》,光绪丙申二月十五日。

备知近日北京译学大为变动,有岌岌不可终日之势。"可能由于此次涉及金额过大,李要求先行回里,林却不同意,"欲令贤侄暂驻燕京,静候月余,别谋地位"。次日,林便给在粤掌教两广师范学堂的同乡陈黻宸写信,请其代谋出路,并介绍情况:"(该生)在译学按班受课四阅月,……本年季春忽起风波,复加甄别,新生经(陶)[淘]汰者四十余名,舍侄适当其列。闻之学部为经费不敷,刻意求新,将学生减数,监督欲保全位置,迎合之下而设法折磨京师学界。"平心而论,甄汰部分学生乃是"新政"最后几年学堂整顿的题中应有之义,可林骏虽能泛泛地批评当时学堂生多不合格,却不愿承认这些应淘汰者中有他自己的亲友门生。何况晚辈学子外出求学,"统计学费、膳费诸项开(消)[销]为数甚巨,一旦遭逢不偶,麾之使去,从前培植,付诸东流",这种"血本无归"之感便极易转化为一种对于官方措置的无尽愤懑。① 林骏后来给李钟文的兄弟李蔚文写信,称:"寒素之家无多蓄积,为其父兄勉集多金,使子弟负笈远游,原冀得借一枝,收厥后效,乃神山将近,旋被引回,殊令有心求学者目为畏途。"裁汰学员迹近骗财,对此林氏不禁悲从中来,接着叹道:"有心人缅怀科举时代,谓其今不如古,良有以也。学堂学堂,随波逐流,滥竽日众,莫问前途,吾知国未亡而其文先亡,人未死而其心已死。"当然,他的心终未"死",信末嘱咐表侄"乘此盛年,努力自爱,专心向学,独具辘轳,毋贻后悔"。② 眼见时风日下无力改变,他也就只能指望乡里后生在外求学于"不学"之世,"出淤泥而不染"了。

进言之,地方士人评判学堂绩效的标准本身,亦须作一探讨。如前所述,未在学堂系统受训的老辈士人,多成为文史或"兼采中

---

① 林骏:《颇宜茨室日记》,光绪丁未四月廿九、三十日。
② 林骏:《颇宜茨室日记》,光绪丁未五月二日。

西"诸科的教员;至于外文、物理、化学之类科目的教员,则多为外地或外国学堂深造回乡或到温的青年学生。据现今多数研究者的描述,与科举相对的"新式"学堂当以讲求"新学"为主,可其时总领地方学务的,多半却依旧是这些以"旧学"为早年的文化养成、此时也主授旧学的老辈士人。且兼采中西之学科,主事者似也多从"旧学"角度予以理解,如1902年初,瑞安张㭎与黄绍箕论及蒙学事,黄回答说:"(堂中)讲修身伦理事,亦宜讲水心、止斋之学。"[①]1908年左右的温州府中学堂,在其《暂定章程》的课表中亦明文规定,作为诸课之首的修身课"摘讲陈宏谋《五种遗规》,参朱子《近思录》"。[②] 时人对于学科化教育中"旧学"的关注,及旧学水准对于整个学堂绩效评判标准的影响力显著高于今人,当学堂保存"旧学"的实效未如预期,这些士人对于学堂的态度便将发生微妙而终至剧烈的变化。

以林骏为例。壬寅年起,林骏参与瑞安县城西北蒙学堂(西北初等小学堂前身)的筹设。该堂的日常运营中曾出现一些西来元素,如曾仿"泰西投票式,各班议举正副班长二人";[③]可堂中亦有较瑞城其他三隅学堂的"立异"之处,如另一办学士人吴之翰所云:"(学堂)所有学则概由自主,不屑与三隅等。故各隅有星期,而西北则以丁期休息。"另外吴还说:"各隅有体操,而西北则以《易筋经》代之;各隅有唱歌,而西北则以古诗词代之。"据称,这些安排都"颇合当时社会心理,以故去他校而来学者纷纷不绝,至则受之,俨若有教无类"。[④] 可见"中西"或"新旧"的融合不单体现在

---

① 张㭎:《杜隐园日记》,光绪壬寅正月十八日。
② 《温州府官立中学堂暂定章程》,1908年版,温州市图书馆藏。
③ 林骏:《颇宜茨室日记》,光绪癸卯五月十二日。
④ 吴之翰:《瑞城西北隅小学经始记》,收入氏著《慕肱斋文佚稿》,年份不详,温州市图书馆藏。

应付取士旧制方面,在早期学堂中保留"旧学"与旧的传统,至少也是部分士人的真确想法。

当时四所蒙学堂地处瑞城四角,虽有联络却互不统属,壬寅年九月,孙诒让等瑞邑头面士绅曾有合四为一之议,结果遭到各堂主事者的抵制。① 西北蒙学堂的独立性较之其他三隅似更突出,其所赖者即是上述种种通过"守旧"实现的"创新"。可是,当学堂教务出现某些问题,这种"创新"终究会连带受到质疑。癸卯年(1903)二月,林骏往访吴之翰,已谈及"分教习课徒疲玩恐招人讥,将欲设法改良"。② 而众人商议的改良意见包括"改丁期为星期",却让林氏颇为愤慨,谓:"逢丁日谒圣休息,以为奉孔子教民。今欲改之,下乔木而入幽谷,谁之咎乎?呜呼!圣学不昌,皆由此辈坏之也。"③次日众人再聚学堂公议,有人径称"西北教课实坏于管(瞻洛)、林二教习",双方"彼此交争,遂相与一哄而散"。④ 末了经人调停,"改良"之议终得实行,管瞻洛等仍"轮班司教",林骏与另两人则为"专课司教"。⑤ 据之后的记录,停课日亦由丁期改为星期,四隅蒙学程规的一致程度相应有所提升。⑥

此后,林氏被安排专教等次最低的戊班,"与轮教甲、乙、丙、丁四班者大有上下床之分"。之后监督想叫他临时轮班改阅甲、乙班文课,结果他满腹牢骚地作信回复:"既分轮课、专课名目,轮者谁乎?专者谁乎?彼此各有权限,不得相侵,且专教戊班其人之学问

---

① 林骏:《颇宜茨室日记》,光绪壬寅九月十一日。
② 林骏:《颇宜茨室日记》,光绪癸卯二月十五日。
③ 林骏:《颇宜茨室日记》,光绪癸卯闰五月十六日。
④ 林骏:《颇宜茨室日记》,光绪癸卯闰五月廿七日。
⑤ 林骏:《颇宜茨室日记》,光绪癸卯六月十一日。
⑥ 林骏:《颇宜茨室日记》,光绪癸卯七月初一日。林在日记中也多次称"星期"为"来复",这似是当时较常见的对于"星期"的代称。"来复"一语本于《易》"七日来复"之说,西国休沐之法与中土经典所记有"暗合"之处,可能也是林骏愿意妥协的原因之一。

可知。"颇为干脆地推掉了这份差使。① 至甲辰年,他已重新在表弟家设馆授徒,只任蒙学司事,不再参与教授。同年他手定塾馆学规,"每逢丁日即为休沐,意在崇奉孔子也"。② 科举废后的丙午年(1906),馆中曾一度改丁期为星期,"以符各学堂授课日期",但次年正月又将休沐之法改了回去。③

丙午年正月,林骏曾作《雨窗纳闷有感》诗,中谓:"纷纷邪说甚洪流,革命倡言效美欧。……纳粟加官汉滥觞,朝披短褐夕丝韁。明珠鱼目真难辨,仕路今开大市场。"在他看来,"纳粟加官"的现象自汉流传至今,此弊亦未因科举之废而得改变。又谓:"科名已废蓄真才,争说中华学界开。树木树人同积久,工夫岂是速成来。夏变于夷伪乱真,中邦文物叹沉沦。伊川非复神州土,野祭都为被发人。"批评学堂生的浮躁,而"夏变于夷"一节,则尤其令人"痛心"。他对此深感无奈,只能聊以遁世之语自遣:"英雄有意争名利,终让严光钓隐高。"④丁未年复有"杂感"一首,系与张橱的和诗,中谓:"圣学昌明传孔孟(小字注:孔子为中国大教育家,客岁季冬有宣圣升入大祀之诏,并饬学部编《孔子世家》为教科书,以崇圣教。),邪言横恣甚杨朱(注:近日私家著述层见叠出,皆非正论,少年子弟半为所惑,甚可惧也。)。"所幸"六经未火斯文在",他虽对"浮躁"之风无可如何,却还有"退而自守"的空间("好古任人笑我迂")。⑤ 也即"世风"在他眼里虽然"日新",但"日新"此时却又成了"日下"的同义词。照他看来,"纳新"并非必然以"吐故"为前提:"自我言之中西学,此经彼纬皆可作。"但"孔教一发"固然

---

① 林骏:《颇宜茨室日记》,光绪癸卯七月廿八日。
② 林骏:《颇宜茨室日记》,光绪甲辰正月廿八日。
③ 林骏:《颇宜茨室日记》,光绪丙午正月廿七、丁未正月廿一日。
④ 林骏:《颇宜茨室日记》,光绪丙午正月初十日。
⑤ 林骏:《颇宜茨室日记》,光绪丁未三月十六日。

"千钧系",眼下却也只能"古调独弹知者稀"了。①而张棡在1908年离开瑞安中学堂、赴郡任教的留别诗中亦称:"吾道其衰难保粹,楚氛甚恶正当权。……刻鹄何妨甘守拙,屠坳曾悔太趋新。……欧风心醉味如醪,岛海帆回气象豪。浪说新知兴祖国,已成弩末卷洪涛。中无所得形徒似,儒不能归墨又逃。闻道九重崇汉学,可无妙策展龙韬。"②其中固有对瑞安中学堂主事者的不满(即"楚氛"一语,应指项崧),但新旧制度递嬗方两年余,外来新知对于"强国"的功效,在其看来亦已成强弩之末。后来张棡又作诗录呈温中学子,即上引林骏戊申年和诗的原诗,二人论调可谓如出一辙。③

不过,严格说来,林、张二人对"旧学"的坚执,也并不像他们自己所感慨的那样难觅知音。在学堂时代尤为关切"旧学"的命运,几乎是温州老辈士人中的普遍现象。前面引及的瑞安士人吴之翰,于瑞邑玉尺书院原址设德象女子高等小学堂,欲削除书院旧额,代以孙诒让所拟之校名,结果不少"科举先生"以"此吾辈之古迹,一邑之文风"为由欲行阻拦。平心而论,保留一块匾额本非多逾分的要求,也表明这些阻拦者无意反对地方兴学本身;可吴在盛怒之下,仍作洋洋洒洒上千字的论议一篇予以批驳,并痛陈科举书院之弊。唯在具体的论述中,他仍留有余地,称:"此书院之流弊,非书院之初心,尤非建设书院者所及料也。穷则变,变则通,所以有废科举为学堂之今日也。"书院创始人所撰《玉尺书院记》,据称也被"刊入课本,使诸生读之,知创此书院之历史,以动其求学之观念,即以存吾邑学界之掌故"。④再联系前述在西北蒙学堂以丁期

---

① 林骏:《颇宜茨室日记》,光绪戊申九月廿二日。
② 参见张棡《留别》,张钧孙等编:《杜隐园诗文辑存》,第16—17页。
③ 林骏:《颇宜茨室日记》,光绪戊申九月廿二日;收入张钧孙等编《杜隐园诗文辑存》,第25页。
④ 吴之翰:《革除玉尺书院旧额记》,收入氏著《慕肱斋文佚稿》。

代星期、《易筋经》代体操、古诗词代唱歌之举,吴氏视旧"制"之废为理所应当,而对旧"学"则尽力保留,对于不同的"旧"的不同态度,亦是一目了然的。

瑞安头面士绅孙诒让的态度亦可为一证。孙诒让在主持温州学务时期,热衷于接引新学新说,乃至据刘绍宽所言,孙每逢"侪辈中有以古书疑义问者,既为详悉讲解,必复曰:此皆旧学,无用矣"。① 然而在孙看来,当前这个举世趋向新学的阶段,本质上也依然只能是"过渡性"的。"新政"伊始,他曾在《变法条议》副本自题八绝句的注中称:"火器之烈,于今已极,揆之天时人事,必有废绌之日,其在电学发微、黄种将兴之际乎?"②认为以军事斗争为主要表征的"国族"竞争终会被其他阶段取代。当然这里是以(更人道的)西学取代(不人道的)西学,此外尚有以某些"古学"取代当前"新学"的期许。1907年致馆森鸿的信中,孙在讲完对儿辈"惟督课以科学"的话后复称:"但今之浅学,涉猎经史,不能深通其义,则往往凿空皮傅,侈谭理想,此于猎文惊俗,未尝不可,而乃摆弃考证,自命通人,悍然舍古训而别为奇妄之说,则有甚不可者。"目下"专以空想树新说者",皆属"闭门决疑狱之类";待"环球文明日进,百年以后,各国势力平均",便能"投戈讲艺","但使圣教不灭,汉文常存,则经、史、子诸古籍,必有悉心研治之人。王(念孙、引之)、段(玉裁)诸家之书,证据详确,论议精审,将为世所珍重。而今之人虚憍新奇之论,亦必至烟销灰灭,不值一大噱。盖真是真非,二者不两立,此非可与世之盲和者道也"。③ 归根结底,当前"有用"的一些学问不可长久,一些一时找不到现实功用的旧"艺",却理应有着更盛的生命力。

---

① 刘绍宽:《读经平议》,《瓯风杂志》第21—22期,1935年10月20日。
② 孙延钊:《孙衣言孙诒让父子年谱》,第297页。
③ 孙诒让:《答日人馆森鸿书》,张宪文辑:《孙诒让遗文辑存》,第159页。

另如乐清县廪生朱鹏（1874—1933），早年师事瑞安陈黻宸，后曾襄办乐清西乡高等小学堂，复任府城师范学堂国文教员，又任乐清劝学所所长。① 至宣统元年，36岁的他在致宋恕的信中，已将立论重点放在本土旧学的保存上，称：

> 鹏家无锥立，门可罗张，寒微贱士，得书不易。……间有所读，半借他人。故一知半解，中无所主。私心窃度，以为学问一道，无论为儒为墨，为老庄申韩之术，必有一定趋向为经，而以他家之学为纬，始克有成。若泛泛乎如不系之舟，虽竭其心力读破万卷，无当也。近世学子以新学为口头禅，目不睹唐宋以前之书，更何有统一宗旨之可言！颜之推谓晋代儿郎幼习胡语，学为奴隶，中原沦陷，甚可痛也。鹏自束发受书，至今颇能留心学问。近年来好为人师，卖舌度活，其所学譬犹沿门托钵之僧，打包来往，何有善果，只自伤自愧而已。②

即他一方面自认"旧学"水准不高，一方面又认为无论如何，作为学子"一定趋向"的学问，必定要在中土自身的知识储备中找，否则便是《颜氏家训》所言的"学为奴隶"。而其乐清同乡曹文昇（岁贡，1863—1912），曾在杭州从学于浙江富阳籍理学家夏震武，③秉持程朱理学立场，在为门生答疑时强调："无端求学者亦只求科学，不求道学。性灵汩没，为名为利，放心不收，将何以修德凝道也？"学生陈茂杨问及，今日之新学说"翻译不真、首尾不具"，"我辈生此间，其自立之法当如何"，曹氏答以："彼以新学说傲我，

---

① 朱鹏：《六十述怀》，南航编注：《朱鹏集》，线装书局2009年版，第174页。
② 《宋恕亲友函札·朱鹏》第一通，胡珠生编：《东瓯三先生集补编》，第184页。
③ 刘绍宽：《曹先生祠堂记》，《瓯风杂志》第13期，1935年1月20日。

我即将新学说研究精熟以指其迷,不患不自立也。"①即精研新学的最终目的,仍在指出外人之"迷",进而求得"自立"。

由是观之,"新政"阶段,参与地方兴学的温州士人对"旧学"的地位依然甚为关切,而尤其在"新政"阶段的后半段(1905年以后),在一些专门标出"学"的价值评判中,"旧"的重要性似已反过来要较"新"高出一等。一大情由,或是在这些士人看来,旧学不仅关乎本国之"学",且关乎本国之"教";与旧学对应的"孔教"或"儒教",此期仍可作为中国"国族"的一大表征。例如组织师生祭拜孔子,在当时的地方中小学堂显是常例。癸卯年八月廿七日孔子诞辰,瑞安县举行祭礼,由普通学堂副总理孙诒让主祭,各隅蒙学堂师生亦皆参与,林骏如此称述当时的场面:"噫!生民以来,圣德之盛莫如孔子,今逢诞日,陈豆笾而拜祝之师徒济济,先后行礼,信乎二千年来之一特典也。"②刘绍宽在日考察期间,也曾将日本的乡区教育博物馆比作孔庙。③ 学制确立后,由于明文规定,谒孔成为地方学堂务必举行的仪式。丙午年刘绍宽在平阳办学,便曾"呈报锡太尊以近日大考情形,并请暑假到堂谒圣";放暑假日,有陈姓学生遭到斥革,即是"以归教不谒圣故"。④ 1908年的《温州府官立中学堂暂定章程》亦明文规定:"开学、散学、毕业暨月朔谒圣行礼,均如奏定章程仪式。"这些典礼不单是官方要求,对于地方士人而言,也是精神上一个重要的安顿环节。⑤ 再如戊申年末,张

---

① 曹文昇著,吴小如校点:《耕心堂集》卷六《或问录一》,线装书局2011年版,第104、107页。
② 林骏:《颇宜茨室日记》,光绪癸卯八月廿七日。
③ 刘绍宽:《厚庄日记》,光绪甲辰八月十七日。
④ 刘绍宽:《厚庄日记》,光绪丙午五月十三、十五日。
⑤ 按当时仍大量存在的地方塾馆,自然也要谒孔,如温州人游止水曾于宣统年间在府城内的某私塾读书,称"入学的第一件事是祭拜孔子",仪式"极为庄重、严肃",见游止水(遗作)《清末温州私塾》,《温州文史资料》第4辑,浙江人民出版社1988年版,第47页。

楠得阅章太炎载于《国粹学报》的《诸子学说略》,便称其"中多抨击孔圣之语,其强悍博辩,咄咄逼人",进而联想到:"宜其为革命党魁,不见容于祖国也。此君遁逃海外,尚无忌惮若此,设得志于中原,天下大局宁堪设想乎?有心人所以深世道之忧也。"①在他看来,即便需要标榜其他"传统"资源,亦不可以撼动孔子或"孔教"的至尊地位为代价。

总之,对科举"旧制"与中土"旧学"作区分,正是一种时人见解,而非仅是"后见之明"。早先地方办学士人可以一面趋新,一面又对"新制"包容"旧学"的能力抱有模糊的信心,乃至在某些情形下,新式学堂亦会被他们视为变通以"复兴"旧学的希望所在。②再质言之,传统儒学实也包含(或至少容许)"因时变通"的意识,而传统读书人参与变革的动力,有相当一部分也恰是源于此类"旧学"本身所提供的意识,而非仅是外力所激。然而问题在于,他们也会因此在有意无意间将对学堂中"旧学"教学水准的判断扩大为对包括新、旧学在内的整个办学成效的判断,遂致科举废后不数年,学堂与新学制在他们表述中的负面形象已层层累加,积重难返。

1908年初,瑞安黄绍箕去世,该年五月底黄氏灵柩运抵瑞城,据张楠称,其时"赴观者极多,不下万余人,较之清明赛会时尤盛",对此张氏评称:"可知科名一道,鼓舞人心不少。"③同年五月廿二日孙诒让亦去世,黄、孙的逝世在温州某些士人眼中,便成了地方"学风"进一步趋于颓靡的表征。1909年瑞安陈黻宸、项崧二派发生党争时,身为旁观者的张楠便曾感叹:"我瑞旧岁自孙征君、

---

① 张楠:《杜隐园日记》,光绪戊申十二月廿六日。
② 如林骏就曾明言,将书院经费重新调配、部分拨作府学堂经费的"改旧图新"乃"儒风丕振"之道。见林骏《颇宜茨室日记》,光绪壬寅二月二十日。
③ 张楠:《杜隐园日记》,光绪戊申五月廿六日。

黄鲜庵二公相继逝世,学界已黯然无色,今又叠起争端,其不为他邑人所姗笑几希矣。"①1909年乐清朱鹏在给宋恕的信中,更是将地方一些"著名"学人的境况总合起来,称:"近日我瓯斯文寥落甚矣! 蛰庐、籀庼、鲜庵(陈虬、孙诒让、黄绍箕,引者注)诸大师相继逝世,介师(陈黻宸,引者注)奔走他乡,劬劳学务,年未六十,发已颁白。"②地方学界耆宿的故去,在这些士人看来已意味着地方之"学"整体的沦落;至于此期持续处于膨胀状态的"新学",或未在此处"学"的涵括范围中,或也只能给言说者带来更大的矛盾感,和对于本地及本国文教之未来的不确定感。

由对学堂的失望逆向延伸,前引林骏等人且表露了对于科举的些许"怀念"。而刘绍宽虽亦坚持"旧学"本位,但终身视科举旧制之废为势所当然。③ 至于在学堂的"分科"环境中成长起来,后来又受"五四"新文化风潮洗礼的温州某些读书人,对于科举则已毫无好感可言。1920年,永嘉"新学会"所设之《新学报》便登出一文,作者述及自己从民元至民国四年在浙江省立十中(温州府中学堂后身)的读书情况。中称,校中中文课程"做教员的都是前清的举人、贡士或廪附生,他们对于现代的生活,(检)[简]直不大清楚,不过知道尧舜禹汤文武周公孔子而已"。作者心想"他们举人、贡士、廪附生老爷,知道自己受了科举的毒还没有洗涤干净,最好是关起门来不问世事;偏不照这个办法,也在学校里拿起教鞭,把青年白璧无瑕的脑(经)[筋],也染一点'圣王在上,臣罪当诛'的色彩,这就非大斥特斥不可了"。④ 在此,晚清以降地方兴学的"成绩"也被抹煞殆尽,仿佛一切要从零开始;而那些可能曾经支

---

① 张棡:《杜隐园日记》,宣统己酉五月廿六日。
② 《宋恕亲友函札·朱鹏》第一通,胡珠生编:《东瓯三先生集补编》,第184页。
③ 刘绍宽:《厚庄日记》,1941年7月14日(辛巳六月二十日)。
④ 高卓:《中学四年的回顾》,《新学报(永嘉)》第2册(1920年6月)。

持科举停废的老辈地方士人,亦被重新贴上"科举老先生"的标签,遭到了同乡"新青年"近乎通盘的否定。

结　　语

本文以温州为个案,对晚清地方士人对于科举停废的理解作了一番简要梳理。概言之,从科举到学堂的制度更迭,在当时地方尚可表现为一个水到渠成的过程,而"水到渠成"却又蕴含着更为"深远"的震荡,关于这一点,有学者形象地称之为时人对于科举改革的"围城"心态:在旧制笼罩下的许多人急于冲出藩篱,拥抱新世界,而冲出去后,却又甚觉无奈与失望,乃至不时流露某种"懊悔"之意。[1] 这一形容诚然贴切,只是本文尚欲进一步从地方个案的角度,剖析此类心态生成的可能逻辑。这自然不是说,温州的情况就"代表"了全国其他地方的情形,而是要给出一个新的案例比较与思路发散的基点,为理解科举停废前后的整个时代"语境"再添一把启门之钥。

有学者指出,实际至晚清光绪年间,八股文在形式上的要求已不很严格,最后"只剩下破、承两项没有改,其他的偶股都可以随意",与一般古文区别已然不大。[2] 若此说成立,则八股业已名不副实,不少时人(不只康梁派)仍力主废之,或本有聚焦于某些外在于文体的面向的可能。换句话说,"八股"与"科举"的命运,至迟到清末戊戌时期似乎已有相"绑定"的迹象;时人的立论常在科举文体、科举占用资源、科举与学堂的旨趣差异等不同面向之间来回穿梭,其最终结果便是使得"八股"之废颇为自然地滑向了"科

---

[1] 关晓红:《科举停废与近代中国社会》,第327页。
[2] 孔庆茂:《八股文史》,凤凰出版社2009年版,第404—406页。

举"之废。且清廷原议,科举从改到废尚是一个"缓进"的过程,唯出于种种原因,"缓停"终于演变为"骤废";[1]而在如温州这般信息流通无甚大碍的相对边缘之地,其地方士人观念中的上述"滑动",尚可能较之各级官府来得更为"自然"。

但在另一面,积极参与兴学的不少晚清地方士人,其实是对科举旧"制"并不虔诚、对旧"学"则深有感情之人。当新"制"实际未能如他们所期许的那般提振旧"学",而仅是空前压缩了它的生存空间,对"旧"的关切、眷念便将更多地呈现在他们带有价值评判性质的言说之中。质言之,一边是"国亡无日"的急迫情绪越发高涨,此种情绪且能为不少身居相对边缘之地的读书人所分享;一边则是对于变革"过犹不及"的忧虑,在地方依然是常见现象。对于缓冲设计的反应消极,对于新制又迅速陷于失望,地方士人固能参与促成此番重大的文教变革,可他们的期许与变革实效间的落差由于种种原因而不断加大,其在地实践即便在他们自己的认知中,也终未能使地方与国家的未来变得更为光明与清晰。

(本文材料析自拙著《乡国之际:晚清温州府士人与地方知识转型》,复旦大学出版社2018年版。材料经过重组,并新增部分内容)

---

[1] 关晓红:《科举停废与近代中国社会》,第86—138页。

后科举时代基层社会文教之
显与隐(1905—1927)

左松涛

摘要：当下学界对于废除科举的若干认识，深受清末以来所形成的时代意见的影响，虽极具知识洞见，也易抹杀复杂多面的历史事实。转换考察视角，小心解读史料，可以发现尚有一些被忽略了的历史面相值得深入探讨。科举制度的废除，的确表面上是波澜不惊，但在基层社会却多有腹诽与无声反抗，且将矛头指向西式新学堂，标榜保存固有文化传统的所谓私塾则大行其道。在科举制度不复存在的清末民初，文化教育领域的变化的确非常急速，但与此同时又存在另一个几乎不变甚至是故意立异的平行世界。两者所具有的显与隐的辩证关系应放回历史语境中重新进行理解。

关键词：科举停废，基层社会，文化教育，显与隐，清末民初

作者简介：左松涛，武汉大学历史学院副教授

一、引　论

科举是以科目考试来选拔官员。这一制度创设于隋唐，大行宋后，立法用意迥异于先秦的世官制、汉代的察举制。按照历史学家钱穆的说法，其以客观标准挑选政治人才、消融社会阶级与促进政

治统一,"自唐以下一千年来,成为中国政治社会一条主要骨干"。①

到了晚清,时论则多认为科举制度无论是以八股制义还是通过书写策论抡才,难以应对数千年来之大变局,成为推广新(西)式学堂的主要障碍。1905年,清廷不再修补旧制,谕令立即停废。印行于1928—1929年间的《清史稿·选举志》如此评说:"论者谓科目人才不足应时务,毅然罢科举,兴学校。采东西各国教育之新制,变唐宋以来选举之成规。前后学制,判然两事焉。"②虽然该书旋即被禁,但反而引起坊间关注,一时洛阳纸贵。撰者看法跨越时空,为后来中外学人普遍接受,并进一步阐发。③例如,美国学者罗兹曼(Gilbert Rozman)主编的《中国的现代化》就将废除科举视为中国现代化起点,说:"1905年是新旧中国的分水岭;它标志着一个时代的结束和另一个时代的开始,必须把它看作是比辛亥革命更加重要的转折点,因为对在此之后的任何一个政府来说,在必须具备什么样的基本制度基础方面,在通过什么途径来赋予社会精英以地位并配备行政官员方面,1905年都带了变化。……随着科举制的废除,整个社会失去了作为自己特色的制度。这一变革对于政治结构的重要意义与1949年共产党人的胜利难分高下。"书中更具体指出,由此所带来的出国留学热潮,探索解决社会问题转向外国知识,对辛亥革命、五四运动的发生非常关键;它造成国家行政管理进一步腐败,军阀随之蜂起;它导致地方资源的再分配,也鼓励许多人去寻找与国家利益无关的职业;它摧毁现存的社会等级制度,使得城市和乡村之间的界线更加固定;它极大改变了

---

① 钱穆:《国史新论》,生活·读书·新知三联书店2001年版,第292页。
② 赵尔巽等撰:《清史稿》卷一〇六,中华书局1977年版,第3099页。
③ 敏锐者如严复在1905年末环球中国学生会的演讲中即指出废科举"乃吾国数千年中莫大之举动,言其重要,直无异古者之废封建、开阡陌"。见《论教育与国家之关系》,《中外日报》1906年1月10日。

教育在中国发展中的地位,形成了明显的文化中断。①

《中国的现代化》被翻译为中文之后,学术影响较大。有论者赞许说:"该书的出版,不仅对中国的现代化建设极富启示意义,而且标志着中国现代化的研究在国际范围内已从零星的、片断的描述达到系统的研究阶段。"②史学研究风气时有变化,但以笔者有限的阅读经验来看,直到最近的中文论著,在宏观立论上似仍未根本摆脱该书范围。然而,该书观点有一定的时代烙印,其贬低辛亥革命的意义就与当年美国的中国学界所持知识立场有关。芮玛丽(Mary Clabaugh Wright)等人认为,辛亥革命的特征就是缺乏强有力的领导人,逐渐淡化对革命家的关注,转向研究清末十年重要的社会、政治、经济与思想变化等课题。③ 后有华裔学者对此不满,认为修正史学反对神化孙中山的同时,"可能矫枉过正,从一极端走到另一极端,以至超乎常理的地步"。④ 如这一判断准确的话,《中国的现代化》所述的社会重大变动,是否主要因为废除科举这一客观原因而导致,应该再思。

检视作为知识源头之一的《清史稿》,在相关论说中同样可发现隐秘之处。前引《选举志序》出自著名学者王树枏(1852—1936)⑤之

---

① 罗兹曼主编:《中国的现代化》,江苏人民出版社2003年版,第229—230、434页。英文版写作从1976年开始,1982年印行。1989年,上海人民出版社推出了中文版。

② 张静主编:《中外社会科学名著千种评要·社会学》,华夏出版社1992年版,第302页。

③ Mary Clabaugh Wright, *China in Revolution: The First Phase, 1900–1913*. Yale University Press, 1968.

④ 语出 Ernest P. Young,见薛君度《门林集》,中国友谊出版公司1990年版,第32页。

⑤ 王树枏出生于直隶新城的书香门第,祖父王振纲受曾国藩聘,主讲保定莲池书院。王少年时随祖父读书,得以向名流问学。光绪丙戌(1886)科进士,曾入张之洞、陶模幕,官至新疆布政使。武昌起义时,分别致书袁世凯、黎元洪"请其勿为党人所卖"。清廷覆亡后,一度隐居不出。1914年,清史馆馆长赵尔巽聘其为《清史稿》总纂,开始撰史十四年的生涯。1928年,应张学良、杨宇霆之请,为奉天萃升书院主讲。该书院之设,意在"专习中国古学,以挽今日学堂积弊"。王氏在晚清民初文坛与义宁陈三立齐名,有"南陈北王"之称,其史学眼光不局限禹内,还撰有《彼得兴俄记》(1896)、《欧洲族类源流》(1896初成,1902年付梓)、《希腊学案》(1902年成书)、《欧洲列国战事本末》(1902)及《希腊春秋》(1906)等。

手,原稿与通行印本有不小差距,排比如下:

> 论者谓科目人才不足应时[务]事需要,毅然罢科举,专办[兴]学校。采东西各国教育之法[新制],变唐宋以来选举之成规。前后学制,判然两事。此孟子所谓尽弃其所学,至比之下乔入谷,盖矫枉过正,其流弊更有不胜言者。①

这段序言写于1928(戊辰)年,印行在《清史稿》问世后,似有正本清源意味。原文暗喻春秋笔法,立场鲜明的字句均被删节,显非王氏所为。据其孙称,王树枏在清史馆中有无形威严,"当各不相让之时,先祖原立而言之,以烟管顿地有声。际此凤老(柯绍忞,引者注)则呼'晋卿要打人了',大家一叹而罢"。② 这一修改很可能是金梁(1878—1962)③所为。事实上,王树枏对金梁擅自修改史稿非常不满,一度寄望徐世昌出面主持重修清史。这当然没有成为现实。

一般而言,王树枏、金梁都是科举考试的获益者,清民鼎革之后成为所谓的遗民,政治立场有相近之处。但却因彼此年龄、遭遇

---

① 王树枏:《陶庐文集》卷一八,民国刻本。
② 王会庵:《清史馆遗闻》,见《古都艺海撷英》,北京燕山出版社1996年版,第492页。
③ 金梁,瓜尔佳氏,杭州驻防旗人,光绪三十年甲辰(1904)科中式,成为"最后的进士"。在清末,其任过京师警察厅东城左厅事、京师大学堂提调、民政部参议与新民府知府。民国成立后,在奉天辅佐张作霖,后被溥仪小朝廷任命为内务府大臣、少保。金氏虽为满人,却颇急进,据说他在16岁时著《大同新书》,得到王韬作序,赏识为神童。甲午、戊戌年间,因三上万言书,中外皆知"满洲瓜尔佳氏"。1900年,趋新知识人与革命党人在上海组织"中国国会"时,章太炎点名金梁之流才是最危险劲敌,力排其加入组织,因为"虽在满洲,岂无材智逾众如寿富、金梁其人者。不知非我族类,其心必异,愈材则忌汉之心愈深,愈智则制汉之术愈狡。口言大同,而心欲食人,阳称平权,而阴求专制,今所拒绝,正在此辈"。见《请严拒满蒙人入国会》,《中国旬报》第19册,1900年8月9日。

与学识等分趣,导致对于科举制度的看法各有立场。① 登上科举的最上层,参加最后两科会试的举子中如金梁一样不以科举这类中国固有制度为然者为数不少。癸卯科同考官恽毓鼎(1863—1918)注意到,"各房二场卷,往往颂扬东西国为尧舜汤武,鄙夷中国则一无而可,至有称中朝为支那者。西学发策之弊,一至于此!以此知二场西策之法断乎其不可行也。枕上思之,不胜愤懑"。② 甲辰科三场四书五经义题,举子们因"谈洋务,说洋话"被斥者甚多,以致两位副主考陆润庠、张百熙要想方设法保全,"已撤去佳卷不少,万不能再为人所摇"。③ 当优胜者居然也倒戈之时,中国固有教化与选拔体系的结局就可想而知了。

在科举制度摇摇欲坠之前,著名报人林獬(1874—1926,号白水)就已经不遗余力对民众宣讲知识标准将发生大挪移:"你们做百姓的,天天都巴望家里小孩子念书,都说读书念成功以后,就可以中状元做官了。我白话道人老实告诉你,现在的时势,比从前不同。从前小孩子读书,只要念《三字经》、《百家姓》、《千字文》、四书五经,做做几篇八股文章,就可以出去考试,把那秀才、举人骗到手,便可以打算做官,或是做做教读老夫子,也可以混一碗饭吃吃。现在科举差不多要废了,从前小孩子所念的书,到如今都不中用

---

① 从上引章太炎的檄文可知,时人对金梁的印象正是"口言大同""阳称平权"。据说金梁参加甲辰年考试时,"已内定探花,因对策有国事可谓痛哭流涕者语。适逢慈禧七十六寿,斥为不祥,怒掷试卷于地,改降进士 203 名"(任启圣:《金梁生平》,见《文史资料存稿选编》,中国文史出版社 2002 年版,第 814 页)。据任氏称,他亲见后来流出的金梁原卷,其中有其师某君跋语述其事经过甚详。金梁原定的探花,由广州驻防旗人商衍鎏顶补。

② 恽毓鼎撰,史晓风整理:《恽毓鼎澄斋日记》,浙江古籍出版社 2004 年版,第 220 页。

③ 《陆润庠致张百熙札》,韩策:《科举改制与最后的进士》,社会科学文献出版社 2017 年版,第 154 页。

了,所以现在的小孩子,都要把他送到学堂里面受教科。"①科举停废后,无论是在清末最后五年抑或是民国最初十六年,胆敢呼吁恢复旧制的李灼华、潘庆澜与陈树德等人均被新闻舆论抨击为"妖言惑众""奇谈",视他们是自绝于人类的脑残,因为"最腐败、最黑暗者莫如专制朝代之科举;文明最开通者,莫如共和时代之选举。一则锢蔽民智,一则扩张民权,其中优劣,正如云之于泥,霄之于壤,不可以道里计也"。② 在五四新文化运动之前,科举就已被讥讽为"国故毒",完成了污名化的过程。身居魔都上海的一位大学生就感慨说:"科举、科举,今人闻此二字,辄不待其毕词而已,掩耳若不胜其疾恶者。"③

近代中国社会不同时空维度并存的重要特征,提示今天的研究者不应将复杂问题化约处理。揆诸事实,与书写《清史稿》的遗老遗少不同,也和城市新闻传媒中新知识人抱持立场不同,出于基层社会文化精英之手的部分民国地方志书对于废科举、兴学堂的前朝政策倒不无批评,声音略嫌刺耳,显得不太和谐。例如,1933年印行的河南《淮阳县志》就如此论史:"承平后(指平定捻军,引者注),科第文艺,人争琢磨,翕然就范,但蹈袭空疏,时论病之。民国后,英年时彦,锐志科学,讲求实用,又兼省立中学、师范两校,均建治城,莘莘学员,月增日新。然矫枉每易过正,该本末不蹈流弊,贯新旧勿崇浮嚣。父兄之教先,则子弟之率谨,此则士大夫之责也夫!"④该志主事者绝大多数具有前清功名,两位馆长分别是附生、拔贡,主纂则是举人,六个分纂除一位毕业于育才馆,一个毕业于河南大学外,其余均是附生、贡生与拔贡不等。应注意的是,淮阳

---

① 白话道人:《小孩子的教育》,《中国白话报》第三期,1903年。
② 《大公报》1913年1月10日"闲评一"。
③ 吴致铿:《科举改良之研究》,《沪江大学月刊》1918年第2期。
④ (民国)《重修淮阳县志》卷二《舆地下》,1933年刊。

县志局的人员构成与所具有的文化理念(如仍以"士大夫"责任来号召)在当时基层社会绝非孤例。

职是之故,研究后科举时代的基层社会文教事业,应当充分把握显与隐的关系,不可将某些社会表象误认为历史事实的本相。有形制度容易从上破坏更新,但不成文社会规则却有持久性。本文使用1927年为一时间断限,仅意在表明南京国民政府辖下,由于有党治文化的理念与实事,与清末民初的社会情势难以同日而语,需要另题处理。这一划分是便宜从事,不可放大到一概而论,例如对于民国时期的四川、云南等地显然不宜使用这一标准。本文所使用"基层社会"概念,并不全然指"下流社会""乡村社会"或"民间社会",而是试图借助这一词汇将探索目光落实在废除科举之后,社会文教事业若干不同于既有史学叙事模式所凸显的面相之上。[①] 因个人手眼不到处甚多,祈请读者高明指正。

二、文化心态的时趋与固守

科举停废前后,个中人物的反应、调适与分化如何,一直是学界念兹在兹的问题,已有不少实证研究成果可资参考。[②] 笔者以为,考察社会对大变局的多重认识与应对,进一步搜集、研究应试士子的直接史料固然重要,若能放宽历史视野,跳出固定思维模

---

① 费孝通指出,在近代中国"曾长出一层比较上和乡土基层不完全相同的社会,而且是在近百年来更在东西方接触边缘上发生了一种很特殊的社会。这些社会的特性我们暂时不提,将来再说"。见氏著《乡土中国》,北京出版社2005年版,第1页。既有史学叙事受费氏所言这种"特殊的社会"的知识影响其实非常深刻。

② 例如,关晓红研究了科举改章及停废对于乡村士子生存状况和发展出路的影响,其结论是"多种渠道并存","旧学出身者大都能够保持科举时代的出路,前景甚至更加广阔"。见氏著《科举停废与近代中国》,社会科学文献出版社2013年版,第241页。韩策著《科举改制与最后的进士》一书则详细研究了最后两科进士的出路,指出该群体在废科举后"既未明显地边缘化,也未笼统地出路更宽"(第367页)。

式,亦可别有所见。

　　学人已注意到晚清社会对科举立停的反应较为平静。检视留存至今的亲历者日记,或寥寥数语,一笔带过;或干脆是毫无记录,近乎空白。① 有社会学者感慨,时人反映"大致接近于是无声无息,革命派的报刊几乎不注意此事,改良派、保守派的反应也不热烈,既乏激愤者,也少欢呼者,似乎这并非是一个延续了千年以上,且一直为士子身家性命所系的制度的覆亡"。② 有历史学者对此略有修正,但也表示:"废科举事件在清末如果说曾引起反抗的话,也都是零星的、小规模的,并没有构成风行一时的舆论势力。"还认为这"是在一种相当平和且赞成势力远远强于抵制势力的良好氛围中完成的,异质于学堂教育的社会群体并未构成对新体制的莫大威胁"。③

　　上述说法当然符合历史实情。然而仔细推敲,不无可讨论之处:

　　其一,清末报刊舆论多掌握在趋新知识人手中。废除科举是朝廷功令所在,不存在任何风险,反是一种"政治正确",因此在"舆论"上几乎没有像样的反对声音,不难理解。持有革命立场的报刊,更不太可能对为清廷"加分"举措主动叫好,其有关报道及论说倒多见借题发挥,甚至指桑骂槐。④

---

　　① 例如,最近整理出版的《邓华熙日记》《贺葆真日记》均无所记。贺葆真(1878—1949)出生于直隶武强一个科举世家。
　　② 何怀宏:《选举社会及其终结——秦汉至晚清历史的一种社会学阐释》,生活·读书·新知三联书店1998年版,第415页。
　　③ 沈洁:《废科举后清末乡村学务中的权势转移》,《史学月刊》2004年第9期。
　　④ 1903年初御史李灼华、给事中潘庆澜等人曾上奏反对停废,但在朝廷政策宣示后,再公开反对是高风险的妄动。1909年5月19日《申报》的一则"京师近事"的新闻就说:"近有某御史拟请恢复科举,折稿已经草就,拟俟李灼华请复科岁试折议准,即将入奏。近因接奉十五日谕旨,即已作罢,不敢揣摩尝试矣。"清末商业报刊各有利益立场,总体以趋新为绝对多数。1902年,与《大公报》渊源极深的严复指出该报"京中访事意有所左袒,其訾议旧党多不以实",严曾函劝主事友人"于京中访事之言稍察虚实。顾英、方诸公意不为动,而且加厉"。在严看来,"平生言论不见信于朋友,当以此为最也,故于时事辄绝口不道"(参见罗耀九主编《严复年谱新编》,鹭江出版社2004年版,第155、156页)。清廷后来推行官报,有意以"正""确"的信息引导舆论,未见明显成效。

其二,从1842年两广总督祁𡎴奏请议改科举以来,有关改革、废除科举的呼声不绝于耳。戊戌变法时,朝廷已宣示改革科举。据学者研究发现,即使经过政变,"并未变成一纸空文,只是被迫一度推迟实施"。① 各地士子对科举行将停废,多少已有心理预期。1905年由疆臣张之洞、袁世凯、端方及赵尔巽合力推动朝廷痛下决心之举措,不过是终要掉落的另一只靴子落地而已,难说是"突然死亡"。② 另外,清廷多种善后措施减缓了科举停废对科场中人的实际冲击。

其三,更应注意的是,不能过高估计科举制度对于广大士子、民众的实质影响力。清末科举完全成了少数人的游戏,与普通人的生活并无多少关涉(由科举带来的考试经济除外)。科举取士虽看似开放与公平,但出身普通之家的读书人多止步于贡生一级,欲崛起中举、中式,需要雄厚的文化资本,难以轻易达至。对于晚清民众来说,读书主要是为了"认字",即掌握基本的应世文化技能。普通人在塾学习一般不过一两年,即出为农、工、商。有心培养子弟专意走科举之路的家庭,不过百之三四而已。出生于湖南邵阳的蒋廷黻(1895—1965)就如此回忆当年风气:"并不是每个家长都希望他的子弟升入较高的学堂。大家都认为,事实亦复如此,有些人在若干年后一定会辍学的。一般人认为念书习字虽然很好,但也有人认为超过相当限度会浪费金

---

① 关晓红:《科举停废与近代中国》,第40页。
② 1898年,吴汝纶在写给一位安徽乡间绅士的信中就说:"科举改制,国家注意新学,策论取士,亦绝不能久。……智者谋事,当先机立断,若至众人同见,则已措手不及,今天下已汲汲谋新,岂可默守旧见。"由此可知,不少有觉悟者彼此启发,在戊戌年即改弦易辙。短于洞察时势者,及至1905年谜底揭开,愤懑后悔情绪兼而有之,既怨人(如怪罪主张废除科举的张百熙、张之洞等)又怨己,也多少能减少对朝廷废除科举的不满。语见《吴汝纶全集》(三),黄山书社2002年版,第196页。

钱和时间。"①在鸦片战争后,尤其是洋务运动兴起,随着早期现代化的开展,民众生计选择面更广,专意"业儒"者相较过去的四民社会,所占比例更为下降。以江西金溪县为例,从清初到清中朝,参与童试人数明显呈下降趋势。最初应试人数在4 000人以上,雍正朝时减为2 000人,乾隆朝时已不到2 000人,到嘉庆朝时"则千三四百人耳",在道光朝"减至六七百人"。同时期的湖南湘潭县,在县试头场报名者虽有2 000余人,"其实能完卷者不过小半,其大半皆恶少藉考为名"。② 在北方地区的一些县份,因文风不盛,甚至有知县强迫童生出而应考的极端事例。再经过太平天国、义和团运动,到科举停废前夕,地无分南北,均出现应试人数急速下降的现象。例如,刘大鹏所在的太原县,1901、1902年应童试者分别是40人、23人,到1904年居然仅有18人,而在光绪初年,人数"尚有百余人",差距对比非常明显。③ 由于受直接影响的人群数量极少,废除科举显得水到渠成,也就不难理解了。

平静的表面之下,蕴涵着相当激烈的反对意见,也连带产生严重后果。早在1898年戊戌科举变革之时,立场相对不太激进的罗

---

① 蒋廷黻后来评论说:"中国旧社会使很多读书人成名。这并不是旧社会的教育制度所使然,相反地,这正是不重视教育制度的结果。中国旧社会的读书人利用考试求取功名,再以功名换取官位。为官期间,他们在坎坷上体验人生,吸取经验。另一方面视环境许可及个人的兴趣,再去读书思考。到了晚年,他们的书读通了,阅历深了,思考成熟了。"蒋氏此言,颇堪玩味。从西式公共教育的观念看,中国"不重视教育制度"当然是正确的,但其也提示中国旧式教育"学以为己""以上驭下"的实用型、精英型教育特色。见《蒋廷黻回忆录》,传记文学出版社1979年版,第19、26页。
② 李元复:《常谈丛录》卷八;欧阳兆熊:《水窗春呓》卷上。见尹德新主编《历代教育笔记资料·清代部分》,中国劳动出版社1993年版,第446、447、371页。
③ 据顾维钧回忆,1904年位于上海的圣约翰书院中文教学也发生变化,"赞同所谓新学的情绪普遍高涨",中文课程在教会学校本来就没有地位,但学生还是强烈要求改革。学校聘请新教师多人以取代"守旧的教师"。顾氏所上的课程改由一位留日归国的教师讲授,教学"完全不同于老一派",该教师"完全同意康梁维新派所主张的新思想"。见《顾维钧回忆录》第1分册,中华书局1983年版,第18页。

振玉(1866—1940)就呼吁注意"恤儒"的问题,他说:"科举改章,薄海秀异将日肆力有用之学,剥复之机将在于是。维新之徒额手称庆,而咕哔家戚焉。……一旦欲改弦而更张之,壮者、富者易为力,老者、贫者不堪矣。不亟为设法,将见宇内数百万横舍之秀民,悉俯首而就枯槁,忍乎,不忍乎?"①目前学者所论人物,多属罗氏所说的"壮者""富者",他们面对变局尚胸有成竹,保持原有社会地位,甚至出路更为宽广。② 但是被有意无意忽略,甚至是被贬损的数以百万计的"老者""贫者"(按照比例,为数还可能更多)在其时及之后如何在人海中飘荡浮沉,则少见深入研究。

1905年前后,是语带贬义的"私塾"一词生成的关键期。伴随着"私塾改良"概念在新知识人及清季民初官场中的流行,塾师群体被舆论建构为"天然淘汰"的阶层。1904年,同盟会员高天梅等人所办刊物《觉民》上发表了许多批评中国旧式教育的文章,其中一篇《教育箴言》(作者署名"脱羁")文章就说,中国旧式教育"凡一切蒙养之法,不思讲求","乳臭蒙童,即课以五经四子。学究又以夏楚之威,震慑恫吓",因此国人"一误于君主,再误于学究。于是养成谨驯畏缩之性质,如槛中之虎,如丧家之犬、奴隶牛马,惟命是从。呜呼!君主为子孙谋帝皇万世业,不得不出此煞辣手段(科举考试,引者注)。彼学究是何心肝,何必助纣为虐,为虎作伥,而误人子弟耶"?③ 1905年初,有官员上奏朝廷,"略谓近当国家整顿

---

① 罗振玉:《科举改后劝各省设恤儒会说帖》,《中外日报》1898年8月18日。
② 1904年,时年18岁的朱峙三考取为湖北鄂城的生员,次年进入县师范学堂读书。1911年,年仅25岁的朱氏刚从两湖总师范学堂毕业,因武昌起义后同学彼此提携援引,朱成为黄安县书记官,"可补知事缺,此去即可代理知事"。他"到家见父母说明近事,父亲喜甚",他的师母"闻予近状甚喜,谓汝父从前恨张之洞,今日必感激张公培材,汝得有今日做官位置矣。可贺!可贺!"见《朱峙三日记》,华中师范大学出版社2011年,第316页。
③ 高旭等原编,谷文娟整理:《觉民月刊整理重排本》,社会科学文献出版社1996年版,第35、36页。

学务之际,而教育改良必先从蒙学入手。京城内外,民间私塾约计万余,其堪拥皋比者百无一二,余则略识之无,绝不解教育为何物。在彼不过借此糊口而误人子弟,其贻害曷可胜言。请饬下学务处分别考试,非文理通顺、得有执照者不得滥厕塾师一席云"。① 部分有过塾师经验的科举中人,在有机会掌柄教育之权时,整顿私塾格外严厉。例如,出生于浙江嘉兴的沈钧儒(1875—1963),在15岁考中秀才后成为塾师,还得到东家青睐,招之为婿。1904年,29岁的沈氏中式为最后一批进士,旋授职刑部主事,前往日本法政大学速成科学习。辛亥鼎革后,沈氏成了浙江军政府教育司司长。他强烈反对实行"私塾改良",主张推广新式小学。1912年5月,沈钧儒发布通令,要求属下各县对私塾加以限制,在城乡已经设有小学校的附近地方,不得再行添设私塾。因为私塾"使学生终日枯坐,不令按时游动,既与教育原理相背驰,即于教育发育儿童之身体、脑力有莫大之障害,自非严行取缔,贻祸民国学生前途实非浅鲜"。②

  由于时代价值取向的变动与社会压力,基层社会原来自办的学塾面临停学窘境。例如,温州一地"自学堂之设,向有之数十金、数百金之家塾,皆不复存立"。③ 即使是耕读人家,读书的风气也无形中暗淡了许多。艾芜(原名汤道耕,1904—1992)出生于四川新都,他的祖父是个地主,但同时"设馆教人读'四书''五经'。科场从年轻时候就下起了,但却连秀才也没得到一个",因此对艾芜的父亲寄予希望,"便把父亲送到中过秀才或举人的老师那里受教",并进行严厉的督责,但最终名落孙山,没有能够得到秀才,

---

 ① 《请考塾师》,《申报》1905年3月25日。
 ② 沈谱、沈人骅编:《沈钧儒年谱》,中国文史出版社1992年版,第35页。
 ③ 《温处学务分处总理孙诒让上浙抚禀学务困难事》,《中外日报》1906年6月5日。

"于是那套富贵有命的故事,便在家里,甚盛地流行起来"。他的祖父"把一切的希望,重新寄托在耕种上头,而祖先那份农民式的节俭作风,更是兢兢业业地承继了下来"。废除科举之后,旧式的读书人要成为学堂教员,必须到速成师范之类的学校去重新深造,但其祖父"对此不感兴趣了",但其父"却认为读书人的出路,就只此一条,当然要迎头赶上的好。同时接受了新潮流,对科学也极感兴趣,自不惜再做学生。但祖父在这个时候,对于读书方面所需要的费用,便不大出得爽快了,有时候,甚至要非常地发气。……父亲本想到省城去继续研究新的科学的,都因家庭方面不容易取到接济,就只好回到乡里,做个小学教师算了"。由于不愿意再在读书上有所投入,其两个叔父"没有读几年私学,就叫他们留在家里种田。实际犁田挖土的苦事情,都是长年月伙做了的。……祖父对于儿子的择业,就并不采取积极的主张,只要不动索子上的钱,也就由他们去自行发展"。对于幼年的艾芜,也更是放松了要求:"我的祖父和父亲他们,对于读书这一道,早已厌倦了,并不希望我在读书方面,有何成就。事实上,科举既没有了,读好了书除了教学生而外,确也使他们看不出读书会有多大的出息。他们不勉强我读书,不鼓励我发愤,我也就趁能偷懒的时候偷懒,马马虎虎地读读算了。心里一点也没有起过大志向。"[1]1920 年,杨荫杭(老圃,1878—1945)为报纸写评论时不由感叹中国社会业已经出现"学荒":"以今日教育费与清季教育费较,知今日之文明尚不如清季。……旧书不屑读而读者愈少,然能读西书言学问者,试问能有几人? 则知今日中国文化,有青黄不接之势。……故岁荒谓之凶,而不知学荒之凶更甚于岁荒。世知赈岁荒,而未知赈学荒也,

---

[1] 艾芜:《我的幼年时代》,见《艾芜全集》第 11 卷,四川文艺出版社 2014 年版,第 10—14、51 页。

呜呼！"①

　　但是，前述已被排除在新教育领域的基层旧式读书人并非真正失语，而是通过腹诽、口说、书信甚至炮制若干通俗文艺小册子等手段施加影响，进行抵制，尤其是在新式舆论难以到达的乡村地区造成较大势力。民间读书人在不得志时编造谣言、谤书的历史由来已久，清初雍正皇帝即将他们视为紊乱国法的"奸民"，宣称"村塾训蒙之人，本无知识，而又穷困无聊，心怀抑郁"，他们将谬论授于儿童，以致辗转流传，惹是生非。②

　　1915年初，有人注意到，"近日北京中流以下社会纷纷谣传，谓有留学生某君在某院占有最重要之位置，以前清覆亡全由于废科举、兴学堂，民国成立不应采取前清之亡国政策，因上书总统，呈请废止小学，提倡私塾，并恢复科举制度。总统阅呈，颇为嘉许，即交教育部议覆。该部奉命之后，遂派人往请某君，妥议办法，不久将见实行云云。日昨有商人在内城某茶肆谈论此事，旁引曲证，凿凿可据，叩以此种消息，由何处得来？据云其亲自乡下来，言乡间读书人已有预备应试者。中有一少年，类似学堂学生，力驳其非，两相冲突遂至用武，幸有人从中排解，遂各愤愤而去"。③ 这并非孤例，在1926年的四川地方社会中，旧读书人所抱持的文化理念依然没有发生根本改变。作家何其芳1936年写作《街》一文称，十年前生活在万县的祖父、父亲"对于学校教育仍抱有怀疑和轻视的态度，他们总相信这种没有皇帝的时代不久就要过去，而还深深地留在他们记忆里的科举制度不久便要恢复起来，所以他们固执地

---

①《学荒》，《申报》1920年12月20日。又见杨绛整理《杨荫杭集》（上），中华书局2014年版，第140页。

②《大义觉迷录》，中国社会科学院历史研究所编：《清史资料》第4辑，中华书局1983年版，第126页。

③《最近北京之趣闻》，《申报》1915年1月28日。

关闭他们的子弟在家里读着经史,期待着幻想的太平",因此"从私塾到学校在我并不是一件轻易达到的事"。①

直到1934年,有社会学者调查河南淮阳集镇庙会情况,发现贩卖的书籍多是流行乡间读物,这些小书多系石印,由亳州、周家口等外地流入,"流播势力较诸邹鲁所著《国民党史料》(《中国国民党史稿》? 引者注)、萧一山所著《清代通史》,普遍得多"。一本名为《浪子回头》中的内容就有:"宣统皇帝把基登,君明臣良定太平。万国九州来纳贡,九夷八蛮朝大清。新编一段劝世文,我把浪子明一明。"另外两本《张勋打南京挂帅平贼》《黄兴孙逸仙败逃外国》则略长,全书共计万余字,文首是:"诗曰:孙文、黄兴反共和,二次革命起风波。张勋当殿挂帅印,攻打南京动干戈。"文中的内容有在民国二年,黄兴、宋教仁与孙中山要上北京争天下,"满朝文武都害怕,才上彰德请袁公。彰德府请出袁世凯,(代)[带]领人马与咱争……威风凛凛齐呐喊,去上火车进北京,进到北京议总统",书中的情节还有袁世凯封张勋、倪丹忱(倪嗣冲,引者注)为正副元帅,太子袁克定、丹忱大少爷倪宝玉为正副先锋进行征讨,黄兴妻子徐武英见袁克定是真龙天子,又俊俏漂亮,便与克定结成夫妇,黄兴的妹妹黄翠云也与宝玉成婚,合兵攻打南京,黄兴与孙文见大事不好,于是"投奔西域国"去了。② 笔者估计,这类书籍当出自于民初二次革命之后安徽、河南基层旧读书人之手,张勋被塑造为挂帅的正面人物,当然与其是复辟先锋有关;而倪嗣冲则以推广读经著称,还主张停办学校,推广私塾。1914年5月,他以安徽都督名义呈文袁世凯,吁请注重经学,以正人心,通饬各省私塾读经。在这些基层旧读书人看来,黄兴等人却是"奸细",因为他们

---

① 何其芳:《何其芳选集》第一卷,四川人民出版社1979年版,第220页。
② 郑合成:《淮阳太昊陵庙会概况》,见李文海主编《民国时期社会调查丛编·宗教民俗卷》,福建教育出版社2004年版,第281、283页。

与外国勾结。这种情绪,与他们将学校视为"洋学"予以抵制如出一辙。

三、教育领域的激变与不变

科举停废的理由之一,是消除士子的观望之心,清除学堂发展的阻力。1905年初,桐城派古文名家贺涛(贺葆真之父,吴汝纶弟子,1849—1912)收到学生邢之襄自日本寄来的一封信,落款题为"冀州留学生同人公启"。信中说:

> 科举者,学校之仇敌也。词章者,学科之仇敌也。苛而论之,词章王而中国奴,词章健而中国疾,居一国则楚毒一国,居一州则楚毒一州,词章实中国之仇敌也。词章不熄,教育不著。今各地此风寖衰,独吾州尤蒙先生不弃,……余焰于海外,专制学生之思想,漂没学校之基址,俾已苗之教育萌芽,芟刈诛伐,稍不遗其苗蘗根株,害莫烈于此也。既以之洪水中国,又欲洪水吾冀,冀人性非木偶,焉能吞声饮泣,恝然置之而罔顾?①

贺氏曾为直隶信都书院掌教、冀州学正,被时为学部侍郎的严修赞许为"冀州人士涵淹教泽,垂三十年,至今人文彬彧,远过他州,非由化育之深,焉能臻此"。但他读到这份文意直白无隐的"谢师函"后,异常感慨,决定离开他就。严修等人听闻,极力挽留,劝慰说该函可能是一二妄人所为,不可能是留学生公函。② 贺涛还是去意已定。这对于自称"久居海外,旧学荒芜"的急进新学生来

---

① 贺葆真著,徐雁平整理:《贺葆真日记》,凤凰出版社2014年版,第108页。
② 同上书,第109页。在罗振玉看来,严修在任职学部期间,信任与重用留日学生,颇为急进。

说,恰是激将法奏效。

清廷以废科举而兴学堂的措施亦相当有效。据史料统计,1905年全国小学堂数仅为6 241所,而一年后小学堂数就激增至22 328所,并不断增多,如下表所示:

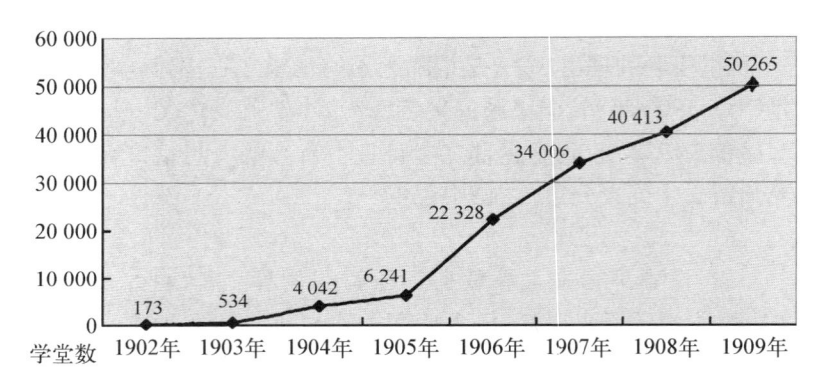

学堂数	1902年	1903年	1904年	1905年	1906年	1907年	1908年	1909年
	173	534	4 042	6 241	22 328	34 006	40 413	50 265

资料来源:邱秀香:《清末新式教育的理想与现实——以新式小学堂兴办为中心的探讨》,(台北)政治大学2000年版,第47页,原图据学部《第一次教育统计图表》《第二次教育统计图表》所列资料和陈启天《近代中国教育史》中的宣统元年学务资料绘制。

1912—1927年期间,虽然政局动荡,经济凋敝,社会风潮频生,但新式教育在量的扩张上,仍然取得了一定的发展。1915年12月,教育部公布全国各省学务统计表,公立初等小学男校为67 353所、女校2 004所,私立初等小学男校28 947所、女校478所;公立高等小学男校为5 125所、女校334所,私立高等小学男校1 792所、女校446所。全国总计有小学校10 6145所,学生3 444 235人。[①] 1923年,中华教育改进社公布直接向各县收集而来的数字,称全国共有小学学生6 601 802人(包括基督教会学校

---

① 中国第二历史档案馆编:《中华民国史档案资料汇编》第三辑《教育》,江苏古籍出版社1991年版,第888—891页。

学生）。① 数量的扩张趋势明显。

再以地区为例,民国初期的北京学校、学生数量的增长也比较迅速。1914年初有人观察到,城内宣布取缔私塾后,"每设一校,招生之广告朝悬,儿童之报名夕满"。京城有各级学校近200所,数量有偏少之嫌,但"生徒增多,现共学生一万八千一百四十八人,不可谓无进步也"。② 1915年,同样有人称"最近之调查,男女公私立小学至二百余处,就学者至二三万人,亦可谓盛矣"。③ 观察者不约而同地认为私塾行将就木,小学方兴未艾。据统计,1922年京师有高级小学校53所,初级小学校167所,小学生总数20 052人。1924年,高级小学数不变,初级小学校170所,小学生总数20 774人。

广东省的公私立小学在1912—1927年期间也有相当发展,如下表所示:

年份	1912	1913	1914	1915	1916	1917	1918	1919
学校数(所)	3 182	3 315	4 975	5 193	4 829	5 493	5 822	6 493
年份	1920	1921	1922	1923	1924	1925	1926	1927
学校数(所)	7 508	10 453	7 620	7 089	5 484	4 787	5 724	6 093

资料来源:温仲良:《广东全省公私立小学开办概况》《广东省二十八年度教育统计》,参见黄佳蓉《民国时期广东初等教育研究》,华南师范大学教育科学学院2004年硕士学位论文,第13、20页。表中数字包括有少量幼稚园的数字。

初等教育的发展显然不限于这两个地区。1930年代编纂《第一次中国教育年鉴》回顾民国初年各省小学教育状况,指出均有不同程度的进步。江苏省初等教育虽城乡发展不平衡,但1912年后小学数量、入学儿童数量持续增加,"各县公私小学以民四、五至民

---

① 《中国教育统计概览》,商务印书馆1923年版,第1页。
② 《文化程度·京师风俗制度之一》,《京师教育报》1914年第2期。
③ 老直:《京师小学教育谈》,《都市教育》1915年第1期。

七、八最为整齐而有精神"。江西在1923年改行新学制,"更有较新之发展",吉安、赣县、宜春、萍乡学校都有较大进步,"是为发展顺利、最顺利之时期"。山西省的学务状况颇佳,1924、1925年"各县地方安谧如恒,人民对于清查户口、督促学龄儿童就学,罔不乐于顺从,以故学校林立。虽三十户以下之村庄,儿童亦无失学者"。安徽省1918年有公、私立国民学校1 788所,学生62 616人;高等小学292所,学生12 949人,比较清末"其进步已足多矣"。云南省1914、1915年间,新式教育推行最为顺利,"视清末校数增多一倍有奇"。青海省地处偏僻,开设学校不易,但1921年后"提倡有人,学校因之增加"。辽宁省初等教育规模到1929年"视民元加至五倍",全国除山西等一二省外,无与之比。热河省风气已开,"一般民众乃渐能认识学校之重要,而儿童入学者亦日见增多"。[1]

应该说明的是,清末民初教育行政机关对学校事务的直接干预实际很小,因此各种教育统计只能斟酌参考,不是完全真实可信的。北洋政府教育部教育统计调查只到1918年为止。1922年开始,中华教育改进会进行教育调查,以近一年时间搜集资料,但"因为现在中国的各教育行政机关及各学校所保存的记录未能充分的详细,所以本社发出的调查表也是很简单的"。[2] 1926年,京师督学局人士也表示有统计的必要性,因为"历年各省来京参观学校的人,时常询问京师教育的概况,当时口头答复,每觉不甚精确,实在惭愧的很!所以此次把京师小学教育几个极简单的事项统计出来,当作答复人家的询问罢了"。[3]

---

[1] 《第一次中国教育年鉴》丙编,璩鑫圭、唐良炎编:《中国近代教育史资料汇编·普通教育》,上海教育出版社1995年版,第513—516页。

[2] 陶行知:《序言》,《中国教育统计概览》。

[3] 《京师小学教育统计》,《北京近代小学教育史料》下册,北京教育出版社1995年版,第1003页。

除了学校数量的急速扩展,更有意义的是基层社会中家长及学生观念世界出现激变。蒋廷黻父亲接受的是旧式教育,早早辍学在靖港业贾,其二伯父比其父所受教育要多,原有意参加科举,但因考试落第,改而经商。1905年,他二伯父告知蒋氏两兄弟说:"皇帝已经决定废科举,再继续读旧式学堂已经没用了。以后你们一定要进城里的新学校。"据蒋氏回忆,其伯父决心很大,即使送他们到离家较远的城里去上学也在所不惜,"因为他的独生子没有念书兴趣。不论他父亲如何惩罚他,他仍逃学"。这样,蒋廷黻就去了长沙读明德小学,路过湘乡时,还"以为是到了外国",并且"乡下学堂和都市学校的功课不同,所以我们过去学的都不算数,重新从小学的最低年级开始"。到了1906年夏,他二伯父的主意又变了,"他认为明德虚有其表。他不喜欢大班制。他认为明德的英、术两科不够。他不知从什么地方听来,湘潭长老教会学校办得很好。对他说,所谓新学校,主要就是英、术两科。因为这两科都起源于西方,所以他以为西方人办的学校一定较国人办的学校好"。于是,蒋氏兄弟在这年秋天进了湘潭的益智中学。虽然他们当时并未清楚时代背景,未能预计到未来如何,但蒋廷黻最后在1912年赴美留学,由此成为一名现代知识分子,彻底改变了人生命运。①

如果说蒋廷黻当年因为年幼,尚需要他人代为决定前程的话,年长一些的邹鲁(1885—1954)则是自己闯出了一条生路。邹氏因家贫,八岁才入塾读书,他自称天资鲁钝,但能勤奋不辍。1902年,他进入广东潮州书院读书,次年回到家乡大埔县,考入刚奉朝廷命令开办的新式学堂。不过,邹氏一入学就失望了,"因为学生年龄,由十六岁到三十岁不等,而课程则除算学、英文外,一切都依

---

① 蒋廷黻:《蒋廷黻回忆录》,第27—29、34页。

旧馆的方式,还是背书、默书、写字"。由于受到该学堂教习的申斥,邹氏发愿自己办一个更好的学堂。消息传出,乡人骇怪,告知邹父"你的儿子本来很谨厚,为什么现在变了洋鬼子"。幸运的是,其父虽是个裁缝,但却可接受儿子有关学堂将有益国家的见解,出手帮助仅仅20岁的他创办了本县第一所民办学堂,也是岭东地区仅有的四所中学之一。邹鲁回忆,"自从四块钱办成了乐群中学,一百块钱创立了潮嘉师范,我真觉得世上并无难事",斗志一发不可收拾,在1905年之后开始边在学界活动,边做革命工作,被公推为广州地区同盟会主盟人。①

不过,如果仔细分析蒋廷黻、邹鲁两人由于接受新式教育而根本改变人生道路的故事,不难发现其中存在较多的偶然性,这些偶然性甚至在具体时空中难以复制,因而也可窥见彼时基层社会的一般教育状况。蒋廷黻晚年在美国回忆前事,还庆幸自己很幸运,其二伯母对于用全家之财供蒋氏兄弟读书感到不公平,发过牢骚,"家父听到后,反应很坚决:他要我们辍学到店里去当学徒。二伯的反应也很坚决:他要二伯母对此不要妄议。如果必要,他甚至会把他的私田卖掉,供两个侄子读书。……二伯的决定终于为大家所接受"。② 至于敢于自办学堂的邹鲁,不满于大埔县学堂的教学时,同情他的只有一位与邹氏同列"备取"的张煊。在这个县立学堂,正额有20名,备取6名,正额食宿免费,考得好有赏金,"毕业并有秀才的资格",而备取者仅在应试成绩好时可得奖金,"其他权利是没有的"。因此,两人才可下定决心,携手办学。即使如此,邹氏也自知以其地位、身份难以在地方社会进行号召,而是拜请大馆塾师张竹山出面主持,张氏"很表同情,并且愿意把张家祠

---

① 邹鲁:《回顾录》,岳麓书社2000年版,第12—14、19页。
② 蒋廷黻:《蒋廷黻回忆录》,第32页。

大馆的馆址和学生,来做新学校的基本"。邹鲁后来也坦承,"回想起来,成功竟是意外的"。①

如果排除意外等逸出常轨的史事,更能见到民初教育领域中的一般规则。明清以来,地方教育资源本由士绅掌控,在民国初年也不例外。1914年,京兆地区调查各县乡区小学经费来源,发现"多由各村青苗会分摊,自收自用,县署无案可稽,颇滋流弊"。②在南方地区的江西寻乌,情况也类似,该地的学田捐款,"或为兵乱所销灭,或为后人所把持,至于今日吾邑寒士,徒受虚恩,未领实惠",即使硕果仅存的宾兴款也被管理首士"犹复肆意侵吞,或沿袭旧弊,以致未能作育人才之费用,无怪乎吾邑文风之衰落不振也"。③ 地方士绅之中,趋新者固有,但更多的是坚持旧有观念者。他们即使亲身参与新政,也并不认同其合法性,多有腹诽排斥。不仅在风气闭塞的乡绅中,就是在民初大城市中,掌握有新式教育领导权的士绅也有同样表现。与袁世凯关系密切的恽毓鼎,在清末民初的北京既致力开办学堂,"改良私塾",却又延师教授家塾,抵制教育部废止中小学读经,称:"祖龙之事再见于今。圣道废,乾坤晦,大劫将临矣。"还自称意见近似者众多,"各(学堂)监督皆表同情",只有齐鲁学堂监督周树标认可官方举措,被他痛斥:"邹鲁礼义之邦,乃有此人,尤为可怪。"④

要在基层社会极力推广学校,"改良私塾",效果可想而知。清末同盟会华州分支部长、辛亥鼎革后短暂在陕西军政府教育司任职的杨松轩(1872—1928)就观察到,民初陕西各县"往往见顽

---

① 邹鲁:《回顾录》,第14页。
② 《全国教育行政会议各省区报告汇录》,《教育公报》第3年临时增刊,1916年。收入沈云龙主编《中国近代史料丛刊》三编第10辑,(台北)文海出版社影印本。
③ 曾有澜:《改革宾兴与考棚各公款管理办法刍议》,《寻乌》1925年第1、2期合刊。
④ 恽毓鼎撰,史晓风整理:《恽毓鼎澄斋日记》,第593页。

固绅富,倨傲自恃,反对学校甚烈。某村有绅富,某村学校即难以成立。即或勉强成立,亦只敷衍塞责,无成绩可言"。他主张"此等绅富,非严加惩处不能减教育前途之阻力",提出"应由各县先调查,凡有绅富之村堡,学校成立与否,未成立限期组成,稍有违行,严谴随之。果如斯,则他村堡之学校,自然着手进行矣"。① 但在没有根本掀动基层社会阶级构成之前,如此设想,只能搁置。

不仅是在外省基层社会,就是在京城附近的地方,情况也一样。1917 年,有教育界人士指出北京教育的严重问题是,"在地方无热心教育之富绅,以为独立教育之先导"。② 同年,京兆顺义县劝学所发现学校前途危殆,连维持已感困难,更不用说扩充学务。劝学所长制定出整顿学校办法,规定:"教员到校时,村长佐置之不理,致教员不能安身授课者,宜酌罚村长佐,以儆效尤。""教员不得徒博社会之欢迎教读四书,以误儿童。或不按章上课,偷闲敷衍。违者,酌罚薪金,以观后效。如再经查视,仍然故犯者,辄立予免职。""村长佐对于校务应负完全责任。如人数不足十五人,或缺席生至全数三分之一,或劝学员查视到校时,对于该校须陈明意见,屡邀不至,经二次查视仍然如故者,得请令传案申斥,分别议罚。""各村村长佐家中如有学龄儿,宜送学校中肄业,各首事人子弟亦然,不得推诿,以资人口实。违者,以破坏学务论,分别处罚。""各村村长佐家中或村中,不得设立私塾。明年应一律取具甘结。倘一经查出,除立予解散外,并分别议罚。""劝学员查视到校时,应取适当之招待,妥为接洽。不得托故不见,置之不理,致形进退维谷之势。违者传案申斥。"③ 种种巨细靡遗规定,正好反映出京

---

① 杨松轩:《小学教育改革方案》,参见《陕西教育史志资料录》,陕西人民出版社 1990 年版,第 108 页。
② 孟心迕:《京师教育状况》,《都市教育》第 22 期,1917 年。
③ 《1917—1925 年顺义县地方教育史料一组》,《北京档案史料》2003 年第 2 期。

郊学务的困境。基层社会权势人物不认可新式学校，而愿意自办私塾，他们对派来的教员、劝学员不顾不理。为保住饭碗、维持生活，学校教员不得不与当地社会妥协，违背国家法令。但这样一来，学校与私塾其实只是名不同而实相近，要乡村权势者相信不知根底的陌生外来教员，放弃聘请旧识熟人，不啻强人所难。因此，表面看来具体也有可操作性的办法出台之后，实际效果不大。次年下半年，劝学所长居然发现学校虽然增多，但学生人数却比上年少了300多人，不进反退。愤怒之下，他呈报县知事，传令村长、村佐到县城接受申斥，负责找来学生，"以符去年之数，方可销案"。①

到1920年代，情况未见根本改变。1921年，王卓然陪同来华的孟禄考察中国教育，发现一些地方私塾教育的规模仍要大于学校教育。在广东佛山，王卓然观察到，新式学校之少，与人口数量竟然不成比例，而且"我们回路赴车站的时候，在附属四五十家一片地方，不数伍发现两处私塾，都是设在家祠之内。每处都有二十多学生，平均每人年均纳学费十元"，"孟禄因批评此款足够设学校之用"。据王卓然记录，广东全省私塾数约计在21 000处以上，塾生数约40万人。广州市内私塾则共有1 100多处，就学私塾者，数倍于学校。② 1924年，《中国教育统计概览》同样指出，广州"私塾数目超过1 000，学生数目约20 000有余"。另据记载，1924年广州市私塾总数为763处，塾生30 000余人。公、私立小学学生数合计起来，才与之接近。③ 1927年2月21日《广州民国日报》报道，学校教育与私塾相比，在量上仍是弱势："查市内私塾，共有六百余间，每塾平均三十人，收容学童约有二万余人，而市立小学校，

---

① 《劝学所所长徐承烈为学生人数减少事致顺义县公署呈（1918年10月14日）》，《1917—1925年顺义县地方教育史料一组》，《北京档案史料》2003年第2期。
② 王卓然：《中国教育一瞥录》，商务印书馆1923年版，第227、269页。
③ 《广州近百年教育史料》，广东人民出版社1983年版，第263页。

仅得六十一间,学生共约一万一千余人。私塾教育之发达,实超越学校教育之上。"

不仅广东如此,江苏南京私塾的数量也非常可观。《中国教育统计概览》指出,旧式的私塾在1920年代"仍然很多,但因为缺乏可用的正确材料,此报告中未能编入"。南京一地"人口庶几有400 000,而在城内的私塾不止500,学生的总数约有12 000,比各学校所有学生数目之和还多"。该书还指出"愈到内地的地方,学校的数目愈见减少,而私塾的数目愈见增多。所以此项私塾的学生数至少也与学校的学生数相等"。①

若注意深入研究清末民初这些被排除在新教育领域之外的大量学塾,剖析其组织运作、教学授业及其背后具有、生发出的社会关系与社会矛盾,当可重新书写不一样的中国近代教育史。当然此已非本文题旨,需要另行说明。

结　　语

在科举刚刚被宣布停废时,严复就注意到未来的局面并不乐观,其时人心风俗已经处于"社会最为危殆之时",国家有如"将散之舟筏",因为"废其旧矣,新者又未立也"。② 其实早在1905年之前,这样的历史趋势就已明显。科举的停废,犹如打开了潘多拉盒子,使得原本蕴藏不显的矛盾与斗争急速、粗暴与丑陋地展示在彼时各个阶层的人群面前(尽管感受不一),并持续影响到民国初年。正如本文所揭示,尚有不少为前人所忽略的故实亟待释读与重建。如果我们转换考察视角,细读出史料本来就具有的隐秘之

---

① 陶行知:《序》,见中华教育改进社编《中国教育统计概览》,商务印书馆1924年版。
② 严复:《论教育与国家之关系》,《中外日报》1906年1月10日。

处,对于科举废除前后人事与名物的历史解释,或可在目前基础上更进一层。

废除科举制度,解放了新一代读书人的身体与心灵,邹鲁、蒋廷黻们由此逐步走向另一个不同的新世界,也创造了另一个不同的新世界。这未必是当初推动停废科举那些督抚们的本意,不过覆水难收,开放了的闸门很难再被合上。当依附于体制的儒家文化精神成了游魂之后,只好在民间社会中可能予以收留之地停留飘荡。本文论及的众多无名、不太有名的那些旧读书人正是其恩主与托命之人。但由于基本精神与文化立场或已隐而不显,或被刻意遮蔽,一旦更具渗透力与颠覆性的思想形态借助新的组织手段进场,中国近代基层社会的文教事业迎来一场彻底重新洗牌也就不足为奇了。

· 史料整理 ·

科举外史[1]

钱基博　撰　戴海斌　整理

光绪十八年六月至十一月、二十四年正月至十一月，平江书院童生会课卷；二十八年四月、五月、九月、十一月，紫阳校士馆童生课卷考证。

（一）总叙
（二）科举
（三）书院与科举之关系
（四）童生在科举之位置
（五）科举之八股文与试帖诗
（六）余论

（一）总叙

科举之制，始于元，明清因之，以奔走天下之士者，垂六百年。

---

[1]　本文原载《光华期刊》1929年第4期，第1—20页。另有《无锡新报》刊本，连载于1923年7月1日、8月1日、9月1日、10月1日、11月1日、1924年1月1日之《无锡新报·文学月刊》，主标题为《中国历史选科史料实地整理示范》，参见傅宏星主编《钱基博集·后东塾读书杂志》，华中师范大学出版社2014年版，第232—258页。

至光绪二十四年而后,俛变俛复,卒以废止。此其有系于天下人才之消长,非细故也! 顾科举之废,不及三十年,而至今父老详其源委者卒鲜。倘考诸简编,清之《三通》,皆以乾隆为限断;《会典事例》,则以光绪二十年为限断,而于科举之废,皆不及著。余得此卷子于从兄家,凡三十三册,九百五十四卷,将以赠诸小学博物馆。不有纪述,何以征信! 其年则光绪十八年、二十四年、二十八年,科举变而复、复而又变之时也。其课士之机关,则书院也。其应课之人,则童生也。其应课之文,有八股文焉。如

> 犹草芥也(《孟子》,六月)
> 如有博施于民(《论语》,七月)
> 上士一位(《孟子》,七月)
> 无违樊迟御(《论语》,八月)
> 同文(《中庸》,八月)
> 不识长马之长也(《孟子》,九月)
> 疾病相扶持(《孟子》,九月)
> 睨(《中庸》,十月)
> 辞子曰毋以与尔邻里乡党乎子谓仲弓曰犁牛之子骍(《论语》,十月)
> 昼尔于茅宵尔索绹(《孟子》,十一月)
> 率西(《孟子》,十一月)

以上十八年;

> 欲正其心者先诚其意欲诚其意者先致其知致知在格物物格而后知至知至而后意诚意诚而后心正(《大学》,正月)
> 曾不知以食牛干秦穆公之为污也(《孟子》,二月)

贤贤易色事父母能竭其力(《论语》,二月)
古者言之不出(《论语》,三月)
子华使于齐冉子为其母请粟子曰与之釜请益曰与之庾(《论语》,闰三)
送往迎来(《中庸》,四月)
曾子子思异地则皆然(《孟子》,四月)
而信(《论语》,五月)
能治其国家谁敢侮之(《孟子》,九月)
圣人百世之师也(《孟子》,九月)
杨墨之道不息孔子之道不著(《孟子》,十月)
则不如无书(《孟子》,十月)
舜有天下选于众举皋陶(《论语》,十一月)
君子未有不如此(《中庸》,十一月)

以上二十四年。
有经解焉。如:

驺虞解(《毛诗》,八月)

以上二十四年;

乡人傩解(《论语》,四月)

以上二十八年。
有经义焉。如:

讲信修睦谓之人利争夺相杀谓之人患义(《礼记》,四月)

生之者众食之者寡为之者疾用之者舒义(《大学》,五月)
圣人治天下使有菽粟如水火义(〇[原文如此]子,九月)
具训于蒙士义(《尚书》,十一月)

以上二十八年。
有论焉。如:

为君子难为臣不易论(六月)
闲先圣之道论(六月)
精神见于山川论(六月)
不惟官其论(七月)
不无益害有益论(八月)
张江陵论(八〇[原文如此])

以上二十四年;

李德裕论(九月)

以上二十八年。
有议焉。如:

渔团利弊议(八月)

以上二十四年。
有策焉。如:

问历来创制大钱者究竟有无裨益,试详言之(六月)

问现在办理平粜善策(七月)

问《汉书》有臣瓒注,不著姓名,或云于瓒,或曰傅瓒,见于何书,所云孰是?(八月)

以上二十四年;

整顿圜法策(十一月)

以上二十八年。
有序焉。如:

大学堂落成序(八月)

以上二十四年。
有书后焉。如:

读黄公度《日本国志》书后(五月)

以上二十八年。此散文也。
若韵文,有诗,有赋,有五言八韵、六韵者焉。如:

赋得问龙乞水归洗眼(得白[归]字五言八韵,六月)
赋得玉堂挥翰手如飞(得飞字五言六韵,七月)
赋得绿槐风送紫蕉衫(得风字五言六韵,七月)
赋得一路吟诗写驿亭(得亭字五言六韵,八月)
赋得袖中吴郡新诗本(得新字五言八韵,八月)
赋得蠲醪初熟荐霜螯(得初字五言八韵,九月)

赋得梦归时到锦江桥(得桥字五言八韵,九月)
赋得丰年为瑞(得年字五言六韵,十月)
赋得亥有二首六身(得身字五言六韵,十月)
赋得岁熟人家嫁娶多(得多字五言六韵,十一月)
赋得渴鸟啄冰开(得冰字五言六韵,十一月)

以上十八年;

赋得齐家治国平天下(得齐字五言六韵,正月)
赋得晚节渐于诗律细(得诗字五言八韵,二月)
赋得绿阴细雨不多寒(得寒字五言六韵,二月)
赋得萧曹魏邴(得谟字五言八韵,三月)
赋得水面回聚风落花(得文字五言八韵,闰三月)
赋得杨柳千条尽心向西(得西字五言六韵,四月)
赋得四月清和雨乍晴(得和字五言六韵,四月)
赋得露滴如珠落卷荷(得珠字五言八韵,五月)
赋得执两用中(得中字五言八韵,九月)
赋得安危须仗出群才(得才字五言六韵,九月)
赋得高声诵虞唐(得唐字五言八韵,十月)
赋得骅骝开道路(得开字五言八韵,十月)
赋得大风吹垢(得齐字五言八韵,十一月)
赋得分曹射覆蜡灯红(得齐字五言六韵,正月)

以上二十四年。

有七律焉。如：

秋声　秋色　秋意　秋光(九月)

以上十八年。
有七古焉。如：

> 定慧寺谒苏文忠祠（九月）

以上十八年。
有不拘体韵者焉。如：

> 访长洲苑遗址（八月）

以上十八年。
有赋焉。如：

> 特设一榻赋（以特设一榻去则悬之为韵，九月）

以上十八年。

> 水懦火烈赋（以狎而玩之望而畏之为韵，四月）

以上二十四年。
斯其大略也。试以年月之先后而观其大较，则：

> 十八年六月、七月，八股文、五言八韵诗、五言六韵诗
> 十八年八月，八股文、五言六韵诗、五言八韵诗、不拘体韵诗
> 十八年九月，八股文、五言六韵诗、五言八韵诗、七律、七古、赋

十八年十月、十一月，八股文、五言六韵诗

二十四年正月、二月、闰三月、四月、五月，八股文、五言六韵诗、五言八韵诗

二十八年四月、五月、九月、十一月，经解、经义、论、策、书后

盖光绪二十四年五月，始诏自下科为始，乡、会试及生童岁科各试，向用《四书》文者，改试策论。故二十四年之六月、七月、八月，应课之文不用《四书》文、试帖，而用论、策、经解、序、议诸体。然是年八月，命各项考试仍用《四书》文、试帖、经文、策问。故八月以后，又以《四书》文、试贴课士也。迨二十七年七月，诏自明年为始，乡、会试等均试策论，不准用八股文程序，而八股文之废决矣。然科举废于光绪，而八股文程序之议废，则不自光绪始。

（二）科举

元初，太宗始得中原，辄用中书令耶律楚材言，试诸路儒士，以论及经议、词赋分作三科，作三日程，专治一科，能兼者听，但以不失文义为中选，复其赋役，令与各处长官同署公事。盖士之举也，以分科，故有科举之目。论者或以为非便，寻中止。世祖既定天下，王鹗献计，许衡立法，事未果行。仁宗皇庆二年十二月，中书省臣奏："取士之法，经学实修己治人之道，词赋乃摘章绘句之学。自隋、唐以来，专尚词赋，故士习浮华。臣等拟将律赋省题诗小义皆不用，专立德行明经科，以此取士。"帝然之，乃下诏曰：

三代以来，取士各有科目，要其本末，举人宜以德行为首，试艺则以经术为先，词章次之。浮华过实，朕所不取。其以皇庆三年八月，天下郡县，兴其贤者能者，充赋有司。次年二月

会试京师,中选者朕将亲策焉。具合行事宜于后:科场,每三岁一次开试。举人从本贯官司于诸色户内推举,年及二十五以上,乡党称其孝弟,朋友服其信义,经明行修之士,结状保举,以礼敦遣,咨诸路府。其或徇私滥举,并应举而不举者,监察御史、肃政廉访司体察究治。

考试程式:蒙古、色目人,第一场经问五条,《大学》《论语》《孟子》《中庸》内设问,用朱氏《章句集注》。其义理精明,文辞典雅者为中选。第二场,第[策]一道,以时务出题,限五百字以上。汉人、南人,第一场明经、经疑二问,《大学》《论语》《孟子》《中庸》内出题,并用朱氏《章句集注》,复以己意结之,限三百字以上。经义一道,各治一经,《诗》以朱氏为主,《尚书》以蔡氏为主,《周易》以程氏、朱氏为主。已上三经,兼用古注疏。《春秋》许用《三传》及胡氏《传》,《礼记》用古注疏,限五百字以上,不拘格律。第二场,古赋、诏、诰、章表、内科一道。古赋、诏、诰用古体,章、表、四六参用古体。第三场,策一道,经史时务内出题,不矜浮藻,惟务直述,限一千字以上。

乡试,八月二十日,试第一场;二十三日,第二场;二十六日,汉人、南人试第三场。

会试,省部依乡试例,于次年二月初一日,试第一场;初三日,第二场;初五日,第三场。

御试,三月初七日,前期奏委考试官二员、监察御史二员、读卷官二员,于殿廷考试。每举子一名,怯薛歹一人看守。汉人、南人,试策一道,限一千字以上。蒙古、色目人,时务策一道,限五百字以上。每处差考试官、同考试官各一员,并于现任并在闲有德望、文学常选官内差。封弥官、誊录官各一员,选廉干文资正官充之。凡誊录试卷并行移文字,皆用朱书,仍须设法关防,毋致容私作弊。

乡试、会试,许将《礼部韵略》外,余并不许怀挟文字。差搜检怀挟官一员,每举人一名差军一名看守。犯御名、庙讳及文理纯[纰]缪、涂注乙五十字以上者,不考。誊录所承受试卷,并用朱书誊录正文,实计涂注乙字数,标写对读无差,将朱卷逐旋送考试所。如朱卷有涂注乙字,亦皆标写字数,誊录官书押。候考校合格,中选人数已定,抄录字号,索上元卷,请监试官、知贡举官、同试官,对号开拆。就试纳卷,受卷官送弥封所,撰字号,封弥讫,送誊录所。

事具《元史·选举志》。顾士之选也,分第一、二、三三场,而不分科,已是举而无科矣。然科举之名,沿袭不废,皇庆一诏,实为明以后取士之制所由昉焉。

明以科举取士,大率仍元制之旧。其试士之法,专取《四子书》及《易》《周[尚]》《诗》《春秋》《礼记》五经命题,盖太祖与刘基所定,其文略仿宋经义,然代古人语气为之,体用排偶,谓之八股,通谓之制义。三年大比,以诸生试之直省,曰乡试;中式者为举人,次年以举人试之京,曰会试;中试者,天子亲策于廷,曰廷试,亦曰殿试。分一、二、三甲,以为名第之次,一甲止三人,曰状元、榜眼、探花,赐进士及第;二甲若干人,赐进士出身;三甲若干人,赐同进士出身。状元、榜眼、探花之名,制所定也。而士大夫又通以乡试第一为解元,会试第一为会元,二、三甲第一为传胪云。然举人、进士之名,由来已旧,而取义不同。盖明之所谓举人者,得举之人,而旧之所谓举人者,举到之人。《北齐书·鲜于世荣传》:"以本官判尚书省右仆射事,与吏部尚书袁聿修在尚书省,简试举人。"《旧唐书·高宗纪》:"显庆四年二月己亥,上亲策试举人……"是也。登科则除官,不复谓之举人,而不第则须再举,不若明以为[后],

以举人为一定之名也。进士乃诸科目中之一科，而传中者有言"举进士"者，有言"举进士不第"者。但云"举进士"，则第不第未可知之辞，不若明以后，已登科而后谓之进士也。自本人言之，谓之举进士；自朝廷言之，谓之举人。进士即举人，不若明以后，以乡试榜谓之举人，会试榜谓之进士也。（据顾炎武《日知录》）

定制，子、午、卯、酉年，乡试；辰、戌、丑、未年，会试。乡试以八月，会试以二月，皆初九日，为第一场，又三日为第二场，又三日为第三场。初设科举时，初场试经义二道，《四书》义一道，二场论一道，三场策一道。中式后十日，复以骑、射、书、算、率五事试之。后颁科举定式：初场试《四书》义三道，经义四道。《四书》主《朱子集注》，《易》主程《传》、朱子《本义》，《书》主蔡氏《传》及古注疏，《诗》主朱子《集传》，《春秋》主《左氏》《公羊》《谷梁》三传及胡安国、张洽《传》，《礼记》主古注疏。永乐间，颁《四书五经大全》，废注疏不用。其后，《春秋》亦不用张洽《传》，《礼记》止用陈澔《集说》。二场试论一道，判五道，诏、诰、表、内科一道。三场试经史、时务、策五道。廷试以三月朔。乡试，直隶于京府，各省于布政司。会试于礼部。主考，乡、会试俱二人。同考，乡试四人，会试八人。提调一人，在内京官，在外布政司官；会试礼部官。监试二人，在内御史，在外按察使官。会试御史，供给、收掌、试卷弥封、誊录、对读、受卷及巡绰监门、搜检怀挟，俱有定员，各执其事。举子，则国子生及府州县学生员之学成者、儒士之未仕者、官之未入流者，皆由有司申举性情敦厚、文行可称者应之，其学校训导，专教生徒。及罢闲官吏、倡优之家与居父母之丧者，俱不许入试。试卷之首，书三代姓名及其籍贯、年甲、所习本经、所司印记。试日入场，讲问代冒者有禁。晚未纳卷，给烛三枝。文字中回避御名、庙号及不许自序门地。弥封编号，作三合字。考试者用墨，谓之墨卷；誊录用硃，谓之硃卷。试士之所，谓之贡院。诸生席舍，谓之号房。人一军守之,谓之号军。试官入院,辄封钥内外门户。在外提调、监试等,谓之外簾官,在内主考、同考,谓之内簾官。廷试用翰林及朝臣文学之优者为读卷官,共阅对策,拟定名次,俟临轩或如所拟,或有所更定。传制唱第,状元授修撰,榜眼、探花授编修,二、三甲考选庶吉士者,皆为翰林官。其他或授给事、御史、主事、中书行人、评事、太常、国子博士,或授府推官、知州、知县等官。举人、贡生不第入监而选者,或授小京职,或授府佐及州县正官,或授教职。此明一代取士之大略,著于《明史·选举志》者也。

让清举士之制,大率蹠明之故,稍稍变更。据《会典事例》所载,世祖顺治三年,定第一场《四子书》三题:第一题用《论语》,第二题用《中庸》,第三题用《孟子》。如第一题用《大学》,第二题用《论语》,第三题仍用《孟子》。十六年,定第二场论题间出《孝经》,以励士尚。圣祖康熙二十年,礼部议准第二场诏、诰删。二十六年,礼部复议准三场策题止宜简明,发问不得过三百字。二十九年,礼部议准乡、会试二场《孝经》论题甚少,嗣后将《性理》《太极图说》《通书》《西铭》《正蒙》一并命题。五十五年,定二场论题专用《性理》,表题不用出本年时事。世宗雍正元年,上谕会试二场论题,仍用《孝经》。十三年,礼部又覆准论题以宋儒性理书与《孝经》参酌间出。乾隆二十一年,上谕嗣后乡试第一场止试以《四书文》三篇,第二场经文四篇,第三场策五道,其论、表、判概行删省。至会试则既已名列贤书,且将拔其尤者,备明廷制作之选,淹长尔雅,斯为通材,其第二场经文之外,加试表文一道,著谓例。二十二年,又谕会试第二场表文,可易以五言八韵唐律一首。既而部议于乾隆己卯科乡试为始,于第二场经文之外,亦加以五言八韵唐律一首。二十三年,定头场文出《四书》三题之后,仍出性理论一题。四十七年,议定将二场排律诗一首,移置头场试艺后,其性理一道,移置二场经文后。五十二年,议准乡、会试二场论裁去,加经文一篇,《五经》各出一题。此命题规制也。

　　顺治二年,定初场文字每篇不得过五百五十字,二、三场表不得过千字,论、策不得过二千字。康熙二十年,又定第一场文字,每篇限六百五十字。乾隆四十三年,上谕:"文以明道,自当以清真雅正为宗,昔陆机云'要辞达而理举,固无取乎冗长'。士子宜深味其言,嗣后每篇俱以七百字为率,违者不录。"五十一年,定策文不满三百字者,罚停一科。五十五年,定《四书》制义有于《五经》外征引僻字者,不录。此试艺体裁也。

　　顺治二年,定题目字句不得错落,真稿篇数不得短少,眷真不得用行草书,涂抹不得过百余字,卷页不得越幅曳白及油墨染。三场五策题,应写第一问、第二问、第三问、第四问、第五问,不得误写各题,违者贴出。乾隆二十七年,令士子于每场文字之末,自书添注涂改共若干字字样,并用官文书体式,如一、二等字,俱书壹、贰之类,以防增减。如所注已越一百字,及遗漏自注者,即行贴出。三十三年,部议嗣后举子于墨卷自行点句勾股,俾对读得照式点句,则硃、墨卷不至舛错。此缮卷条规也。

　　康熙三十九年,定在内文官京堂以上及翰詹科道,武官参领以上,在外文官藩臬以上,武官提镇以上,其子孙及同胞兄弟,并同胞兄弟之子,不论官、贡、荫、监生,俱编为官字号。乾隆十五年,定直省额中举人二十五名内,计中官卷一名。十六年,又定京官文四品、外官文三品、武官二品以上,及翰詹科道各官,其子孙同胞兄弟及同胞兄弟之子,乡试得编官字号。二十三年,上谕直省乡试官卷,大省每二十名取中一名,中省每十五名取中一名,边省每十名取中一名。此设立官卷也。(以上据《大清会典事例》,以下据光绪三十年、三十一年《申报》《新闻报》)

　　至德宗末年,清室不兢,论者归咎科举之足以败坏人才。会日俄战役告终,日本遣外相小村寿太郎至我国议约,朝命直隶总督袁世凯与议。乃密陈孝钦后,谓宜乘日俄之隙,亟变法以图强。孝钦韪之。时端方为湖北巡抚,入觐,倡废除科举制。孝钦遂下诏废科举,设学堂。光绪三十一年七月也。先是,仁和王文韶在政府,遇事模棱,不置可否,独于废科举一事,则力阻之。而南皮张之洞方自鄂(入督)[督入]朝,留京师,亦力谋废科举,以荣禄方当国用事,乃言于荣,荣自以非出身科目,不敢力主废。王昌言:"老夫一日在朝,必以死争之。"及王出枢垣,端又以江督入觐,乃约张联衔上疏,遂得请,而乡、会试及各省岁科生童考试,至是均一体停罢矣。然张以力倡废科举,而光绪甲辰会试,其侄婿林世焘以候补道中进士,欲请归原班,张乃一日五电,责其必取馆选焉。出洋留学生考试,给与进士、举人出身有差,亦张在枢府时(加)[力]主行之。

(三) 书院与科举之关系

科举者,取士之法,而书院则造士之地也。童子诵习经书,而通其句读文义,能敷之为文,每岁所在郡县,群聚而试之,其文之明而切,才之秀而可底于成者,则次第其文以升于州县若府,州县若府又试而先后之,上督学使者,使者至,则以校而去取之,按其额以补学官弟子,俗称入学。袁枚《书院议》曰:"民之秀者,已升之学矣。民之尤秀者,又升之书院。升之学者,岁有饩;升之书院者,月有饩。"而书院之见官文书,据《会典事例》所载,始于雍正十一年。上谕称:"督抚驻扎之所,为省会之地,着该督抚商酌建立书院,择其省文行兼优之士,读书其中,各赐帑金一千两,岁取租息,赡给师生膏火。"此明定书院之经费,颁自国帑也。

既而礼部遵旨议奏:"各省会书院,江苏曰钟山,曰紫阳。"此之紫阳书院,即江苏省会书院之一,立于苏州者也。乾隆元年上谕:"书院之长,必选经明行修、足为多士模范者,以礼聘请。负笈生徒,必择乡里秀异、沉潜学问者,肄业其中。酌仿朱子《白鹿洞条规》,立之仪节,以检束其身心,仿分年读书之法,予之课程,使贯通乎经史。学臣三年任满,谘访考核,诸生中材器尤异者,准令荐举一二,以示鼓励。"此明定书院之办法也。

三年,礼部议准,各学政选举书院优生到部,昭汇题通省优生之例,廪生作为岁贡生,附生作为监生,俱札监肄业。此书院之奖励也。

九年,礼部议覆:"书院肄业士子,令院长择其资禀优异者,将经学、史学、治术诸书,留心讲贯,以其余功兼及对偶、声律之学。至每月课试,仍以八股为主,或论或策,或表或判,听酌量兼试。"观于光绪二十四年以前平江书院课卷可知(五月、六月、七月、八月,不论)每月课试以八股为主,仍遵章办理。此书院之课程也。

三十年,上谕:"各省书院延师训课,向有山长之称,名义殊为未协,既曰书院,则主席者自应称为院长。"此之平江书院课卷册首,题曰"院长陆""院长朱""院长潘"者,是遵乾隆三年上谕之定称,而或题曰"山长朱"者,乃乾隆三十年上谕所称"名义殊为未协"者也。(以上据《大清会典事例》)

至书院之改为学堂,发端于光绪二十四年四月上谕:"各直省省会及府厅州县书院,着该督抚督饬地方官,各将所属书院坐落处所、经费数目,限两个月详查具奏。即将各省府厅州县现有之大小书院,一律改为兼习中学、西学之学校。至于学校阶级,自应以省会之大书院为高等学,郡城之书院为中等学,州县之书院为小学。"既而不果行。会拳匪祸作,德宗奉孝钦后西奔,乃以光绪二十七年八月下谕:"人才为政事之本,作育人才,端在修明学术。着各省所有书院,于省城均改设大学堂,各府及直隶州均改设中学堂,各州县均改设小学堂。"(以上据《申报》《新闻报》)而各省书院,胥改学堂矣。此之谓紫阳书院,初改为江苏师范学堂,而今之所谓省立第一师范学校,寻改为苏州中学者是也。

(四) 童生在科举之位置

南省士子之试于郡县及学政衙门,为童子试,俗称为小考,应试者曰童生。《明史·选举志》已有此称。《志》载:

> 凡初入学者,止谓之附学生员,而廪膳、增广等生员,以岁科两试等第高者补充之。……士子未入学者,统谓之童生。……候提学官岁试合格,乃准入学。提学官在任三岁,两试诸生。先以六等试诸生优劣,谓之岁考。一等前列者,视廪膳生有缺,依次充补,其次补增广生员。继取一、二等为科举生员,俾应乡试,谓之科考。……应试之文,统称之举业,《四书》义一道,二百字以上,经义一道,三百字以上。取书旨明晰而已,不尚华采也。

让清仍明之制,而稍有变更者。据《会典事例》所载,康熙四十五年,礼部覆准:"儒童正考,仍《四书》文二篇,复试《四书》文一,小学论一。"雍正三年,又覆准:"学臣复试儒童,将论题小学改作《孝经》。"乾隆元年,又覆准:"覆试论题一道,《孝经》与小学兼出。"二十五年,议准:"岁科试童生,兼作五言六韵排律诗一首。"又议准:"自乾隆二十八年以后,考试童生以一书一经一诗,永为定例。"五十二年,又议:"仍复旧例,用《四书》文两篇,裁去经文。"遂以两书一诗为童试永例。而平江书院童生会课卷子,则一书一诗者为多。虽壮丁白叟,但与童试,皆以童生称之。或称之曰"老童生",则往往匿报年龄,以自侪于童。如《会典事例》载乾隆二十九年上谕所称"学政李绥奏'考试童生多有册内年岁甚幼,而其人实已至四五十岁不等'"者是也。然亦有苦志读书,老当益壮,而不耻为童生者。如梁章钜《制艺丛话》引里缪莲仙称：

> 湖北见一白发老童，问其年七十矣。方初次观场，直言功夫纯熟，乃应试。学政因诵《四子书》各首句，并做一题曰"大学之道""天命之谓性""学而时习之""孟子见梁惠王"。老童应声曰："道本乎天，家修而廷献也。"学政叹服。

然此如凤毛麟角矣。未冠者曰幼童。惟据袁枚《书院议》，似不入学不得应课书院。而童生之应课书院，始于何时，不可考矣。

（五）科举之八股文与试帖诗

明初三场之制，虽有先后，而无轻重，乃士子之精神，多专于一经，略于考古。主司阅卷，复护初场所中之卷，而不深求其二、三场。（据顾炎武《日知录》）弘治中，吏部侍郎王鏊《制科议》曰：

> 国家设科取士之法，先之经（理）[义]，以观穷理之学；次论表，以观博古之学；终策问，以观其时务之学。行之百五十年，宜得其人超轶前代。卒未闻有如古之豪杰者出乎其间，而文词终有愧于古。虽人才高下系于时，然亦科目之制为之也。三代取士之义法，吾未暇论。唐宋以来，科有明经，有进士。明经，即今经义之谓也；进士，则兼以诗赋。当时二科并行，而进士得人为盛，名臣将相，皆是焉出。明经虽近正，而士之拙者为之，谓之学究。诗赋虽近于浮艳，然必博观泛取，出入经史百家，盖非诗赋之得人，而博古之为益于治也。至宋王安石为相，黜诗赋，崇经学，科场以经义论策取士，可谓一扫前代之陋也。然士专一经，白首莫究，其余经史，付之度外，谓非己事。后王安石言："初意驱学究为进士，不意驱进士为学究。"

盖安石亦自悔之矣。今科场虽兼策论,而百年之间,主司所重,士之所习,惟在经义,以为经义即通,则策论可无俟乎习。夫古之通经者,通其义焉耳,今也割裂装缀,穿凿支离,以希合主司之求。穷年毕力,莫有底止。偶得科目,弃如弁髦,始欲从事于学,而精力竭矣。人才之不如古,其实由此。……愚欲于进士之外,别立一科,如前代制科之类,必兼通诸经,博洽子史词赋,乃得预焉。有官无官,皆得应之,其甲,授翰林;次,科道;次,部属;而有官者则递升焉。如此,天下之士皆将奋志于学,虽有官者,亦翘翘然有兴起之心,无复专经之陋矣。

盖欲以制科救经义之弊也。(据《续文献通考》)

经义之文,流俗谓之八股,盖始于成化以后。股者,对偶之名也。天顺以前,经义之文,不过敷演传注,或对或散,初无定式,其单句题亦甚少。成化二十三年,会试"乐天者保天下"文,起讲先提三句,即讲"乐天"四股,中间过接四句,复讲"保天下"四股,复收四句,再作大结。弘治九年,会试"责难于君谓之恭"文,起讲先提三句,即讲"责难于君"四股,中间过接二句,复讲"谓之恭"四股,复收二句,再作大结。每四股之中,一反一正,一虚一实,一浅一深,其两扇立格,则每扇之中,各有四股,其次第之法,亦复如之。故今人相传,谓之八股。亦有联属二句、四句为对,排比十数对成篇,而不止于八股者。发端二句,或三四句,谓之"破题",大抵对句为多,此宋人相传之格。下申其意,作四五句,谓之"承题"。然后提出夫子为何而发此言,谓之"原起"。至万历中,破止二句,承止三句,不用原起。篇末敷演圣人言,自摅所见,或数十字,或百余字,谓之"大结"。明之中叶,每以此为关节。至让清康熙六十年,始悬之禁令。乾隆十二年,编修杨述曾有复用大结之请。大学士张廷玉奏驳,以为"若用大结,未见有益,而弊窦愈起,断不可行",

遂一废不复起矣。此八股文之体裁也。（参据顾炎武《日知录》、梁剑华《书香堂笔记》）

然八股之名,始于有明,而八股之体,昉于唐宋。唐制试士,改汉魏散诗,而限以比语,有破题,有承题,有领比,有颈比,有腹比,有后比,而后结以收之。六韵之首尾,即起结也。其中四韵,即八比也。宋熙宁中,以经义取士,虽变五七言,而士大夫习于排偶,文气虽疏畅,其两两相对,犹如故也。《宋史·选举志》载,大观四年,臣僚言:"场屋之文,专用俪偶,题虽无两意,必欲厘而为二,以就对偶,其超诣理趣者,反指以为淡泊。"元仁宗皇庆初,复行科举,仍用经义,而体式视宋为小变。综其格律,有破题、接题、小讲,谓之冒子。冒子后,入官题,官题下有原题,有大讲,有余意,亦曰从讲。又有原经,亦曰考经,有结尾。承袭既久,以冗长繁复为可厌,或稍稍变通之。而大要有冒题、原题、讲题、结题,则一定不可易。此之所谓平江书院会课者,一文之中有破题（二句）、承题（三四句,多至五六句）、起讲,即所谓冒题也。冒题之下,有一小段,点醒题之上半截者,俗称入手。入手之后两小股,谓之起股,即原题也。起股之后,又有一小段,点醒题之下半截,俗称出题。出题之后两大股,谓之中股,即讲题也。后股两股,即结题也。大率六股,而非八股矣。

八股之文,儒者羞称,独征仪阮元博学通人,著《文言说》曰：

> 昭明所选,名曰《文选》,盖必文而后选,非文则不选也。凡以言语著之简策,不必以文为本者,皆经也,子也,史也,皆不可专名之为文。专名曰文者,自孔子《易·文言》始,实为万世文章之祖。此篇奇偶相生,音韵相和,如青白之成文,如《咸》《韶》之合节,非清言质说者比也,非佶屈涩语者比也。是故昭明以为经也,子也,史也,非可专名之为文也。专名为

文，必沉思翰藻而后可也。自齐梁以后，溺于声律；彦和《雕龙》，渐开四六之体；至唐而四六更卑。然文体不可谓之不卑，而文统不得谓之不正。自唐宋韩、苏诸大家，以奇偶相生之文为八代之衰而矫之，于是昭明所不选者，反皆为诸家所取，故其所著者，非经即子，非子即史，求其合于昭明《文选序》所谓文者，鲜矣。其不合之处，盖分于奇偶之间。经史多奇而少偶，故唐宋八大家不尚偶；《文选》多偶而少奇，故昭明不尚奇。如必以比偶非古而卑之，则孔子自名其言曰文者，一篇之中，偶句凡四十有八，韵语凡三十有五，岂可以为非文之正体而卑之乎？况班孟坚《两都赋》及诸汉文，其体皆奇偶相生者乎？《两都赋序》白麟、神雀二比，言语、公卿二比，即开明人八比之先路。明人号唐宋八家为古文者，为其别于《四书》文也，为其别于骈偶文也。然《四书》文之体，皆以比偶成文。是《四书》排偶之文，真乃上接唐宋四六一脉，为文之正统也。

然则所谓八股者，原于孔子之《文言》，上接唐宋之四六，论文体，不可谓之不卑；而言文统，不可谓之不正。虽曰卑之无甚高论，而为之工者，无不严于立界（犯上连下，例所不许），巧于比类（截搭钓渡），化散为整，即同见异，通其屑累曲折之致，其心境之颓呈，心力之所待，与其间不可乱、不可缺之秩序，常于吾人不识不知之际，策德术心知以入慎思明辨之境涯，而不堕于卤莽灭裂。每见近人于语言精富，部分辨晢与凡物之秩然有序者，皆曰合于逻辑矣。盖假欧学以为论衡之绳墨也。然吾见语言文章之工，合于逻辑者，无有逾于八股文者也！此论思之所以有裨，而数百年来吾祖若宗德术心知之所资以砥砺而不终萎枯也欤！传者言，清朝九帝，独宣宗成皇帝聪明天亶，最工八股云。

清之废八股文，盖至德宗而定，而废八股之议，不自德宗朝始。

据《会典事例》、贺长龄《经世文编》暨光绪二十四年、二十七年《申报》《新闻报》所载,圣祖康熙元年上谕:"八股文章,实于政事无涉。自今以后,将浮饰八股文章,永行停止,惟于为国为民之策论、表判中,出题考试。"此第一次废八股也。至康熙八年,礼部题定,嗣后照元年以前例,仍用八股文考试,奉旨依议。雍正时,有议变取士法,废八股文者。世宗以问大学士张廷玉,对曰:"若废八股文,恐无人读《四子书》,讲求义理者矣。"遂罢其议。此第二次议废八股文也。乾隆三年(梁章钜《制艺丛话》作九年),兵部侍郎舒赫德奏称:

  科举之制,凭文而取,按格而官,已非良法。况积弊日深,侥幸日众。古人询事考言,其所言者,即其居官所为之职事也。今之时文,徒空言而不适于用,此其不足以得人者一。墨卷房行,辗转抄袭;肤词诡说,蔓衍支离,以为苟可以取科第而止。其不足以得人者二。士子各占一经,每经拟题,多者百余,少者不过数十,古人毕生治之而不足,今则数月为之而(其)[有]余。其不足以得人者三。表、判可以预拟而得,答策随题敷衍,无所发明,其不足以得人者四。且人才盛衰由于心术之正邪,今之侥幸求售者,弊端百出。探本清源,应将考试条例改移而更张之,别思所以遴选真才实学之道。

事下礼部议覆。此第三次议废八股也。既而礼部议驳奏:

  谨按:取士之法,三代以上出于学,汉以后出于郡县吏,魏晋以后出于九品中正,隋唐至今出于科举。科举之法,每代不同,而自明至今,则皆出于时艺。三代尚矣!汉法近古,而终不能复古。自汉以后,累代变法,不一而足。其既也,莫不有弊。九品中正之弊，毁誉出于一人之口，至于贤愚不辨，阀阅相高。刘毅所云"下品无高门，上品无寒士"者是也。科举之弊，诗赋则只尚浮华，而全无实用，明经则徒事记诵，而文义不通。唐赵匡所谓"习非所用，用非所习，当官少称职吏"者是也。时艺之弊，则今该侍郎所陈奏是也。

圣人不能使立法之无弊，在乎因时而补救之。苏轼有言："得人之道在于知人，知人之道在于责实。"盖能责实，则虽由今之道而振作鼓舞，人才自可奋兴。若惟务循名，则虽高言复古，而法立弊生，于造士终无所益。今谓时文、经义以及表判、策论皆为空言剿袭而无所用者，此正不责实之过耳。夫凡宣之于口、笔之于书者，皆空言也，何独今之时艺为然？且夫时艺取士，自明至今，殆四百年，人知其弊而守之不变者，非不欲变，诚以变之而未有良法美意以善其后。且就此而责其实，则亦未尝不切于用，而未可概訾毁也。何也？时艺所论，皆孔孟之绪余，精微之奥旨，未有不深明书理而得称为佳文者。今徒见世之腐烂抄袭以为无用，不知明之大家如王鏊、唐顺之、瞿景淳、薛应旗等，以及国初诸名人，皆寝食梦寐于经书之中，冥搜幽讨，殚智毕精，始于圣贤之义理，心领神会，融（液）[治]贯通，参之经史子集以发其光华，范之规矩准绳以密其法律，而后可称为文。虽曰小技，而文武干济、英伟特达之才，未尝不出乎其中。至于奸邪之人、迂懦之士，本于性成，虽不工文，亦不能免，未可以为时艺咎。若今之剿袭腐烂，乃是积久生弊，不思力挽末流之失，而转咎作法之凉，不已过乎？即经义、表判、策论，苟求其实，亦岂易副？经文虽与《四书》并重，而积习相沿，漫忽既久，士子不肯专心肄习，诚有如该侍郎所云"数月为之而有余"者。今若著为令甲，非工不录，则服习讲求，为益匪浅。表判、策论皆加复核，则必淹洽乎词章而后可以为表,通晓乎律令而后可以为判,必有论古之识、断古之才而后可以为论,必通达古今、明习时务而后可以为策。凡此诸科,内可以见其本源之学,可以验其经济之才,何一不切于士人之实用?何一不见之于施为乎?必变今之法,行古之制,则将治宫室,养游士,百里之内,置官立师,狱讼听于是,军旅谋于是,又将简不率教者屏之远方,终身不齿,其毋乃徒为纷扰而不可行。又况人心不古,上以实求,下以名应。兴孝则必有割股庐墓以邀名者矣,兴廉则必有恶衣菲食、敝车赢马以饰节者矣。相率为伪,其弊尤繁。甚至借此虚名以干进取,及乎莅官之后,尽反所为。至庸人之不若此,尤近日所举孝廉方正中所可指数,又何益乎?若乃无大更改,而仍不过求之语言、文字之间,则论策今所见行表者赋颂之流,是诗赋亦未尝尽废。至于口问经义、背诵疏文,如古所谓帖括者,则又仅可以资诵习,而于文义多致面墙。其余若三传科、史科、名[明]法、书学、算学、崇文、宏文生等,或驳杂分歧,或偏长曲技,尤不足以崇圣学而励真才矣。则莫若惩循名之失,求责实之效,由今之道,振作补救之为得也。

我圣主洞见取士源流,所降谕旨,纤悉毕照,司文衡职课士者,果能实心仰体,力除积习,杜绝侥幸,将见数年之后,士皆束身《诗》《礼》之中,潜心体用之学,文风日甚,真才日出矣。然此亦特就文学而已,至于人之贤愚能否,有非文字所能决定者。故立法取士不过如是,而治乱盛衰,初不由此,无俟更张定制为也。所奏应毋庸议。

时鄂尔泰当国,力持议驳。八股文之不废,鄂尔泰之力也。

光绪二十年四月,御史杨深秀奏:

自取士之法未善，用非所学，学非所用，制艺帖括，消磨人才，因有建议欲于科举废《四书》文者。臣窃惟制艺之科，行之已数百年，沿袭至今，适承其敝，若不思变计，固无以得人才，若骤更成法，亦复猝无善策。尝统筹利弊，熟计重轻，以为非法不善之为害，而实文体不正之为害也。故欲求真才，必自厘订文体始。查经义之体，肇自宋代，因文见道，意美法良。宋人之文，传于今日者，如王安石、苏洵、苏辙、陆九渊、陈传良、文天祥诸大家，类皆发明经意，自抒伟论，初无代古人语气之谬，无一定格式之陋习，故观其说理，可以知其行谊，观其发论，可以知其经济，有本有文，体最善矣。明世沿习既久，防弊日周，于是创为代圣立言之说，谓不得用秦汉以后之书，述当世之事，夺微言大义之统，为衣冠优孟之容，诬已说为古言，侮圣人而不顾，于是史书不观，争为谬陋，文体风俗之坏，实自兹始。明叶以后，始盛行四股、六股、八股破承起讲之格，虽名为说经之文，实则本唐代诗赋，专讲排偶声调，如宋元词曲，但求按谱填词，而肤词谰言，骈拇技指，又加甚焉。以经义论，则无所发明；以文体论，则毫无取义。格式既定，务使千篇一律，稍有出入，即谓之不入格。是以习举业者，陈陈相应，涂涂递附，黄茅白苇，一望皆同，限以三百、七百之字数，拘以连上犯下之手法，虽胸有万卷，学贯三才者，亦必俯就格式，不许以一字入文，其未尝学问者，亦能揣摹声调，敷衍讲章，弋获巍科，坐致高位，是使天下之人，相率于不学也。今夫国家设科之义意有二：一以鼓励天下之人，使之向学，以成其才也；一以试学者之才不才，择而用之也。今用此种庸滥文体，既使天下相率于不学，而人才之消磨，已十之八九矣。苟有一二卓拔流俗者，则其才华学识，不能发现于场屋文字之中，偶或发现，则以不合格黜之。然则使衡文者，究何所凭借，以别择其才不才哉？

故用今日之文体,其弊亦有二:能使天下无人才,一也;即有人才而皇上无从知之,无从用之,二也。更有甚者,如岁科童试县考、府考、院考,多出截上截下、无情巧搭等题,割裂经文,渎侮圣言,律以祖制,咎有应得,而各省沿用,毫不为怪。此种文体,只讲手法,不顾经意,起承转收,擒钧渡挽,其法视文网为尤密,其例较刑律为尤严,遂使天下百千万亿之生童,日消磨精力于此等手法之中。舍纤仄机械之外,无所用其心,恐有旁骛而文法因以疏也;舍串珠类腋之外,无所用其学,恐有博涉而文体因以杂也。夫天下之士子,莫多于生童也。盈廷之公卿,皆起自生童也。而其用心及其所学如此,驱天下有用之才,而入于无用之地,一旦而欲举以任天下之事,当万国之冲,其可得乎?今夫《四书》文之所以足贵者,将使人读书以明理,穷经以尊圣也。今截搭枯窘、割裂破碎之题,非以通经,乃以侮圣。故臣谓非法不善之为害,而文体不正之为害也。请特下明诏,斟酌宋、元、明旧制,厘正《四书》文体。凡各试官命题,必须一章一节一句,语气完足者,其制艺体裁,一仿宋人经义,明人大结之例,先疏证传记,以释经旨,次博引子史,以征蕴蓄,次发挥时事,以觇学识,不拘格式,不限字数。其有仍用八股庸滥之格、讲章陈腐之言者,斥摈勿录。其有仍用八股口气,沿代圣立言之谬说者,以僭妄诬罔、非圣无法论,轻则停廪罚科,重则或予摈黜。如此则观听一新,人务实学,有经义取士之效,而无其弊矣。夫因文体之极弊,而并欲废《四书》文者,过激之说也。因《四书》之足贵,而并袒护今日之文体者,不通之论也。正文体,乃以尊《四书》,变通流弊,乃以符旧制,其为事至顺,其图变至易,其所关至大,其收效至神。伏乞断自圣衷,即降谕旨,布告天下,咸使闻知,似于维持正学,培育人材,必大有裨。

上谕:"御史杨深秀奏请厘定文体一折。国家以制艺取士,原期阐发经义,讲求实学,勉为有用之才。兹据该御史奏陈近日之弊,请斟酌厘定,并各项考试不得割裂经文命题等语。着礼部议奏。"然尚未议废八股也。五月上谕:"我朝承宋、明旧制,以《四书》文取士,康熙年间曾停止八股,改试策论,未久旋复制艺。一时文运昌明,儒生稽古穷经,类能推究本原,发明义理。制科所得,不乏通经致用之才。乃近来风尚日漓,文体日蔽,所试时艺,大都随题敷衍,于经义罕有发明,而谫陋空疏者,每获滥竽充选,若不因时通变,何以见实学而拔真才?着自下科为始,乡、会试及生童岁科各试,向用《四书》文者,一律改试策论。此次特降谕旨,实因时文积弊太深,不得不随时改变,以破拘墟之习。至士子为学,自当以四子、六经为根柢,策论与制艺殊流同源,仍不外通经史以达时务,总期体用兼备,人皆勉为通儒,毋得竞逐博涉,徒蹈空言,致负朝廷破格求材至意。"此第四次废除八股也。已而御史宋伯鲁奏:

> 本月初五日奉上谕,因时文积弊太深,不得不改弦更张,以破拘墟之习,总期体用兼备,人皆勉为通儒等因。伏读之下,仰见皇上天锡智勇,洞悉积弊之原,力破迂拘之格。千年沉痼,一旦扫除,转弱为强,在此一举矣!臣窃思乡、会两场试事才竣,自不能不待诸下科。若生童岁科试,现正随时按考,既定例下科始改,则现时自仍用旧章,彼生童若不习八股,则无以为应考之地。若仍习之,则明明为已废之制,灼然知其无益,两年之后,即行弃置,又何必率天下之生童,枉费此两年之力,以从事于此?是令天下无所适从也。臣以为,应试之人无多于生童,故转移风气,必当自生童试始。既奉明诏,变法以励实学,必使士子用心有所专注,庶学问不致两歧。伏乞再行明降谕旨,除乡、会试自下科为始,改试策论外,其生童岁科

试,即饬各省学政随按临所至,一经奉到谕旨,立即遵照章程,一律改试。

奉旨依奏。六月,湖广总督张之洞、湖南巡抚陈宝箴奏:

> 五月初五日钦奉上谕,于下科为始,乡、会、岁科各试,向用《四书》文字,一律改试策论等因,钦此。窃维救时必自求人才始,求才人必自变科举始。四书五经,道大义精,炳如日月,讲明五伦,范围万世,圣教之所以为圣,中华之所以为中,实在于此。历代帝王经天纬地之大政,宅中驭外之远略,莫不由之。国家之以《四书》文、《五经》文取士,大中至正,无可议者也。乃流失相沿,官司不善奉行,士林习为庸陋,不能佐国家经时济变之用,于是八股文字遂为人所诟病。今圣主断然罢去八股不用,固已足振动天下之耳目,激发天下之才智。特是科举一事,天下学术所系,即为国家治本所关,若一切考试节目未能详酌妥善,则恐未必能遽收实效,而流弊不可不防。
>
> 尝考北宋初创为经义取士之法,体裁只如讲义,文笔亦尚近雅。明成化时始定为八股之式,行之已五百年,文徇俗而愈卑,法积久而愈弊,虽设有二场经文,三场策问,而主司简率自便,惟重头场时文,二、三场字句无疵即已中式,遂有三场实止一场之弊。今改用策论,诚足以破拘挛陈腐之习矣。然文章之体不正,命题之例不严,则国家重教之旨不显,取士之格不一,多士之趋向不定。今废时文者,恶八股之纤巧,苛琐浮滥,不能阐发圣贤之义理也,非废四书五经也。若不为定式,恐策论发题,或杂采群经字句,或兼采经史他书,界限过宽,则为文者必至漫无遵守,徒骋词华。行之日久,必至不读四书五经原文,背道忘本,此则圣教兴废、中华安危之本,非细故也。窃以

为今日当详议者,约有数端:

一曰正名。为正其名曰《四书》义、《五经》义,以示复古。其格略如讲义,评论经说。

二曰定题。《四书》义书《四书》原文,《五经》义书[出]《五经》原文,或全章,或数章;或全节,或数句;或一句,或数句均可,不得删改增减一字,亦不得用其意而改其词。

三曰正体。以朴实说理、明白晓畅为贵,不得涂泽浮艳作骈俪体,亦不得钩章棘句作怪涩体。

四曰征实。准其引征史事,博考群书,但非违悖经旨之言,皆得引用。凡时文,向来无谓禁忌,悉与蠲除。

五曰闲邪。若周秦诸子之谬论,释老二氏之妄谈,异域之方言,报馆之琐语,凡一切离经叛道之言,严加屏黜,不准阑入,则八股之格式虽变,而衡文之宗旨,仍与直正之圣训相符。

顾犹有虑者,文士之能讲实学、治古文者不多。改章之始,恐仅能稍变八股之面目,仍不免以时文陈言滥词敷衍成篇,若主司仍以头场为重,则二、三场虽有博通之士,仍然见遗,与变法之本意尚未相符。若主司厌其空疏陈庸,趋重二、三场,则首场又同虚设,其诡诞浮薄,务趋风气者,或又将邪诐之说解释四书五经,附会圣道,必致离经叛道、心术不端之士杂然并进,四书五经本义全失。圣道既微,世运愈否,其始则为惑世诬民之说,其终必有犯上作乱之事,其流弊尤多,为祸尤烈。今宜筹一体用一贯之法,求才不厌其多门,而学术仍归于一是,方为中正而无弊。昔朱子当南宋国势微弱之际,愤神州之多难,惧救世之无才,屡欲改变科举。尝考《语类》中力诋时文之弊者,不一而足,而究其论科举积弊之法,则曰"更须兼他科目取人"。欧阳修知谏院时,恶当时举人鄙琐剿盗,全不晓事之弊,尝疏请改为三场分试、随场而去之法,每场皆有去留。头场策合式者试二场,二场论合式者试三场,其大要曰:"鄙恶乖诞以渐先去,少而易考不至劳昏,全不晓事之人无由而进。"其说颇切于今日之情事。……又查今日定例,武科乡、会小试,骑射、步射、硬弓、刀石分为三场,皆有去取,人数递删而递少,技艺递考而递精。

窃谓宜远师朱、欧之论,近仿武科之制,拟为先博后约,随场去取之法。将三场先后之序互易之,而又层递取之,大率如府县考复试之法。第一场试以中国史事、国朝政治,论五道,此为中学经济。十倍中额发榜,不取者罢归,取者始准试第二场。二场试以时务策五道,专门五洲各国之政、专门之艺,政如各国地理、学校、财赋、兵制、商务、刑律等类,艺如格致、制造、声光、化电等类,分门发题考试,此为西学经济。其虽解西法而支离狂悖、显悖其教者,斥不取三倍中额,再发榜,取者始准试第三场。三场试《四书》义二篇、《五经》义一篇,取其学通而不杂、理纯而不腐者。合校三场均符者,始中式,发榜如额。

磨勘之日,于三场尤须从严,如有《四书》义、《五经》义理辞谬妄、离经叛道者,士子、考官均行黜革。如是,则取入二场者,必其博涉古今、明习内政者也。然恐其明于治内而闇于治外,于是更以西政、西艺考之。其取入三场者,必其通达时务、研求新学者也。然又恐其学虽博,才虽通,而理解未经,趋向未正,于是更以《四书》义、《五经》义考之。其三场可观而中式者,必其宗法圣贤、见理纯正者也。大抵首场先取博学,二场于博学中求通才,三场于通才中求纯正,先博后约,先粗后精,既无迂阔庸陋之才,亦无偏驳狂妄之弊。三场各有取义,以前两场中西经济补益之,而以终场《四书》义、《五经》义范围之,较之或偏重首场,或偏重二、三场所得多矣。且分场发榜,则下第者先归,二、三场卷数愈少,校阅亦易。寒士无候榜久羁之苦,誊录无卷多错误之弊,主司无竭蹶草率之虞,一举三善,人才必多。而着重尤在末场,犹之府县试皆凭末核以为去取,不愈见《四书》《五经》之重哉?

其学政岁、科两考,均可以例推之。岁、科考例,先试经古一场,即专以史论、时务策两门发题。生员岁考,正场原系一《四书》文、一经文,即改为《四书》义、经义各一。生员科考、童生考试,一切均同。其童试《孝经》论、性理论,应仍其旧。窃谓如此办法,博之以经济,约之以道德,科目无无用之人,时务无悖道之患,似此切实易行,流弊亦少。此举为造就人才之枢,而即为维持人心世道之本原。

上谕:"张之洞、陈宝箴奏请饬酌改考一折,朕详加披阅,所奏各节剀切周详,颇中肯綮。着照所拟,礼部即通行各省一体遵照。"而孝钦后颇不以德宗之变法为然。是年八月,孝钦后训政,懿旨:"国家以《四书》文取士,原本先儒传注,阐发圣贤精义,二百年来,得人为盛。近来文风日陋,各省士子往往剿袭雷同,毫无根柢。此非时文之弊,乃典试诸臣不能厘正文体之弊。乃论者不揣其本,辄以所学非所用,归咎于立法之未善。殊不知试场献艺,不过为士子进身之阶,苟其人怀奇抱伟,虽沿用唐宋旧制,试以诗赋,亦未尝不可得人。设论说徒工,心术不正,虽日策以时务,亦适足长嚣竞之风。用特明白宣示,嗣后乡试、会试,及岁考、科考等,悉照旧制,仍以《四书》文、试帖、经文、策问等项,分别考试。"既而联军入京,德宗奉孝钦西狩,乃以二十七年七月谕:"自明年为始,嗣后乡、会试,头场试中国政治、史事论五篇,二场试各国政治、艺学策五道,三场试《四书》义二篇、《五经》义一篇。考官评卷,合校三场,以定去取,不得全重一场。生童岁、科两考,仍先试经古一场,专试中国政治、史事及各国政治、艺学策论,正场准用八股文程式。"不五年,而科举亦随八股文以俱废矣。

然八股之文废,而流风余韵犹时时不绝,流露于作者字里行间。有袭八股排比之调而肆之为纵横跌宕者,康有为、梁启超之报纸文学也;有用八股偶比之格而出之以文理密察者,严几道、章士钊之逻辑文学也。并世章炳麟与人论文,以为[严]复气体比于制举;而胡适论梁启超之文,谓其蜕自八股,可谓知言之士已。斯足以开排比之别调,而殿八股之后劲。

大小考试皆用五言八帖或六韵排律诗,即试帖诗也。科举文字之重要者,八股文而外,莫如试帖诗。乡试之用试帖诗,自乾隆二十四年己卯科始,会试自二十五年庚辰科始,而岁、科考试童生兼作试帖诗,则自二十六年始。二十七年,礼部题准:"诗题应正书赋得某句,旁注得某字,五言八韵。"即此平江书院卷子所书诗题之体也。阳湖洪亮吉尝谓:

> 此于诸体中又若别成一格,有作家而不能为八韵诗者,有八韵诗工而实非作家者。如郎中项家达、主事贵征,虽不以诗名家者,而八韵则极工。项于某年考差,题为"王道如龙首"得"龙"字,五六云:"讵必全身现,能令众体从。"贵于某年朝考,题为"草色遥看近却无"得"无"字,五六云:"绿归行马外,青入濯龙无。"可云工矣。祭酒吴锡麟于诸作外,复工此体,然[道光]庚戌考差,时阅卷者为大学士伯和珅,忽大惊曰:"此卷有'破家'二字,断不可取。"吴卷由是黜落。

此亦乾隆朝一则试贴诗史也。

道光庚戌,德清俞樾成进士,复试,湘乡曾国藩以礼部侍郎充阅卷官,得俞樾诗,首句云"花落春仍在",极赏之,谓:"与小宋'将飞更作回风舞,已落犹存半面妆'无异。他日所至,未可量也。"遂以第一进呈。后俞典学河南,以人言罢职。同治乙丑,寓书于曾,述及前事,且曰:"由今思之,蓬山乍到,风引仍回,洵符'花落'之谶矣。然穷途著述,已及百卷,倘有一字流传,或亦可云'春在'乎?"此尤试帖诗之佳话也。

孝钦后亦工试帖诗,每岁春闱及殿(帖)[廷]考试,辄有拟作。其传诵者,如同治乙丑会试诗题"芦笋生时柳絮飞"得"生"字云:"南浦篙三尺,东风笛一声。鸥波连夜雨,萍迹故乡情。"又癸酉考差试题"江南江北青山多",得"山"字云:"雨后云深浅,风前(雇)[雁]往还。舍连春水泛,峰杂夏云间。"倘可与宣宗之工八股媲美者焉。

(六) 余论

科举为元、明、清三朝取士大典,而始末不具,故不惮缕析陈之。方科举之将废也,有甚滑稽之三事焉。

一、八股将废未废之际,有以博涉兼能之哲家,而教干禄应举之试文者,是则侯官严复其人也。复毕学欧洲归,则并心一力,以治八股文,冀登上第,顾再应京兆试,不得举。晚以译述欧籍,学贯中西,诏赏翰林院编修。八股之举业徒工,清秘之衔头坐致。其乡人郑孝胥笑而幸焉,尝嘲以诗者也。

一、总税务司英人赫德有二子,慕我国科名,光绪初纳监入籍顺天,且延名师教八股文。某年,应顺天乡试,为北皿号生群起攻之,乃不入场。夫以英伦之客卿,而食毛践土,紫情科名,此如橘逾淮之为枳矣。

一、庚子联军十一国议和,条约第二款载:"诸国人民遇害被虐之城镇,应停止考试五年。"一若科举甚足为我国重者。殆谚所谓"回光返照"者耶!

八股文废,然八股之取士,亘元、明、清三朝,其中源流因革,亦有关世变不细。而可以考见八股文之源流因革及其风会者,以余所见,有三书焉。

一、黄梨洲先生辑《明文海》。四百八十二卷,其三百七卷至三百十三卷,皆录各家八股文之序,共七十八首。

一、俞长城辑《百二十名家选》。此选以时为次,托始于北宋诸公,而迄有清,序论尤佳,八股文总集之别开生面者也。

一、梁章钜《制艺丛话》。亦托始北宋,而迄清之嘉、道,溯源流,别支干,搜轶事,辑异闻,实为治八股文最备至一家言。

三家之书,皆可作八股文学史料读也。惟黄《辑》皆选明人,而俞《选》终于顺、康,梁《话》迄于嘉、道。而光绪间,坊刻所谓《通稚集》者,所选时文,杂糅经子,旁及欧学,盖瀛海棣通,风气初开,八股之别开生面者也。后来闻人有如君主立宪之康有为、梁启超,民主革命之蔡元培、谭延闿,胥有作焉。

《四库全书总目》所录历代总集、别集,至为详备,而于八股文,惟著录《钦定四书文》四十一卷,盖乾隆元年,内阁学士方苞奉敕所编。明文凡四集:曰化、治,曰正、嘉,曰隆、万,曰启、祯,而清文别为一集,每篇皆抉其精要,评骘于后。惜博未见。

博此次剪裁旧报,所得光绪变革科举之官文书,凡上谕六:一、光绪二十四年四月二十一日,改书院为学堂上谕;一、五月五日,停止八股,改试策论上谕;一、十二日,生童岁、科试一并改策论上谕;一、六月初一日,乡、会试三场先博后约,随场去取上谕;一、二十七年七月十六日,各项考试不准用八股文,改试策论、《四书》义、《五经》义上谕;一、八月初二日,改书院为学堂上谕。孝钦后懿旨一,即二十四年八月二十四日,各项考试仍照旧制,用四书文、试贴之懿旨也。奏折三,凡御史杨深秀请请厘定文体一折,宋伯鲁请生童岁科试迅改策论一折,两湖总督张之洞、湖南巡抚陈宝箴请饬酌改考试之法一折,已摘要著录之矣。其采而未录者:一、二十四年七月,翰林院侍读学士徐致靖奏岁科试请照乡、会试分场取一折;一、二十七年八月,[两江]总督刘坤一、两湖总督张之洞请设育才学校一折。兹并著其目,以俟后之治国闻者考焉。

史料不可断断于故纸堆中求之,尤贵董理实物。盖物之董理,而后故纸之钻研为实事求是,而不同凿空之谈。此语须诸生牢记。吾校博物馆之历史陈列品亦不少。然诸生钦其实,莫名其器。吾尝劝诸生实地为有系统之研求,加以考证。诸生为难不肯为。今特董理此卷子以示诸生。读吾文者当知此破碎丛残之烂墨卷,尚不难实事求是,加以董理,况极珍贵之古器甲、古货币乎?余能独学,而不能与诸生共学,此余之过也。伯尔同学,尚勖之哉![1]

附录:

科举外史之余论[2]

钱基博撰　戴海斌整理

前期载拙著《科举外史》,殿以《余论》,中称严复以译述欧籍,学贯中西,诏赏翰林院编修。既出版,偶检阅旧日读书笔记,乃知误记,而复所赐者,文科进士出身也。兹录布以当更正如左:

章炳麟《太炎文录》载《与友人书论文书》,斥严复"气体比于制举"。按严复以宣统二年特旨赐文科进士出身,然据陈宝琛撰《清故资政大夫海军协都统严君墓志铭》载:"复年十四,即入福建船政学校,以光绪二年派赴英国海军学校,肄战术及炮台、建筑诸

---

[1] 末段据《无锡新报》本补,参照《钱基博集·后东塾读书杂志》,第258页。
[2] 本文原载《光华期刊》1929年第5期,第16页。

学,试辄最。归国,以海军积劳,叙副将。寻弃去,惮心著述,所译书以雅辞达奥旨,风行海内。学者称为侯官严先生。"则严复之非科举人物可知。而章氏乃斥为"气体比于制举",或者以为拟不于伦。不知复中年慕科第,应乡试者数,治八比文尤劬甚。及赐文科进士出身,其乡人郑孝胥作二诗调之。其一曰:

> 严侯本武人,科举偶所慕。弃官更纳粟,被刖尝至屡。
> 平生等身书,弦诵遍行路。晚邀进士赐,食报一何暮。
> 回思丙丁间,春闱我犹赴。都门有文会,子作必寄附。
> 传观比尤王,一读舌俱吐。谁知厄场屋,同辈空交誉。
> 天倾地维绝,万事逐烟雾。八股竟先亡,当时殊不悟。
> 寒窗抱卷客,亿兆有余诅。吾侪老更黠,检点夸戏具。
> 烦君发庄论,习气端如故。①

其二曰:

> 左侯(左宗棠)居军中,叹息谓欧斋。(林寿图官陕西布政使时,左官陕甘总督也。)屈指友朋间,才地有等差。
> 进士胜翰林,举人又过之。我不得进士,胜君或庶几。
> 欧斋奋然答:霞仙语益奇。举人何足道,卓绝惟秀才。
> 言次辄捧腹,季高怒竖眉。观君评制艺,折肱信良医。
> 少年求进士,得之特稍迟。风味如甘蔗,倒嚼境渐佳。
> 何可遽骄满,持将傲吾侪。不谷虽不德,自知背时宜。
> 三十罢应试,庚寅直至斯。誓抱季高说,不顾欧斋嗤。

---

① 原题《答严几道》,郑孝胥著,黄坤、杨晓波点校:《海藏楼诗集》上册,上海古籍出版社2013年版,第179页。

>君诗貌烦冤,内喜堪雪悲。官里行相促,老苍仗头皮。
>八股纵已亡,身受伏余威。知君不忘故,得意还相思。①

两诗见《海藏楼诗》卷六。是复不惟学制举文,且甚得意其所作之制举文也。然则章氏之斥"复为气体比于制举者",殆郑诗所谓"八股纵已亡,身受伏余威"者耶!

---

① 原题《偶记林颖叔述左文襄语再答几道》,见《海藏楼诗集》上册,第179—180页。

·研究综述·

近十年关于科举的量化研究述评

牟 晨

摘要：传统的科举史研究主要偏重制度史与社会史。而随着社会科学强调历史维度，学界开始利用量化方法开展科举研究，形成科举与社会流动、科举与政治稳定，以及科举的长期文化效应三个研究热点。本文对近十年来这三个方面的英文文献进行简要述评。总体而言，社会科学家与历史学家的互动略显不足。但在数字人文热潮中，通过建设与利用历史人物履历公开数据库，历史学家和社会科学家具有很大的合作空间。

关键词：科举，量化，社会流动，政治影响，文化效应

作者简介：牟晨，上海交通大学人文学院历史系硕士生

一、引　　言

1901年，清政府为挽救自身危机，决定将其国运寄托于"新政"。与此同时，以张之洞、袁世凯为首的地方实力派大臣不断向

清廷上奏,请求废除科举,开办学堂,以此建立现代的教育制度,实现培养人才的目的。几经周折,清政府最终于1905年宣布,自第二年起停办一切科举考试。这意味着自隋朝始,经历唐、宋、元、明,业已1300余年的科举制度,就此终结。中国的帝制虽有复辟,但科举制度再无复兴。细数"新政"诸多政策,论影响力而言,莫有如废除科举制度者。

在后科举时代的百余年间,各界对科举制度仍保持浓厚的兴趣。如今,但凡提及高考的弊端,普罗大众依旧习惯于将之比附于科举,随后以科举的弊端质疑高考制度。当代学者之所以研究科举,并非是为回应社会对高考之关切,更无复兴科举之意图,而是为探究史实,全面理解科举制度之合理性和局限性。

概言之,除传统的政治制度史研究外,学者的研究方向主要集中于科举与中国社会的关系。在历史学与社会科学的跨学科研究中,何炳棣的《明清社会史论》可谓是开山巨擘。[1] 在该书中,他用丰富的史料证明科举制度给予明清时期的中国社会较高的社会流动性。同时,他也是最早将量化方法引进中国史研究的学者。自该书问世至今的60余年间,学者们在承接何炳棣问题意识的同时,不断扩展新的研究方向,并深化了量化方法的运用。

进入21世纪后,社会科学的学者们,利用建立历史数据库和统计分析的方法,重新分析科举、家族、社会三者之间的关系。根据其研究主题,主要分成三大类:科举与社会流动性、科举与中国政治稳定、科举的长期文化效应。

---

[1] 何炳棣著,徐泓译:《明清社会史论》,联经出版公司2013年版;Ping-ti Ho, *The Ladder of Success in Imperial China*, New York: Columbia University Press, 1967.

二、科举与社会流动

在科举与社会流动性的研究中,学者们多将何炳棣的《明清社会史论》作为主要对话对象。他们利用多种史料和数学模型,试图修正何炳棣关于科举带来较高社会流动性的论断。

在《明清社会史论》中,何坦言其研究的不足:进士数据并不涉及捐官入仕者。何炳棣先前认为,太平天国之前,捐纳是仅次于科举的第二流通管道;太平天国之后,"钱财的重要性才超过高等功名,成为社会地位的决定性因素","如果把捐官的人也算在内,寒素之士成功向上社会流动的实质机率就会更少"。① 张乐翔则更细化这方面的研究。② 他利用"明清档案人名权威资料库"的人物数据,以吴璈父子的功名和宦绩作为个案,结合整个清朝的捐纳制度和实践,从捐纳者的角度出发,审视官绅的捐官动机。研究发现,在四个儿子尚未成年之时,吴璈便早早地为他们捐纳功名和官职,希求以较长的年资获取更好的升迁。至于捐纳所花费的金钱投入,则用今后任官期间的各种收益来弥补。利用《清代档案史料丛编》和《中国第一历史档案馆藏清代官员履历档案全编》数据库,张文还系统分析了清代官员的出身构成,发现捐纳已经和科举一样成为重要的上升阶梯。借助捐纳制度,富人家庭和官员家庭减少时间成本和机会成本,从而快速实现家族自身财富和地位的再生产。所以,作者认为捐纳制度阻碍了社会中下层的向上流动,

---

① 何炳棣著,徐泓译:《明清社会史论》;Ping-ti Ho, *The Ladder of Success in Imperial China*, New York: Columbia University Press, 1967, 第57、326页。

② Lawrence Zhang, "Legacy of Success: Office Purchase and State-Elite Relations in Qing China", *Harvard Journal of Asiatic Studies*, Vol. 73, No. 2, 2013, pp. 259 – 297. 另参见 Lawrence Zhang, "Power for a Price: Office Purchase, Elite Families, and Status Maintenance in Qing China", Dissertation, Harvard University, 2010。

其存在置寒门子弟于不利地位。

何的另一个不足,是他将科甲作为向上流动的唯一标识。对此,郝煜和克拉克(Clark)提出真实社会地位(TSS),用以涵盖收入、财富、教育、职业、官阶,从而衡量个人或家庭的社会地位。二人采用特定姓氏人口在精英群体中和在总体人口中比重的比值,即相对精英率(Relative Representation),以举人和进士为研究层级,寻找精英家族的真实社会地位(TSS)的代际相关性。① 真实社会地位的代际相关性越强,社会流动性越弱。其以江南地区人口较少,往往在县一级只有单一宗族的姓氏作为精英姓氏,又以顾、钱、沈三个江南常见姓氏作为社会普通姓氏,计算精英姓氏出进士概率相对于普通姓氏出进士概率的比值,分别计算出1645—1905年的代际相关性是0.77—0.87,其中1800年之后的代际相关性亦即社会阶层固化要高于之前。据此,郝煜和克拉克认为,科举时代的代际相关性很高,高于现代和同期的英国。这一发现对科举制度带来社会流动性的结论提出了挑战。

除此之外,学者主要集中于细化家庭背景是如何影响举业和仕途的。其中,蒋勤与龚启圣利用《清代硃卷集成》和《明清进士题名碑录索引》所记载的举人家庭信息和科举成就,研究1796—1895年间,能力和家庭背景如何影响举人的会试、殿试成绩。② 研究发现,在举人考进士的过程中,用举人中举的年龄和名次作为能力测度,能帮助举人通过淘汰赛的会试,以及在排位赛的殿试中获得高的名次和甲次;而财富的测度则在会试中没有显著的影响。

---

① Yu Hao and Gregory Clark, "Social Mobility in China, 1645 - 2012: A Surname Study", Unpublished Paper, From< http://www.maxhaoeconucdavis.com/uploads>, Vol. 1, No. 4, 2012, p. 2.

② Jiang, Qin and Kung, James Kai-Sing, "Social Mobility in Pre-Industrial China: Reconsidering the 'Ladder of Success' Hypothesis", 2016, SSRN: https://ssrn.com/abstract=3255796.

这支持了何炳棣有关科举促进流动的观点。另一方面,研究发现会试和殿试的决定因素有所不同,父亲功名更多影响通过会试,而父亲的官职更多影响殿试成绩。作者认为这是由于会试注重八股经义,而殿试注重策论,更考察家庭内有关为官的"隐性知识"。综上,作者一方面肯定何炳棣关于科举促进社会流动性的观点,但同时也指出会试与殿试成绩差异化的影响因素。

黄一飞进一步对科举中的不平等现象及其潜在机制进行了分析。他利用《题名录》和《同年齿录》,构建19世纪5 623名江苏、安徽两省举人的人物信息资料库,测算代际间的成功率,即父辈有无功名与儿子通过各级科举考试和仕途的关系。① 首先,不同阶层之间,中举概率存在显著差异。黄利用数学模型和同年齿录测算得到举人之子中举的概率在5%左右。但举人之子中举的成功率是生员、贡监之子的8倍,生员、贡监之子中举的成功率又是平民子弟的8倍。童试的情况与此类似。其次,黄发现举人的父亲、祖父和曾祖父的功名存在很强的多代传递效应,即一代比一代的科举成就高。再次,相比童试和乡试,会试中家庭背景的作用相对要小;但如果以三代的最高功名和官职来测度家庭背景,那家庭背景在会试中依旧有作用。最后,对举人而言,父亲拥有官职对其仕途有极大的帮助。基于这些发现,作者认为比起平民家庭,科举制度在19世纪更加有利于富裕家庭和精英家庭的代际传递:官绅家庭在各层级的科举考试和仕途上的表现则更加优秀,平民家庭则不具优势性。

作为研究社会流动的巨著,何炳棣在其《明清社会史论》中提出的论断依旧是学者们对话的主要对象之一。先前一波的争论,

---

① Yifei Huang, "Essays in Economic History and Applied Microeconomics", Dissertation, California Institute of Technology, 2016.

主要来自韩明士等美国学者。[①] 何炳棣也在《读史阅事六十年》中作出了回应。[②] 21世纪以来,随着中国经济的崛起,从中国历史长时段角度出发来考察科举制度的影响,成为一个新的趋势。在此情境下,出现了以上利用社会科学方法讨论科举与社会流动关系的研究。尽管受到后学的质疑,但观而言,鲜有研究能真正颠覆科举与流动有关这一论断。何炳棣在指出高社会流动性的同时,也并未否认明清科举制度中的确存在非常明显的代际相关性和社会流动性逐渐减弱的现象。所以,虽然不乏研究社会流动性的文章,但终究未脱离何炳棣所创设的理论框架。

三、科举与中国政治稳定

在科举与中国政治稳定这一问题上,近十年来,学者集中于探讨科举的废除对士绅群体的影响,以及其与清末革命及农村社会之间的关联。

龚启圣和马驰骋利用《山东通志》,以1651—1910年山东省107县为研究对象,研究孔庙、贞节牌坊、学校等儒学社会化产物的数量与以农民起义为主的社会冲突有无相关性。[③] 研究发现,儒学所塑造的社会规范具有减少社会骚乱的作用。其中,进士、举人和生员的数量也能相对地降低社会骚乱发生的概率。此研究视角独特,利用新经济史的计量方法进行因果推断,是社会科学家研

[①] Robert Hymes, *Statesmen and Gentlemen*, London: Cambridge University Press, 1986.
[②] 何炳棣:《读史阅世六十年》,广西师范大学出版社2009年版。
[③] James Kai-sing Kung and Chicheng Ma, "Can Cultural Norms Reduce Conflicts? Confucianism and Peasant Rebellions in Qing China", *Journal of Development Economics*, Vol. 111, 2014, pp. 132 - 149.

究科举社会影响的重要成果。

儒学与科举有维持社会稳定之功能。那科举取消之后呢？白营和贾瑞雪利用同盟会的名单，辅之以《东京日日新闻》《申报》和《时报》，对照1 304名同盟会在籍成员籍贯所在省份的功名名额与该省人口，考虑人口规模、地理位置和通商口岸等潜在因素，探究科举的废除与清末政治动荡的关系。[①] 研究发现，虽然科举制是在全国各地被同时废除，但由于各地原本的人均生员"学额"不同，这一变化对各地的冲击存在程度上的差异。即原先人均学额越多的地方，受到取消科举的冲击也越大。在1905年以前，人均生员学额的多少不影响当地人参与革命的情况。但在1905年以后，人均生员学额更多的地方，出现革命者的概率也越高。且就1905年各月数据而言，9月起加入同盟会的人数陡增。这一发现有助于进一步解释辛亥革命爆发的深层次原因。

科举取消对地方士绅阶层的影响是多方面的。郝煜发现由于品行良好的士绅离开乡村，前往城市生活，这使得乡村由"劣绅"管理，并由此加深了农民与地主之间的矛盾。[②] 尤其是在1905年后，地方上针对士绅的民变活动激增。作者所利用府级的举人/学额比，衡量废除科举前下层士绅面临的向上流动前景，该比例越高，意味着下层士绅向上流动的预期越强，也意味着废科举后越倾向于进城接受现代教育，亦意味着废科举后基层治理队伍的激励和选择的恶化愈严重。这一发现有助于解释1905—1949年的中国乡村社会以及农民运动。

---

① Ying Bai and Ruixue Jia, "Elite Recruitment and Political Stability: the Impact of the Abolition of China's Civil Service Exam", *Econometrica*, Vol. 84, No. 2, 2016, pp. 677-733.

② Yu Hao, "Bring Down the Gentry: Abolition of Exam, Local Governance and Social Unrest", UC Davis, Working paper, 2018.

有关社会流动性的现有研究大多强调国家利用科举制度对社会的作用,但研究忽视在科举制度下的社会对国家潜在的反作用。较之社会流动性的研究,这三项研究无疑是在深化何炳棣的研究,其新颖点在于开始探索"国家—科举—社会"的交互模式,即国家是如何借助科举之手影响社会,从而反过来维护政府的长期稳定或者导致政府的崩溃。其核心议题就是士绅群体的作用及其在清末民初的身份转化。当然,随着量化科举的研究不断深入,"国家—科举—社会"交互模式的具体化要素会不断增加,对该模式的认识也将进一步成熟。

四、科举的长期文化效应

科举制度于1905年终结,但时至今日,科举制度仍在影响现代中国人的教育观、读书观和价值观。然而,科举制度是通过何种途径深刻影响现在的人?

科举被取消之后,率先被学者认真讨论的命题是人才的地理分布,或说"人杰地灵"。张耀翔于1926年便曾探讨清代进士的地理分布,①其以言简意赅的统计方法,指出科举人才与自然地理有密切的相关性,而与当时学界的普遍说法相左,即人才的兴旺源自都城位置、避战祸、殖民等等因素的影响。但囿于方法论的不足,张先生未能言明,自然地理以何种方式影响地方产生科举人才的过程。何炳棣则侧重于富庶地区的公共教育设施,如义学、社学、贡士院、书院等是影响地区人才产出的主要因素。② 公共教育设施能提供给有志于学的贫困子弟所需的支持,为其解决资金之忧,以便安

---

① 张耀翔:《清代进士之地理的分布》,刘海峰编:《二十世纪科举研究论文选编》,武汉大学出版社2009年版,第1—10页。
② 何炳棣著,徐泓译:《明清社会史论》,第207—264页。

心从事举业。但公共教育设施的运作严重依赖于社会捐赠,故在富庶之地的分布较为密集,北方和偏远地区的分布则较为疏落。或多或少,这便成为不同省份间士人成绩有所差异的原因之一。

艾尔曼从科举文化史和士人心态的角度,对何炳棣的学说进行再思考。① 艾尔曼发掘了各种类型的科举履历,进行了大量的描述性统计分析,对科举促进流动性的作用提出了质疑。另一方面,利用文人文集等,他指出明清士人为应举而深陷文化困境,患得患失的心态导致读书人处于频繁的焦虑当中。据此,艾尔曼认为,科举制度并未使所有读书人受益,但对地方士人的心态和期望产生重大影响。

在借鉴张耀翔、何炳棣与艾尔曼研究的基础上,陈婷、龚启圣与马驰骋统计了2008—2012年4 711名北京大学在读学生的籍贯和成绩表现,追溯这些学生所在家乡的进士数量,用以比较历史上该地区的教育成就与现在该地区的教育成就。② 在考虑战乱、科举配额和地理位置等干扰因素后,该研究发现清代获取书籍的难易程度也能影响举业,即离印刷出版中心越近,便能产生更多的进士。印刷出版中心则又多位于松、竹产地,这很好地佐证了张先生的观点。同时,该研究的第二个发现是明清两代每万人中进士的人数每增加1人,当代相同地区的平均教育年限提升3.3%。尽管先后有太平天国运动的冲击和西方文化的影响,但科举的长期文化效应依旧存在。这是因为明清时期的读书人积极投身举业是看

---

① Benjamin Elman, *A Cultural History of Civil Examinations in Late Imperial China*, Cambridge: University of California Press, 2000. 另参见 Benjamin Elman, *Civil Examinations and Meritocracy in Late Imperial China*, Oakland: Harvard University Press, 2013。

② Ting Chen, James Kai-sing Kung, and Chicheng Ma, "Long Live Keju! The Persistent Effects of China's Imperial Examination System", *Social Science Electronic Publishing*, 2017.

重科举所能带来的回报——经济条件的改善和荣誉感。太平天国和西方文化并未根本改变读书人的这一价值取向。基于对利益的渴望和对荣誉的鼓舞,人们仍然优先选择读书作为晋升的通道。

从以上三个研究看,"人杰地灵"的现象明显受制于自然地理。自然地理之优势,促进人文社会的富庶,从而关系到士人的举业成就,进而形成热衷于读书的风尚,并延续至今日。较之前人,龚启圣团队的进步是以统计学的方法厘清其中的关系。

五、数字人文时代的科举研究

历史学家通常注重于科举与政治制度史二者的结合:科举既是"天下英雄尽入吾彀中"的帝王之术,那么皇权与选官、科举与入仕就是研究的重点。再者,史学方法习惯于以制度文本的分析和基于历史事件的个案研究,所以史学的科举研究较难完整估算科举与社会的关联性以及其程度大小。不过最近十年来,历史学对于科举的研究,最大的进展在于,借助数字人文研究的潮流,引进数据库方法整理史料,为跨学科的科举研究提供了坚实的基础。

最引人注目的科举相关数据库有两个。中国历代人物传记数据库(CBDB)是哈佛大学费正清研究中心、北京大学中国古代史研究中心和"中研院"历史语言研究所共同所有的项目,项目主任为哈佛大学包弼德(Peter K. Bol)。此数据库整合中国宋代以来422 607位男性和女性人物,其中包含大量的科举人物履历。[①] 据此,社会科学家们可以很容易地复制何炳棣的统计结果。清代缙绅录数据库则是由香港科技大学李中清(James Z. Lee)和康文林

---

① 项目主页是 https://projects.iq.harvard.edu/chinesecbdb,可以由此下载单机版数据及数据说明。

(Cameron Campbell)团队建立。缙绅录是清代职官的权威文本,覆盖全国官员,涵盖 30 万以上官员。① 这就有望突破何炳棣只聚焦科举本身这一局限。CBDB 数据库已经开放下载多年,且数据量还在不断增加;缙绅录首批数据预计将于 2019 年底向国内外学术界开放。②

量化方法的优势在于,学者可在囊括各种可能的因素后,弥补历史学者在方法上的不足,以此还原科举与社会的关联。社会流动性则是研究的热点话题。有关社会流动性的探讨是在佐证科举制度存在的合理性,而之后的中国政治稳定和长期文化效应亦是如此。正是通过社会科学方法和历史学议题及史料的结合,学者们还原出科举制度与社会之间千丝万缕的联系,从而证明科举对中国传统社会的正面作用。

社会科学家的量化研究比较偏重解释,而历史学家的量化则偏重描述,两者紧密合作非常罕见。在可期的将来,年轻一代的历史学家和社会科学家们,有望加强合作,在数字人文的大潮中,进一步拓展科举研究的方法和视域。

---

① 数据库详情参见任玉雪等《清代缙绅录量化数据库与官员群体研究》,《清史研究》2016 年第 4 期。
② 缙绅录数据库目前只能进行部分查询:http://vis.cse.ust.hk/searchjsl/。

· 研究书目 ·

最近二十年海外科举研究著作类目(1999—2018)

李　林　整理

按语：科举考试创于中国，其制度影响则广及传统东亚乃至近代欧西，今日涉猎科举研究的学者更是遍布寰宇，俨成专学。以下尝试整理最近二十年间海外所刊科举研究论著类目，以期略备同行先进索骥之助。所录限于正式出版的学术专著、论集，兼及少数工具书和史料译解、校诠；原作修订再版及转译为其他文字、字体在此期间出版者，亦皆收录，并附简注。韩文书目蒙罗乐然博士核正，越南文书目参考陈文《越南科举制度研究》（商务印书馆 2015 年版），谨此致谢。囿于笔者识见范围及语文能力所限，恐多挂一漏万、迻译失准之处，因此外文著作悉附其原本题名，识者其幸鉴正之。

一、中文之部(港台地区出版)

1. 高明士：《隋唐贡举制度》，台北：文津出版社，1999 年。

2. 林文龙：《台湾的书院与科举》，台北：常民文化出版，1999年。

3. 邝健行：《科举考试文体论稿：律赋与八股文》，台北：台湾书店，1999年。

4. 尚永亮：《科举之路与宦海浮沉：唐代文人的仕宦生涯》，台北：文津出版社，2000年。

5. 朱开宇：《科举社会、地域秩序与宗族发展：宋明间的徽州，1100—1644》，台北：台湾大学出版中心，2004年。

6. 李兵：《书院教育与科举关系研究》，台北：台湾大学出版中心，2005年。注：简体中文版为《书院与科举关系研究》，2005年由华中师范大学出版社出版。

7. 刘性仁：《中国历代考选制度与考试权之发展》，台北：时英出版社，2005年。

8. 戴伟谦：《中国武举与武术之探微》，台北：师大书苑，2006年。

9. 李弘祺编：《中国与东亚的教育传统（1）：中国的教育与科举》，台北：喜玛拉雅研究发展基金会，2006年。

10. 萧启庆：《元代的族群文化与科举》，台北：联经出版事业股份有限公司，2008年。

11. 金中枢：《北宋科举制度研究》，台北：稻乡出版社，2009年。

12. 黄明理：《儒者归有光析论：以应举为考察核心》，台北：里仁书局，2009年。

13. 沈俊平：《举业津梁：明中叶以后坊刻制举用书的生产与流通》，台北：台湾学生书局，2009年。

14. 吴宣德：《明代进士的地理分布》，香港：中文大学出版社，2009年。

15. 宋秉仁：《清初翰苑体制与翰林流品》，台北：花木兰文化出版社，2010年。

16. 萧启庆：《元代进士辑考》，台北：中研院历史语言研究所，2012年。

17. 何炳棣著，徐泓译注：《明清社会史论》，台北：联经出版事业股份有限公司，2013年。注：英文版 The Ladder of Success in Imperial China: Aspects of Social Mobility，1962年由哥伦比亚大学出版社初版；日文版《科挙と近世中国社会：立身出世の階梯》，寺田隆信、千種真一译，东京平凡社1993年出版。

18. 邓建国：《科举制度的伦理审视》，台北：花木兰文化出版社，2013年。

19. 洪铭吉：《唐代科举明经进士与经学之关系》，台北：文津出版社，2013年。

20. 陈益源、郑大主编：《科举制度在台湾》，台北：里仁书局，2014年。

21. 鲁小俊：《清代书院课艺考述》，台北：花木兰文化出版社，2014年。

22. 侯美珍：《明代乡会试〈诗经〉义出题研究》，台北：台湾学生书局，2014年。

23. 香港大学中文学院编：《"科举与辞赋：国际赋学研讨会"专题论文集》，香港：香港大学中文学院，2014年。

24. 卜永坚、李林主编：《科场·八股·世变——光绪十二年丙戌科进士群体研究》，香港：中华书局，2015年。

25. 苗永泉：《科举革废与华夏文明的近代转型》，台北：花木兰文化出版社，2015年。

26. 王立刚：《清代童试研究》，台北：花木兰文化出版社，2016年。

27. 王晓勇:《清代武科举制度之研究》,台北:花木兰文化出版社,2016年。

28. 梁庚尧:《宋代科举社会》,台北:台湾大学出版中心,2016年。(注:简体中文版于2017年由上海东方出版中心出版)

29. 林文龙:《台湾科举家族轶闻与传说》,南投:"国史馆"台湾文献馆,2016年。

30. 陈益源:《科举制度在金门》,金门:金门县文化局,台南:成功大学人文社会科学中心,2016年。

31. 阮玉麟:《中国赋对越南科举试赋之影响研究》,台北:花木兰文化出版社,2017年。

32. 卜永坚、徐世博主编:《政变时期的八股:光绪二十四年戊戌科会试试卷分析》,香港:中华书局,2017年。

二、英 文 之 部

1. Benjamin A. Elman, *A Cultural History of Civil Examinations in Late Imperial China*(帝制后期中国科举文化史),Berkeley:University of California Press, 2000. 注:中译本将由江苏人民出版社列入"海外中国研究丛书"出版。

2. Iona Man-Cheong, *Class of 1761: Examinations, State, and Elites in Eighteenth-Century China*(辛巳恩科:十八世纪中国的考试、国家与精英),Stanford:Stanford University Press, 2004.

3. Oliver J. Moore, *Rituals of Recruitment in Tang China: Reading an Annual Programme in the Collected Statements by Wang Dingbao (870-940)*(唐代的抡才典礼:王定保《唐摭言》所见岁举程式),Leiden:Brill, 2004.

4. Alexander Woodside, *Lost Modernities: China, Vietnam,*

Korea, and the Hazards of World History（失落的现代性：中国、越南、朝鲜与世界史观的障害），Cambridge, Mass.：Harvard University Press, 2006. 注：日文版作《ロストモダニティーズ：中国・ベトナム・朝鮮の科挙官僚制と現代世界》，东京 NTT2013 年出版。

5. Hilde De Weerdt, *Competition over Content: Negotiating Standards for the Civil Service Examinations in Imperial China, 1127－1279*（义旨之争：宋代科考标准之折冲，1127—1279），Cambridge, Mass.：Harvard University Asia Center, 2007. 注：中译本于 2016 年由浙江大学出版社出版。

6. Eugene Y. Park, *Between Dreams and Reality: The Military Examination in Late Chosŏn Korea, 1600－1894*（梦想与现实之间：朝鲜王朝后期的武举考试，1600—1894），Cambridge, Mass.：Harvard University Asia Center, 2007. 注：韩译版《조선 무인（朝鲜武人）의 역사, 1600—1894 년》, 2018 年푸른역사版。

7. Benjamin A. Elman, *Civil Examinations and Meritocracy in Late Imperial China*（帝制中国后期的科举与任贤），Cambridge, Mass.：Harvard University Press, 2013. 注：此书即 2000 年所刊 *A Cultural History of Civil Examinations in Late Imperial China* 之缩略修订版。

8. Rui Wang, *The Chinese Imperial Examination System: An Annotated Bibliography*（中国的科举制度：附注书目），Lanham, Md.：Scarecrow Press, 2013.

9. Liu Haifeng (translated by Yu Weihua), *The Examination Culture in Imperial China*, Reading, United Kingdom：Paths International Ltd, 2018. 注：中文原版为《中国科举文化》，2010 年由辽宁教育出版社出版。

三、日　文　之　部

1. 村上哲見:《科举の話:試驗制度と文人官僚》(科举之话:考试制度与文人官僚),東京:講談社,2000 年。

2. 高峰:《科举と女性》(科举与女性),岡山:大学教育出版,2004 年。注:中文版为《科举与女性:温馨与哀愁》,2007 年由长春时代文艺出版社出版。

3. 李成茂著,平木實、中村葉子訳:《韓国の科举制度:新羅・高麗・朝鮮時代の科举》(韩国的科举制度:新罗、高丽、朝鲜时代的科举),東京:日本評論社,2008 年。注:韩文原版《韓國의科擧制度》,有 1976 年 한국일보 社版,1994 年 집문당 版,以及 2004 年 한국학술정보 版。

4. 高木重俊:《唐代科举の文学世界》(唐代科举的文学世界),東京:研文出版,2009 年。

5. 近藤一成:《宋代中國科擧社會の研究》(宋代中国科举社会之研究),東京:汲古書院,2009 年。

6. 高津孝編訳:《中国学(シノロジー)のパースペクティブ:科举・出版史・ジェンダー》(汉学视野:科举、出版史及性别研究),東京:勉誠出版,2010 年。

7. 倉橋圭子:《中国伝統社会のエリートたち:文化的再生産と階層社会のダイナミズム》(中国传统社会的精英:文化再生产与阶层社会的动力),東京:風響社,2011 年。

8. 飯山知保:《金元時代の華北社会と科举制度》(金元时代的华北社会与科举制度),東京:早稻田大学出版部,2011 年。

9. 井上進、酒井恵子訳注:《明代の学校・科举・任官制度》(明代的学校、科举及任官制度),東京:平凡社,2013 年。注:即

《明史·选举志》之译注。

10. Woodside Alexander 著,秦玲子、古田元夫監訳:《ロストモダニティーズ:中国・ベトナム・朝鮮の科挙官僚制と現代世界》(失落的现代性:中国、越南、朝鲜的科举官僚制与现代世界),東京:NTT 出版,2013 年。注:英文版 *Lost Modernities: China, Vietnam, Korea, and the Hazards of World History*,2006 年由哈佛大学出版社出版。

11. 三浦秀一:《科挙と性理学:明代思想史新探》(科举与性理学:明代思想史新探),東京:研文出版,2016 年。

12. 林淑美:《清代台湾移住民社会の研究》(清代台湾移住民社会之研究),東京:汲古書院,2017 年。

四、韩 文 之 部

1. 申千湜:《朝鮮前期 教育改革과 科擧運營》(朝鲜前期教育改革和科举运营),서울(首爾):景仁文化社,1999。

2. John W. Chaffee 著,양종국 역:《송대중국인의 과거생활:배움의가시밭길》(宋代中国人的科举生活:学问之棘门),서울(首爾):신서원(新書苑),2001。注:英文版 *The Thorny Gates of Learning in Sung China: A Social History of Examinations*,剑桥大学出版社 1985 年初版,纽约州立大学出版社 1995 年新版;中文版《宋代科举》,1995 年由台北东大图书股份有限公司出版。

3. 裵淑姬:《宋代科擧制度와官僚社會》(宋代科举制度与官僚社会),서울(首爾):三知院,2001。

4. 省皐李成茂教授定年紀念論叢刊行委員會編:《조선시대의 과거와 벼슬》(朝鲜时代的科举与官职),서울:집문당,2003。

5. 李成茂:《韓國의科擧制度》(韩国的科举制度),파주(坡州):한국학술정보(韓國學術情報),2004。注:该书韩文版有1976年한국일보(韓國日報)社版,以及1994年집문당(集文堂)版;日译版作《韓国の科挙制度:新羅・高麗・朝鮮時代の科挙》,日本评论社2008年出版。

6. 김경용:《장서각 수집 교육·과거 관련 고문서 해제:원문자료집권1-권2》(藏书阁搜集教育科举关联古文书解题:原文资料集卷1—卷2),민속원(民俗苑),2008。

7. 李弘祺著,姜吉仲译:《宋代 官學教育 과 科擧》(宋代官学教育与科举),진주(晉州):경상대학교 출판부(慶尙大學校出版部),2010。注:英文版 Government Education and Examinations in Sung China,1985年由香港中文大学出版社出版;中文版《宋代官学教育与科举》,1993年由台北联经出版事业股份有限公司出版。

8. 韓永愚:《科擧 과거,출세의 사다리:족보를 통해 본 조선문과급제자의 신분이동》(科举制度,成功阶梯:家谱所见朝鲜王朝科举及第者的社会流动),파주(坡州):지식산업사(知識產業社),2013。

9. 박현순(朴賢順)等:《조선 시대 과거 제도 사전:한국학 주제사전》(朝鲜時代科舉制度事典:韩国学主题事典),성남(城南):한국학중앙연구원출판부(韓國學中央研究院出版部),2014。

10. 박현순:《조선 후기의 과거》(朝鲜后期的科举),서울(首爾):소명출판(召命出版),2014。

11. Eugene Y. Park(박유진)著,유현재(柳賢宰)译:《조선 무인(朝鮮 武人)의 역사,1600—1894년》(朝鲜武人的历史,1600—1894年),서울(首爾):푸른역사(藍色歷史),2018。注:英文版 *Between Dreams and Reality: The Military Examination in*

Late Chosŏn Korea, 1600 – 1894, 2007 年由哈佛大学东亚中心出版。

五、越南文之部

1. Phạm Dức Thành（范德成）Dũng-Vĩnh Cao chú biên, *Khoa Cử Vá Các Nhà Khao Bảng Triều Nguyễn*（科举与阮朝各科榜），Huế：Trung Tâm Bào Tồn Di Tích Cố Đô Huế Nhà Xuất Bán Thuận Háo, 2000.

2. Sở Văn Hóa Thông Tin Hà Tây, *Người Hà Tây Trong Làng Khoa Bảng*（科榜村中的河西人），Hà Tây, 2001.

3. Nguyễn Thị Chân Quỳnh（阮氏真琼），*Khoa Cử Việt Nam Tập Thượng: Thi Hương*（越南科举制度·乡试），Hà Nôi：Nhà Xuất Bản Văn Học & Trung Tâm Nghiên Cứu Quốc Học, 2002.

4. Nguyễn Thuý Nga（阮翠娥），*Võ Cử Và Các Võ Tiến Sĩ ở Nước Ta*（我们国家的武举和武进士），Ha Nội：Nhà Xuất Bản Thế Giới, 2003.

5. Bùi Xuân Đính（裴春定），*Tiến Sĩ Nho Học Thăng Long-Hà Nội（1057－1919）*［河内—升龙的儒学进士（1057—1919）］，Hà Nôi：Nhà Xuất Bản Hà Nôi, 2003.

6. Bùi Xuân Đính（裴春定），Nguyễn Viết Chức chủ biên, *Các Làng Khoa Bảng Thăng Long-Hà Nội*（河内—升龙各科榜村），Nhà Xuất Bản Chính Trị Quốc Gia, 2004.

7. Bùi Xuân Đính（裴春定），*Giáo Dục Vá Khoa Cử Nho Học Thăng Long-Hà Nội*（河内—升龙的教育与科举儒学），Hà Nôi：Nhà Xuất Bản Hà Nôi, 2010.

图书在版编目(CIP)数据

覆水不收：科举停废百年再思 / 复旦大学历史学系，复旦大学中外现代化进程研究中心编. —上海：上海古籍出版社，2020.5
（近代中国研究集刊；第9辑）
ISBN 978-7-5325-9578-5

Ⅰ.①覆… Ⅱ.①复… ②复… Ⅲ.①科学制度—研究—中国 Ⅳ.①D691.3

中国版本图书馆 CIP 数据核字（2020）第 062043 号

近代中国研究集刊（9）
覆水不收：科举停废百年再思
复旦大学历史学系
复旦大学中外现代化进程研究中心 编
上海古籍出版社出版发行
（上海瑞金二路272号 邮政编码200020）
（1）网址：www.guji.com.cn
（2）E-mail: guji1@guji.com.cn
（3）易文网网址：www.ewen.co
常熟市文化印刷有限公司印刷
开本 635×965 1/16 印张 35.5 插页 5 字数 430,000
2020年5月第1版 2020年5月第1次印刷
ISBN 978-7-5325-9578-5
K·2819 定价：138.00元
如有质量问题，请与承印公司联系